U0531082

中国语言资源集 福建 语法卷

张振兴 总主编
王勇卫 陈瑶 副总主编

王勇卫 陈燕玲 主编

中国社会科学出版社

审图号：闽 S［2023］263 号

图书在版编目（CIP）数据

中国语言资源集.福建.语法卷／王勇卫等主编.
—北京：中国社会科学出版社，2023.9
ISBN 978-7-5227-2025-8

Ⅰ.①中…　Ⅱ.①王…　Ⅲ.①闽语—语法—方言研究—福建　Ⅳ.①H17

中国国家版本馆 CIP 数据核字（2023）第 106595 号

出 版 人	赵剑英
责任编辑	张　林
责任校对	周晓东
责任印制	戴　宽

出　　版	中国社会科学出版社
社　　址	北京鼓楼西大街甲 158 号
邮　　编	100720
网　　址	http://www.csspw.cn
发 行 部	010-84083685
门 市 部	010-84029450
经　　销	新华书店及其他书店

印刷装订	北京君升印刷有限公司
版　　次	2023 年 9 月第 1 版
印　　次	2023 年 9 月第 1 次印刷

开　　本	787×1092　1/16
印　　张	23.75
字　　数	457 千字
定　　价	198.00 元

凡购买中国社会科学出版社图书，如有质量问题请与本社营销中心联系调换
电话：010-84083683
版权所有　侵权必究

中国语言资源保护工程

中国语言资源集·福建 组委会

主 任

林和平

副主任

吴伟平 李 绚

委 员

叶 灵 苏贻堆

教育部语言文字信息管理司　指导
福 建 省 教 育 厅

中国语言资源保护研究中心　统筹

中国语言资源保护工程

中国语言资源集·福建 编委会

主 任
苏贻堆

副主任
彭 杰　陈贤登

总主编
张振兴

副总主编
王勇卫　陈 瑶

语法卷主编
王勇卫　陈燕玲

委 员
（按姓氏音序排列）

蔡国妹	蔡育红	陈 芳	陈丽冰	陈曼君	陈 平	陈启文	陈贤登
陈燕玲	陈 瑶	陈泽平	戴朝阳	邓享璋	关俊伟	郭泽青	黄国城
黄淑芬	黄 涛	李 滨	李惠瑛	李 岚	李文斌	李 焱	林丽芳
林颂育	林天送	刘镇发	孟繁杰	彭 杰	容媛媛	苏贻堆	唐若石
王咏梅	王勇卫	魏 维	翁 春	吴宁锋	谢建娘	谢友平	杨秀明
杨志贤	叶荧光	袁东斌	曾德万	张振兴	赵 峰		

《中国语言资源集·福建》
语法卷总目录

福建省政区图

福建省汉语方言分布图

福建省语言资源保护工程调查点分布示意图

中国语言资源集（分省）总序 …………………………………… 曹志耘（1）

《中国语言资源集·福建》总前言 ………………………………… 张振兴（1）

《中国语言资源集·福建》语法卷前言 …………………………… 曾德万（1）

《中国语言资源集·福建》语法卷正文 …………………………………（1）

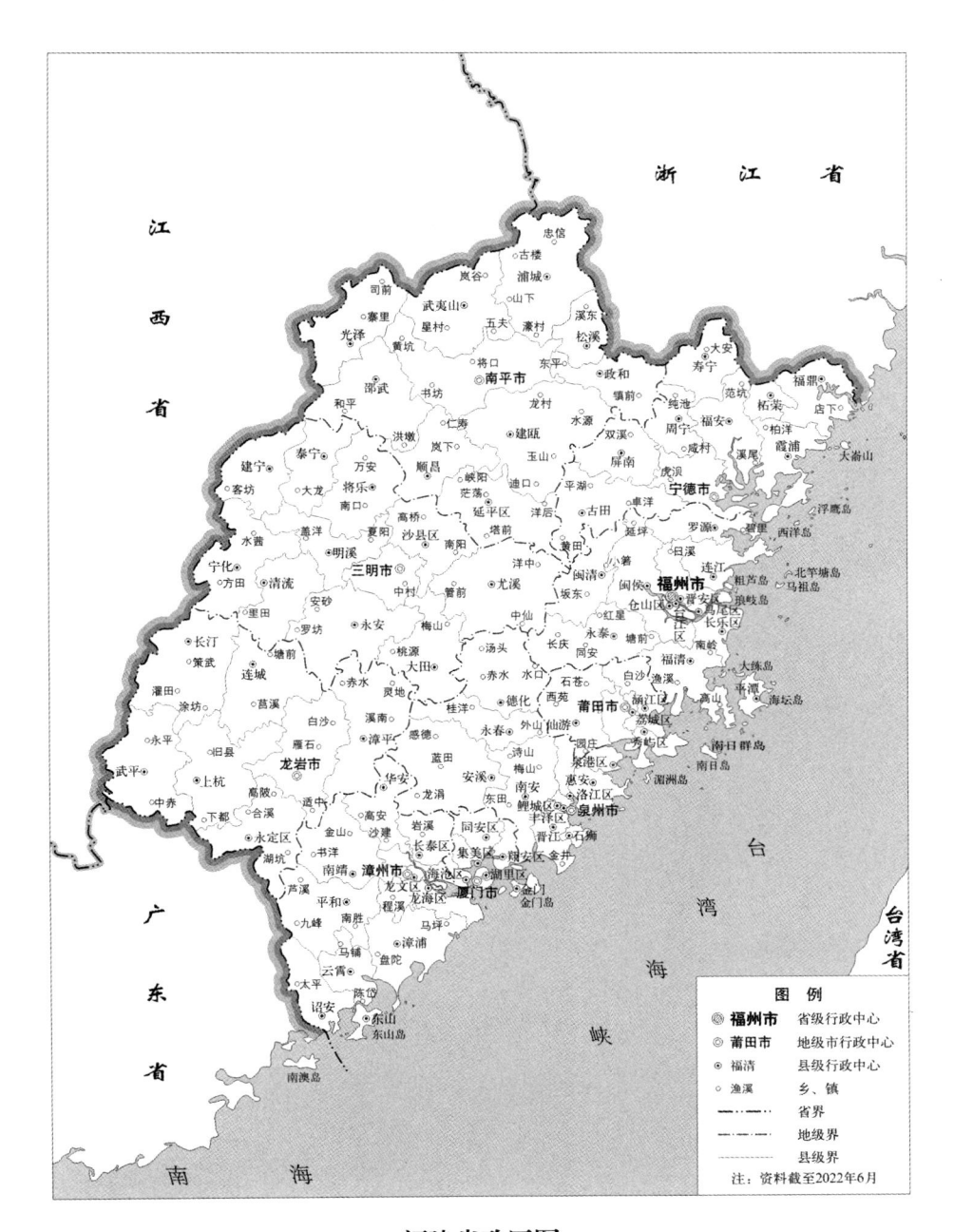

福建省政区图

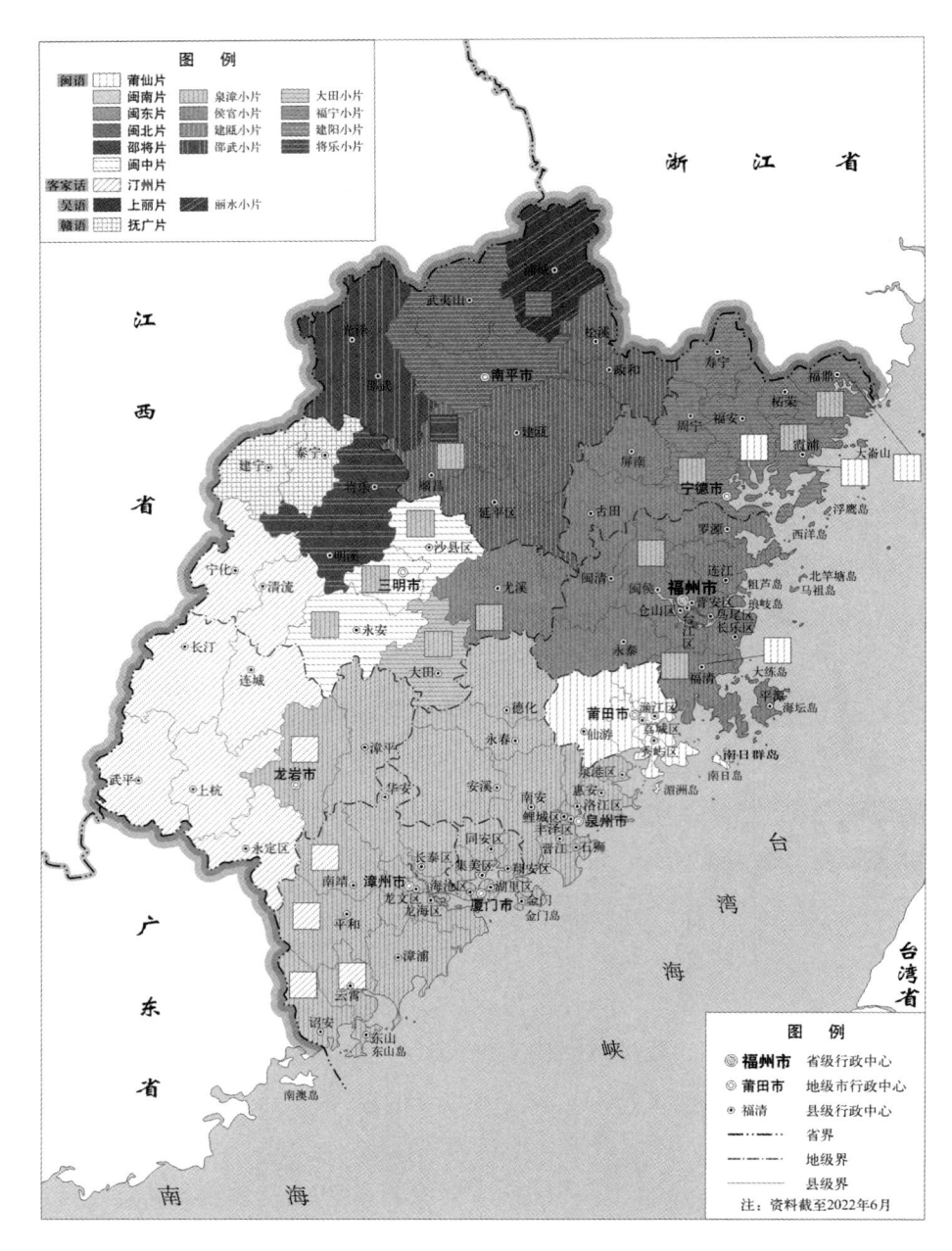

福建省汉语方言分布图

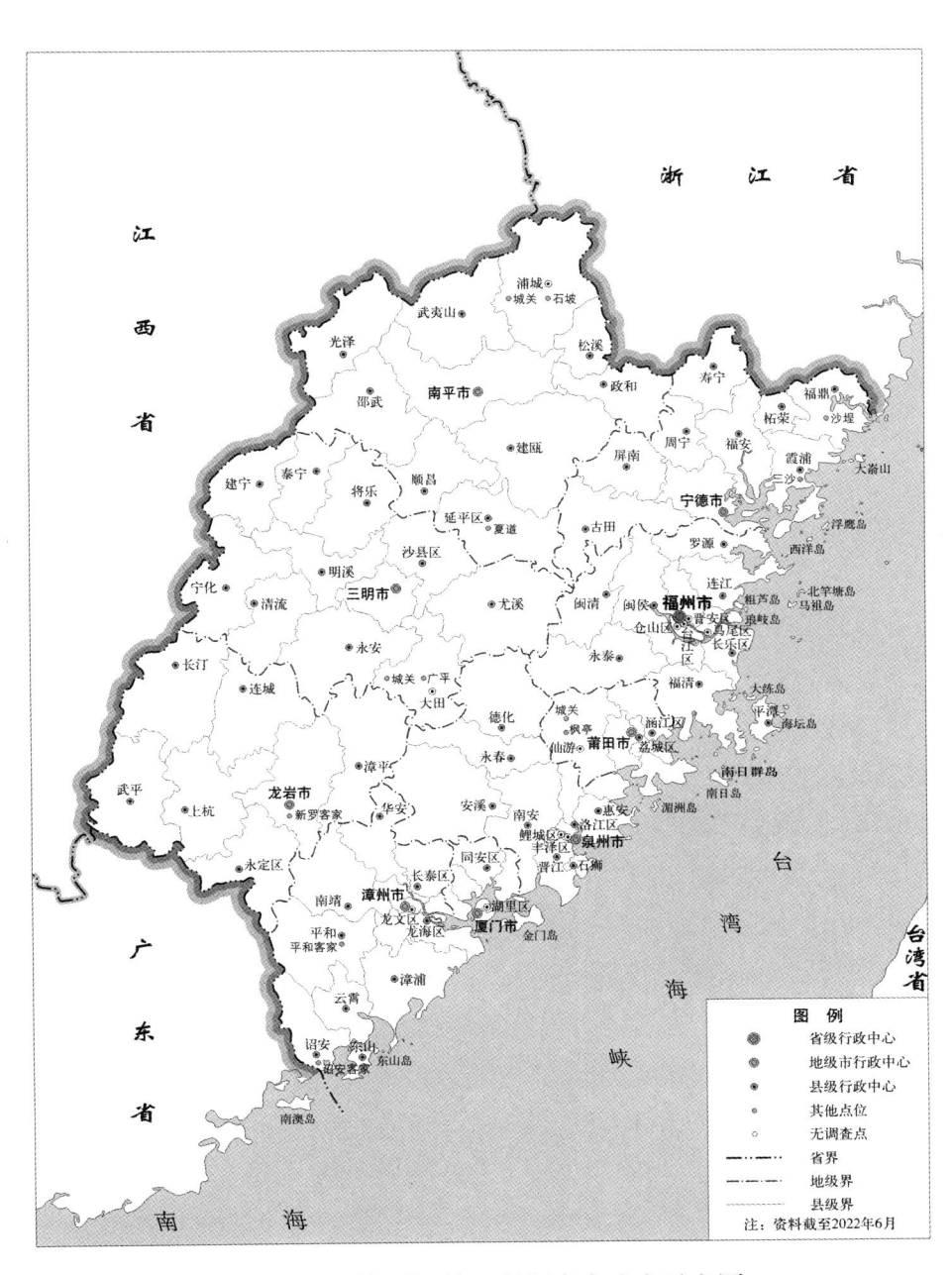

福建省语言资源保护工程调查点分布示意图

中国语言资源集（分省）
总　　序

　　教育部、国家语言文字工作委员会于 2015 年 5 月发布《教育部 国家语委关于启动中国语言资源保护工程的通知》（教语信司〔2015〕2 号），启动中国语言资源保护工程（以下简称语保工程），在全国范围开展以语言资源调查、保存、展示和开发利用等为核心的各项工作。

　　在教育部、国家语委统一领导下，经各地行政主管部门、专业机构、专家学者和社会各界人士共同努力，至 2019 年底，语保工程超额完成总体规划的调查任务。调查范围涵盖包括港澳台在内的全国所有省份、123 个语种及其主要方言。汇聚语言和方言原始语料文件数据 1000 多万条，其中音视频数据各 500 多万条，总物理容量达 100TB，建成世界上最大规模的语言资源库和展示平台。

　　语保工程所获得的第一手原始语料具有原创性、抢救性、可比性和唯一性，是无价之宝，亟待开展科学系统的整理加工和开发应用，使之发挥应有的重要作用。编写《中国语言资源集（分省）》（以下简称资源集）是其中的一项重要工作。

　　早在 2016 年，教育部语言文字信息管理司（以下简称语信司）就委托中国语言资源保护研究中心（以下简称语保中心）编写了《中国语言资源集（分省）编写出版规范（试行）》。2017 年 1 月，语信司印发《关于推进中国语言资源集编写的通知》（教语信司函〔2017〕6 号），要求"各地按照工程总体要求和本地区进展情况，在资金筹措、成果设计等方面早设计、早谋划、早实施，积极推进分省资源集编写出版工作"，"努力在第一个'百年'到来之际，打造标志性的精品成果。"2018 年 5 月，又印发了《关于启动中国语言资源集（分省）编写出版试点工作的通知》（教语信司函〔2018〕27 号），部署在北京、上海、山西等地率先开展资源集编写出版试点工作，并明确"中国语言资源集（分省）编写出版工作将于 2019 年在全国范围内全面铺开"。2019 年 3 月，教育部办公厅印发《关于部署中国语言资源保护工程 2019 年度汉语方言调查及中国语言资源集编制工作的通知》（教语信厅函〔2019〕2号），要求"在试点基础上，在全国范围内开展资源集编制工作"。

为科学有效开展资源集编写工作，语信司和语保中心通过试点、工作会、研讨会等形式，广泛收集意见建议，不断完善工作方案和编写规范。语信司于2019年7月印发了修订后的《中国语言资源集（分省）实施方案》和《中国语言资源集（分省）编写出版规范》（教语信司函〔2019〕30号）。按规定，资源集收入本地区所有调查点的全部字词句语料，并列表对照排列。该方案和规范既对全国作出统一要求，保证了一致性和可比性，也兼顾各地具体情况，保持了一定的灵活性。

各省（区、市）语言文字管理部门高度重视本地区资源集的编写出版工作，在组织领导、管理监督和经费保障等方面做了大量工作，给予大力支持。各位主编认真负责，严格要求，专家团队团结合作，协同作战，保证了资源集的高水准和高质量。我们有信心期待《中国语言资源集》将成为继《中国语言文化典藏》《中国濒危语言志》之后语保工程的又一重大标志性成果。

语保工程最重要的成果就是语言资源数据。各省（区、市）的语言资源按照国家统一规划规范汇集出版，这在我国历史上尚属首次。而资源集所收调查点数之多，材料之全面丰富，编排之统一规范，在全世界范围内亦未见出其右者。从历史的眼光来看，本系列资源集的出版无疑具有重大意义和宝贵价值。我本人作为语保工程首席专家，在此谨向多年来奋战在语保工作战线上的各位领导和专家学者致以崇高的敬意！

曹志耘
2020年10月5日

《中国语言资源集·福建》
总 前 言

张振兴

本书是《中国语言资源集·福建》卷，按照教育部语言文字信息管理司和中国语言资源保护研究中心统一部署编纂。整个编纂工作由福建省教育厅组织实施，黄红武厅长、林和平厅长、叶燊厅长，以及曾经分管过此项工作的刘平、刘剑津、李迅、吴伟平、李绚、叶灵等同志十分重视，先后均给予很多具体的关心和指导。福建省教育厅体育卫生艺术教育与语言文字处苏贻堆处长多年来一直全程参与，具体组织实施编纂与出版工作。

《中国语言资源集·福建》卷下设五个分卷。每个分卷都有"前言"，交待或说明本分卷的有关事项，以方便阅读和应用。以下是总的"前言"，对一些有关事项作个总的说明。

一 福建省概况

关于福建省地理行政概况，请参看"福建省政区图"。《中国语言地图集（第2版）》（商务印书馆，2012）B2-5"福建省的汉语方言"图文，均由周长楫编绘和撰写，其中文字说明第一小节也说到福建省的概况。本节在此基础上，根据最新有关资料作了删简，并更新了一些数据。

福建省位于中国东南沿海。地处北纬23°32′—28°19′，东经115°50′—120°52′。东北和浙江省毗邻，西、西北横贯武夷山脉与江西省交界，西南跟广东省相连，东临东海，东南隔台湾海峡与台湾省相望，闽台两地相距最近处台湾桃园县的白沙岬跟福建平潭县的距离，其间仅130千米左右。全省陆地总面积12万平方千米，海域面积13.6万平方千米，陆地海岸线长3752千米，有大小岛屿1546个。

福建境内山峦耸峙，丘陵连绵，河谷、盆地穿插其间。地势自西北向东南倾斜，形成以武夷山脉为主的闽北大山带和以鹫峰山、戴云山、博平岭等山脉组成的闽中大山带。东部沿海为丘陵、平原地带。闽江为最大河流。闽江、九龙江、汀江、晋江、木兰溪、岱溪、交溪和霍童溪等都是自成流域并独自入海的水系。

福建历史悠久，古为闽越地。秦设闽中郡，置冶县（今福州），属会稽。汉武帝出兵闽地是北方汉人第一次入闽。此后，晋永嘉之乱；唐代陈政、陈元光率兵平定"蛮獠"之乱后屯守漳州；唐"安史之乱"；唐末王绪从中原带起义军转战福建以及其后的王审知建立闽国；及至宋室南迁等，都促使北方汉人多次入闽，使闽地汉人急剧增加，郡县设置屡有更变。唐开元二十一年（公元733年），设福建经略使，始有"福建"名称。宋代雍熙二年（985年）设立福建路，行政区划为福、建、泉、漳、汀、南剑六州和邵武、兴化二军。南宋升建州为建宁府，福建因此包括一府五州二军，共计八个同级行政机构，故号称为"八闽"，共辖42县。元至正十六年（1356年），撤福建路，成立福建省，此为福建设省的开始。明代改设福建布政使司。清初省下辖有福州、兴化、泉州、漳州、延平、建宁、邵武、汀州八府。1684年增设台湾府。至清末，福建有九府二州、五十八县、六厅。清光绪十二年（1887年），台湾从福建析出设立台湾省。民国元年（1912年）福建全省划分为东路、南路、西路、北路四道。民国十四年（1925年），实行省、县两级制。1949年后，各级行政区划进行过多次调整。据《中国分省系列地图册·福建》（中国地图出版社，2019）资料，至2018年10月，全省划为福州、厦门、莆田、泉州、漳州、龙岩、三明、南平、宁德等9个省辖市，其中厦门市为副省级。共辖29个市属区、12个县级市、44个县。省会福州市。

也据《中国分省系列地图册·福建》资料，2017年末全省常住人口3911万人。其中城镇人口2534万人，占总人口的64.8%。福建56个民族齐全，但绝大多数是汉族，占全省总人口的97.84%。此外还有畲、回、满、蒙、高山族等世居的少数民族，以及近现代迁居而来的其他少数民族。少数民族人口约79.69万人，占全省总人口的2.16%。其中以畲族占多数，约23万人。他们主要居住在闽东地区宁德市所属的各县市如福安市、福鼎市、霞浦县、蕉城区、寿宁县、周宁县、柘荣县、屏南县，以及福州市的罗源县、连江县和晋安、马尾区等地区。

由于特殊的地理条件和历史原因，闽地早与海外有交通往来。泉州在宋元时期曾是全国有名的对外港口，海外交通已远至欧洲。自宋元开始，闽地，尤其是闽南地区，已有成群成批居民向省外、海外移民的历史。因此，福建又是海外许多华侨、华人的祖籍地，估计祖籍福建的华侨、华人约1000万人。福建，特别是闽南地区，更是大多数台湾同胞的祖籍地。

二　福建省的汉语方言

关于福建省的汉语方言，请详看《中国语言地图集（第 2 版）》（商务印书馆，2012）B2－5 "福建省的汉语方言"图和文字说明。本节据此作了删简和个别改正，介绍如下。

福建全省通用汉语方言。主要方言是闽语、客家话，还有一部分人说赣语、吴语和官话。福建省的主要少数民族畲族说的畲话，也是一种汉语方言。

（一）闽语

闽语是汉语的最主要方言之一。除分布在福建省外，还集中分布在台湾、海南，以及广东、浙江、江西、广西等省区的部分地区。闽语是福建境内通行地域最广、使用人口最多的一个大方言，使用人口 3400 多万人，占全省总人口的 90% 以上。根据方言的区别特征，可以把福建省境内的闽语分为六个方言片，有些片还分为若干小片。以下只说方言片，不说小片。

（1）闽东片。使用人口 1300 多万人。主要分布于以下各县市：

福州市　闽侯县　长乐市　连江县　罗源县　福清市　平潭县　永泰县　闽清县　古田县　屏南县　宁德市飞鸾乡碗窑等数千人说闽南话的除外　霞浦县三沙等少数乡村除外　福安市　柘荣县　周宁县　寿宁县　福鼎市沙埕、前岐、白琳、惯山、叠石等部分村镇除外　尤溪县。

（2）莆仙片。使用人口 270 多万人。主要分布于莆田市和仙游县。另外，福清市、福鼎市、福安市、霞浦县也有一些村镇通行莆仙话。

（3）闽南片。使用人口 1400 多万人。主要分布于以下各县市：

厦门市　泉州市　南安市　晋江市　石狮市　惠安县　永春县　安溪县　德化县　金门县　漳州市、龙海市　长泰县　华安县　南靖县　平和县　漳浦县　东山县　云霄县　诏安县　龙岩市新罗区部分村镇除外　漳平市　大田县除桃园乡等外的大部分地区。

另外，在福鼎县、霞浦县、宁德市、三明市、沙县、永安市、尤溪县、福清市、闽侯县、顺昌县也有一些村镇通行闽南话。

（4）闽北片。使用人口 250 多万人。主要分布于以下各县市：

南平市延平区中心等少数地区除外　建瓯市　建阳市　政和县　松溪县　武夷山市　浦城县县境南部地区一些乡镇。另外顺昌县的一部分乡镇也通行闽北话。

（5）邵将片。使用人口 130 多万人。主要分布于邵武市　光泽县　将乐县顺昌县部分乡镇除外。另外明溪县也有部分乡镇通行邵将片的闽语方言。

（6）闽中片。使用人数70多万人。主要分布于三明市　永安市　沙县三个县市。不过这三县市都有一些村镇使用闽南话。

（二）客家话

客家话是福建省境内通行的第二个大方言。福建省的客家话属于客家方言的汀州片。使用人口470多万人。主要分布于长汀县　连城县　上杭县　武平县　永定区　明溪县部分乡镇除外　清流县　宁化县。另外龙岩市、诏安县、平和县、南靖县、云霄县等县市都有一部分乡镇通行客家话。

此外，还有一些客家话方言岛，如三明市大田县桃源镇东坂、黄山等村，广平镇大吉、大竹林等村和太华乡高星等村约数千人。其他的都只在千人以下几百人不等。如宁德市所属福鼎市的赤溪村、观洋村；福安市的首苋村；南平市延平区的大洋、峡阳、洋后、东坑等乡镇的一些村，顺昌县城关镇一些村和洋口、浦上等村；三明市三元区的中村乡的一些村。

（三）赣语和吴语

赣语主要分布于江西省。福建省内的赣语只通行于三明市的泰宁县和建宁县，属于赣语抚广片方言。使用人口约28万人。我们注意到，泰宁县和建宁县通行的赣语也具备闽语邵将片方言的一些重要特点。

福建省境内的吴语与浙江省南部的吴语相连，只通行于南平市北部浦城县的三分之二地区，属于吴语处衢片方言。即县城南浦镇以及北部的水南、万安、富岭、莲塘、永兴、鼓楼、仙阳、管厝、忠信、官路、盘亭、九牧等12个乡镇。使用人数约27万人。浦城县其他乡镇通行闽语闽北片方言。

（四）官话

福建省内的官话属于方言岛性质，主要有以下三种：

（1）南平市"土官话"。主要分布于南平市延平区的中心及区南部西芹乡政府所在地和东坑乡的葛坪、八仙、岭下桥和后岭下一带，另外还有夏道乡的吉溪，使用人口2万多人。

（2）福州市"京都话"。主要分布于所属长乐市航城镇洋屿琴江村。使用人口有1000多人，均为满族。也叫"琴江话""洋屿话"。

（3）龙岩市"军家话"。主要分布于武平县中山镇。使用人口7000多人。也叫"武平军家话"，简称"军话"。

使用以上三种官话的居民，对外都使用普通话或当地闽语和客家话。这三种官话方言都具有当地闽语或客家话的一些方言特征。

三　语保工程福建省项目调查设点情况

中国语言资源保护工程福建省汉语方言调查项目于2015年8月获批立项启动，并于2018年11月最后一批调查点结项。前后历经四年。福建省语言文字工作委员会直接领导全过程，叶灵处长、苏贻堆处长等先后亲自担任整个项目负责人，陈贤登同志、彭杰同志先后参与了具体组织工作；参加各调查点工作的各团队，各调查记录人员、各类发音人，以及有关县市教育部门相关工作人员，都为福建省语言资源保护工程作出卓著努力，宜当永志，给予表彰。

教育部办公厅2016年2月下发的《关于推进中国语言资源保护工程建设的通知》中附件"中国语言资源保护工程汉语方言调查点总体规划（2015—2019）"，确定语保工程计划立项福建省汉语方言调查点为79个。福建省汉语方言调查项目组报送教育部语言文字信息管理司和中国语言资源保护研究中心审核通过的"中国语言资源保护工程福建省汉语方言调查项目总体规划"一共也是79个调查点如下。79个点的地理分布请参看"福建省语言资源保护工程调查点分布示意图"。

（一）闽语

（1）闽东片：

福州　闽侯　长乐　连江　罗源　福清　平潭　永泰　闽清　古田　屏南　宁德　霞浦城关　福安　柘荣　周宁　寿宁　福鼎城关　尤溪

（2）莆仙片：

莆田　涵江　仙游城关　仙游枫亭

（3）闽南片：

厦门　同安　泉州鲤城　泉州洛江　南安　晋江　石狮　惠安　永春　安溪　德化　漳州　龙海　长泰　华安　南靖　平和　漳浦　东山　云霄　诏安　龙岩　漳平

大田城关　大田广平

霞浦三沙　福鼎沙埕

（4）闽北片：

建瓯　建阳　政和　松溪　武夷山　浦城石陂　南平夏道

（5）邵将片：

顺昌　将乐　光泽　邵武

（6）闽中片：三明　永安　沙县

（二）客家话：

长汀　连城　上杭　武平　永定　明溪　清流　宁化

新罗客家　平和客家　诏安客家

（三）赣语：泰宁　建宁

（四）吴语：浦城城关

（五）官话：南平延平

以下附录"福建省语言资源保护工程调查点立项一览表"：

年份	课题编号	课题名称	负责人	负责人单位
2015	YB1501A001	福建汉语方言调查·连江	陈　瑶	福建师范大学
2015	YB1501A002	福建汉语方言调查·闽侯	陈　芳	福建师范大学
2015	YB1501A003	福建汉语方言调查·德化	曾德万	泉州师范学院
2015	YB1501A004	福建汉语方言调查·永春	蔡育红	泉州师范学院
2015	YB1501A005	福建汉语方言调查·建瓯	谢建娘	武夷学院
2015	YB1501A006	福建汉语方言调查·福安	赵　峰	宁德师范学院
2015	YB1501A007	福建汉语方言调查·古田	李　滨	福建教育学院
2015	YB1501A008	福建汉语方言调查·宁化	吴宁锋	集美大学
2015	YB1501A009	福建汉语方言调查·清流	吴宁锋	集美大学
2015	YB1501A010	福建汉语方言调查·武平	李惠瑛	龙岩学院
2015	JAS150046	福建汉语方言调查·闽清	蔡国妹	闽江学院
2015	JAS150047	福建汉语方言调查·屏南	唐若石	闽江学院
2015	JAS150051	福建汉语方言调查·福鼎城关	赵　峰	宁德师范学院
2015	JAS150048	福建汉语方言调查·尤溪	邓享璋	三明学院
2015	JAS150053	福建汉语方言调查·涵江	黄国城	莆田学院
2015	JAS150049	福建汉语方言调查·泉州洛江	陈燕玲	泉州师范学院

年份	编号	项目	负责人	单位
2015	JAS150045	福建汉语方言调查·南靖	李 焱	厦门大学
2015	JAS150050	福建汉语方言调查·东山	林颂育	闽南师范大学
2015	JAS150052	福建汉语方言调查·建阳	陈 平	武夷学院
2015	JAS150044	福建汉语方言调查·上杭	刘镇发	厦门大学
2016	YB1612A001	福建汉语方言调查·南平延平	陈泽平	福建师范大学
2016	YB1612A002	福建汉语方言调查·长乐	陈 瑶	福建师范大学
2016	YB1612A003	福建汉语方言调查·泉州鲤城	王勇卫	泉州师范学院
2016	YB1612A004	福建汉语方言调查·安溪	曾德万	泉州师范学院
2016	YB1612A005	福建汉语方言调查·惠安	郭泽青	泉州师范学院
2016	YB1612A006	福建汉语方言调查·漳浦	林颂育	闽南师范大学
2016	YB1612A007	福建汉语方言调查·长汀	黄淑芬	中山大学
2016	YB1612A008	福建汉语方言调查·华安	孟繁杰	厦门大学
2016	YB1612A009	福建汉语方言调查·仙游城关	黄国城	莆田学院
2016	YB1612A010	福建汉语方言调查·仙游枫亭	蔡国妹	闽江学院
2016	YB1612A011	福建汉语方言调查·漳平	唐若石	闽江学院
2016	YB1612A012	福建汉语方言调查·霞浦城关	李 滨	福建教育学院
2016	YB1612A013	福建汉语方言调查·宁德（蕉城）	陈丽冰	宁德师范学院
2016	YB1612A014	福建汉语方言调查·周宁	赵 峰	宁德师范学院
2016	YB1612A015	福建汉语方言调查·龙岩	王咏梅	龙岩学院
2016	YB1612A016	福建汉语方言调查·永定	林丽芳	龙岩学院
2016	YB1612A017	福建汉语方言调查·平和	陈曼君	集美大学
2016	YB1612A018	福建汉语方言调查·诏安	容媛媛	集美大学
2016	YB1612A019	福建汉语方言调查·云霄	叶荧光	集美大学
2016	YB1612A020	福建汉语方言调查·顺昌	李 岚	武夷学院
2016	YB1612A021	福建汉语方言调查·邵武	谢建娘	武夷学院

年份	编号	项目名称	负责人	单位
2016	YB1612A022	福建汉语方言调查·光泽	李文斌	武夷学院
2017	YB1724A001	福建汉语方言调查·福州（鼓楼）	陈泽平	福建师范大学
2017	YB1724A002	福建汉语方言调查·寿宁	陈丽冰	宁德师范学院
2017	YB1724A003	福建汉语方言调查·霞浦三沙	李 滨	福建教育学院
2017	YB1724A004	福建汉语方言调查·福鼎沙埕	陈 芳	福建师范大学
2017	YB1724A005	福建汉语方言调查·平和客家	孟繁杰	厦门大学
2017	YB1724A006	福建汉语方言调查·诏安客家	林天送	福建工程学院
2017	YB1724A007	福建汉语方言调查·永安	邓享璋	三明学院
2017	YB1724A008	福建汉语方言调查·建宁	黄 涛	福建师范大学
2017	YB1724A009	福建汉语方言调查·泰宁	陈 瑶	福建师范大学
2017	YB1724A010	福建汉语方言调查·将乐	林丽芳	龙岩学院
2017	YB1724A011	福建汉语方言调查·大田城关	戴朝阳	泉州师范学院
2017	YB1724A012	福建汉语方言调查·大田广平	陈燕玲	泉州师范学院
2017	YB1724A013	福建汉语方言调查·明溪	杨志贤	集美大学
2017	YB1724A014	福建汉语方言调查·新罗客家	翁 春	龙岩学院
2017	YB1724A015	福建汉语方言调查·连城	唐若石	闽江学院
2017	YB1724A016	福建汉语方言调查·政和	谢建娘	武夷学院
2017	YB1724A017	福建汉语方言调查·浦城城关	林天送	福建工程学院
2018	YB1828A001	福建汉语方言调查·南平	陈 瑶	福建师范大学
2018	YB1828A002	福建汉语方言调查·福清	黄 涛	福建师范大学
2018	YB1828A003	福建汉语方言调查·平潭	陈 芳	福建师范大学
2018	YB1828A004	福建汉语方言调查·罗源	黄 涛	福建师范大学
2018	YB1828A005	福建汉语方言调查·南安	王勇卫	泉州师范学院
2018	YB1828A006	福建汉语方言调查·石狮	戴朝阳	泉州师范学院
2018	YB1828A007	福建汉语方言调查·晋江	陈燕玲	泉州师范学院

2018	YB1828A008	福建汉语方言调查·三明	邓享璋	泉州师范学院
2018	YB1828A009	福建汉语方言调查·漳州	杨秀明	闽南师范大学
2018	YB1828A010	福建汉语方言调查·龙海	林颂育	闽南师范大学
2018	YB1828A011	福建汉语方言调查·长泰	袁东斌	闽南师范大学
2018	YB1828A012	福建汉语方言调查·永泰	唐若石	闽江学院
2018	YB1828A013	福建汉语方言调查·同安	唐若石	闽江学院
2018	YB1828A014	福建汉语方言调查·莆田	蔡国妹	闽江学院
2018	YB1828A015	福建汉语方言调查·厦门	李　焱	厦门大学
2018	YB1828A016	福建汉语方言调查·松溪	谢建娘	武夷学院
2018	YB1828A017	福建汉语方言调查·柘荣	赵　峰	宁德师范学院
2018	YB1828A018	福建汉语方言调查·浦城石陂	魏　维	武夷学院
2018	YB1828A019	福建汉语方言调查·武夷山	李　岚	武夷学院
2018	YB1828A020	福建汉语方言调查·沙县	邓享璋	三明学院

以上一览表由福建省语委提供。课题名称一栏的详细地址部分是增补的，表上"新罗客家"原文件作"新罗"，在龙岩市境内，有时也称为"龙岩客家"，是为了跟上文的79个调查点名称取得一致。

四　本书主要内容和体例框架

（一）本书语料来源

《中国语言资源集·福建》卷记录福建省语言资源保护工程79个地点方言的现状。全部语言材料均由中国语言资源保护工程所组织的调查团队在方言点实地开展田野调查活动获得。全部方言点的语言调查，统一执行教育部语言文字信息管理司、中国语言资源保护研究中心编《中国语言资源调查手册·汉语方言》（商务印书馆，2015）所规定的技术规范，由经过严格遴选确定的方言发音人用方言认读字音、述说词语和句子，调查人依据其发音作字音、词语和句子的记录。最后还作了口头文化的长篇语料记录。

每个地点的调查条目包括：单字1000个，词语1200个，语法例句50个。

口头文化的记录包括：歌谣、故事和谚语、歇后语、谜语、曲艺、戏剧等，各调查点数量不等。

（二）本书分卷主要内容

《中国语言资源集·福建》卷按照主要内容，分别为五个分卷，共 12 册：

第一分卷是《福建省汉语方言概况卷》，记录福建省 79 个地点的方言及其调查概况，包括：调查点所在县市的地理位置、行政区划、历史沿革、方言分布和特点，以及所在地的民族成分、人口分布、各类方言发音人的基本信息等。最后是重点描述调查点方言的音系，包括声韵调、连读变调、新老派的语音差别。本分卷析分为两册。

第二分卷是《福建省汉语方言语音卷》，以语音对照表的形式，对照排列 79 个调查点 1000 个单字方言音读。字音的排列顺序与《中国语言资源调查手册·汉语方言》的字音调查表保持一致。本分卷析分为两册。

第三分卷是《福建省汉语方言词汇卷》，以词汇对照表的形式，对照排列 79 个调查点 1200 个词语的口语说法。词语的排列顺序与《中国语言资源调查手册·汉语方言》的词汇调查表保持一致。本分卷析分为五册。

第四分卷是《福建省汉语方言语法卷》，以"语法句子"对照的形式，按照《中国语言资源调查手册·汉语方言》50 个语法例句，分别排列每个句子在 79 个调查点里的口语说法。本分卷为一册。

第五分卷是《福建省汉语方言口头文化卷》，按照 79 个调查点的顺序，排列语言资源调查时所记录的歌谣、长篇故事、谜语谣谚等长篇口头文化语料。本分卷析分为两册。

（三）本书记音符号

语音是语言表达语义的形式。语音的基本运用单位是音节。汉语音节结构包括声母、韵母和声调三个部分。声母指音节开头的辅音，韵母是声母后面的元音或元音后带辅音的结合体，声调是音节的能够区别意义的高低、升降、曲直的变化。记录语音需要使用专门的符号。本书使用国际音标记录汉语方言音节的声母和韵母，使用数字记录音节的声调。以下是本书中使用的国际音标辅音表和元音表。

1. 辅音表

发音方法			双唇	唇齿	齿间	舌尖前	舌尖中	舌尖后	舌叶	舌面前	舌面中	舌面后	喉
塞音	清	不送气	p				t				c	k	ʔ
		送气	pʰ				tʰ				cʰ	kʰ	
	浊	不送气	b				d					g	
塞擦音	清	不送气		pf	tθ	ts		tʂ	tʃ	tɕ			
		送气		pfʰ	tθʰ	tsʰ		tʂʰ	tʃʰ	tɕʰ			
	浊	不送气		bv	dð	dz		dʐ	dʒ	dʑ			
鼻音			m	ɱ			n				ɲ	ŋ	
边音							l						
擦音	清		ɸ	f	θ	s		ʂ	ʃ	ɕ	ç	x	h
	浊			v	ð	z		ʐ	ʒ	ʑ	j	ɣ	ɦ

说明：

（1）有一类音节开头没有辅音，称为零声母音节。零声母用［∅］表示，只用于对声母分析归纳的表格中，在实际的音节拼写时给予省略。

（2）鼻音辅音 m、n、ŋ 在方言中可以单独构成音节，拼写时在字母上方或下方加短竖线表示，成为［m̩、n̩、ŋ̍］。

2. 元音表

	舌尖元音				舌面元音					
	前		后		前		央		后	
	不圆唇	圆唇	不圆唇	圆唇	不圆唇	圆唇	不圆唇	圆唇	不圆唇	圆唇
高	ɿ	ʮ	ʅ	ʯ	i	y			ɯ	u
次高					ɪ	ʏ			ʊ	ɷ

续表

	舌尖元音				舌面元音					
	前		后		前		央		后	
	不圆唇	圆唇	不圆唇	圆唇	不圆唇	圆唇	不圆唇	圆唇	不圆唇	圆唇
半高					e	ø	ɘ	ɵ	ɤ	o
中					E		ə(ɚ)			
半低					ɛ				ʌ	ɔ
次低					æ	œ	ɐ			
低					a		A		ɑ	ɒ

说明：

（1）ɚ 为卷舌元音。

（2）鼻化元音以在音标字母上加"～"符号表示。例如：ã、õ、ĩ。

3. 声调记录方法

本书使用以五度制数字标示调值的方法记录方言字音的声调。数字以上标的格式记在音节国际音标的右上方。例如福州方言有 7 个单字声调，其表示法是：

福州方言声调表示法：

阴平：仙 sieŋ^{55} 中 tyŋ^{55}　　　阳平：洋 yoŋ^{52} 名 miaŋ^{52}

阴上：广 kuoŋ^{33} 海 xai^{33}

阴去：唱 tsʰuoŋ^{213} 政 tsiŋ^{213}　　阳去：电 tieŋ^{242} 市 tsʰi^{242}

阴入：国 kuoʔ^{24} 发 xuaʔ^{24}　　　阳入：杂 tsaʔ^{5} 毒 tuʔ^{5}

4. 福建境内很多方言，尤其是闽语方言口语里两字或以上多字连着说的时候，声韵调都可能出现跟单说时不一样的连音变化，如福州等地方言的声母类化和韵母变韵现象，厦门等地方言出现的频繁连读变调现象。在词汇、语法例句或口头文化的长篇记音里，一律按照口语里的实际读音记录，不再标记单字时的声韵调。

主要参考文献

陈章太、李如龙，1991，《闽语研究》。语文出版社。

陈泽平，1995，福建的方言。《文史知识》第 4 期 106—108 页。

丁邦新等，1977，闽方言研究选目，（中国台湾）《书目季刊》第 11 卷 2 期 1—

41 页。

丁邦新、张双庆主编，2002，《闽语研究及其与周边方言的关系》（第六届国际闽方言研讨会论文集）。香港中文大学出版社。

福建省汉语方言指导组、福建汉语方言概况编写组，1962—1963，《福建省汉语方言概况》（上、下册），讨论稿。

郭启熹，2004，福建省客家话的分布与特点。《闽西职业大学学报》第 2 期 30—36 页。

黄典诚，1984，闽语的特征。《方言》第 3 期 161—164 页。

黄典诚主编、李如龙副主编，1998，《福建省志·方言志》。方志出版社。

教育部语言文字信息管理司、中国语言资源保护研究中心，2017，《中国语言资源调查手册·汉语方言》。商务印书馆。

蓝小玲，1998，闽西客话语音系统。《客家方言研究》（第二届客家方言研讨会论文集）174—193 页。

蓝小玲，1999，《闽西客家方言》。厦门大学出版社。

李如龙，1985，福建方言。载《福建风物志》。福建人民出版社。

李如龙，1992，福建方言与福建文化类型区。《福建师范大学学报》（哲社版）第 2 期 80—87 页。

李如龙、庄初升、严修鸿，1995，《福建双方言研究》。香港汉学出版社。

李如龙，1998，闽西七县客家方言语音的异同。《客家方言研究》（第二届客家方言研讨会论文集）99—117 页。

李如龙，2001，《福建省县市方言志 12 种》。福建教育出版社。

林宝卿，1993，闽西客话词汇、语法的共同点和内部差异。《语言研究》第 2 期 98—113 页。

陆致极，1986，闽方言内部差异程度及分区的计算机聚类分析。《语言研究》第 2 期 9—16 页。

罗杰瑞著，张惠英译，1995，闽语（《汉语概说》第九章第四节）。语文出版社。

罗杰瑞著，张惠英译，1995，闽语与客家话（《汉语概说》第九章第四节）。语文出版社。

马重奇、杨志贤，1997，福建方言研究概述。《福建论坛·文史哲》第 4 期 36—43 页。

梅祖麟等，1995，《吴语与闽语的比较研究》（中国东南方言比较研究丛书第一辑）。上海教育出版社。

陶燠民，1930，《闽音研究》。《中央研究院历史语言研究所集刊》1 本 4 分本

445—470 页。

谢留文、黄雪贞，2012，《中国语言地图集》（第 2 版）B1 - 17"客家话"图。商务印书馆。

谢留文、黄雪贞，2012，《中国语言地图集》（第 2 版）B1 - 17"客家话"图文字说明。商务印书馆，"汉语方言卷"116—124 页。

袁家骅，1989，闽方言（《汉语方言概要》）。语言文字改革出版社（第二版）。

詹伯慧，1988，闽方言的分布及其主要特征。香港大学中文系：《东方》。

詹伯慧、张振兴主编，2017，《汉语方言学大词典》。广东教育出版社。

张振兴，1985，闽语的分区（稿）。《方言》第 3 期 171—180 页。

张振兴，1987，《中国语言地图集》B12"闽语图"。中国社会科学院与澳大利亚人文科学院合编，香港朗文出版（远东）有限公司。

张振兴，1989，闽语的分布和人口。《方言》第 1 期 54—59 页。

张振兴，2000，闽语及其周边方言。《方言》第 1 期 6—19 页。

张光宇，1993，吴闽方言关系试论。《中国语文》第 3 期 161—170 页。

郑张尚芳，1985，蒲城方言的南北区分。《方言》第 1 期 39—45 页。

中国地图出版社，2019，《中国分省系列地图册·福建》。中国地图出版社。

中国社会科学院语言研究所，1986，《方言调查字表》（修订本）。商务印书馆。

周长楫，2012，《中国语言地图集》（第 2 版）B1 - 15"闽语 A"图。商务印书馆。

周长楫，2012，《中国语言地图集》（第 2 版）B1 - 15、16"闽语 A、B"图文字说明。商务印书馆。"汉语方言卷"110—115 页。

周长楫，2012，《中国语言地图集》（第 2 版）B2 - 5"福建省的汉语方言"图。商务印书馆。

周长楫，2012，《中国语言地图集》（第 2 版）B2 - 5"福建省的汉语方言"图文字说明。商务印书馆，"汉语方言卷"177—180 页。

Norman，Jerry Lee（罗杰瑞），1970，A characterization of Min dialects. Unicorn (Chi-lin：Chinese Linguistics Project and Seminar) 6. 19 - 34, Princeton.

Norman，Jerry Lee（罗杰瑞），1972，A preliminary report on the dialects of Mintung. (Chi-lin：Chinese Linguistics Project and Seminar) 10. 20 - 35, Princeton.

《中国语言资源集·福建》
语法卷前言

曾德万

  本卷是《中国语言资源集·福建》之《语法卷》。

  本卷以通栏表格的形式排列。表左是福建省语言资源79个调查点，按照调查点闽语、客家话、赣语、吴语和官话顺序排列，具体调查点的方言系属，请参看《中国语言资源集·福建》之"总前言"。表头是根据《中国语言调查手册·汉语方言》（商务印书馆，2017）"肆语法"所收列的50个句子。根据统一的版面安排，每个句子79个地点为一组接排，各组都另面起排。

  《中国语言调查手册·汉语方言》语法例句之前有"各例句调查要点"的说明，大略说到各个例句的语法特点，以及调查时应该注意的事项。福建语言资源调查时，一般都按照"调查要点"的说明进行。但由于各个调查点方言的特殊性，或调查人员和发音人理解的差异性，调查结果难免会出现一些偏离。因此，在整理《语法卷》内容的时候，基本按照记录原文迻录，但也作了少量的核实、补充或更正的工作。

  每个句子首先写出口语的说法，然后标注方言的语音。口语的说法所涉及的字和词语的写法，尽可能与《语音卷》和《词汇卷》保持一致，而有关字词的读音则根据口语的实际说法记录。有的地方口语说法没有适当用字，就一律用方框"□"表示。

  下文就50个语法例句的范围，简单讨论福建方言的语法特点，主要说说闽语或客家话。由于语法例句涉及的语法范围十分有限，我们无法据此进行详细的讨论，只能提及一些语法要点，略加举例和说明。希望可以大致看出福建汉语方言语法某些构造特点和构造规律。最后简略说说本卷的体例。

一 福建汉语方言语法的共同性和差异性

（一）句式方面

（1）有大量的"有"字句，即在动词前面加"有"表示行为动作的存现（否定情况下加"无"），总的趋势是东部闽语这种句式用得多，中部地区闽中一带的闽语用得相对少，而西部客家话用得更少。请看表1"0002a 你平时抽烟吗？"在一些方言的表达方式。

表1 "0002a 你平时抽烟吗？"在一些方言的表达方式

方言		0002a. 你平时抽烟吗？	方言		0002a. 你平时抽烟吗？
闽语	福州	a. 平常汝有食薰无？	闽语	建瓯	a. 你平时馪烟未蹭？
	宁德	a. 汝平时有无食薰？		建阳	a. 你闲时有馪烟无？
	尤溪	a. 你平时有食薰无？		南平夏道	a. 汝平常有食洋烟无？
	莆田	a. 汝平时有食薰无？		沙县	a. 你平时有食洋烟无？
	仙游城关	a. 汝平时有食薰无？	客家话	武平	a. 僩有冇食烟唉？
	厦门	a. 汝平时有点薰无？		宁化	a. 尔平时抽烟冇？
	泉州鲤城	a. 汝有烧薰无？		新罗客家	a. 尔平时有冇食烟
	龙岩	a. 平时汝有食薰仔吗？	赣语	建宁	a. 尔平时有食烟冇？
	霞浦三沙	a. 汝平时有食薰无？	官话	南平延平	a. 你平时有没吃烟啊？

（2）存在北京话"把"字式的句子，但各地方言所用标记词是多种多样的。可用"把""掏""乞""分""卜""将""帮""拿""将""合"等表示；也可不用标记词，靠语义表示；有个别地方还可用被动句来表示。请看表2"0007 你把碗洗一下"在一些方言的表达方式。

（3）存在北京话被动句的表达方式。所用的标记词也是多种多样的，最常用的被动句标记词有"乞""分""与""传""拿"和"得"等。请看表3"0010 帽子被风吹走了"在一些方言的表达方式。

表2 "0007 你把碗洗一下"在一些方言的表达方式

方言		0007 你把碗洗一下。	方言		0007 你把碗洗一下。
闽语	福州	碗汝去洗蜀下。	闽语	政和	你帮碗洗一下。
	连江	汝碗洗蜀下。		松溪	你帮碗洗一下。
	古田	汝碗掏洗囉。		武夷山	你帮碗洗一下。
	宁德	碗乞汝洗［蜀下］。		浦城石陂	你跟碗洗个下。
	霞浦城关	汝分碗洗蜀下。		顺昌	你拿碗洗个下。
	福安	汝卜碗洗了。		将乐	你搭碗洗个下。
	周宁	汝帮碗洗蜀下。		光泽	儥拿碗洗［个下］。
	福鼎城关	汝甲碗洗蜀下。	客家话	连城	尔将碗洗一下。
	尤溪	你给瓯洗［蜀下］。		上杭	尔将碗洗一下。
	莆田	汝碗乞洗蜀下。		永定	尔把碗洗净［去矣］。
	涵江	汝碗乞洗蜀下。		明溪	你拿碗洗［个下］。
	厦门	汝按碗洗一下。	赣语	宁化	尔帮碗洗一下。
	同安	汝将碗洗［一下］。		泰宁	尔把碗洗个下。
	泉州鲤城	汝将□碗洗一下。	吴语	建宁	尔洗一下碗。
	惠安	汝将碗洗［一下］。	官话	浦城城关	侬帮碗洗介下。
	福鼎沙埕	碗与汝洗。		南平延平	你同碗洗一下。
	建瓯	你拿碗洗一下。			

表3 "0010 帽子被风吹走了"在一些方言的表达方式

方言		0010 帽子被风吹走了。	方言		0010 帽子被风吹走了。
闽语	福州	帽乞风吹飞去。	闽语	南平夏道	帽分风吹遭了。
	宁德	帽乞风吹去噜。		顺昌	帽仔分风吹去了。
	莆田	帽乞风乞鼓行。		将乐	帽仔得风吹去掉咯。
	仙游城关	帽乞风乞鼓行。		永安	帽欠风吹去罢。
	厦门	帽仔与风吹去咯。	客家	长汀	帽子得风吹走哩。
	泉州鲤城	帽与风吹去咯。		连城	帽乞风吹撒哦。
	晋江	帽传风吹去咯。		武平	帽子畀风吹走矣。
	石狮	帽乞风吹嗦咯。		明溪	帽搭风吹个班⁼。
	龙岩	帽仔分风吹来去啊。		新罗客家	帽子分风吹走哩。
	霞浦三沙	头帽与风吹走了。	赣语	建宁	帽儿畀风吹掉儿。
	建瓯	帽纳风吹掉了。	吴语	浦城城关	帽子分风吹走了。
	建阳	帽仔挨风吹去了。	官话	南平延平	帽子等风吹掉。
	武夷山	帽仔纳风吹去了。			

（4）双宾语句。在双宾语的句子里，多数地点是间接宾语在前，直接宾语在后。请看表4"0003a 你告诉他这件事了吗?"在一些方言的表达方式。

表4 "0003a 你告诉他这件事了吗？"在一些方言的表达方式

方言		0003a 你告诉他这件事了吗？	方言		0003a 你告诉他这件事了吗？
闽语	福州	a. 只样事计汝共伊讲去未？	闽语	武夷山	a. 你跟渠话乙ˉ事嚕？
	宁德	a. 汝有无将者事讲[乞伊]听？		将乐	a. 你合渠话者样事咯么？
	莆田	a. 汝有乞伊讲即牵厄ˉ事体无？		光泽	a 儂和伓话□事吗？
	仙游城关	a. 汝有乞伊讲即牵事体无？		三明	a. 你替渠话者件事□能哦？
	厦门	a. 汝有合伊讲即项事志无？	客家话	长汀	a. 尔曾拿女ˉ样事学得渠知？
	泉州鲤城	a. 汝有共伊说即项事志无？		平和客家	a. 儂合渠讲□件事了吗？
	龙岩	a. 汝有合伊讲许一项事吗？	赣语	泰宁	a. 尔告诉了渠即件事了冇？
	大田城关	a. 汝八[乞伊]讲即项事志无啦？	吴语	浦城城关	a. 侬跟渠话这样事了吗？
	霞浦三沙	a. 汝合伊讲即件事志无？	官话	南平延平	a. 你同他讲[这件]事节没有？
	建瓯	a. 你邀渠话□一样事未嚕？			

（5）否定句。福建多数方言的否定句中，是否定词放在动词之前，但闽客方言都有个别点是相反的。以下表5列出否定词放在动词之后的所有5个点情况。

表 5　"0001 我没有钓到鱼"句在五处方言的表达方式

方言		0001 我没有钓到鱼。	方言		0001 我没有钓到鱼。
闽语	莆田	小张昨晡乞钓遘蜀尾大鱼，我钓无着。	客家话	仙游枫亭	小张昨晡钓遘蜀尾大鱼，我钓无着。
	涵江	小张昨晡钓蜀尾大鱼着，我钓无蜀尾。		新罗客家	昨晡合小张一下钓鱼哩，渠钓到一行贼大，我连一行都无。
	仙游城关	小张昨晡钓蜀尾大鱼着，我钓无。			

（二）语法性词语方面

《中国语言调查手册·汉语方言》所收 50 个语法例句里，有很多地方涉及语法性词语的应用。福建闽语和客家方言有以下三种比较显著的表现。

（1）代词的用法。

首先根据 50 个例句，列出福建境内闽语和客家话人称代词表。请看表 6 "福建方言人称代词比较表"。

从表 6 可以看出，闽语的三个人称代词单数多数说"我、你（汝）、伊"。客家话多数说"我、尔、渠"。闽语的闽中、闽北、邵将三片方言单数第三人称也多说"渠"，跟客家话比较一致。闽语邵将片方言除了说"我、你、渠"之外，邵武等地还说"伉、儝、伢"，显得更为特殊。

人称代词复数的说法比较复杂，但也有某些共同点。例如：闽语和客家话第一人称复数有共同词是"我侬""我人"等；第二人称复数有共同词"两个（两其）""两偺"等；第三人称复数闽语有核心词"伊"，而客家话有核心词"渠"。

表 6　福建方言人称代词比较表

	闽东	闽南	莆仙	闽北	闽中	邵将	客家
第一人称	我	我	我	我	我	我、伉、	我
第二人称	汝、你	汝	汝	你	你	你、儝	尔
第三人称	伊	伊	伊	渠、伊	渠	渠、伢	渠

续表

	闽东	闽南	莆仙	闽北	闽中	邵将	客家
第一人称复数	我各侬 我侬 侬家	阮 我侬 我伙	我辈 伯辈 阮	我人 我伙 俺人	我侪 俺侪	俺伉 俺大家	我侪们 我人 自家侬人
第二人称复数	两隻 两个 两侬	恁 两个 两侬	两个恁	两只 双只人	两侪	两个 两只	两个 两侪 两其
第三人称复数	伊各侬 伊侬 伊侪侬	個 伊侬	伊辈 個 伊家	伊侬 伊伙 伊侪侬	伊侪侬	伊侪 侬乎	渠侪们 渠大家 渠多人

其次根据50个例句，列出福建境内闽语和客家话指示代词和疑问代词表。请看表7"福建方言指示代词、疑问代词比较表"。

从表7可以看出，近指代词闽语和客家话多数都可以用"者（即）"，远指代词东部闽语都用"许"，闽北、闽中、邵将三片的方言都用"兀"，而客家话都用"介"。疑问代词的用法比较分歧多样。闽语闽东片方言的主要用词是"什乇、什乇、乇乇"等以"乇"为词根组成的词，闽南片方言以"啥、啥物"为主，莆仙片以"甚物"为主，闽北片以"孰事、什么"为主，闽中片方言以"啥货"为主，邵将片方言以"啥、孰么"为主。客家方言则以"么事、么个、什么"为主。

表7　福建方言指示代词、疑问代词比较表

项目	闽东	闽南	莆仙	闽北	闽中	客家	邵将
近指代词	者即	即者许	者即	頁˭者	者	者侬以˭	者酌˭
远指代词	许	许 哼	许	兀	兀	介	那兀
疑问代词	什乇、什乇、乇乇	啥、啥物	甚物	孰事、什么	啥货	么事、么个	啥，孰么

（2）表示疑问的句尾疑问词

表示"有无"疑问的疑问句，福建闽语、客家话等方言经常出现"有""无"对应，句尾的疑问词一般都用"无"来表示。请看表 8 "0002a. 你平时抽烟吗？"在一些方言的表达方式。

表 8 "0002a. 你平时抽烟吗？"在一些方言的表达方式

方言		0002a. 你平时抽烟吗？	方言		0002a. 你平时抽烟吗？
闽语	福州	a. 平常汝有食薰无？	闽语	大田城关	a. 汝平时八食薰无啦？
	屏南	a 汝平时有食薰无？		建阳	a. 你闲时有馇烟无？
	莆田	a. 汝平时有食薰无？		南平夏道	a. 汝平常有食洋烟无？
	仙游城关	a. 汝平时有食薰无？		三明	a. 你平时食烟无？
	厦门	a. 汝平时有点薰无？	客家话	连城	a. 尔平时食烟冇？
	泉州鲤城	a. 汝有烧薰无？		永定	a. 尔平时食烟冇？
	漳平	a. 你平时有食薰无？	赣语	建宁	a. 尔平时食烟冇？

（3）状态补语助词，福州等地常见的闽语可以用"得"表示，也可以不用"得"，但闽语闽中、闽北一带的方言跟客家话比较一致，一般都用"得"表示。请看表 9 "0037a. 王先生的刀开得很好"在一些方言的表达方式。

表 9 "0037a. 王先生的刀开得很好"在一些方言的表达方式

方言		0037a. 王先生的刀开得很好。	方言		0037a. 王先生的刀开得很好。
闽语	福州	a. 王先生刀开野好。	闽语	永安	a. 王先生开刀开得好好。
	建阳	a. 王先生的刀开得很好。	客家话	连城	a. 王先生个刀开得係还好。
	武夷山	a. 王先生个刀开得很好。		上杭	a. 王先生刀开得极好。
	邵武	a. 王先生个刀开得很好。		宁化	a. 王先生开刀开得很好。

二　福建闽语方言和客家方言的语法特点

（一）闽语方言的特点

福建闽语疑问句的表达有一些特点。例如例句0004"你吃米饭还是吃馒头？"是一个选择疑问句，相当于北京话"还是"的标记词有"固是""犹是""还是""抑是"等，其核心成分都是"是"。请看表10"0004 你吃米饭还是吃馒头？"在一些方言的表达方式。

表10　"0004 你吃米饭还是吃馒头？"在一些方言的表达方式

方言片		0004 你吃米饭还是吃馒头？	方言片		0004 你吃米饭还是吃馒头？
闽东	福州	汝食饭固是食馍馍？	闽南	大田_{城关}	汝是食饭抑犹佫是食馒头啦？
	宁德	汝食饭啊固是食馒头？		福鼎_{沙埕}	汝食白糜犹是食馒头？
	福鼎_{城关}	汝食饭抑是食馒头？		建瓯	你是饎饭故是饎馍馍？
	尤溪	你是食饭还是食馒头？	闽北	建阳	你饎饭唵是饎馍馍？
莆仙	莆田	汝食糜复是食馒头？		武夷山	你饎饭犹是饎馍馍？
	仙游_{城关}	汝卜食胡″饭阿还是卜食馒头？		浦城_{石陂}	你食饭故是食馍馍？
闽南	厦门	汝食饭抑是食馒头？	邵将	邵武	食饭还是食馍馍？
	惠安	汝卜食糜抑卜食馒头？		将乐	你食饭还是食馍馍？
	漳州	汝卜食饭还是卜食馒头？	闽中	三明	你饎饭还是饎馒头哦？
	云霄	汝食饭抑食馒头？		沙县	你饎饭啊抑是饎馒头？

闽语的特指疑问句也有一些特色。闽东一带的方言多用"什乇"，闽南一带的方言多用"甚物"，闽北、邵将一带的方言多用"孰事、孰么"。还可以看到一些其他的用法。请看表11"0040 我们用什么车从南京往这里运家具呢？"在一些方言的表达方式。

表 11 "0040 我们用什么车从南京往这里运家具呢？"在一些方言的表达方式

方言片		0040 我们用什么车从南京往这里运家具呢？	方言片		0040 我们用什么车从南京往这里运家具呢？
闽东	福州	侬家使什毛车将家私由南京下［只块］□来？	闽南	晋江	伵卜用啥物车从南京载家具倒来？
	宁德	我合汝侪侬用毛车从南京下家具来债=？		石狮	拙家具伵卜按啥车从南京运倒来啊？
	霞浦城关	侬家用毛车从南京向债=下家私哩？		漳州	伵卜用哪仔车按南京共家私运来呐？
	福安	我汝用乜毛车卜家具从南京下倒这来？		南靖	伵用哪车从南京运家私来遮？
	柘荣	伯家用呢毛车从南京下家私遘这堆里团？	闽北	建瓯	俺人使孰么车逮南京下家具来乙=里嘞？
	周宁	［我侪］用物毛车从南京向这堆运家具？		浦城石陂	俺你使孰么车从南京运家具到□里？
	寿宁	我呢用呢毛车从南京运家俱遘［这位］？		南平夏道	俺人使样=为车逐南京把家具下过来？
	福鼎城关	侬家用毛毛车甲家私伙从南京运转来？	邵将	顺昌	我大家使孰么车行南京装家具到者？
莆仙	莆田	伯辈用甚物车就南京荷家俱遘即厝咧？		邵武	俺多使啥个车拿家具从南京运过来嘞？
	仙游城关	伯卜用甚物车从南京荷家具荷遘伯即落？	闽中	三明	俺侪使□□车行南京下家具来者地？
闽南	南安	拙兮家具伯卜用啥物车从南京载来？		沙县	俺侪使啥毛车招南京下家具来者里？

(二) 客家方言的语法特点

(1) 北京话进行时用助词"着"表示，福建客家话只有少数方言用"着"，多数方言不用"着"。例如"0016 床上躺着一个老人"这个句子，客家话各方言点的说法是：

长汀　床上睡哩一个老人家哩。　　清流　床上睡□一个老倄。
连城　床上倒紧一个老人家。　　　宁化　床上歇了一个老人哩。
上杭　床项眠哩一个老大子。　　　新罗客家　床上眠哩一个老太祖。
武平　一个老人家眠啊床上。　　　平和客家　眠床上里睡着一个上年纪个人。
永定　床上眠哩一个老大倄。　　　诏安客家　床底倚着一个老人。
明溪　床上倒的个隻老倄。

(2) 福建客家话动词前的否定副词表达多样化，而且经常在一个句子里重复出现。例如"0024b. 没有，我没吃过"这个句子，客家话各方言点的说法是：

长汀　唔曾，我唔曾食过。　　清流　孵，我孵食过。
连城　唔曾，我唔曾食过。　　宁化　孵，我孵食过。
上杭　唔曾，我唔曾食过。　　新罗客家　唔曾。
武平　冇，我唔曾食过。　　　平和客家　冇，我冇食过。
永定　唔曾，我唔曾食过。　　诏安客家　无，我唔识食。
明溪　孵，我孵食着。

(3) 福建客家话形容词前的程度副词的表达也非常多样化，有"好、真、极、甚、野"等。例如"0034 老师给了你一本很厚的书吧"这个句子，客家话各方言点的说法是：

长汀　　　老师係係拿哩一本野厚个书得你？
连城　　　老师乞咯尔一本好厚个书係冇？
上杭　　　老师拿撤儞一本极厚欵书？
武平　　　老师有冇擗儞一本咁﹁□个书？
永定　　　先生分你哩一本甚厚个书吗？
明溪　　　老师搭你个本好厚的书吧？
清流　　　老师界你一本好厚个书孵？
宁化　　　老师界了你一本好厚个书孵？
新罗客家　老师拿哩一本厚厚个书分尔，係唔係？
平和客家　先生分儞一本真笨个书吧？
诏安客家　老师□一本真笨个书得儞係？

三 本卷主要体例

1. 本卷以《中国语音资源调查手册·汉语方言》"肆语法"为序，先列例句，再分别各点说法。敏个表格排列一个例句。

2. 方言句子用国际音标标音。声调以五度制数码表示，放在音标右上角，轩声用"0"表示。

3. 尽量使用方言本字，本字不明白，写用音字。

4. 例句的注用小字。

5. 使用符号说明：

□方框表示有意义，但无合适的字形。

＝上标小等号，表示写的是用音替代字。

［汉字］表示合音，后面再标注国际音标

主要参考文献

蔡国妹，2006，吴闽语进行体和持续体的语法化序列分析。《福建师范大学学报》（哲社版）第 3 期 157—160 页。

陈章太、李如龙，1991，《闽语研究》。语文出版社。

陈泽平，1998，《福州方言研究》。福建人民出版社。

福建省汉语方言指导组、福建汉语方言概况编写组，1962—1963，《福建省汉语方言概况》（上、下册，讨论稿）。

甘于恩，2007，闽方言疑问句比较研究。《暨南学报》（哲社版）第 3 期 159—163 页。

黄典诚主编、李如龙副主编，1998，《福建省志·方言志》。方志出版社。

教育部语言文字信息管理司、中国语言资源保护研究中心，2017，《中国语言资源调查手册·汉语方言》。商务印书馆。

李如龙，1997，《福建方言》。福建人民出版社。

李如龙，2007，《闽南方言语法研究》。福建人民出版社。

林宝卿，1993，闽西客话词汇、语法的共同点和内部差异。《语言研究》第 2 期 98—113 页。

林寒生，2002，《闽东方言词汇语法研究》。云南大学出版社。

刘丹青，2008，《语法调查研究手册》。上海教育出版社。

项梦冰，1997，《连城客家话语法研究》。语文出版社。

张双庆，2010，闽北地区五个方言的词法特点（《汉语方言语法新探索》210—225页）。厦门大学出版社。

张振兴，2000，闽语及其周边方言。《方言》第 1 期 6—19 页。

《中国语言资源集·福建》
语 法 卷
正文目录

0001 小张昨天钓了一条大鱼，我没有钓到鱼。 ………………………… (2)
0002 a. 你平时抽烟吗？b. 不，我不抽烟。 …………………………… (9)
0003 你告诉他这件事了吗？b. 是，我告诉他了。 …………………… (15)
0004 你吃米饭还是吃馒头？ ……………………………………………… (24)
0005 你到底答应不答应他？ ……………………………………………… (30)
0006 a. 叫小强一起去电影院看《刘三姐》。b. 这部电影他看过了。/他这部电影看过了。/他看过这部电影了。
　　　选择在该语境中最自然的一种形式回答，或按自然度列出几种形式。 ……… (36)
0007 你把碗洗一下。 ……………………………………………………… (46)
0008 他把橘子剥了皮，但是没吃。 ……………………………………… (52)
0009 他们把教室都装上了空调。 ………………………………………… (58)
0010 帽子被风吹走了。 …………………………………………………… (64)
0011 张明被坏人抢走了一个包，人也差点儿被打伤。 ………………… (70)
0012 快要下雨了，你们别出去了。 ……………………………………… (79)
0013 这毛巾很脏了，扔了它吧。 ………………………………………… (85)
0014 我们是在车站买的车票。 …………………………………………… (91)
0015 墙上贴着一张地图。 ………………………………………………… (97)
0016 床上躺着一个老人。 ………………………………………………… (103)
0017 河里游着好多小鱼。 ………………………………………………… (109)
0018 前面走来了一个胖胖的小男孩。 …………………………………… (115)
0019 他家一下子死了三头猪。 …………………………………………… (121)
0020 这辆汽车要开到广州去。/这辆汽车要开去广州。
　　　选择本方言中最自然的一种说法，或按常用度列出几种说法。 ……… (127)

0021 学生们坐汽车坐了两整天了。……………………………………（133）
0022 你尝尝他做的点心再走吧。……………………………………（139）
0023 a. 你在唱什么？b. 我没在唱，我放着录音呢。………………（145）
0024 a. 我吃过兔子肉，你吃过没有？b. 没有，我没吃过。………（154）
0025 我洗过澡了，今天不打篮球了。………………………………（163）
0026 我算得太快算错了，让我重新算一遍。………………………（169）
0027 他一高兴就唱起歌来了。………………………………………（176）
0028 谁刚才议论我老师来着？………………………………………（182）
0029 只写了一半，还得写下去。……………………………………（188）
0030 你才吃了一碗米饭，再吃一碗吧。……………………………（194）
0031 让孩子们先走，你再把展览仔仔细细地看一遍。……………（200）
0032 他在电视机前看着看着睡着了。………………………………（209）
0033 你算算看，这点钱够不够花？…………………………………（215）
0034 老师给了你一本很厚的书吧？…………………………………（221）
0035 那个卖药的骗了他一千块钱呢。………………………………（227）
0036 a. 我上个月借了他三百块钱。b. 我上个月借了他三百块钱。
　　　a. 借入。b. 借出。如与 a 句相同，注"同 a"即可。………（233）
0037 a. 王先生的刀开得很好。b. 王先生的刀开得很好。
　　　a. 王先生是医生（施事）。b. 王先生是病人（受事）。如与 a 句相同，注"同 a"即可。…（242）
0038 我不能怪人家，只能怪自己。…………………………………（250）
0039 a. 明天王经理会来公司吗？b. 我看他不会来。………………（256）
0040 我们用什么车从南京往这里运家具呢？………………………（265）
0041 他像个病人似的靠在沙发上。…………………………………（272）
0042 这么干活连小伙子都会累坏的。………………………………（278）
0043 他跳上末班车走了。我迟到一步，只能自己慢慢走回学校了。
　　　请设想几个大学生外出后返校的情景。………………………（284）
0044 这是谁写的诗？谁猜出来我就奖励谁十块钱。………………（294）
0045 我给你的书是我教中学的舅舅写的。…………………………（303）
0046 你比我高，他比你还要高。……………………………………（309）
0047 老王跟老张一样高。……………………………………………（315）
0048 我走了，你们俩再多坐一会儿。………………………………（321）
0049 我说不过他，谁都说不过这个家伙。…………………………（327）
0050 上次只买了一本书，今天要多买几本。………………………（334）

语法规则是在对交际中表达具体话语意义的句子作概括抽象出来的。语法考察以话语中的句子为对象。本卷调查福建省79个地点方言记录的方言例句，以《中国语言资源调查手册·汉语方言》①"第二编 调查表""肆 语法"中所列例句为调查条目。

例句条目以数字标记顺序。部分例句为对话形式，对话者的话语分别以"a.""b."分列标示，例如：

0002a. 你平时抽烟吗？b. 不，我不抽烟。

部分例句后以小号字加注，或作句义说明，例如：

0037a. 王先生的刀开得很好。王先生是医生（施事）。

b. 王先生的刀开得很好。王先生是病人（受事）。如与 a 句相同，注"同 a"即可。

或对话语场景作提示，例如：

0043 他跳上末班车走了。我迟到一步，只能自己慢慢走回学校了。请设想几个大学生外出后返校的情景。

个别例句列出可能组成的几个句式供调查时选用，并加说明，例如：

0006a. 叫小强一起去电影院看《刘三姐》。

b. 这部电影他看过了。/他这部电影看过了。/他看过这部电影了。选择在该语境中最自然的一种形式回答，或按自然度列出几种形式。

---

① 教育部语言文字信息管理司、中国语言资源保护研究中心编：《中国语言资源调查手册·汉语方言》，商务印书馆2015年版，第171—178页。

		0001 小张昨天钓了一条大鱼，我没有钓到鱼。
福州	昨冥小张钓着蜀头大鱼，我无钓着鱼。 so⁵⁵ maŋ⁵² siu²¹ tuoŋ⁵⁵ tiu²¹ tuoʔ⁵ so³³ lau⁵² tuai⁵⁵ ŋy⁵²，ŋuai³³ mo²¹ tiu²¹ tuoʔ⁵ ŋy⁵².
闽侯	昨冥小张钓着蜀头大鱼，我无钓有。 soʔ³³ maŋ⁵³ siu²¹ tyøŋ⁵⁵ tiu²¹ tyo⁰ suo²¹ nau⁵³ tuai²¹ ŋy⁵³，ŋuai³³ mo⁰ tiu²¹ ou²⁴².
长乐	昨冥小张钓着蜀头大鱼，我无钓着鱼。 soʔ²² maŋ⁵³ siu²² tyøŋ⁵⁵ tiu²¹ tyoʔ⁵ suo²² lau⁵³ tuəi⁵⁵ ŋy⁵³，ŋui²² mo²² tiu²¹ tuoʔ⁵ ŋy⁵³.
连江	小张昨冥钓蜀头大鱼，我无钓遘。 siu²¹ tyøŋ⁵⁵ so⁵¹ maŋ⁵¹ tiu²¹² so²¹ nau²¹ tuai²¹ ŋy³³，ŋui³³ mo²¹ tiu²¹² kau²¹.
罗源	顺ᴺ冥小张钓蜀头大鱼，我未钓遘鱼。 θuŋ²¹ maŋ³¹ θiu²¹ tyøŋ⁴² tiu³⁵ θyø²¹ lau³¹ tui²¹ ŋy³¹，ŋui²¹ mui²¹ liu³⁵ kau³⁵ ŋy³¹.
福清	小张昨冥钓着蜀头大头鱼，我无钓着鱼。 θieu²¹ tioŋ⁵³ θio⁴⁴ maŋ⁴⁴ tieu²¹ tio⁵³ θio⁴⁴ lau⁴⁴ tua⁴⁴ lau⁴⁴ ŋy⁴⁴，ŋua⁵³ mo²¹ lieu²¹ tio⁵³ ŋy⁴⁴.
平潭	小张昨冥钓着蜀头大头其鱼，我无钓着。 θiu²¹ tyoŋ⁵¹ θyo⁴⁴ maŋ⁴⁴ tieu²¹ tyo⁰ θyo⁴⁴ lau⁴⁴ tua⁴⁴ lau⁴⁴ i⁰ ŋy⁴⁴，ŋuaʔ⁵ mo²¹ lieu²¹ tyo⁵¹.
永泰	小张昨冥钓着蜀头大鱼，我无钓着。 siou²¹ tuoŋ⁴⁴ soʔ³ maŋ³⁵³ tiou²¹ lo⁰ suoʔ³ tʰau³⁵³ tuoi⁴⁴ ŋy³⁵³，ŋuoi³² mo²¹ liou²¹ lo⁰.
闽清	小张昨冥钓着蜀头大鱼，我无钓着。 siu²¹ tyøŋ⁴⁴ suok³ maŋ³⁵³ tiu²¹ lɔ⁰ soʔ³ tau³⁵³ tuai⁴⁴ ŋy³⁵³，ŋuai³¹ mɔ²¹ liu²¹ lɔ⁰.
古田	小张昨冥钓着蜀头大鱼，我未钓着。 sieu²¹ tyøŋ³⁵ syøʔ³³ maŋ³³ tieu²¹ lɔ²¹ syø³³ lau³³ tuai⁵⁵ ŋy³³，ŋuai⁴² muoi⁴² lieu²¹ lɔ²¹.
屏南	小张昨冥钓蜀头大鱼，我未钓有。 siu⁵⁵ tɤŋ⁴⁴ suok³ maŋ²² tiu³⁴ suk³ tʰau²² tuai⁵⁵ ŋø²²，ŋuai⁴¹ mui⁴⁴ liu⁴⁴ o³²³.
宁德	小张槽ᴺ晡钓噜蜀头大鱼，我未钓遘鱼。 siɐu⁵⁵ tɔuŋ³³ sɔ³³ mu¹¹ tiu³⁵ lu⁰ sɔ³³ lau⁴¹¹ tuo³³ ŋøy⁴¹¹，ua⁴¹ mui³³ tiu³⁵ kau³⁵ ŋøy¹¹.
霞浦 城关	前暮小张钓到蜀头大鱼，我未钓遘鱼。 θɛiŋ²¹ mo²⁴ θeu⁵⁵ tøŋ⁴⁴ teu³⁵ lɔ⁰ θø⁴⁴ lau²¹ tua⁴⁴ ŋy²¹，ua⁴² mɔ²¹ teu³⁵ kau⁰ ŋy²¹.
福安	小张前晡钓遘蜀头大鱼，我未钓遘鱼。 siu⁵⁵ tioŋ³³¹ saŋ²¹ mu²³ tiu³⁵ kau³⁵ si⁴⁴ tʰau²¹ tua⁴⁴ nøi²¹，ŋo⁴¹ mui²³ tiu³⁵ kau³⁵ ŋøi²¹.

续表

	0001 小张昨天钓了一条大鱼，我没有钓到鱼。
柘荣	小张前晡钓遘蜀头大鱼，我未钓遘鱼。 θiau⁵⁵ tyɔŋ⁴² θɛŋ²¹ muo²⁴ tiau⁴⁵ kau⁴⁵ tsʰi⁴⁴ tʰau²¹ tua⁴⁴ ŋy²¹，ŋua⁵³ muei⁴⁴ tiau⁴⁵ kau⁵⁵ ŋy²¹.
周宁	前晡小张钓有蜀头大大其鱼，我未钓有鱼。 sun²¹ ŋu⁴⁴ sɛu⁵⁵ tyəŋ⁴⁴ tiu³⁵ o⁴⁴ si⁴⁴ lau²¹ tuɔ⁴⁴ tuɔ⁷³ i˙⁵ ŋøu²¹，ua⁴² mui⁴⁴ tiu³⁵ o⁴⁴ ŋøu²¹.
寿宁	小张前冥钓了蜀头大鱼，我未钓有鱼。 siu⁵⁵ tyoŋ³³ sɛŋ²¹ maŋ²¹ tiu³⁵ liu⁰ si³³ tʰau²¹ tua³³ ŋy²¹，ua⁴² muoi²³ tiu³⁵ u³³ ŋy²¹.
福鼎城关	前冥日小张钓着蜀尾大鱼，我无钓着。 saŋ²¹ maŋ²¹ niʔ³ siou³³ tioŋ³³ tiou⁴² tie³⁵ siʔ³ muei⁵⁵ tua³³ ŋi²¹，ua⁵⁵ mo²¹ tiou³³ tie³⁵.
尤溪	小张昨冥钓倒蜀尾大鱼，我无钓倒。 ɕio⁴⁴ tiũ³³ ɕie³³ mã¹² tio⁵¹ tə⁵⁵ ɕie³³ mue⁵⁵ to³³ ŋy¹²，ŋua⁵⁵ mo³³ tio⁵¹ tə⁵⁵. ɕie³³ 音同"蜀（一）"，或为"昨 sə³³"的音变。
莆田	小张昨晡乞钓遘蜀尾大鱼，我钓无着。 ɬieu¹¹ tieu⁵³³ ɬɔʔ⁵ pɔu¹¹ kɔʔ² tieu⁴² kau⁴² ɬɔʔ² pue⁴⁵³ tua¹¹ y²⁴，kua⁴⁵³ tieu⁴² po¹¹ tieu²⁴.
涵江	小张昨晡钓蜀尾大鱼着，我钓无蜀尾。 ɬiau²¹ tiau⁵⁵ ɬop⁴ mɔu⁴² tiau⁴² ɬop¹ puai⁴⁵³ tua²¹ hy¹³ tiau⁰，kuat⁴ tiau⁴² pot¹ lop¹ puai⁴⁵³.
仙游城关	小张昨晡钓蜀尾大鱼着，我钓无。 ɬiɛ²¹ tiũ⁵⁵ ɬou²⁴ ou⁴² tiɛu⁴² ɬuop² puoi⁴⁵³ tua²¹ y²⁴ tiɛu⁰，kuat²³ tiɛu⁵⁵ po²⁴.
仙游枫亭	小张昨晡钓遘蜀尾大鱼，我钓无着。 ɬieu¹¹ tiũ⁵³³ ɬɔʔ⁵ pɔu¹¹ tieu⁴² kau⁴² ɬɤʔ² puɤɯ⁴⁵³ tua¹¹ i²⁴，kua⁴⁵³ tieu⁴² pɤɯ¹¹ tieu²⁴.
厦门	小张昨昏钓一尾大鱼，我无钓着。 sio⁴⁴ tiũ⁴⁴ tsã²² hŋ⁴⁴ tio⁵³ tsit²¹ be⁴⁴ tua²¹ hi²⁴，gua⁵³ bo²² tio²¹ tioʔ⁰.
同安	小张昨昏钓着一尾大鱼，我无钓着。 sio³³ tiũ⁴⁴ tsa¹¹ hŋ⁴⁴ tio⁴² tioʔ¹¹ tsit¹¹ bə⁴² tua¹¹ hɯ²⁴，gua⁴² bo¹¹ tio¹¹² tioʔ⁵³.
泉州鲤城	昨日小张钓着一尾大鱼，我无钓着。 tsa²² lit²⁴ sio²⁴ tiũ³³ tio⁵⁵ tioʔ⁰ tsit²² bə²⁴ tua²² hɯ²⁴，gua⁵⁵ bo²² tio⁴¹ tioʔ⁰.
泉州洛江	小张昨日钓着一隻大鱼，我无钓着。 sio²⁴ tiũ³³ tsa²² lit²⁴ tio⁴¹ tioʔ⁰ tsit² tsiaʔ² tua²² hi²⁴，gua⁵⁵ bo²² tio⁴¹ tioʔ⁰.

续表

	0001 小张昨天钓了一条大鱼，我没有钓到鱼。
南安	小张昨日钓着一尾大鱼，我无钓着。 sio^{24}tiũ^{33}tsa^{22}lit^{3}tio^{55}tioʔ^{22}tsit^{2}bə^{55}tua^{22}hɯ^{24}，gua^{55}bo^{22}tio^{31}tioʔ^{0}.
晋江	小张昨日钓着一尾大鱼，我无钓着。 siə^{24}tiũ^{33}tsa^{22}lit^{34}tiə^{41}tiəʔ^{0}tsit^{2}be^{24}tua^{22}hi^{24}，gua^{55}bə^{22}tiə^{41}tiəʔ^{0}.
石狮	小张昨日钓着一尾大尾兮鱼，我无钓着。 siə^{24}tiu^{33}tsa^{22}lit^{34}tiə^{55}tiəʔ^{2}tsit^{2}be^{24}tua^{22}be^{55}e^{0}hi^{24}，gua^{55}bə^{22}tiə^{41}tiəʔ^{0}.
惠安	昨日小张钓着一尾大尾鱼，我无钓着。 tsɔk^{5}let^{2}sio^{54}tiũ^{33}tio^{42}tioʔ^{0}tset^{5}bə^{54}tua^{22}bə^{25}hɯ^{25}，gua^{42}bo^{33}tio^{42}tioʔ^{0}.
安溪	昨日小张钓着一尾大鱼，我钓无。 tsoʔ^{53}lit^{24}sio^{44}tiũ^{55}tio^{53}tioʔ^{0}tsit^{42}bə^{0}tua^{21}hɯ^{24}，gua^{22}tio^{53}bo^{24}.
永春	昨日小张钓着一尾大鱼，我无钓着。 tsa^{22}lit^{0}sio^{44}tiũ^{44}tio^{31}tioʔ^{0}tsit^{4}be^{44}tua^{31}hɯ^{24}，gua^{53}bo^{22}tio^{31}tioʔ^{0}.
德化	昨日小张钓着一尾大鱼，我无钓着。 tsa^{22}lit^{0}sio^{44}tiũ^{13}tiau^{42}tioʔ^{0}tsit^{42}bə^{55}tua^{31}hɯ^{44}，gua^{35}bo^{31}tiau^{42}tioʔ^{0}.
漳州	小张昨昏钓着一尾大鱼，我无钓着。 sio^{34}tiɔ̃^{34}tsa^{22}huĩ^{34}tio^{53}tio^{21}tsit^{21}bue^{34}tua^{21}hi^{13}，gua^{53}bo^{22}tio^{32}tioʔ^{0}.
龙海	小张昨昏钓了一尾大鱼，我钓无着。 sio^{34}tiɔ̃^{34}tsa^{33}huĩ^{34}tio^{52}liau^{34}tsik^{42}bue^{34}tua^{41}hi^{312}，guaʔ^{4}tio^{52}bo^{33}tioʔ^{4}.
长泰	[昨昏]小张钓一尾大鱼，我钓无半尾。 tsaŋ^{44}sio^{44}tiɔ̃^{44}tio^{53}tsit^{21}bue^{44}tua^{21}hi^{24}，gua^{53}tio^{53}bɔ^{22}puã^{53}bue^{53}. "昨昏[tsa^{22}hŋ^{44}]"快读成[tsaŋ^{44}]。
华安	小张昨日钓着一尾大鱼，我无钓着鱼。 sio^{55}tiɔ̃^{22}tsa^{22}git^{212}tio^{53}tioʔ^{21}tsit^{21}bue^{55}tua^{31}hi^{232}，gua^{53}bo^{22}tio^{53}tioʔ^{21}hi^{232}.
南靖	小张昨昏钓着一尾大鱼，我无钓着鱼。 sio^{44}tiũ^{34}tsa^{22}huĩ^{34}tio^{54}liau^{44}tsit^{21}bue^{44}tua^{21}hi^{323}，gua^{53}bo^{22}tio^{54}tioʔ^{21}hi^{323}.
平和	小张昨日钓了一尾大尾鱼，我钓无。 sio^{23}tiũ^{34}tsa^{21}dzit^{32}tio^{52}liau^{23}tsit^{21}bue^{23}tua^{21}bue^{23}hi^{23}，gua^{52}tio^{52}bo^{23}.

续表

	0001 小张昨天钓了一条大鱼，我没有钓到鱼。
漳浦	小张昨昏钓着一尾大鱼，我拢无钓着。 siɔ⁴³ tiũ⁴³ tsã³³ hun⁴³ tiɔ⁵¹ tiɔ²¹ tsit²¹ bue⁴³ tua²¹ hi⁴¹², gua↑²⁴ loŋ⁴³ bɔ³³ tiɔ²¹ tiɔʔ⁰. 如果不带宾语，亦可说"我拢钓无"。
东山	小张昨昏钓了一尾大鱼，我拢钓无。 sio⁴⁴ tiõ⁴⁴ tsa³³ huĩ⁴⁴ tiɔ⁵¹ liau⁴⁴ tsit⁴¹ bue⁴⁴ tua²² hi²¹³, gua↑⁵ loŋ⁴⁴ tiɔ⁵¹ bo²¹³.
云霄	小张昨昏钓着一尾大鱼，我无钓着。 sio⁵⁵ tiũ⁵⁵ tsa²¹ huĩ⁵⁵ tiɔ²² tiɔʔ⁰ tsit²¹ bue⁵⁵ tua²¹ hi³², gua⁵³ bo³³ tiɔ²² tiɔʔ⁰.
诏安	小张昨日钓一尾大鱼，我钓无半尾。 siau²⁴ tiõ⁴⁴ tsa²² dzit¹³ tiõ⁵³ tsit³² bue²⁴ tua³¹ hɯ²⁴, ua⁵³ tiõ⁵³ bo²² puã⁵³ bue⁵³.
龙岩	［前一］日小张仔钓着一尾鱼仔僫大尾，我无钓着。 tɕiɛ̃¹¹ lit³² ɕio²¹ tiõ⁵⁵ uã²¹ tiõ²¹³ lo²¹ tɕiɛt³² gue²¹ xi¹¹ ia²¹ pai⁴² tua³³ gue²¹, gua²¹ bo¹¹ tiõ²¹³ lo²¹.
漳平	小张隔冥日钓咯一尾大鱼，我唔无钓咯鱼。 siau²¹ tiõ³⁵ kɛ³³ mẽ³³ liet⁵ tiõ⁵³ lɔ⁰ tsiet²¹ bue²¹ tua³³ hi³³, gua⁵³ m⁰ bɔ³³ tiõ⁵³ lɔ⁰ hi³³.
大田城关	昨晡小张钓了一尾大鱼，我一尾都无钓了。 tsaʔ⁵ bu³³ siɤ²⁴ tiŋ³³ ciɔ³¹ lɤ⁰ tseʔ³ bue⁵³ tua³³ hi²⁴, bua⁵³ tseʔ³ bue⁵³ tɤ³³ bɤ³³ ciɔ³¹ lɤ⁰.
大田广平	小张昨冥大鱼钓一尾啊，我都无钓倒。 sio²⁴ tioŋ³³ tʃʰiɐ³¹ bẽ²⁴ tua²² dʒy²⁴ tiu³¹ ʃiɛ²² gui³¹ dʒiɐ⁰, gua⁵¹ to²² bɯ²² tiu³³ tɯ⁵¹.
霞浦三沙	小张昨晡日钓了一条大鱼，我无钓着。 sieu³⁵ tyoŋ²¹ tsa²¹ bo²¹ li²⁴ tieu²¹ lo⁰ tseʔ²¹ tiau²¹ tua⁴⁴ y³⁵, ua⁴² bo²¹ tieu²¹ tioʔ²⁴.
福鼎沙埕	小张昨日钓一尾大鱼着，我无钓着。 sieu⁴⁴ liũ⁴⁴ tsɔ²¹ ziet²⁴ tieu²¹ tsiet²¹ bə²⁴ tua²¹ xɯ²⁴ tieu⁵³, gua⁵³ bo²¹ tieu³³ tieu²⁴.
建瓯	小张隔冥钓了一头大鱼，我未曾钓到。 siau²¹ tioŋ⁵⁴ ka⁵⁵ maŋ³³ tiau³³ lɔ³³ tsi³³ tʰe³³ tuɛ⁵⁵ ŋy³³, uɛ⁴² mi⁵⁵ naiŋ²¹ tiau³³ tau³³.
建阳	小张岭⁼冥钓了一条大鱼，我曾钓到。 siɔ²¹ tioŋ⁵¹ liaŋ⁴¹ maŋ⁴¹ tiɔ³³ lo⁰ tsi⁴ ciɔ³³ tue⁴⁴ ŋy³³, ue⁴¹ naiŋ⁴¹ tiɔ⁵⁵ tau²¹.
政和	小张昨冥钓了一头大鱼，我唔曾能钓到。 sio²¹³ tioŋ⁵³ tsʰaŋ⁴² maŋ⁴² tiɔ⁴² lo²¹³ tsi⁴² tʰɛ³³ tuɛ⁵⁵ ŋy³³, uɛ⁴² eiŋ⁵⁵ naiŋ²¹ tiɔ⁴² to⁴².

续表

	0001 小张昨天钓了一条大鱼，我没有钓到鱼。
松溪	小张昨冥钓了一尾大鱼，我蹭钓有。 sio²²³ tioŋ⁵³ tsaŋ²¹ maŋ⁴⁴ tio²² lo⁰ tsi²² muɛi²²³ tua⁴⁵ ŋy⁴⁴，ŋua⁴² naŋ²¹ tio²² iu²².
武夷山	小张昨冥钓到一条大鱼，我蹭钓到。 siu³¹ tyoŋ⁵¹ laŋ³³ maŋ³³ tiu³³ lɛi³¹ tsi²² tiu³³ tuai⁵⁵ ŋəu³³，ŋuai⁵¹ naiŋ²² tiu²² tau³¹.
浦城石陂	小张昨冥钓倒个尾大鱼，我蹭钓倒。 ɕiaɯ²¹ tiŋ⁵³ dzaŋ⁴² maŋ⁴² tiaɯ³³ tɔ²¹ kɵ⁵³ mɵ³³ tuaɛ⁴⁵ ŋy³³，ɦuaɛ⁴² naiŋ⁴² tiaɯ³³ tɔ²¹.
南平夏道	小张前冥钓了一头大鱼，我一头都无钓来。 ɕio⁵⁵ tioŋ¹¹ tsʰaŋ¹¹ maŋ⁵⁵ tio²⁴ lo⁰ tɕi¹¹ tʰau⁵⁵ tua³³ ŋy⁵⁵，ŋua³³ tɕi¹¹ tʰau⁵⁵ tu¹¹ mo⁵⁵ tio³³ lɛ⁵⁵.
顺昌	小张昨冥钓了个尾大鱼，我唔蹭钓到鱼。 siau³¹ tiɔ̃⁴⁴ tsʰɔ̃³³ mɔ̃³³ tiau³⁵ lɔ⁰ ka³⁵ muɛ³³ tʰa⁵¹ ŋi¹¹，ŋa³¹ ŋ³¹ lẽ³¹ tiau⁵⁵ to³¹ ŋi¹¹.
将乐	晴⁼瞑小张钓咯个行大鱼，我唔曾钓着。 tsʰĩŋ²² miãŋ²² siau²¹ tiɔ̃⁵⁵ tiau³²⁴ lo²¹ kaʔ⁵ xãŋ²² tʰæ²² ŋue²²，ŋæ⁵¹ ŋ²² ŋãŋ²¹ tiau³²⁴ tau²¹.
光泽	小张昨冥钓了个隻大鱼，伉冇钓到鱼。 ɕiɛu⁴⁴ tɕiɔŋ²¹ tʰɔ⁴¹ maŋ²² tiɛu³⁵ lɛ⁰ kɛi³⁵ tɕia⁴¹ hai⁵⁵ ŋɛ²²，haŋ⁴¹ mau³⁵ tiɛu³⁵ tau⁰ ŋɛ²².
邵武	小张昨冥钓到个行大鱼儿，伉冇钓到。 siau⁵⁵ tioŋ²¹ tʰo³⁵ maŋ⁰ tiau²¹ tau⁵⁵ kəi²¹ haŋ³³ hai³⁵ ŋ³³ ŋə⁰，haŋ³⁵ mau⁵⁵ tiau²¹ tau⁵⁵.
三明	小张昨冥钓个条大鱼，我唔能钓着鱼。 siɯ¹² tiɐm⁴⁴ tsʰɔ̃³¹ mɔ̃⁵¹ tiɯ³³ kɒ⁴³ to⁵¹ tɒ⁴³ ŋy⁵¹，ŋu⁴⁴ ɔ̃⁴⁴ nɛ̃⁵¹ tiɯ³³ tiɯ³¹ ŋy⁵¹.
永安	小张昨冥钓有寡条大鱼，我唔□钓有鱼。 ʃiɯ³³ tiam⁵² tsʰõ³³ mõ³³ tiɯ²⁴ iau³³ kuɒ²¹ to³³ tɒ²⁴ ŋy³³，ŋuɒ⁵² ã²⁴ ko²¹ tiɯ²⁴ iau²¹ ŋy³³.
沙县	小张昨冥钓个头大鱼，我都无钓着鱼。 ʃio⁵⁵ tiŋ³³ tsʰɔ̃⁴⁴ mɔ̃³¹ tio²⁴ ka²¹ tʰau³¹ tua²¹ gy³¹，gua³³ tu³³ bo³³ tio²⁴ tiɔ²¹ gy³¹.

续表

	0001 小张昨天钓了一条大鱼，我没有钓到鱼。
长汀	小张昨晡钓到哩一隻大鱼，我唔曾钓到鱼。 siɒ²⁴ tʃoŋ³³ tsiɒ³³ pu³³ tiɒ⁴² tɒ²¹ le³³ i³³ tʃa³³ tʰai⁴² ŋe²⁴，ŋai³³ ŋ²¹ tsʰeŋ²⁴ tiɒ⁴² tɒ²¹ ŋe²⁴.
连城	小张昨日钓咯一条大鱼，我唔曾钓了鱼。 siau²¹ tʃoŋ³³ tsʰa⁵⁵ ŋi³⁵ tiau⁵³ loʰi⁵⁵ tʰiau²² tʰa⁵⁵ ŋuɛ²²，ŋa⁵³ ŋ⁵⁵ tsʰaiŋ²² tiau²¹ liau²¹ ŋuɛ²².
上杭	小张昨晡钓了一行大鱼哩，我唔曾钓到鱼哩。 ɕiɛ³¹ tsoŋ⁴⁴ tɕʰɔi²¹ pɯ⁴⁴ tiɔ³⁵³ lɛ³¹ iʔ³² hoŋ²¹ tʰa⁵¹ ŋei²¹ lɛ⁴⁴，ŋa²¹ ŋ²¹ tsɛ̃²¹ tiɔ³⁵³ tɔu³¹ ŋei²¹ lɛ⁴⁴.
武平	昨晡小张钓矣一隻大鱼子，我唔曾钓到。 tsʰiɑʔ³ pu²⁴ siɔ²¹ tsoŋ²⁴ tiɔ⁴⁴ i²² iʔ³ tsaʔ³ tʰa⁴² ŋi²² tsɿ⁴²，ŋɑ²⁴ ⁴² ŋiɛŋ²² tiɔ⁴⁴ tɔ⁴⁵¹.
永定	昨晡日小张钓哩一行大鱼，我唔曾钓到。 tɕʰia³¹ pu²⁴ ȵie³² ɕiəu³¹ tsɔ̃²⁴ tiəu⁵² liʰieʔ⁵ xaŋ²² tʰai³¹ ŋei²²，ŋai²² m²⁴ ȵiɛ̃²² tiəu⁵⁵ tɔu³¹.
明溪	小张昨冥钓了个行大鱼，我𡘫钓到鱼。 siau⁴¹ tsoŋ⁴⁴ tsʰa³¹ maŋ³¹ tiau²⁴ lɤ⁰ kɤ⁵⁵ xaŋ³¹ tʰa⁵⁵ ŋø³¹，ue⁴¹ maŋ³¹ tiau²⁴ tau³¹ ŋø³¹.
清流	小张昨日钓哩一枚大鱼，我𡘫钓到鱼。 siɔ²¹ tsaŋ³³ tsʰo³² ŋi⁵⁵ tiɔ³⁵ liʰie²¹ mɛ²³ tʰa³² ŋə²³，ŋa³³ maŋ²³ tiɔ³⁵ tɔ³⁵ ŋə²³.
宁化	昨日小张钓到一枚大鱼，我𡘫钓到鱼。 tsʰo⁴² i⁴² ɕiau³¹ tsɔŋ⁴⁴ tiau²¹² tau²¹² i⁵ mə²⁴ tʰa⁴² ŋə⁴⁴，ŋa³⁴ mɒŋ²⁴ tiau²¹² tau²¹² ŋə²⁴.
新罗客家	昨晡合小张一下钓鱼哩，渠钓到一行贼大，我连一行都冇。 tsəu⁴⁴ pʰɯəʔ⁵ koʔ⁵ siɔ²¹ tsiɔ⁴⁴ iʔ⁵ xo⁴¹ ta²¹ ŋɚ³⁵ li⁴⁵³，tu⁵⁵ ta²¹ təu²¹ iʔ⁵ xõ⁴⁴ tsʰeiʔ⁵ tʰa⁴⁵³，ŋa³⁵ liẽ⁵⁵ iʔ⁵ xõ⁵⁵ təu⁵⁵ məu³⁵.
平和客家	小张昨日钓了一尾大鱼，我冇钓到鱼。 seu³³ tʃɔŋ⁵⁵ tʃʰa³³ ŋit²³ tiau³¹ liau⁰ itʰ⁵³ mui³¹ tʰai³³ m³⁵，ŋai³⁵ mɔ³³ tiau³¹ tɔ³¹ m³⁵.
诏安客家	小张昨日钓了一尾大鱼，我钓冇。 sieu⁴⁵ tʃiɔŋ²² tsʰa³¹ ŋit²³ tɛu³¹ lɛu³¹ zit⁵ mui³¹ tʰai²² m⁵³，ŋai⁵³ tɛu²² mɔu⁵³.

续表

	0001 小张昨天钓了一条大鱼，我没有钓到鱼。
泰宁	小张仓˭日钓了个大鱼，伉有曾钓到鱼。 ɕiau³⁵ tioŋ³¹ tʰoŋ²² ni³³ tiau⁵¹ lə⁰ kə⁵¹ hai²¹ nə³⁵，haŋ²¹³ mo²¹ noŋ³³ tiau⁵¹ tau²¹ nə³³.
建宁	昨家小张钓到一隻大鱼，我嬒钓到。 tʰok⁵ ka⁵⁵ siau²¹ toŋ³⁴ tiau²¹ tau⁵⁵ it²¹ tak⁵ hai²⁴ ŋə⁵⁵，ŋa⁵⁵ maŋ³⁵ tiau²¹ tau⁵⁵. 后半分句接受度最高的是不带宾语句，若一定要加宾语，则位于句末。
浦城城关	小张昨冥钓了介条大鱼，我无钓到鱼。 ɕiɑo⁴⁴ tɕiaŋ³⁵ tsa²¹ mãi²⁴ liao⁴²³ le⁰ ka⁴⁴ tiao²⁴ ta²¹ ŋe²⁴，ɑ⁵⁴ muo²⁴ liao⁴²³ lao⁴⁴ ŋe²⁴.
南平延平	小张昨日钓了一条大鱼，我没钓着。 ɕiau⁵³ tɕiæ̃³³ tso³¹ i̯⁵⁵ tiau³⁵ lɤ⁰ i⁵⁵ tʰiau²¹ ta⁵⁵ y³¹，ŋo²⁴ me³³ tiau³⁵ tɕyoʔ³.

	0002a. 你平时抽烟吗？　　b. 不，我不抽烟。
福州	a. 平常汝有食薰无？b. 无，我无食薰。 a. paŋ^{33} suoŋ^{52} ny^{33} ou^{21} sie^{55} xouŋ^{55} mo^{0}? b. mo^{52}, ŋuai^{33} mo^{55} lie^{55} xouŋ^{55}.
闽侯	a. 平常汝有食薰无？b. 无，我无食薰。 a. paŋ^{33} suoŋ^{53} ny^{33} ou^{24} sie^{55} ouŋ^{55} mo^{0}? b. mo^{53}, ŋuai^{33} mo^{33} lie^{33} ouŋ^{55}.
长乐	a. 汝平常有食薰无？b. 无，我无食薰。 a. ny^{22} paŋ^{22} suoŋ^{53} ou^{21} sie^{55} xouŋ^{55} mo^{53}? b. mo^{53}, ŋui^{22} mo^{55} lie^{55} xouŋ^{55}.
连江	a. 汝平常阿无食薰啊？b. 无，我无食。 a. ny^{33} paŋ^{21} syøŋ^{51} a^{21} mo^{51} sieʔ^{21} hoŋ^{55} a^{0}? b. mo^{51}, ŋui^{33} mo^{55} lieʔ^{5}.
罗源	a. 汝平时阿无食薰？b. 无，我无食薰。 a. ny^{21} paŋ^{21} θi^{31} a^{22} mɔ^{21} θia^{24} xuoŋ^{42}? b. mɔ^{31}, ŋui^{21} mɔ^{21} liaʔ^{24} xuoŋ^{42}.
福清	a. 汝平时间有无食薰？b. 无，我无食薰。 a. ny^{31} piŋ^{44} θi^{44} kaŋ^{53} u^{21} mo^{44} θia^{44} xoŋ^{53}? b. mo^{44}, ŋua^{31} mo^{44} lia^{44} xoŋ^{53}.
平潭	a. 汝平时有食薰无？b. 无，我无食薰。 a. ly^{31} piŋ^{44} θi^{44} u^{0} θia^{44} oŋ^{51} mo^{44}? b. mo^{44}, ŋua^{31} mo^{44} ðia^{51} xoŋ^{51}.
永泰	a 汝平常有食薰无？b 无，我无食薰。 a. ny^{32} paŋ^{44} suoŋ^{353} u^{21} sieʔ^{5} houŋ^{44} mo^{44}? b. mo^{353}, ŋuoi^{32} mo^{21} lieʔ^{5} houŋ^{44}.
闽清	a. 汝平常有食薰无？b. 无，我未食。 a. ny^{32} paŋ^{32} suoŋ^{353} u^{44} sie^{44} houŋ^{44} mɔ^{44}? b. mɔ^{353}, ŋuai^{31} mui^{44} lieʔ^{5}.
古田	a. 汝平时间有食薰无？b. 无，我无食薰。 a. ny^{42} piŋ^{33} ni^{33} kaŋ^{55} u^{33} siek^{33} houŋ^{55} mɔ^{33}? b. mɔ^{33}, ŋuai^{42} mɔ^{33} siek^{33} houŋ^{55}.
屏南	a 汝平时有食薰无？b 无，我无食薰。 a. ny^{41} peŋ^{44} se^{22} u^{44} sia^{44} houŋ^{44} mɔ^{44}? b. mɔ^{22}, ŋuai^{41} mɔ^{22} sia^{44} houŋ^{44}.
宁德	a. 汝平时有无食薰？b. 无，我无食薰。 a. ny^{41} piŋ^{11} sei^{11} ou^{411} mɔ^{33} sia^{33} xɔuŋ^{33}? b. mɔ^{11}, ua^{41} mɔ^{11} lia^{33} xɔuŋ^{33}.
霞浦城关	a. 汝平素有食薰无？b. 无，我无食薰。 a. ny^{42} piŋ^{21} nu^{35} u^{44} θia^{44} houŋ^{44} mɔ^{21}? b. mɔ^{21}, ua^{42} mɔ^{21} θia^{44} houŋ^{44}.
福安	a. 汝平素有食薰未？b. 无，我无食薰。 a. ni^{41} piŋ^{21} nou^{35} ou^{44} sei^{44} xɔuŋ^{44} mɔi^{44}? b. mɔ^{21}, ŋo^{41} mɔ^{21} sei^{44} xɔuŋ^{331}.

续表

	0002a. 你平时抽烟吗？ b. 不，我不抽烟。
柘荣	a. 汝平常有喫薰无？ b. 无，我无喫薰。 a. ny⁵³ piŋ²¹ θyɔŋ²¹ u⁴⁴ tsʰia⁴⁴ xɔŋ⁴² mɔ²¹? b. mɔ²¹, ŋua⁵³ mɔ²¹ tsʰia⁴⁴ xɔŋ⁴².
周宁	a. 汝闲辰候有无食薰？ b. 未，我未食薰。 a. ny⁴² ɛn²¹ sɛn²¹ nau²¹³ o⁴⁴ mɔ²¹ siɛ⁴⁴ xɔn⁴⁴? b. mui²¹³, ua⁴² mui⁴⁴ iɛ⁴⁴ xɔn⁴⁴.
寿宁	a. 汝平时□薰未？ b. 无，我未□薰。 a. ny⁴² piŋ²¹ si²¹ pʰɔ³³ xoŋ³³ muoi²³? b. mɔ²¹, ua⁴² muoi³³ pʰɔ³³ xouŋ³³.
福鼎城关	a. 汝平常时有食薰无？ b. 无，我无食薰。 a. ni⁵⁵ piŋ³³ sioŋ³³ si²¹ u³³ siaʔ³ xuŋ³⁵ mo²¹? b. mo²¹, ua⁵⁵ mo²¹ siaʔ³ xuŋ³⁵.
尤溪	a. 你平时有食薰无？ b. 无，我无食。 a. ne⁵⁵ piŋ³³ ɕi¹² iu⁵⁵ ɕia³³ xɤŋ³³ mo⁰? b. mo¹², ŋua⁵⁵ mo³³ ɕia³³.
莆田	a. 汝平时有食薰无？ b. 无，我无食薰。 a. ty⁴⁵³ piŋ¹¹ ni²⁴ u¹¹ ɬia¹¹ øŋ⁵³³ po²⁴? b. po²⁴, kua⁴⁵³ po¹¹ ɬia¹¹ øŋ⁵³³.
涵江	a. 汝平常时有食薰无？ b. 无啊，我无食薰。 a. typ⁴ pin²¹ nɒn²¹ ni¹³ ut¹ ɬia²¹ om⁵⁵ po⁰? b. po¹³ a⁰, kuap⁴ po²¹ ɬia²¹ oŋ⁵³³.
仙游城关	a. 汝平时有食薰无？ b. 无，我无食。 a. typ²³ pin²¹ ni²⁴ ut² ɬia²¹ om⁵⁵ po⁰? b. po²⁴, kuap²³ po²¹ ɬia²⁴.
仙游枫亭	a. 汝平时有食薰无？ b. 无，我无食薰。 a. li⁴⁵³ piŋ¹¹ ni²⁴ u¹¹ ɬia¹¹ uɤŋ⁵³³ pɤɯ²⁴? b. pɤɯ²⁴, kua⁴⁵³ pɤɯ¹¹ ɬia¹¹ uɤŋ⁵³³.
厦门	a. 汝平时有点薰无？ b. 无，我无点薰。 a. li⁵³ piŋ²² si²⁴ u²¹ tiam⁴⁴ hun⁴⁴ bo⁰? b. bo²⁴, gua⁵³ bo²² tiam⁴⁴ hun⁴⁴.
同安	a. 汝平时有食薰无？ b. 无，我无食薰。 a. lɯ⁴² piŋ¹¹ si²⁴ u¹¹ tsiaʔ¹¹ hun⁴⁴ bo⁰? b. bo²⁴, gua⁴² bo¹¹ tsiaʔ¹¹ hun⁴⁴.
泉州鲤城	a. 汝有烧薰无？ b. 无，我无烧。 a. lɯ⁵⁵ u²² sio³³ hun³³ bo⁰? b. bo²⁴, gua⁵⁵ bo²² sio³³.
泉州洛江	a. 汝有烧薰无？ b. 我无，无烧薰。 a. li⁵⁵ u²² sio⁵⁵ hun³³ bo⁰? b. gua⁵⁵ bo²⁴, bo²² sio⁵⁵ hun³³.
南安	a. 汝平时有烧薰无？ b. 无，我无烧。 a. lɯ⁵⁵ piŋ²² si²⁴ u²² sio³³ hun³³ bo⁰? b. bo²⁴, gua⁵⁵ bo²² sio³³.

续表

	0002a. 你平时抽烟吗？ b. 不，我不抽烟。
晋江	a. 汝平时有点薰无？ b. 无，我无点。 a. li^{55} piŋ^{22} si^{24} u^{22} tiam^{24} hun^{33} bə^{0}? b. bə^{24}, gua^{55} bə^{22} tiam^{55}.
石狮	a. 汝平时有点薰无？ b. 无，我无点。 a. li^{55} piŋ^{22} si^{24} u^{22} tiam^{24} hun^{33} bə^{0}? b. bə^{24}, gua^{55} bə^{22} tiam^{55}.
惠安	a. 汝闲时有食薰无？ b. 无，我无食。 a. lɯ^{42} uĩ^{33} si^{25} u^{21} tsiaʔ^{2} hun^{33} bo^{0}? b. bo^{25}, gua^{42} bo^{33} tsiaʔ^{34}.
安溪	a. 汝烧薰无？ b. 无，我无烧薰。 a. lɯ^{22} sio^{33} hun^{55} bo^{0}? b. bo^{24}, gua^{53} bo^{22} sio^{33} hun^{55}.
永春	a. 汝平时烧薰无？ b. 无，我无烧。 a. lɯ^{53} piŋ^{22} si^{24} sio^{22} hun^{44} bo^{0}? b. bo^{24}, gua^{53} bo^{22} sio^{44}.
德化	a 汝烧薰无？ b 无，我无烧。 a. lɯ^{35} sio^{22} hun^{13} bo^{0}? b. bo^{44}, gua^{35} bo^{31} sio^{13}.
漳州	a. 汝平时有食薰无？ b. 无，我无食薰。 a. li^{53} piŋ^{22} si^{13} u^{21} tsia^{21} hun^{34} bo^{0}? b. bo^{13}, gua^{53} bo^{22} tsia^{21} hun^{34}.
龙海	a. 汝平常时敢有食薰？ b. 无，我无点。 a. liʔ^{4} piŋ^{33} siaŋ^{33} si^{312} kã^{34} u^{41} tsia^{41} hun^{34}? b. bo^{312}, guaʔ^{4} bo^{33} tiam^{52}.
长泰	a. 汝平时敢有食薰？ b. 无，我无食。 a. li^{53} peŋ^{22} si^{24} kã^{44} u^{21} tsia^{21} hun^{44}? b. bɔ^{24}, gua^{53} bɔ^{22} tsiaʔ^{33}.
华安	a. 汝平时点薰无？ b. 无，我无点薰。 a. li^{53} piŋ^{22} si^{232} tiam^{55} hun^{55} bo^{232}? b. bo^{232}, gua^{53} bo^{22} tiam^{55} hun^{55}.
南靖	a. 汝平时点薰无？ b. 无，我无点薰。 a. li^{44} piŋ^{22} si^{323} tiam^{44} hun^{34} bo^{0}? b. bo^{323}, gua^{44} bo^{22} tiam^{44} hun^{34}.
平和	a. 汝平时敢有食薰？ b. 无，我无食薰。 a. li^{52} piŋ^{22} si^{23} kã^{23} u^{21} tsiaʔ^{21} hun^{34}? b. bo^{23}, gua^{52} bo^{22} tsiaʔ^{21} hun^{34}.
漳浦	a. 汝平时仔敢八食薰？ b. 无，我唔八食。 a. li^{43} pʰioŋ^{33} si^{13} a^{0} kã^{43} bat^{4} tsia^{21} hun^{43}? b. bɔ^{421}, guaʔ^{2} m^{21} bat^{4} tsiaʔ^{212}. 也有人习惯说"汝平时仔敢有食薰？无，我无食薰。"

续表

	0002 a. 你平时抽烟吗？ b. 不，我不抽烟。
东山	a. 汝平常敢有食薰？b. 无，我无食薰。 a. liʔ⁵ pʰeŋ³³ siaŋ²¹³ kã⁴⁴ u²² tsia²² hun⁴⁴？b. bo²¹³，guaʔ⁵ bo³³ tsia²² hun⁴⁴.
云霄	a 汝平时仔有食薰啊无？b. 我无食。 a. li⁵³ pʰian³³ si³³ a⁵³ u²¹ tsia²¹ hun⁵⁵ a⁰ bo⁰？b. gua⁵³ bo³² tsiaʔ⁰.
诏安	a. 汝平时有食薰无？b. 我无食薰。 a. lɯ⁵³ pʰiŋ²⁴ si²⁴ u³¹ tsia³¹ hun⁴⁴ bo⁰？b. ua⁵³ bo²² tsia³¹ hun⁴⁴.
龙岩	a. 平时汝有食薰仔吗？b. 无，我无食薰仔。 a. pʰin¹¹ ɕi¹¹ li²¹ u¹¹ tsa¹¹ xun⁵⁵ nã²¹ ba²¹？b. bo¹¹，gua²¹ bo¹¹ tsa¹¹ xun⁵⁵ nã²¹.
漳平	a. 你平时有食薰无？b. 无，我无食薰。 a. li⁵³ pʰin³³ si³³ u²¹ tsia²¹ huen³⁵ bɔ⁰？b. bɔ³³，gua⁵³ bɔ²¹ tsia²¹ huen³⁵.
大田城关	a. 汝平时八食薰无啦？b. 无哦，我无食薰。 a. li⁵³ peŋ³³ si²⁴ baʔ³ tsia⁵³ hueŋ³³ bɤ⁰ la⁰？b. bɤ²⁴ ɔ⁰，bua⁵³ bɤ⁵³ tsia⁵⁵ hueŋ⁰.
大田广平	a. 汝平时食薰无啊？b. 我无食。 a. li⁵¹ pe²² sɯ²⁴ ʃia²² hue³³ bɯ⁰ a⁰？b. gua⁵¹ bɯ²² ʃia⁴⁵.
霞浦三沙	a. 汝平时有食薰无？b. 无，我无食。 a. ny⁴² piŋ²¹ si³⁵ u²¹ tsiaʔ²⁴ hɔŋ⁴² bo²¹？b. bo³⁵，ua⁴² bo²¹ tsiaʔ²⁴.
福鼎沙埕	a. 汝平时有无食薰？b. 无，我无食薰。 a. lɯ⁵³ pien²¹ si²⁴ u⁰ bo²¹ tsiat²¹ xuən⁴⁴？b. bo²⁴，gua⁵³ bo²¹ tsiat²¹ xuən⁴⁴.
建瓯	a. 你平时𠲿烟未螥？b. 未螥。 a. ni⁴² paiŋ²¹ si³³ iɛ⁴² iŋ⁵⁴ mi⁵⁵ naiŋ²¹？b. mi⁵⁵ naiŋ²¹.
建阳	a. 你闲时有𠲿烟无？b. 螥，我螥𠲿烟。 a. nɔi⁴¹ xaiŋ³³ si⁴¹ iu²¹ jie⁴ jieiŋ⁵¹ mo⁴¹？b. naiŋ⁴¹，ue⁴¹ naiŋ⁴¹ jie⁴ jieiŋ⁵¹.
政和	a. 你平时𠲿烟酒唔螥？b. 我唔螥𠲿。 a. ni⁴² peiŋ²¹ si³³ iɛ⁴² iŋ⁵³ tsiu²¹³ eiŋ⁵⁵ naiŋ²¹？b. uɛ⁴² eiŋ⁵⁵ naiŋ²¹ iɛ⁴².
松溪	a. 你平时𠲿烟螥？b. 螥，我螥𠲿。 a. niɛ⁴² peiŋ²¹ si²² iɛ⁴² iŋ⁵³ naŋ²¹？b. naŋ²¹，ŋua⁴² naŋ²¹ iɛ⁴².
武夷山	a. 你平常抽烟螥？b. 我螥抽烟。 a. nɛi⁵¹ ueiŋ³³ syoŋ³³ tsʰiu⁵¹ iŋ⁵¹ naiŋ²²？b. ŋuai⁵¹ naiŋ²² tsʰiu⁵¹ iŋ⁵¹.

续表

	0002a. 你平时抽烟吗？　b. 不，我不抽烟。
浦城石陂	a. 你馇烟𪢮？b. 我𪢮馇烟。 a. ni⁴² ɦie⁴² iŋ⁵³ naiŋ⁴²？b. ɦuaɛ⁴² naiŋ⁴² ɦie⁴² iŋ⁵³.
南平夏道	a. 汝平常有食洋烟无？b. 无，我无食洋烟。 a. ny¹¹ piaŋ¹¹ ɕioŋ⁵⁵ iu³³ ɕiɛ⁵⁵ ioŋ¹¹ eiŋ¹¹ mo⁵⁵？b. mo⁵⁵，ŋua¹¹ mo¹¹ ɕiɛ⁵⁵ ioŋ¹¹ eiŋ¹¹.
顺昌	a. 你平时食烟吗？b. 唔食，我唔食烟。 a. lɛ³¹ pʰiŋ¹¹ ʃi¹¹ ʃeʔ⁵ ŋẽ⁴⁴ ma⁰？b. ŋ³¹ ʃe⁵，ŋa³¹ ŋ³¹ ʃeʔ⁵ ŋẽ⁴⁴.
将乐	a. 你食烟么？b. 冇，我唔食烟。 a. le²¹ ʃiʔ⁵ iɛ⁵⁵ moʔ⁵？b. mau³²⁴，ŋæ²¹ ŋ⁵⁵ ʃiʔ⁵ iɛ̃⁵⁵.
光泽	a. 儇平时食烟吗？b. 伉唔食烟。 a. hiən⁴¹ pʰin²² ɕi²² ɕie⁴¹ iən²¹ ma⁵⁵？b. haŋ²¹ m⁵⁵ ɕie⁴¹ iən²¹.
邵武	a. 儇平常食烟么？b. 伉唔食烟。 a. hien³⁵ pʰin³³ ɕioŋ³³ ɕie³⁵ ien²¹ mo⁰？b. haŋ³⁵ ŋ⁵⁵ ɕie³⁵ ien²¹.
三明	a. 你平时馇烟无？b. 无，我无馇烟。 a. ŋi⁴⁴ pã³¹ sɿ⁵¹ iɛ³¹ iã⁴⁴ mau⁰？b. mau⁵¹，ŋu⁴⁴ mau⁵¹ iɛ³¹ iã⁴⁴.
永安	a. 你平时馇烟么？b. 无，我无馇。 a. ŋi⁵² pã³³ sɿ³³ iɛ²¹ iɛ̃i⁵² me⁰？b. mau³³，ŋuŋ⁵² mau³³ iɛ⁵⁴.
沙县	a. 你平时有馇洋烟无？b. 无，我无馇洋烟。 a. gi³³ pɛiŋ⁴⁴ sɿ³¹ iu⁵⁵ iɛ²¹ iŋ⁴⁴ iẽ³³ bo⁰？b. bo³¹，gua³³ bo³¹ iɛ²¹ iŋ⁴⁴ iẽ³³. "平时"也可说"平常"。 a. 你平时馇洋烟唔？b. 唔馇，我唔馇洋烟。 a. gi³³ pɛiŋ⁴⁴ sɿ³¹ iɛ²¹ iŋ⁴⁴ iẽ³³ ŋ²⁴？b. ŋ²⁴ iɛ⁵³，gua³³ ŋ²⁴ iɛ²¹ iŋ⁴⁴ iẽ³³. "平时"也可说"平常"。
长汀	a. 尔平时食唔食烟？b. 冇，我唔食烟。 a. ni⁴² pʰeŋ³³ ʃʅ²⁴ ʃʅ²¹ ŋ³³ ʃʅ⁴² iŋ³³？b. mo²⁴，ŋai³³ ŋ²⁴ ʃʅ⁴² iŋ³³.
连城	a. 尔平时食烟冇？b. 冇，我唔食烟。 a. ŋi⁵³ pʰaiŋ²² ʃɯə²² ʃɯə²¹ ie⁴³³ mau²²？b. mau²²，ŋa⁵³ ŋ⁵⁵ ʃɯə²¹ ie⁴³³.
上杭	a. 儇平时食烟吗？b. 冇，我唔曾食烟。 a. hŋ²¹ pʰəŋ²¹ sɿ²¹ ɕiʔ³⁵ iɛ̃⁴⁴ mɒ²¹？b. mɔu²¹，ŋa²¹ ŋ²¹ tsʰɛ̃²¹ ɕiʔ³⁵ iɛ̃⁴⁴.

续表

	0002a. 你平时抽烟吗？ b. 不，我不抽烟。
武平	a. 儇有冇食烟唉？b. 冇，我唔食烟。 a. hŋ⁴² iu⁴² mɔ²² sɿ²ʔ⁴ iaŋ²⁴ ɛ²⁴? b. mɔ²², ŋɑ²⁴ ŋ⁴² sɿ²ʔ⁴ iaŋ²⁴.
永定	a. 尔平时食烟冇？b. 冇，我唔曾食烟。 a. ŋ²² pʰeŋ²² sɿ²² seiʔ⁵ iɛ̃²⁴ mɔu⁵⁵? b. mɔu²², ŋai²² m²⁴ ȵiɛ̃²² seiʔ⁵ iɛ²⁴.
明溪	a. 你平时食烟吗？b. 孹，我唔食烟。 a. le⁴¹ pʰeŋ³¹ ʃɿ³¹ ʃɿ⁵⁵ ieŋ⁴⁴ ma²⁴? b. maŋ³¹, ue⁴¹ ŋ⁰ ʃɿ⁵⁵ ieŋ⁴⁴.
清流	a. 尔平时有食烟孹？b. 冇，我孹食烟。 a. ŋi³³ pʰeŋ²³ sɿ²³ iə³³ ʃie⁵⁵ eŋ³³ maŋ²³? b. mɔ²³, ŋa³³ maŋ²³ ʃie⁵⁵ eŋ³³.
宁化	a. 尔平时抽烟冇？b. 不，我不食烟。 a. i³⁴ pʰiŋ²⁴ sɿ⁴² tsʰɐɯ⁴⁴ ieŋ⁴⁴ mau⁰? b. pə⁵, ŋa³⁴ pə⁵ sɿ⁴² ieŋ⁴⁴.
新罗客家	a. 尔平时有冇食烟？b. 冇，唔曾食。 a. ni³⁵ pʰiŋ³⁵ ʃɿ⁵⁵ iu⁵⁵ məu⁵⁵ ʃʅt³ iẽ⁴⁴? b. məu³⁵, ŋ⁴⁴ tʃʰiẽ⁵⁵ ʃʅt³.
平和客家	a. 儇平时食薰吗？b. 冇，我冇食薰。 a. heŋ³⁵ piŋ³³ çi³⁵ çie³¹ fun³³ ma³³? b. mɔ³⁵, ŋai³⁵ mɔ³³ çie³¹ fun³³.
诏安客家	a. 儇平时食薰冇？b. 冇，我冇食薰。 a. hen⁵³ pʰin²² ʃi⁵³ ʃet³ fun²² muɔ⁰? b. mɔu⁵³, ŋai⁵³ mɔu²² ʃet³ fun²².
泰宁	a. 尔平时食烟冇？b. 冇，伉唔食烟。 a. ŋ³⁵ pʰən³³ çi³³ çi³¹ ien³¹ mo³³? b. mo³⁵, haŋ²¹³ ŋ³⁵ çi³¹ ien³¹.
建宁	a. 尔平常有食烟冇？b. 冇，我孹食烟。 a. ŋ⁵⁵ pʰiŋ²⁴ tsʰaŋ²⁴ iu²¹ sik⁵ ien³⁴ mo⁵⁵? b. mo²⁴, ŋa⁵⁵ maŋ²⁴ sik⁵ ien³⁴.
浦城城关	a. 侬平时咥烟吗？b. 无，我唔咥烟。 a. noŋ⁵⁴ peŋ⁵³ çi²⁴ lie³² iãi³⁵ ma⁰? b. muo²⁴, ɑ⁵⁴ ŋ⁴⁴ lie³² iãi³⁵.
南平延平	a. 你平时有没吃烟啊？b. 不，我没有吃烟。 a. li²⁴² pʰiŋ³¹ sɿ²¹ iu⁵³ me²¹ tɕʰi⁵⁵ ieŋ³³ a⁵⁵? b. pu³¹, ŋo²⁴² mu⁵⁵ iu²⁴ tɕʰi⁵⁵ ieŋ³³.

	0003 a. 你告诉他这件事了吗？b. 是，我告诉他了。
福州	a. 只样事计汝共伊讲去未？b. 讲去了，我共伊讲去了。 a. tsi⁵⁵ yoŋ²⁴² tai⁵² ie²¹ ny³³ ky⁰ i⁵⁵ kouŋ³³ ŋo⁰ mui²⁴²？ b. kouŋ³³ ŋo⁰ lau³³，ŋuai³³ ky⁰ i⁵⁵ kouŋ³³ ŋo⁰ lau³³. 回答时不先说"是"。
闽侯	a. [只蜀]样事计汝共伊讲了未？b. 哦，我共伊讲了。 a. tsie²¹ yøŋ²⁴ tai²¹ ie²¹² ny³³ køyŋ²¹ i⁰ kouŋ³³ nau³³ mui²⁴²？ b. o³³，ŋuai³³ køyŋ²¹ i⁰ kouŋ³³ nau³³. 回答时不必先说"是"。
长乐	a. 只样事计汝共伊讲了未？b. 讲去了，我共伊讲去了。 a. tsy⁵⁵ yøŋ²⁴² tai⁵³ ie²¹ ny²² køyŋ⁰ i⁵⁵ kouŋ²² nau²² mui²⁴²？ b. kouŋ²² ŋu²² nau²²，ŋui²² køyŋ⁰ i⁵⁵ kouŋ²² ŋu²² nau²². 回答时不必先说"是"。
连江	a. 只样事计汝共伊讲去未？b. 正是，我共伊讲去了。 a. tsi²¹ yøŋ⁵¹ tai³³ ie²¹² ny³³ køyŋ²⁴² i⁰ koŋ³³ u⁰ mui²⁴²？ b. tsiaŋ²¹ nei²⁴²，ŋui³³ køyŋ²⁴² i⁰ koŋ³³ u⁰ lau⁰.
罗源	a. 只样事计汝阿未齐伊讲了？b. 正是，我齐伊讲了。 a. tsi²¹ yø ŋ³⁴ tai²¹ ie³⁵ ny²¹ a²² mui³⁴ tsɛ⁴⁴ i⁴⁴ kuoŋ²¹ lau²¹？ b. tsiaŋ⁵³ ni³⁴，ŋui²¹ tsɛ⁴⁴ i⁴⁴ kuoŋ²¹ lau²¹.
福清	a. 只样事计汝乞讲去未？b. 有，我讲了。 a. tsi²¹ ioŋ⁵³ tai²¹ ie²¹ ny⁴⁴ kia?² koŋ³¹ ŋu⁰ muoi⁴²？ b. o⁵³，ŋua³¹ koŋ³¹ lau³¹.
平潭	a. 汝乞伊讲只蜀样事计无？b. 有，我乞伊讲了。 a. ly³¹ kø?⁵ i⁵¹ koŋ³¹ tsie²¹ yo⁵¹ yoŋ⁴² tai²¹ ie²¹ mo⁴⁴？ b. o⁴²，ŋua³¹ kø?⁵ i⁵¹ koŋ³¹ lau³¹.
永泰	a. 汝有无乞伊讲只件事计？b. 有，我乞伊讲去了。 a. ny³² ou²⁴² mo⁴⁴ kʰøy?⁵ i⁴⁴ kouŋ³² tsi?⁵ yoŋ²⁴² tai⁵³ ie²¹？ b. ou²⁴²，ŋuoi³² kʰøy?⁵ i⁴⁴ kouŋ³² ŋo⁰ liou³².
闽清	a. 汝只件事计共伊讲去未？b. 有，我乞伊讲去了。 a. ny³² tsie?³ yøŋ²⁴² tai⁴² ie²¹ ko?³ i⁴⁴ kɔuŋ³² ŋɔ⁰ mui²⁴²？ b. ou²⁴²，ŋuai³² ko?³ i⁴⁴ kɔuŋ³² ŋɔ⁰ lau³².

续表

	0003a. 你告诉他这件事了吗？b. 是，我告诉他了。
古田	a. 汝共伊讲者件事计了未？b. 我共伊讲了。 a. ny⁴² køyŋ²⁴ ŋi³³ kouŋ⁴² tsie⁵⁵ yøŋ⁵⁴⁴ tai⁴² ie²¹ lɔ⁰ muoi²⁴？ b. ŋuai⁴² køyŋ²⁴ ŋi³³ kouŋ⁴² lɔ⁰.
屏南	a. 汝齐伊讲只件事计未？b. 我齐伊讲了。 a. ny⁴¹ tsai⁴⁴ i⁴⁴ kɔuŋ⁴¹ tsɛ⁴⁴ ɣŋ⁴⁴ tai⁴⁴ i⁵⁵ muoi³²³？b. uai⁴¹ tsai⁴⁴ i⁴⁴ kɔuŋ⁴¹ lɔ⁰.
宁德	a. 汝有无将者事讲［乞伊］听？b. 正是，我讲［乞伊］听噜。 a. ny⁴¹ ou⁴¹¹ mɔ³³ tsɔuŋ³³⁴ tsa³³ sou⁴¹¹ kɔuŋ⁴¹ kʰi⁰ tʰaŋ³³⁴？ b. tsaŋ³⁵ ŋei⁵¹, ua⁴¹ kɔuŋ⁴¹ kʰi⁰ tʰaŋ³³⁴ lu⁰.
霞浦 城关	a. 者件事计汝讲伊听未？b. 正是，我讲伊听了。 a. tsia⁵⁵ køŋ²⁴ tai⁴⁴ ʒe³⁵ ny⁴² kɔuŋ⁴² ŋi⁴⁴ tʰiaŋ⁴⁴ moi²¹？ b. tsiaŋ⁴⁴ ni²⁴, ua⁴² kɔuŋ⁴² ŋi⁴⁴ tʰiaŋ⁴⁴ lo⁰.
福安	a. 汝有无乞伊讲这事？b. 有，我乞伊讲喽。 a. ni⁴¹ ou⁴⁴ mɔ²¹ kʰei²² i³³¹ kuŋ⁴¹ tsiaʔ⁵ sou²³？ b. ou²³, ŋo⁴¹ kʰek² i³³¹ kuŋ⁴¹ lo⁰.
柘荣	a. 汝有无卜者件事讲伊听喽？b. 有，我讲伊听喽。 a. ny⁵³ u⁴⁴ mɔ²¹ pu⁴⁴ tsia⁵⁵ kyøŋ⁴⁴ θu²⁴ kɔŋ⁵³ i⁴² tʰiaŋ⁴² lɔ⁰？ b. u²⁴, ŋua⁵³ kɔŋ⁵³ i⁴² tʰiaŋ⁴² lɔ⁰.
周宁	a. 这栋事汝讲伊听未啊？b. 是，我讲伊听喽。 a. tsai³⁵ lœŋ³⁵ so²¹³ ny⁴² kɔŋ⁴² i⁵⁵ tʰiɐŋ⁴⁴ mui⁴⁴ a⁴⁴？ b. se²¹³, ua⁴² kɔŋ⁴² i⁵⁵ tʰiɐŋ⁴⁴ lo⁰.
寿宁	a. 汝告诉伊这件事未？b. 有，我告诉伊了。 a. ny⁴² kɔ⁵⁵ su³⁵ i³³ tsia³⁵ kyoŋ²³ su²³ muoi²³？ b. u²³, ua⁴² kɔ⁵⁵ su³⁵ i³³ lɔ⁰.
福鼎 城关	a. 只件事志汝讲伊听啰无？b. 正是，我讲伊听啰。 a. tsi⁵⁵ kieŋ⁴² tai²¹ tsie⁴² ni⁵⁵ koŋ⁵⁵ i⁵⁵ tʰiaŋ³⁵ lo⁰ mo²¹？ b. tsiaŋ³³ si⁴², ua⁵⁵ koŋ⁵⁵ i⁵⁵ tʰiaŋ³⁵ lo⁰.
尤溪	a. 只个事事你讲乞伊听未？b. 有，我讲乞伊听了。 a. tsi⁵⁵ ki³³ tai³³ se⁵¹ ne⁵⁵ ŋ⁵⁵ kʰə⁴ i⁵⁵ tʰiã³³ mue⁴²？"只"变调特殊。 b. iu⁵⁵, ŋua⁵⁵ ŋ⁴⁴ kʰə⁴ i⁵⁵ tʰiã³³ lə⁰.

续表

	0003a. 你告诉他这件事了吗？b. 是，我告诉他了。
莆田	a. 汝有乞伊讲即牵厄⁼事体无？b. 有，我有乞伊讲。 a. ty⁴⁵³u¹¹koʔ⁵i⁵³³kɔŋ⁴⁵³tseʔ⁵kʰeŋ⁵³³eʔ⁰ɬo¹¹le⁴⁵³po²⁴？ b. u¹¹，kua⁴⁵³u¹¹koʔ⁵i⁵³³kɔŋ⁴⁵³.
涵江	a. 汝有乞伊讲即牵事体无？b. 有啊，我乞伊讲了咯。 a. tyʔ⁴uk¹kiʔ⁴ikʔ⁴kɒŋ⁴⁵³tsɛk⁴kɛŋ⁵⁵ɬo²¹le⁴⁵³puʔ⁰？ b. u²¹a⁰，kuak⁴kiʔ⁴ikʔ⁴kɒŋ⁴⁵³liau²¹loʔ⁴.
仙游城关	a. 汝有乞伊讲即牵事体无？b. 有啊，我乞伊讲了咯。 a. tyʔ²³uk²kɛʔ²³iʔ²³kɒn⁴⁵³tsɛk²³kɛn⁵⁵ɬo²¹le⁴⁵³poʔ⁰？ b. u²¹a⁰，kuak²³kɛʔ²³ikʔ²³kɒn²¹liɛu²¹luo⁰.
仙游枫亭	a. 即牵事体汝有乞伊讲无？b. 有，我有乞伊讲。 a. tseʔ⁵kʰeŋ⁵³³ɬɤɯ¹¹le⁴⁵³li⁴⁵³u¹¹keʔ⁵i⁴⁵³kɔŋ⁴⁵³pɤɯ²⁴？ b. u¹¹，kua⁴⁵³u¹¹keʔ⁵i⁴⁵³kɔŋ⁴⁵³.
厦门	a. 汝有合伊讲即项事志无？b. 是，我有合伊讲。 a. li⁵³u²¹kaʔ³²i²²kɔŋ⁵³tsit⁴haŋ²¹tai²¹tsi²¹bo⁰？ b. si²²，gua⁵³u²¹kaʔ³²i²²kɔŋ⁵³.
同安	a. 汝有无合伊讲即项事志？b. 有，我合伊讲啦。 a. lɯ⁴²u¹¹bo²⁴kaʔ⁴i³³kɔŋ⁴²tsit¹¹haŋ¹¹tai¹¹tsi¹¹²？ b. u²²，gua⁴²kaʔ⁴i³³kɔŋ⁴²la⁰.
泉州鲤城	a. 汝有共伊说即项事志无？b. 有，我共伊说咯。 a. lɯ⁵⁵u²²kaŋ²²i³³səʔ⁵tsit²⁴haŋ²²tai²²tsi⁴¹bo⁰？ b. u²²，gua⁵⁵kaŋ²²i³³səʔ⁵lɔ⁰.
泉州洛江	a. 汝共伊讲即项事志未？b. 有，我共伊讲咯。 a. li⁵⁵kaŋ²²i³³kaŋ²⁴tsit⁵haŋ²²tai²²tsi⁴¹be⁰？ b. u⁵⁵，gua⁵⁵kaŋ²²i³³kaŋ⁵⁵lɔ⁰.
南安	a. 即项事志汝有共伊说无？b. 有，我共伊说咯。 a. tsit⁵haŋ²²tai²²tsi³¹lɯ⁵⁵u²²kaŋ²²i³³səʔ⁵bə⁰？ b. u²²，gua⁵⁵kaŋ²²i³³səʔ⁵lɔ⁰.

续表

	0003a. 你告诉他这件事了吗？ b. 是，我告诉他了。
晋江	a. 汝共伊说即项事志无？ b. 有，我共伊说咯。 a. li⁵⁵ kaŋ²² i³³ seʔ⁵ tsit³⁴ haŋ²² tai²² tsi⁴¹ bə⁰？ b. u³³，gua⁵⁵ kaŋ²² i³³ seʔ⁵ lɔ⁰.
石狮	a. 即项事志汝有［共伊］说无？ b. 是啊，我［共伊］说咯。 a. tsit³⁴ haŋ²² tai²² tsi⁴¹ li⁵⁵ u²² kai³³ seʔ⁵ bə⁰？ b. si³³ a⁰，gua⁵⁵ kai³³ seʔ⁵ lɔ⁰.
惠安	a. 汝有共伊说即项事志无？ b. 有，我共伊说咯。 a. lɯ⁴² u²¹ kaŋ²² i³³ səʔ⁵ tset⁵ haŋ²¹ tai⁵⁴ tsi⁴² bə⁰？ b. u²¹，gua⁴² kaŋ²² i³³ səʔ⁵ lɔ⁰.
安溪	a. 汝有共伊说即项事志无？ b. 有，我有共伊说咯。 a. lɯ²² u²¹ kaŋ²¹ i²¹ səʔ⁴² tsit⁴² haŋ⁴² tai⁵³ tsi⁵³ bə⁰？ b. u²¹，gua⁵³ u²² kaŋ²¹ i⁵⁵ səʔ⁵ lɔ⁰.
永春	a. 即项事志汝共伊说无？ b. 有，我共伊说咯。 a. tsit⁴ haŋ⁵³ tai⁵³ tsi³¹ lɯ⁵³ kaŋ³¹ i⁴⁴ səʔ⁴² bə⁰？ b. u⁵³，gua⁵³ kaŋ³¹ i⁴⁴ səʔ⁴² lɔ⁰.
德化	a. 即项事志汝共伊说无？ b. 有，我共伊说咯。 a. tsit⁴² haŋ⁴² tai⁴² tsi³¹ lɯ³⁵ kaŋ³¹ i¹³ səʔ⁴² bə⁰？ b. u³¹，gua³⁵ kaŋ³¹ i¹³ səʔ⁴² lɔ⁰.
漳州	a. 汝敢有共伊讲即项事志？ b. 有，我有共伊讲。 a. li⁵³ kã³⁴ u²¹ ka²¹ i²² kɔŋ³⁴ tsit⁵ haŋ²¹ tai²¹ tsi²¹？ b. u²²，gua⁵³ u²¹ ka²¹ i²² kɔŋ⁵³. a. tsit⁵ haŋ²¹ tai²¹ tsi²¹ li⁵³ kã³⁴ u²¹ ka²¹ i²² kɔŋ⁵³？ b. u²²，gua⁵³ ka²¹ i²² kɔŋ⁵³ a⁰.
龙海	a. 汝敢有共伊讲即件事？ b. 有，我有□伊讲啊。 a. liʔ⁴ kã³⁴ u⁴¹ ka⁴¹ i³³ kɔŋ³⁴ tsik⁴ kiã⁴¹ tai⁴¹ tsi⁴¹？ b. u³³，guaʔ⁴ u⁴¹ tsi⁴¹ i³³ kɔŋ⁵² a⁰.
长泰	a. 即项事志汝敢有共伊讲？ b. 有，我有共伊讲。 a. tsit⁵ haŋ²¹ tai²¹ tsi²¹ li⁴⁴ kã⁴⁴ u²¹ ka²¹ i²² kɔŋ⁵³？ b. u²²，gua⁵³ u²¹ ka²¹ i²² kɔŋ⁵³.

续表

	0003 a. 你告诉他这件事了吗？b. 是，我告诉他了。
华安	a. 汝甲有共伊讲即件事志？b. 有，我有共伊讲。 a. li^{53} ka?^{5} u^{31} ka^{31} i^{22} koŋ^{55} tsit^5 kiã^{31} tai^{31} tsi^{31}？ b. u^{22}，gua^{53} u^{31} ka^{31} i^{22} koŋ^{53}.
南靖	a. 汝甲有共伊讲即件事志？b. 有，我有共伊讲。 a. li^{54} ka?^{54} u^{21} ka^{21} i^{22} koŋ^{44} tsit^4 kiã^{21} tai^{21} tsi^{21}？ b. u^{22}，gua^{54} u^{21} ka^{21} i^{22} koŋ^{54}.
平和	a. 汝有共伊讲即件事志无？b. 有，我有共伊讲。 a. li^{52} u^{21} ka?^{42} i^{34} koŋ^{23} tsit^{42} kiã^{21} tai^{21} tsi^{21} bo^0？ b. u^{22}，gua^{52} u^{21} ka?^{42} i^{34} koŋ^{52}.
漳浦	a. 汝敢有共伊讲即个事志？b. 有啊，我有共伊讲。 a. li?^{4} kã^{43} u^{21} ka^{21} i^{33} koŋ^{43} tsit^4 ɛ^{33} tai^{21} tsi^{21}？ b. u^{33} a^0，gua?^{4} u^{21} ka^{21} i^{33} koŋ^{51}.
东山	a. 汝有共伊讲即件事志无？b. 有啊，我有共伊讲。 a. li?^{5} u^{22} ka^{22} i^{33} koŋ^{44} tsit^5 kiã^{22} tai^{22} tsi^{22} bo^{213}？ b. u^{33} a^0，gua?^{5} u^{22} ka^{22} i^{33} koŋ^{51}.
云霄	a 即个事志汝有共伊讲啊？b 有，我有共伊讲。 a. tsit^5 ge^{21} tai^{21} tsi^{22} li^{53} u^{21} ka^{21} i^{33} koŋ^{53} a^0？ b. u^{33}，gua^{53} u^{21} ka^{21} i^{33} koŋ^{53}.
诏安	a. 只项事汝交伊讲好啊呢？b. 我讲好啊。 a. tsi^{24} haŋ^{31} sɯ^{33} lɯ^{53} kau^{33} i^{44} koŋ^{24} ho^{53} a^0 n ĩ^0？ b. ua^{53} koŋ^{24} ho^{53} a^0. "呢"意为普通话的"吗"，"啊呢"放在一起读得快。"啊"意为普通话的"了"。
龙岩	a. 汝有合伊讲许一项事吗？b. 有，我有合伊讲。 a. li^{21} u^{11} kak^5 i^{11} kõ^{21} xi^{21} tɕiɛt^1 xaŋ^{11} sʅ^{42} ba^{21}？ b. u^{42}，gua^{21} u^{42} kak^5 i^{11} kõ^{21}.
漳平	a. 你有应伊许项事无？b. 有，我应伊咯。 a. li^{53} u^{21} in^{21} i^{33} hie^{33} haŋ^{21} su^{55} bɔ^0？ b. u^{55}，gua^{53} in^{21} i^{33} lɔ^0.

续表

	0003a. 你告诉他这件事了吗？b. 是，我告诉他了。
大田城关	a. 汝八［乞伊］讲即项事志无啦？b. 是，是我［乞伊］讲兮。 a. li⁵³ baʔ³kʰi³¹kŋ⁵³ tseʔ⁵haŋ³³tɛ⁵³tsi³¹bɤ⁰la⁰? b. si⁵⁵, si³¹bua⁵³kʰi³¹kŋ⁵³e⁰. 问句意为"是你告诉他这件事情的吗？"答句意为"是的，是我给他讲的"。
大田广平	a. 即项事汝应伊啦？b. 我应伊了。 a. tʃiɐ³³haŋ²²tɛ³¹li⁵¹e³¹i⁰la⁰? b. gua⁵¹e³¹i⁰lɤ⁰.
霞浦三沙	a. 汝合伊讲即件事志无？b. 我合伊讲了。 a. ny⁴²kɛ²¹i²¹kɔŋ⁴²tse⁴⁴keŋ²¹tai²¹tsi²¹bo²¹? b. ua⁴²kɛ²¹iˑ⁴⁴kɔŋ⁴²lo⁰.
福鼎沙埕	a. 这件事志汝有讲与伊听无？b. 我有讲与伊听。 a. tsie⁴⁴kiã²¹tai²¹zi²¹lɯ⁵³u⁰kɔŋ⁵³xɔ²¹i⁰tʰiã⁴⁴bo²⁴? b. gua⁵³u⁰kɔŋ⁵³xɔ²¹iˑ⁰tʰiã⁴⁴.
建瓯	a. 你邀渠话□一样事未孻？b. 我话了。 a. ni⁴²iau⁵⁴ky⁴²ua⁵⁵iɔŋ²⁴tsi³³iɔŋ⁵⁵ti⁵⁵mi⁵⁵naiŋ²¹? b. uɛ⁴²ua⁵⁵lɔ⁰.
建阳	a. 你邀渠话乙⁼隻□孻？b. 是哦，我邀渠话了。 a. nɔi⁴¹iau⁵¹ky⁴¹ua⁵⁵ji³⁵tsia³⁵xai²¹naiŋ⁴¹? b. si³³o⁴¹, ue⁴¹iau⁵¹ky⁴¹ua⁵⁵lo⁰.
政和	a. 你乞渠话□样事唔孻？b. 我乞渠话了。 a. ni⁴²kʰɛ⁵³ky⁴²ua⁵⁵ia²⁴iɔŋ⁵⁵ti⁵⁵eiŋ⁵⁵naiŋ²¹? b. uɛ⁴²kʰɛ⁵³ky⁴²ua⁵⁵lo⁰.
松溪	a. 你和渠话页⁼事了孻？b. 我和渠话了。 a. niɛ⁴²o²²kio⁴²ua⁴⁵iɛ²²³tɛi⁴⁵lo⁰naŋ²¹? b. ŋua⁴²o²²kio⁴²ua⁴⁵lo⁰.
武夷山	a. 你跟渠话乙⁼事孻？b. 我跟渠话了了。 a. nɛi⁵¹kaiŋ⁵¹həu⁵¹ua⁵⁵iˑ³⁵su⁵⁵naiŋ²²? b. ŋuai⁵¹kaiŋ⁵¹həu⁵¹ua⁵⁵lau²²lo⁰.

续表

	0003 a. 你告诉他这件事了吗？b. 是，我告诉他了。
浦城石陂	a. 你跟渠话□样事嚮？b. 我跟渠话了。 a. ni⁴² kaiŋ⁵³ gy⁴² ua⁴⁵ ɦi²⁴ ɦiɔŋ⁴⁵ ti⁴⁵ naiŋ⁴²？ b. ɦuaɛ⁴² kaiŋ⁵³ gy⁴² ua⁴⁵ lo⁰.
南平夏道	a. 者样事汝讲伊听了无？b. 讲了，我讲伊听了。 a. tɕia¹¹ ioŋ⁵⁵ ti²⁴ ny¹¹ kaŋ³³ i¹¹ tʰiaŋ¹¹ lo⁰ mo⁵⁵？ b. kaŋ³³ lo⁰，ŋua¹¹ kaŋ³³ i¹¹ tʰiaŋ¹¹ lo⁰.
顺昌	a. 你合渠话者样事啦？b. 我合渠话了。 a. lɛ³¹ ko¹¹ kɛ³¹ o⁵¹ tʃia³¹ iɔ̃⁵¹ ʃɛ⁵¹ la⁰？ b. ŋa³¹ ko³¹ kɛ³¹ o⁵¹ lo⁰.
将乐	a. 你合渠话者样事咯么？b. 有，我合渠话咯。 a. le²² ko²¹ ki²² va³²⁴ tʃa²¹ iɔ̃⁵⁵ sʅ³²⁴ lo²¹ moʔ⁵？ b. iu⁵¹，ŋæ⁵¹ ko²¹ ki²² va³²⁴ lo²¹.
光泽	a. 儃合伲话□事吗？b. 伉合伲话儿。 a. hiən⁴¹ uɔ²¹ hu⁴¹ ua⁵⁵ tɕiɔŋ⁴¹ sɛ⁵⁵ ma⁰？ b. haŋ⁴¹ uɔ²¹ hu⁴¹ ua⁵⁵ ɛ²¹.
邵武	a. 儃帮伲话酌⁼件事无？b. 伉帮伲话。 a. hien³⁵ poŋ²¹ hu³⁵ ua³⁵ tɕio⁵³ kʰien³⁵ sə³⁵ mo⁰？ b. haŋ³⁵ poŋ²¹ hu³⁵ ua³⁵.
三明	a. 你替渠话者件事□能哦？b. 我替渠话了。 a. ŋi⁴⁴ tʰɛ̃³³ ŋy⁴⁴ uo³³ tʃɒ³¹ kɛi³¹ sʅ³³ ɔ̃⁴⁴ nɛ̃⁵¹ o⁰？ b. ŋu⁴⁴ tʰɛ̃³³ ŋy⁴⁴ uo³³ lo⁰.
永安	a. 你应渠者事唔□？b. 是，我应了。 a. ŋi⁵²i̯²⁴ ŋy⁵² tʃiɒ²¹ ʃia²⁴ ã²⁴ ko²¹？ b. sʅ⁵⁴，ŋuɒ⁵²i̯²⁴ lo⁰.
沙县	a. 你应渠者啊事唔曾？b. 我应渠了。 a. gi³³ ŋoɛ̃²⁴ ky³³ tʃia²¹² a⁰ sʅ²⁴ ŋ²¹ tsoɛ³¹？b. gua³³ ŋoɛ̃²⁴ ky³³ lo⁰. a. 者啊事你逐渠话唔曾？b. 我逐渠话了。 a. tʃia²¹² a⁰ sʅ²⁴ gi³³ ty²¹ ky³³ ua²⁴ ŋ²¹ tsoɛ³¹？b. gua³³ ty²¹ ky³³ ua²⁴ lo⁰. "逐"也可说"过"。

续表

	0003 a. 你告诉他这件事了吗？ b. 是，我告诉他了。
长汀	a. 尔曾拿女ˉ样事学得渠知？ b. 係，我学渠知哩。 a. ni²¹ tsʰeŋ²⁴ na²¹ ni⁴² ioŋ²¹ ʃɿ²¹ ho²¹ ti⁴² ke³³ ti³³？ b. he⁴²，ŋai³³ ho²¹ ti⁴² ke³³ ti²¹ le²⁴.
连城	a. 尔替渠话［以一］件事唔曾？ b. 係，我替渠话个。 a. ŋi⁵³ tʰe³³ kuɛ³³ vo³⁵ i³⁵ kʰe⁵⁵ sɯe³⁵ ŋ⁵⁵ tsʰaiŋ²²？ b. si³⁵，ŋa⁵³ tʰe³³ kuɛ³³ vo³⁵ ka⁰.
上杭	a. 尔讲撒渠知了囔ˉ件事情了吗？ b. 係，我讲撒渠知了。 a. hŋ²¹ koŋ³¹ pʰɛʔ³⁵ kei²¹ ti⁴⁴ lɛ³¹ noŋ⁵¹ tɕiɛ̃⁵¹ sɿ⁵¹ tɕʰiəŋ²¹ lɛ³¹ mɒ²¹？ b. həi⁵¹，ŋa²¹ koŋ³¹ pʰɛʔ³⁵ kei²¹ ti⁴⁴ lɛ³¹.
武平	a. □样事实儨唔曾跟渠讲唉？ b. 我合渠讲矣噢。 a. nuŋ⁴² iɔŋ²² sɿ⁴⁵¹ sɛʔ²⁴ hŋ²⁴ ŋ⁴² ŋieŋ²² kɛŋ²⁴ ki²⁴ kɔŋ⁴² ɛ²⁴？ b. ŋɑ²⁴ kɑʔ³ ki²⁴ kɔŋ⁴² i²² ɔ²⁴.
永定	a. 尔讲渠知哩这件事唔曾？ b. 係，我讲渠知哩。 a. ŋ²² kɔ̃³¹ tɕi²² ti⁴⁴ li⁰ tiʔ⁵ tɕʰiɛ⁵⁵ sɿ³¹ m²⁴ ȵiɛ̃²²？ b. xei⁵²，ŋai²² kɔ̃³¹ tɕi²² ti⁴⁴ li⁰.
明溪	a. 你替渠话这件事了吗？ b. 是，我替渠话了。 a. le⁴¹ tʰa⁵⁵ kʰø³¹ vo⁵⁵ tse³¹ kʰieŋ⁴⁴ sɿ⁵⁵ lɤ⁰ ma⁴⁴？ b. ʃɿ³¹，ue⁴¹ tʰa⁵⁵ kʰø³¹ vo⁵⁵ lɤ⁰.
清流	a. 尔将事话畀渠知蹭？ b. 是，我话渠知哩。 a. ŋi³³ tsiaŋ³³ sɛ³² vo³² pə⁵⁵ kə³³ ti³³ maŋ²³？ b. sɿ³²，ŋa³³ vo³² kə³³ ti³³ li⁰.
宁化	a. 尔话信渠只项事去冇？ b. 係，我话信渠去。 a. i³⁴ vɒ⁴² ɕiŋ²¹² kə³⁴ tsɿ²⁴ hɔŋ²¹² sai⁴² kʰə⁴⁴ mau⁰？ b. hai⁴²，ŋa³⁴ vɒ⁴² ɕiŋ²¹² kʰə³⁴ kʰə⁴¹.
新罗客家	a. 个个事尔合渠讲哩唔曾？ b. 係，我合渠讲哩。 a. ka⁵⁵ ka⁴⁴ sɿ⁴¹ ni³⁵ koʔ⁵ tu⁵⁵ koŋ²¹ li⁴⁴ ŋ⁴⁴ tsʰiɛ̃³⁵？ b. xei⁴¹，ŋa³⁵ koʔ⁵ tu⁵⁵ koŋ²¹ li³⁵.
平和客家	a. 儨合渠讲□件事了吗？ b. 係，我合渠讲咯。 a. heŋ³⁵ ka³¹ ky³³ kɔŋ³³ lia³⁵ kʰian³¹ sɿ⁵⁵ liau⁰ ma⁰？ b. he⁵⁵，ŋai³⁵ ka³¹ ky³¹ kɔŋ³¹ lɔ⁰.

续表

	0003 a. 你告诉他这件事了吗？b. 是，我告诉他了。
诏安客家	a. □件事儃有讲得渠听冇？b. 有啊，我有讲得渠听啦。 a. lit³kʰiɛn⁴⁵sɿ⁴⁵hen⁵³ziu²²kɔŋ³¹tɤ⁰ky⁵³tʰen²²muɔ⁰? b. ziu²²a³¹, ŋai⁵³ziu²²kɔŋ³¹tɤ⁰ky⁵³tʰen²²na⁰.
泰宁	a. 尔告诉了渠即件事了冇？b. 是呦，伉告诉渠了。 a. ŋ³⁵kau⁵¹su²¹lə⁰hi³⁵tɕia³⁵kʰieŋ³³sɿ²¹lə⁰mo³³? b. ɕi³⁵io⁵¹, haŋ²¹³kau⁵¹su²¹hi³⁵lə⁰.
建宁	a. 尔告献呢士˭个样事冇？b. 是，我告献呢士˭。 a. ŋ⁵⁵kau²¹hien²¹ni⁵⁵sɘ⁵⁵ko⁵⁵ioŋ²¹si⁴⁵mo²¹? b. si⁴⁵, ŋa⁵⁵kau²¹hien²¹ni⁵⁵sɘ⁵¹.
浦城城关	a. 侬跟渠话这样事了吗？b. 是，我跟渠话了。 a. noŋ⁵⁴keŋ⁴⁴ke⁵⁴ua²¹tɕie³⁵iaŋ²¹se²¹lə⁰ma⁰? b. ɕi⁵⁴, ɑ⁵⁴keŋ⁴⁴ke⁵⁴uɑ²¹le⁰.
南平延平	a. 你同他讲这个事节没有？b. 讲了，我同他讲了。 a. li²⁴tʰoŋ²¹tʰa³³kiæ̃²⁴tsɤ³³ko³⁵sɿ⁵⁵tseʔ³mu⁵⁵iu²⁴? b. kiæ̃²⁴lau⁰, ŋo²⁴tʰoŋ³³tʰa⁵⁵kiæ̃²⁴lau⁰.

	0004 你吃米饭还是吃馒头？
福州	汝食饭固是食馍馍？ ny³³ sie²¹ puoŋ²⁴² ku⁰ li⁰ sieʔ²¹ mo⁵⁵ mo⁵⁵？
闽侯	汝食饭固是食馍馍？ ny⁰ sie⁰ puoŋ²⁴² ku²¹ lei⁰ sieʔ²¹ mo⁵⁵ mo⁵⁵？
长乐	汝食饭固是食馍馍？ ny²² sie²² puoŋ²⁴² ku⁰ li⁰ sieʔ²² mo⁵⁵ mo⁵⁵？
连江	汝食饭啊固是食馒头？ ny³³ sieʔ²¹ puoŋ²⁴² a⁰ ku⁵¹ li²⁴² sieʔ⁵ muaŋ⁵⁵ tʰau⁵¹？
罗源	汝食饭啊固是食馒头？ ny²¹ θia²¹ puoŋ³⁴ a⁰ u⁵³ li³⁴ θiaʔ²¹ muaŋ²¹ tʰau³¹？
福清	汝是食饭啊固是敆食馒头？ ny³¹ θi⁴⁴ θiaʔ⁵ puoŋ⁴² ŋa⁰ ku⁴⁴ θi⁴⁴ ka⁴⁴ θia⁴⁴ maŋ⁴⁴ tʰau⁴⁴？
平潭	汝食饭固是敆食馒头？ ly³¹ θia⁴⁴ βuoŋ⁴² ku⁴⁴ θi⁰ ka⁰ θia⁴⁴ maŋ⁴⁴ tʰau⁴⁴？
永泰	汝是食饭啊固是食馒头？ ny³² li⁴⁴ sieʔ⁵ puoŋ²⁴² ŋa⁴⁴ ku²¹ li²¹ sieʔ⁵ maŋ⁴⁴ tʰau³⁵³？
闽清	汝食饭固是食馍馍？ ny³² sieʔ⁵ puoŋ²⁴² ku²¹ li²¹ sieʔ³ mo⁴⁴ mo⁴⁴？
古田	汝食饭啊固是食馒头？ ny⁴² siek² puoŋ²⁴ ŋa⁰ ku³³ li³³ siek⁵ maŋ³³ tʰau³³？
屏南	汝食饭固是食馒头？ ny⁴¹ sia⁴⁴ pʊŋ³²³ ku⁴⁴ le³²³ sia⁴⁴ maŋ²² tʰau²²？
宁德	汝食饭啊固是食馒头？ ny⁴¹ sia¹¹ puŋ⁴¹¹ a³³⁴ ku⁵⁵ li⁵⁵ sia¹¹ maŋ¹¹ tʰau¹¹？
霞浦城关	汝食饭固是食馒头？ ny⁴² θia⁴⁴ poŋ²⁴ ku⁵⁵ θi²¹ θiaʔ⁵ maŋ²¹ tʰau²¹？
福安	汝食饭固是食馒头？ ni⁴¹ sei⁴⁴ maŋ³⁵ kou³⁵ si⁴⁴ sei⁴⁴ maŋ²¹ nau²¹？

续表

	0004 你吃米饭还是吃馒头？
柘荣	汝喫饭啊，固是喫馒头？ ny^{53} ts^{h}ia^{44} maŋ^{45} a^0，ku^{45} θi^{44} ts^{h}ia^{44} maŋ^{21} nau^{21}？
周宁	汝是食饭固是食馒头？ ny^{42} li^0 si$_E^{44}$ maŋ^{35} ku^{35} li^0 si$_E^{44}$ maŋ^{21} nau^{21}？
寿宁	汝食饭啊是食馒头？ ny^{42} sia^{33} maŋ^{35} a^0 si^{33} sia^{33} muoŋ^{21} t^{h}au^{21}？
福鼎城关	汝食饭抑是食馒头？ ni^{55} sia$ʔ^3$ mai^{35} iau^{55} si^{33} sia$ʔ^3$ maŋ^{33} t^{h}au^{21}？
尤溪	你是食饭还是食馒头？ ne^{55} çi^{33} çia^{33} pũ^{42} xai^{33} çi^{42} çia^{33} maŋ^{33} t^{h}au^{12}？
莆田	汝食糜复是食馒头？ ty^{453} ɬia^{11} ma^{24} hɔʔ^5 li^{11} ɬia^{11} maŋ^{11} nau^{24}？
涵江	汝是卜食糜复是卜食馒头？ typ^4 li^0 pot^4 ɬia^{21} ma^{13} hat^4 li^0 pot^4 ɬia^{21} man^{21} nau^{13}？
仙游城关	汝卜食胡=饭啊复是卜食馒头？ typ^{23} puot^{23} ɬia^{21} hou^{42} muĩ^{21} a^0 hat^{23} lip^2 puot^{23} ɬia^{21} man^{21} nau^{24}？
仙游枫亭	汝卜食糜复是食馒头？ li^{453} pɔʔ^5 ɬia^{11} ma^{24} hɔʔ^5 li^{11} ɬia^{11} maŋ^{11} nau^{24}？
厦门	汝食饭抑是食馒头？ li^{53} tsia^{21} pŋ^{22} a^{21} si^{21} tsia^{21} man^{21} t^{h}au^{24}？
同安	汝食饭抑是食麵头？ lɯ^{42} tsiaʔ^{11} pŋ^{22} a^{24} si^{11} tsiaʔ^{11} mĩ^{11} t^{h}au^{24}？
泉州鲤城	汝是食饭也是食麵头？ lɯ^{55} si^{22} tsiaʔ^2 pŋ^{41} a^{24} si^{22} tsiaʔ^{22} mĩ^{22} t^{h}au^{24}？
泉州洛江	汝卜食饭抑食麵头？ li^{55} beʔ^5 tsiaʔ^2 pŋ^{41} a^{24} tsiaʔ^2 bĩ^{22} t^{h}au^{24}？
南安	汝卜食饭抑食麵头？ lɯ^{55} bəʔ^5 tsiaʔ^2 pŋ^{31} a^{24} tsiaʔ^2 mĩ^{22} t^{h}au^{24}？

续表

	0004 你吃米饭还是吃馒头？
晋江	汝食饭抑是食麪头？ li^{55}tsia$ʔ^2$pəŋ^{41}a^{24}si^{22}tsia$ʔ^2$mĩ^{22}t^{h}au^{24}？
石狮	汝食饭抑是食麪头啊？ li^{55}tsia$ʔ^2$pəŋ^{41}a^{24}si^{22}tsia$ʔ^2$bi^{22}t^{h}au^{24}a^0？
惠安	汝卜食糜抑卜食麪头？ lɯ^{42}bə$ʔ^2$tsia$ʔ^2$mãi^{25}a^{25}si^{42}bə$ʔ^2$tsia$ʔ^2$mĩ^{33}t^{h}au^{25}？
安溪	汝是卜食饭抑是卜食麪头啊？ lɯ^{22}si^{42}bo$ʔ^{42}$tsia$ʔ^{42}$pŋ^{42}ia^{42}si^{42}bo$ʔ^{42}$tsia$ʔ^{22}$mĩ^{22}t^{h}au^{24}a^0？
永春	汝是食饭抑是食麪头？ lɯ^{53}si^{31}tsia$ʔ^4$pŋ^{53}ia^{24}si^{42}tsia$ʔ^{42}$mĩ^{31}t^{h}au^{24}？
德化	汝是食饭抑是食馒头？ lɯ^{35}si^{42}tsia$ʔ^{42}$pŋ^{42}a^{24}si^{42}tsia$ʔ^{42}$ban^{31}t^{h}au^{44}？
漳州	汝卜食饭抑卜食馒头？ li^{53}be^{53}tsia^{21}pu ĩ^{22}a^{21}si^{21}be^{53}tsia^{21}ban^{21}t^{h}au^{13}？
龙海	汝食饭抑是食馒头？ li$ʔ^4$tsia^{41}pu ĩ^{33}a^{41}si^{41}tsia^{41}baŋ^{41}t^{h}au^{312}？
长泰	汝卜食饭抑卜食馒头？ li^{44}be^{53}tsia^{21}pŋ^{22}a^{21}si^{21}be^{53}tsia^{21}ban^{21}t^{h}au^{24}？"卜［be^{53}］"音由［bueʔ^{32}］简化而成。
华安	汝卜食饭抑卜食馒头？ li^{55}bue$ʔ^5$tsia^{21}pu ĩ^{22}a$ʔ^{31}$si^{31}bue$ʔ^5$tsia^{21}ban^{31}t^{h}au^{232}？
南靖	汝卜食饭抑卜食馒头？ li^{44}bue$ʔ^{54}$tsia$ʔ^{21}$pu ĩ^{22}a$ʔ^{21}$si^{21}bue$ʔ^{54}$tsia$ʔ^{21}$ban^{21}t^{h}au^{323}？
平和	汝食饭抑是食麪头？ li^{52}tsia$ʔ^{21}$pu ĩ^{22}iau^{23}si^{21}tsia$ʔ^{21}$bin^{21}t^{h}au^{23}？
漳浦	汝食饭抑是食馒头？ li$ʔ^4$tsia^{21}pu ĩ^{33}ia^{21}si^{21}tsia^{21}ban^{21}t^{h}au^{412}？
东山	汝食饭抑是食馒头？ li$ʔ^5$tsia^{22}pu ĩ$ʔ^{33}$ia^{41}si^{22}tsia^{22}ban^{22}t^{h}au^{13}？

续表

	0004 你吃米饭还是吃馒头？
云霄	汝食饭抑食馒头？ li⁵³ tsia²¹ pu ĩ³³ a³³ tsia²¹ ban²¹ tʰau³² ?
诏安	汝食饭还是食馒头？ lɯ⁵³ tsia³¹ pu ĩ³³ hã²⁴ si³¹ tsia³¹ ban²² tʰau²⁴ ?
龙岩	汝食饭抑还是食馒头？ li²¹ tsa¹¹ pu ĩ³³ iã⁰ xaŋ¹¹ çi⁴² tsa¹¹ ban¹¹ tʰau¹¹ ?
漳平	汝食饭还是食馒头？ li⁵³ tsia²¹ pu ĩ³⁵ han³³ si³³ tsia²¹ ban²¹ tʰau³³ ?
大田城关	汝是食饭抑犹佫是食馒头啦？ li⁵³ si³¹ tsia⁵³ pɒŋ³³ a⁰ ia³³ kʰoʔ⁵ si³¹ tsia³³ baŋ³¹ tʰɔ²⁴ la⁰ ?
大田广平	汝是卜食饭抑是卜食馒头啊？ li⁵¹ sɯ²² bɒʔ⁵ ʃia²² pu ĩ³¹ a³³ sɯ²² bɒʔ⁵ ʃia²² baŋ³³ tʰo²⁴ a⁰ ?
霞浦三沙	汝食白米糜抑是食馒头？ ny⁴² tsiaʔ²¹ pe²¹ mi³⁵ mɛ⁵¹ a⁰ si⁴⁴ tsiaʔ²¹ baŋ²¹ tʰau³⁵ ?
福鼎沙埕	汝食白糜抑是食馒头？ lɯ⁵³ tsiat²¹ pe²¹ mai⁴⁴ ia⁴⁴ zi²¹ tsiat²¹ man²¹ nau²⁴ ?
建瓯	你是馦饭故是馦馍馍？ ni⁴² si⁵⁵ iɛ⁴² puiŋ⁵⁵ ku³³ si⁵⁵ iɛ⁴² mɔ⁵⁴ mɔ⁵⁴ ?
建阳	你馦饭唵是馦馍馍？ nɔi⁴¹ jie⁴ puŋ³³ aŋ³³ si³³ jie⁴ mo⁴⁵ mo⁴⁵ ?
政和	你馦饭故是馦馍馍？ ni⁴² iɛ⁴² poŋ⁵⁵ ku⁴² si⁵⁵ iɛ⁴² mo⁵³ mo⁵³ ?
松溪	你馦饭故是馦馍馍？ niɛ⁴² iɛ⁴² poŋ⁴⁵ ku²² si⁴⁵ iɛ⁴² mo⁵³ mo⁵³ ?
武夷山	你馦饭啊是馦馍馍？ nɛi⁵¹ iʔ⁵⁴ piŋ⁵⁵ a²² si²² iʔ⁵⁴ mo³³ mo³³ ?
浦城石陂	你食饭故是食馍馍？ ni⁴² ɦie⁴² pəŋ⁴⁵ ku³³ çi⁵³ ɦie⁴² mɔ³⁵ mɔ³⁵ ?

续表

	0004 你吃米饭还是吃馒头？
南平夏道	汝食饭啊固是食馒头？ ny¹¹ ɕiɛ¹¹ puiŋ²⁴ a⁰ ku⁵⁵ ɕi³³ ɕiɛ¹¹ maŋ³³ tʰau⁵⁵？
顺昌	你食饭还是食馍馍？ lɛ³¹ ʃeʔ⁵ pʰuẽ⁵¹ a⁵⁵ ʃi²² ʃeʔ⁵ mo⁴⁴ mo⁴⁴？
将乐	你食饭还是食馍馍？ le²¹ ʃiʔ⁵ pʰɛ̃³²⁴ æ³²⁴ ʃi²¹ ʃiʔ⁵ mo⁵⁵ mo⁵⁵？
光泽	儞食饭还是食馍馍？ hiən⁴¹ ɕiɛʔ⁵¹ pʰɛn⁵⁵ ai³⁵ si⁴¹ ɕiɛʔ⁴¹ mɔ²² mɔ²²？
邵武	儞食饭还是食馍馍？ hien³⁵ ɕie³⁵ pʰən³⁵ ai²¹ ɕi⁵⁵ ɕie³⁵ mo³³ mo⁰？
三明	你馇饭咧还是馇馒头哦？ ŋi⁴⁴ iɛ³¹ pŋ³³ le⁰ hɔ̃⁵¹ sɿ²⁵⁴ iɛ³¹ mã³³ tʰœ⁵¹ o⁴⁴？
永安	你馇饭还是馇馒头？ ŋi⁵² ie²¹ pum²⁴ hum³³ sɿ⁵⁴ ie²¹ mɑm³³ tʰø³³？
沙县	你馇饭啊抑是馇馒头？ gi³³ iɛ²¹ puẽ²⁴ a⁰ ai²¹² sɿ²¹ iɛ²¹ baŋ⁴⁴ tʰau³¹？
长汀	尔食饭啊食馒头？ ni³³ ʃʅ²¹ pʰuŋ⁴² a²¹ ʃʅ⁴² maŋ²¹ tʰɯ²⁴？
连城	尔食饭还係食馒头？ ŋi⁵³ ʃɯə²¹ pʰa³⁵ va²² si⁵⁵ ʃɯə²¹ ma²² tʰɯ²²？
上杭	儞食饭还係食馒头？ hŋ²¹ ɕiʔ³⁵ pʰɔ̃⁵¹ hã²¹ həi⁵¹ ɕiʔ³⁵ mã²¹ tʰiɛ²¹？
武平	儞食饭还係食馒头？ hŋ²⁴ sɿ⁴ pʰuɛŋ⁴² hɑ²² hi⁴⁵¹ sɿ⁴ maŋ²² tʰɛ²²？
永定	尔食饭还係食馒头？ ŋ²² seiʔ⁵ pʰuo³¹ xa²³ xei⁵² seiʔ⁵ mẽ²² tʰəu²²？
明溪	你食饭还是食馒头？ le⁴¹ ʃʅ⁵⁵ pʰieŋ⁵⁵⁴ xa³¹ ʃʅ⁰ ʃʅ⁵⁵ maŋ³¹ tʰaø³¹？

		0004 你吃米饭还是吃馒头？
清流		尔食饭还是食馒头？ ŋi³³ ʃie⁵⁵ faŋ³² ha²³ sʅ³² ʃie⁵⁵ maŋ²³ tʰə²³？
宁化		尔食饭还是食馒头？ i³⁴ sʅ⁴² faŋ²¹² hai²⁴ sʅ⁴² sʅ⁴² maŋ²¹ tʰiɯ⁴⁴？
新罗_{客家}		尔食饭［还係］食馒头？ ni⁵⁵ ʃʅt³ pʰaŋ⁴¹ xai⁵⁵ ʃʅt³ maŋ³⁵ tʰie⁵⁵？
平和_{客家}		儞讨食饭就讨食馒头？ heŋ³⁵ tʰɔ³¹ ɕie⁵³ pʰɔn⁵⁵ tʃʰu³¹ tʰɔ³¹ ɕie³¹ man³³ tʰeu³⁵？
诏安_{客家}		儞爱食饭是爱食馒头？ he⁵³ ɔi²² ʃet³ pʰɔn⁴⁵ si²² ɔi²² ʃet³ man²² tʰeu⁵³？
泰宁		尔食饭还是食馍馍啊？ ŋ³⁵ ɕie³¹ pʰən²¹³ xuan⁵¹ ɕi³³ ɕie³¹ mo²¹ mo³³ a⁰？
建宁		尔是食饭还是食馍馍？ ŋ⁵⁵ si⁴⁵ sik⁵ fan⁴⁵ hai²⁴ si⁴⁵ sik⁵ mo²⁴ mo⁵¹？
浦城_{城关}		侬咥米饭□是咥馍馍？ noŋ⁵⁴ lie³² meŋ⁵⁴ fãi²¹ ku⁴²³ ɕi⁵⁴ lie³² mɑo³⁵ mɑo³⁵？
南平_{延平}		你是吃饭还是吃馒头？ li²⁴ sʅ⁵⁵ tɕʰi⁵³ xy æ³⁵ xai²¹ sʅ⁵⁵ tɕʰi⁵³ mæ̃³¹ tʰeu²¹？

	0005 你到底答应不答应他？
福州	汝到底解应承伊𣍐？ ny³³ to⁵² le³³ e²¹ iŋ⁵⁵ niŋ⁵² i⁵⁵ ma²⁴？问句的最后一个音节，曲折调242变成升调24。
闽侯	汝到底应承伊未？ ny³³ to⁵³ le³² iŋ²¹ niŋ⁵³ i⁰ mui²⁴？问句的最后一个音节，曲折调242变成升调24。
长乐	汝到底应承伊未？ ny²² to⁵³ le²² iŋ²² niŋ⁵³ i⁵⁵ mui²⁴？问句的最后一个音节，曲折调242变成升调24。
连江	汝啊未应承伊了？ ny³³ a³³ mui³³ iŋ²¹ niŋ⁵¹ i⁵⁵ lau⁰？
罗源	汝到底答应唔答应伊？ ny² tɔ⁴⁴ nɛ²¹ taʔ⁴ iŋ³⁵ ŋ²¹ naʔ⁴ iŋ³⁵ i⁴²？
福清	汝到底是敆答应啊固是敆唔答应伊？ ny³¹ to⁵³ lɛ³¹ θi⁴⁴ kaʔ⁰ taʔ⁵ eŋ²¹ ŋa⁰ ku²¹ li⁰ kaʔ⁵ ŋ²¹ taʔ² eŋ²¹ i⁵³？
平潭	汝到底答应唔答应伊？ ly³¹ to⁵¹ lɛ²¹ taʔ⁵ eiŋ²¹ ŋ²¹ laʔ⁵ eiŋ²¹ i⁵¹？
永泰	汝到底有无答应伊？ ny³² to⁵³ lɛ³² ou²⁴² mo⁴⁴ taʔ⁵ eiŋ²¹ i⁴⁴？
闽清	汝到底有答应伊无？ ny³² tɔ⁴² lɛ³² u²¹ taʔ³ eiŋ²¹ i⁴⁴ mɔ⁴⁴？
古田	汝到底解𣍐应承伊？ ny⁴² tɔ³³ lɛ⁵³ ɛ²⁴ mɛ³³ iŋ²¹ niŋ⁵⁵ ŋi³³？
屏南	汝到底应承未应承伊？ ny⁴¹ tɔ⁴⁴ lɛ⁴¹ iŋ⁴⁴ seŋ²² muoi³²³ iŋ⁴⁴ seŋ²² i⁴⁴？
宁德	汝到底答应未答应伊其？ ny⁴¹ tɔ³⁵ lɛ²¹ ta⁵⁵ eŋ⁵⁵ mui¹¹ ta⁵⁵ eŋ⁵⁵ i³³⁴ kei¹¹？
霞浦城关	汝到底有答应无答应伊？ ny⁴² tɔ⁵⁵ lɛ⁵¹ u²⁴ taʔ⁵ iŋ³⁵ mɔ²¹ taʔ⁵ iŋ³⁵ ŋi⁴⁴？
福安	汝到底解𣍐答应伊？ ni⁴¹ tɔ⁵⁵ lɛ⁴¹ ɛ⁴⁴ mɛ⁴⁴ ta⁵⁵ eiŋ³⁵ ei³³¹？

续表

	0005 你到底答应不答应他？
柘荣	汝到底有无答应伊？ ny^{53} tɔ^{55} lɛ^{53} u^{44} mɔ^{44} ta^{55} iŋ^{45} i^{42}?
周宁	汝到底答应唔答应伊？ ny^{42} tɔ^{55} lɛ^{42} ta^{55} eŋ^{35} n^{0} ta^{55} eŋ^{35} i^{44}?
寿宁	汝到底答应唔答应伊？ ny^{42} tɔ^{55} tɛ^{42} taʔ^{5} iŋ^{35} ŋ^{33} taʔ^{5} iŋ^{35} i^{33}?
福鼎城关	汝到底答应唔答应伊？ ni^{55} tiou^{33} te^{55} taʔ^{3} iŋ^{42} m^{55} taʔ^{3} iŋ^{42} i^{55}?
尤溪	你到底答应唔答应伊？ ne^{55} to^{44} ti^{55} ta^{4} iŋ^{51} ŋ^{33} ta^{4} iŋ^{51} i^{55}?
莆田	汝到底有允伊无？ ty^{453} tɔ^{533} te^{453} u^{11} yŋ^{453} i^{533} po^{24}?
涵江	汝到底卜允复是不拼═允伊？ tyt^{4} tɒ^{55} le^{453} poʔ^{4} yŋ^{453} hat^{4} li^{0} pot^{1} nia^{21} yŋ^{453} i^{0}?
仙游城关	汝伶到底是卜允伊啊复是不拼═允伊？ tyt^{23} ta^{55} tɒ^{55} le^{453} lip^{2} puoʔ^{23} yŋ^{453} i^{55} a^{0} hat^{23} lip^{2} puot^{2} nia^{21} yŋ^{453} i^{0}?
仙游枫亭	汝到底解答应伊獪？ ti^{453} tɔ^{533} le^{453} eʔ^{2} taʔ^{5} iŋ^{42} i^{453} pe^{11}?
厦门	汝到底有无有答应伊？ li^{53} tau^{53} ti^{0} u^{21} bo^{22} u^{21} ta^{4} iŋ^{21} i^{0}?
同安	汝到底有答应伊无？ lɯ^{42} tau^{42} ti^{42} u^{11} tap^{4} iŋ^{112} i^{33} bo^{0}?
泉州鲤城	汝到底是答应伊抑是无？ lɯ^{55} tau^{55} ti^{55} si^{22} tap^{5} iŋ^{41} i^{0} a^{24} si^{22} bo^{24}?
泉州洛江	汝有答应伊未？ li^{55} u^{22} taʔ^{2} iŋ^{41} i^{33} be^{0}?
南安	汝到底有答应伊无？ lɯ^{55} tau^{55} ti^{55} u^{22} taʔ^{2} iŋ^{33} i^{0} bo^{0}?

续表

	0005 你到底答应不答应他？
晋江	汝最后有答应伊无？ li^{55} tsue^{55} hau^{33} u^{22} tap^{34} iŋ^{41} i^0 bə^0?
石狮	汝到底有答应伊无？ li^{55} tau^{55} ti^{55} u^{22} taʔ^5 iŋ^{41} i^0 bə^0?
惠安	汝卜允伊抑是唔允伊？ lɯ^{42} bə$ʔ^2$ eŋ^{21} i^0 a^{25} si^{42} m^{22} eŋ^{21} i^0?
安溪	汝到底有答应伊无？ lɯ^{22} tau^{53} ti^{33} u^{44} tap^5 iŋ^{53} i^{55} bo^0?
永春	汝到底有答应伊无？ lɯ^{53} tau^{53} ti^{42} u^{31} tap^4 iŋ^{32} i^0 bo^0?
德化	汝到底有答应伊无？ lɯ^{35} tau^{42} ti^{42} u^{35} tap^{42} iŋ^{42} i^0 bo^0?
漳州	汝到底卜答应伊抑唔？ li^{53} tau^{53} te^{53} be^{53} tap^5 iŋ^{21} i^0 a^{21} m^{22}?
龙海	汝到底有共伊答应抑无？ liʔ^4 tau^{52} te^{52} u^{41} ka^{41} i^{33} tap^4 im^{41} a^{41} bo^{312}?
长泰	汝到底答应伊抑无？ li^{44} tau^{53} tue^{53} tap^5 eŋ^{21} i^0 a^{21} bo^0? 汝敢有［共伊］答应伊？ li^{44} kã^{44} u^{21} ki^{22} tap^5 eŋ^{21} i^0? 共伊 ka^{21} i^{22} 快读成［ki^{22}］。
华安	汝到底答应无答应伊？ li^{53} tau^{53} te^{53} tap^5 iŋ^{31} bo^{22} tap^5 iŋ^{31} i^0?
南靖	汝到底答应无答应伊？ li^{44} tau^{54} te^{54} tap^4 iŋ^{21} bo^{22} tap^4 iŋ^{21} i^{34}?
平和	汝到底卜答应抑唔答应伊？ li^{52} tau^{52} te^{52} bueʔ^{54} tap^{32} iŋ^{22} a^0 m^{21} tap^{32} iŋ^{22} i^0?
漳浦	汝到底卜答应伊抑唔答应伊啊？ liʔ^4 tau^{51} tiei^{51} bɛʔ^4 tap^4 ioŋ^{21} i^0 aʔ^0 m^{21} tap^4 ioŋ^{21} i^0 a^0?

续表

	0005 你到底答应不答应他？
东山	汝敢有答应伊？ liʔ⁵ kam⁴⁴ u²² tap⁵ eŋ²² i⁰?
云霄	汝究竟卜啊唔？ li⁵³ kiu⁵³ kian⁵³ boʔ⁵ a⁰ m⁰?
诏安	汝到底有答应伊无？ lɯ⁵³ to⁵³ tei⁵³ u³¹ tap⁴ iŋ²² i⁴⁴ bo⁰?
龙岩	汝到底讨答应伊抑唔？ li²¹ tau²¹³ tie²¹ tʰo²¹ tak⁵ in²¹³ i⁵⁵ ia⁰ m³³?
漳平	汝到底答应无答应伊？ li⁵³ tau⁵⁵ tie⁵³ tap⁵ in²¹ bɔ³³ tap⁵ in²¹ i³⁵?
大田城关	汝到底卜答应伊无答应伊？ li⁵³ tɔ⁵⁵ te⁵³ baʔ³ taʔ⁵ eŋ³¹ i⁰ bɤ³³ taʔ⁵ eŋ³¹ i⁰?
大田广平	汝到底卜应唔应伊啊？ li⁵¹ to³³ ti⁵¹ bɒ⁵ e³³ ŋ³³ e³¹ i⁰ a⁰?
霞浦三沙	汝到底卜答应伊无？ ny⁴² to⁵⁵ tuoi⁵¹ bo⁰ ta⁵⁵ iŋ⁵¹ i⁴⁴ bo⁰?
福鼎沙埕	汝到底答应无答应伊？ lɯ⁵³ to³³ le⁵³ ta²⁴ ien²¹ bo²¹ ta²⁴ ien²¹ i⁴⁴?
建瓯	你对渠到底答应唔答应？ ni⁴² to³³ ky⁴² tau³³ tai²¹ ta²⁴ aiŋ³³ eiŋ⁵⁵ ta²⁴ aiŋ³³?
建阳	你到底答应唔答应渠嘞？ nɔi⁴¹ tau³³ tai²¹ ta³⁵ iŋ³³ oŋ³³ ta³⁵ iŋ³³ ky⁴¹ le⁰?
政和	你到底答应唔答应渠？ ni⁴² to⁴² tai²¹³ ta²⁴ eiŋ⁵³ eiŋ⁵⁵ ta²⁴ eiŋ⁵³ ky⁴²?
松溪	你到底答应渠嘬？ niɛ⁴² to⁴² tɕi²²³ tɒ²²³ eiŋ⁵³ kio⁴² naŋ²¹?
武夷山	你到底答应唔答应渠？ nɛi⁵¹ tau²² tai³¹ ta³⁵ iŋ²² ɛiŋ²² ta³⁵ iŋ²² həu⁵¹?

续表

	0005 你到底答应不答应他？
浦城石陂	你到底答应唔答应渠？ ni:⁴² tɔ³³ taɛ²¹ taŋ⁴⁵ aiŋ³³ eiŋ⁵³ taŋ⁴⁵ aiŋ³³ gy⁴²？
南平夏道	汝到底答应唔答应伊呀？ ny³³ to³³ tɛ³³ ta³³ aŋ²⁴ iŋ³³ ta³³ aŋ²⁴ i¹¹ a⁰？
顺昌	你到底答应唔答应渠？ lɛ³¹ to⁵⁵ ti³¹ tɔ³³ iŋ³⁵ ŋ³¹ tɔ³³ iŋ⁵¹ kɛ³¹？
将乐	你到底答唔答应渠？ le²² tau⁵⁵ ti⁵¹ ta²¹ ŋ⁵⁵ ta²¹ ĩŋ³²⁴ ki²¹？
光泽	儕到底答应唔答应俘？ hiən⁴¹ tau³⁵ ti⁴⁴ tam⁴¹ min³³ m⁵⁵ tam⁴¹ min³⁵ hu⁴¹？
邵武	儕到底答唔答应俘？ hien³⁵ tau²¹ ti⁵⁵ tan⁵³ ŋ⁵⁵ tan⁵³ in³⁵ hu³⁵？
三明	你到底答应唔答应渠哦？ ŋi⁴⁴ tauɯ⁴³ te³¹ tɒ²⁵ iã³³ ã³³ tɒ²⁵ iã³³ ŋy⁴⁴ o⁰？
永安	你到底答应唔答应渠啊？ ŋi⁵² tauɯ⁴⁴ ti²¹ tɒ⁴⁴ iɛi²⁴ ã²⁴ tɒ⁴⁴ iɛi²⁴ ŋy⁵² a⁰？
沙县	你到底答应唔答应渠啊？ gi³³ tɔ²¹ ti²¹ ta⁴⁴ iɛiŋ²⁴ ŋ⁴⁴ ta⁴⁴ iɛiŋ²⁴ ky³³ a⁰？
长汀	尔到底答唔答应渠？ ni³³ tɒ⁴² te²¹ ta³³ ŋ²¹ ta²¹ iŋ³³ ke²¹？
连城	尔到底答应唔答应渠？ ŋi⁵³ tau⁵³ ti²¹ to⁵⁵ ieiŋ⁵³ ŋ⁵⁵ to⁵⁵ ieiŋ⁵³ kuɛ⁴³³？
上杭	儕到底应过渠了唔曾？ hŋ²¹ tou³⁵³ təi²¹¹ əŋ³⁵³ kɔu³⁵³ kei²¹ lɛ³¹ ŋ²¹ tsʰɛ̃²¹？
武平	儕到底有无答应渠唉？ hŋ²⁴ tau⁴⁵¹ ti⁴² iu⁴² mɔ²² taʔ³ iŋ⁴⁵¹ ki²⁴ ɛ²⁴？
永定	尔到底答应唔答应渠？ ŋ²² tou⁵⁵ tei³¹ taʔ³² iŋ⁵² m²⁴ taʔ³² iŋ⁵² tɕi²²？

续表

	0005 你到底答应不答应他？
明溪	你到底答应唔答应渠？ le⁴¹ tau⁵⁵ ti⁰ to?⁵ eŋ²⁴ ŋ⁰ to?⁵ eŋ²⁴ kʰø³¹ ？
清流	尔到底答应唔答应渠咧？ ŋi³³ tɔ³³ ti²¹ to²¹ iəŋ³⁵ ŋ²³ to²¹ iəŋ³⁵ kə³³ lɛ⁰ ？
宁化	尔到底答不答应渠来？ i³⁴ tau²¹² ti³¹ tɒ⁵ pə⁵ tɒ⁵ iŋ³¹ kə³⁴ ie⁰ ？
新罗客家	尔到底答应唔答应渠？ ni³⁵ təu²¹ tie⁴¹ to?⁵ iŋ⁴¹ ŋ³⁵ to?⁵ iŋ⁴¹ tu⁵⁵ ？
平和客家	僫到底答应就唔应渠？ heŋ³⁵ tɔ³⁵ te³¹ tap⁵³ eŋ³¹ tʃʰu³¹ m³¹ tap⁵³ eŋ³¹ kʰy³¹ ？
诏安客家	僫到底答应唔答应渠？ he⁵³ tɔu⁴⁵ tɛi³¹ tap⁵ en³¹ m²² tap⁵ en³¹ ky⁰ ？
泰宁	尔到底答应唔答应渠哦？ ŋ³⁵ tau⁵¹ tei²¹ ta³⁵ in⁵¹ ŋ²¹ ta³⁵ in⁵¹ hi³⁵ o⁰ ？
建宁	尔到底同意唔同意？ ŋ⁵⁵ tau²¹ tie²⁴ hŋ²⁴ i²¹ m²¹ hŋ²⁴ i²¹ ？
浦城城关	侬到底答应唔答应渠？ noŋ⁵⁴ lɑo²⁴ lie⁴⁴ lɑ³² iŋ⁴²³ ŋ⁵³ lɑ³² iŋ⁴²³ ke⁰ ？
南平延平	你到底答应不答应他？ li²¹ tau⁵⁵ ti²¹ ta³³ iŋ⁵⁵ pu⁵⁵ ta³³ iŋ⁵⁵ tʰa³³ ？

	0006a. 叫小强一起去电影院看《刘三姐》。b. 这部电影他看过了。/他这部电影看过了。/他看过这部电影了。选择在该语境中最自然的一种形式回答，或按自然度列出几种形式。
福州	a. 告小强齐去电影院看《刘三姐》。b. 只片电影伊看过了。 a. kɔ²¹ siu²¹ kyoŋ⁵² tse²¹ ɔ²¹ tieŋ²¹ ŋiŋ⁵⁵ ŋieŋ²⁴² kʰaŋ²¹ nau²¹ laŋ⁵² nzia³³. b. tsi⁵⁵ βieŋ²¹ tieŋ⁵² ŋiŋ³³ i⁵⁵ kʰaŋ²¹ kuo²¹ lau³³.
闽侯	a. 告小强齐去电影院看《刘三姐》。b. ［者蜀］部电影伊看去了。 a. ko²¹ siu²¹ kyoŋ⁵³ tse²¹ uo²¹ tieŋ²¹ ŋiŋ⁵³ ŋieŋ²⁴² kʰaŋ²¹ nau²¹ laŋ⁵³ nzia³³. b. tsyo⁵³ βuo²⁴² tieŋ³³ ŋiŋ³³ i⁵⁵ kʰaŋ⁵⁵ kuo²¹ nau³³.
长乐	a. 告小强齐去电影院看《刘三姐》。b. 只片电影伊看过了。 a. kɔ²¹ siu²¹ kyoŋ⁵³ tse²² ɔ²¹ tieŋ²² ŋiŋ⁵⁵ ŋieŋ²⁴² kʰaŋ²¹ niu²² laŋ⁵³ nzia²². b. tsi⁵⁵ βieŋ²¹ tieŋ⁵³ ŋiŋ²² i⁵⁵ kʰaŋ²¹ ŋuo²¹ lau²².
连江	a. 告小强齐去电影院看《刘三姐》。b. ［者蜀］片电影伊看去了。 a. kø²¹ siu²¹ kyøŋ⁵¹ tse³³ o²¹ tieŋ²¹ ŋiŋ⁵⁵ ŋieŋ²⁴² kʰaŋ²¹ nau²¹ laŋ²⁴ tsia³³. b. tsye³³ βieŋ²¹² tieŋ²¹ ŋiŋ⁵⁵ i⁵⁵ kʰaŋ⁵⁵ u⁰ lau⁰.
罗源	a. 告小强做阵去电影院看《刘三姐》。b. 只片电影伊看过了。 a. kœ³⁵ θiu⁴⁴ kyøŋ³¹ tsɔ²² liŋ²¹ ŋuo³⁵ tieŋ²¹ ŋiŋ⁴⁴ ieŋ³⁴ kʰaŋ²¹ lau²¹ laŋ²¹ ʒia²¹. b. tsi²¹ βieŋ³⁵ tieŋ²² ŋiŋ²¹ i⁴⁴ kʰaŋ³⁵ kuo³⁵ lau²¹.
福清	a. 告小强齐去电影院看《刘三姐》。b. ［只蜀］片电影伊看过了。 a. kœ²¹ θieu²¹ kioŋ⁴⁴ tsɛ²¹ io²¹ tieŋ²¹ ŋiŋ⁴⁴ ŋieŋ⁴² kʰaŋ²¹ lau⁴⁴ laŋ⁴⁴ nzia³¹. b. tsio³⁴ pʰieŋ²¹ tieŋ⁴⁴ ŋiŋ²¹ i⁵³ kʰaŋ²¹ kuo²¹ lau²¹.
平潭	a. 告小强齐去电影院看《刘三姐》。b. 只隻片电影伊看了。 a. kœ²¹ θiu²¹ kyoŋ⁴⁴ tsɛ²¹ kʰyo²¹ tieŋ²¹ ŋiŋ⁴⁴ ŋieŋ⁴² kʰaŋ²¹ lau⁴⁴ ðaŋ⁴⁴ nzia³¹. b. tsia³¹ a⁰ pʰieŋ²¹ tieŋ⁴⁴ ŋiŋ²¹ i⁵¹ kʰaŋ⁵¹ lau³¹. "隻"［tsia］的声母脱落，声调弱化，读成［a⁰］。
永泰	a. 叫小强齐去电影院看《刘三姐》。b. 只片电影伊看去了。 a. kiou²¹ siou²¹ kyoŋ³⁵³ tsɛ²¹ ɔ²¹ tieŋ²¹ ŋiŋ⁴⁴ ŋieŋ²⁴² kʰaŋ²¹ lau²¹ laŋ⁴⁴ ʒia³². b. tsi⁴⁴ pʰieŋ²¹ tieŋ⁵³ ŋiŋ³² i⁴⁴ kʰaŋ²¹ ŋo⁰ lau³².
闽清	a. 告小强做阵去电影院看《刘三姐》。b. 只部电影伊看去了。 a. kɔ²¹ siu²¹ kyøŋ³⁵³ tsɔ⁴² leiŋ²⁴² kʰuo²¹ tieŋ²¹ ŋiŋ²⁴ ŋieŋ²⁴² kʰaŋ²¹ lau⁴⁴ laŋ⁴² ʒia³². b. tsiek³ puo²⁴² tieŋ⁴⁴ ŋiŋ³² i⁴⁴ kʰaŋ²¹ ŋuo²¹ lau⁰.

续表

	0006a. 叫小强一起去电影院看《刘三姐》。b. 这部电影他看过了。/他这部电影看过了。/他看过这部电影了。选择在该语境中最自然的一种形式回答，或按自然度列出几种形式。
古田	a. 讴小强对手去电影院看《刘三姐》。 a. œ²¹ sieu²¹ kyøŋ³⁵ tui³³ ʒiu⁵³ kʰyø²¹ tieŋ²¹ iŋ³⁵ ŋieŋ⁵⁴⁴ kʰaŋ²¹ lau²¹ laŋ²¹ nzia⁴². b. 伊者部电影看过了。 b. i⁵⁵ tsie⁵⁵ βuo⁵⁴⁴ tieŋ⁵⁵ ŋiŋ⁴² kʰaŋ²¹ kuo²¹ lɔ⁰.
屏南	a. 约小强作⁼马⁼去电影院看《刘三姐》。b. 只片电影伊看过了。 a. ɯ³⁴ siu²² kɤŋ⁴¹ tsɔ⁴⁴ ma⁴¹ kʰɯ³⁴ tɪŋ²² ŋiŋ⁴⁴ ŋɪŋ³²³ kʰaŋ³⁴ lau⁴⁴ saŋ⁴⁴ ʒia⁴¹. b. tsɛ⁴⁴ pʰɪŋ³⁴ tɪŋ⁴⁴ ŋiŋ⁴¹ i⁴⁴ kʰaŋ³⁴ kuo³⁴ lɔ⁰.
宁德	a. 叫小强齐阵去电影院底看《刘三姐》。b. 者电影伊看过头去了。 a. kœŋ³⁵ sieu⁵⁵ kyŋ⁵⁵ tse³⁵ leŋ⁵¹ kʰy³⁵ tiŋ¹¹ ŋiŋ³⁵ ŋiŋ⁵¹ ŋi⁰ kʰaŋ³⁵ lau¹¹ laŋ¹¹ nzia⁴¹. b. tsa³³ tiŋ¹¹ ŋiŋ⁴¹ i³³⁴ kʰaŋ³⁵ ku⁵⁵ lau⁴¹¹ y⁰ lɔʔ⁵⁴.
霞浦城关	a. 讴小强齐阵去电影院看《刘三姐》。b. 者部电影伊看过了。 a. ɛu³⁵ θeu⁵⁵ køŋ⁵¹ tsɛ⁵⁵ liŋ²⁴ kʰø³⁵ teŋ²¹ ŋiŋ⁵⁵ eŋ²⁴ kʰaŋ³⁵ lau²¹ θaŋ⁴⁴ tsia⁴². b. tsia⁴⁴ βo²⁴ teŋ⁴⁴ ŋiŋ⁴² i⁴⁴ kʰaŋ³⁵ ŋo⁰ lo⁰.
福安	a. 叫小强做丁去电影院䁵《刘三姐》。b. 这部电影伊䁵过喽。 a. kiu³⁵ siu³⁵ kioŋ⁵¹ tɔ⁵⁵ liŋ⁴⁴ kʰø³⁵ teiŋ⁴⁴ ŋiŋ⁵⁵ eiŋ⁴⁴ ɛ³⁵ lau²¹ saŋ⁴⁴ tse³³¹. b. tsei⁵⁵ pu⁴⁴ teiŋ⁴⁴ ŋiŋ⁴⁴ i⁴⁴ ɛ³⁵ ku³⁵ lo⁰.
柘荣	a. 讴小强做堆去电影院看《刘三姐》。b. 者电影伊看过喽。/伊者部电影看过喽。/伊看过者部电影喽。 a. ɛu⁴⁵ θiau⁵⁵ kyɔŋ²¹ tsɔ⁵⁵ lɔi⁴⁴ kʰyø⁴⁵ teŋ⁴⁴ ŋiŋ⁵⁵ ŋieŋ⁴⁴ kʰaŋ⁴⁵ lau²¹ θaŋ⁴⁴ tsia⁵³. b. tsia⁵⁵ teŋ⁴⁴ ŋiŋ⁵³ i⁴⁴ kʰaŋ⁴⁵ kuoʔ⁵ lɔ⁰. /i⁴⁴ tsia⁵⁵ puo⁴⁴ teŋ⁴⁴ ŋiŋ⁵³ kʰaŋ⁴⁵ kuoʔ⁵ lɔ⁰. /i⁴⁴ kʰaŋ⁴⁵ kuoʔ⁵ tsia⁵⁵ puo⁴⁴ teŋ⁴⁴ ŋiŋ⁵³ lɔ⁰.
周宁	a. 话小强做帮去电影院䁵《刘三姊》其电影 b. 者部电影伊䁵过喽。 a. o³⁵ sɛu⁵⁵ kyəŋ²¹ tsɔ⁵⁵ pɔŋ⁴⁴ kʰy³⁵ tin⁵⁵ iŋ⁵⁵ in²¹³ ᴇ³⁵ lau²¹ san⁴⁴ tsi⁴² i⁰ tin⁴⁴ iŋ⁴². b. tsai³⁵ pu⁴⁴ tin⁴⁴ iŋ⁴² i⁴⁴ ᴇ³⁵ ku³⁵ lo⁰.
寿宁	a. 喊小强一排去电影院望《刘三姊》。b. 者片电影伊望过了。 a. xaŋ⁴² siu⁵⁵ kyoŋ²¹ iʔ⁵ pɛ²¹ kʰyø⁵⁵ tieŋ³³ iŋ⁵⁵ yoŋ²³ ɔuŋ³⁵ lau²¹ saŋ³³ tsi⁴². b. tsia³⁵ pʰieŋ³⁵ tieŋ³³ iŋ⁴² i³³ ɔuŋ³⁵ kuo³⁵ lɔ⁰.

续表

	0006a. 叫小强一起去电影院看《刘三姐》。b. 这部电影他看过了。/他这部电影看过了。/他看过这部电影了。选择在该语境中最自然的一种形式回答，或按自然度列出几种形式。
福鼎城关	a. 叫小强作阵去电影院看《刘三姐》b. 只片电影伊看着了啰。 a. kiou³³ siou³³ kioŋ⁴² tso³³ tiŋ⁴² kʰie³³ tieŋ³³ iaŋ³³ iaŋ⁴² kʰaŋ⁴² lau³³ saŋ³³ tsia⁵⁵. b. tsi⁵⁵ pʰieŋ⁴² tieŋ³³ iaŋ⁵⁵ i⁵⁵ kʰaŋ⁴² tie³³ liou⁵⁵ lo⁰.
尤溪	a. 钢＝小强平平去电影院看《刘三姊》。b. 只片电影伊看着了。 a. koŋ⁵¹ sio⁴⁴ kioŋ¹² pã³³ pã³³ kʰy⁵¹ tieŋ⁴⁴ iŋ³³ ø̃⁴² kʰũ⁵¹ lau³³ sã³³ tse⁵⁵. b. tsi⁴⁴ pʰieŋ⁵¹ tieŋ⁴⁴ iŋ⁵⁵ i⁵⁵ kʰũ⁵¹ tʰə³³ lə⁰.
莆田	a. 叫小强齐去电影院看《刘三姐》。b. 即片电影伊看了咯。 a. kieu⁵³³ ɬieu²⁴ kyɔŋ²⁴ tse²⁴ kʰyʔ⁵ teŋ¹¹ iŋ²⁴ ŋiŋ¹¹ kʰua⁵³³ lau¹¹ ɬaŋ¹¹ tsia⁴⁵³. b. tseʔ⁵ pʰeŋ⁴² teŋ¹¹ iŋ⁵³³ i⁵³³ kʰua⁴² lieu⁴⁵³ lɔ⁰.
涵江	a. 叫小强齐遘电影院去看《刘三姐》。b. 即片厄＝电影伊看［过外］了咯。 a. kiau⁵⁵ ɬiau¹³ kyɒŋ¹³ tse¹³ kau⁴² teŋ²¹ iŋ¹³ ŋiŋ²¹ kik⁴ kʰua⁴² lau²¹ ɬan²¹ tsia⁴⁵³. b. tsip⁴ pʰɛŋ⁴² ŋɛ⁰ teŋ²¹ iŋ⁴⁵³ ik⁴ kʰua⁴² kuai⁰ liau²¹ lɒʔ⁴.
仙游城关	a. 叫小强齐电影院去看《刘三姐》。b. 即片电影伊看了咯。 a. kiɛu⁵⁵ ɬiɛu²⁴ kyøn²⁴ tse²⁴ teŋ²¹ iã²⁴ iŋ²¹ kik²³ kʰua⁵⁵ lau²¹ ɬan²¹ tsia⁴⁵³. b. tsɛp²³ pʰɛn⁴² teŋ²¹ iã⁴⁵³ ik²³ kʰua⁴² liɛu²¹ luo⁰.
仙游枫亭	a. 叫小强齐去电影院看《刘三姐》。b. 即片电影伊看［过外］了。 a. kieu⁵³³ ɬieu²⁴ kieŋ²⁴ tse²⁴ kʰiʔ⁵ teŋ¹¹ iã²⁴ iŋ¹¹ kʰuã⁵³³ lau¹¹ ɬɔ¹¹ tsia⁴⁵³. b. tseʔ⁵ pʰeŋ⁴² teŋ¹¹ iã⁴⁵³ i⁴⁵³ kʰuã⁴² kuɣɯ⁴² lieu⁴⁵³.
厦门	a. 招小强做阵去电影戏园看《刘三姐》。b. 即部电影伊看过咯。 a. tsio²² sio⁴⁴ kiɔŋ²⁴ tsue⁵³ tiŋ²¹ kʰi⁵³ tian²¹ iã⁴⁴ hi⁵³ hŋ²⁴ kʰuã⁵³ lau²² sã²² tsiã⁵³. b. tsit⁴ pɔ²¹ tian²¹ iã⁵³ i²² kʰuã²¹ ke²¹ lo⁰.
同安	a. 叫小强斗阵去电影院看《刘三姐》。b. 伊即篇电影看过啦。 a. kio⁴² sio³³ kiɔŋ²⁴ tau⁴² tin²² kʰɯ¹¹ tian¹¹ iã³³ i²² kʰuã⁴² lau¹¹ sã³³ tsia⁴². b. i⁴⁴ tsit⁴ pʰĩ⁴⁴ tian¹¹ iã⁴² kʰuã¹¹² kə⁰ la⁰.

续表

	0006a. 叫小强一起去电影院看《刘三姐》。b. 这部电影他看过了。/他这部电影看过了。/他看过这部电影了。选择在该语境中最自然的一种形式回答，或按自然度列出几种形式。
泉州鲤城	a. 叫小强做［一下］去电影院看《刘三姐》。b. 即片电影伊看着咯。 a. kio⁵⁵ sio²⁴ kiɔŋ²⁴ tsue⁵⁵ tsei⁴¹ kʰɯ⁵⁵ tian²² iã²⁴ ĩ⁴¹ kʰuã⁵⁵ lau²² sam³³ tsia⁵⁵. b. tsit²⁴ pʰĩ⁵⁵ tian²² iã⁵⁵ i³³ kʰuã⁴¹ tioʔ⁰ lɔ⁰.
泉州洛江	a. 叫小强做阵去电影院看《刘三姐》。b. 即片电影伊看着咯。 a. kio⁵⁵ sio²⁴ kiɔŋ²⁴ tsue⁵⁵ tin⁴¹ kʰi⁴¹ tian²² iã²⁴ i⁴¹ kʰuã⁵⁵ lau²² sã³³ tsia⁵⁵. b. tsit⁵ pʰĩ⁵⁵ tian²² iã⁵⁵ i³³ kʰuã⁴¹ tioʔ⁰ lɔ⁰.
南安	a. 叫小强做阵去看《刘三姐》兮电影。b. 即片电影伊看着咯。 a. kio⁵⁵ sio²⁴ kiɔŋ²⁴ tsue⁵⁵ tin³¹ kʰɯ⁵⁵ kʰuã⁵⁵ lau²² sam³³ tsia⁵⁵ e⁰ tian²² iã⁵⁵. b. tsit⁵ pʰĩ⁵⁵ tian²² iã⁵⁵ i³³ kʰuã⁵⁵ tioʔ⁰ lɔ⁰.
晋江	a. 做一下招小强去电影院看《刘三姐》。b. 即出电影伊看着咯。 a. tsue⁵⁵ tsit² e⁵⁵ tsiə³³ siə²⁴ kiɔŋ²⁴ kʰi⁵⁵ tian²² iã²⁴ ĩ⁴¹ kʰuã⁵⁵ lau²² sam³³ tsia⁵⁵. b. tsit³⁴ tsʰuʔ⁵ tian²² iã⁵⁵ i³³ kʰuã⁴¹ tiəʔ⁰ lɔ⁰.
石狮	a. 招小强做阵去电影院兮看《刘三姐》。b. 即片电影伊看着咯。 a. tsiə³³ siə²⁴ kiɔŋ²⁴ tsue⁵⁵ tin⁴¹ kʰi⁵⁵ tian²² iã²⁴ ĩ⁴¹ e⁰ kʰua⁵⁵ lau²² sam³³ tsia⁵⁵. b. tsit³⁴ pʰĩ⁴¹ tian²² iã⁵⁵ i³³ kʰuã⁴¹ tiəʔ⁰ lɔ⁰.
惠安	a. 叫小强做阵去电影院看《刘三姐》。b. 即片电影伊看着咯。 a. kio⁵⁴ sio²⁵ kiɔŋ²⁵ tsue⁵⁴ ten²² kʰɯ⁵⁴ ten⁵⁴ iã²⁵ ĩ⁴² kʰuã⁵⁴ lau³³ sã³³ tsia⁵⁴. b. tset⁵ pʰĩ⁴² ten⁵⁴ iã⁵⁴ i³³ kʰuã⁴² tioʔ⁰ lɔ⁰.
安溪	a. 叫小强做阵去电影院看《刘三姐》。b. 即片电影伊看过咯。 a. kio⁵³ sio⁴⁴ kiɔŋ²⁴ tsue⁵³ tin⁴² kʰɯ⁴² tian²¹ iã⁴⁴ ĩ⁴² kʰuã⁵³ lau²¹ sam²² tsia⁵³. b. tsit⁵³ pʰĩ⁴² tian²¹ iã⁴⁴ i³³ kʰuã⁴² kə⁰ lɔ⁰.
永春	a. 叫小强做阵去电影院看《刘三姐》兮电影。b. 即片电影伊看着咯。 a. kio⁴⁴ sio⁴⁴ kiɔŋ²⁴ tsue⁵³ tin³¹ kʰɯ⁵³ tian³¹ iã⁴⁴ ĩ³¹ kʰuã⁵³ lau²² sã²² tsia⁴⁴ e⁰ tian³¹ iã⁵³. b. tsit⁴ pʰĩ⁵³ tian³¹ iã⁵³ i⁴⁴ kʰuã²² tioʔ⁰ lɔ⁰.
德化	a 叫小强做阵去电影院看《刘三姐》。b 即片电影伊看着咯。 a. kio³¹ sio⁴⁴ kiɔŋ⁴⁴ tsue⁴² tin³¹ kʰɯ⁴² tian³¹ iã⁴⁴ ĩ³¹ kʰuã³¹ lau²² sã²² tsia³⁵. b. tsit⁴² pʰĩ⁴² tian³¹ iã⁴⁴ i¹³ kʰuã³¹ tioʔ⁰ lɔ⁰.

续表

	0006a. 叫小强一起去电影院看《刘三姐》。b. 这部电影他看过了。/他这部电影看过了。/他看过这部电影了。选择在该语境中最自然的一种形式回答，或按自然度列出几种形式。
漳州	a. 叫小强同齐去电影院看《刘三姊》。b. 即出电影伊看过了啊。 a. kio⁵³ sio³⁴ kiaŋ¹³ taŋ²² tse²² kʰi⁵³ tian²¹ iã³⁴ĩ²² kʰuã⁵³ lau²² sã²² tsi⁵³. b. tsit⁵ tsʰut⁵ tian²¹ iã⁵³ i²² kʰuã⁵³ kue⁵³ lau⁵³ ua⁰.
龙海	a. 叫小强同齐去电影院看《刘三姊》。b. 伊即部电影看过啊。 a. kio⁵² sio³⁴ kiaŋ³¹² taŋ³³ tse³³ kʰiʔ⁴ tian⁴¹ iã³⁴ĩ³³ kʰuã⁵² lau³³ sã³³ tsi⁵². b. i³⁴ tsik⁴ pɔ⁴¹ tian⁴¹ iã⁵² kʰuã⁴¹ kue⁴¹ a⁰.
长泰	a. 叫小强同齐来去电影院兮看《刘三姊》。b. 即片电影伊看了啊。 a. kio⁵³ sio⁴⁴ kiaŋ²⁴ taŋ²² tsue²² lai⁴⁴ kʰi⁵³ tian²¹ iã⁴⁴ĩ²² e⁰ kʰuã⁵³ lau²² sã²² tsia⁵³. b. tsit⁵ pʰĩ⁵³ tian²¹ iã⁵³ i²² kʰuã⁵³ liau⁵³ ua⁰.
华安	a. 叫小强同齐去电影院看《刘三姊》。b. 即片电影伊看过啊。 a. kio⁵³ sio⁵⁵ kiaŋ²³² taŋ²² tse²² kʰi⁵³ tian³¹ iã⁵⁵ĩ²² kʰuã⁵³ lau²² sã²² tsi⁵³. b. tsit⁵ pʰĩ⁵³ tian³¹ iã⁵³ ĩ⁵⁵ kʰuã³¹ kue³¹ a⁰.
南靖	a. 叫小强同齐去电影院看《刘三姊》。b. 即片电影伊看过啊。 a. kio⁵⁴ sio⁴⁴ kiaŋ³²³ taŋ²² tse²² kʰi⁵⁴ tian²¹ iã⁴⁴ĩ²² kʰuã⁵⁴ lau²² sã²² tsi⁵⁴. b. tsit⁴ pʰĩ⁵⁴ tian²¹ iã⁵⁴ i³⁴ kʰuã²¹ kue²¹ a⁰.
平和	a. 叫小强同齐去电影院看《刘三姊》。b. 即部电影伊看过喽。 a. kio⁵² sio²³ kiaŋ²³ taŋ²² tse²¹ kʰi⁵² tian²¹ iã²³ĩ²¹ kʰuã⁵² lau²² sã²² tsi⁵². b. tsit³² pou²¹ tian²¹ iã⁵² i³⁴ kʰuã⁰ kue⁰ lou⁰.
漳浦	a. 叫小强同齐电影院看《刘三姊》。b. 即片电影伊看过啊。 a. kiɔ⁵¹ siɔ⁴³ kiaŋ⁴¹² taŋ³³ tsiei³³ tian²¹ iã⁴³ĩ³³ kʰuã⁵¹ lau³³ sã³³ tsi⁵¹. b. tsit⁴ pʰĩ⁵¹ tian²¹ iã⁵¹ i⁴³ kuã²¹ kue²¹ a⁰.
东山	a. 叫小强做一下去电影院看《刘三姊》。b. 即出电影伊有看过啊。 a. kio⁵¹ sio⁴⁴ kiaŋ²¹³ tso⁵¹ tsit⁴¹ e³³ kʰiʔ⁵ tian²² iã⁴⁴ĩ³³ kʰuã⁵¹ lau³³ sã³³ tse⁵¹. b. tsit⁵ tsʰu⁵ tian²² iã⁵¹ i³³ u²² kʰuã²² kue²² a⁰.
云霄	a 叫小强仔同齐来去电影院咧看《刘三姐》。b 即出电影伊看过啊咧。 a. kio⁵³ sio⁵⁵ kiaŋ⁵⁵ a⁵³ taŋ³³ tsei³³ lai³³ kʰi²² tian²¹ iã⁵⁵ĩ²² e⁰ kʰuã⁵³ lau³³ sã³³ tsɛ⁵³. b. tsit⁵ tsʰut⁵ tian²¹ iã⁵³ i⁵⁵ kʰuã²² kue⁰ a⁰ le⁰.

续表

	0006a. 叫小强一起去电影院看《刘三姐》。b. 这部电影他看过了。/他这部电影看过了。/他看过这部电影了。选择在该语境中最自然的一种形式回答，或按自然度列出几种形式。
诏安	a. 叫小强做齐去电影院看《刘三姐》。b. 只片影片伊看过啊。 a. kio⁵³ siau²⁴ kiaŋ²⁴ tso⁵³ tsei²² kʰɯ⁵³ tian³¹ iã²⁴ĩ²² kʰuã⁵³ lau²² sã³³ tsɛ⁵³. b. tsi²⁴ pʰĩ⁵³ iã²⁴ pʰĩ²² i⁴⁴ kʰuã⁵³ kue⁰ a⁰.
龙岩	a. 抠迈强做伙去电影院睋《刘三姐》。b. 许一片电影伊睋了啊。 a. kʰau¹¹ mãi⁵⁵ kʰiaŋ¹¹ tsue²¹³ xue²¹ kʰi¹¹ tian¹¹ ŋiã²¹ gian²¹³ õ²¹ lau¹¹ sam³³ tɕia²¹. b. xi²¹ tɕiɛt³ pʰĩ³³ tian¹¹ ŋiã²¹ i¹¹ õ²¹³ liau²¹ ua⁰.
漳平	a. 吼小强做伙去电影院看《刘三姐》。b. 迄片电影伊看过了咯。 a. hau²¹ siau²¹ kʰiaŋ³³ tsuo⁵³ hue²¹ kʰet⁵ ten²¹ ŋiã²¹ĩ³⁵ kʰuã⁵³ lau³³ sã³³ tsia⁵³. b. het⁵ pʰĩ⁵³ ten²¹ ŋiã⁵³ĩ³⁵ kʰuã⁵⁵ kue⁵⁵ liau⁵³ lɔ⁰.
大田城关	a. 吼小强做下去电影院看《刘三姐》。b. 伊只部电影早看过了。 a. hɔ³¹ siɤ³¹ kioŋ²⁴ tsɤ⁵⁵ a³³ kʰi⁵⁵ tiaŋ⁵⁵ ŋ⁵⁵ ziaŋ³¹ kʰuã⁵⁵ lɔ³³ sã³³ tsia⁵³. b. i⁵³ tsi³¹ pu³³ tiaŋ⁵⁵ ŋ⁵⁵ tsa⁵³ kʰuã⁰ kɤ⁰ lɔ⁰.
大田广平	a. 小强去叫伊啊一同去电影院看《刘三姊》。b. 即片电影伊看了了。 a. sio²⁴ kioŋ²⁴ kʰy⁴⁵ kɤ³¹ i⁰ a⁰ iɐ²² kʰy³³ tiaŋ²² ŋ²⁴ dʒyaŋ³¹ kʰõ³³ liŋ²² sɐ̃²² tsi⁵¹. b. tʃiɐ⁵ pʰiaŋ³³ tiaŋ²² ŋ⁵¹ i³³ kʰõ³³ liu⁵¹ lɤ⁰.
霞浦三沙	a. 叫小强做阵去电影院看《刘三姐》。b. 伊者部电影看过了。 a. kieu⁵⁵ sieu³⁵ kyoŋ³⁵ tso⁵⁵ teŋ³⁵ kʰy⁵⁵ tiã²¹ ia³⁵ eŋ³⁵ kʰuã⁵¹ lau²¹ sã⁴⁴ tsia⁴². b. i⁴⁴ tsia⁴⁴ bo³⁵ tiã⁵⁵ ia⁵¹ kʰuã²¹ ko²¹ lo⁰.
福鼎沙埕	a. 叫小强做阵去电影院看《刘三姊》。b. 这部电影伊看过了。 a. kieu²¹ sieu⁴⁴ kiɔŋ²⁴ tsɯei⁴⁴ tien²¹ kʰɯ²¹ tian²¹ iã³³ i²¹ kʰuã⁴⁴ lau²¹ sã²¹ zi⁵³. b. tsie⁴⁴ pɔ⁵³ tian²¹ iã⁵³ i⁴⁴ kʰuã²¹ kə²¹ liau⁵³.
建瓯	a. 吼小强齐齐去电影院觑《刘三姐》。b. □一片电影渠觑过了。 a. e²¹ siau²¹ kiɔŋ²¹ tsai³³ tsai³³ kʰɔ³³ tiŋ⁵⁵ iɔŋ²¹ ŋuiŋ⁵⁵ tsʰu⁵⁵ liu²¹ saŋ⁵⁴ tsia²¹. b. iɔŋ²⁴ tsi³³ pʰiŋ³³ tiŋ⁵⁵ iɔŋ²¹ ky⁴² tsʰu⁵⁵ kua²¹ lɔ⁰.
建阳	a. 吼小强齐齐去电影院觑《刘三姐》电影。b. 渠乙⁼部电影觑过了。 a. əu²¹ siɔ²¹ kiɔŋ⁴⁵ lai⁴¹ lai⁴¹ kʰɔ³³ lieiŋ⁵⁵ iŋ²¹ jyeiŋ⁵⁵ tʰo³⁵ səu⁴⁵ saŋ⁵¹ tsɔi²¹ lieiŋ⁵⁵ iŋ²¹. b. ky⁴¹ ji³⁵ wuo³³ lieiŋ⁵⁵ iŋ²¹ tʰo³⁵ kuo³³ lo⁰.

续表

	0006a. 叫小强一起去电影院看《刘三姐》。b. 这部电影他看过了。/他这部电影看过了。/他看过这部电影了。选择在该语境中最自然的一种形式回答，或按自然度列出几种形式。
政和	a. 吼小强齐帮去电影院觑《刘三姐》。b. □部电影渠觑过了。 a. ɛ²¹³ sio²¹³ kioŋ²¹ tsa²¹ pauŋ⁵³ kʰo⁴² tiŋ⁴² ioŋ²¹³ yiŋ⁵⁵ tsʰu⁵⁵ liu³³ saŋ⁵³ tsi²¹³. b. ia²⁴ pu⁴² tiŋ⁴² oŋ²¹³ ky⁴² tsʰu⁵⁵ ko⁴² lo⁰.
松溪	a. 邀小强齐共群去电影院暎《刘三姐》。b. 页⁼电影渠暎过了。 a. io⁵³ sio²²³ kioŋ²¹ kœyŋ²² kœyŋ²¹ kʰo²² tiŋ⁴² ioŋ²²³ yŋ⁴⁵ iaŋ²² liu⁴⁴ saŋ⁵³ tsia²²³. b. iɛ²²³ tiŋ⁴² ioŋ²²³ kio⁴² iaŋ²² ko²² lo⁰.
武夷山	a. 吼小强平平去电影院觑《刘三姊》。b. 乙⁼电影渠觑过了了。 a. iəu³¹ siu³¹ lyoŋ³³ piaŋ³³ piaŋ³³ kʰo²² liŋ⁵⁵ iŋ³¹ yaiŋ⁵⁵ tʰu³⁵ liu³³ saŋ⁵¹ tsɛi³¹. b. i³⁵ liŋ⁵⁵ iŋ³¹ həu⁵¹ tʰu³⁵ ko²² lau²² lo⁰.
浦城石陂	a. 吼小强齐齐去电影院觑《刘三姊》。b. [□隻]电影渠觑过了。 a. əɯ²¹ ɕiaɯ²¹ giɔŋ⁴² dzaɛ⁴² dzaɛ⁴² kʰɔ³³ tiŋ⁴⁵ iŋ²¹ yŋ⁴⁵ tsʰu⁴⁵ liɯ³³ saŋ⁵³ tɕi²¹. b. ɦia²⁴ tiŋ⁴⁵ iŋ²¹ gy⁴² tsʰu⁴⁵ kə³³ lɔ⁰.
南平夏道	a. 喊小强做堆去电影院暎《刘三姐》电影。b. 者片电影伊暎过了咯。 a. xaŋ³³ ɕio³³ kioŋ¹¹ tso⁵⁵ tuɛ¹¹ kʰo³³ tiŋ³³ iŋ³³ uiŋ²⁴ iaŋ²⁴ liu¹¹ saŋ¹¹ tɕia³³ tiŋ³³ iŋ³³. b. tɕia¹¹ pʰiŋ²⁴ tiŋ³³ iŋ³³ i¹¹ iaŋ³³ ko²⁴ lau⁵⁵ lo⁰.
顺昌	a. 喊小强做堆去电影院睽《刘三姐》b. 者片电影渠睽着了。 a. hɔ̃³¹ siau³¹ kiɔ̃³³ tso⁵ tuɛ⁴⁴ kʰo⁵⁵ tʰẽ⁵¹ iŋ³¹ ŋø⁵¹ lau³³ liu³³ sɔ̃⁴⁴ tʃia³¹. b. tʃia³¹ pʰẽ³⁵ tʰẽ⁵¹ iŋ³¹ kɛ³¹ lau³³ tʰio⁵¹ lo⁰.
将乐	a. 喊小强做个下去暎《刘三姐》记电影。b. 者部电影渠暎发是咯。 a. xãŋ³²⁴ siau⁵¹ kʰiɔ̃²² tso⁵⁵ kaʔ⁵ xa³²⁴ kʰo³²⁴ ŋiãŋ³²⁴ liu²² sãŋ⁵⁵ tsia⁵¹ kiʔ⁵ tʰiɛ⁵⁵ ŋĩŋ⁵¹. b. tʃa⁵¹ pʰu⁵⁵ tʰiɛ⁵⁵ ŋĩŋ⁵¹ ki⁵¹ ŋiãŋ³²⁴ fa²¹ ʃi³²⁴ lo²¹.
光泽	a. 叫小强一起去电影院暎《刘三姐》。b. 酌⁼部电影伫暎过儿。 a. kiɛu³⁵ ɕiɛu⁴⁴ kʰioŋ²² i⁴¹ kʰi⁴⁴ kʰɔ³⁵ hiən⁵⁵ iŋ⁴⁴ viən⁵⁵ niaŋ³⁵ ləu²² sam²¹ tɕiɛ⁴⁴. b. tɕiɔŋ⁴¹ pʰu⁵⁵ hiən⁵⁵ in⁴⁴ hu⁴¹ niaŋ³⁵ hɔ⁵⁵ ɛ⁰.
邵武	叫小强个起去电影院暎《刘三姐》。b. 伫暎过儿酌⁼部电影。 a. kiau³⁵ siau⁵⁵ kʰioŋ³³ kəi²¹ kʰi⁵⁵ kʰo³⁵ tʰien³⁵ in³³ vien³⁵ niaŋ³⁵ lou³³ san²¹ tsie⁵⁵. b. hu³⁵ niaŋ³⁵ huo³⁵ ə⁰ tɕio⁵³ pʰu³⁵ tʰien³⁵ in³³.

续表

	0006a. 叫小强一起去电影院看《刘三姐》。b. 这部电影他看过了。/他这部电影看过了。/他看过这部电影了。选择在该语境中最自然的一种形式回答，或按自然度列出几种形式。
三明	a. 吼小强齐去电影院暝《刘三姊》。b. 者片电影渠暝过了。 a. hœ³¹ siɯ¹² kiɐm⁵¹ tse⁵¹ kʰɯ³³ tɛ̃i³¹ iã³¹ vɛ̃i³³ iɔ̃³³ liɑu³¹ sɔ̃⁴⁴ tsi³¹. b. tʃɒ³¹ pʰɛ̃i³³ tɛ̃i³¹ iã³¹ ŋy⁴⁴ iɔ̃³³ kɯ³³ lo⁰.
永安	a. 吼小强齐去电影院暝《刘三姊》。b. 者片电影渠暝过了。 a. hø²¹ ʃiɯ³³ kiɑm³³ tse³³ kʰɯ²⁴ tɛ̃i⁴⁴ iã³³ yɛ̃i²⁴ iõ²⁴ liɑu³³ sõ³³ tsi²¹. b. tʃiɒ²¹ pu⁵⁴ tɛ̃i⁴⁴ iã²¹ ŋy⁵² iõ²⁴ kɯ⁴⁴ lo⁰.
沙县	a. 谒小强齐去电影院暝《刘三姊》。b. 者片电影渠暝过了。 a. iɛ²¹² ʃio⁵⁵ kiŋ³¹ tse³¹ kʰo⁵⁵ tiẽ²¹ iɛiŋ⁴⁴ yẽ²⁴ iɔ̃⁴⁴ liu⁴⁴ sɔ̃⁴⁴ tsi²¹. b. tʃia²¹ pʰiẽ²⁴ tiẽ²¹ iɛiŋ²¹ ky³³ iɔ̃²⁴ ko⁰ lo⁰.
长汀	a. 喊小强一下去电影院暝《刘三姊》。b. 女=部电影渠暝过哩。 a. haŋ⁴² siŋ²¹ tʃʰoŋ²⁴ i²⁴ ha⁴² he³³ tiŋ²¹ iaŋ²¹ iŋ⁴² iaŋ³³ təɯ³³ saŋ³³ tsi⁴². b. ni⁴² pu²¹ tiŋ⁴² iaŋ²¹ ke³³ niaŋ⁴² ko²¹ le²⁴.
连城	a. 喊小强共下去电影院暝《刘三姐》。b. ［以一］片电影渠暝过咯。 a. haŋ²¹ siau²¹ kʰioŋ²² kʰiəŋ⁵⁵ ho⁵⁵ huɛ⁵³ te⁵⁵ iaŋ²¹ ve³⁵ ŋiaŋ⁵³ ləɯ²² sa³³ tse²¹². b. i³⁵ pʰe³³ te⁵⁵ iaŋ²¹ kuɛ²¹ ŋian²¹ kɯ⁵³ lo⁰.
上杭	a. 喊小强一下去电影院望《刘三姐》。b. 嚷=部电影渠望过哩。 a. hã³⁵³ ɕiɛ³¹ tɕʰiɔŋ²¹ i²ʔ³² hɒ⁵¹ kʰəi³⁵³ tʰiɛ̃⁵¹ iɔ̃³¹ viɛ̃⁵¹ moŋ⁵¹ tiu²¹ sã⁴⁴ tsɿ³¹. b. noŋ⁵¹ pʰʉ⁵¹ tʰiɛ̃⁵¹ iɔ̃³¹ kei²¹ moŋ⁵¹ kɔu³⁵³ lɛ³¹.
武平	a. 喊小强一下去看《刘三姊》个电影。b. □个电影渠看过矣。 a. haŋ⁴² siɔ⁴² tsʰiɔŋ² iʔ³ ha⁴⁴ si⁴⁵¹ kʰuɛŋ⁴⁵¹ tiu²² saŋ²⁴ tsi⁴² ke⁴⁵¹ tʰiaŋ⁴² iaŋ⁴². b. nuŋ²² ke⁴² tʰiaŋ⁴³ iaŋ⁴² ki²⁴ kʰuaŋ⁴⁵² ko⁴⁵¹ i²².
永定	a. 喊小强同下来去看《刘三姊》个电影。b. 这个电影渠看过哩。 a. xɛ̃⁵² ɕiəu³¹ tɕʰiɔ̃²² tʰoŋ²³ xa⁵² luoi²³ tɕʰi⁵² kʰuo⁵² liu²³ sẽ²⁴ tsɿ³¹ kɛʔ⁵ tiɛ̃³³ iaŋ³¹. b. tiʔ³² kɛʔ⁵ tiɛ̃³³ iaŋ³¹ tɕi²³ kʰuo⁵⁵ kɔu⁵² li⁰.
明溪	a. 吼小强做个伙去电影院暝《刘三姊》。b. 渠暝着了这部电影。 a. aø⁴¹ siau⁴¹ kʰioŋ³¹ tsɤ⁵⁵ kɤ⁰ xɤ⁴¹ kʰɤ²⁴ tʰieŋ⁵⁵ eŋ⁴¹ ieŋ⁵⁵⁴ iaŋ²⁴ liu³¹ saŋ⁴⁴ tsi⁴¹. b. kʰø³¹ iaŋ²⁴ tʰiɤ³¹ liau⁰ tse⁴¹ pʰu⁵⁵ tʰieŋ⁵⁵ eŋ⁴¹.

续表

	0006a. 叫小强一起去电影院看《刘三姐》。b. 这部电影他看过了。/他这部电影看过了。/他看过这部电影了。选择在该语境中最自然的一种形式回答，或按自然度列出几种形式。
清流	a. 招小强一起去电影院瞑《刘三姐》。b. 这部电影渠瞑过哩。 a. tsiə³³ sio²¹ kʰiaŋ²³ ie²¹ kʰi²¹ kʰə³⁵ tʰeŋ³² iaŋ²¹ eŋ³² ŋiaŋ³⁵ liə²³ saŋ³³ tsi²¹. b. tʃie²¹ pʰu³² tʰeŋ³² iaŋ²¹ kə³³ ŋiaŋ³⁵ ku³⁵li⁰.
宁化	a. 喊小强一起去电影院瞑《刘三姐》。b. 只部电影渠瞑过。 a. hɒŋ³¹ ɕiau³¹ tɕʰiɔŋ²⁴ i³⁵ tɕʰi³¹ kʰə²¹² tʰieŋ⁴² iaŋ³¹ ieŋ⁴² iaŋ²¹² liəɯ²⁴ sɒŋ³⁴ tɕi³¹. b. tsɿ²⁴ pʰu⁵ tʰieŋ⁴² iaŋ³¹ kə³⁴ iaŋ²¹² ko⁵.
新罗客家	a. 喊小强一下去电影院瞑刘三姊个电影。b. 这个电影渠瞑过哩。 a. xõ⁴¹ sio²¹ tʃʰiõ³⁵ iʔ⁵ xo⁴¹ tʰɻə⁴¹ tʰiẽ²¹ iaŋ⁴⁵³ viẽ²¹ ŋiaŋ⁴¹ liu⁵⁵ saŋ⁴⁴ tsi⁵⁵ kaʔ⁵ tʰiẽ²¹ iaŋ⁴⁵³. b. tsɿ⁵⁵ ka⁴⁴ tʰiẽ²¹ iaŋ⁴⁵³ tu³⁵ ŋiaŋ²¹ kəu²¹ li³⁵.
平和客家	a. 喊小强做下去电影院瞑《刘三姊》。b. 渠瞑过□部电影咯。 a. hɛm³¹ seu³³ kʰiɔŋ³⁵ tsɔ⁵⁵ ha⁵⁵ kʰy³¹ tʰɛn³³ ziaŋ³¹ ĩ³³ ŋiaŋ³¹ liu³³ sam³¹ tsi³⁵. b. ky³⁵ ŋiaŋ³¹ kɔ³¹ lia³⁵ pʰu³³ tʰɛn³¹ ziaŋ³¹ lɔ⁰.
诏安客家	a. 叫小强做下去电影院瞑《刘三姐》。b. □部电影渠瞑过了。 a. tʃiu²² sieu²² kʰiuŋ⁵³ tsɔu⁴⁵ ha⁴⁵ kʰy³¹ tʰɛn²² ziaŋ⁴⁵ ĩ³¹ ŋiaŋ²² liu⁴⁵ sam²² tsia³¹. b. lit³ pʰu²² tʰɛn²² ziaŋ³¹ ky⁵³ ŋiaŋ³¹ kuɔ³¹ lɛu⁰.
泰宁	a. 喊小强操⁼平去电影院瞑《刘三姐》。b. 瞑过了即片电影。 a. xaŋ⁵¹ ɕiau³⁵ kʰioŋ³³ tʰo²² pʰiaŋ³³ kʰo³³ hien²¹ in³⁵ uən²¹ niaŋ⁵¹ liu³³ saŋ³¹ tɕie³⁵. b. hi³⁵ niaŋ⁵¹ kuo²¹ lə⁰ tɕia³⁵ pʰien⁵¹ hien²¹ in³⁵.
建宁	a. 吆小强同去电影院看《刘三姐》。b. 士⁼看儿过儿个介电影。 a. uo²¹ siau⁵⁵ tsʰioŋ⁵⁵ hŋ²⁴ kʰə²¹ hien²¹ iŋ⁵⁵ vien⁴⁵ kʰon²¹ liu²⁴ san³⁴ tsia⁵⁵. b. sə⁵⁵ kʰon²¹ i²¹ kuo²¹³ i⁵⁵ ko⁵⁵ kai⁵⁵ hien⁵⁵ iŋ⁵⁵.
浦城城关	a. 喊小强介堆去电影院觑《刘三姐》。b. 渠觑过这部电影了。/这部电影渠觑过了。/渠这部电影觑过了。 a. hãi⁴²³ ɕiao⁴⁴ kiaŋ²⁴ ka⁴⁴ lue³⁵ kʰe⁴²³ tiãi²¹ iŋ⁴⁴ yãi²¹ tsʰou³² liu²⁴ sãi⁵³ tɕi⁴⁴. b. ke⁵⁴ tsʰou³² kuɑ⁴²³ tɕia²⁴ puo²¹ tiãi²¹ iŋ⁴⁴ lɑ⁰. /tɕia²⁴ puo²¹ tiãi²¹ iŋ⁴⁴ ke⁵⁴ tsʰou³² kuɑ⁴²³ lɑ⁰. /ke⁵⁴ tɕia²⁴ puo²¹ tiãi²¹ iŋ⁴⁴ tsʰou³² kuɑ⁴²³ lɑ⁰.

0006	a. 叫小强一起去电影院看《刘三姐》。b. 这部电影他看过了。/他这部电影看过了。/他看过这部电影了。选择在该语境中最自然的一种形式回答，或按自然度列出几种形式。
南平延平	a. 喊小强一起看电影《刘三姐》。b. 这部电影他看过了。 a. xæ̃²⁴ ɕiau⁵³ kʰiæ̃²¹˙³³ kʰi²¹ kʰæ̃³³ tieŋ⁵³ iŋ²¹ liu³¹ sæ̃⁵⁵ tse²⁴². b. tɕʰi³³ pu³⁵ tieŋ⁵³ iŋ³³ tʰa³³ kʰæ̃⁵³ ko³⁵ lau⁰.

	0007 你把碗洗一下。
福州	碗汝去洗蜀下。 uaŋ³³ ny³³ kʰo⁵² se³³ lo²¹ a²⁴².
闽侯	碗汝去洗。 uaŋ³³ ny³³ kʰuoʔ⁵ se³³.
长乐	碗汝去洗蜀下。 uaŋ²² ny²² kʰuo⁵³ se²² suo²² a²⁴².
连江	汝碗洗蜀下。 ny³³ uaŋ³³ se³³ luo²¹ a⁰.
罗源	汝碗掏去洗。 ny²¹ uaŋ²¹ tɔ²² kʰuo⁴⁴ θɛ²¹.
福清	汝碗掏去洗蜀下。 ny³¹ uaŋ³¹ to⁴⁴ kʰio⁴⁴ θe³¹ θio²¹ a²¹.
平潭	汝碗掏洗蜀下。 ly⁰ uaŋ³¹ to⁴⁴ θɛ³¹ θyo⁴⁴ a⁴².
永泰	汝碗掏洗蜀下。 ny³² uaŋ³² to³⁵³ sɛ³² lo²¹ a²⁴².
闽清	汝碗掏洗囉。 ny³² uaŋ³² tɔʔ³ sɛ³² la²⁴².
古田	汝碗掏洗囉。 ny⁴² uaŋ⁴² tɔʔ³³ sɛ⁴² la⁰.
屏南	汝碗洗囉。 ny⁴¹ uaŋ⁴¹ sɛ⁴¹ la⁰.
宁德	碗乞汝洗［蜀下］。 uaŋ⁴¹ kʰi⁵⁵ ny⁵⁵ sɛ⁴¹ sia³³.
霞浦城关	汝分碗洗蜀下。 ny⁴² poŋ⁴⁴ uaŋ⁴² θɛ⁴² θø⁴⁴ a²¹.
福安	汝卜碗洗了。 ni⁴⁴ pu⁴⁴ uaŋ⁴⁴ sɛ⁴⁴ li⁰.

续表

	0007 你把碗洗一下。
柘荣	碗汝洗蜀下。 ua^{53} ny^{53} θɛ^{53} ts^{h}i^{44} a^{42}.
周宁	汝帮碗洗蜀下。 ny^{42} puŋ^{44} uɔŋ^{42} sɛ^{42} si$^{:44}$ a^{213}.
寿宁	汝帮碗洗蜀下。 ny^{42} pɔuŋ^{33} uaŋ^{42} sɛ^{42} si$^{:33}$ a^{23}.
福鼎城关	汝甲碗洗蜀下。 ni^{55} kaʔ^3 uaŋ^{55} se^{55} siʔ^3 a^{33}.
尤溪	你给瓯洗［蜀下］。 ne^{55} kie^{33} au^{33} si^{55} ɕia^{42}.
莆田	汝碗乞洗蜀下。 ty^{453} ua^{453} kiʔ^2 ɬe^{453} ɬɔʔ^5 kɔ^{11}.
涵江	汝碗乞洗蜀下。 tyʔ^4 ua^{453} kœt^1 ɬe^{453} ɬok^4 kɒ^0.
仙游城关	汝碗乞洗蜀下。 tyʔ^{23} ua^{453} kɛt^2 ɬe^{453} ɬuok^{23} kɒ^0.
仙游枫亭	汝碗乞洗蜀下。 ti^{453} uã^{453} keʔ^2 ɬe^{453} ɬɔʔ^5 kɔ^{11}.
厦门	汝按碗洗一下。 li^{53} an^{21} uã^{53} sue^{53} tsit^{21} e^0.
同安	汝将碗洗［一下］。 lɯ^{42} tsiɔŋ^{44} uã^{42} sue^{42} tsieʔ^{32}.
泉州鲤城	汝将□碗洗一下。 lɯ^{55} tsiɔŋ^{22} tsuai^{24} uã^{55} sue^{55} tsit^0 e^0.
泉州洛江	汝共碗洗一下。 li^{55} kaŋ^{22} uã^{55} sue^{55} tsit^0 e^0.
南安	怀=兮碗汝去洗洗咧。 huai^{31} e^0 uã^{55} lɯ^{55} k^{h}ɯ^{55} sue^{24} sue^{55} leʔ^0.

续表

	0007 你把碗洗一下。
晋江	碗汝洗一下。 uã^{55} li^{55} sue^{55} tsit^0 e^0.
石狮	汝将碗洗一下。 li^{55} tsiɔŋ^{33} uã^{55} sue^{55} tsit^0 e^0.
惠安	汝将碗洗[一下]。 lɯ^{42} tsiɔŋ^{33} uã^{54} sue^{54} tse^0.
安溪	碗着洗一下。 uã^{21} tioʔ^{22} sue^{53} tsit^{42} e^{42}.
永春	碗汝洗[一下]。 uã^{22} lɯ^{53} sue^{44} tsit^{32}.
德化	汝将碗洗一下。 lɯ^{35} tsiɔŋ^{22} uã^{31} sue^{42} tsit^0 e^0.
漳州	汝共碗洗[一下]。 li^{53} ka^{21} uã^{53} se^{53} tsɛ^0.
龙海	汝去洗碗一下啊。 liʔ^4 kʰiʔ^4 se^{34} uã^{52} tsik^0 gɛ^0 a^0.
长泰	汝碗洗洗。 li^{44} uã^{53} sue^{44} sue^{53}.
华安	汝共碗洗[一下]。 li^{53} ka^{31} uã^{53} se^{53} tsɛ̃^{0}.
南靖	汝碗洗[一下]。 li^{44} uã^{54} se^{54} tsɛ^0.
平和	汝碗去洗一下。 li^{52} uã^{52} kʰi^{52} se^{52} tsit^0 le^0.
漳浦	汝共碗洗一下啊。 li^{51} a^{21} uã^{51} siei^{51} tsit^{21} lɛ^{21} a^0.
东山	汝将碗洗[一下]。 liʔ^5 tsiaŋ^{33} uã^{51} se^{51} tse^0.

续表

	0007 你把碗洗一下。
云霄	汝将碗洗〔一下〕。 li⁵³ tsiaŋ³³ uã⁵³ sei⁵³ tsia⁰.
诏安	汝将碗洗一下。 lɯ⁵³ tsiaŋ³³ uã⁵³ sei⁵³ tsit⁰ɛ⁰.
龙岩	合许代碗洗来。 kak⁵ xi²¹ tai¹¹ guã²¹ ɕie²¹ lai²¹.
漳平	汝碗去洗一下。 li⁵³ uã⁵³ kʰet⁵ sie⁵³ tsiet²¹ɛ⁰.
大田城关	汝把瓯洗〔一下〕。 li⁵³ pa²⁴ ɔ³³ se⁵³ tsiɤ⁰.
大田广平	汝瓯漂〔一下〕。 li⁵¹ o³³ pʰiɒ³¹ iɤ⁰.
霞浦三沙	汝合碗洗一下。 ny⁴² ka⁰ uã⁴² sɛ⁴² tseʔ²¹ ke²¹.
福鼎沙埕	碗与汝洗。 ŋuã⁵³ xɔ²¹ lɯ⁵³ sɯei⁵³.
建瓯	你拿碗洗一下。 ni⁴² na⁴² uiŋ²¹ sai²¹ tsi³³ xa⁵⁵.
建阳	你拿乙=碗洗一下。 nɔi⁴¹ na⁴¹ ji³⁵ wueiŋ²¹ sai²¹ tsi⁴ xa³³.
政和	你帮碗洗一下。 ni⁴² pauŋ⁵³ ueiŋ²¹³ sai²¹³ tsi⁴² xa⁵⁵.
松溪	你帮碗洗一下。 niɛ⁴² paŋ⁵³ ueiŋ²²³ sa²²³ tsi⁴² xɒ⁴⁵.
武夷山	你帮碗洗一下。 nɛi⁵¹ poŋ⁵¹ uaiŋ³¹ sai³¹ tsi²² xa⁵⁵.
浦城石陂	你跟碗洗个下。 ni⁴² kaiŋ⁵³ uaiŋ²¹ saɛ²¹ kɵ⁵³ xa⁴⁵.

续表

	0007 你把碗洗一下。
南平夏道	汝碗洗一下。 ny¹¹ uiŋ³³ sɛ³³ tɕi¹¹ xa²⁴.
顺昌	你拿碗洗个下。 lɛ³¹ lɔ²² uaŋ³¹ sa³¹ ka⁵⁵ hɔ⁰.
将乐	你搭碗洗个下。 le²¹ kʰa⁵⁵ uɛ̃⁵¹ sæ⁵¹ ka²² xa²².
光泽	儇拿碗洗［个下］。 hiən⁴¹ na²¹ uɔn⁴⁴ ɕiɛ⁴⁴ ka⁰.
邵武	儇拿碗洗个下。 hien³⁵ na²¹ uon⁵⁵ sie⁵⁵ kəi²¹ ha⁰.
三明	啊碗你洗个。 a⁴⁴ hŋ³¹ ŋi⁴⁴ se³¹ kɒ⁰.
永安	碗你洗下。 um²¹ ŋi⁵² se²¹ hɒ⁵⁴.
沙县	啊碗你洗个。 a⁰ ŋuɛ̃²¹ gi³³ sɛ²¹ ka⁰. "啊"可说可不说。
长汀	尔去洗一下碗。 ni³³ he⁴² se²¹ i³³ ha²¹ vuŋ⁴².
连城	尔将碗洗一下。 ŋi⁵³ tsioŋ³³ va²¹ si²¹ i⁵⁵ ho³⁵.
上杭	儇将碗洗一下。 hŋ²¹ tɕioŋ⁴⁴ uɔ̃⁵¹ səi⁵¹ iʔ³² hɒ³¹.
武平	□个碗儇再洗一添。 nuŋ²⁴ ke⁴⁵¹ uaŋ⁴² hŋ²⁴ tsɑ⁴⁵¹ sɛ⁴² iʔ³ tʰiaŋ²⁴.
永定	尔把碗洗净［去矣］。 ŋ²³ pa³³ vɛ̃³¹ sei³³ tɕʰiaŋ³¹ tɕi²⁴.
明溪	你拿碗洗［个下］。 le⁴¹ lo⁴⁴ vũ⁴¹ sa⁴¹ ko³¹.

	0007 你把碗洗一下。
清流	尔去洗下碗。 ŋi³³kʰə³⁵se²¹ho³³vaŋ²¹.
宁化	尔帮碗洗一下。 i³⁴pɔŋ⁴⁴vaŋ³¹ɕie³¹i⁵hɒ⁴².
新罗客家	尔洗碗。 ni³⁵sei⁵⁵vaŋ⁴¹.
平和客家	儂去洗碗一下。 heŋ³⁵kʰy³¹se³⁵van³¹it³¹ha³³.
诏安客家	儂去碗洗起来。 hen⁵³ky³¹van³¹sɛi³¹kʰi⁰lɔi⁰.
泰宁	尔把碗洗个下。 ŋ³⁵pa³³uan³⁵sæ³⁵kə⁰xa³³.
建宁	尔洗一下碗。 ŋ⁵⁵sie⁵⁵it²ha⁴⁵uon⁵⁵.
浦城城关	侬帮碗洗介下。 noŋ⁵⁴paŋ³⁵uãi⁴⁴ɕie⁴⁴ka⁴⁴xɑ²¹.
南平延平	你同碗洗一下。 ni²⁴tʰoŋ²¹uõ²⁴²sɿ²¹i³³xa³⁵.

		0008 他把橘子剥了皮，但是没吃。
福州		伊橘皮擘去了，复无食。 i⁵⁵kiʔ²¹pʰui⁵²paʔ²⁴ko⁰tau³³，pu⁵⁵mo⁵⁵lieʔ⁵. "橘"后多不加"皮"。
闽侯		橘皮擘了，但伊无食。 kiʔ⁵pʰui⁵³paʔ²¹nau³³，taŋ²¹i⁰mo³³lieʔ⁵.
长乐		伊橘皮擘了，但伊无食。 i⁵⁵keiʔ²⁴pʰui⁵³paʔ²⁴tau²²，taŋ²²i⁵⁵mo²²lieʔ⁵. "橘"后多不加"皮"。
连江		伊橘皮都擘去了，奈是讲无食。 i⁵⁵ki²¹pʰui⁵¹tu⁵⁵paʔ¹³u⁰lau⁰，na⁵⁵li⁵⁵koŋ³³mo³³lieʔ⁵.
罗源		伊橘皮擘去了，复未食。 i⁴²kiʔ²pʰui³¹paʔ²u⁰lau²¹，pu²¹mui⁴⁴liaʔ⁵².
福清		伊橘皮擘去了，但是未食。 i⁵³kiʔ⁵pʰuoi⁴⁴pa³⁴io⁰lau³¹，taŋ²²θi⁴²muoi⁴⁴θia⁵³.
平潭		伊橘囝皮擘咯了，但伊无食。 i⁵¹kiʔ⁵iaŋ²¹pʰui⁴⁴pa²¹o⁰lau³¹，taˀ⁰i⁰mo⁴⁴ðia⁵¹.
永泰		伊橘囝皮都擘去了，无食。 i⁴⁴kiʔ³kiaŋ²¹pʰuoi³⁵³tu⁴⁴paʔ³ko⁰lau³²，mo⁴⁴lieʔ⁵.
闽清		伊将橘囝皮剥去了，复无食。 i⁴⁴tsyøŋ⁴⁴kiʔ³kiaŋ²¹pʰui³⁵³puoʔ³ɔ⁰lau³²，pu⁴⁴mɔ⁴⁴lieʔ⁵.
古田		伊橘囝皮都擘去了，但伊未食。 i⁵⁵kik²kiaŋ²¹pʰuoi³⁵tu³³paʔ²u⁰lɔ⁰，taŋ⁴²i⁵⁵muoi³³liek⁵.
屏南		伊将橘囝皮剥去了，伊未食橘囝。 i⁴⁴tsɤŋ⁴⁴kik³kiaŋ⁴¹pʰuoi²²puo⁴⁴ɯ⁰lɔ⁰，i⁴⁴muoi³²³lia⁴⁴kik³kiaŋ⁴¹.
宁德		伊将橘剥去噜，侬是未食。 i³³⁴tsɔuŋ³³⁴keʔ²³puʔ²³u⁰lu⁰，na¹¹lei⁴¹¹mui³³liaʔ⁵⁴.
霞浦城关		伊分橘皮擘来了，但是无食。 i⁴⁴poŋ⁴⁴kiʔ⁵pʰoi²¹poʔ⁵li⁰lo⁰，taŋ⁴⁴ni²⁴mɔ²¹θiaʔ².
福安		伊卜橘剥了，但未食。 ei³³¹pu⁴⁴kʰeiʔ⁵puʔ⁵li⁰，taŋ³³¹mui⁴⁴seiʔ².

续表

	0008 他把橘子剥了皮，但是没吃。
柘荣	伊卜橘皮剥了喽，固未喫。 i⁴⁴ pu⁴⁴ ki⁵⁵ pʰuei²¹ puoʔ⁵li²⁵lɔ⁰, ku⁴⁵ muei⁴⁴ tsʰia²¹. 阳入21声调为短调
周宁	伊帮橘其皮剥去，未食。 i⁴⁴ puŋ⁴⁴ kek⁵i⁰ pʰui²¹ puk⁵li⁰, mui⁴⁴ siɛk².
寿宁	伊帮橘皮剥了，但是未食。 i³³ pɔuŋ³³ kiʔ⁵ pʰuoi²¹ puo³⁵lɔ⁰, taŋ²³ si²³ muoi²³ siaʔ².
福鼎城关	伊甲橘囝皮剥咧，但是无吃。 i⁵⁵ kaʔ³ kiʔ³ kiaŋ⁵⁵ pʰuei²¹ pa⁴²le⁰, taŋ³³ si³³ mo²¹ siaʔ²²⁴.
尤溪	伊给大橘皮剥了，但是无食。 i⁵⁵ kie³³ tai³³ kie⁴ pʰue¹² pu²⁴lə⁰, taŋ³³ ɕi⁴² mo³³ ɕia³³.
莆田	伊红柑皮剥咯复无食。 i⁴⁵³ aŋ¹¹ kɔ¹¹ pʰue²⁴ pɔʔ² lɔ²² pɔʔ² po¹¹ ɬia⁵.
涵江	伊红柑皮剥咯复无食。 iʔ⁴ aŋ²¹ ŋɒ²¹ pʰuai¹³ pɒt¹ lɒ⁰ pop¹ po²¹ ɬia⁴.
仙游城关	伊红柑皮啊擘了咯咧复无食。 iʔ²³ aŋ²¹ ŋɒ²¹ pʰuoi²⁴ ap²³ pa⁵⁵ liɛu⁴⁵³ lɒ⁰ lɛp²³ puop² po²¹ ɬia²⁴.
仙游枫亭	伊红柑皮剥咯复无食。 i⁴⁵³ aŋ¹¹ kɔ̃¹¹ pʰuɤɯ²⁴ pɔʔ² lɔ²² pɔʔ² pɤɯ¹¹ ɬia²⁴.
厦门	伊按柑仔擘皮，唔过无食。 i⁴⁴ an²¹ kam²² ma⁵³ pe²⁴ pʰe²⁴, m²¹ ko²² bo²² tsiaʔ⁴.
同安	柑皮伊擘啦，无食。 kam³³ pʰə²⁴ i⁴⁴ peʔ⁴la⁰, bo¹¹ tsiaʔ⁵³.
泉州鲤城	伊将橘仔皮剥咯，唔过无食。 i³³ tsiɔŋ³³ kiat²⁴ la⁵⁵ pʰə²⁴ pak⁵lɔ⁰, m²² kuʔ⁵ bo²² tsiaʔ²⁴.
泉州洛江	橘仔皮伊剥咯，唔过伊无食。 kiat⁵ aʔ⁵⁵ pʰe²² iʔ²⁴ pak⁵lɔ⁰, m²² kuʔ⁵ i³³ bo²² tsiaʔ³⁴.
南安	伊橘仔擘皮咯，唔过无食。 i³³ kiat⁵ aʔ⁰ peʔ⁵ pʰə²⁴lɔ⁰, m²² kuʔ⁵ bo²² tsiaʔ³.

续表

	0008 他把橘子剥了皮，但是没吃。
晋江	橘仔伊剥咯，唔过无食。 kiat³⁴la⁵⁵i³³pak⁵lɔ⁰, m²²kuʔ⁵bə²²tsiaʔ³⁴.
石狮	橘仔伊剥皮咯，唔过无食。 kiat⁵a⁵⁵i³³pak⁵pʰe²⁴lɔ⁰, m²²ku⁵⁵bə²²tsiaʔ³⁴.
惠安	伊橘仔剥咯，唔过无食。 i³³kiat⁵a⁵⁴pak⁵lɔ⁰, m²²ko⁴²bo³³tsiaʔ³⁴.
安溪	伊将柑皮剥咯，唔过无食。 i³³tsiɔŋ³³kã³³pʰə²⁴pak⁵lɔ⁰, m²¹ko⁴²bo³³tsiaʔ²⁴.
永春	伊将橘囝剥皮咯，唔过无食。 i⁴⁴tsiɔŋ²²kiat⁴kiã⁵³pak⁴pʰə²⁴lɔ⁰, m²²ko⁵³bo²²tsiaʔ³².
德化	伊将橘囝剥皮咯，唔过无食。 i¹³tsiɔŋ²²kiat⁴²kiã⁴²pak⁴²pʰə⁴⁴lɔ⁰, m³¹ko³¹bo³¹tsiaʔ⁴².
漳州	伊柑仔皮擘好啊，啊啰无食。 i³⁴kam²²mã⁰pʰue¹³pɛ³²ho⁵³ua⁰, a⁵³lo²²bo²²tsiaʔ¹²¹.
龙海	伊柑仔皮擘起来啊，但是无食。 i³⁴kam³³mã³²pʰue³¹²pɛʔ⁴²kʰiʔ⁰lai⁰a⁰, taŋ⁴¹si⁴¹bo³³tsiaʔ⁴.
长泰	伊柑仔皮擘开啊，抑无食。 i⁴⁴kam²²mã⁰pʰue²⁴pe³²kʰui⁰ia⁰, aʔ³²bɔ²²tsiaʔ³³.
华安	伊共柑仔擘开，但是无食。 i²²ka³¹kam³⁵ma⁵³peʔ⁵kʰui⁰, tan³¹si³¹bo²²tsiaʔ²¹².
南靖	伊柑仔皮擘好啊，煞无食。 i³⁴kam²²ma⁰pʰue³²³peʔ⁵⁴ho⁵⁴a⁰, saʔ⁵⁴bo²²tsiaʔ¹²¹.
平和	伊橘仔皮剥好喽，抑唔过无食。 i³⁴kiat³²ã⁵²pʰue²³pak³²ho⁵²lou⁰, iaʔ⁴²m²¹ko²³bo²²tsiaʔ³².
漳浦	伊［许个］柑仔皮擘好啊，但是无食。 i⁴³hia⁵¹kam¹³bã⁰pʰue⁴¹²pɛ⁵¹hɔ⁵¹a⁰, tan²¹si²¹bɔ³³tsiaʔ²¹².
东山	伊将柑仔皮擘起来，但是无食。 i³³tsiaŋ³³kam³³bã⁰pʰue²¹³peʔ⁴¹kʰi⁰lai⁰, tan²²si²²bo³³tsiaʔ¹³¹.

续表

	0008 他把橘子剥了皮，但是没吃。
云霄	伊橘仔擘好啊，煞无食。 i⁵⁵kiat⁵a⁵³pɛ⁵³ho⁵³a⁰, suaʔ⁵bo⁰tsiaʔ⁰.
诏安	伊将橘仔皮剥好，不过无食。 i⁴⁴tsiaŋ³³kit⁴ɛ⁵⁵pʰue²⁴pak⁴ho⁵³, put⁴kua³¹bo²²tsiaʔ¹³.
龙岩	柑仔皮伊合伊剥来又无食。 kam¹¹mã²¹³pʰue¹¹i¹¹kak⁵i¹¹pie⁵⁵lai²¹iu⁵⁵bo¹¹tsa⁴².
漳平	伊将红柑皮擘去，但是无食。 ĩ³⁵tsiaŋ³³aŋ³³kam³³pʰue³³pɛ³³kʰɛ⁰, tan²¹si²¹bɔ³³tsia⁵⁵.
大田城关	伊共柑皮都剥掉了，固唔食。 i⁵³kaŋ³³kaŋ³³pʰue²⁴tu⁵³paʔ⁵tʰiɔ³³lɤ⁰, koʔ⁵ŋ³³tsia⁵⁵.
大田广平	伊柑皮剥去了，无食。 i⁵¹kaŋ²²pʰui²⁴pɒ³¹hẽi⁰lɤ⁰, bɯ²²ʃia³³.
霞浦三沙	伊合橘囝皮掏擘去了，但是无食。 i⁴⁴ka⁰kiaʔ⁵kia⁵⁵buoi²⁴tɔ²¹paʔ⁵ky²⁴lo⁰, taŋ⁴⁴si²⁴mɔ²¹tsiaʔ²⁴.
福鼎沙埕	伊将橘囝皮擘弄⁼，但是无食。 i⁴⁴tsiɔŋ⁴⁴kiat²¹kã²⁴βə²⁴pe⁵³lan²¹, tan²¹zi²¹bo²¹tsiat²⁴.
建瓯	渠剥掉橘皮，未嬲馋。 ky⁴²pʰu²⁴tʰɔ⁵⁵xi²⁴pʰuɛ³³, mi⁵⁵naiŋ²¹iɛ⁴².
建阳	渠剥了橘仔皮，唵是嬲馋。 ky⁴¹po³⁵lo⁰xi³⁵tsie²¹hui⁴⁵, aŋ³³si³³naiŋ⁴¹jie⁴.
政和	渠帮橘仔剥了皮，但是唔嬲馋。 ky⁴²pauŋ⁵³xi²⁴tsiɛ²¹³pu²⁴lo²¹³pʰuɛ³³, tɑŋ⁴²si⁵⁵eiŋ⁵⁵naiŋ²¹iɛ⁴².
松溪	渠帮橘仔皮剥班⁼了，又嬲馋。 kio⁴²paŋ⁵³xi²²³iɛ⁰pʰœ⁴⁴pu²²³paŋ⁵³lo⁰, iu²²naŋ²¹iɛ⁴².
武夷山	渠帮橘子剥了皮，但是亚⁼嬲馋。 həu⁵¹poŋ⁵¹xi³⁵tsie³¹pu³⁵lɛi³¹hy³³, tuaiŋ²²si²²a²²naiŋ²²iʔ⁵⁴.
浦城石陂	渠拿橘子皮剥掉了，故⁼嬲食。 gy⁴²na⁴²xi⁴⁵te⁰pʰɵ³³pu²⁴tʰɯ⁴⁵lɔ⁰, ku³³naiŋ⁴²ɦie⁴².

	0008 他把橘子剥了皮，但是没吃。
南平夏道	伊红橘皮剥了，又无食。 i^{11}oŋ^{11}kei^{11}p^{h}ui^{55}pou^{11}lo^{0}, iu^{33}mo^{11}ɕiɛ^{55}.
顺昌	渠拿橘剥了皮，唔嬭食。 kɛ^{31}lɔ^{22}ki^{11}pu^{44}lo^{0}p^{h}i, ŋ^{31}lẽ^{44}ʃeʔ^{5}.
将乐	渠搭柑仔皮剥咯，唔曾食。 ki^{22}k^{h}a^{55}kɔ̃^{55}tsi^{55}p^{h}e^{21}pyo^{51}lo^{21}, ŋ^{22}ŋãŋ^{21}ʃiʔ^{5}.
光泽	儑拿柑子剥儿皮，又唔食。 hiən^{41}na^{21}kɔn^{21}tsɛ^{0}piɔ^{21}ɛ^{0}p^{h}i^{22}, iu^{44}m^{55}ɕiɛʔ^{5}.
邵武	伃拿柑儿剥了皮，又冇食。 hu^{35}na^{21}kon^{21}nə^{0}pu^{53}liau^{0}p^{h}ei^{53}, iou^{35}mau^{35}ɕie^{35}.
三明	渠啊橘剥了皮，□能馀。 ŋy^{44}a^{0}ki^{213}pu^{213}liɯ^{0}p^{h}ue^{51}, ɔ̃^{44}nɛ̃^{51}iɛ^{254}.
永安	渠橘子剥了皮，唔□馀。 ŋy^{52}ki^{44}tsã^{21}pu^{44}lo^{0}p^{h}ue^{33}, ã^{24}ko^{21}ie^{54}.
沙县	橘皮渠剥罢，亦无馀。 ki^{55}p^{h}ue^{31}ky^{33}po^{212}pɔ̃^{0}, i^{21}bo^{44}iɛ^{53}. 渠拿橘皮剥罢，亦无馀。 ky^{33}nɔ̃^{33}ki^{55}p^{h}ue^{31}po^{212}pɔ̃^{0}, i^{21}bo^{44}ie^{53}. "拿"也可说"把"，或者都不出现。
长汀	渠拿柑哩剥哩皮，食又唔食。 ke^{33}na^{33}koŋ^{33}le^{33}po^{33}le^{33} p^{h}i^{24}, ʃʅ^{42}io^{21}ŋ^{24}ʃʅ^{42}.
连城	渠将橘子剥了皮，又唔食。 kuɛ^{33}tsioŋ^{33}ki^{55}tsɯ^{21}pɯ^{55}liau^{21}p^{h}i^{22}, iəm^{55}ŋ^{55}ʃɯ^{53}.
上杭	渠将柑哩剥哩皮，就係盲曾食。 kei^{21}tɕioŋ^{44}kã^{44}lɛ^{31}po^{32}lɛ^{31}p^{h}i^{21}, tɕ^{h}iu^{51}həi^{31}mə̃^{21}ts^{h}ɛ̃^{21}ɕiʔ^{35}.
武平	柑子皮渠剥别矣，渠唔曾食。 kaŋ^{22}tsʅ^{42}p^{h}i^{22}ki^{24}pɑʅ^{3} p^{h}iɛʔ^{4}i^{22}, ki^{24}ŋ^{42}ŋiɛŋ^{22}sʅʔ^{4}.
永定	渠把柑子剥哩皮，但係唔曾食。 tɕi^{23}pa^{52}kɛ̃^{24}tsʅ^{31}paʔ^{5}li^{0}p^{h}i^{24}, t^{h}ɐ̃^{33}xei^{31}m^{24}ȵiɛ̃^{22}seiʔ^{5}.

续表

	0008 他把橘子剥了皮，但是没吃。
明溪	渠拿啊桔子剥了皮，但是孬食。 kʰø⁴¹lo⁴⁴a⁰tsiʔ⁵tsɿ⁰piɤ⁴¹lɤ⁰pʰi³¹, tʰaŋ⁵⁵ʃɿ⁵⁵maŋ³¹ʃɿ⁵⁵⁴.
清流	渠帮柑橘皮□掉哩，但是又孬食。 kə³³pɔŋ³³kɔŋ³³kiʔ²¹pʰi²³me²¹tʰe²¹li⁰, tʰaŋ³²sɿ³²iə³⁵maŋ²³ʃie⁵⁵.
宁化	渠帮柑子皮剥掉，但孬食。 kə³⁴pɔŋ⁴⁴tɕiʔ⁵tsai³¹pʰi²⁴poʔ⁵tʰia⁵, tʰaŋ⁴²mɒŋ²⁴sɿ⁴².
新罗客家	渠合柑哩剥哩，又唔曾食。 tu³⁵ko⁴¹kõ⁴⁴li³³pouʔ⁵li⁵⁵, iu³⁵ŋ⁴⁴tsʰiẽ⁵⁵ʃʅʔ³.
平和客家	渠擘柑皮咯，又冇食。 ky³⁵pa⁵⁵kam³¹pʰi³⁵lɔ³¹, ziu³¹mɔ³³ɕiet⁵³.
诏安客家	渠把柑皮擘□去，但柑渠冇食去。 ky⁵³pa²²kam²²pʰi⁵³paʔ²³mai³¹ky⁰, tan³¹kam²²ky⁵³mɔu²²ʃet⁵ky⁰.
泰宁	渠把柑仂剥了皮，但是冇囊=食。 hi³⁵pa⁵⁵koŋ³¹lə⁰pio³⁵lə⁰pʰei³³, han²¹ɕi³³mo²¹noŋ³³ɕi³¹.
建宁	士=把柑儿剥儿皮，但是孬食。 sə⁵⁵pa²¹kom³⁴mi⁴⁴pok⁵ki⁵⁵pʰie²⁴, han⁴⁵si⁴⁵maŋ²⁴sik⁵.
浦城城关	渠帮橘子皮剥了，但是无咥。 ke⁵⁴paŋ³⁵kie³²tɕi⁴⁴pi²⁴pao³²la⁰, tãi²¹ɕi⁵⁴muo²⁴lie³².
南平延平	他同红橘皮剥了皮，但是［没有］吃。 tʰa³³tʰoŋ²¹xoŋ³¹kiʔ³pʰi²¹po⁵⁵lau⁰pʰi²¹, tæ̃⁵³sɿ³⁵miu⁵³tɕʰiʔ³.

	0009 他们把教室都装上了空调。
福州	伊各侬教室空调都装去了。 i⁵⁵ ko²¹ nøyŋ⁵² kau⁵² leiʔ²⁴ kʰuŋ⁵⁵ tiu⁵² tu⁵⁵ tsouŋ⁵⁵ ŋo⁰ lau³³.
闽侯	伊各侬教室都装了空调。 i⁰ ko³³ nøyŋ⁵³ kau⁵³ leiʔ²⁴ tʰu⁰ tsouŋ⁵⁵ nau³³ kʰuŋ⁵⁵ tiu⁵³.
长乐	伊各侬教室都装了空调。 i⁵⁵ ko²² nøyŋ⁵³ kəu⁵³ leiʔ²⁴ tu⁵⁵ tsouŋ⁵⁵ nau²² kʰuŋ⁵⁵ tiu⁵³. "各"韵母受后字影响有前化为ø的趋势。
连江	伊各侬教室空调都装去了。 i⁵⁵ kou²¹ nøyŋ⁵¹ kau³³ leiʔ¹³ kʰuŋ⁵¹ tiu⁵¹ tu²¹ tsoŋ⁵⁵ u⁰ nau⁰.
罗源	伊各侬教室空调都装去了。 i⁴² kœ⁵³ nœŋ³¹ kau⁵³ liʔ² kʰuŋ²² tiu³¹ tu²¹ tsɔŋ⁴² u⁰ lau²¹.
福清	伊各侬教室都装上空调了。 i⁵³ kø²¹ nøŋ³⁴ kau⁵³ leʔ² tu⁴⁴ tsoŋ⁵³ θioŋ⁴² kʰuŋ⁴⁴ tieu⁴⁴ lau²¹.
平潭	伊各侬教室空调都装咯。 i⁰ ko²¹ løŋ³⁵ kau⁵¹ ðiʔ² kʰuŋ⁴⁴ tiu⁴⁴ tʰu⁴⁴ zoŋ⁵¹ o⁰. "咯"是"去"的弱化形式。
永泰	伊逐隻将教室都装了空调。 i⁴⁴ tɔi⁴⁴ tsieʔ³ tsuoŋ⁴⁴ kau⁴⁴ liʔ³ tu⁴⁴ tsouŋ⁴⁴ liou³² kʰuŋ⁴⁴ tiou³⁵³.
闽清	伊侬将教室都装上空调。 i⁴⁴ nɔyŋ³⁵³ tsyøŋ⁴⁴ kau⁴² liʔ³ tʰu⁴⁴ tsouŋ⁴⁴ suoŋ²⁴² kʰuŋ⁴⁴ tiu³⁵³.
古田	伊侬教室都掏装空调了。 i⁵⁵ nøyŋ³³ kau⁵⁵ likˀ⁵³ tu²¹ lɔ⁵⁵ tsouŋ⁵⁵ kʰuŋ²¹ tieu⁵⁵ lɔ⁰.
屏南	伊各侬将教室都装上空调。 i⁴⁴ ɔuk³ nɯŋ²² tsyŋ⁴⁴ kau²² likˀ⁵ tu⁴⁴ tsɔuŋ⁴⁴ sʊŋ³²³ kʰuŋ²² teu²².
宁德	伊侪侬将教室都当⁼上噜空调。 i³³⁴ tsɛ¹¹ nœŋ¹¹ tsuoŋ³³⁴ kau⁵⁵ leʔ⁵⁴ tu³³⁴ tɔuŋ³³⁴ syŋ⁴¹¹ lu⁰ kʰuŋ³³ tiu³³.
霞浦城关	伊侬分教室都装上了空调。 i⁴⁴ nɛiŋ²¹ poŋ⁴⁴ kau⁵⁵ θiʔ⁵ tu⁴⁴ tsɔuŋ⁴⁴ θʊŋ²⁴ lo⁰ kʰuŋ⁴⁴ teu⁵¹.
福安	伊侪卜教室都装上空调喽。 i⁴⁴ ɛ²¹ pu⁴⁴ kau⁵⁵ siʔ⁵ tu⁴⁴ tsɔuŋ³³¹ sioŋ²³ kʰuŋ²³ tiu³³¹ lo⁰.

续表

	0009 他们把教室都装上了空调。
柘荣	伊侬帮教室都装上空调喽。 i⁴⁴ nœŋ²¹ puŋ⁴⁴ kau⁵⁵ θiʔ⁵ tu⁴⁴ tsɔŋ⁴⁴ θyɔŋ⁴⁴ kʰuŋ⁴⁴ tiau²¹ lɔ⁰.
周宁	伊侪帮教室都装上空调喽。 i⁴⁴ ɛ²¹ puŋ⁴⁴ kau⁵⁵ lek⁵ to⁴⁴ tsɔŋ³³¹ syəŋ²¹³ kʰuŋ⁴⁴ tiu²¹ lo⁰.
寿宁	伊家帮教室都装了空调。 i³³ ka³³ pouŋ³³ kau⁵⁵ siʔ⁵ tu³³ tsouŋ³³ lɔ⁰ kʰuŋ³³ tiu²¹.
福鼎城关	伊侬甲教室底空调统统装上啰。 i⁵⁵ neŋ²¹ kaʔ³ kau⁵⁵ siʔ³ tie⁵⁵ kʰuŋ³³ tiou²¹ tʰuŋ³³ tʰuŋ⁵⁵ tsoŋ³⁵ sioŋ³³ lo⁰.
尤溪	伊各侬给教室都装了空调。 i⁵⁵ ka⁴ nəŋ¹² kie⁴⁴ kau⁴⁴ ɕie²⁴ tio³³ tsoŋ³³ lə⁰ kʰəŋ³³ tiau¹².
莆田	因⁼辈将教室都装上空调。 iŋ⁵³³ mue⁵³³ tsyɔŋ⁵³³ kau⁴² ɬiʔ² to¹¹ tsuŋ⁵³³ ɬyɔŋ¹¹ kʰɔŋ²⁴ tieu¹¹.
涵江	逐间教室厄⁼空调伊辈都装爬起了咯。 tak¹ ke⁵⁵ kau⁴² ɬik¹ kɛ⁰ kʰɒŋ²¹ tiau¹³ om⁵⁵ muai⁵⁵ to¹³ tsum⁵⁵ pai²¹ i⁴⁵³ liau²¹ lo⁰.
仙游城关	伊辈将教室空调都安了咯。 im⁵⁵ muoi⁴² tsyøŋ⁵⁵ kau⁴² ɬik² kʰɒn²¹ tiɛu²⁴ to²⁴ uã⁵⁵ liɛu²¹ luo⁰.
仙游枫亭	因⁼辈将教室都安空调。 ieŋ⁵³³ muɤɯ⁵³³ tsieŋ⁵³³ kau⁴² ɬiʔ² tɤɯ¹¹ uã⁵³³ kʰɔŋ¹¹ tieu²⁴.
厦门	侰按教室拢装空调。 in²¹ an²¹ kau⁵³ sik³² lɔŋ⁴⁴ tsŋ²² kʰɒŋ²² tiau²⁴.
同安	侰将教室都装空调。 in⁴⁴ tsiɔŋ⁴⁴ kau⁴² sik³² tɔ³³ tsŋ⁴⁴ kʰɒŋ³³ tiau²⁴.
泉州鲤城	伊将教室计安空调咯。 i³³ tsiɔŋ³³ kau⁵⁵ siak⁵ ke⁵⁵ an³³ kʰɒŋ³³ tiau²⁴ lɔ⁰.
泉州洛江	教室计安空调咯。 kau⁵⁵ siak⁵ ke⁵⁵ an³³ kʰɒŋ³³ tiau²⁴ lɔ⁰.
南安	教室侰计装空调咯。 kau⁵⁵ sik⁵ in³³ ke³¹ tsŋ³³ kʰɒŋ³³ tiau²⁴ lɔ⁰.

续表

	0009 他们把教室都装上了空调。
晋江	侬共教室计安空调咯。 in³³ kaŋ²² kau⁵⁵ siak⁵ ke⁵⁵ an³³ kʰɔŋ³³ tiau²⁴ lɔ⁰.
石狮	侬怀⁼将教室都安空调咯。 in³³ huai²⁴ tsiɔŋ²² kau⁵⁵ siak⁵ tɔ³³ an³³ kʰɔŋ³³ tiau³³ lɔ⁰.
惠安	侬将教室计[共伊]安空调。 en³³ tsiɔŋ³³ kau⁵⁴ siak⁵ ke⁵⁴ kaŋ³³ an³³ kʰɔŋ³³ tiau²⁵.
安溪	教室都装空调咯。 kau⁵³ sik⁵ tɔ³³ tsŋ³³ kʰɔŋ³³ tiau⁵⁵ lɔ⁰.
永春	教室计有安空调。 kau⁵³ sik³¹ ke⁴⁴ u³¹ an²² kʰɔŋ²² tiau²⁴.
德化	教室计都装空调咯。 kau⁴² sik⁴² ke⁴² tɔ²² tsŋ²² kʰɔŋ²² tiau⁴⁴ lɔ⁰.
漳州	侬共课室兮空调拢装上去啊。 in³⁴ ka²¹ kʰo⁵³ sik³² e⁰ kʰɔŋ²² tiau¹³ lɔŋ³⁴ tsŋ³⁴ tsiɔ̃⁰ kʰi⁰ ia⁰.
龙海	侬将课室拢装上空调。 iŋ³⁴ tsiaŋ³³ kʰo⁵² sik⁴² lɔŋ³⁴ tsŋ³³ tsiɔ̃⁴¹ kʰɔŋ³³ tiau³¹².
长泰	教室侬拢装空调啊。 kau⁵³ sek³² in⁴⁴ lɔŋ⁴⁴ tsɔŋ²² kʰɔŋ²² tiau²⁴ ua⁰.
华安	侬共课室拢装空调啊。 in³⁵ ka³¹ kau⁵³ sik³² lɔŋ⁵⁵ tsŋ²² kʰɔŋ²² tiau²³² a⁰.
南靖	侬共课室拢装了空调啊。 in³⁴ ka²¹ kʰo⁵⁴ sik³² lɔŋ⁴⁴ tsŋ²² liau⁴⁴ kʰɔŋ²² tiau³²³ a⁰.
平和	侬将教室兮空调拢安好喽。 in³⁴ tsiaŋ²² kau⁵² sik⁵⁴ e⁰ kʰɔŋ²² tiau²³ lɔŋ²³ an²² ho⁵² lou⁰.
漳浦	侬共教室咧拢装空调。 in⁴³ ka²¹ kau⁵¹ sit⁵⁴ le⁰ lɔŋ⁴³ tsŋ³³ kʰoŋ³³ tiau⁴¹².
东山	侬蹲教室咧拢装空调。 in⁴⁴ tua⁴⁴ kau⁵¹ sit⁴¹ le⁰ lɔŋ⁴⁴ tsŋ³³ kʰoŋ³³ tiau¹³.

语 法 卷

续表

	0009 他们把教室都装上了空调。
云霄	侬伫教室兮拢装空调。 in⁵⁵ti²kau⁵³sit⁵e⁰loŋ⁵⁵tsŋ³³kʰoŋ³³tiau³².
诏安	侬将教室拢装了空调。 in⁴⁴tsiaŋ³³kau⁵³sit³²loŋ²⁴tsŋ³³liau²⁴kʰoŋ³³tiau²⁴.
龙岩	教室伊侬全部装着空调啊。 kiau²¹ɕiɛt³²i⁵⁵laŋ¹¹tɕʰian¹¹po⁴²tsõ³³lo²¹kʰoŋ³³tiau¹¹ua⁰.
漳平	伊侬将教室〔齐要〕装略空调。 ĩ³⁵laŋ³³tsiaŋ³³kiau⁵³sit²¹tsiau⁵⁵tsŋ³³lɔ⁰kʰoŋ³³tʰiau³³.
大田城关	伊伙考室都装了空调。 i⁵³hue³³kʰɔ⁵⁵seʔ³tu³³tsŋ³³lɤ⁰kʰoŋ³³tio²⁴.
大田广平	伊伙侬教室通通都有装空调。 i⁵¹hua³³lõ²⁴ko⁴⁵ʃiɐ³¹tʰɤ²²tʰɤ³³to²²iŋ²⁴tsoŋ²²kʰɤ²²tio²⁴.
霞浦三沙	伊侬合教室掏装上空调。 i⁴⁴neŋ²¹ka⁰kau⁵⁵siʔ⁵tɔ²¹tsŋ⁵⁵syoŋ²¹kʰuŋ⁴⁴tiau³⁵.
福鼎沙埕	伊侬将教室统统装上空调。 i⁴⁴lan²¹tsiɔŋ³³kau³³siet⁴tʰɔŋ³³tʰɔŋ⁵³tsŋ²¹sioŋ²¹kʰɔŋ³³tiau²⁴.
建瓯	渠伙人搦教室个空调都装好了。 ky⁴²xua³³neiŋ³³na⁴²kau³³si²⁴kɛ³³kʰɔŋ⁵⁴tiau³³tu⁵⁵tsɔŋ⁵⁴xau²¹lɔ⁰.
建阳	渠伙人挟⁼教室都装了空调。 ky⁴¹xuo²¹nɔiŋ⁴⁵ha⁵⁵kau³³si³⁵tɔ⁵¹tsɔŋ⁵¹lo⁰kʰoŋ⁵¹tio⁴⁵.
政和	渠人帮教室个空调都装上了。 ky⁴²neiŋ³³pauŋ⁵³kau⁴²si²⁴kiɛ⁴²kʰoŋ⁵³tio²¹tu⁵³tsauŋ⁵³ioŋ⁴²lo⁰.
松溪	渠人帮教室都装空调了。 kio⁴²neiŋ⁴⁴paŋ⁵³kau²²sï²²³tu⁵³tsaŋ⁵³kʰoŋ⁵³tio²¹lo⁰.
武夷山	渠伙帮教室都装起了电杠了。 həu⁵¹xo³¹poŋ⁵¹kau²²si³⁵tu⁵¹tsoŋ⁵¹kʰi³¹lɛi⁰liŋ⁵⁵koŋ²²lo⁰.
浦城石陂	渠人搦教室空调都装起来了。 gy⁴²neiŋ³³na⁴²kaɯ³³ɕi²⁴kʰəŋ⁵³tiaɯ³³tu⁵³tsɔŋ⁵³kʰe²¹le³³lɔ⁰.

续表

	0009 他们把教室都装上了空调。
南平夏道	伊各人帮学堂其空调都装好了。 i¹¹ ko³³ neiŋ⁵⁵ paŋ¹¹ o¹¹ taŋ⁵⁵ ɛ⁰ kʰoŋ¹¹ tʰio⁵⁵ tu¹¹ tsaŋ¹¹ xo³³ lo⁰.
顺昌	渠大家搦班上都装上了空调。 kɛ³¹ tʰo⁵¹ ko⁴⁴ lo²² paŋ⁴⁴ ʃɔ̃⁵¹ tu⁴⁴ tʃiɔ̃⁴⁴ ʃɔ̃²² lo⁰ kʰuŋ⁴⁴ tʰiau¹¹.
将乐	渠搭搭教室概装好空调咯。 ki²² taʔ⁵ kʰaʔ⁵ kau⁵⁵ ʃi⁵¹ kæ³²⁴ tʃɔ̃⁵⁵ xau²¹ kʰɤ̃ŋ²² tʰiau²² lo²¹.
光泽	伊多拿教室偕装上了空调。 hu⁴¹ tai²¹ na²¹ kau³⁵ ɕi⁴¹ kʰa⁵⁵ tsɔŋ²¹ ɕioŋ⁴¹ liɛu⁴⁴ kʰoŋ²¹ tʰiɛu²².
邵武	伊多拿教室偕装上儿空调。 hu³⁵ tai⁰ na²¹ kau²¹ ɕi⁵³ ka³⁵ tsoŋ²¹ ɕioŋ³³ ŋə⁰ kʰuŋ²¹ tʰiau³³.
三明	渠侪教室都装上空调了。 ŋy⁴⁴ tse⁵¹ ko³³ sʅ²¹³ tau⁴⁴ tsɐm⁴⁴ ʃɛm²⁵⁴ kʰã⁴⁴ tiɯ⁵¹ lo⁰.
永安	渠侪教室尽装上空调了。 ŋy⁵² tse³³ ko⁴⁴ sʅ¹³ tsã⁵⁴ tsam⁵² ʃiam²¹ kʰã³³ tiɯ³³ lo⁰.
沙县	渠侪在教室里都装上空调了。 ky³³ tse⁰ tsai²¹ kau²¹ sɤ²¹² li⁰ tu³³ tsaŋ³³ ʃiŋ²¹ kʰɔuŋ⁴⁴ tio³¹ lo⁰. "上"可说可不说。 教室里渠侪都装上空调了。 kau²¹ sɤ²¹² li⁰ ky³³ tse⁰ tu³³ tsaŋ³³ ʃiŋ²¹ kʰɔuŋ⁴⁴ tio³¹ lo⁰. "上"可说可不说。
长汀	渠侪们拿教室都装哩空调。 ke³³ tsʰi˧˥⁵ me³³ na²¹ kɒ⁴² ʃʅ²⁴ tu³³ tʃeŋ³³ le⁵⁵ kʰəŋ³³ tʰiɒ²⁴.
连城	渠大侪将教室都装上咯空调。 kuɛ³³ tʰa⁵⁵ tsʰe²² tsioŋ³³ kau²¹ ʃɯə³⁵ tɯ³³ tsoŋ⁵⁵ ʃoŋ⁵⁵ lo⁰ kʰəŋ³³ tʰiau²².
上杭	渠大家将教室都装上哩空调。 kei²¹ tʰa⁵¹ kɒ⁴⁴ tɕioŋ⁴⁴ kau³⁵³ ɕiʔ³² tɔu⁴⁴ tsoŋ⁴⁴ soŋ⁴⁴ lɛ³¹ kʰoŋ⁴⁴ tʰiɛ²¹.
武平	全部教室渠囊人都安矣空调。 tsʰiɛŋ²² pʰu⁴² kɔ⁵⁵ siɛʔ⁴ ki²⁴ nɔŋ²¹ n̩iŋ²² to²⁴ uɛŋ³³ i²² kʰuŋ²² tʰiɔ²⁴.
永定	渠兜侪在教室里都装哩空调。 tɕi²² təu²⁴ sʅ²² tsʰai³¹ kau⁵⁵ seiʔ³² li³¹ tu⁴⁴ tsɔ̃²⁴ li⁰ kʰoŋ²⁴ tʰiəu²².

语 法 卷

续表

	0009 他们把教室都装上了空调。
明溪	渠多侪拿教室都装了空调。 kʰø⁴¹tɤ⁴⁴so³¹lo⁴⁴kau⁵⁵ʃɿʔ⁵tu⁰tsoŋ⁴⁴lɤ⁰kʰɤŋ⁴⁴tʰiau³¹.
清流	渠侪家帮教室都装哩空调。 kə³³tsʰi²³ko³³pɔŋ³³kɔ³⁵ʃie²¹tu³³tsɔŋ³³li⁰kʰoŋ³³tʰiɔ²³.
宁化	渠多人帮教室抵装来空调。 kə³⁴to⁴⁴ŋiŋ⁴⁴pɔŋ⁴⁴kau²¹²sɿ⁵tai³¹tsɔŋ³⁴lai⁴⁴kʰəŋ³⁴tʰiau⁴⁴.
新罗客家	渠兜侪在教室里装哩空调。 tu⁴⁴tie⁵⁵tsi⁵⁵tsʰa⁴⁴ka⁴¹ʃʅtʰli⁴⁴tsoŋ⁴⁴li⁵⁵kʰoŋ⁴⁴tʰio³⁵.
平和客家	渠几侪在课堂扎⁼装空调咯。 ky³⁵kia³³sa³⁵tsʰɔi³¹kʰɔi³¹tʰɔŋ³⁵tsa⁵⁵tsoŋ³¹kʰuŋ³¹tʰiau³⁵lɔ⁰.
诏安客家	渠□兜把教室□装上空调了。 ky⁵³at³teu²²pa²²kau³¹ʃip²³tsa⁴⁵tsɔŋ²²ʃiɔŋ²²kʰuŋ²²tʰiau⁵³lɛu⁰.
泰宁	渠侬把教室皆装上了空调。 hi³⁵noŋ³³pa³³kau⁵¹ɕi²¹ka³⁵tsoŋ²²soŋ³³lə⁰kʰuŋ³¹hiau³⁵.
建宁	士⁼多把教室都装儿空调。 sə⁵⁵tai²¹pa²¹kau⁵⁵sik²tu⁵⁵toŋ³⁴ŋi⁴⁴kʰuŋ³⁴hiau²⁴.
浦城城关	渠拉帮教室都装上空调了。 ka⁴⁴la⁵⁴paŋ³⁵kɑo⁴²³ɕie³²lou³⁵tsaŋ³⁵ɕiaŋ²¹kʰoŋ⁵³tiɑo²⁴lɑ⁰.
南平延平	他们同班上都装上了空调。 tʰa³³meiŋ²¹tʰoŋ²¹pæ̃³³ɕiæ̃²¹tu³³tsyæ̃⁵⁵ɕiæ̃²¹lau⁰kʰoŋ⁵⁵tʰiau²¹.

	0010 帽子被风吹走了。
福州	帽乞风吹飞去。 mɔ²⁴²kʰy⁰xuŋ⁵⁵tsʰui⁵⁵pui⁵⁵o⁰.
闽侯	帽乞风吹飞去。 mo²⁴²kʰø⁰xuŋ⁵⁵tsʰui⁵⁵pui⁵⁵o⁰.
长乐	帽乞风吹飞去。 mɔ²⁴²kʰy⁰xuŋ⁵⁵tsʰui⁵⁵pui⁵⁵o⁰.
连江	帽乞风吹遏去。 mo²⁴²kʰy²¹huŋ⁵⁵tsʰui⁵⁵tɔŋ²⁴²u⁰.
罗源	帽乞风吹飞去了。 mɔ³⁴kʰiʔ⁴xuŋ⁴²tsʰui⁴⁴pui⁴²u⁰lau²¹.
福清	帽乞风吹飞去。 mɔ⁴²kʰyʔ⁵xuŋ⁵³tsʰoi⁵³pui⁵³io⁰.
平潭	帽乞风吹去。 mɔ⁴²kʰyʔ⁵xuŋ⁵¹tsʰoy⁵¹kʰyo²¹.
永泰	帽乞风吹走了。 mɔ²⁴²kʰøyʔ³huŋ⁴⁴tsʰuoi⁴⁴tsau³²liou³².
闽清	帽乞风吹去了。 mɔ²⁴²kʰyʔ³huŋ⁴⁴tsʰui⁴⁴ɔ⁰lau³².
古田	帽乞风吹走去了。 mɔ²⁴kʰik²huŋ⁵⁵tsʰui⁵⁵tsau⁴²u⁰lɔ⁰.
屏南	帽囝乞风吹去了。 mɔ⁵⁵iaŋ⁴¹kʰyk⁵huŋ⁴⁴tsuoi⁴⁴ɯ⁰lɔ⁰.
宁德	帽乞风吹去噜。 mɔ⁴¹¹kʰi⁵⁵xuŋ³³⁴tsʰøy³³⁴y⁰lu⁰.
霞浦城关	帽乞风吹走喽。 mɔ²⁴kʰiʔ⁵huŋ⁴⁴tsʰui⁴⁴tsau⁴²lo⁰.
福安	帽乞风吹去喽。 mɔ²³kʰi⁵⁵xouŋ³³¹tsʰui³³¹kʰø³⁵lo⁰.

续表

	0010 帽子被风吹走了。
柘荣	头帽乞风吹落喽。 tʰau²¹ mɔ²⁴ kʰi⁵⁵ xuŋ⁴⁴ tsʰuei⁴² lœʔ⁵ lɔ⁰.
周宁	帽乞风吹落去喽。 mɔ²¹³ kʰyk⁵ xuŋ⁴⁴ tsʰui⁴⁴ lœk⁵ i⁰ lo⁰.
寿宁	帽乞风吹去喽。 mɔ²³ kʰyø³⁵ xuŋ³³ tsʰyø³³ kʰyø³⁵ lɔ⁰.
福鼎城关	头帽乞风吹走喽。 tʰau³³ mo³³ kʰiʔ³ xuŋ⁵⁵ tsʰuei³⁵ tsau⁵⁵ lo⁰.
尤溪	头帽乞风吹去喽。 tʰau³³ mə⁴² kʰə⁴ xəŋ³³ tsʰyø³³ kʰy⁵¹ lə⁰.
莆田	帽乞风乞鼓行。 po¹¹ koʔ⁵ pue⁵³³ koʔ² kɔu⁴⁵³ kia²⁴.
涵江	帽乞风鼓行。 po²¹ kip⁴ puai⁵⁵ kɔu⁴⁵³ kia¹³.
仙游城关	帽乞风乞鼓行。 po²¹ kɛp²³ puĩ⁵⁵ kɛk² kou⁴⁵³ kia²⁴.
仙游枫亭	帽乞风乞鼓行。 pɤɯ¹¹ keʔ⁵ puĩ⁵³³ keʔ² kɔu⁴⁵³ kiã²⁴.
厦门	帽仔与风吹去咯。 bo²⁴ a⁰ hɔ²¹ hɔŋ⁴⁴ tsʰe⁴⁴ kʰi²¹ lo⁰.
同安	帽仔与风吹去。 bo¹¹ a⁰ hɔ¹¹ huaŋ⁴⁴ tsʰə⁴⁴ kʰɯ.
泉州鲤城	帽与风吹去咯。 bo⁴¹ hɔ²² huaŋ³³ tsʰə³³ kʰɯ⁰ lɔ⁰.
泉州洛江	帽仔与风吹落咯。 bo²² a⁵⁵ hɔ²² huaŋ³³ tsʰe³³ lak³ lo⁰.
南安	头帽传风吹去咯。 tʰau²² bo³¹ tŋ²² huaŋ³³ tsʰə³³ kʰɯ⁰ lɔ⁰.

续表

	0010 帽子被风吹走了。
晋江	帽传风吹去咯。 bə⁴¹təŋ²²huaŋ³³tsʰe³³kʰi⁰lɔ⁰.
石狮	帽乞风吹嗦咯。 bə⁴¹kʰi⁵⁵huaŋ³³tsʰe³³sak⁵lɔ⁰.
惠安	帽仔度风鼓去咯。 bo²²a⁵⁴tʰɔ²²huaŋ³³kɔ⁴²kʰɯ⁰lɔ⁰.
安溪	帽乞风吹去咯。 bo⁴²kʰi⁵³huaŋ³³tsʰə⁵⁵kʰɯ⁴²lɔ⁰.
永春	帽与风吹去。 bo³¹hɔ⁴⁴huaŋ⁴⁴tsʰə²²kʰɯ⁰.
德化	帽团与风吹去咯咧。 bo³¹kiã⁴²hɔ⁴⁴huaŋ²²tsʰə²²kʰɯ⁰lɔ⁰lia⁰.
漳州	帽仔乞与风吹[扰拥]啊。 bo²²ua⁵⁴kʰi⁵³hɔ²¹hɔŋ³⁴tsʰue³⁴hiaŋ⁰ŋã⁰. [hiaŋ⁰]是"扰拥[hiat³²kak⁰]"的合音。
龙海	帽仔乞与风吹去。 bo²³a³²kʰiʔ⁴hɔ⁴¹hɔŋ³⁴tsʰue³⁴kʰi⁰.
长泰	帽仔与风吹去啊。 bɔ²²ua⁵⁴heu²¹hɔŋ⁴⁴tsʰue⁴⁴kʰi⁰ia⁰.
华安	帽仔与风吹去。 bo³⁵a⁵³hɔ³¹hɔŋ⁵⁵tsʰue²²kʰi³¹.
南靖	帽仔[与伊]风吹去啊。 bo²²a⁵⁴hue²¹hɔŋ²²tsʰue²²kʰi⁰a⁰.
平和	帽仔与风吹滴。 bou²¹ã⁵²hou²¹hɔŋ³⁴tsʰue²²tiʔ⁵⁴.
漳浦	帽仔与风吹去。 bɔ¹³a⁰hou²¹hɔŋ⁴³sue⁴³i⁰.
东山	帽仔与风吹去啊。 bo²²a⁰kʰou²²hoŋ⁴⁴tsʰue⁴⁴kʰi⁰a⁰.

续表

	0010 帽子被风吹走了。
云霄	帽仔与风吹去。 bo³³a⁵³kʰou²¹hoŋ⁵⁵tsʰue⁵⁵kʰi⁰.
诏安	帽仔与风吹去。 bo³³ɛ⁵³kʰou³¹hoŋ⁴⁴tsʰue⁴⁴kʰɯ⁰.
龙岩	帽仔分风吹来去啊。 bo⁵⁵ua²¹pin¹¹xoŋ³³tɕʰie³³lai²¹gi⁰ia⁰.
漳平	帽仔分风吹咯去。 bu²¹a⁵⁵puen³³hoŋ³⁵tsʰue³⁵lo⁰kʰi²¹.
大田城关	帽仔乞风吹去了。 bɤ³³a⁵³kʰi⁵⁵hoŋ³³tsʰue³³kɤ⁰lo⁰.
大田广平	帽乞风吹去了。 bɯ³¹kʰa⁵hɤ³³tʃʰy³³kɤ⁰lɤ⁰.
霞浦三沙	头帽与风吹走了。 tʰau²¹bo²¹hai²¹huaŋ⁴²tsʰui⁴⁴tsau⁴²lo⁰.
福鼎沙埕	头帽与风吹落。 tau²¹bo²¹xɔ²¹xuan⁴⁴tsʰə⁴⁴lɔk⁰.
建瓯	帽纳风吹掉了。 mau⁵⁵na²⁴xoŋ⁵⁴tsʰuɛ⁵⁴tʰɔ⁵⁵lo⁰.
建阳	帽仔挨风吹去了。 mau⁵⁵tsie²¹ŋai⁴⁵piɔŋ⁵¹tsʰye⁵¹kʰɔ³³lo⁰.
政和	帽仔乞风吹去了。 mo⁵⁵tsiɛ²¹³kʰai²¹xoŋ⁵³tsʰyɛ⁵³kʰo⁴²lo⁰.
松溪	帽仔乞风吹班=了。 mo⁴⁵iɛ⁰kʰiɛ²²³poŋ⁵³tsʰœ⁵³paŋ⁵³lo⁰.
武夷山	帽仔纳风吹去了。 mau⁵⁵tsie³¹na³³pyoŋ⁵¹tsʰy⁵¹kʰo²²lɛi⁰.
浦城石陂	帽仔乞风吹掉了。 mɔ³⁵te⁰kʰi⁴⁵xəŋ⁵³tɕʰiθ⁵³tʰɯ⁴⁵lɔ⁰.

续表

	0010 帽子被风吹走了。
南平夏道	帽分风吹遘了。 mo²⁴ puiŋ¹¹ xoŋ¹¹ tɕʰye¹¹ kau²⁴ lo⁰.
顺昌	帽仔分风吹去了。 mo⁵¹ ti³⁵ puẽ⁴⁴ pʰiɔ̃⁴⁴ tʃʰø⁴⁴ kʰo³⁵ lo⁰.
将乐	帽仔得风吹去掉咯。 mau⁵⁵ tsi²¹ ta²¹ piɔ̃⁵⁵ tsʰui⁵⁵ kʰo²² tau²² lo²¹.
光泽	帽仔得风吹去儿。 mau⁵⁵ tsɛ⁰ tiɛ⁴¹ pioŋ²¹ tɕʰiɛ²¹ kʰɔ⁵⁵ɛ⁰.
邵武	帽儿得风吹去了。 mau³⁵ ə⁰ tie⁵³ piuŋ²¹ tʰie²¹ kʰo²¹ liau⁰.
三明	帽□风吹去罢。 mauɯ³³ tʰɛ³³ hã⁴⁴ tʃʰyɛ⁴⁴ kʰɯ³³ pɔ̃⁴⁴.
永安	帽欠风吹去罢。 mauɯ²⁴ kʰɛ̃i²⁴ hã⁵² tʃʰye⁵² kʰɯ⁴⁴ po⁰.
沙县	帽□风吹去罢了。 bo²⁴ kʰiŋ²¹ xɔuŋ³³ tʃʰye³³ kʰo⁴⁴ pɔ̃⁰ lo⁰.
长汀	帽子得风吹走哩。 mɒ³³ le⁵⁵ te⁵⁵ fəŋ³³ tʃʰue³³ tʃəɯ⁴² le²⁴.
连城	帽乞风吹撤哦。 mau³⁵ kʰuo⁵⁵ fəŋ³³ kʰuei³³ pʰi⁵⁵ o⁰.
上杭	帽哩等风吹走哩。 mɔu³¹ lɛ³¹ tɛ̃³¹ fəŋ⁴⁴ tsʰuɔ⁴⁴ tɕiɔ³¹ lɛ³¹.
武平	帽子畀风吹走矣。 mɔ⁴⁵¹ tsɿ⁴² pɛʔ³ huŋ²² tsʰe²⁴ tsɛ⁴² i²².
永定	帽子畀风吹走哩。 mɔu⁵⁵ tsɿ³¹ pieʔ⁵ foŋ⁴⁴ tsʰuei²⁴ tsəu²¹ li⁰.
明溪	帽搭风吹个班⁼。 mɤ⁵⁵⁴ ta⁴⁴ fɤŋ⁴⁴ tsʰue⁴⁴ kɤ⁰ paŋ⁰.

续表

	0010 帽子被风吹走了。
清流	帽咧畀风吹去哩。 mɔ³²lɛ²¹pə³⁵foŋ³³tʃʰie³³kʰə³⁵li⁰.
宁化	帽子畀风吹走掉。 mau⁴²tsai³¹pai⁴²fəŋ³⁴tsʰɐ³⁴tsɐɯ³¹tʰia⁰.
新罗_{客家}	帽子分风吹走哩。 məu²¹tsɿ⁴¹peŋ⁴⁴foŋ⁴⁴tʃʰie⁴⁴tsie²¹li³⁵.
平和_{客家}	帽得风吹飞咯。 mu⁵⁵teʔ⁵³fuŋ³³tsʰe³¹pui⁵⁵lɔ⁰.
诏安_{客家}	□得风吹走去了。 kuai⁵³tet⁵fuŋ²²tʃʰɛi²²tseu⁴⁵ky⁰lɛu⁰.
泰宁	缩=子得风吹走了。 hiu³⁵tsɿ⁵¹tæ³⁵pyuŋ³¹tsʰə²¹tsɿ³⁵lə⁵¹.
建宁	帽儿畀风吹掉儿。 mau⁵⁵ˑi²¹pei⁵⁵fuŋ³⁴tsʰˑi³⁴tiau⁵¹ˑi²¹.
浦城_{城关}	帽子分风吹走了。 mao²¹tɕi⁴⁴feŋ³⁵foŋ³⁵tɕʰy³⁵tɕiao⁴⁴la⁰.
南平_{延平}	帽子等风吹掉。 mau³⁵tsɿ⁰teiŋ⁵³xoŋ³³tsʰui³³tiau³⁵.

	0011 张明被坏人抢走了一个包，人也差点儿被打伤。
福州	张明蜀隻包包乞呆团抢去，侬也差仿团乞伊拍伤去。 tuoŋ⁵⁵miŋ⁵³so²¹ieʔ²⁴pau⁵⁵pau⁵⁵kʰy⁰ŋai²¹iaŋ³³tsʰuoŋ³³o⁰, nøyŋ⁵²ia⁰tsʰa²¹ni²⁴kiaŋ³³kʰy⁰iºpʰaʔ²⁴suoŋ⁵⁵ŋ⁰.
闽侯	张明蜀隻包包乞呆团抢去，侬也差仿团乞伊拍伤去。 tyoŋ⁵⁵miŋ⁵³syoʔ²¹ieʔ²⁴pau⁵⁵pau⁵⁵kʰyʔ⁵ŋai³³ŋiaŋ³³tsʰyoŋ³³o⁰, nøyŋ⁵³ia⁰tsʰia²¹ni⁰kiaŋ³³kʰyʔ⁰iºpʰa²¹syoŋ⁵⁵o⁰.
长乐	张明蜀隻包包乞呆团抢去，侬也差仿团乞伊拍伤去。 tuoŋ⁵⁵miŋ⁵³suo²²ieʔ²⁴pau⁵⁵pau⁵⁵kʰy⁰ŋai²²ŋiaŋ²²tsʰuoŋ²²o⁰, nøyŋ⁵³ia⁰tsʰia²¹ni²⁴kiaŋ²²kʰy⁰iºpʰaʔ²⁴suoŋ⁵⁵o⁰.
连江	张明包包乞呆团抢去，侬也差仿团乞拍去。 tyø⁵⁵miŋ⁵¹pau²¹pau⁵⁵kʰyʔ⁵ŋai²¹iaŋ³³tsʰyøŋ³³u⁰, nøyŋ⁵¹ia³³tsʰia²¹ni⁵⁵kiaŋ³³kʰyʔ⁵pʰaʔ¹³u⁰.
罗源	张明包包乞呆侬抢去，侬也差固隻乞拍伤去。 tyøŋ²²miŋ³¹pau⁴⁴pau⁴²kʰiʔ⁴ŋai⁴nœŋ³¹tsʰyøŋ²¹u⁰, nœŋ³¹ia⁴⁴tsʰa⁴⁴kuʔ⁴tsiaʔ²kʰiʔ²pʰaʔ²θyøŋ⁴²u⁰.
福清	张明乞呆侬抢蜀隻包，侬固俤差滴团乞拍伤。 tioŋ⁴⁴miŋ⁴⁴kʰi⁴⁴ŋai⁴⁴nøŋ⁴⁴tsʰioŋ⁵³θio²¹ʒia²¹pau⁴⁴pau⁵³, nøŋ⁴⁴ku²¹na⁴⁴tsʰa⁵³ni⁵³iaŋ³¹kʰy⁵³pʰa²¹θioŋ⁵³.
平潭	张明蜀隻包乞呆侬抢咯，侬差搦⁼脶⁼也［乞伊］拍伤。 tyoŋ⁴⁴miŋ⁴⁴θyo²¹a⁰pau⁵¹kʰyʔ⁵ŋai⁴⁴løŋ⁴⁴tsʰyoŋ³¹o⁰, løŋ⁴⁴tsʰa²¹lia⁵¹loy²¹ia³¹kʰiºpʰa²¹θyoŋ⁵¹.
永泰	张明蜀隻包乞呆侬抢去，差［仿团］块侬也乞拍伤去。 tuoŋ⁴⁴miŋ³⁵³suoʔ³tsieʔ³pau⁴⁴kʰy⁴⁴ŋai⁴⁴nɔyŋ³⁵³tsʰuoŋ³²ŋo⁰, tsʰa⁴⁴nieŋ⁴⁴nɔi²¹nɔyŋ³⁵³ia⁴⁴kʰyʔ⁵pʰaʔ³suoŋ⁴⁴ŋo⁰.
闽清	张明其包乞呆团夺去了，侬固差仿团乞伊拍伤去。 tuoŋ⁴⁴miŋ³⁵³iº pau⁴⁴kʰyʔ³ŋai³²iaŋ³²toukˇkɔ⁰lau³², nɔyŋ³⁵³ku⁴⁴tsʰa⁴⁴nik³kiaŋ³²kʰyʔ³i⁴⁴pʰaʔ³suoŋ⁴⁴ŋɔ⁰.

续表

	0011 张明被坏人抢走了一个包，人也差点儿被打伤。
古田	张明包包乞呆囝夺去，侬固差［仴囝］乞伊拍伤去。 tyøŋ²¹miŋ⁵⁵pau³³pau⁵⁵kʰik²ŋai²¹iaŋ⁴²touʔ⁵ku⁰, nøyŋ³³ku³³tsʰa⁵⁵niaŋ²¹kʰik²i³³pʰaʔ²syøŋ⁵⁵ŋu⁰.
屏南	张明其包乞呆侬夺去，侬也差仴囝乞拍伤去。 tuŋ⁴⁴miŋ²²ŋi²²pau⁴⁴kʰyk⁵ŋai²²nɯŋ²²tɔuk⁵ɯ⁰, nɯŋ²²ia⁴¹tsʰa⁴⁴nik⁵kiaŋ⁴¹kʰyk⁵pʰa⁵⁵sʊŋ⁴⁴ɯ⁰.
宁德	张明乞呆侬夺去蜀隻包，侬固差［蜀囝］乞拍伤去。 tɔuŋ³³meŋ³³kʰi⁵⁵ŋai¹¹nœŋ¹¹tɔuk⁵⁴kʰi⁰sie³³ieʔ⁵⁴pau³³⁴, nœŋ¹¹ku⁵⁵tsʰa³³⁴siaŋ⁶⁶kʰi⁵⁵pʰaʔ²³sɔuŋ³³⁴ŋi⁰.
霞浦城关	张明乞穤侬抢去蜀隻包，侬也差仴囝乞拍伤。 tøŋ⁴⁴miŋ⁵¹kiʔ⁵mai⁵⁵nɛiŋ²¹tsʰøŋ⁴²ŋu⁰øʔ⁴⁴tseʔ⁵pau⁴⁴, nɛiŋ²¹ia²⁴tsʰa⁴⁴ni⁵⁵ŋiaŋ²⁴kʰiʔ⁵pʰaʔ⁵θøŋ⁴⁴.
福安	张明乞穤侬夺蜀隻包，侬差呢都乞拍伤了。 tioŋ²³meiŋ³³¹kʰiʔ⁵mai⁵⁵nœuŋ⁵¹tɔuʔ²siʔ⁴⁴eiʔ⁵pau³³¹, nœuŋ²¹tsʰa⁴⁴naʔ²tu³³¹iʔ⁵pʰaʔ⁵sioŋ³³¹li⁰.
柘荣	张明蜀隻包乞穤侬抢去喽，侬差呢囝固乞拍伤了。 tyɔŋ⁴⁴miŋ²¹tsʰi⁴⁴tsʰia⁵⁵pau⁴²kʰi⁵⁵mai⁵⁵nœŋ²¹tsʰyɔŋ⁵³kʰyø⁴⁵lɔ⁰, nœŋ²¹tsʰa⁴⁴ni⁵⁵ŋiaŋ⁴⁵ku⁴⁵kʰi⁵⁵pʰaʔ⁵θyɔŋ⁴²li⁵.
周宁	张明蜀隻包乞坏侬夺去，侬故差搦＝乞拍伤去。 tyəŋ⁴⁴meŋ²¹si⁴⁴iɛk⁵pau⁴⁴kʰyk⁵xuai⁴⁴nœŋ²¹tɔk²u⁰, nœŋ²¹ku³⁵tsʰa⁴⁴nak²kʰi⁵⁵pʰak⁵syəŋ⁴⁴li⁰.
寿宁	张明乞穤侬抢去了蜀个包，侬也差呢呢乞伊拍伤。 tɔuŋ³³miŋ²¹kʰyø³⁵mai⁵⁵nɛŋ²¹tsʰyoŋ⁴²kʰyø³⁵lɔ⁵si³³kɔi⁵⁵pau³³, nɛŋ²¹ia³³tsʰa³³niʔ⁵niʔ⁵kʰy⁵⁵i³³pʰa³⁵syoŋ³³.
福鼎城关	张明乞穤侬抢去蜀个包，侬夭差蜀囝伊乞伊拍去。 tioŋ³³miŋ²¹kʰiʔ³mai³³neŋ⁴²tsʰioŋ⁵⁵kʰie⁴²siʔ³kɔi⁵⁵pau⁵⁵, neŋ²¹iau⁵⁵tsʰa³³siʔ³kiaŋ⁵⁵kʰiʔ³i⁵⁵pʰa⁴²kʰie⁰.

	0011 张明被坏人抢走了一个包，人也差点儿被打伤。
尤溪	张明乞呆依抢去蜀个包，介差匹囝乞依拍伤。 tiũ³³ miŋ¹² kʰə⁴ ŋai³³ nəŋ¹² tsʰ iũ⁵⁵ kʰy⁵¹ ɕie³³ ki³³ pau³³，ai³³ tsʰa³³ pʰi⁴ ŋ⁵⁵ kʰə⁴ nəŋ³³ pʰa²⁴ ɕioŋ³³.
莆田	张明乞痞依乞抢蜀个包行，依亦差少少乞拍伤。 tieu¹¹ min²⁴ koʔ⁵ kai¹¹ naŋ²⁴ koʔ² tsʰ ieu⁴⁵³ ɬɔʔ² ke²⁴ pau⁵³³ kia²⁴，naŋ²⁴ aʔ² tsʰa¹¹ tsieu¹¹ tsieu⁴⁵³ koʔ⁵ pʰa¹¹ ɬyɔŋ⁵³³.
涵江	张明蜀个包乞痞依抢行，依亦差点涓囝乞拍伤［落外］。 tiau²¹ min¹³ ɬok¹ ke¹³ pau⁵⁵ kik⁴ kai²¹ nan¹³ tsʰ iau⁴⁵³ kia¹³，naŋ¹³ aʔ¹ tsʰa⁵⁵ tœ²¹ œŋ⁵⁵ ŋyɒ⁴⁵³ kœpʰ⁴ pʰa²¹ ɬyɒn⁵⁵ luai⁰.［落外］，合音词，相当于"了"。
仙游城关	张明蜀个包乞痞依乞抢行，依亦差险乞拍伤。 tiũ²¹ min²⁴ ɬuok² ke²⁴ pau⁵⁵ kɛk²³ kai²¹ nan¹³ kɛt² tsʰ iũ⁴⁵³ kia⁰，naŋ²⁴ at² tsʰa²¹ hieŋ⁴⁵³ kɛp²³ pʰa²¹ ɬyøn⁵³³.
仙游枫亭	张明厄⁼包乞痞依乞抢行，依亦差少少乞拍伤。 tiũ¹¹ miŋ²⁴ ŋeʔ⁰ pau⁵³³ keʔ⁵ kai¹¹ naŋ²⁴ keʔ² tsʰ iũ⁴⁵³ kiã²⁴，naŋ²⁴ aʔ² tsʰa¹¹ tsieu¹¹ tsieu⁴⁵³ keʔ⁵ pʰa¹¹ ɬieŋ⁵³³.
厦门	张明与痞依抢去了一个包，依也差淡薄仔与依拍着伤。 tiũ⁴⁴ miŋ²⁴ hɔ²¹ pʰãi⁴⁴ laŋ²⁴ tsʰ iũ⁵³ kʰi²¹ tsit²¹ le⁰ pau⁴⁴，laŋ²⁴ la⁰ tsʰa²¹ tan²¹ po²⁴ a⁰ hɔ²¹ laŋ²² pʰa⁵³ tio²¹ siɔŋ⁴⁴.
同安	张明［一个］包与痞依抢去，依差淡薄仔着与伊拍伤。 tiũ³³ biŋ²⁴ tsieʔ³² pau⁴⁴ hɔ¹¹ pʰai¹¹ laŋ²⁴ tsʰ iũ¹¹ kʰɯ⁰，laŋ²⁴ tsʰa³³ tam¹¹ poʔ⁰ a⁰ tioʔ⁴ hɔ¹¹ i⁴⁴ pʰaʔ⁴ siɔŋ⁴⁴.
泉州鲤城	张明一个包度依抢去，依也差淡薄仔度依拍伤。 tiũ³³ biŋ²⁴ tsit²² ge²² pau³³ tʰɔ²² laŋ²² tsʰ iũ⁵⁵ kʰɯ⁰，laŋ²⁴ a²² tsʰa³³ tam²² poʔ²² a⁵⁵ tʰɔ²² laŋ²² pʰa²² siɔŋ³³.
泉州洛江	张明一个包传痞依抢去咯，依也险险拍伤。 tiũ³³ biŋ²⁴ tsit² e⁰ pau³³ tŋ²² pʰai²⁴ laŋ²⁴ tsʰ iũ⁵⁵ kʰi⁰ lɔ⁰，laŋ²⁴ a⁰ hiam²⁴ hiam⁵⁵ pʰaʔ⁵ siũ³³.

续表

	0011 张明被坏人抢走了一个包，人也差点儿被打伤。
南安	张明乞痞侬抢一奇包去，侬阁⁼差一点仔传侬拍伤。 tiũ³³ biŋ²⁴ kʰɯ⁵⁵ pʰai²⁴ laŋ²⁴ tsʰiu²⁴ tsit² kʰa³³ pau³³ kʰɯ⁰, laŋ²⁴ koʔ⁵ tsʰa³³ tsit² tiam³³ a⁰ tŋ²² laŋ²² pʰaʔ⁵ siɔŋ³³.
晋江	张明兮包传痞侬抢去咯，侬也欠一下传伊拍。 tiũ³³ biŋ²⁴ e⁰ pau³³ tŋ²² pʰai²⁴ laŋ²⁴ tsʰiu⁵⁵ kʰi⁰ lɔ⁰, laŋ²⁴ a⁰ kʰiam⁵⁵ tsit² e⁴¹ təŋ²² i³³ pʰaʔ⁵.
石狮	张明乞痞侬抢行一个包，侬也差一担⁼仔乞伊拍伤。 tiu³³ biŋ²⁴ kʰi⁵⁵ pʰai²⁴ laŋ²⁴ tsʰiu²⁴ kia²² tsit² ge²² pau³³, laŋ²⁴ a⁰ tsʰa³³ tsit² tam³³ ba⁵⁵ kʰi⁵⁵ i³³ pʰaʔ⁵ siɔŋ³³.
惠安	张明一个包度侬抢去，侬差一丝嫲拍伤。 tiũ³³ beŋ²⁵ tset⁵ e⁰ pau³³ tʰɔ²² laŋ²² tsʰiu⁵⁴ kʰɯ⁰, laŋ²⁵ tsʰa³³ tsi²⁵ si³³ ma⁵⁴ pʰaʔ⁵ siɔŋ³³.
安溪	张明一个包与侬抢去，侬也险险与侬拍。 tiũ³³ biŋ²⁴ tsit⁵ e⁰ pau⁵⁵ hɔ⁴² laŋ²² tsʰiu⁵³ kʰɯ⁴², laŋ²⁴ a²² hiam⁵³ hiam⁵³ hɔ⁴² laŋ²² pʰaʔ⁵.
永春	张明一个包与侬抢去，侬也差一丝仔与侬拍。 tiũ²² biŋ²⁴ tsit⁴² e⁰ pau⁴⁴ hɔ⁴⁴ laŋ²⁴ tsʰiu⁵³ kʰɯ⁰, laŋ²² au⁴⁴ tsʰa⁵³ tsit⁴ si⁴⁴ a²² hɔ³¹ laŋ³¹ pʰaʔ³².
德化	张明一个包与侬抢去，侬也差一丝仔与侬拍。 tiũ²² biŋ⁴⁴ tsit⁴² e⁰ pau¹³ hɔ³¹ laŋ⁴⁴ tsʰiu⁴⁴ kʰɯ⁰, laŋ³¹ a⁴² tsha⁴² tsit⁴² si¹³ a²² hɔ⁴⁴ laŋ³¹ pʰaʔ⁴².
漳州	张明一个皮包仔与穤侬抢去，侬也险险仔［与侬］拍伤。 tiɔ̃²² biŋ¹³ tsit²¹ le²² pʰue²² pau²² ua⁵⁴ hɔ²¹ bai³⁴ laŋ¹³ tsʰiɔ̃⁵³ kʰi⁰, laŋ¹³ a²¹ hiam³⁴ hiam⁵⁵ mã⁵⁴ hɔŋ²¹ pʰa³² siaŋ³⁴.
龙海	张明一个包仔乞与痞侬抢去，侬也差点仔乞［与侬］拍伤。 tiɔ̃³³ biŋ³¹² tsik⁴² ge³³ pau³³ ua³² kʰiʔ⁴ hɔ⁴¹ pʰãi³⁴ laŋ³¹² tsʰiɔ̃⁵² iɔ⁰, laŋ³¹² a⁴¹ tsʰa³³ tiam³⁴ mã³² kʰiʔ⁴ hɔŋ⁴¹ pʰa⁵² siaŋ³⁴.

续表

	0011 张明被坏人抢走了一个包，人也差点儿被打伤。
长泰	张明一奇袋仔与穤侬抢去，侬也险险与侬□去。 tiɔ̃²² beŋ²⁴ tsit²¹ kʰa²² te²² a⁵⁴ heu²² bai⁴⁴ laŋ²⁴ tsʰiɔ̃⁵³ kʰi⁰, laŋ²⁴ a²¹ hiam⁴⁴ hiam⁴⁴ heu²¹ laŋ⁰ mʔ³² kʰi⁰.
华安	张明与穤侬抢去了一个包，侬也差一疙仔被拍伤。 tiɔ̃²² biŋ²³² hɔ³¹ bai⁵⁵ laŋ²³² tsʰiɔ̃⁵⁵ kʰi⁵³ liau⁵⁵ tsit²¹ le²² pau⁵⁵, laŋ²³² a³¹ tsʰa²² tsit²¹ pʰi⁵⁵ a⁵³ pi³¹ pʰaʔ⁵ siaŋ⁵⁵.
南靖	张明[与伊]穤侬抢去一个包，侬也差禚大仔[互侬]拍伤。 tiũ²² biŋ³²³ hue²¹ bai⁴⁴ laŋ³²³ tsʰiũ⁴⁴ kʰi⁵⁴ tsit²¹ le²² pau³⁴, laŋ³²³ a²¹ tsʰa²² tsau²² tua²² a⁰ hɔŋ²¹ pʰaʔ⁵⁴ siaŋ³⁴.
平和	张明与穤侬抢走一个包，侬也差淡薄仔乞与伊拍伤。 tiũ²² biŋ²³ hou²¹ bai²³ laŋ²³ tsʰiũ²³ tsau²³ tsit²¹ e²² pau³⁴, laŋ²³ a⁰ tsʰa²² tam²² po²² ã⁵² kʰit³² hou²¹ i³⁴ pʰaʔ⁴² siaŋ³⁴.
漳浦	张明兮一个包仔与痞团仔抢去啊，侬险险仔与伊拍着伤。 tiũ³³ biɔŋ⁴¹² e⁰ tsit²¹ ɛ³³ pau¹³ a⁰ hou²¹ pʰãi⁴³ kiã⁴³ a⁰ siũ⁵¹ kʰi⁰ a⁰, laŋ⁴¹² hiam⁴³ hiam⁴³ a⁰ hou²¹ i³³ pʰaʔ⁵¹ tiɔ²¹ siaŋ⁴³.
东山	张明许个包仔与痞侬抢去，侬差一点仔与伊拍着伤去。 tiɔ̃³³ beŋ²¹³ he³³ e⁰ pau³³ a⁰ kʰou²² pʰãi⁴⁴ laŋ²¹³ tsʰiɔ̃⁵¹ kʰi⁰, laŋ²¹³ tsʰa³³ tsit⁴¹ tiam⁴⁴ a⁰ kʰou²² i³³ pʰaʔ⁵¹ tiɔ²² siaŋ⁴⁴ i⁰.
云霄	张明包仔与穤侬抢去，伊煞减减仔乞伊拍。 tiũ³³ bian³² pau³³ a⁵³ kʰou²¹ bai⁵⁵ laŋ³² tsʰiũ⁵³ kʰi⁰, i⁵⁵ suaʔ⁵ kiam⁵⁵ kiam⁵⁵ a⁵⁵ kʰo²¹ i³³ pʰaʔ⁵.
诏安	张明与侬抢去一个包，侬还差点仔与伊拍。 tiɔ̃³³ biŋ²⁴ kʰou³¹ lan²² tsʰiɔ̃²⁴ kʰɯ⁵³ tsit³² gə²² pau⁴⁴, lan²⁴ hã²⁴ tsʰa³³ tiam²⁴ ɛ²⁴ kʰou³¹ i³³ pʰaʔ³².
龙岩	张明一个包分穤侬抢去啊，侬差滴仔讨分伊拍着。 tiɔ̃³³ bin¹¹ tɕiɛt¹ kie¹¹ pau³³ pin¹¹ bai²¹³ laŋ¹¹ tɕiɔ̃²¹ gi⁰ a⁰, laŋ¹¹ tsʰa¹¹ tãi⁵⁵ iã²¹ tʰo²¹ pin¹¹ i¹¹ pʰat⁵ lo²¹.

续表

	0011 张明被坏人抢走了一个包，人也差点儿被打伤。
漳平	张明分穤侬抢去一个包，侬也差一屑仔分侬拍伤。 tiõ³³ bin³³ puen³³ bai²¹ laŋ³³ tsʰiõ⁵³ kʰet⁵ tsiet²¹ kai⁵³ pau³⁵, laŋ³³ ia³³ tsʰa³⁵ tsiet²¹ sut²¹ la⁵⁵ puen³³ laŋ³³ pʰa⁵³ siaŋ³⁵.
大田城关	张明兮包乞痞侬抢去了，家自差一燕⁼仔也乞伊拍。 tiŋ³³ beŋ²⁴ ze⁰ po³³ kʰi⁵⁵ pʰɛ³¹ laŋ²⁴ tsʰiŋ⁵³ kɤ⁰ lɤ⁰, kaʔ²⁵ tsi³³ tsʰa³³ tseʔ³ iŋ⁵⁵ ŋã⁵³ zia³³ kʰi꞉⁰ i⁰ pʰaʔ⁰.
大田广平	张明个包仔乞侬抢□去，侬差［片囝］［片囝］都卜乞侬拍落了。 tioŋ³³ bẽi²⁴ kɤ³¹ po³³ ga⁰ kʰɤ⁵ lõ²² tsʰioŋ²⁴ loŋ⁵¹ kɤ⁰, lõ²⁴ tsʰa³³ pʰɛ²⁴ pʰɛ⁵¹ to³³ bɒ³¹ kʰɤ⁵ lõ²² pʰɒ⁵ lɯ⁰ lɤ⁰.
霞浦三沙	张明即个包还痞侬抢去了，侬也差点仔乞拍去。 tyoŋ⁴⁴ miŋ³⁵ tseʔ²¹ ke²¹ pau⁴² hai²¹ pʰai³⁵ laŋ⁴⁴ tsʰyoŋ⁵¹ kø²¹ lo⁰, laŋ³⁵ a⁰ tsʰa⁴² tiaŋ²¹ ŋa⁵¹ kʰiʔ²¹ pʰa⁵¹ kʰy²¹.
福鼎沙埕	张明兮包与痞囝抢走了，侬也差点仔与拍伤。 tiũ³³ bien²⁴ e⁰ pau⁴⁴ xɔ²¹ pʰai²¹ gã⁵³ tsʰiũ³³ tsau⁵³ lau⁰, lan²⁴ a³³ tsʰa²¹ lian²¹ ŋã⁵³ xɔ²¹ pʰa⁵³ sioŋ⁴⁴.
建瓯	张明纳坏人抢去一隻包，人也差咪仔纳人掐伤着。 tioŋ⁵⁴ miŋ³³ na²⁴ xuɛ⁵⁵ neiŋ³³ tsʰiɔŋ²¹ kʰɔ³³ tsi³³ tsia²⁴ pau⁵⁴, neiŋ³³ ia²¹ tsʰa⁴² mi⁵⁵ tsiɛ³³ na²⁴ neiŋ³³ ma⁴² sioŋ⁵⁴ tiɔ⁵⁵.
建阳	张明挨坏人抢去一隻包，人也差丝仔挨掐伤掉。 tioŋ⁵¹ mɔiŋ⁴⁵ ŋai⁴⁵ xue³³ nɔiŋ⁴⁵ tsʰiɔŋ²¹ kʰɔ³³ tsi⁴ tsia³⁵ pau⁵¹, nɔiŋ⁴⁵ jia²¹ tsia⁵¹ sɔi⁴ tsie²¹ ŋai⁴⁵ ma⁴ sioŋ⁵¹ tiɔ⁰.
政和	张明乞坏人抢去了一隻包，人也差咪乞掐伤了。 tioŋ⁵³ miŋ²¹ kʰai²¹ xuɛ⁵⁵ neiŋ³³ tsʰioŋ²¹³ kʰo⁴² lo²¹³ tsi⁴² tsia²⁴ pau⁵³, neiŋ³³ ia⁴² tsʰa⁴² mi⁵⁵ kʰai²¹ ma⁴² sioŋ⁵³ lo⁰.
松溪	张明乞坏人抢去一隻包，人也差□仔乞人掐伤班⁼。 tioŋ⁵³ meiŋ²¹ kʰiɛ²² xua⁴⁵ neiŋ⁴⁴ tsʰioŋ²²³ kʰo² tsi⁴² tsia²²³ pa⁵³, neiŋ⁴⁴ ia²¹ tsʰo⁵³ pi²²³ iɛ⁰ kʰiɛ²² neiŋ⁴⁴ mɒ⁴² sioŋ⁵³ paŋ⁵³.

续表

	0011 张明被坏人抢走了一个包，人也差点儿被打伤。
武夷山	张明挨坏人抢去一隻包，人也差么仔挨掐伤。 tyoŋ⁵¹ mɛiŋ³³ ŋai³³ xuai⁵⁵ nɛiŋ³³ tsʰyoŋ³¹ kʰo²² tsi²² tsia³⁵ pau⁵¹, nɛiŋ³³ ia³¹ tʰa⁵¹ mɛi⁵⁵ tsie³¹ ŋai³³ maʔ⁵⁴ soŋ⁵¹.
浦城石陂	张明乞坏人抢掉了［个隻］包，人也差咪仔乞掐伤掉。 tioŋ⁵³ meiŋ³³ kʰi⁴⁵ xuaɛ⁴⁵ neiŋ³³ tɕʰioŋ²¹ tʰəɯ⁴⁵ lo⁰ ka⁴⁵ paɯ⁵³, neiŋ³³ ɦia²¹ tsʰa⁵³ mi³⁵ te⁰ kʰi⁴⁵ ma⁴² ɕioŋ⁵³ tʰəɯ⁴⁵.
南平夏道	张明其包包分呆人抢去，人也差滴子分人掐伤了. tioŋ¹¹ meiŋ⁵⁵ ɛ⁰ pau¹¹ pau¹¹ puiŋ¹¹ ŋai¹¹ neiŋ⁵⁵ tɕʰioŋ³³ o⁰, neiŋ⁵⁵ ia³³ tsʰa¹¹ tei³³ tɕi³³ puiŋ¹¹ neiŋ⁵⁵ ma⁵⁵ ɕioŋ¹¹ lo⁰。
顺昌	张明分坏人抢到个隻包，人也差比仔分掐伤。 tiɔ̃⁴⁴ miŋ¹¹ puẽ⁵⁵ hua⁵¹ iŋ¹¹ tʃʰiɔ̃³¹ tau⁵⁵ ka⁵⁵ tʃia³⁵ pau⁴⁴, iŋ¹¹ ia³¹ tʃʰɔ⁴⁴ pi⁵⁵ ti³⁵ puẽ⁴⁴ mɔʔ⁵ ʃiɔ̃⁴⁴.
将乐	张明［得人］抢去哩个隻包，人亦差丝得渠掐着咯。 tiɔ̃⁵⁵ mĩŋ²² lãŋ²² tsʰiɔ̃²¹ kʰo⁵⁵ li⁵ kaʔ⁵ tʃa²¹ pau⁵⁵, ŋ ĩŋ²² iaʔ⁵ tʃʰa⁵⁵ si⁵⁵ ta²² ki²² ma²² tʰyo²² lo²¹.
光泽	张明得坏人抢走了包，人也差个滴子打伤了。 tɕiɔŋ²¹ min²² tie⁴¹ fai⁵⁵ nin²² tʰiɔŋ⁴¹ tsəu⁴⁴ liɛu⁴⁴ pau²¹, nin²² ia⁴¹ tʰa²¹ kɛi⁰ ti⁴¹ tsɛ⁰ ta⁴⁴ ɕiɔŋ²¹ liɛu⁰.
邵武	张明得坏人抢去蜀个包，人也差比儿打伤了。 tioŋ²¹ min³³ tie⁵³ fai³⁵ nin³³ tʰoŋ⁵⁵ kʰo³⁵ ɕi⁵⁵ kəi²¹ pau²¹, nin³³ ia³³ tʰa²¹ pi³⁵ ə⁰ ta⁵⁵ ɕioŋ²¹ liau⁰.
三明	张明得呆人抢去罢个隻包，人也差个丝得人掐伤罢。 tiɐm⁴⁴ mã⁵¹ tʰɛ̃³³ te⁴⁴ nã⁵¹ tsʰiɐm³¹ kʰɯ³³ pɔ̃⁴⁴ kɒ⁴³ tʃ⁵²¹³ po⁴⁴, nã⁵¹ ia³¹ tsʰɒ⁴⁴ kɒ⁴³ si⁴⁴ tʰɛ̃³³ nã⁵¹ mɒ²⁵⁴ ʃɐm⁴⁴ pɔ̃⁴⁴。
永安	张明欠呆人抢罢寡隻包，人也差丝丝欠人掐伤罢。 tiam³³ mã³³ kʰɛ̃i²⁴ te⁵² lã³³ tʃʰiam²¹ po⁰ kuɒ⁰ tʃiɒ⁴⁴ po⁵², lã³³ iɒ²¹ tsʰɒ⁵² si³³ si⁵² kʰɛ̃i²⁴ lã³³ mɒ⁵⁴ ʃiam⁵² pɔ̃⁰.

续表

	0011 张明被坏人抢走了一个包，人也差点儿被打伤。
沙县	张明□□人抢去罢个隻包包，人也差个丝□渠掊伤罢。 tiŋ⁴⁴beiŋ³¹ kʰiŋ⁵⁵ tʃʰiau⁴⁴lɛiŋ³¹ tʃʰiŋ²¹ kʰo⁴⁴ põ⁰ka²¹ tʃia⁵⁵ pau⁴⁴ pau³³，lɛiŋ³¹ ia²¹ tʃʰia³³ ka²¹ si³³ kʰiŋ²¹ ky³³ ba²¹ ʃiŋ³³ põ⁰. "包包"也可说"帕"。 张明□□人抢罢个隻包包去，人也差个丝□渠掊伤。 tiŋ⁴⁴beiŋ³¹ kʰiŋ⁵⁵ tʃʰiau⁴⁴lɛiŋ³¹ tʃʰiŋ²¹ põ⁰ka²¹ tʃia⁵⁵ pau⁴⁴ pau³³ kʰo²⁴，lɛiŋ³¹ ia²¹ tʃʰia³³ ka²¹ si³³ kʰiŋ²¹ ky³³ ba²¹ ʃiŋ³³. "包包"也可说"帕"。
长汀	张明得坏人抢去哩一个包包，人啊差滴子得渠打伤哩。 tʃoŋ²¹ miŋ²⁴ te⁵⁵ fai⁴² neŋ²⁴ tsʰioŋ²¹ he⁵⁵ le³³ i⁵⁵ ke⁴² pɒ³³ pɒ³³，neŋ²⁴ a⁴² tʃʰa³³ ti⁵⁵ tsɿ²¹ te⁵⁵ ke³³ ta³³ ʃoŋ³³ le²¹.
连城	张明乞坏人抢撇一个包，人差毛子乞捶伤。 tʃoŋ³³ maiŋ²² kʰuo⁵⁵ fa⁵⁵ ŋeiŋ²² tsʰioŋ²¹ pʰi⁵⁵ i⁵⁵ ka²¹ pau⁴³³，ŋeiŋ²² tsʰo³³ mau³³ tsɯə²¹ kʰuo⁵⁵ tsʰiɛ²¹ ʃoŋ⁴³³.
上杭	张明等坏人抢走了一个包，人也差滴子被打伤了。 tsoŋ⁴⁴ məŋ²¹ tẽ³¹ fa³⁵³ ȵiəŋ²¹ tɕʰioŋ³¹ tɕio³¹ lɛ³¹ iʔ³² ka³⁵³ pau⁴⁴，ȵiəŋ²¹ iŋ⁴⁴ tsʰɒ⁴⁴ tɛʔ³⁵ tsɿ³¹ pʰiː⁴⁴ tɒ³¹ soŋ⁴⁴ lɛ³¹.
武平	张明一个包畀各另人抢去矣，人啊差点子畀人打。 tsɔŋ²⁴ miŋ²² iʔ⁴ ke⁴⁵¹ pɔ²⁴ pɛʔ³ kɔʔ³ lɛŋ⁴⁴ ȵiŋ²² tsʰioŋ⁴⁴ si⁴⁵¹ i²²，ȵiŋ²² a²⁴ tsʰa²⁴ tiaŋ⁴² tsɿ⁴² pɛʔ³ ȵiŋ²² ta⁴².
永定	张明分坏人抢走哩一个包，人亦差滴子分坏人打伤哩。 tsõ²⁴ meŋ²² peŋ⁴⁴ fai³¹ ȵiŋ²² tɕʰiõ³³ tsəu³¹ li⁰ ieʔ³² kɛʔ⁵ pau²⁴，ȵiŋ²² ia²⁵ tsa⁴⁴ tiʔ⁵ tsɿ³¹ peŋ⁴⁴ fai³¹ ȵiŋ²² ta³¹ sõ²⁴ li⁰.
明溪	张明搭人抢个班⁼个包，人还差个滴滴搭人掊伤。 tsoŋ⁴⁴ meŋ³¹ ta⁴⁴ ŋeŋ³¹ tsʰioŋ⁴¹ kɤ⁰ paŋ⁴⁴ kɤ⁰ pau⁴⁴，ŋeŋ³¹ xa³¹ tsʰo⁴⁴ kɤ⁰ ti⁴⁴ ti⁴⁴ ta⁴⁴ ŋeŋ³¹ mo⁴⁴ soŋ⁴⁴.
清流	张明畀坏人抢去一个包，人也差滴运⁼捶伤。 tʃioŋ³³ məŋ²³ pə⁵⁵ fa³² ŋəŋ²³ tsʰiɒ̃²¹ kʰə³⁵ ie²¹ kə³⁵ pɒ³³，ŋəŋ²³ ia²¹ tsʰo³³ ti⁵⁵ vəŋ³² tsʰiː²¹ ʃiɒ̃³³.

	0011 张明被坏人抢走了一个包，人也差点儿被打伤。
宁化	张明被坏人抢走了一个包，人也差滴畀渠捶伤去。 tsɔŋ³⁴ miŋ²⁴ pʰi⁴² fa⁴² iŋ⁴⁴ tɕʰiɔŋ³¹ tsɐu³¹ lə⁰ i⁵ kə⁴² pau³⁴¹，ŋ²⁴ ia³¹ tsʰ ɒ³⁴ ti⁵ pai⁴² kə³⁴ tsʰɿ²⁴ sɔŋ³¹ kʰə⁰.
新罗客家	张明分坏人抢走哩一个包，人亦差滴子分捂伤。 tʃiõ⁴⁴ miŋ⁵⁵ peŋ⁴⁴ fa²¹ niŋ³⁵ tʃʰiõ⁵⁵ tsie²¹ li⁵⁵ iʔ⁵ ka⁴⁴ pa⁴⁴，niŋ³⁵ ia⁴¹ tsʰuo⁴⁴ tiʔ⁵ tsɿ⁴⁵³ peŋ³³ moʔ³ siõ⁴⁴.
平和客家	张明分坏人抢去一个包，人抓一叮咛分打疾略。 tʃɔŋ³¹ men³⁵ pun³¹ fai³³ ŋin³⁵ tsʰiɔŋ³¹ kʰy³¹ it⁵³ kai³¹ pau⁵⁵，ŋin³⁵ tsua³³ it⁵³ tiŋ³³ niŋ⁵⁵ pu³³ ta³¹ tsʰit⁵³ lɔ⁰.
诏安客家	张明一个包得坏人抢去，人险险得打疾去。 tʃiɔŋ²² mɛn⁵³ zit⁵ kai⁰ pau²² tɤ⁵ fai²² ŋin⁵³ tsʰiɔŋ³¹ ky⁰，ŋin⁵³ hiam⁴⁵ hiam³¹ tɤ⁵ ta²² tsʰit⁵ ky⁰.
泰宁	张明得坏人抢去了个隻包，人也差个布˭子捂伤。 tioŋ³¹ mən³³ tæ³⁵ xuai²¹ nin³⁵ tʰioŋ³⁵ kʰo²¹ lə⁰ kə⁵¹ tɕia³⁵ pau³¹，nin³³ ia³³ tsʰa³¹ kə⁰ pi⁵¹ tsɿ⁰ ma³¹ ɕioŋ³¹.
建宁	张明畀坏人抢了一个包，人也差只儿畀打伤。 toŋ³⁴ miŋ²⁴ pei⁵⁵ fai⁵⁵ ŋin²⁴ tsʰioŋ³⁴ liau⁵⁵ it²¹ kai²¹ pau³⁴，ŋin²⁴ ia⁵¹ tʰa³⁴ tsi²¹ tɘ²¹ pei⁵⁵ ta⁵⁵ soŋ³⁴.
浦城城关	张明分坏侬抢了得个包，侬也差多子分渠拉打伤了。 tɕiaŋ⁵³ men²⁴ feŋ³⁵ xua⁵¹ noŋ²⁴ tɕʰiaŋ⁴⁴ le⁰ te²¹ ke⁴²³ pɑo³⁵，noŋ²⁴ ie⁵⁴ tsʰɑ³⁵ la⁵³ tɕi⁴⁴ feŋ³⁵ ka⁴⁴ la⁵⁴ nãi⁴⁴ ɕiaŋ³⁵ lɑ⁰.
南平延平	张明等坏人抢去了个包，人也差一点等人家打伤了。 tɕiæ̃⁵⁵ miŋ²¹ teiŋ⁵³ xuai³⁵ iŋ²¹ tɕʰiæ̃⁵³ kʰɤ³⁵ lɤ⁰ kɤ⁰ pau³³，iŋ³¹ ie²¹ tsʰa⁵³ i³³ tieŋ²⁴ teiŋ⁵³ iŋ²¹ ka³³ ta⁵³ ɕiæ̃³³ lau⁰.

语法卷

	0012 快要下雨了，你们别出去了。
福州	卜遏雨了，汝各侬唔通行出去。 puo²¹ touŋ⁵² ŋy³³ lau³³，ny³³ ko²¹ nøyŋ⁵² iŋ²¹ nøyŋ³³ ŋiaŋ⁵² tsʰouʔ²⁴o⁰.
闽侯	卜遏雨了，汝各侬［唔通］行出去。 puoʔ⁵ touŋ⁵³ ŋy³³ nau³³，ny³³ ko²¹ nøyŋ⁵³ nøyŋ⁵⁵ ŋiaŋ⁵³ tsʰouʔ²⁴ko⁰.
长乐	卜遏雨了，汝各侬无行出去。 puo²² touŋ⁵³ ŋy²² nau²²，ny²² kø²² løyŋ⁵³ mo²² iaŋ⁵³ nzouʔ²⁴o⁰.
连江	卜遏雨了，汝各侬［唔通］出去。 puoʔ⁵⁵ toŋ²¹ ŋy³³ nau⁰，ny³³ kou²¹ nøŋ⁵¹ nøŋ⁵¹ ʒouʔ¹³kʰo⁰.
罗源	卜遏雨了，汝各侬［唔通］出去了。 puoʔ² tɔŋ²² ŋy²¹ lau²¹，ny²¹ kœ⁵³ nœŋ³¹ nœŋ²² ʒuʔ² u⁰ lau²¹.
福清	天卜遏雨了，汝各侬［唔通］出去。 tʰieŋ⁵³ poʔ⁵ toŋ⁴⁴ ŋy³¹ lau³¹，ny⁴⁴ ko²¹ nøŋ⁴⁴ nøŋ³⁴ tsʰoʔ² ko⁰.
平潭	卜遏雨了，汝各侬［唔通］出咯。 puʔ⁵ toŋ⁴⁴ ŋy³¹ lau³¹，ly³¹ kɔ²¹ løŋ⁴⁴ løŋ⁴⁴ zʊʔ² koʔ.
永泰	卜遏雨了，汝逐隻［唔通］行出去。 puʔ³ touŋ⁵³ ŋy³² liou³²，ny³² tɔi⁴⁴ tsieʔ³ nøyŋ⁴⁴ ŋiaŋ³⁵³ tsʰuʔ³ ko⁰.
闽清	卜遏雨了，汝侬［唔通］出去。 puok³ touŋ⁴² ŋy³² lau³²，ny³² nɔyŋ³⁵³ nøyŋ⁴² ʒuk³ kɔ⁰.
古田	卜遏雨了，汝侬［唔使］前去。 puoʔ² touŋ⁵⁵ ŋy⁵³ lɔ⁰，ny⁴² nøyŋ³³ nai⁵³ seiŋ³³ ŋu⁰.
屏南	快来去遏雨了，汝各侬［唔通］前去了。 kʰɛ⁵⁵ lai²² o⁰ touŋ⁴⁴ y⁴¹ lɔ⁰，ny⁴¹ ɔuk³ nɯŋ²² nɯŋ⁴⁴ saŋ⁴⁴ ŋɯ⁰ lɔ⁰.
宁德	要会遏雨了，汝侪侬莫外去了。 iu⁵⁵ ɛ⁵⁵ touŋ¹¹ ŋy⁴¹ lɔʔ⁵⁴，ny⁴¹ tsɛ¹¹ nœŋ¹¹ mɔ¹¹ ŋia³³ y³⁵ lɔʔ⁵⁴.
霞浦城关	爱做雨了，汝侬莫出去了。 oi⁵⁵ tsɔ⁵⁵ y⁵¹ lɔ⁰，ny⁴² nøŋ²¹ mɔ⁴⁴ tsʰuʔ²⁵ kø³⁵ lɔ⁰.
福安	雨爱来喽，汝侪无外去。 xu²³ ɔi³⁵ lei²¹ lɔ⁰，ni²³ ɛ⁴¹ mɔ⁴⁴ ŋe⁴⁴ ø³⁵.

续表

	0012 快要下雨了，你们别出去了。
柘荣	快做雨喽，汝侬无外去喽。 kʰɛ⁴⁵tsɔ⁵⁵y⁵³lɔ⁰, ny⁵³nœŋ²¹mɔ⁴⁴ŋia⁴⁴kʰyø⁴⁵lɔ⁰.
周宁	雨就爱来喽，汝侪儅莫去外咯。 y⁴²tsɔ⁴⁴oi³⁵lɛ²¹lo⁰, ny²¹ᴇ²¹taŋ⁴⁴mɔ⁴⁴kʰy³⁵ŋiᴇN⁴⁴lo⁰.
寿宁	快爱做雨了，汝家无外去了。 kʰɛ⁵⁵ɔi⁵⁵tsɔ⁵⁵y⁴²lɔ⁰, ny⁴²ka³³mɔ²¹ŋia²³kʰyø³⁵lɔ⁰.
福鼎城关	解快落雨啰，汝侬唔通出去啰。 eʔ³kʰe⁴²lo³³i⁵⁵lo⁰, ni⁵⁵neŋ²¹m³³neŋ³³tsʰuʔ⁴kʰie⁰lo⁰.
尤溪	就卜落雨了，你各侬［唔通］出去了。 tsiu³³puo⁴lə³³y⁵⁵lə⁰, ne⁵⁵ka⁴nəŋ¹²nəŋ³³tsʰuo⁴kʰy⁵¹lə⁰.
莆田	卜落雨了，恁辈唔通［出外］。 pɔʔ⁵lo⁴²ɔu¹¹lɔʔ², tuŋ⁵³³mue⁴²ŋ¹¹naŋ²⁴tsʰue¹¹.
涵江	卜落雨咯，汝辈唔通［出外］。 pot⁴lo⁴²ɔu²¹lo⁰, typ⁴muai⁰n²¹nan¹³tsʰuai⁰. ［出外］：合音词，相当于"出去"。
仙游城关	都卜落雨咯，恁伶唔通［出外］。 typ²puot²³lo⁴²ou²¹luo⁰, tyn⁵⁵ta⁵⁵n²¹nan²⁴tsʰuoi⁰.
仙游枫亭	卜落雨咯，恁侪［唔通］［出外］。 pɔʔ⁵lɤɯ⁴²ɔu¹¹lɔʔ⁰, lieŋ⁵³³tse²⁴naŋ²⁴tsʰuɤɯ¹¹.
厦门	得卜落雨啊，汝嬡佫出去啊。 tit⁴beʔ⁴lo²¹hɔ²²a⁰, li⁵³mãi⁵³ko⁴⁴tsʰut⁴kʰi⁰la⁰.
同安	得卜落雨咯，恁唔通出去。 tit⁴bəʔ⁴loʔ¹¹hɔ³³lo⁰, lin⁴²m¹¹laŋ³³tsʰut⁴kʰɯ⁰.
泉州鲤城	卜落雨咯，恁唔通出去。 bəʔ⁵loʔ²²hɔ²²lo⁰, lin⁵⁵m²²tʰaŋ³³tsʰut⁵kʰɯ⁰.
泉州洛江	卜落雨咯，恁唔通出去。 boʔ⁵lɔʔ²hɔ³³lɔ⁰, lin⁵⁵m²²tʰaŋ³³tsʰut⁵kʰi⁰.
南安	咧卜落雨咯，恁唔通出去。 ləʔ⁵boʔ⁵loʔ²hɔ²²lɔ⁰, lin⁵⁵m²²tʰaŋ³³tsʰut⁵kʰɯ⁰.

续表

	0012 快要下雨了，你们别出去了。
晋江	咧卜落雨咯，恁唔通出去。 le⁵⁵ beʔ⁵ ləʔ² hɔ³³ lɔ⁰, lin⁵⁵ m²² tʰaŋ³³ tsʰut⁵ kʰiʰ⁰.
石狮	卜落雨咯，恁唔通出去。 beʔ⁵ ləʔ² hɔ³³ lɔ⁰, lin⁵⁵ m²² laŋ³³ tsʰut⁵ iʰ⁰.
惠安	卜落雨咯，恁唔通出去。 bəʔ²² loʔ² hɔ⁴² lɔ⁰, len⁴² m²² tʰaŋ³³ tsʰut⁵ kʰɯʰ⁰.
安溪	卜落雨咯，恁唔通出去。 bəʔ²⁴ loʔ²² hɔ²² lɔ⁰, lin²² m²¹ tʰaŋ²² tsʰut⁵ kʰɯ⁴².
永春	卜落雨咯，恁唔通出去。 bəʔ³¹ loʔ³¹ hɔ⁵³ lɔ⁰, lin⁵³ m²² tʰaŋ⁴⁴ tsʰut³² kʰɯʰ⁰.
德化	卜落雨咯，恁唔通出去。 bəʔ³¹ loʔ³¹ hɔ³⁵ lɔ⁰, lin³⁵ m³¹ tʰaŋ¹³ tsʰut⁴² kʰɯʰ⁰.
漳州	卜落雨啊，恁［唔通］出去。 be⁵³ lo²¹ hɔ²² ua⁰, lin⁵³ baŋ²¹ tsʰut³² kʰiʰ⁰.
龙海	卜落雨啊，恁［唔通］出去啦。 beʔ⁴ lo⁴¹ hɔ³³ a⁰, liŋ⁵² baŋ³¹² tsʰuk⁴² kʰiʰ⁰ la⁰.
长泰	咧卜落雨啊，恁［唔通］出去。 li⁴⁴ be⁵³ lɔ²¹ heu²² ua⁰, lin⁵³ baŋ²¹ tsʰut³² kʰiʰ⁰.
华安	咧卜落雨啊，恁［唔通］出去。 li⁵⁵ buʔ⁵ loʔ²¹ hɔ²² a⁰, lin⁵⁵ baŋ³¹ tsʰut³² eʰ⁰.
南靖	咧卜落雨啊，恁拢嬤出去。 le⁴⁴ bueʔ⁵⁴ loʔ²¹ hou²² a⁰, lin⁴⁴ loŋ⁴⁴ mãi⁵³ tsʰut³² kʰiʰ⁰.
平和	卜落雨喽，恁嬤出去。 bueʔ⁵² loʔ²¹ hou²² lou⁰, lin⁵² bai⁵² tsʰut⁵⁴ kʰiʰ⁰.
漳浦	得卜落雨啊，恁嬤出去啊。 tit⁴ bɛʔ⁴ lou²¹ hou³³ a⁰, lin⁵¹ bãi⁵¹ sut⁵⁴ liʰ⁰ a⁰.
东山	卜落雨矣，恁嬤出去矣。 boʔ⁵ lo²² hou³³ a⁰, lin⁵¹ bãi⁵¹ tsʰut⁵ kʰiʰ⁰ a⁰.

续表

	0012 快要下雨了，你们别出去了。
云霄	□卜落雨啊咧，恁嫒出去啊。 ti⁵⁵beʔ⁵lo²¹hou³³a⁰le⁰, lin⁵³mãi⁵³tsʰut⁵kʰi⁰a⁰.
诏安	卜落雨啊，恁嫒出去。 bo⁵³lo³¹hou³³a⁰, lin⁵³mãi⁵³tsʰut³²kʰɯ⁰.
龙岩	讨落雨啊，汝侬嫒出去啊。 tʰo²¹lo¹¹xu⁴²ua⁰, li²¹iaŋ¹¹mãi²¹³tɕʰiɛt⁵gi⁰a⁰.
漳平	卜落雨了，汝侬嫒出去咯。 but⁵luo²¹hɔ⁵⁵lɔ⁰, li⁵³laŋ³³mãi⁵³tsʰut²¹kʰi²¹lɔ⁰.
大田城关	卜来雨了，汝伙都唔通出去了。 baʔ⁵lɛ³³hu⁵⁵lɔ⁰, li⁵³hue³³tu³³ŋ³³laŋ⁵³tsʰoʔ³kʰi⁰lɔ⁰.
大田广平	卜利⁼落雨了，汝伙侬唔通去。 bɒ⁵li³¹lɯ²²hu⁴⁵lɤ⁰, li⁵¹hua³³lõ²⁴ŋ²²tʰɤ³³kʰy³¹.
霞浦三沙	就卜落雨了，汝侬［唔通］出去。 tsiu²¹bø ʔ⁵lo²¹hɔ²¹lɔ⁰, ny⁴²naŋ²¹neŋ⁴⁴tsʰu⁵¹ky²¹.
福鼎沙埕	卜快落雨了，汝侬唔通出去。 pu⁰kʰuai²¹lo²¹xɔ²¹lɔ⁰, lɯ⁵³lan²⁴ŋ²¹nan²¹tsʰut⁴kʰɯ²¹.
建瓯	一刻仔就落雨了，你伙人唔让出去了。 tsi³³kʰɛ²⁴tsiɛ²¹tsiu⁵⁵lɔ⁴²xy⁵⁵lɔ⁰, ni⁴²xua³³neiŋ³³eiŋ⁵⁵niɔŋ⁵⁵tsʰy⁵⁴kʰɔ³³lɔ⁰.
建阳	好来落雨，你伙人唔让出去了。 xau²¹le⁴⁵lɔ⁴xy³³, nɔi⁴¹xuo²¹nɔiŋ⁴⁵oŋ³³niɔŋ⁵⁵tsʰy⁴kʰɔ³³lo⁰.
政和	易⁼落雨了，你人勿出去。 iɛ⁵⁵lo⁴²xy⁵⁵lo⁰, ni⁴²neiŋ³³mi³³tsʰy²⁴kʰo⁴².
松溪	就让落雨了，你人勿外去了。 tsiu⁴⁵nioŋ⁴⁵lɒ⁴²xœy²²³lo⁰, niɛ⁴²neiŋ⁴⁴mɛi²²ŋœ⁴⁵kʰo²²lo⁰.
武夷山	讨⁼利⁼落雨了，你伙人唔让出去了。 xau³¹lɛi⁵⁵loʔ⁵⁴xəu⁵⁵lo⁰, nɛi⁵¹xo²¹neiŋ³³ɛiŋ²²ŋyoŋ⁵⁵tsʰy³⁵kʰo²²lo⁰.
浦城石陂	快当闹⁼落雨了，你人唔闹⁼外去。 kʰiɵ³³tɔŋ³³naɯ³⁵lɔ⁴²xy⁵³lo⁰, ni⁴²neiŋ³³eiŋ⁵³naɯ³⁵ŋiɵ³⁵kʰɔ³³.

续表

	0012 快要下雨了，你们别出去了。
南平夏道	一下子落雨了，汝各人唔得出去。 tɕi¹¹xa³³tɕi³³lo¹¹xy⁵⁵lo⁰, ny¹¹ko³³neiŋ⁵⁵iŋ³³tɛ⁵⁵tɕʰiu³³kʰo²⁴.
顺昌	快让落雨了，你大家□出去。 kua³⁵iɔ̃⁵¹loʔ⁵hu³¹lo⁰, lɛ³¹tʰo⁵¹ko⁴⁴muɛ¹¹tʃy⁴⁴kʰo³⁵.
将乐	欲落雨咯，你搭唔用出去咯。 yo⁵⁵loʔ⁵fy⁵¹lo²¹, lɛ²¹ta⁵⁵ŋ⁵⁵ŋɔ̃³²⁴tʃʰy²¹kʰo³²⁴lo²¹.
光泽	快落雨，儕多□出去了。 kʰuai³⁵lɔʔ⁵hy⁴⁴lɛ⁰, hiən⁴¹tai²¹mɛi²²tɕʰy²¹kʰɔ³⁵lɔ⁰.
邵武	快来落雨了，儕多□出去。 kʰuai²¹li⁰lo³⁵hy⁵⁵lə⁰, hien³⁵tai⁰mɛi³³tʰei⁵³kʰo³⁵.
三明	讨落雨了，你侪□出去咧。 tʰaɯ³¹laɯ³¹hu²⁵⁴lo⁰, ŋi⁴⁴tse⁵¹muei⁵¹tʃʰyi²⁵kʰɯ³³lɛ⁰.
永安	讨落雨了，你侪□出去了。 tʰaɯ³³laɯ²¹hu⁵⁴lo⁰, ŋi⁵²tse³³mue³³tʃʰyi⁴⁴kʰɯ²⁴lo⁰.
沙县	讨落雨了，你侪唔挃出去了。 tʰo⁵⁵lɔ²¹xu⁵³lo⁰, ɡi³³tse⁰ŋ²¹tai³¹tʃʰy⁴⁴kʰo²⁴lo⁰.
长汀	快霎落雨哩，尔侪们唔要出去哩。 kʰue⁴²sai⁴²lo²¹i³³lɛ²¹, ni²¹tsʰi³³meŋ³³ŋ²¹niɒ⁵⁵tʃʰe³³he³³lɛ²¹.
连城	快要落雨咯，尔大侪唔要出去。 kʰua⁵³iau²¹lɯ⁵³iɛ²¹lo⁰, ŋi⁵³tʰa⁵⁵tsʰe²²ŋ⁵⁵iau²¹tʃʰəɯ⁵⁵huɛ⁵³.
上杭	快爱落雨了，儕大家唔莫出去哩。 kua³⁵³uɔ³⁵³loʔ³⁵i³¹lɛ³¹, hŋ²¹tʰa⁵¹kɒ⁴⁴ŋ²¹moʔ³⁵tɕʰiʔ³²kʰəi³⁵³lɛ³¹.
武平	要落雨矣啊，儕唔要出去。 uɛ²⁴lɔʔ⁴i⁴²i²²a²⁴, hŋ²⁴ŋ⁴²uɛ⁴²tsʰɛʔ³ɕi⁴⁵¹.
永定	就爱落雨哩，尔兜侪唔爱出去哩。 tɕʰiu⁵⁵uoi⁵²lɔʔ⁵i³¹li⁰, ŋ³¹təu²⁴sʔ²²m⁵⁵muoi⁵⁵tsʰeiʔ⁵tɕʰi⁵²li⁰.
明溪	快要落雨了，你多倽唔□出去。 kʰua⁴¹iau⁴¹lɤ⁵⁵fy⁴⁴lɤ⁰, lɛ⁴¹tɤ⁴⁴so³¹ŋ⁰tʰi⁰tsʰø⁴¹kʰɤ²⁴.

	0012 快要下雨了，你们别出去了。
清流	快要落雨哩，尔齐家唔要出去。 kʰua³⁵ iɔ³⁵ lo⁵⁵ i²¹ li⁰，ŋi³³ tsʰi²³ ko³³ ŋ²¹ iɔ³⁵ tʃʰie²¹ kʰə³⁵.
宁化	快要落雨去，尔多人不要出去去。 ka²¹² iau²¹² lo⁴² iɯ³¹ kʰə⁰，i³⁴ to⁴⁴ ŋiŋ⁴⁴ pə⁵ iau²¹² tsʰɿ³⁵ kʰə³¹ kʰə⁰.
新罗客家	尔兜侪唔敢出去，会落雨哩哦。 ni³⁵ tie⁴⁴ tsi⁵⁵ ŋ³⁵ kõ⁵⁵ tʃʰiʔ⁵ tʰɻə⁴¹，va³⁵ louk³ lɻə⁵⁵ li⁵⁵ o²¹.
平和客家	快讨落雨咯，儃几俖嫒出去。 kʰuai³¹ tʰɔ³¹ lɔ³¹ vu³¹ lɔ⁰，heŋ³⁵ kia³³ sa³⁵ mai³¹ tɕʰyt³¹ kʰy³¹.
诏安客家	讨快落雨了，儃□兜唔爱出去。 tʰɔu³¹ kʰuai³¹ lɔu²² vu³¹ lɛu⁰，hen⁵³ kat³ teu²² m²² mai⁵³ tʃʰyt²³ ky⁰.
泰宁	快样⁼落雨了，尔侬唔让出去来了。 kʰuai⁵¹ ioŋ³³ lo²¹ hi³⁵ lə⁵¹，ŋ³⁵ noŋ³³ ŋ²¹ nioŋ²¹ tɕʰy³⁵ kʰo⁵¹ lai³³ lo⁵¹.
建宁	快要落雨了，尔多唔要出去。 kuai²¹ iau²¹ lok⁵ i⁵⁵ lo²¹，ŋ⁵⁵ tai⁵⁵ m⁵⁵ mau²¹ tʰut² kʰə²¹.
浦城城关	快乐落雨了，侬拉唔乐出去了。 kʰua⁴²³ ŋɑo²¹ lɑo⁵⁴ ye⁵⁴ lɑ⁰，noŋ⁵⁴ la⁵⁴ ŋ³⁵ ŋɑo²¹ tɕʰye³² kʰe⁴²³ lɑ⁰.
南平延平	快要落雨了，你们就嫑出去了。 kʰuai⁵³ iau³⁵ lo³³ y²⁴ lau⁰，li³³ meiŋ²¹ tɕiu³⁵ piau⁵⁵ tɕʰy³³ kʰɤ³⁵ lau⁰.

	0013 这毛巾很脏了，扔了它吧。
福州	者面布野拉渣去了，快溜代⁼去。 tsia²¹miŋ⁵²muo²¹ia²¹nai⁵⁵ia⁵⁵o⁰lau³³, kʰe⁵⁵niu⁵⁵lai²⁴²o⁰.
闽侯	［者隻］面布野拉渣，快陆⁼代⁼去。 tsiaʔ²⁴miŋ⁵³muo²¹ia³³nai⁵⁵ia⁵⁵, kʰai²¹nuʔ⁵tai²⁴o⁰.
长乐	［只隻］面布野拉渣去了，快辘代⁼去。 tsia²²miŋ⁵³muo²¹ia²²nai⁵⁵ia⁵⁵o⁰lau²², kʰe⁵⁵nuʔ⁵tai²⁴²o⁰.
连江	者面布野拉渣去了，［乞伊］□去。 tsia²¹miŋ⁵¹muo²¹ia³³na⁵⁵ʒia⁵⁵u⁰lau⁰, ke²¹kø ʔ⁵o⁰.
罗源	只条面布野麻⁼查⁼了，快□落。 tsi²¹le³¹miŋ⁵³muo³⁵ia⁴⁴ma⁴⁴ʒa³¹lau²¹, kʰɛ⁴⁴køʔ⁵³løyʔ².
福清	［只蜀］条手巾野肮脏去，快蚬⁼其⁼去。 tsio²¹leu⁴⁴tsʰiu²¹yŋ⁵³ia²¹aŋ²¹ʒaŋ⁵³o⁰, kʰɛ⁵³xieŋ²¹ni⁵³o⁰.
平潭	只条手巾野肮脏，来⁼撂唔知⁼。 tsie²¹leu³⁵tsʰiu²¹yŋ⁵¹ia²¹aŋ²¹nzaŋ⁵¹, li⁴⁴liu⁵¹ŋ⁴⁴ni⁵¹."来⁼撂"的"来⁼"［li⁴⁴］是"撂"的衍音。
永泰	只面布野惊侬，佫巴⁼噹⁼待吧。 tsiʔ³miŋ⁴⁴muo²¹ia⁴⁴kiaŋ⁴⁴nøyŋ³⁵³, koʔ⁵pa⁴⁴laŋ⁴⁴nai²⁴²βa⁰.
闽清	只面巾野拉渣，□去。 tsia²¹miŋ⁴⁴ŋyŋ⁴⁴ia³²lai⁴⁴ʒia⁴⁴, køyk⁵ɔ⁰.
古田	者面布野惊侬了，快掏舞⁼去。 tsie²¹miŋ⁵⁵muo⁵³ia⁵³kiaŋ⁵⁵nøyŋ³³nɔ⁰, kʰɛ³³lɔ⁴⁵u⁴²u⁰.
屏南	只面巾乍惊侬，掏蚬⁼去。 tsɛ⁴¹mɪŋ⁵⁵ŋyŋ⁴⁴tsiak³kiaŋ⁵⁵nɯɯ²², tɔ²²hɪŋ³⁴ŋɯ⁰.
宁德	者面布野麻⁼渣噜，蚬⁼去么。 tsa³⁵min¹¹nu³⁵ia⁵⁵ma¹¹tsa¹¹lu⁰, xiŋ³⁵ŋi⁰βɔ⁰.
霞浦城关	者条面布野肮脏去了，□来吧。 tse⁵⁵lɛu²¹miŋ⁵⁵mo⁵⁵ia⁵⁵aŋ⁴⁴tsaŋ⁴⁴ŋø⁰lo⁰, kʰɛiʔ²li⁰pa⁰.
福安	这条面布够色其肮脏，卜伊搏⁼了。 tse⁵⁵tɛu²¹miŋ⁵⁵nu³⁵kau⁵⁵sœuʔ⁵aŋ⁴⁴nʒai³³¹, pu⁴⁴i³³¹pok⁵li⁰.

续表

	0013 这毛巾很脏了，扔了它吧。
柘荣	者面布恰肮脏，卜伊骰了。 tsiaʔ⁵miŋ⁵⁵muoʔ⁵kʰa⁵⁵aŋ⁴⁴nzaŋ⁴², puu⁴⁴i⁴²kʰœʔ²¹liʔ⁵.
周宁	者条牛肚巾［这夥］肮脏了，帮伊□去就好喽。 tsai³⁵lɛu²¹ŋo²¹lo⁴⁴yn²¹tsuɔ³⁵aŋ²¹naŋ⁴⁴lo⁰, puŋ⁴⁴i⁴⁴xœŋ²¹li⁰tso⁴⁴xɔ⁴²lo⁰.
寿宁	者面布无变腌脏，帮伊□哩。 tsia³⁵mieŋ⁵⁵puo³⁵mɔ²¹pieŋ³⁵ɛŋ³³tsaŋ³³, pɔuŋ³³i³³kʰɛŋ³⁵li⁰.
福鼎城关	只条面布［这样］肮脏，丢咧吧。 tsi⁵⁵tiou²¹miŋ³³puo⁴²tsioŋ⁴²aŋ³³tsaŋ³⁵, tiu³⁵le⁰pa⁰.
尤溪	只面巾即格㩒撴了，献得吧。 tsi⁵⁵miŋ⁴⁴kaŋ³³tsie⁴kə⁰la³³sa²⁴lə⁰, xieŋ⁵¹tə⁴pa⁰. "只" 变调特殊。
莆田	即手巾［者下］惊侬，兴＝［落外］好＝？ tseʔ⁵tsʰiu¹¹yŋ⁵³³tsyɔ¹¹kia⁵³³naŋ⁵³³, hiŋ⁴²lue⁴⁵³hɔ⁴⁵³？
涵江	即手巾尽惊脏咯，乞□唔挃［落外］。 tsip⁴tsʰiu²¹yn⁵⁵tsiŋ²¹kia⁵⁵nan⁵⁵no⁰, kip¹pɒn⁵⁵n²¹ni¹³luai⁰.
仙游城关	即条手巾大阿糟咯，［乞我］扔□。 tsɛt²³tiɛu²⁴tsʰiu²¹yn⁵⁵tua²¹at²lau⁵⁵luo⁰, kuot²luoŋ⁵⁵tʰŋ⁰.
仙游枫亭	即手巾够阿糟，合扔乞恁好＝？ tseʔ⁵tsʰiu¹¹iŋ⁵³³kau⁴²a¹¹lau⁵³³, keʔ²luɤŋ⁵³³keʔ²lieŋ¹¹hɔ⁴⁵³？
厦门	即条面布真流疡，合伊献嗦啊。 tsit⁴tiau²²bin²¹pɔ²¹tsin²²lau²²siɔŋ²⁴, kaʔ³²i²²hiat⁴saʔ⁴la⁰.
同安	即条面巾尽蜡疡，□仔丢。 tsiʔ⁴tiau⁰bin¹¹kun⁴⁴tsin¹¹la¹¹sam²⁴, hm¹¹²ma⁰tiu⁴⁴.
泉州鲤城	即块面巾诚腌脏，共伊献嗦。 tsit²⁴tə⁵⁵bin²²kun³³tsʰiã²²a³³tsam³³, kaŋ²²i³³hĩ⁵⁵sak⁵.
泉州洛江	即块面巾野腌脏咯，共伊献□去。 tsit⁵te⁵⁵bin²²kun³³ia²⁴a³³tsam³³lɔ⁰, kaŋ³³i³³hiʔ⁵tan⁵kʰi⁰.
南安	即块面巾诚腌脏咯，共伊献嗦去。 tsit⁵tə⁵⁵bin²²kən³³tsiã²²a³³tsam³³lɔ⁰, kaŋ³³i³³hĩ⁵⁵sak⁵kʰɯ⁰.

续表

	0013 这毛巾很脏了，扔了它吧。
晋江	即块面巾野腌脏咯，共伊摃□嗦。 tsit³⁴te⁵⁵bin²²kun³³ia²⁴a³³tsam³³lɔ⁰, kaŋ²²i³³kɔŋ⁵⁵aŋ⁵⁵sak⁵.
石狮	即块面巾野腌脏，[共伊] 摃嗦哦。 tsit³⁴te⁵⁵bin²²kun³³ia²⁴an³³tsam³³, kai³³kɔŋ⁵⁵sak⁵ɔ⁰.
惠安	即块面巾诚腌脏，[共伊] 摃嗦。 tset⁵tə²¹ben²²kən³³tsiã³³am³³tsam³³, kai²²kɔŋ⁵⁴sak⁵.
安溪	即块面巾野凶，□嗦去。 tsit⁵tə⁴⁴bin²¹kun⁵⁵ia²¹hiɔŋ⁵⁵, ko⁴²sak⁵kʰɯ⁴².
永春	即块面巾诚腌脏，献嗦。 tsit⁴tə⁵³bin³¹kən⁴⁴tsiã²²a²²tsam⁴⁴, hĩ³¹sak³².
德化	即块面巾野凶，献嗦。 tsit⁴²tə³¹bin³¹kən¹³ia²²hiɔŋ¹³, hĩ³¹sak⁴².
漳州	即条面布尽淤渍，共伊批 [扐拚] 啊。 tsit⁵tiau²²bin²¹pɔ²¹tsin²¹i⁵³tsi²¹, ka²¹i²²pʰe³⁴hiaŋ⁰ŋã⁰. 即条面布尽淤渍，媛挃啊。 tsit⁵tiau²²bin²¹pɔ²¹tsin²¹i⁵³tsi²¹, mãi⁵³tĩ¹²¹iã⁰.
龙海	即条面布真淤渍，共伊批扐拚去啦。 tsik⁴tiau³³biŋ⁴¹pɔ⁴¹tsin³³i⁵²tsi⁴¹, ka⁴¹i³³pʰe³³hiak⁴kak⁴kʰi⁰la⁰.
长泰	即条面布尽癞哥啊，[共伊] 扐丢啊。 tsit⁵tiau²²bin²¹peu²¹tsin²¹tʰai⁴⁴kɔ⁴⁴ua⁰, ki²²hiat³²tiu⁰ua⁰.
华安	即条面布尽拉嗲，共伊□去。 tsit⁵tiau²²bin³¹pɔ³¹tsin³¹la²²sam³¹, ka³¹i²²ian⁵⁵i³.
南靖	即面布尽癞哥，共伊捏显兮。 tsit⁴bin²¹pou²¹tsin²¹tʰai⁴⁴ko³⁴, ka²¹i²²nĩ²²hian⁵⁴e⁰.
平和	即面布真拉嗲，搫扐去。 tseʔ⁴²bin²¹pou²¹tsin²²la²¹sam²³, kaʔ²¹hiat⁵⁴kʰi⁰.
漳浦	即条面布真拉嗲啊，[共伊] 扐去啦。 tsit⁴tiau³³bin²¹pou²¹tsin³³la³³sam⁴³ba⁰, ai³³hiat⁵⁴li⁰a⁰.

续表

		0013 这毛巾很脏了，扔了它吧。
东山		即条面巾真撤捶矣，共伊批促⁼角。 tsit⁵ tiau³³ bin²² kin⁴⁴ tsin³³ la⁵¹ sap⁴¹ a⁰, ka²² i³³ pʰe³³ tsʰiok⁴¹ kak¹³¹.
云霄		这面巾真撤捶啊，□咧啦。 tse³³ bin²¹ pou³³ tsin⁵³ la⁰ sap⁰ a⁰, tsim⁵³ le⁰ la⁰.
诏安		只条面巾很撤捶，扔度捆啊。 tsi²⁴ tiau²² biŋ³¹ kin⁴⁴ han⁵³ la⁵³ sap³², lian²⁴ tʰo³¹ kat¹³ a⁰.
龙岩		许兮面帕简邋遢，合伊捆来。 xi²¹ ɛ¹¹ bin²² pʰiɛ²¹³ kai⁴² lat³ tʰat⁵, kak⁵ i¹¹ kak³² lai²¹.
漳平		许面布尽撤捶，掷捆兮。 hie⁵³ bin⁵³ pɔ²¹ tsin²¹ lat⁵ sat²¹, tʰie³³ kak⁵ gɛ⁰.
大田城关		只条面巾只工撤捶，损□去。 tsi⁵³ tiɔ³³ beŋ⁵⁵ keŋ³³ tsi⁵³ kaŋ³³ laʔ⁵ saʔ³, koŋ³¹ tʰiɔ⁰ kʰɤ⁰.
大田广平		即面布撤捶去，□咧献啊。 tʃiɛ⁵ bẽi⁴⁵ pu³¹ lɒ⁵ sɒ³¹ tʃʰy³¹, te³³ le³³ hẽi³¹ a⁰.
霞浦三沙		即条面布野肮脏，[共伊]填伊吧。 tseʔ⁵ tiau²¹ biŋ⁵⁵ bo²¹ ia³⁵ aŋ²¹ tsaŋ⁴², ke²⁴ teŋ²¹ ŋi²¹ pa⁰.
福鼎沙埕		这面巾肮脏死，丢丢诞⁼就好。 tsie⁰ bien²¹ kŋ⁴⁴ an³³ tsan⁴⁴ si⁵³, tiu³³ tiu⁴⁴ lan²¹ tsiu²¹ xo⁵³.
建瓯		□面巾尽污喏，丢掉就是。 iɔŋ²⁴ miŋ⁵⁵ kœyŋ⁵⁴ tseiŋ⁴² ɔ⁵⁴ nɔ²⁴, tiu⁴² tʰɔ⁵⁵ tsiu³³ si³³.
建阳		乙⁼面帕真污喏，丢杏⁼渠。 ji²⁴ mieiŋ⁵⁵ pʰa³³ tsʰiŋ⁵¹ a⁵¹ nɔ³⁵, tui⁵⁵ xaŋ³³ ky⁴¹.
政和		□面巾尽污□，概⁼了渠吧。 ia²⁴ miŋ⁵⁵ kœyŋ⁵³ tseiŋ⁵⁵ y⁵³ xy²¹, kʰai⁴² lo²¹³ ky⁴² pa⁰.
松溪		乙⁼面帕尽泡⁼死⁼，□班⁼渠啦。 iɛ²²³ miŋ⁴⁵ pʰɒ²² tseiŋ⁴² pʰa⁴⁵ sɛi²²³, tiaŋ⁴² paŋ⁵³ kio⁴² la⁰.
武夷山		乙⁼面布真儾死⁼，□了渠来。 i³⁵ miŋ⁵⁵ pyo³³ tsiŋ⁵¹ la³³ sai⁵⁵, mi³⁵ lɛi³¹ həu⁵¹ lie³³.

续表

	0013 这毛巾很脏了，扔了它吧。
浦城石陂	［□隻］面帕很□□，丢掉渠。 ɦia²⁴ miŋ³⁵ pʰa³³ xeiŋ²¹ laɯ³⁵ saɯ⁴⁵，tiɯ⁵³ tʰəɯ⁴⁵ ɡy⁴².
南平夏道	者洗面巾真龌龊，□了伊吧。 tɕia²⁴ sɛ³³ miŋ⁵⁵ køyŋ¹¹ tseiŋ¹¹ o⁵⁵ tsʰo¹¹，øy⁵⁵ lo⁰ i¹¹ pa⁰.
顺昌	者面巾很邋遢，搞⁼到渠。 tʃa³¹ mẽ⁵¹ kiŋ⁴⁴ hɛ³¹ lɔʔ⁵ ʃɔʔ⁵，kau³¹ tau³¹ kɛ³¹.
将乐	者行面巾盖世垃圾咯，跌⁼咯渠去。 tʃa²² xãŋ²² miɛ̃⁵⁵ kuɛ⁵⁵ kuæ⁵¹ sɿ la⁵⁵ ʃa⁵⁵ lo²¹，tieʔ⁵ loʔ⁵ ki²¹ kʰo³²⁴.
光泽	□片面帕污龊啦，跌⁼了去。 tɕiɔŋ⁴¹ pʰiən⁴⁴ min³⁵ pʰa⁴¹ ɔ²¹ tsau⁵⁵ la⁰，tʰɛ⁴¹ lɛ⁴⁴ kʰɔ⁰.
邵武	酌⁼面巾很恶糟，丢了伢去。 tɕio⁵³ min³³ kin⁵³ hen⁵⁵ o²¹ tsau²¹，tou²¹ liau⁰ hu³⁵ kʰo³⁵.
三明	者条手巾□□极，掷罢渠。 tʃɒ³¹ to⁵¹ tʃʰɑu¹² kuã⁴⁴ lɒ⁴⁴ hɒ³³ ki²⁵⁴，tiɔ̃²⁵⁴ pɔ̃⁴⁴ ŋy⁴⁴.
永安	者手巾搦□极，掷罢渠。 tʃiɒ²¹ tʃʰiau³³ kuã⁵² lo²¹ lø⁵⁴ ki⁵⁴，tiɔ̃⁵⁴ po⁰ ŋy⁵².
沙县	者条手巾拉夏⁼得特了，射罢渠算了。 tʃia²¹ tau³¹ tʃiu⁵⁵ kuɛ̃³³ la⁴⁴ xa²⁴ te⁵⁵ tai²¹ lo⁰，ʃia²⁴ ba⁰ ky³³ suɛ̃²⁴ lo⁰. "射"也可说 laŋ²¹ 或 touŋ²¹.
长汀	女⁼个面帕野龌龊，丢撇渠。 ni⁴² ke⁴² miŋ³³ pʰa³³ ia⁴² o³³ tsʰo²⁴，tiəɯ⁴² pʰe²¹ ke²¹.
连城	［以个］手巾忒屙糟，扐撇过去。 ia⁵³ ʃəɯ²¹ kaiŋ⁴³³ tʰe³⁵ ɯ³³ tsau⁴³³，fe⁵³ pʰi⁵⁵ kɯ²¹ huɛ⁵³.
上杭	嚷欸面帕十分邋遢哩，搏撇渠。 noŋ⁵¹ ɛ³¹ miɛ̃³¹ pʰɒ³⁵³ ɕiʔ³⁵ fɛ⁴⁴ laʔ³⁵ taʔ³² lɛ³¹，poʔ³² pʰɛʔ³² kei²¹.
武平	嚷个面帕好污糟，拂别渠。 nuŋ²² ke⁴⁵¹ miɛŋ⁴⁵¹ pʰaʔ³ hɔ⁴² u²² tsɔ²⁴，fiʔ³ pʰiɛʔ⁴ ki²⁴.

续表

	0013 这毛巾很脏了，扔了它吧。
永定	者个面帕甚邋杂，把渠弃撒去。 tiʔ³²kɛʔ⁵miẽ⁵⁵pʰa⁵²tsʰeŋ³⁵laʔ⁵tsaʔ⁵, pa³¹tɕi²²kʰei⁵⁵pʰieʔ³²tɕi⁰.
明溪	这面巾好齷齪，道⁼班⁼渠吧。 tsia⁵⁵mieŋ⁵⁵kieŋ⁴⁴xau⁴⁴lo⁴⁴so⁵⁵⁴, tʰau⁵⁵paŋ⁰kʰø³¹pa⁰.
清流	这项毛巾好齷齪哩，帮渠丢去。 tʃie²¹haŋ³⁵mɔ²³kəŋ³³hɔ²¹o³³tsʰo²¹li⁰, pɔŋ³³kə³³tiə³³kʰə³⁵.
宁化	只行手帕好邋煞去，□掉渠去。 tsʰɿ²⁴hɒŋ²⁴sɐɯ³¹pʰɒ⁴²hau³¹la²¹²saʔ⁵kʰə⁰, tɕie⁴²tʰia⁵kə⁴⁴kʰə⁰.
新罗客家	这个面帕咁污糟，拂撒渠。 tsɿ⁵⁵ka⁴¹miẽ⁴¹pʰo⁴¹kaŋ²¹əu⁴⁴tsəu⁴⁴, fiʔ⁵pieʔ⁵tu⁵⁵.
平和客家	□面帕真经吞温，□□去吧。 lia³⁵mian³⁵pʰa³¹tɕin³¹ken³³tʰun³¹vun³³, kat⁵³mai³¹kʰy³¹pa⁰.
诏安客家	□支面帕认□□，得渠□□去。 lit³ki²²miɛn⁴⁵pʰa³¹ŋin⁴⁵ɛi²²neu⁴⁵, te³ky²²kat⁵mai³¹ky⁰.
泰宁	即头面巾实在邋傻⁼，七⁼成渠来了。 tɕia³⁵hei³³mien⁵¹kin³¹ɕi²²tʰai³³la³¹sa³³, tʰei³⁵ɕiaŋ⁵¹hi³³lei³³lə⁰.
建宁	个介手巾老爐糟儿，丢了士⁼。 ko⁵⁵kai²¹səu³⁴kən³⁴lau⁵⁵o³⁴tau⁴⁴i⁵⁵, tiu³⁴liau⁵⁵sə²¹.
浦城城关	这面布很污着了，丢了渠吧。 tɕie³⁵miãi²¹puo⁴²³xeŋ⁴⁴uo⁴⁴tsao⁵³la⁰, liu³⁵la⁰ke⁵⁴pa⁰.
南平延平	这个洗脸巾很齷齪了，翁⁼了它吧。 tɕi⁵³ko³⁵sɿ⁵³lieŋ⁵³kiŋ³³xeiŋ³¹o⁵⁵tsʰo⁵³lau⁰, oŋ³³lau⁰tʰa⁵⁵pa²¹.

	0014 我们是在车站买的车票。
福州	我各侬是着车站买其车票。 ŋuai³³ ko⁵⁵ nøyŋ⁵² si³³ tuoʔ⁵ tsʰia⁵² zaŋ²⁴² me³³ i⁰ tsʰia⁵² βiu²¹.
闽侯	侬家是着车站买其车票。 nøyŋ⁵⁵ ŋa⁰ si⁰ tuo⁰ tsʰia⁵³ ziaŋ²⁴² me³³ i⁰ tsʰia⁵³ βiu²¹².
长乐	我各侬是着车站买其车票。 nui²² ko⁵⁵ nøyŋ⁵³ si⁰ tuoʔ⁵ tsʰia⁵³ ziaŋ²⁴² me²² i⁰ tsʰia⁵³ βiu²¹.
连江	侬家是着车站买其票。 noŋ²¹ ŋa⁵⁵ si²¹ tøyʔ¹³ tsʰia⁵¹ ʒaŋ²⁴² me³³ i⁰ pʰieu²¹.
罗源	我各侬是着车站买其车票。 ŋui²¹ kœ⁵³ nœŋ³¹ θi⁴⁴ tyøʔ⁵² tsʰia²² ʒaŋ³⁴ mɛ²¹ li⁰ tsʰia²² βiu³⁵.
福清	我各侬是敆着车站买其车票。 ŋua⁵³ ko²¹ nøŋ³⁴ θi⁴⁴ kaʔ⁵ tio⁵³ tsʰia³⁴ ʒaŋ²¹ mɛ⁴⁴ ki²¹ tsʰia³⁴ βieu²¹.
平潭	侬家是敆着车站买其车票。 løŋ⁴⁴ ŋa⁵¹ θi⁰ kaʔ⁵ tyo⁵¹ tsʰia⁴⁴ zaŋ⁴² mɛ³¹ i⁰ tsʰia³⁵ βieu²¹.
永泰	我逐隻是着车站买其车票。 ŋuoi³² tɔi⁴⁴ tsieʔ³ si⁴⁴ tuoʔ⁵ tsʰia⁵³ ʒaŋ²⁴² mɛ³² i⁰ tsʰia⁴⁴ βiou²¹.
闽清	我侬是着车站买其车票。 ŋuai³² nɔyŋ³⁵³ si⁴⁴ tuok⁵ tsʰia⁴⁴ ʒaŋ²⁴² mɛ³² i⁰ tsʰia⁴² βiu²¹.
古田	我侬是着车站买其车票。 ŋuai⁴² nøyŋ³³ si³³ tyøk⁵ tsʰia²⁴ ʒaŋ⁵⁴⁴ mɛ⁴² i⁰ tsʰia²⁴ βieu⁴².
屏南	我各侬着车站买其车票。 ŋuai⁴¹ kɔuk³ nɯŋ²² tyø³ tsʰia²² ʒiaŋ⁴¹ mɛ⁴¹ i²² tsʰia⁴⁴ βieu³⁴.
宁德	我侪侬其车票是着车站底买来。 ua⁴¹ tsɛ¹¹ nœŋ¹¹ ei¹¹ tsʰie³³ βui³⁵ si³³ tøʔ⁵⁴ tsʰie¹¹ iaŋ⁴¹¹ ŋi⁰ mɛ⁴¹ lei¹¹.
霞浦城关	我侬是着车站买其车票。 ua⁴² nøŋ²¹ θi²⁴ tøʔ² tsʰia⁴⁴ ʒaŋ²⁴ mɛ⁴² kɛ⁰ tsʰia⁴⁴ βeu³⁵.
福安	我侪是居车站买其车票。 ŋo²¹ ɛ²¹ sei⁴⁴ kiu²¹ tsʰe⁴⁴ ʒai²³ mɛ⁴¹ ɛ⁴⁴ tsʰe⁴⁴ βiu³⁵.

续表

		0014 我们是在车站买的车票。
	柘荣	我侬是着车站买其车票。 ŋua⁵³ nœŋ²¹ θi⁴⁴ tyøʔ²¹ tsʰia⁴⁴ tsaŋ⁴⁴ mɛ⁵³ kɛ⁴⁴ tsʰia⁴⁴ βiau⁴⁵.
	周宁	我侪其车票是车站买来其。 u²¹ᴇ²¹ i⁰ tsʰiᴇ⁴⁴ pʰiu³⁵ i⁰ tsʰiᴇ⁴⁴ tsan²¹³ mᴇ⁴² le²¹ᴇ⁰.
	寿宁	我家是合车站买其车票。 ua⁴² ka³³ si²³ kaʔ² tsʰia³³ tsaŋ²³ mɛ⁴² ɛ⁰ tsʰia³³ pʰiu³⁵.
	福鼎城关	我侬是着车站买其车票。 ua⁵⁵ neŋ²¹ si³³ tie³⁵ tsʰia³³ tsaŋ³³ me⁵⁵ ke⁰ tsʰia³³ pʰiou⁴².
	尤溪	我各侬是伫车站买其车票。 ŋua⁴⁴ ka⁴ nəŋ¹² ɕi³³ tui⁴² tsʰia³³ tsaŋ⁴² mi⁴⁴ ki⁰ tsʰia³³ pʰio⁵¹.
	莆田	伯辈是躲⁼车站买厄⁼车票。 naŋ⁵³³ mue⁴² liʔ² toʔ² tsʰia²⁴ tsaŋ¹¹ peʔ² eʔ² tsʰia¹¹ ieu⁴².
	涵江	我辈是躲⁼车站买厄⁼车票。 kop⁴ muai⁴² li⁰ to¹³ tsʰia¹³ tsaŋ²¹ pe¹³ ɛ⁰ tsʰia²¹ iau⁴².
	仙游城关	我辈是躲⁼车站买厄⁼车票。 kuop²³ muoi⁴² ti⁰ to²⁴ tsʰia²⁴ tsam²¹ pe²⁴ ɛ⁰ tsʰia²¹ βiɛu⁴².
	仙游枫亭	阮是躲⁼车站买票。 kuɣŋ⁵³³ liʔ² tɤɯ²⁴ tsʰia²⁴ tsaŋ¹¹ pe¹¹ pʰieu⁴².
	厦门	阮是伫车站买兮车票。 gun⁵³ si²¹ ti²¹ tsʰia²² tsam²² bue⁵³ e⁰ tsʰia²² pʰio²¹.
	同安	阮是伫车站买兮车票。 gun⁴² si¹¹ ti²² tsʰia³³ tsam²² bue⁴² e⁰ tsʰia³³ pʰio¹¹².
	泉州鲤城	阮是伫车站买兮票。 gun⁵⁵ si²² tɯ²² tsʰia³³ tsam²² bue⁵⁵ e⁰ pʰio⁴¹.
	泉州洛江	阮是伫车站买兮车票。 gun⁵⁵ si²² ti²² tsʰia³³ tsam²² bue⁵⁵ e⁰ tsʰia³³ pʰio⁴¹.
	南安	车票阮是伫车站买兮。 tsʰia³³ pʰio³¹ gun⁵⁵ si²² tɯ²² tsʰia³³ tsam²² bue⁵⁵ e⁰.

续表

	0014 我们是在车站买的车票。
晋江	阮是按车站买票兮。 gun⁵⁵ si²² an²² tsʰia³³ tsam³³ bue²⁴ pʰiə⁴¹ e⁰.
石狮	即张车票是阮仜车站买兮。 tsit³⁴ tiu³³ tsʰia³³ pʰiə⁴¹ si²² gun⁵⁵ ti²² tsʰia³³ tsam³³ bue⁵⁵ e⁰.
惠安	阮兮票是仜车站买兮。 gun⁴² e⁰ pʰio⁴² si²² tɯ²² tsʰia³³ tsam²² bue⁵⁴ e⁰.
安溪	阮是仜车站买票兮。 gun²² si⁴² tɯ⁴² tsʰia³³ tsam⁴² bue⁴⁴ pʰio⁴² e⁰.
永春	阮是仜车站买兮车票。 gun⁵³ si⁴² tɯ⁵³ tsʰia²² tsam³¹ bue⁴⁴ e⁰ tsʰia²² pʰio³¹.
德化	阮是仜车站买兮车票。 gun³⁵ si⁴² tɯ⁴² tsʰia²² tsam³¹ bue³¹ e⁰ tsʰia²² pʰio³¹.
漳州	阮车票是仜车站买兮。 gun⁵³ tsʰia²² pʰio²¹ si²¹ ti²¹ tsʰia²² tsam²² be⁵³ e⁰.
龙海	阮是仜车站买兮车票。 guan⁵² si⁴¹ li³¹² tsʰia³³ tsam³³ be⁵² e⁰ tsʰia³³ pʰio⁴¹.
长泰	阮车票是仜车站买兮。 gun⁴⁴ tsʰia²² piɔ²¹ si²¹ ti²¹ tsʰia²² tsam²² bue⁵³ e⁰. 阮 [gun⁵³] 快读成 [gun⁴⁴]。
华安	阮是仜车站买兮车票。 gun⁵³ si³¹ ti³⁵ tsʰia²² tsan²² be⁵³ e⁰ tsʰia²² pʰio³¹.
南靖	阮是仜车站买兮车票。 guan⁴⁴ si²¹ ti²¹ tsʰia²² tsan²² be⁵⁴ e⁰ tsʰia²² pʰio²¹.
平和	伯车票是蹛车站买兮。 lan⁵² tsʰia²² pʰio²¹ si²¹ tua⁵² tsʰia²² tsam²² be⁵² e⁰.
漳浦	车票是阮蹛车站兮买兮。 tsʰia³³ pʰiɔ²¹ si²¹ guan⁴³ tai⁴³ tsʰia⁴³ tsam³³ e⁰ biei⁵¹ e⁰.
东山	即张票是阮蹛车站兮买兮。 tsit⁵ tiõ³³ pʰio²² si²² guan⁵¹ tua⁴⁴ tsʰia⁴⁴ tsam³³ e⁰ be⁵¹ e⁰.

续表

	0014 我们是在车站买的车票。
云霄	阮车票是伫车站兮买兮。 guan⁵³ tsʰia³³ pʰio²² si²¹ ti²¹ tsʰia³³ tsam³³ e⁰ be⁵³ e⁰.
诏安	车票是阮咧车站买个。 tsʰia³³ pʰio²² si³³ uan⁵³ le²⁴ tsʰia³³ tsam³³ bei⁵³ gə⁰.
龙岩	我侬伫车站兜买车票。 gua²¹ laŋ¹¹ ti¹¹ tsʰa¹¹ tsam⁴² lau¹¹ bie²¹ tsʰa¹¹ pʰiau²¹³.
漳平	我侬是牢车站买兮车票。 gua⁵³ laŋ³³ si²¹ tiau³³ tsʰia³³ tsan³³ bie⁵³ ɛ⁰ tsʰia³³ pʰio²¹.
大田城关	我伙车票是伫车站买兮。 bua⁵³ hue³³ tsʰa⁵³ pʰiɤ³¹ si³¹ tɤ²⁴ tsʰa⁵³ tsaŋ³¹ be⁰ ze⁰.
大田广平	我伙侬车票是□车站买个。 gua⁵¹ hua³³ lõ²⁴ tʃʰia²² pʰiu³¹ sɯ²² lẽ²² tʃʰia²² tsaŋ³¹ bi⁵¹ kɤ⁰.
霞浦三沙	侬是着车站买的车票。 neŋ⁵¹ si⁴⁴ tioʔ²¹ tsʰia⁴⁴ tsaŋ²¹ buoi⁵¹ ti⁰ tsʰia⁴⁴ bieu²¹.
福鼎沙埕	阮侬是在车站买其车票。 guən⁵³ lan²⁴ si²¹ tsai²¹ tsʰia³³ tsan²¹ muei²¹ ki²¹ tsʰia²¹ βieu²¹.
建瓯	我人是到车站买个车票。 uɛ⁴² neiŋ³³ si⁵⁵ tau³³ tsʰia³³ tsaŋ³³ mai²¹ kɛ³³ tsʰia⁵⁴ pʰiau⁵⁵.
建阳	我人是车站买个车票。 ue⁴¹ nɔiŋ⁴⁵ si³³ tsʰia⁵¹ laiŋ⁴¹ mai²¹ ke³³ tsʰia⁵¹ hiɔ⁵¹.
政和	我人是在车站买个车票。 uɛ⁴² neiŋ³³ si⁵⁵ tsai⁴² tsʰia⁵³ tsaŋ⁴² mai²¹³ kiɛ⁴² tsʰia⁵³ pʰio⁵⁵.
松溪	我人是到车站买个车票。 ŋua⁴² neiŋ⁴⁴ si⁴⁵ to²² tsʰia⁵³ tsaŋ²² ma²²³ ka²² tsʰia⁵³ pʰio²².
武夷山	我伙是车站买个车票。 ŋo⁵¹ xo³¹ si²² tsʰia⁵¹ tsaiŋ²² mai³¹ kɛi⁰ tsʰia⁵¹ hiəu⁵¹.
浦城石陂	俺你是在车站买个车票。 aŋ⁴⁵ ni⁴² ɕi⁵³ dzaɛ⁴² tɕʰia⁵³ tsaŋ³³ maɛ²¹ ke⁰ tɕʰia⁵³ piaɯ⁵³.

续表

	0014 我们是在车站买的车票。
南平夏道	俺人是在车站买其车票。 aŋ¹¹ neiŋ⁵⁵ çi³³ tsai³³ tɕʰia¹¹ tsaŋ²⁴ mɛ³³ ɛ⁰ tɕʰia¹¹ pʰio²⁴.
顺昌	俺大家是在车站买个车票。 aŋ³¹ tʰo⁵¹ ko⁴⁴ ʃi²² la⁵¹ tʃʰa⁴⁴ tsaŋ³⁵ ma³¹ ka⁵⁵ tʃʰa⁴⁴ pʰiau³⁵.
将乐	俺搭是车站买记车票。 ɛ̃⁵⁵ taʔ⁵ ʃi²¹ tʃʰa⁵⁵ tʃɛ³²⁴ mæ²¹ kiʔ⁵ tʃʰa⁵⁵ pʰiau³²⁴.
光泽	俺多是搁车站买个车票儿。 iən²¹ tɛi⁴⁴ çi⁴¹ ka³³ tɕʰia²¹ tsaŋ³⁵ miɛ⁴¹ kɛ⁰ tɕʰia²¹ piɛu³⁵ ɛ⁰.
邵武	伉多是在车站买个票。 haŋ³⁵ tai⁰ çi⁵⁵ tʰei⁵⁵ tɕʰia²¹ tsan³⁵ mie⁵⁵ kəi²¹ pʰiau²¹.
三明	俺侪是在车站买的车票。 ɔ̃⁴⁴ tse⁵¹ sŋ²⁵⁴ tsa²⁵⁴ tʃʰɒ⁴⁴ tsɔ̃³³ me³¹ te⁰ tʃʰɒ⁴⁴ pʰiɯ³³.
永安	我侪是在车站买其车票。 ŋuɒ⁵² tse³³ sŋ²¹ tsa²¹ tʃʰiɒ³³ tsõ²⁴ me²¹ ke⁰ tʃʰiɒ³³ pʰiɯ²⁴.
沙县	我侪是在车站买的车票。 gua³³ tse⁰ sŋ²¹ tsai²¹ tʃʰia⁴⁴ tsɔ̃²⁴ bɛ²¹ li⁰ tʃʰia⁴⁴ pʰio²⁴.
长汀	我侪们係在车站买个车票。 ŋai³³ tsʰi³³ meŋ²¹ he³³ tsʰai⁴² tʃʰa³³ tsaŋ⁵⁵ mai³³ ke²¹ tʃʰa³³ pʰiɒ²⁴.
连城	□各侪係在车站买个车票。 e⁵³ ko⁵⁵ tsʰe²² si⁵⁵ tsʰi³³ tʃʰo³³ tsʰaŋ³⁵ me⁴³³ ka⁰ tʃʰo³³ pʰiau⁵³.
上杭	我边係在车站买敧车票。 ŋa²¹ piɛ̃⁴⁴ həi⁵¹ tsʰuɔ⁴⁴ tsʰɒ⁴⁴ tsʰã³¹ məi⁴⁴ ɛ³¹ tsʰɒ⁴⁴ pʰiɛ³⁵³.
武平	我个车票在车站买个。 ŋɑ²⁴ ke⁴⁵¹ tsʰa²⁴ pʰiɔ⁴⁵¹ tsʰɑ⁴⁵¹ tsʰa³³ tsaŋ⁴⁵¹ mɛ²⁴ ke⁴⁵¹.
永定	自家兜侪係在车站买个车票。 tsʰeiʔ⁵ ka⁴⁴ təu²⁴ sŋ²² xei³³ tsʰai³¹ tsʰa²⁴ tsɛ̃⁵² mei⁴⁴ kɛʔ⁵ tsʰa⁴⁴ pʰiəu⁵².
明溪	俺多佮是在车站买的车票。 aŋ⁵⁵ tɤ⁰ so³¹ ʃ⁵⁵ tsʰe³¹ tsʰa⁴⁴ tsʰaŋ⁵⁵⁴ ma⁴¹ ti⁰ tsʰa⁴⁴ pʰiau³¹.

续表

		0014 我们是在车站买的车票。
清流		我归是在车站买个票。 ŋa³³ kui³³ sʅ³² tsʰa³² tʃʰio³³ tsʰaŋ³² ma²¹ ka⁰ pʰiɔ³⁵.
宁化		我人係在车站买个车票。 ŋa³⁴ iŋ⁴⁴ hai³¹ tsai⁴² tsʰɒ³⁴ tsʰaŋ⁴² mɒ⁴² ka⁰ tsʰɒ³⁴ pʰiau³¹.
新罗 客家		俺兜侪係在车站买个车票。 iẽ⁵⁵ tie⁴⁴ tsi⁵⁵ xei⁴⁴ tsʰa⁴⁴ tʃʰuo⁴⁴ tsaŋ⁴¹ mei⁴⁵ ka⁴⁴ tʃʰuo⁴⁴ pio⁴¹.
平和 客家		我几俉係在车站买个车票。 ŋai³⁵ kia³³ sa³⁵ he³¹ tsʰɔi³¹ tɕʰia³¹ tʃʰan⁵⁵ mi³³ kai³¹ tɕʰia³³ pʰeu³¹.
诏安 客家		我□兜车票係在车站买个。 ŋai⁵³ at³ teu²² tʃʰa²² pʰieu³¹ hɛi³¹ tsʰɛi²² tʃʰa²² tʃʰam⁴⁵ mi³¹ ka⁰.
泰宁		伉侬是在车站买个车票。 haŋ²¹³ noŋ³³ ɕi³³ tʰoi³³ tɕʰia³¹ tsan⁵¹ mæ³³ ko⁰ tɕʰia³¹ pʰiau³⁵.
建宁		我多是在车站买个车票。 ŋa⁵⁵ tai²¹ si⁴⁵ tʰei⁵⁵ tʰa²⁴ tan⁵¹ mai⁵⁵ kai⁵⁵ tʰa²⁴ pʰiau⁵¹.
浦城 城关		我拉是在车站买个车票。 ɑ⁵⁴ la⁵⁴ ɕi⁵⁴ tsa²¹ tɕʰie³⁵ tsãi⁴²³ ma⁵⁴ ke⁰ tɕʰie³⁵ pʰiɑo⁴²³.
南平 延平		我们是在车站买的车票。 ŋo³³ meiŋ²¹ sʅ⁵³ tsai³⁵ tsʰe⁵⁵ tsæ̃³⁵ mai²⁴ ti⁰ tsʰe²¹ pʰiau³⁵.

	0015 墙上贴着一张地图。
福州	墙吼贴蜀张地图。 tsʰuoŋ⁵² ne⁰ tʰaiʔ²⁴ so⁵⁵ luoŋ⁵⁵ ti⁵⁵ lu⁵².
闽侯	墙悬顶贴蜀张地图。 tsʰuoŋ⁵³ kei²¹ neiŋ³³ tʰaiʔ²⁴ syo⁵⁵ luoŋ⁵⁵ ti⁵⁵ lu⁵³.
长乐	墙悬顶贴蜀张地图。 tsʰuoŋ⁵³ ke²¹ leiŋ²² tʰaiʔ²⁴ suo⁵⁵ luoŋ⁵⁵ ti⁵⁵ lu⁵³.
连江	墙悬顶贴着蜀张地图。 tsʰyøŋ⁵¹ ke⁵¹ leiŋ³³ tʰaiʔ¹³ tøyʔ⁵ sø⁵⁵ lyøŋ⁵⁵ ti²¹ lu⁵¹.
罗源	墙许悬贴蜀张地图。 tsʰyøŋ³¹ xi⁴⁴ kɛŋ³¹ tʰeiʔ² θyø⁴⁴ lyøŋ⁴² ti²¹ lu³¹.
福清	墙吼贴蜀张地图。 tsʰioŋ²¹ nɛ⁰ tʰɛʔ³⁴ θio⁴⁴ lioŋ⁵³ ti⁴⁴ lu⁴.
平潭	墙悬顶贴着蜀张地图。 tsʰyoŋ⁴⁴ kɛ⁴⁴ liŋ³¹ tʰɛʔ² tyoʔ⁰ θyo⁴⁴ lyoŋ⁵¹ ti⁴⁴ lu⁴⁴.
永泰	墙壁悬顶贴蜀张地图。 tsʰuoŋ²¹ pieʔ³ keiŋ⁵³ leiŋ³² tʰeiʔ³ suo⁴⁴ tʰuoŋ⁴⁴ ti⁴⁴ lu³⁵³.
闽清	墙悬顶贴蜀张地图。 tsʰyøŋ³⁵³ kɛiŋ³² leiŋ³² tʰeik³ suok³ tʰuoŋ⁴⁴ ti⁴⁴ lu³⁵³.
古田	墙壁上面贴去蜀张地图。 tsʰyøŋ²¹ miak² syøŋ⁵⁵ meiŋ³³ tʰeik² ku⁰ syøʔ³³ lyøŋ⁵⁵ ti⁵⁵ lu³³.
屏南	墙上吼贴蜀张地图。 tsʰɤŋ²² sʊŋ³²³ lɛ⁴¹ tʰɛk⁵ suk³ tʰʊŋ⁴⁴ tɛ⁵⁵ lo²².
宁德	蜀张地图贴着墙底。 sœ³³ lœŋ³³ ti³³ lou⁴¹¹ tʰɛk²³ tøʔ⁵⁴ tsʰyŋ¹¹ ŋi⁰.
霞浦城关	墙中贴着蜀张地图。 tsʰøŋ²¹ nuŋ⁴⁴ tʰɛiʔ⁵ tøʔ² θø⁴⁴ løŋ⁴⁴ ti⁴⁴ tu²¹.
福安	墙面头贴蜀张其地图。 tsʰioŋ²¹ miŋ⁵⁵ nau²¹ tʰeiʔ⁵ si⁴⁴ tʰioŋ³³¹ ɛ⁴⁴ ti⁴⁴ tou²¹.

续表

	0015 墙上贴着一张地图。
柘荣	墙面头贴蜀张地图。 tsʰyɔŋ²¹ miŋ⁵⁵ nau²¹ tʰɛʔ⁵ tsʰi⁴⁴ tʰyɔŋ⁴² ti⁴⁴ tu²¹.
周宁	墙其面头糊蜀张地图。 tsʰyəŋ²¹ᴇ⁰ min⁵⁵ nau²¹ ko²¹ si⁴⁴ tyəŋ⁴⁴ ti⁴⁴ to²¹.
寿宁	墙壁贴有蜀张地图。 tsʰyoŋ²¹ pia³⁵ tʰɛʔ⁵ u²³ si³³ tʰyoŋ³³ ti³³ tu²¹.
福鼎城关	墙农⁼贴着蜀张地图。 tsʰioŋ²¹ nuŋ³³ tʰeʔ³ tie³³ siʔ³ tʰioŋ³⁵ ti³³ tu²¹.
尤溪	壁拱上底糊了蜀张地图。 pia⁴ kəŋ⁵⁵ ɕioŋ³³ ti⁵⁵ ku³³ lə⁰ ɕie³³ tʰiũ³³ te³³ tio¹².
莆田	壁塗厄⁼糊蜀张地图。 pia⁵³³ lɔu⁴⁵³ eʔ⁰ kɔu²⁴ ɬɔʔ² tieu⁵³³ te¹¹ lɔu²⁴.
涵江	壁塗糊蜀张地图许。 pia⁵⁵ lou⁴⁵³ kɔu¹³ ɬot¹ tiau⁵⁵ te²¹ lou¹³ hyŋ⁰.
仙游城关	墙顶糊蜀张地图。 tsʰiũ²¹ nɛŋ⁴⁵³ kou²⁴ ɬuot² tiũ⁵⁵ te²¹ lou²⁴.
仙游枫亭	壁厄⁼贴蜀张地图。 pia¹¹ liʔ⁰ tʰe¹¹ ɬɔʔ² tiu⁵³³ te¹¹ lɔu²⁴.
厦门	壁顶贴着一张地图。 pia⁵³ tiŋ⁵³ ta⁵³ tio²¹ tsit⁴ tiũ²² te²¹ tɔ²⁴.
同安	壁贴一张地图。 piaʔ³² taʔ⁴ tsit¹¹ tiũ⁴⁴ te¹¹ tɔ²⁴.
泉州鲤城	壁咧贴一张地图。 piaʔ⁵ lə⁰ taʔ⁵ tsit²² tiũ³³ te²² tɔ²⁴.
泉州洛江	壁咧贴着一张地图。 piaʔ⁵ le⁰ taʔ² tio² tsit² tiũ³³ te²² tɔ²⁴.
南安	壁咧贴着一张地图。 piaʔ⁵ lə⁰ taʔ⁵ tioʔ² tsit² tiũ³³ te²² tɔ²⁴.

续表

	0015 墙上贴着一张地图。
晋江	壁咧贴一张地图。 piaʔ⁵le⁰taʔ²tsit²tiũ³³te²²tɔ²⁴.
石狮	壁□贴着一张地图。 piaʔ⁵lŋ⁰taʔ⁵tiə²²tsit²tiu³³te²²tɔ²⁴.
惠安	壁咧贴一张地图。 piaʔ⁵le⁰taʔ⁵tset⁵tiũ³³te²²tɔ²⁵.
安溪	壁咧贴一张地图。 piaʔ⁵le⁰taʔ⁵³tsit⁵³tiũ⁵⁵te³³tɔ²⁴.
永春	壁咧贴一张地图。 piaʔ⁴le⁰taʔ⁴tsit⁴tiũ⁴⁴te³¹tɔ⁵³.
德化	壁咧贴一张地图。 piaʔ⁴²le⁰taʔ⁴²tsit⁴²tiũ²²te³¹tɔ⁴².
漳州	壁兮许糊一张地图。 pia³²e⁰hia³⁴kɔ²²tsit²¹tiɔ̃²²te²¹tɔ¹³.
龙海	墙顶糊一张地图。 tsʰiɔ̃³³tiŋ⁵²kɔ³³tsik⁴²tiɔ̃³³te⁴¹tɔ³¹².
长泰	壁兮糊一张地图。 pia³²e⁰keu²²tsit²¹tiɔ̃²²tue²¹teu²⁴.
华安	壁顶糊啰一张地图。 piaʔ⁵tiŋ⁵³kɔ²²lo³¹tsit²¹tiɔ̃²²te³¹tɔ²³².
南靖	壁顶糊一张地图。 piaʔ⁵⁴tiŋ⁵⁴kɔu²²tsit²¹tiũ²²te²¹tɔu³²³.
平和	墙顶糊一张地图。 tsʰiũ²²tiŋ⁵²kou²²tsit²¹tiũ³⁴te²¹tou²³.
漳浦	壁兮糊一张地图。 pia⁵¹e⁰kou³³tsit²¹tiũ³³tiei²¹tou⁴¹².
东山	墙顶裪一张地图。 tsʰiɔ̃³³teŋ⁵¹pue⁵¹tsit⁴¹tiɔ̃³³te³³tou²¹³.

续表

	0015 墙上贴着一张地图。
云霄	壁顶褙一张地图。 pia⁵³ tian⁵³ pue⁵³ tsit²¹ tiũ³³ te²¹ tou³².
诏安	壁顶褙一张地图。 pia⁵³ tiŋ⁵³ pue⁵³ tsit³² tiõ³³ tei³¹ tou²⁴.
龙岩	墙壁兜贴着一张地图。 tɕʰiõ¹¹ pia⁵⁵ lau¹¹ tiap⁵ lɔ²¹ tɕiɛt³ tiõ³³ ti¹¹ tu¹¹.
漳平	墙壁糊咯一张地图。 tsʰiõ³³ pia²¹ kɔ³³ lɔ⁰ tsiet²¹ tiõ³³ tie²¹ tɔ³³.
大田城关	墙壁贴了一张地图。 tsiŋ⁵³ pia³¹ tʰiaʔ³ lɤ⁰ tseʔ⁵ tiŋ³³ ti³³ tu²⁴.
大田广平	墙迄□有糊一张地图。 tsʰioŋ²⁴ hɒ⁵ kɒ⁵¹ iŋ²⁴ ku²⁴ ʃiɤ²² tioŋ³³ ti³¹ tɒ²⁴.
霞浦三沙	墙顶贴着一张地图。 tsʰiũ³⁵ naŋ²¹ tʰeʔ⁵ tioʔ²¹ tsiʔ²¹ tiũ⁴² ti²¹ tɔ³⁵.
福鼎沙埕	墙壁贴一张地图。 tsʰiũ²¹ piat⁴ tʰiat⁴ tsiet²¹ tiũ⁴⁴ tɯei²¹ lɔ²⁴.
建瓯	墙上边贴住一张地图。 tsiɔŋ³³ tsiɔŋ⁵⁵ piŋ⁵⁴ tʰa²⁴ tiu⁵⁵ tsi²⁴ tiɔŋ⁵⁴ ti⁵⁵ tu²¹.
建阳	墙上贴了一张地图。 tsiɔŋ⁴⁵ tsiɔŋ⁵⁵ ha³⁵ lɔ²¹ tsi⁴ tiɔi⁵¹ lɔi³³ lo⁴⁵.
政和	墙上贴住一张地图。 tsioŋ³³ tsioŋ⁵⁵ tʰai²⁴ tiu⁵³ tsi⁴² tioŋ⁵³ tiɛ⁵⁵ tʰu³³.
松溪	墙底固一张地图。 tsioŋ⁴⁴ ti⁰ ku²² tsi⁴² tioŋ⁵³ tiɛ⁴⁵ tʰau⁴⁴.
武夷山	墙上贴了一张地图。 tsyoŋ³³ tsyoŋ⁵⁵ ha³⁵ lɛi³¹ tsi²² tyoŋ⁵¹ lɛi⁵⁵ hu³³.
浦城石陂	墙底贴掉个张地图。 tɕiɔŋ³³ ti³³ tʰaɛ²⁴ tʰɘɯ⁴⁵ kɘ⁵³ tiɔŋ⁵³ tie⁴⁵ du⁴².

续表

	0015 墙上贴着一张地图。
南平夏道	墙里粘住一张地图。 tɕioŋ⁵⁵li⁰niaŋ¹¹lu³³tɕi¹¹tioŋ¹¹ti³³tu⁵⁵.
顺昌	墙上贴住个张地图。 tʃʰiɔ̃³³ʃiɔ̃⁵¹tʰo³⁵ti⁵¹ka⁵¹tiɔ̃⁴⁴tʰi⁵¹tʰu¹¹.
将乐	墙上挂哩个张地图。 tsʰiɔ̃²²ʃɔ̃⁵⁵kua³²⁴li²¹kaʔ⁵tiɔ̃⁵⁵tʰi²²tʰu²².
光泽	墙上贴着儿个张地图。 tʰiɔŋ²²ɕiɔŋ⁵⁵hiən⁴¹tsɔ⁴¹ɛ⁰kɛ³⁵tɕiɔŋ²¹hi⁵⁵tʰu²².
邵武	墙上贴儿个张地图。 tʰioŋ³³ɕioŋ⁰tʰien⁵³nə⁰kəi²¹tioŋ²¹tʰi³⁵tʰu³³.
三明	墙上贴地个张地图。 tsiɛm⁵¹ʃɛm³³tʰe²¹³ti⁰kɒ⁴³tiɛm⁴⁴ti⁴³tɑu⁵¹.
永安	墙地糊张地图。 tʃiam³³ti⁰ku³³tiam⁵²ti⁴⁴tɒu³³.
沙县	啊墙里贴哩个张地图。 a⁵⁵tʃiŋ³¹li⁰tʰɛ²¹²li⁰ka²¹tiŋ³³ti²¹tu³¹.
长汀	墙头上贴哩一张地图。 tsʰioŋ³³tʰɘɯ²⁴hŋ⁴²te⁵⁵le⁵⁵i⁵⁵tʃoŋ³³tʰi²¹tʰu²⁴.
连城	墙头上贴紧一张地图。 tsʰoŋ²²tʰɘɯ²²ʃoŋ³⁵te⁵⁵keiŋ²¹i⁵⁵tʃʰoŋ³³tʰi⁵⁵tʰiɛ²².
上杭	墙头项贴哩一张地图。 tɕʰioŋ²¹tʰiɛ²¹hoŋ⁵¹tiʔ³²lɛ³¹iʔ³²tsoŋ⁴⁴tʰi⁵¹tʰʉ²¹.
武平	壁上贴矣一张地图。 piaʔ³haŋ²⁴tʰiaʔ³iʔ²²iʔ³tsɔŋ²⁴tʰi⁴⁵¹tɔ⁴².
永定	墙壁上贴哩一张地图。 tɕʰiɔ̃²³piɐʔ⁵xɔ̃³¹tiɐʔ³²li⁰ieʔ³²tsɔ̃²⁴tʰi³¹tʰu²².
明溪	墙上贴的个张地图。 tsʰioŋ³¹soŋ⁵⁵tʰa⁴¹ti⁰kɤ⁰tioŋ⁴⁴tʰi⁵⁵tʰu³¹.

续表

	0015 墙上贴着一张地图。
清流	墙头上贴□一张地图。 tsʰiɔŋ²³tʰə²³ʃiɔŋ³²tia²¹hə⁰ie²¹tʃiɔŋ³³tʰi³³tʰu²³.
宁化	壁上贴了一张地图。 pia⁵sɔŋ⁴²tia³⁴lə⁰i⁵tsɔŋ³¹tʰi⁴²tʰu⁴⁴.
新罗客家	壁上贴哩一张地图。 piaʔ⁵ʃiõ⁴¹tie⁵⁵li⁵⁵iʔ⁵tʃiõ⁴⁴tʰi²¹tʰiu³⁵.
平和客家	壁上里糊着一张地图。 pia³⁵ʃɔŋ³³le³¹ɔ³³tʃʰɔ³³it⁵³tʃɔŋ³³tʰi³³tʰu³⁵.
诏安客家	墙顶糊着一张地图。 tʃʰiɔŋ²²tuŋ³¹ɔu²²tsɤ⁰zit⁵tʃiɔŋ²²tʰi²²tʰu⁵³.
泰宁	墙上褙了个张地图。 tʰioŋ³³loŋ³³puai⁵¹lə⁰kə⁰tioŋ³¹hi²¹hu³⁵.
建宁	墙上贴儿一张地图。 tsʰioŋ³⁴soŋ⁴⁵hiap²pi³⁴it⁵toŋ³⁴hi⁴⁵hu⁵⁵.
浦城城关	墙里贴了介张地图。 tsiaŋ²⁴li⁰tʰie³²le⁰ka⁴⁴tɕiaŋ³⁵ti²¹tuo²⁴.
南平延平	墙上贴着一张地图。 tɕʰiæ̃²¹ɕiæ̃³⁵tʰe³³tso⁰i³³tɕiæ̃³³ti⁵⁵tʰu²¹.

	0016 床上躺着一个老人。
福州	被铺吪倒吪蜀隻老侬。 pʰui⁵⁵ βuo⁵⁵ le⁰ to³³ le⁰ so²¹ zieʔ²⁴ nau³³ nøyŋ⁵³．前一个"吪"是处所助词，后一个"吪"是动态助词。
闽侯	被铺悬顶倒蜀隻老侬。 pʰui⁵⁵ βuo⁵⁵ kei²¹ neiŋ³³ to³³ syo²¹ zieʔ²⁴ nau³³ nøyŋ⁵³．
长乐	被铺吪倒蜀隻老侬。 pʰuo⁵⁵ βuo⁵⁵ le⁰ to²² suo²² zieʔ²⁴ nəu²² nøyŋ⁵³．"被铺"中的"被"字韵母受后字影响由"ui"变为"uo"。
连江	眠床底势倒着蜀隻老侬。 miŋ⁵¹ tsʰoŋ⁵¹ tie²¹ lie²¹ to³³ tøyʔ⁵ sø²¹ ʒieʔ⁵ lau²¹ nøyŋ⁵¹．"蜀"发生变音。
罗源	眠床上底倒蜀隻老侬。 miŋ²¹ tsʰɔŋ³¹ θyø²² lɛ²¹ tɔ²¹ θyøʔ¹ ʒiaʔ² lau²¹ nœŋ³¹．
福清	铺吪倒蜀隻老侬。 pʰuo⁵³ lɛ⁰ to⁴⁴ θioʔ¹ ia²¹ lau⁴⁴ nøŋ⁴⁴．
平潭	铺揖ⁿ倒着蜀隻老侬。 pʰuo⁵¹ i⁰ to³¹ lyoʔ⁵ yo⁴⁴ ia²¹ lau⁴⁴ løŋ⁴⁴．
永泰	铺悬倒蜀隻老侬。 pʰuo⁴⁴ kaiŋ³⁵³ to³² suo³ tsieʔ³ lau⁴⁴ nɔyŋ³⁵³．
闽清	被铺悬顶倒蜀隻老侬。 pʰui⁴⁴ puo⁴⁴ kɛiŋ³² leiŋ³² tɔ³² suokʔ³ tsiekʔ³ lau⁴⁴ nɔyŋ³⁵³．
古田	眠床上面翘隻老侬。 miŋ³³ tsʰouŋ³³ syøŋ⁵⁵ meiŋ³³ kʰieu²¹ liekʔ² lau⁵⁵ nøyŋ³³．
屏南	床上吪翘蜀隻老侬。 tsʰɔuŋ²² sʊŋ³²³ lɛ⁴¹ kʰiu³⁴ sukʔ³ tsia⁴⁴ lau⁵⁵ nɯŋ²²．
宁德	蜀隻老侬睏着床底。 sie³³ ieʔ⁵⁴ lau³³ nœŋ⁴¹¹ kʰɔuŋ³⁵ tøʔ⁵⁴ tsʰɔuŋ³³⁴ ŋi⁰．
霞浦城关	床中倒着蜀隻老侬。 tsʰɔuŋ²¹ nuŋ⁴⁴ tɔ⁴² løʔ² θø⁴⁴ tsiaʔ⁵ lau⁴⁴ nɛiŋ²¹．

续表

		0016 床上躺着一个老人。
福安		床面头倒蜀隻老侬。 tsʰɔuŋ²¹ miŋ⁵⁵ nau²¹ tɔ⁴¹ si⁴⁴ ʒei ʔ⁵ lau⁴⁴ nœuŋ²¹.
柘荣		床上里倒蜀隻老侬。 tsʰɔŋ²¹ θyɔŋ⁴⁴ lɛ⁵³ tɔ⁵³ tsʰi⁴⁴ tsiaʔ⁵ lau⁴⁴ nɐŋ²¹.
周宁		床其面头倒蜀隻老侬头。 tsʰɔŋ²¹ ᴇ⁰ min⁵⁵ nau²¹ œ²¹³ si⁴⁴ tsiɛk⁵ lau⁴⁴ nœŋ²¹ ŋau²¹.
寿宁		床上倒有蜀个老侬。 tsʰɔuŋ²¹ syoŋ²³ tɔ⁴² u²³ si³³ kɔi³⁵ lau³³ nɐŋ²¹.
福鼎城关		蜀个老侬家倒眠床若。 siʔ³ koi⁵⁵ lau³³ neŋ²¹ ka³⁵ to⁵⁵ miŋ³³ tsʰoŋ²¹ nu⁰.
尤溪		蜀个老侬倒眠床的。 ɕie³³ ki³³ lau³³ nəŋ¹² tə⁵⁵ miŋ³³ tsʰoŋ¹² tə⁰.
莆田		铺顶睏蜀个老侬。 pʰɔu¹¹ leŋ⁴⁵³ kʰoŋ⁴² ɬɔʔ² ke²⁴ lau¹¹ naŋ²⁴.
涵江		铺顶有蜀个老侬呐倒许。 pʰɔu²¹ lɛŋ⁴⁵³ ut¹ ɬɛk¹ ke¹³ lau²¹ nan¹³ nœt⁴ to⁴⁵³ hyɒ⁰.
仙游城关		铺顶有蜀个老侬倒许。 pʰou²¹ lɛŋ⁴⁵³ ut² ɬuok² ke²⁴ lau²¹ nan²⁴ to⁴⁵³ hyø⁰.
仙游枫亭		铺厄⁼倒蜀个老侬。 pʰɔu⁵³³ liʔ⁰ tʁɯ⁴⁵³ ɬuʁʔ² ke²⁴ lau¹¹ naŋ²⁴.
厦门		眠床顶一个老货仔倒着。 mŋ²² tsʰŋ²¹ tiŋ⁵³ tsit²¹ le⁰ lau²¹ he⁴⁴ a⁰ to⁵³ tiau⁰.
同安		眠床蘴一个老货仔。 bin¹¹ tsʰŋ²⁴ tʰe⁴⁴ tsit¹¹ ge²⁴ lau¹¹ hə⁴² a⁰.
泉州鲤城		一个老侬倒咧床咧。 tsit²² ge²² lau²² laŋ²⁴ to²⁴ ləʔ⁵ tsʰŋ²⁴ lə⁰.
泉州洛江		铺咧倒仔一个老侬。 pʰɔ⁵⁵ le⁰ to²⁴ ti²² tsit² e⁰ lau²² laŋ²⁴.

续表

	0016 床上躺着一个老人。
南安	一个老侬倒仝迄床咧。 tsit² ge²² lau²² laŋ²² to⁵⁵ tɯ²² hik⁵ tsʰŋ²⁴ lə⁰.
晋江	床咧倒一个老货仔。 tsʰəŋ²⁴ le⁰ tə²⁴ tsit² ge²² lau²² he⁵⁵ a⁵⁵.
石狮	床□倒着一个老货仔。 tsʰŋ²⁴ lŋ⁰ tə²⁴ tiəʔ² tsit² ge²² lau²² he⁵⁵ a⁵⁵.
惠安	一个老侬倒仝床咧。 tset⁵ e⁰ lau²² laŋ²⁵ to²⁵ tɯ²¹ tsʰŋ²⁵ le⁰.
安溪	一个老货仔倒仝床顶。 tsit⁵ e⁰ lau⁴⁴ hə⁵³ ã⁰ to²² tɯ⁴² tsʰŋ²² tiŋ²¹.
永春	一个老侬倒仝床咧。 tsit³² e⁰ lau⁴⁴ laŋ²⁴ to⁴⁴ tɯ⁵³ tsʰŋ²⁴ le⁰.
德化	一个老侬倒仝床咧。 tsit⁴² e⁰ lau³¹ laŋ⁴⁴ to³¹ tɯ⁴⁴ tsʰŋ⁴⁴ le⁰.
漳州	床兮倒一股老货仔。 tsʰŋ²² ŋe⁰ to³⁴ tsit²¹ kɔ³⁴ lau²¹ hue⁵⁵ a⁵⁴.
龙海	眠床顶倒一股老货仔。 bŋ³³ tsʰŋ³³ tiŋ⁵² to³³ tsik⁴² kɔ³⁴ lau⁴¹ hue³³ a³².
长泰	眠床顶麂一个老货仔。 bin²² tsʰɔ̃²² teŋ⁵³ tʰe²² tsit²¹ keu⁴⁴ lau²¹ hue⁵⁵ a⁵⁴.
华安	眠床顶倒啰一股老货仔。 bin²² tsʰŋ²² tiŋ⁵³ to⁵⁵ lo³¹ tsit²¹ kɔ⁵⁵ lau³¹ hue⁵⁵ a⁵³.
南靖	眠床顶睏一股老货仔。 bun²² tsʰŋ²² tiŋ⁵⁴ kʰun⁵⁴ tsit²¹ kɔu⁴⁴ lau²¹ hue⁴⁴ a⁵⁴.
平和	眠床兮睏着一股老货仔。 bin²² tsʰŋ²³ e⁰ kʰun⁵² tio⁰ tsit²¹ kou²³ lau²¹ hue⁵² ã⁵².
漳浦	床兮倒着一个老侬。 tsʰŋ¹³ e⁰ tɔ⁴³ tio²¹ tsit²¹ gɛ⁵¹ lau²¹ laŋ⁴¹².

续表

	0016 床上躺着一个老人。
东山	床仔倒一个老侬家仔。 tsʰŋ³³ gã⁰ to⁴⁴ tsit⁴¹ ge³³ lau²² laŋ³³ ke⁴⁴ a⁰.
云霄	床顶倒一股老货仔。 tsʰŋ³³ tian⁵³ to⁵⁵ tsit²¹ kou⁵⁵ lau²¹ hue⁵⁵ a⁵³.
诏安	床顶倒一个老货仔。 tsʰŋ²² tiŋ⁵³ to²⁴ tsit³² gə²² lau³¹ huɛ⁵³ ɛ⁵³.
龙岩	眠床兜睏着一个老侬。 bin¹¹ tsʰõ¹¹ lau¹¹ kʰun²¹³ lo²¹ tɕiɛt¹ kie¹¹ lo²¹ laŋ¹¹.
漳平	眠床倒咯一个老侬。 bin³³ tsʰŋ³³ tuo⁵³ lɔ⁰ tsiet²¹ kai⁵³ lau²¹ laŋ³³.
大田城关	床铺躺了一个老侬。 tsʰŋ⁵³ pʰu³³ tɤ⁵³ lɤ⁰ tseʔ³ ge³³ lɤ³¹ laŋ²⁴.
大田广平	眠床倒一隻老侬。 bẽi²² tsʰoŋ²⁴ tɤ⁵¹ ʃiɐ²² tʃia³³ lɯ²⁴ lõ²⁴.
霞浦三沙	眠床倒着一个老侬。 miŋ²¹ tsʰŋ³⁵ tɔ⁵¹ tioʔ²¹ tse²¹ ge²¹ lau²¹ laŋ³⁵.
福鼎沙埕	眠床倒一个老侬家。 bien²¹ tsʰŋ²⁴ to⁵³ tsiet²¹ ge²¹ lau²¹ lan²¹ ke⁴⁴.
建瓯	床上倒住一隻老人。 tsʰɔŋ³³ tsiɔŋ⁵⁵ tau²¹ tiu²¹ tsi³³ tsia²⁴ se⁵⁵ neiŋ³³.
建阳	床上倒了一隻老人。 tʰɔŋ⁴⁵ tsiɔŋ⁵⁵ tau²¹ lo⁰ tsi⁴ tsia³⁵ səu³³ nɔiŋ⁴⁵.
政和	床上倒住一隻老人家。 tsʰoŋ³³ tsioŋ⁵⁵ to²⁴ tiu⁵⁵ tsi²¹ tsia²⁴ sɛ⁵⁵ neiŋ³³ ka⁵³.
松溪	床底倒一隻老人家。 tsʰaŋ⁴⁴ ti⁰ to²²³ tsi⁴² tsia²²³ sa⁴⁵ neiŋ⁴⁴ kɒ⁵³.
武夷山	床上横了隻老人。 tʰoŋ³³ tsyoŋ⁵⁵ xuaiŋ³¹ lɛi⁰ tsia⁵⁵ siəu⁵⁵ nɛiŋ³³.

续表

	0016 床上躺着一个老人。
浦城石陂	床里倒掉［个隻］老人家。 tsʰɔŋ³³ti³³tɔ²¹tʰəɯ⁴⁵ka⁴⁵səɯ⁵³neiŋ³³ka⁵³.
南平夏道	眠床里倒住一隻老身人。 miŋ¹¹tsʰaŋ⁵⁵li⁰to³³lu³³tɕi¹¹tɕia¹¹lo³³seiŋ⁵⁵neiŋ³³.
顺昌	眠床倒住个隻老常。 miŋ³³tsʰɔ̃³⁵to³¹ti⁵⁵ka⁵⁵tʃia⁴⁴lo²²iɔ̃¹¹.
将乐	床上倒哩个隻老成偬。 tsʰɔ̃²¹ʃɔ̃⁵⁵tau⁵¹liʔ⁵kaʔ⁵tʃa²¹lau⁵¹ʃĩŋ²²ʃa²².
光泽	床上睏儿蜀个老偬人。 tʰoŋ⁴¹ɕiɔŋ⁵⁵kʰuən³⁵nɛ⁰ɕi⁴¹kɛi³⁵lau⁴¹ha⁴¹nin²².
邵武	床上躺倒蜀个老偬。 tʰoŋ⁵³ɕioŋ⁰hoŋ⁵⁵tau³³ɕi³³kəi²¹lau⁵⁵sa²¹.
三明	眠床倒地个隻老成偬。 mɛ̃i³¹tsʰɐm⁵¹taɯ³¹ti⁰kɒ⁴³tʃɒ²¹³laɯ¹²ʃã⁵¹sɒ⁵¹.
永安	眠床倒地寡隻老成偬。 mɛ̃i³³tsʰɑm³³taɯ²¹ti⁰kuɒ²¹tʃiɒ⁴⁴laɯ³³ʃiã³³sɒ³³.
沙县	眠床里倒哩个隻老偬。 biŋ⁴⁴tsʰaŋ³¹li⁰tɔ²¹li⁰kaʔ²¹tʃia⁵⁵lɔ²¹ʃia³¹.
长汀	床上睡哩一个老人家哩。 soŋ²⁴hŋ⁴²ʃui²¹lɛ²¹i³³ke⁵⁵lɒ²¹neŋ⁵⁵ka³³lɛ⁵⁵.
连城	床上倒紧一个老人家。 soŋ²²ʃoŋ³³tau²¹kein²¹i⁵⁵ka⁵³lau²¹ŋeiŋ²²ko⁴³³.
上杭	床项眠哩一个老大子。 sɔŋ²¹hoŋ⁵¹məŋ²¹lɛ³¹iʔ³²kɒ³⁵³lɔu⁵¹tʰa⁵¹tsɿ³¹.
武平	一个老人家眠啊床上。 iʔ³ke⁴⁵¹lɔ⁴²ŋiŋ²²ka²⁴maŋ²²a²⁴sɔŋ²²hoŋ²⁴.
永定	床上眠哩一个老大偬。 sɔ̃²³xɔ̃⁵²meŋ²²liʔ⁵ieʔ⁵kɛʔ⁵lɔu³¹tʰai³¹sã²².

续表

	0016 床上躺着一个老人。
明溪	床上倒的个隻老倍。 tsʰoŋ⁵ soŋ⁵⁵ tau⁴¹ ti⁰ kɤ⁰ tsa⁰ lau⁴¹ so³¹.
清流	床上睡□一个老倍。 sɔŋ²³ ʃiɔŋ³² fe³² hə⁰ ie²¹ ka³⁵ lɔ²¹ so²¹.
宁化	床上歇了一个老人哩。 sɔŋ²⁴ sɔŋ⁴² ɕie⁵ lə⁰ i⁵ ka³¹ lau³¹ liŋ⁴⁴ li³¹.
新罗客家	床上眠哩一个老太祖。 soŋ³⁵ ʃiõ⁴¹ miŋ³⁵ li⁵⁵ iʔ³ ka⁴⁴ ləu⁵⁵ tʰa²¹ tsʅ⁴⁵³.
平和客家	眠床上里睡着一个上年纪个人。 min³³ sɔŋ³⁵ ʃɔŋ³³ le³¹ fe³³ tʃʰɔ³³ it⁵³ kai³¹ ʃɔŋ³³ nɛn⁵³ ki⁵³ kai³¹ ŋin³⁵.
诏安客家	床底倚着一个老人。 sɔŋ⁵³ tɛi⁰ ãi²² tsɤ⁰ zit⁵ kai³¹ lɔu²² ŋin⁵³.
泰宁	床上□了个隻老倍人。 tʰoŋ⁵¹ loŋ²¹ an⁵¹ lə⁰ kə⁰ tɕia³³ lo³⁵ sa⁵¹ nin³¹.
建宁	床上□倒一个老汉人。 soŋ²¹ soŋ⁴⁵ kʰue⁴⁵ tau²¹ it² kai²¹ lau⁵⁵ han²¹ ŋin²¹.
浦城城关	床里倒着得个老神侬。 saŋ²⁴ li⁰ lao⁴⁴ tɕye³² te²¹ ke⁴²³ lao⁵⁴ seŋ⁵³ noŋ²⁴.
南平延平	床铺上睡着一个老货。 tɕʰyæ̃³¹ pʰu³³ ɕiæ̃³⁵ sui³⁵ tso⁰ i³³ ko³⁵ lau⁵³ xo³⁵.

	0017 河里游着好多小鱼。
福州	河吼野侪鱼团吼泅。 o^{52}le^{0}ia^{55}la^{242}ŋy^{33}iaŋ^{33}le^{21}siu^{52}. 前一个"吼"是处所助词，后一个"吼"是副词。
闽侯	河悬有野侪鱼团着吼泅。 o^{53}kei^{21}neiŋ^{33}ou^{0}ia^{53}la^{242}ŋy^{21}iaŋ^{33}tuo^{33}e^{0}siu^{53}. "悬"的分音形式。
长乐	河吼泅吼野侪鱼团。 o^{53}le^{0}siu^{53}le^{0}ia^{55}la^{242}ŋy^{22}iaŋ^{22}.
连江	河底势野侪鱼团泅来泅去。 o^{51}ti^{21}lie^{212}ia^{51}lɛ^{242}ŋy^{21}iaŋ^{33}siu^{51}li^{51}siu^{51}uo^{212}.
罗源	溪许底野侪鱼团敆吼游。 k^{h}ɛ^{42}xi^{21}tie^{53}ia^{44}lɛ^{34}ŋy^{22}ieŋ^{21}kaʔ^{21}li^{0}θiu^{31}.
福清	河吼泅着野侪其鱼团。 o^{44}lɛ^{0}θiu^{44}tio^{53}ia^{34}læ^{42}ki^{0}ŋy^{53}iaŋ^{31}.
平潭	河底泅着真侪其鱼团。 o^{44}lɛ^{31}θiu^{44}lyoʔ^{5}tsiŋ^{44}ðɛ^{42}i^{0}ŋy^{44}iaŋ^{31}.
永泰	溪底势真侪鱼团敆界＝泅。 k^{h}ɛ^{44}tie^{24}lie^{21}tsiŋ^{53}na^{242}ŋy^{32}iaŋ^{32}kaʔ^{5}kai^{21}siou^{353}.
闽清	河许底野侪鱼团着吼泅。 ɔ^{353}hie^{24}tie^{32}ia^{24}la^{242}ŋy^{32}iaŋ^{32}tuo^{44}lɛ^{0}siu^{353}.
古田	溪许底有野侪鱼团。 k^{h}ɛ^{55}hie^{21}lie^{42}u^{24}ia^{53}sɛ^{24}ŋy^{21}iaŋ^{42}.
屏南	溪内底致来致去乍侪鱼团。 k^{h}ɛ^{44}nu^{44}li^{41}ti^{34}le^{22}ti^{34}k^{h}ɯ^{34}tsiak^{5}sɛ^{323}ŋø^{22}iaŋ^{41}.
宁德	野侪鱼团着河底泅。 ia^{35}lɛ^{51}ŋy^{11}iaŋ^{11}tøʔ^{54}ɔ^{11}ɔ^{0}seu^{11}.
霞浦城关	河底泅着野侪鱼团。 ɔ^{21}le^{42}θiu^{21}tøʔ^{2}ia^{55}θɛ^{24}ŋy^{21}kiaŋ^{42}.
福安	溪底够色侪鱼团居［许位］泅。 k^{h}ɛ^{33}te^{41}kœ^{44}lœuʔ^{5}sɛ^{21}ŋi^{21}iaŋ^{41}kiu^{21}ei^{35}siu^{21}.

续表

	0017 河里游着好多小鱼。
柘荣	溪里有欧⸗侪鱼团。 kʰɛ⁴⁴tie⁵³u²⁴ɛu⁴⁴θɛ²¹ŋy²¹kiaŋ⁵³.
周宁	好侪鱼着溪里泅。 xɔ⁵⁵lɛ⁴⁴ŋøu²¹tek²kʰɛ⁴⁴tɛŋ⁵⁵seu²¹.
寿宁	溪底面无变侪鱼团着许泅。 kʰɛ³³ti⁵⁵miŋ³⁵mɔ²¹pieŋ³⁵sɛ⁵⁵ŋy²¹kiaŋ⁴²tyøʔ²xa³⁵siu²¹.
福鼎城关	介其鱼团伫河底泅。 kai⁴²ke⁰ŋi²¹kiaŋ⁵⁵tie³³o²¹tie⁵⁵siu²¹.
尤溪	溪下底敢讲显鱼团伫的泅。 kʰi³³a³³ti⁴⁴kã⁴⁴ŋ³³xieŋ⁵⁵ŋy³³ŋ⁵⁵tə³³tə⁰siu¹².
莆田	沟里乞泅啊［许下］侪鱼。 kau¹¹li⁴⁵³koʔ²ɬiu²⁴aʔ⁵hyɔ²⁴le¹¹hy²⁴.
涵江	沟里有尽侪鱼团许泅。 kau²¹li⁴⁵³ut¹tsin⁴²ne²¹hy²¹yɒ⁴⁵³hœt¹ɬiu¹³.
仙游城关	溪里［若夥］侪鱼团躲⸗许泅。 kʰe²¹li⁴⁵³lua²⁴le²¹hy²¹yã⁴⁵³to²⁴hyø⁰ɬiu²⁴.
仙游枫亭	河厄⸗泅若夥侪鱼团。 ɣɯ¹¹liʔ⁰ɬiu²⁴lieu¹¹a⁴²le¹¹hi¹¹iã⁴⁵³.
厦门	河里面有真侪尾细尾鱼。 ho²⁴lai²¹bin²²u²¹tsin²²tsue²¹be⁴⁴sue⁵³be⁴⁴hi²⁴.
同安	河尽侪鱼咧泅。 ho²⁴tsin¹¹tsue¹¹hɯ²⁴le³³siu²⁴.
泉州鲤城	溪咧有诚侪鱼仔咧泅。 kʰue³³lə⁰u²²tsiã²²tsue²²hɯ²⁴ləʔ⁵siu²⁴.
泉州洛江	溪里野侪鱼仔咧游。 kʰue³³lai⁴¹ia²⁴tsue²²hi²²a⁵⁵leʔ⁵iu²⁴.
南安	溪咧真侪鱼仔咧泅。 kʰue³³lə⁰tsin³³tsue²²hɯ²²a⁵⁵leʔ⁵siu²⁴.

续表

	0017 河里游着好多小鱼。
晋江	河咧有野侪鱼仔咧游。 hɔ²⁴le⁰u²²ia²⁴tsue⁴¹hi²²a⁵⁵leʔ⁵iu²⁴.
石狮	圳咧野侪隻鱼仔咧泅啊。 tsun⁴¹le⁰ia²⁴tsue²²tsiaʔ⁵hi²²a⁵⁵leʔ⁵siu²⁴a⁰.
惠安	溪咧有野侪鱼咧泅。 kʰui³³le⁰u²²ia²⁵tsue⁴²hɯ²⁵leʔ⁰siu²⁵.
安溪	溪里诚侪鱼咧泅。 kʰue³³lai²¹tsiã²²tsue⁴⁴hɯ²⁴le⁰siu²⁴.
永春	溪咧野侪鱼咧泅。 kʰue²²leʔ⁰ia⁴⁴tsue²⁴²hɯ⁵³leʔ⁴siu²⁴.
德化	溪咧野侪鱼咧泅。 kʰue¹³leʔ⁰ia³¹tsue²²hɯ⁴⁴leʔ⁰siu⁴⁴.
漳州	溪底有尽侪鱼仔咧泅。 kʰe²²te⁵³u²¹tsin²¹tse²¹hi²²ia⁰li³⁴siu¹³.
龙海	真侪细尾鱼仔咧河仔里泅。 tsiŋ³³tse³³se⁵²bue³⁴hi³³ia³²li³¹²ho³³a³²lai³³siu³¹².
长泰	溪底尽侪鱼仔咧泅。 kʰue²²tue⁵³tsin²¹tsue²¹hi²²ia⁵⁴li⁵³siu²⁴.
华安	溪底真侪鱼仔咧泅。 kʰe²²te⁵³tsin³¹tse³¹hi³⁵a⁵³li⁵⁵siu²³².
南靖	溪底尽侪鱼仔囝咧泅。 kʰe²²te⁵⁴tsin²¹tse²¹hi²²a⁰kiã⁵⁴li⁴⁴siu³²³.
平和	溪底有真侪鱼仔咧泅。 kʰe²²te⁵²u²¹tsin²²tse²¹hi²²ã⁵²leʔ⁵²siu²³.
漳浦	真侪小尾鱼仔蹛溪分伫许游。 tsin³³tsiei²¹siɔ⁴³bue⁴³hi¹³a⁰tai⁴³kʰiei⁴³e⁰ti²¹a⁰iu⁴¹².
东山	真侪细尾鱼仔蹛河分泅。 tsin³³tse²²se⁵¹bue⁴⁴hi³³a⁰tua⁴⁴ho²¹³e⁰siu²¹³.

续表

	0017 河里游着好多小鱼。
云霄	真侪鱼仔囝仔伫溪兮泅。 tsin³³ tsei²¹ hi³³ a⁵³ kiã⁵⁵ a⁵³ ti²¹ kʰe³³ e⁰ siu³².
诏安	很侪细鱼仔咧河伊⁼泅。 han⁵³ tsei³¹ sei⁵³ hɯ²² ɛ⁵³ lə²⁴ ho²² i³³ siu²⁴.
龙岩	溪兜憓侪迈鱼仔。 kʰie³³ lau²¹ pai⁴² tɕie³³ mãi¹¹ xi¹¹ ia²¹.
漳平	溪里游来游去尽侪细鱼仔。 kʰie³³ lai⁵⁵ ɡiu³³ lai³³ ɡiu³³ kʰi²¹ tsin²¹ tsie³⁵ sɛ⁵³ hi³³ a⁵⁵.
大田城关	太侪小鱼伫溪咧游。 tʰɛ⁵⁵ tse³³ siɤ³¹ hi²⁴ tɤ²⁴ kʰe³³ lɤ⁰ iu²⁴.
大田广平	溪兮有太侪迈［鱼囝］口迄巡哦。 kʰi³³ e⁰ iŋ²⁴ tʰɛ⁴⁵ tsi³¹ ba²² dʒɛ̃³⁵¹ lẽ²² hɒ⁵ ʃyĩ²⁴ õ⁰.
霞浦三沙	河里野侪小鱼伫咧泅。 ɔ²¹ lai²¹ ia³⁵ tsuoi²¹ siu³⁵ y³⁵ tiʔ²¹ li⁵⁵ siu³⁵.
福鼎沙埕	河里有很加鱼囝着许泅。 xo²¹ lai²¹ u⁰ xən⁴⁴ ke⁴⁴ xɯ²¹ gã⁵³ tɯ²¹ xə⁴⁴ siu²⁴.
建瓯	溪底尽侪鱼仔。 kʰai⁵⁴ ti³³ tseiŋ⁴² tsai⁵⁵ ŋy³³ tsiɛ²¹.
建阳	溪底有很侪鱼仔泅来泅去。 kʰai⁵¹ tɔi²¹ jiu²¹ xaiŋ²¹ lai⁵⁵ ŋy⁴⁵ tsie²¹ siɔ³³ le³³ siɔ³³ kʰɔ³³.
政和	溪底尽侪小鱼到底游。 kʰai⁵³ ti²¹³ tseiŋ⁴² tsai²¹ sio²¹³ ŋy³³ to⁴² ti²¹³ iu³³.
松溪	溪底尽侪小鱼兀底泅。 kʰa⁵³ ti⁰ tseiŋ⁴² tsa²²³ sio²²³ ŋy⁴⁴ u²²³ ti⁰ sio⁴⁴.
武夷山	溪底有很侪小鱼游来游去。 kʰaiŋ⁵¹ tɕi⁵⁵ iu³¹ xɛiŋ³¹ lai⁵⁵ siu³¹ ŋəu³³ iu³³ lie³³ iu³³ kʰo²².
浦城石陂	溪里很侪小鱼仔兀里游住。 kʰaɛ⁵³ ti³³ xeiŋ²¹ dzaɛ³⁵ ɕiaɯ²¹ ŋy³³ te⁰ ɦu²⁴ ti³³ iɯ³³ tiɯ⁴⁵.

续表

	0017 河里游着好多小鱼。
南平夏道	溪里泅住真侪鱼子。 kʰɛ¹¹li⁰ɕiu⁵⁵lu³³tseiŋ¹¹tsɛ²⁴ŋy¹¹tɕi³³.
顺昌	溪里有很夥鱼仔在泅。 kʰɛ⁴⁴li³¹iu³¹hẽ³¹ua³¹ŋi¹¹ti³⁵le⁵⁵siau³⁵.
将乐	溪里盖世多记鱼仔。 kʰe⁵⁵liʔ⁵kuæ⁵¹sɿ⁵⁵to⁵⁵kiʔ⁵ŋue²²tsi²¹.
光泽	溪里有□夥个细鱼游来游去。 kʰɛi²¹lɛi⁴⁴iu⁴¹tiɛ⁴¹uai⁴¹kɛi⁰ɕiɜ³⁵ŋɛ²²iu²²li²²iu²²kʰɔ³⁵.
邵武	溪里有顶夥小鱼儿。 kʰəi²¹ti⁰iou⁵⁵tin⁵⁵uai⁵⁵siau⁵⁵ŋ³³ŋə⁰.
三明	溪里泅好咧鱼仔。 kʰe⁴⁴li³¹siɯ⁵¹hɯ³¹le⁴⁴ŋy³¹tsa³¹.
永安	好侪鱼子溪地□。 haɯ³³tse²⁴ŋy³³tsã²¹kʰe⁵²ti⁰li¹³.
沙县	啊溪里好咧鱼在里泅。 a⁵⁵kʰe³³li⁰xo⁵⁵le⁰gy³¹tsai²¹li⁰ʃio³¹.
长汀	溪哩好多细鱼哩游来游去。 hai³³le⁵⁵hɒ²⁴tɒ³³se²¹ŋɛ²¹le²¹iəɯ³³lai³³iəɯ³³he⁵⁵.
连城	溪边溜紧好多细鱼。 ʃe³³pe³³ləɯ³³keiŋ²¹hau²¹tɯ³³si⁵³ŋuɛ²².
上杭	溪里好多细鱼哩在该哩游。 kʰəi⁴⁴lɛ⁴⁴hɔu³¹tɔu⁴⁴səi³⁵³ŋei²¹lɛ³¹tsʰuɔ⁴⁴ka⁵¹lɛ³¹iu²¹.
武平	溪里游矣好多细鱼子。 hɑ²⁴li²²iu²²i²²hɔ⁴²to²⁴sɛ⁴⁵¹ŋi²²tsɿ⁴².
永定	溪坝里有甚多细鱼子。 kʰei⁴⁴pa⁵⁵li⁵²iu²⁴tsʰeŋ³³tɔu²⁴sei⁵²ŋei²³tsɿ⁵².
明溪	溪里游住好多细鱼。 kʰe⁴⁴lue⁵⁵iu³¹tʰi⁰xau⁴¹tɤ⁴⁴sa²⁴ŋø³¹.

	0017 河里游着好多小鱼。
清流	溪里泅□好多细鱼咧。 kʰe³³li²¹tsʰiə³³hə⁰hɔ²¹to³³se³⁵ŋə²¹lɛ²¹.
宁化	溪里有好多细鱼子。 tɕʰie³⁴li⁴⁴iɯ⁴²hau³¹to³⁴ɕie²¹²ŋ⁴⁴tsai³¹.
新罗客家	溪里贼多细鱼哩。 kʰei⁴⁴li⁵⁵tsʰieʔ⁵təu⁴⁴sei²¹nɿə³⁵li⁴⁵³.
平和客家	溪□里游着真多细细尾个鱼。 kʰe³³ki³¹le⁵³ziu³³tʃʰɔ³³tɕin³¹tɔ³³se³¹se³¹mui³³kai³¹m³⁵.
诏安客家	溪底有真多鱼子在□行。 kʰɛi²²tɛi⁰ziu²²tsin⁴⁵tɔu²²m²²tsɿ³¹tsʰɛi²²kɤ⁰haŋ⁵³.
泰宁	溪底游着几若夥个小鱼。 kʰoi²¹tæ³⁵iu³³tsə⁰ki³⁵næ⁵¹uai³¹kə⁰ɕiau³⁵nə³³.
建宁	溪内游老多小鱼子。 kʰie³⁴lo⁵⁵iu⁵⁵lau⁵⁵to³⁴siau⁵⁵ŋə²¹tɵ²¹.
浦城城关	溪里游着好多鱼子。 kʰie³⁵li⁰iu²⁴tɕye³²xɑo⁵⁴luo⁵³ŋe⁵³tɕi⁴⁴.
南平延平	溪里些⁼游之好多小鱼。 kʰi˙³³li⁰se³³iu³³tsɿ⁵⁵xau⁵³to³³ɕiau⁵³y³¹.

	0018 前面走来了一个胖胖的小男孩。
福州	前斗来蜀隻肥肥其［儿囝］哥。 seiŋ²¹ nau³³ ni⁵² so²¹ zieʔ²⁴ pui³³ pui⁵² i⁰ niaŋ²¹ ŋo⁵⁵.
闽侯	前斗行来蜀隻肥肥其［儿囝］哥。 seiŋ²¹ nau³³ kiaŋ⁵³ ni⁰ syo²¹ zieʔ²⁴ pui⁵⁵ pui⁵³ i⁰ niaŋ²¹ ŋo⁵⁵.
长乐	前斗势来蜀隻肥肥其［儿囝］哥。 seiŋ²² nəu²² lie⁰ ni⁵³ suo²² zieʔ²⁴ pui²² pui⁵³ i⁰ niaŋ²² ŋo⁵⁵.
连江	前斗蜀隻肥肥其丈尾囝行来了。 seiŋ²¹ nau³³ suo²¹ ʒieʔ⁵ pui²¹ puoi⁵¹ i⁰ toŋ²¹ mui⁵¹ iaŋ³³ kiaŋ⁵¹ ni⁵¹ lau⁰.
罗源	前首行过来蜀隻肥肥其丈尾囝。 θɛŋ²² nau²¹ kiaŋ³¹ kuo³⁵ li²¹ θyø²¹ ʒiaʔ² pui²¹ pui³¹ li⁰ tuŋ²¹ mui²³ ieŋ²¹.
福清	前首行来蜀隻肥肥其丈夫囝。 θeŋ⁴⁴ nau³¹ kiaŋ⁴⁴ li⁴⁴ θio⁵⁰ ʒia²¹ pui⁴⁴ pui⁴⁴ ki⁰ tyŋ⁴⁴ muo³⁴ iaŋ³¹.
平潭	前斗⁼行来蜀隻肥肥其丈夫囝。 θeiŋ²¹ nau³¹ kiaŋ⁴⁴ li⁰ θyo⁴⁴ zia²¹ pui⁴⁴ pui⁴⁴ i⁰ tyŋ⁴⁴ muo⁴⁴ iaŋ³¹.
永泰	头行行来蜀隻肥肥其丈夫囝。 tʰau⁴⁴ iaŋ³⁵³ kiaŋ⁴⁴ li³⁵³ suoʔ³ tsieʔ³ puoi⁴⁴ puoi³⁵³ i⁰ touŋ²¹ muo⁴⁴ iaŋ³².
闽清	头行行来蜀隻肥肥其丈夫囝。 tʰau³² iaŋ³⁵³ kiaŋ³⁵³ li⁰ suok³ tsiek³ pui³² pui³⁵³ i⁰ touŋ⁴⁴ muo⁴² iaŋ³².
古田	前首行［过来］蜀隻肥瓢⁼瓢⁼其［傀儡］囝。 seiŋ²¹ nau⁴² kiaŋ³³ ŋuoi²⁴ syø²¹ ʒiek² pui²¹ nouŋ²¹ nouŋ⁵³ ŋi⁰ koi²¹ iaŋ⁵³.
屏南	面头前行过来蜀隻肥肥其傀儡囝。 mɪŋ⁵⁵ lau²² lɛiŋ²² kiaŋ²² kuo⁵⁵ le²² sukʔ³ tsia⁴⁴ pui²² pui²² i²² kɔ²² lɔ²² iaŋ⁴¹.
宁德	头前行来蜀隻肥肥其来傀儡囝。 tʰau¹¹ lɛŋ¹¹ kiɛŋ¹¹ lei¹¹ sø³³ ieʔ⁵⁴ poi¹¹ poi¹¹ i⁰ lei¹¹ kɔ¹¹ løy³⁵ iaŋ⁵¹.
霞浦城关	头前行着蜀隻肥凸凸其丈夫囝。 tʰau²¹ θɛiŋ²¹ kiaŋ²¹ tøʔ² θø⁴⁴ tsiaʔ⁵ pui²¹ tʰuʔ⁵ tʰuʔ⁵ kɛ⁰ tɔuŋ²¹ mo²¹ kiaŋ⁴².
福安	头前有蜀隻肥肥其丈夫囝行过来。 tʰau²¹ ɛiŋ²¹ ou⁴⁴ si⁴⁴ eiʔ⁵ pøi²¹ pøi²¹ ɛ⁵⁵ taŋ²¹ mu⁴⁴ iaŋ⁴¹ kiaŋ²¹ ku³⁵ lei²¹.

续表

	0018 前面走来了一个胖胖的小男孩。
柘荣	头前面有蜀隻肥肥其傀儡囝行过来。 tʰau²¹ θɛŋ²¹ miŋ⁴⁵ u⁴⁴ tsʰi⁴⁴ tsiaʔ⁵ pui²¹ pui²¹ ɛ⁵⁵ kɔi⁵⁵ li⁵⁵ kiaŋ⁵³ kiaŋ²¹ kuoʔ⁵ li²¹.
周宁	［蜀隻］肥肥其傀儡着头先行过来。 siɛk⁵ poi²¹ poi²¹ i⁰ kɛɪ⁵⁵ lɛɪ⁵⁵ tek² tʰau²¹ uɛn⁴⁴ kiɐŋ²¹ kuɐn⁵⁵ le²¹.
寿宁	前片行过来蜀个肥肥啊傀儡囝。 sɛŋ²¹ pɛŋ²¹ kiaŋ²¹ kuo³⁵ li²¹ si³³ kɔi³⁵ puoi²¹ puoi²¹ ia⁰ kɔ⁵⁵ lɔi⁵⁵ kiaŋ⁴².
福鼎城关	头先走过来蜀个肥肥其细汉丈夫囝。 tʰau³³ seŋ²¹ tsau⁵⁵ kuo⁴² li²¹ siʔ³ koi³³ pui³³ pui²¹ ke⁰ se³³ xaŋ⁴² tuoŋ²¹ mo³³ kiaŋ⁵⁵.
尤溪	前边行来蜀个肥肥个丈夫囝。 sẽ³³ pẽ³³ kiã¹² le¹² ɕie³³ ki⁴² pui³³ pui³³ ki⁰ tiŋ³³ pu³³ ŋ⁵⁵.
莆田	头前行蜀个肥肥厄⁼丈夫囝。 tʰau¹¹ le²⁴ kia²⁴ ɬɔʔ⁵ ke²⁴ pui²⁴ pui²⁴ eʔ⁵ ta¹¹ pou¹¹ yɔ⁴⁵³.
涵江	头前有蜀个肥肥厄⁼丈夫囝行来咯。 tʰau²¹ le¹³ ut¹ ɬok¹ ke¹³ pui¹³ pui²¹ ɛt⁴ tap¹ pɔu²¹ yɒ⁴⁵³ kia¹³ li⁰ loʔ⁴.
仙游城关	头前有蜀个肥肥厄⁼丈夫囝行来咯。 tʰau²¹ nĩ²⁴ ut² ɬɛk² ke²⁴ pui⁵⁵ pui²¹ ɛt²³ tap² pou²¹ yã⁴⁵³ kiã²⁴ li⁰ luo⁰.
仙游枫亭	头前来蜀个肥肥其厄⁼丈夫囝。 tʰau¹¹ ni²⁴ li²⁴ ɬɔʔ⁵ ke²⁴ pui⁵³³ pui²⁴ eʔ⁰ ta¹¹ pɔu¹¹ iã⁴⁵³.
厦门	一个肥肥个丈夫囝仔按面头前行来。 tsit²¹ e²² pui⁴⁴ pui²⁴ e²² ta²² pɔ²² gin⁴⁴ a⁰ an²² bin²¹ tʰau²² tsiŋ²⁴ kiã²⁴ lai⁰.
同安	头前行来一个肥肥兮丈夫囝仔。 tʰau¹¹ tsãi²⁴ kiã¹¹ lai⁰ tsit¹¹ ge²⁴ pui¹¹ pui²⁴ e⁰ ta³³ pɔ³³ gin⁴² na⁰.
泉州鲤城	头前行来一个肥□□兮丈夫囝仔。 tʰau²² tsuĩ²⁴ kiã²² lai²² tsit²² ge²² pui²² tsiʔ⁵ tsiʔ⁵ e⁰ ta³³ pɔ³³ kin²⁴ a⁵⁵.
泉州洛江	头前面行来一个胖墩⁼墩⁼兮丈夫囝仔。 tʰau²² tsuĩ²⁴ kiã²⁴ lai⁰ tsit² e⁰ pui¹¹ tŋ⁴¹ tŋ⁴¹ e⁰ ta³³ pɔ³³ kin²⁴ a⁵⁵.
南安	前面行来一个胖胖兮丈夫囝仔。 tsuĩ²² bin³¹ kiã²² lai²² tsit² ge²² pʰoŋ⁵⁵ pʰoŋ⁵⁵ e⁰ ta³³ pɔ³³ kin²⁴ nã⁵⁵.

续表

	0018 前面走来了一个胖胖的小男孩。
晋江	一个胖突͘突͘兮丈夫囝仔从前面行来。 tsiʔ² ge²² pui²² tʰuʔ⁵ tʰuʔ⁵ e⁰ ta³³ pɔ³³ kan²⁴ la⁵⁵ tsioŋ²² tsuĩ²² bin²⁴ kiã²⁴ lai⁰.
石狮	一个肥肥兮丈夫囝仔将前面行来。 tsit² ge²² pui²² pui²⁴ e⁰ ta³³ pɔ³³ kan²⁴ a⁵⁵ tsiɔŋ³³ tsui²² bin²⁴ kia²⁴ lai⁰.
惠安	头前行来一个肥肥兮丈夫囝仔。 tʰau³³ tsuĩ²⁵ kiã³³ lai⁰ tset⁵ e⁰ pui³³ pui²⁵ e⁰ ta²² pɔ³³ ken²⁵ a⁵⁴.
安溪	头前行来一个野肥兮丈夫囝仔。 tʰau²² tsuĩ²⁴ kiã²² lai⁰ tsit⁵ e⁰ ia⁴⁴ pui²⁴ e⁰ ta²¹ pɔ²² kin⁵³ na²².
永春	前面行来一个肥肥兮丈夫囝。 tsuĩ²² bin²² kiã²⁴ lai⁰ tsit⁴² e⁰ pui²² pui²⁴ e⁰ ta³¹ pɔ⁴⁴ kiã⁵³.
德化	头前行来一个肥肥兮丈夫囝。 tʰau³¹ tsuĩ⁴⁴ kiã³¹ lai⁰ tsit⁴² e⁰ pui³¹ pui⁴⁴ e⁰ ta⁴² pɔ¹³ kiã⁵³.
漳州	头前行来一股肥肥兮查夫囝仔。 tʰau²² tsin¹³ kiã²² lai²² tsit²¹ kɔ³⁴ pui²² pui¹³ e⁰ tsa²² pɔ²² kiŋ⁵⁵ ŋã⁵⁴.
龙海	头前行来一个肥肥兮查夫婴仔。 tʰau³³ tsiŋ³¹² kiã³³ lai⁰ tsik⁴² ge³³ pui³³ pui³³ e⁰ tsa³³ pɔ³³ ɛ̃²³ ã³².
长泰	面头前一个肥肥兮查夫囝仔行来啊。 bin²¹ tʰau²² tsan²⁴ tsit²¹ keu⁴⁴ pui²² pui²⁴ e⁰ tsa²² peu²² kin⁵⁵ nã⁵⁴ kiã²⁴ lai⁰ ia⁰.
华安	头前行来一股肥肥兮查夫囝仔。 tʰau²² tsan²³² kiã²² lai²² tsit²¹ kɔ⁵⁵ pui²² pui²³² e⁰ tsa²² pɔ²² kin⁵⁵ na⁵³.
南靖	头前来一股肥软肥软兮查夫囝仔。 tʰau²² tsiŋ³²³ lai²² tsit²¹ kɔu⁴⁴ pui²² nuĩ⁵⁴ pui¹³ nuĩ⁵⁴ e⁰ tsa²² pɔu²² kin⁴⁴ na⁵⁴.
平和	头前来一股肥肥兮查夫囝仔。 tʰau²² tsiŋ²³ lai²² tsit²¹ kou²³ pui²² pui²³ e⁰ tsa²² pou³⁴ kin²³ ã⁵².
漳浦	一个肥肥兮查夫囝仔对头前行来。 tsit²¹ gɛ³³ pui³³ pui⁴¹² e⁰ tsa³³ pou³³ kin⁴³ lã⁰ tui⁵¹ tʰou³³ tsioŋ⁴¹² kiã⁴¹² lai⁰.

续表

	0018 前面走来了一个胖胖的小男孩。
东山	一个嫩滚嫩滚兮查夫团仔对头面前行过来。 tsit⁴¹ ge³³ lun⁵¹ gun⁵¹ lun⁵¹ gun²² e⁰ tsa³³ pou³³ kin⁴⁴ lã⁰ tui⁵¹ tʰau³³ bin²² tseŋ²¹³ kiã²¹³ kue²² lai⁰.
云霄	头前行来一股肥肥兮查夫团仔。 tʰau³³ tsian³² kiã³³ lai³³ tsit²¹ kou⁵⁵ pui³³ pui³² e⁰ tsa³³ pou⁵⁵ kin⁵⁵ a⁵³.
诏安	前爿行来一个肥肥仔兮细团仔。 tsiŋ²² piŋ²⁴ kiã²² lai²² tsit³² gə²² pui²² pui²⁴ ɛ⁰ gə⁰ sei⁵³ kiã²⁴ ɛ⁵³.
龙岩	前头一个肥肥呢兮丈夫仔〔婴仔〕行啊来。 tɕĩ¹¹ tʰau¹¹ tɕiɛt⁵ kiɛ¹¹ pui¹¹ pui¹¹ nĩ¹¹ ɛ¹¹ tiõ¹¹ pu¹¹ ua²¹ ŋiã⁴² kiã¹¹ a⁰ lie¹¹.
漳平	头前行来一个肥肥兮丈夫婴。 tʰau³³ tsan³³ kiã³³ lai³³ tsiet²¹ ɛ³⁵ pui³³ pui³³ ɛ⁰ tã³³ pɔ³³ iã³⁵.
大田城关	头前行来一个肥肥兮团仔哥。 tʰɔ³³ tsiŋ²⁴ kiã²⁴ lɛ⁰ tseʔ³ ge²⁴ pui³³ pui²⁴ ze⁰ keŋ³¹ ŋã²⁴ kɔ³³.
大田广平	一隻肥肥个丈夫〔团团〕仔□出围行入来了。 ʃiɐ²² tʃia³³ puɛ²² puɛ²⁴ kɤ³¹ tioŋ²² pu²² kuɛ̃⁵¹ ga⁰ lɐ̃²² tʃʰiɐ⁵ ui²⁴ kiɐ̃²² liɐ²² li⁷²⁴ liɤ⁰.
霞浦三沙	头前行来一个肥肥个丈夫团仔。 tʰau²¹ tsãi³⁵ kiã³⁵ lɛ⁰ tseʔ²¹ ke³⁵ pui³⁵ pui³⁵ ke²¹ ta²¹ bo²¹ keŋ³⁵ ŋa⁵¹.
福鼎沙埕	头前走来一个肥肥其丈夫团。 tau²¹ tsuĩ²⁴ tsau⁵³ lai²⁴ tsiet²¹ ge²⁴ pui²¹ pui²⁴ ki²¹ ta³³ bɔ³³ kã⁵³.
建瓯	头前行来了一隻肥嫩嫩个丈夫团仔。 tʰe³³ tsʰiŋ³³ kiaŋ²¹ lɛ³³ lɔ³³ tsi³³ tsia²⁴ py³³ nɔŋ⁵⁵ nɔŋ²⁴ kɛ³³ tioŋ⁵⁵ mu³³ kuiŋ²¹ tsiɛ²¹.
建阳	头前行来了一隻肥肥个男人团仔。 həu⁴⁵ tsieiŋ⁴⁵ jiaŋ⁴¹ lɛ⁴⁵ lo⁰ tsi⁴ tsia³⁵ py³³ py³³ ke³³ naŋ³³ nɔiŋ⁴⁵ kyeiŋ²¹ tsie²¹.
政和	前头行来一隻肥嫩嫩个团屡。 tsʰiŋ³³ tʰɛ³³ kiaŋ²¹ lɛ³³ tsi⁴² tsia²⁴ pui⁵⁵ nɔŋ³³ nɔŋ³³ kiɛ⁴² kyiŋ²¹ nuɛ⁴².
松溪	头前行来一隻肥嫩嫩个团屡。 tʰa⁴⁴ tsʰeiŋ⁴⁴ kiaŋ²¹ lœ⁴⁴ tsi⁴² tsia²²³ py⁴⁴ nuɛi²²³ nuɛi²²³ ka²² kiɛ⁴⁴ nuɛi²¹.

续表

	0018 前面走来了一个胖胖的小男孩。
武夷山	前谷=行来一隻胖鼓鼓个男人团仔。 tsʰiŋ³³ ku⁵⁵ iaŋ³³ lie³³ tsi²² tsia³⁵ pəu³³ ku⁵¹ ku⁵¹ kɛi⁰ naŋ³³ nɛiŋ³³ kiŋ³¹ tsie⁰.
浦城石陂	头前个隻壮壮个团仔胺行过来。 tʰəɯ³³ tɕʰiŋ³³ kɵ⁵³ tɕia²⁴ tsɔŋ³³ tsɔŋ³³ ke⁰ kyŋ²¹ tɵ⁰ tsɵ⁵³ ɡiaŋ⁴² kɵ³³ le³³.
南平夏道	面前行来隻肥肥个团儿胺。 miŋ³³ tɕʰiŋ⁵⁵ kiaŋ⁵⁵ lɛ³³ tɕia¹¹ pui¹¹ pui⁵⁵ ɛ⁰ kuiŋ³³ ni⁵⁵ tsuɛ¹¹.
顺昌	前面行来个隻肥敦敦个丈夫团仔。 tʃʰẽ³³ mẽ⁵¹ kʰiaŋ³³ li³³ ka⁵⁵ tʃa⁴⁴ pʰy¹¹ tuŋ⁴⁴ tuŋ⁴⁴ ka⁵⁵ tiɔ̃⁴⁴ py⁴⁴ ki⁵⁵ ti³⁵.
将乐	前角来咯个隻苓苓肥记团仔。 tʰiɛ̃²² ko²² li²² lo²¹ kaʔ⁵ tʃa⁵¹ t ɣŋ²² t ɣŋ²² pʰi²² kiʔ⁵ kiɛ̃²² tsi²¹.
光泽	前头行来蜀个□肥个团仔。 tʰin⁴¹ hɛu²² haŋ³⁵ li²² ɕi⁴¹ kɛi³⁵ lɛ²¹ pʰi²² kɛi⁰ kin⁴¹ tsɛ⁰.
邵武	前头过来蜀个肥肥个团仔。 tʰin⁵³ həu³³ huo³⁵ li⁰ ɕi³³ kəi²¹ pʰi³³ pʰi³³ kəi²¹ kin⁵³ tsə⁰.
三明	前面来了个隻肥肥哩丈夫团仔。 tsʰɛ̃i³¹ mɛ̃i³³ la⁵¹ lo⁰ kɒ⁴⁴ tʃɒ²¹³ puei³¹ puei⁵¹ li⁰ tiɐm³¹ pu⁴⁴ kyɛ̃i¹² tsa³¹.
永安	前边来了寡隻肥肥个丈夫团仔。 tsʰɛ̃i³³ pɛ̃i⁵² la³³ lo⁰ kuɒ²¹ tʃiŋ⁴⁴ pue³³ pue³³ ke⁰ tiam²¹ pu⁵² kyɛ̃i³³ tsã²¹.
沙县	面前来了个隻肥肥的团仔胺。 miẽ²¹ tsʰiẽ³¹ lai³¹ lo⁰ ka²¹ tʃia⁵⁵ pui⁴⁴ pui³¹ li⁰ kyẽ⁵⁵ tsai⁵⁵ tsue³³.
长汀	前头行来哩一个壮壮哩个细赖子。 tsʰiŋ³³ tʰəɯ²⁴ haŋ³³ lai³³ lɛ³³ i³³ ke⁵⁵ tsoŋ⁵⁵ tsoŋ⁵⁵ lɛ⁵⁵ ke²¹ sɛ⁵⁵ lai⁵⁵ tsʅ²¹.
连城	前头行来一个肥肥个团团子。 tsʰe²² tʰəɯ²² haŋ²² li²² i⁵⁵ ka⁵³ pʰuo²² pʰuo²² ka⁰ naiŋ⁵⁵ naiŋ⁵⁵ tsɯə²¹².
上杭	面前行来了一个壮牯哩。 miɛ̃⁵¹ tɕʰiɛ̃²¹ hɒ̄²¹ luɔ²¹ lɛ³¹ iʔ³² kɒ³⁵³ tsoŋ³⁵³ kʉ³¹ lɛ³¹.
武平	面前行来个细膦蛴子好壮。 miɛŋ⁴⁵¹ tɕʰiɛŋ²² haŋ²² li²² ke⁴⁴ sɛ⁴⁵¹ tiŋ²² kua²⁴ tsʅ⁴² hɔ⁴² tsoŋ⁴⁴.

续表

	0018 前面走来了一个胖胖的小男孩。
永定	前头来哩一个好肥个大细子。 tɕʰiɛ²² tʰəu²² luoi²² li⁰ ieʔ⁵ kɛʔ⁵ xɔu³¹ pʰei²⁴ kɛʔ⁵ tʰai³¹ sei⁵⁵ tsɿ³¹.
明溪	前面行来个隻肥肥的细倚子。 tsʰieŋ³¹ mieŋ⁵⁵ xaŋ³¹ li³¹ kɤ⁰ tsa⁰ pʰi³¹ pʰi³¹ ti⁰ sa²⁴ so³¹ tse⁴¹.
清流	前头行来一个壮壮隻个崽子倚。 tsʰeŋ²³ tʰə²³ haŋ²³ lɛ²³ ie²¹ ka³⁵ tsɔŋ³⁵ tsɔŋ³⁵ tsɿ²¹ ka²¹ tsɛ²¹ tsɿ³³ so²¹.
宁化	前头行过来一个壮壮的个细郎子倚。 tɕʰieŋ²¹² tʰiəɯ⁴⁴ hɒŋ²⁴ ko⁴⁴ lai⁴⁴ i⁵ ka³¹ tsɔŋ²¹² tsɔŋ²¹² ti⁰ ka³¹ ɕie²¹² lɒŋ⁴⁴ tsai³¹ sɒ⁵.
新罗客家	前头来哩一个肥肥哩个大细子。 tʃiẽ³⁵ tʰie⁵⁵ la³⁵ li⁵⁵ iʔ⁵ ka⁴¹ pʰei³⁵ pʰei⁵⁵ li⁵⁵ ka⁴¹ tʰa²¹ sei²¹ tsɿ⁴⁵³.
平和客家	面前行着一个格⁼多肥个细伙子。 mian³¹ tsʰian³⁵ haŋ³³ tʃʰɔ³³ it⁵³ kai³¹ kat⁵³ tɔ³¹ pʰui³⁵ kai³¹ se³¹ fɔ³⁵ tsɿ³¹.
诏安客家	面前一个肥肥个团仔□走过来。 miɛn²² tsʰiɛn⁵³ zit⁵ kai³¹ pʰui²² pʰui⁵³ kɤ⁰ kiɛn⁴⁵ tsɿ³¹ mɔiʔ²³ tseu³¹ kuɔ⁰ lɔi⁰.
泰宁	前班行来了个隻胖胖仂个团仔牯。 tʰan⁵¹ pan³¹ xaŋ³³ lei³³ lə⁰ kə⁰ tɕia³³ pʰoŋ⁵¹ pʰoŋ⁵¹ lə⁰ kə⁰ kien⁵¹ tsə⁰ ku³¹.
建宁	前面行过来一介胖胖介小正儿。 tsʰien⁵⁵ mien⁵⁵ haŋ²⁴ kuo²¹ lei⁵⁵ it² kai²¹ pʰoŋ²¹ pʰoŋ²¹ kai²¹ siau⁵⁵ təŋ²¹ ŋie⁵¹.
浦城城关	头前过来了得个胖胖个团仔酸。 tiɑo²⁴ tɕiãi²⁴ kua⁴²³ li²⁴ le⁰ te²¹ ke⁴²³ pʰaŋ⁴²³ pʰaŋ⁴²³ ke⁰ kiãi⁴⁴ tɕi⁴⁴ tsue³⁵.
南平延平	前头走来了一个肥肥的阿崽哥。 tɕʰieŋ³¹ tʰeu²¹ tseu²⁴ lai²¹ lɤ⁰ i³³ ko³⁵ xui³¹ xui²¹ ti⁰ a⁵⁵ tsai⁵³ ko³³.

	0019 他家一下子死了三头猪。
福州	伊厝做蜀下死三头猪。 i⁵⁵ tsʰuo²¹ tso⁵² lo²¹ a²⁴² si³³ saŋ⁵⁵ nau⁵² ty⁵⁵.
闽侯	伊厝做蜀下死三头猪。 i⁰ tsʰuo²¹² tso⁰ suo²¹ a²⁴² si³³ saŋ³³ nau⁵³ ty⁵⁵.
长乐	伊厝做蜀下死三头猪。 i⁵⁵ tsʰuo²¹ tso⁵³ suo²² a²⁴² si²² saŋ⁵⁵ nau⁵³ ty⁵⁵.
连江	伊厝里三头猪做蜀下都死去。 i⁵⁵ tsʰuo²¹² le³³ saŋ²¹ nau⁵¹ ty⁵⁵ tso⁵¹ luo²¹ a²⁴² tu⁵¹ si³³ u⁰.
罗源	伊厝做蜀下死三头猪。 i⁴⁴ tsʰuo³⁵ tsɔ²² lyø²¹ a³⁴ θi²¹ θaŋ²² nau³¹ ty⁴².
福清	伊厝底做蜀下死去三头猪。 i⁵³ tsʰuo²¹ lɛ⁰ tso³⁴ lio⁵³ a⁴² θi³¹ kʰio²¹ θaŋ⁴⁴ nau⁴⁴ ty⁵³.
平潭	伊厝做蜀下死了三头猪。 i⁵¹ tsʰuo²¹ tso³⁵ ðyo⁴⁴ a⁴² θi³¹ lau³¹ θaŋ⁴⁴ lau⁴⁴ ty⁵¹.
永泰	伊厝做蜀下死三头猪。 i⁴⁴ tsʰuo²¹ tso⁴⁴ lo²¹ a²⁴² si³² saŋ⁴⁴ nau³⁵³ ty⁴⁴.
闽清	伊厝做蜀下死三头猪。 i⁴⁴ tsʰyø²¹ tsɔ⁴⁴ luo²¹ a²⁴² si³² saŋ⁴⁴ nau⁴⁴ ty⁴⁴.
古田	伊厝吓蜀气死去三头猪。 i⁵⁵ tsʰuo³³ lie⁵³ syøʔ² kʰi²¹ si⁴² u⁰ saŋ²¹ tʰau⁵⁵ ty⁵⁵.
屏南	伊厝吓蜀口气死去三头猪。 i⁴⁴ tsʰuo⁴⁴ lɛ⁴¹ suk³ kʰeu⁴⁴ kʰi³⁴ si⁴¹ ɯ⁰ saŋ⁴⁴ tʰau²² ty⁴⁴.
宁德	伊厝吓做蜀下死去三头猪。 i³³⁴ tsʰu³⁵ i⁰ tsɔ⁵⁵ lœ⁵⁵ a⁴¹¹ si⁴¹ i⁰ san³³⁴ nau¹¹ ty³³⁴.
霞浦城关	伊厝吓做蜀下死了三头猪。 i⁴⁴ tsʰo⁵⁵ le⁵¹ tsɔ⁵⁵ θø²¹ a²⁴ θi⁴² lo⁰ θaŋ⁴⁴ nau²¹ ty⁴⁴.
福安	伊厝底做蜀下死了三头猪。 ei³³¹ tsu³⁵ te⁴¹ tsɔ⁵⁵ si⁴⁴ a²³ si⁴¹ li⁵ saŋ³³¹ tʰau²¹ tøi³³¹.

续表

	0019 他家一下子死了三头猪。
柘荣	伊厝里有毛⁼暴⁼死了三头猪。 i⁴² tsʰuo⁵⁵ tie⁵³ u⁴⁴ mɔ²¹ pɔ⁴⁵ θi⁵³ lɛ⁰ θaŋ⁴² tʰau²¹ ty²¹.
周宁	伊其厝里做[蜀下]死去三头猪。 i⁴⁴ i⁵ tsʰu⁵⁵ lɛ⁴² tsɔ⁵⁵ sia⁴⁴ si⁴² i⁵ san⁴⁴ nau²¹ ty⁴⁴.
寿宁	伊家中做蜀下死了三头猪。 i³³ ka³³ tɔuŋ³³ tsɔ⁵⁵ si³³ a²³ si⁴² li⁰ saŋ³³ tʰau²¹ ty³³.
福鼎城关	伊厝中忽光光死三头猪。 i⁵⁵ tsʰi³³ tuoŋ⁵⁵ xu²¹ kuoŋ³³ kuoŋ³⁵ si⁵⁵ saŋ³⁵ tʰau⁴² ti³⁵.
尤溪	伊厝做蜀下死了三头猪。 i⁵⁵ tsʰy⁵¹ tsə⁴⁴ ɕie³³ a⁴¹ se⁵⁵ lə⁰ sẽ³³ tʰau³³ tui³³.
莆田	伊许厝蜀下着乞死三头猪。 iʔ⁵ hiŋ⁵³³ nɔu⁴² ɬɔʔ⁵ kɔ¹¹ tɔʔ² kɔʔ² ɬi⁴⁵³ ɬɔ¹¹ lau²⁴ ty⁵³³.
涵江	伊厝做蜀下乞死三头猪[落外]。 ot⁴ lɔu⁵⁵ tso⁵⁵ lok⁴ kɒ²¹ kɛt¹ ɬi⁴⁵³ ɬɒ²¹ lau¹³ ty⁵⁵ luai⁰.
仙游城关	因⁼许厝蜀下死三头猪。 yøŋ⁵⁵ hn²⁴ nou⁴² ɬuok²³ kɒ²¹ ɬi⁴⁵³ ɬɒ²¹ lau²⁴ ty⁵³³.
仙游枫亭	伊许厝做蜀环死三头猪。 i⁵³³ hiŋ⁵³³ nɔu⁴² tsɔʔ² lɔʔ⁵ kʰieŋ²⁴ ɬi⁴⁵³ ɬɔ¹¹ lau²⁴ ti⁵³³.
厦门	㐞兜做一摆死三隻猪。 in²² tau⁴⁴ tsue⁵³ tsit²¹ pai⁵³ si⁴⁴ sã²² tsia⁵³ ti⁴⁴.
同安	㐞兜做一下死三隻猪。 in⁴⁴ tau⁴⁴ tsue⁴² tsit¹¹ e²⁴ si⁴² sã³³ tsiaʔ⁴ tɯ⁴⁴.
泉州鲤城	㐞厝里猪做一下死去三隻。 in³³ tsʰu⁵⁵ lai²² tɯ³³ tsue⁵⁵ tsit²² e²² si²⁴ kʰɯ⁵⁵ sã³³ tsiaʔ⁵.
泉州洛江	㐞厝里做一下死去三隻猪。 in³³ tsʰu⁵⁵ lai³³ tsue⁵⁵ tsit⁴¹ e⁰ si²⁴ kʰi⁰ sã³³ tsiaʔ⁵ ti³³.
南安	㐞厝做一□死三隻猪去。 in³³ tsʰu³¹ tsue⁵⁵ tsit² kʰian³¹ si²⁴ sã³³ tsiaʔ⁵ tɯ³³ kʰɯ⁰.

续表

	0019 他家一下子死了三头猪。
晋江	伊厝做一下死三隻猪。 in³³ tsʰu⁴¹ tsue⁵⁵ tsit⁰ e⁰ si²⁴ sã³³ tsiaʔ⁵ ti³³.
石狮	伊厝里做一下死三隻猪。 in³³ tsʰu⁵⁵ lai³³ tsue⁵⁵ tsit² e⁰ si²⁴ sa³³ tsiaʔ⁵ ti³³.
惠安	伊厝里做一下死去三隻猪。 en³³ tsʰu⁵⁴ lai⁰ tsue⁵⁴ tset⁵ e⁰ si²⁵ kʰɯ⁴² sã³³ tsiaʔ⁵ tɯ³³.
安溪	伊厝做一下死去三隻猪。 in³³ tsʰu²¹ tsue⁴⁴ tsit⁵ e⁰ si²² kʰɯ⁴² sã³³ tsiaʔ⁵ tɯ⁵⁵.
永春	伊厝做一下死去三隻猪。 in⁴⁴ tsʰu⁵³ tsue⁵³ tsit⁰ e⁰ si⁵³ kʰɯ⁰ sã²² tsiaʔ⁴ tɯ⁴⁴.
德化	伊厝做一下死去三隻猪。 in²² tsʰu⁴² tsue⁴² tsit⁰ e⁰ si⁴⁴ kʰɯ⁰ sã²² tsiaʔ⁴² tɯ¹³.
漳州	伊兜一气死去三隻猪仔。 in²² tau³⁴ tsit²¹ kʰui²¹ si³⁴ kʰi⁵³ sã²² tsia⁵³ ti²² ia⁵⁴.
龙海	伊兜一下手仔死三隻猪。 in³³ tau³⁴ tsik⁴² ɛ⁴¹ tsʰiu⁴⁴ ua³² si³⁴ sã³³ tsia⁵² ti³⁴.
长泰	伊兜一气死三隻猪仔。 in²² tau⁴⁴ tsit²¹ kʰui²¹ si⁴⁴ sã²² tsia⁵³ ti²² ia⁵⁴.
华安	伊兜一下死三隻猪。 in²² tau²² tsit²¹ ɛ̃²² si⁵⁵ sã²² tsiaʔ⁵ ti⁵⁵.
南靖	伊兜一下仔死三隻猪。 in²² tau³⁴ tsit²¹ e⁰ a⁰ si⁴⁴ sã²² tsiaʔ⁵⁴ ti³⁴.
平和	伊兜一下仔死三隻猪。 in²² tau³⁴ tsit²¹ e²¹ ã⁵² si²³ sã²² tsiaʔ⁴² ti³⁴.
漳浦	伊兜一睏仔死三隻猪。 in³³ tau⁴³ tsit²¹ kʰun⁴³ lã⁰ si⁴³ sã³³ tsia⁵¹ ti⁴³.
东山	伊厝一下死三隻猪。 in³³ tsʰu²² tsit⁴¹ e³³ si⁴⁴ sã³³ tsia⁵¹ ti⁴⁴.

续表

	0019 他家一下子死了三头猪。
云霄	個厝一下尺仔死去三隻猪仔。 in³³ tsʰu²² tsit²¹ e²¹ tsʰio⁵⁵ a⁵³ si⁵⁵ kʰi²¹ sã³³ tsia⁵³ ti³³ a⁵³.
诏安	個厝一下死三隻猪。 in³³ tsʰu²² tsit³² ɛ²² si²⁴ sã³³ tsia⁵³ tɯ⁴⁴. 個厝一下死去三隻猪。 in³³ tsʰu²² tsit³² ɛ²² si²⁴ kʰɯ⁵³ sã³³ tsia⁵³ tɯ⁴⁴.
龙岩	伊厝兜一［刻仔］久三头猪仔消去啊。 i⁵⁵ tɕʰi²¹³ lau¹¹ tɕiɛt³ kʰa²¹³ ku²¹ sã¹¹ tʰau¹¹ ti⁵⁵ ia²¹ ɕiau⁵⁵ gi⁰ a⁰.
漳平	伊厝一［盈仔］死咯三头猪。 i³⁵ tsʰu²¹ tsiet²¹ iã³⁵ si⁵³ lɔ⁰ sã³³ tʰau³³ ti³⁵.
大田城关	伊厝一下死去三头豨。 i⁵³ tsʰu³¹ tseʔ³ a⁵⁵ si⁵³ kɔ⁰ sã³³ tʰɔ²⁴ hui⁵³.
大田广平	伊厝啊做一下死去三头豨啊。 i⁵¹ tʃʰy³¹ iɐ³³ tsɯ³¹ ʃiɐ²² a³¹ si⁵¹ kɤ⁰ sẽ³³ tʰo²⁴ hy⁵¹ gɤ⁰.
霞浦三沙	伊厝里七精不索死了三头猪。 i⁴⁴ tsʰu⁵⁵ lɛ²¹ tsʰi⁴⁴ tsiŋ⁴⁴ bo²¹ so²¹ si⁴² lo⁰ sã⁴⁴ nau²¹ ty⁴².
福鼎沙埕	伊厝里一个团就死了三隻猪。 i⁰ tsʰu⁴⁴ lai⁵³ tsiet²¹ ge²⁴ kã⁵³ tsiu²¹ si⁵³ lau²¹ sã³³ tsia³³ tɯ⁴⁴.
建瓯	渠厝一刻仔死了三头豨。 ky⁴² tsʰiɔ³³ tsi³³ kʰɛ²⁴ tsiɛ²¹ si²¹ lɔ³³ saŋ⁵⁴ tʰe³³ kʰy²¹.
建阳	渠厝里一下仔死了三头豨。 ky³⁵ tsʰiɔ³³ tɔi²¹ tsi⁴ xa⁵⁵ tsie²¹ sɔi²¹ lo⁰ saŋ⁵¹ həu³³ kʰy²¹.
政和	渠厝底一下子就死了三头豨。 ky⁴² tsʰio⁴² ti²¹³ tsi⁴² xa⁴² tsiɛ²¹³ tsiu⁵⁵ si²¹³ lo²¹³ saŋ⁵³ tʰɛ³³ kʰui²¹³.
松溪	渠厝底一下就死班═三头豨。 kio⁴² tsʰio²² ti⁰ tsi⁴² xɒ⁴⁵ tsiu⁴⁵ sɛi²²³ paŋ⁵³ saŋ⁵³ tʰa⁴⁴ kʰy²²³.
武夷山	渠厝底一下死了三头豨。 həu⁵¹ tsʰyo²² tɕi⁰ tsi²² xa⁵⁵ sɛi³¹ lɛi³¹ saŋ⁵¹ hiəu³³ kʰəu³¹.

续表

	0019 他家一下子死了三头猪。
浦城石陂	渠厝个下手死掉三条豨。 gy⁴² tɕʰiθ³³ kɵ⁵³ xa⁴⁵ ɕiɯ²¹ si²¹ tʰɯ⁴⁵ saŋ⁵³ tiaɯ³³ kʰy²¹.
南平夏道	伊厝一下子死了三头豨。 i¹¹ tɕʰye²⁴ tɕi¹¹ xa³³ tɕi³³ si³³ lo⁰ saŋ¹¹ tʰau⁵⁵ kʰy³³.
顺昌	渠厝里个下死了三行豨。 kɛ³¹ tʃʰo⁵⁵ ti³¹ kɔ⁵¹ hɔ⁵¹ si³¹ lo⁰ sɔ̃⁴⁴ ho³³ kʰy³¹.
将乐	渠厝下个下死咯三行豨。 ki²¹ tʃu⁵⁵ xa⁵¹ kaʔ⁵ xa³²⁴ si²¹ lo²¹ sãŋ⁵⁵ xãŋ²² kʰui⁵¹.
光泽	伛厝里个下子就死了三隻猪。 hu⁴¹ tɕʰiɔ³⁵ ti⁴¹ kɛi³⁵ ha⁵⁵ tsɛ⁰ tɕiu⁵⁵ si⁴⁴ liɛ⁰ sam²¹ tɕia²¹ tɕy²¹.
邵武	伛厝里个下死了三头猪。 hu³⁵ tɕʰio²¹ ti⁰ kəi²¹ ha³⁵ si⁵⁵ liau⁰ san²¹ həu⁵³ ty²¹.
三明	渠厝做个下死罢三头豨。 ŋy⁴⁴ tʃʰɯ³³ tsaɯ³³ kɒ⁴³ hɒ²⁵⁴ si³¹ pɔ̃⁴⁴ sɔ̃⁴⁴ tʰœ⁵¹ kʰyi³¹.
永安	渠厝做下死罢三头豨。 ŋy⁵² tʃʰiɯ²⁴ tsaɯ²¹ hɒ⁵⁴ si²¹ po⁰ sõ⁵² tʰø³³ kʰyi²¹.
沙县	渠厝个下死罢三头豨。 ky³³ tsʰo²⁴ ka⁴⁴ xa⁵³ si²¹ pɔ̃⁰ sɔ̃⁴⁴ tʰau⁴⁴ kʰy²¹.
长汀	渠屋下一下手死撇哩三隻猪。 ke³³ u⁵⁵ ha²¹ i³³ ha²¹ ʃɯ⁴² si²¹ pʰe³³ le²⁴ saŋ³³ tʃa⁵⁵ tʃu³³.
连城	渠个屋下一刻子死撇三条猪。 kuɛ³³ ka⁰ viɛ⁵⁵ ho⁵⁵ i⁵⁵ kʰuo⁵⁵ tsɯə²¹ sɯə²¹ pʰi⁵³ sa³³ tʰiau²² tsiɛ⁴³³.
上杭	渠屋下哩一下死撇哩三隻猪。 kei²¹ vəʔ³² hɒ⁴⁴ lɛ³¹ iʔ³² hɒ³⁵³ sɿ⁵¹ pʰiʔ³² lɛ³¹ sã⁴⁴ tsɒʔ³² tsʉ⁴⁴.
武平	渠个屋下一下子死矣三隻猪。 ki²⁴ ke⁴⁵¹ uʔ⁴ ha⁴² iʔ⁴ ha²⁴ sɿ⁴² sɿ⁴² i²² saŋ²⁴ tsaʔ³ tu²⁴.
永定	渠屋下一下子死哩三隻猪。 tɕi²² vuʔ⁵ kʰa²⁴ ieʔ³² xa³³ tsɿ³¹ sɿ³¹ li⁰ sẽ²⁴ tsaʔ³² tsu²⁴.

续表

		0019 他家一下子死了三头猪。
明溪		渠厝底［下个］伙死班⁼三行猪。 kʰø⁴¹ tsʰɤ⁵⁵ te⁴¹ ko⁵⁵ xo⁴¹ si⁴¹ paŋ⁰ saŋ⁴⁴ xaŋ³¹ ty⁴⁴.
清流		渠屋下一下手死掉三条猪。 kə³³ vu²¹ ho³³ ie²¹ ho³³ ʃiə²¹ si²¹ tʰe²¹ saŋ³³ tʰiɔ²³ tʃy³³.
宁化		渠屋下一下子死掉三头猪。 kə³⁴ vu³⁵ hɒ³¹ i⁵ hɒ³¹ tsai³¹ ɕi³¹ tʰia⁵ sɒŋ³⁴ tʰiɯ⁴⁴ tsə³¹.
新罗 客家		渠屋下里一刻子死撇哩三隻猪哩。 tu³⁵ vəʔ⁵ xo⁵⁵ li⁵⁵ iʔ⁵ kei ʔ⁵ tsɿ⁴⁵³ si⁴⁴ pʰie⁴⁴ li⁴⁴ saŋ⁴⁴ tʃioʔ⁵ tu⁴⁴ li³¹.
平和 客家		渠屋下一下子死了三隻猪。 ky³⁵ vu⁵⁵ ha³³ it⁵³ ha³¹ tsɿ³¹ si³¹ liau³¹ sam³¹ tʃa⁵⁵ tɕy³³.
诏安 客家		渠屋下做下死三隻猪去。 ky⁵³ vu⁴⁵ ha²² tsɔu⁴⁵ ha⁴⁵ si⁴⁵ sam²² tʃiaʔ²³ tʃy²² ky⁰.
泰宁		渠侬厝下个下子倒成了三行猪。 hi³⁵ noŋ³³ tɕʰy⁵¹ xa²¹ kə⁵¹ xa³⁵ tsə⁰ tau³⁵ ɕiaŋ⁵¹ lə⁰ saŋ³¹ xaŋ³⁵ ti³¹.
建宁		士⁼囊⁼一下手⁼死了三隻猪。 sə⁵⁵ loŋ⁵⁵ it² ha⁵⁵ səu⁵⁵ si⁵⁵ lau⁵⁵ sam³⁴ tak⁵ tə²¹.
浦城 城关		渠厝里介下手死了三头猪。 ke⁵⁴ tɕʰye⁴²³ li⁴⁴ kɑ⁴⁴ xɑ²¹ ɕiu⁴⁴ ɕi⁴⁴ le⁰ sãi⁵³ tiɑo²⁴ tɕie³⁵.
南平 延平		他家一下仔死掉了三头猪。 tʰa³³ ka³³ i³³ xa⁵⁵ tsai²⁴² sɿ²⁴ tiau³⁵ lau⁰ sæ̃²⁴ tʰeu²¹ tɕy³³.

	0020 这辆汽车要开到广州去。/这辆汽车要开去广州。 选择本方言中最自然的一种说法，或按常用度列出几种说法。
福州	者架车是开去广州。 tsi⁵⁵a²¹tsʰia⁵⁵si⁵⁵kʰui⁵⁵ɔ²¹kuoŋ²¹ʒiu⁵⁵.
闽侯	者架车是开去广州。 tsie²¹a²¹tsʰia⁵⁵si⁰kʰui⁵⁵kʰuo²¹kuoŋ²¹ʒiu⁵⁵.
长乐	者架车是开去广州。 tsi⁵⁵a²¹tsʰia⁵⁵si⁵⁵kʰui⁵⁵kʰuo²¹kuoŋ²²ʒiu⁵⁵.
连江	[者蜀] 架汽车着开遘广州去。 tsyø⁵⁵a²¹²kʰi⁵⁵ʒia⁵⁵tyøʔ²¹kʰui⁵⁵kau²¹²kuoŋ²¹ʒiu⁵⁵o²¹².
罗源	者架汽车是开去广州。 tsi²a³⁵kʰi⁴⁴ʒia⁴²θi²²kʰui⁴²kʰuo³⁵kuoŋ²¹ʒiu⁴².
福清	[者蜀] 门汽车卜开去广州。 tsio²¹muoŋ⁴⁴kʰi⁴⁴ʒia⁵³poʔ⁵kʰui⁵³kʰio²¹kuoŋ²¹ʒiu⁵³.
平潭	隻架汽车卜开去广州。 tsieʔ⁵ka²¹kʰi⁴⁴ʒia⁵¹puʔ⁰kʰui⁵¹kʰyo²¹kuoŋ²¹nʒiu⁵¹.
永泰	隻架汽车着驶去广州。 tsiʔ³ka²¹kʰi⁴⁴ʒia⁴⁴tuoʔ⁵sai³²o⁰kuoŋ²¹ʒiou⁴⁴.
闽清	隻架汽车卜开广州去。 tsieʔ³ka²¹kʰi⁴⁴ʒia⁴⁴puok³kʰui⁴⁴kuoŋ²¹ʒiu⁴⁴kʰɔ²¹.
古田	者场=汽车是去广州其。 tsie³³lyøŋ⁴⁵kʰi³³ʒia⁴⁵si³³kʰyø²¹kuoŋ²¹nʒiu³⁵i⁰.
屏南	者张汽车着开遘广州去。 tsɛ⁵⁵tʰɤŋ⁴⁴kʰi⁵⁵ʒia⁴⁴tyøk³kʰui⁴⁴kau⁰kʊŋ⁵⁵ʒiu⁴⁴kʰɯ³⁴.
宁德	隻蜀架汽车爱开广州去。 tsaʔ²³sø³³ka³⁵kʰi³³ie³³ɔi⁵⁵kʰui³³kɔuŋ⁵⁵nʒiu³³kʰy⁵⁵.
霞浦城关	者架汽车爱开去广州。 tsia⁵⁵ka⁵⁵kʰi⁵⁵tsia⁴⁴oi⁵⁵kʰui⁴⁴kʰø⁵⁵kɔuŋ⁵⁵nʒiu⁴⁴.
福安	这架汽车爱开去广州。 tse⁵⁵a³⁵kʰi⁵⁵e³³¹ɔi⁵⁵kʰøi³³¹kʰø³⁵kɔuŋ⁵⁵nʒeu³³¹.

续表

	0020 这辆汽车要开到广州去。/这辆汽车要开去广州。 选择本方言中最自然的一种说法，或按常用度列出几种说法。
柘荣	隻架汽车爱开去广州。 tsiaʔ⁵ka⁴⁵kʰi⁵⁵ziɑ⁴²ɔi⁴⁵kʰui⁴²kʰyø⁴⁵kɔŋ⁵⁵nizu⁴².
周宁	这架车爱开去广州。 tsai³⁵a³⁵tsʰiᴇ⁴⁴oi³⁵kʰui⁴⁴kʰy³⁵kuɔŋ⁵⁵tsiu⁴⁴.
寿宁	这架车爱开去广州。 tsia³⁵ka³⁵tsʰia³³ɔi⁵⁵kʰuoi³³kʰyø³⁵kɔuŋ⁵⁵tsiu³³.
福鼎城关	只架汽车爱开去广州。 tsi⁵⁵ka⁴²kʰi³³tsʰia⁵⁵oi³³kʰui³⁵kʰieʔ³kuoŋ⁵⁵tsiu⁵⁵.
尤溪	只架汽车卜开去广州。 tsi⁴⁴ka⁴⁴kʰi⁴⁴tsʰia³³puo⁴kʰui³³kʰy⁴⁴koŋ⁴⁴tsiu³³.
莆田	即架汽车卜开行广州。 tseʔ⁵kɔ⁴²kʰi³³lia⁵³³pɔʔ⁵kʰui⁵³³kia¹¹kuŋ¹¹niu⁵³³.
涵江	即架汽车卜开去行广州。 tsik⁴kɒ⁴²kʰi⁵⁵lia⁵⁵pok⁴kʰui⁵⁵kit⁴kia²¹kun²¹niu⁵³³.
仙游城关	即架汽车卜开去行广州。 tsɛk²³kɒ⁴²kʰi⁵⁵lia⁵⁵puok²³kʰui⁵⁵kik²³kia²¹kn²¹niu⁵³³.
仙游枫亭	即辆汽车卜开去行广州。 tseʔ⁵lieŋ⁴⁵³kʰi⁵³³lia⁵³³pɔʔ⁵kʰui⁵³³kʰiʔ⁵kiã¹¹kŋ¹¹niu⁵³³.
厦门	即把汽车向广州开去。 tsit⁴pe⁴⁴kʰi⁵³tsʰia⁴⁴ŋ⁵³kŋ²²tsiu⁴⁴kʰui²²kʰi²¹.
同安	即隻汽车卜开去广州。 tsit⁴tsiaʔ⁴kʰi⁴²tsʰia⁴⁴bəʔ⁴kʰui³³kʰɯ⁴²kŋ³³tsiu⁴⁴.
泉州鲤城	即把汽车卜开去广州。 tsit²⁴pe²⁴kʰi⁵⁵tsʰia³³bəʔ⁵kʰui³³kʰɯ⁵⁵kŋ²⁴tsiu³³.
泉州洛江	即隻汽车卜开去广州。 tsit⁵tsiaʔ⁵kʰi⁵⁵tsʰia³³beʔ⁵kʰui³³kʰi⁵⁵kŋ²⁴tsiu³³.

续表

	0020 这辆汽车要开到广州去。/这辆汽车要开去广州。 选择本方言中最自然的一种说法，或按常用度列出几种说法。
南安	即顶车卜开去广州。 tsit⁵ tŋ²⁴ tsʰia³³ bə?² kʰui³³ kʰɯ⁵⁵ kŋ⁵⁵ tsiu³³.
晋江	即隻汽车卜开去广州。 tsit³⁴ tsia?⁵ kʰi⁵⁵ tsʰia³³ be?⁵ kʰui³³ kʰi⁵⁵ kəŋ²⁴ tsiu³³.
石狮	即隻汽车卜开去广州。 tsit³⁴ tsia?⁵ kʰi⁵⁵ tsʰia³³ be?⁵ kʰui³³ kʰi⁵⁵ kəŋ⁵⁵ tsiu³³.
惠安	即把汽车卜开去广州。 tset⁵ pe²⁵ kʰi⁵⁴ tsʰia³³ bə?² kʰui³³ kʰɯ⁴² kŋ²⁵ tsiu³³.
安溪	即顶汽车卜开去广州。 tsit²² tiŋ²² kʰi⁵³ tsʰia⁵⁵ bə?²⁴ kʰui⁵⁵ kʰɯ⁴² kŋ²² tsiu⁵⁵.
永春	即顶汽车卜开去广州。 tsit⁴ tiŋ⁵³ kʰi⁴⁴ tsʰia⁴⁴ bə?³¹ kʰui⁴⁴ kʰɯ⁰ kŋ²² tsiu⁴⁴.
德化	即隻汽车卜开去广州。 tsit⁴² tsia?⁴² kʰi⁴² tsʰia¹³ bə?³¹ kʰui²² kʰɯ⁰ kŋ²² tsiu¹³.
漳州	即顶汽车卜开去广州。 tsit⁵ tiŋ³⁴ kʰi⁵³ tsʰia³⁴ be⁵³ kʰui²² kʰi⁵³ kuĩ³⁴ tsiu³⁴.
龙海	即顶汽车卜开去广州。 tsik⁴ tiŋ³⁴ kʰi⁵² tsʰia³⁴ be?⁴ kʰui³³ kʰi⁰ kuĩ³⁴ tsiu³⁴.
长泰	即顶汽车卜开去广州。 tsit⁵ teŋ⁴⁴ kʰi⁵³ tsʰia⁴⁴ be⁵³ kʰui²² i⁰ kŋ⁴⁴ tsiu⁴⁴.
华安	即顶汽车卜开遘广州去。 tsit⁵ tiŋ⁵⁵ kʰi⁵³ tsʰia⁵⁵ bue?⁵ kʰui²² kau⁵³ kuĩ⁵⁵ tsiu⁵⁵ kʰi³¹.
南靖	即顶汽车卜开遘广州去。 tsit⁴ tiŋ⁴⁴ kʰi⁵⁴ tsʰia³⁴ bue?⁵⁴ kʰui²² kau⁵⁴ kuĩ⁴⁴ tsiu²² kʰi²¹.
平和	即顶车卜开去广州。 tsit³² tiŋ²³ tsʰia³⁴ bue?⁵² kui²² kʰi⁵² kŋ²³ tsiu³⁴.

续表

	0020 这辆汽车要开到广州去。/这辆汽车要开去广州。 选择本方言中最自然的一种说法，或按常用度列出几种说法。
漳浦	即顶汽车卜去广州。 tsit⁴ tioŋ⁴³ kʰi⁵¹ sia⁴³ bɛʔ⁴ iʔ⁴ kuĩ⁴³ tsiu⁴³.
东山	即顶车卜开去广州。 tsit⁵ teŋ⁴⁴ tsʰia⁴⁴ boʔ⁵ kʰui³³ kʰi⁰ kuĩ⁴⁴ tsiu⁴⁴.
云霄	即顶汽车卜开按广州去。 tsit⁵ tian⁵⁵ kʰi⁵³ tsʰia⁵⁵ bo⁵³ kʰui³³ an²¹ kuĩ⁵⁵ tsiu⁵⁵ kʰi⁰. 方向是广州，目的地不一定是广州。 即顶汽车卜开去广州。 tsit⁵ tian⁵⁵ kʰi⁵³ tsʰia⁵⁵ bo⁵³ kʰui³³ kʰi⁵³ kuĩ⁵⁵ tsiu⁵⁵. 目的地是广州。
诏安	只隻汽车卜驶去广州。 tsi²⁴ tsia⁵³ kʰi⁵³ tsʰia⁴⁴ bo⁵³ sai²⁴ kʰɯ⁵³ kuĩ²⁴ tsiu⁴⁴.
龙岩	许一顶车讨开去广州。 xi²¹ tɕiɛt³ tin²¹ tsʰa³³ tʰo²¹ kʰui³³ kʰi²¹ kuaŋ²¹ tɕiu³³.
漳平	迄架汽车卜开遘广州去。 hiet⁵ kɛ̃⁵³ kʰi⁵³ tsʰia³⁵ but⁵ kʰui³⁵ kau⁵³ kuaŋ²¹ tsiu³⁵ kʰi²¹.
大田城关	只架车卜开遘广州。 tsi⁵³ kaʰ⁵⁵ tsʰa³³ baʔ⁵ kʰui³³ kɔ⁵⁵ kuaŋ²⁴ tsu³³.
大田广平	即架汽车卜开广州去。 tʃiɐ⁵ ka³¹ kʰi³³ tʃʰia³³ bɒ⁵ kʰy³³ kuaŋ²⁴ tʃiɒ³³ kʰy³¹.
霞浦三沙	即部汽车卜开遘广州。 tse⁴⁴ bo²¹ kʰi⁵⁵ tsʰia²¹ bø²⁴ kʰui²¹ kau²¹ kŋ³⁵ tsiu⁴².
福鼎沙埕	即部汽车卜开去广州。 tsiet²¹ pɔ²¹ kʰi⁴⁴ zia⁴⁴ puo⁰ kʰui⁴⁴ kʰɯ²¹ kŋ⁴⁴ ziu⁴⁴.
建瓯	□一架汽车让开到广州去。 iɔŋ²⁴ tsi³³ ka⁴² kʰi³³ tsʰia⁵⁴ niɔŋ⁵⁵ kʰuɛ⁵⁴ tau³³ kuaŋ²¹ tsiu⁵⁴ kʰɔ³³.
建阳	乙⁼辆汽车让开去广州。 ji³⁵ liɔŋ³³ kʰi³³ tsʰia⁵¹ niɔŋ⁵⁵ kʰye⁵¹ kʰɔ³³ kuŋ²¹ tsiu⁵¹.

续表

	0020 这辆汽车要开到广州去。/这辆汽车要开去广州。 选择本方言中最自然的一种说法，或按常用度列出几种说法。
政和	□辆汽车让开广州去。 ia²⁴lioŋ⁵⁵kʰi⁴²tsʰia⁵³nioŋ⁵⁵kʰyɛ⁵³koŋ²¹³tsiu⁵³kʰo⁴².
松溪	页⁼部汽车让开广州去。 iɛ²²³pu²²kʰi²²tsʰia⁵³nioŋ⁴⁵kʰœ⁵³koŋ²²³tsiu⁵³kʰo²².
武夷山	乙⁼辆汽车让开到广州去。 i³⁵lyoŋ²²kʰi²²tsʰia⁵¹ŋyoŋ⁵⁵kʰy⁵¹tau²²koŋ³¹tsiu⁵¹kʰo²².
浦城石陂	□辆汽车闹⁼开到广州去。 ɦi²⁴lioŋ³³kʰi³³tɕʰia⁵³nau³⁵kʰɵ⁵³tɔ³³kəŋ²¹tɕiɯ⁵³kʰɔ³³.
南平夏道	者架汽车挃开广州去。 tɕia¹¹ka²⁴kʰi⁵⁵tɕʰia¹¹tɛ¹¹kʰuɛ¹¹kuŋ⁵⁵tɕiu¹¹o²⁴.
顺昌	者架汽车让开去广州。 tsa³¹kɔ³⁵kʰi⁵⁵tʃʰa⁴⁴iɔ̃⁵¹kʰuɛ⁴⁴kʰo⁵⁵kɔ̃³¹tʃiu⁴⁴.
将乐	者部车是开到广州去记。 tʃa²¹pu⁵⁵tʃʰa⁵⁵ʃi²¹kʰuæ⁵⁵tau⁵⁵kɔ̃⁵¹tsiu⁵⁵kʰo³²⁴kiʔ⁵.
光泽	□架汽车要开去广州。 tɕiɔŋ⁴¹ka⁵⁵kʰi³⁵tɕʰia²¹iɛu³⁵kʰɔi²¹kʰɔ³⁵koŋ⁴⁴tɕiu²¹.
邵武	酌⁼架汽车农⁼开去广州。 tɕio⁵³ka³⁵kʰi²¹tɕʰia⁵³nuŋ³⁵kʰəi²¹kʰo³⁵kuŋ⁵⁵tsiou²¹.
三明	者篷汽车讨开去广州。 tʃɒ³¹pɔ̃⁵¹kʰi⁴³tʃʰɒ⁴⁴tʰaɯ³¹kʰue⁴⁴kʰɯ³³kɐm⁴³tʃau⁴⁴.
永安	者架汽车讨开去广州。 tʃiɒ²¹kɒ²⁴kʰi⁴⁴tʃʰiɒ⁵²tʰaɯ³³kʰue⁵²kʰɯ²⁴kɑm³³tʃiau⁵⁴.
沙县	者篷汽车要着开去广州。 tʃia²¹pʰɔuŋ⁴⁴kʰi²¹tʃʰia³³io²⁴tio⁰kʰue³³kʰo⁰kŋ⁵⁵tʃiu³³.
长汀	女⁼辆汽车要开去广州。 ni⁴²tioŋ⁵⁵tʃʰi⁴²tʃʰa³³iɒ⁴²hue³³he⁵⁵koŋ²⁴tʃəɯ³³.

续表

	0020 这辆汽车要开到广州去。/这辆汽车要开去广州。 选择本方言中最自然的一种说法，或按常用度列出几种说法。
连城	［以一］架车要开去广州。 i³⁵ka²¹tʃʰo⁴³³iau⁵³huei³³huɛ²¹koŋ²¹tʃɯ⁴³³.
上杭	嚷辆汽车要开到广州去。 noŋ³¹tiɔŋ³¹tɕʰi³⁵³tsʰɒ⁴⁴uɔ³⁵³kʰuɔ⁴⁴tɔu³⁵³koŋ³¹tɕʰiu⁴⁴kʰəi³⁵³.
武平	□辆汽车会开到广州去。 nuŋ²²tiɔŋ⁴²tɕʰi⁴⁵¹tsʰa³uɛ⁴⁵¹kʰuɛ²⁴tɔ⁴⁵¹kɔŋ⁴²tsɛ²⁴ɕi⁴⁵¹.
永定	这辆汽车爱开到广州去。 ti³¹liõ²³tɕʰi⁵²tsʰa²⁴uoi⁵²kʰuoi⁴⁴tɔu⁵²kɔ̃³¹tɕiu⁴⁴tɕʰi⁵².
明溪	这棚车用开去广州。 tʃɿ²⁴pʰeŋ³¹tsʰa⁴⁴ioŋ⁵⁵kʰue⁴⁴kʰɤ⁵⁵koŋ⁴¹tsiu⁴⁴.
清流	这辆汽车要开去广州。 tʃie²¹liɔŋ²¹kʰi³⁵tʃʰio³³iɔ³⁵kʰua³³kʰə³⁵kɔŋ²¹tʃiə³³.
宁化	只辆汽车要开去广州。 tsʰɿ²⁴liɔŋ³¹tɕʰi²¹²tsʰɒ³¹iau²¹²kʰua³⁵kʰə³¹kuaŋ³¹tsɐɯ³¹.
新罗客家	这辆车爱开到广州去。 tsɿ²¹tioŋ⁵⁵tʃʰuo⁴⁴a⁴¹kʰa⁴⁴təu⁴¹kuõ²¹tʃiu⁴⁴tʰɿə⁴¹.
平和客家	□顶汽车讨开到广州去。 lia³⁵ten³¹kʰi³¹tʃʰa⁵⁵tʰɔ³¹kʰɔi³¹tɔ³¹kʰɔŋ³¹tɕiu⁵⁵kʰy³¹.
诏安客家	□辆汽车爱开去广州。 lit³liɔŋ⁴⁵kʰi⁴⁵tʃʰa²²ɔi³¹kʰɔi²²kʰy³¹kuɔŋ⁴⁵tʃiu²².
泰宁	者辆汽车样″开去广州。 tɕia³⁵lioŋ³³kʰi⁵¹tɕʰia³¹ioŋ²¹kʰuai³¹kʰo⁵¹kuoŋ³⁵tɕiu³¹.
建宁	个辆汽车要开去广州。 ko⁵⁵lioŋ⁵⁵kʰi²¹tʰa³⁴iau²¹kʰei³⁴kə²¹kuoŋ⁵⁵təu²¹.
浦城城关	这辆汽车乐开到广州去。 tɕie³⁵liaŋ⁵⁴kʰi⁴²³tɕʰie³⁵ŋao²¹kʰue³⁵lao²¹kaŋ⁴⁴tɕiu³⁵kʰe⁴²³.
南平延平	这架汽车要开到广州去。 tɕi³³kia³⁵kʰi⁵⁵tsʰe³³iau³⁵kʰai³³tau³⁵kuõ⁵³tɕiu³³kʰɤ²¹.

	0021 学生们坐汽车坐了两整天了。
福州	学生各侬坐汽车整整坐去两日了。 xouʔ⁵ seiŋ⁵⁵ ko²¹ nøyŋ⁵² søy²¹ kʰi⁵⁵ ziɑ⁵⁵ tsiŋ²⁴ tsiŋ³³ soy²⁴² ko⁰ naŋ³³ niʔ⁵ lau³³.
闽侯	学生各侬坐汽车整整坐去两工。 xouʔ⁵ seiŋ⁵⁵ ko²¹ nøyŋ⁵³ soy²¹ kʰi⁵⁵ ziɑ⁵⁵ tsiŋ²¹ tsiŋ³³ sɔy²⁴² o⁰ naŋ⁵⁵ ŋøyŋ⁵⁵.
长乐	学生各侬坐汽车整整坐两工了。 xouʔ⁵ seiŋ⁵⁵ ko²² nøyŋ⁵³ suoi²² kʰi⁵⁵ ziɑ⁵⁵ tsiŋ²⁴ tsiŋ²² suai²⁴² naŋ²² ŋøyŋ⁵⁵ nau²².
连江	学生各侬坐汽车坐两工去了。 houʔ⁵⁵ seiŋ⁵⁵ kou²¹ nøyŋ⁵¹ søy²¹ kʰi⁵⁵ ʒiɑ⁵⁵ sɔi²⁴² naŋ³³ ŋøyŋ⁵⁵ u⁰ lau⁰.
罗源	学生各侬坐汽车整整坐两工去了。 xouʔ⁴ θɛŋ⁴² kœ⁵³ nœŋ³¹ θɔ²¹ kʰi⁵⁵ ʒiɑ⁴² tsiŋ²¹ tsiŋ⁵³ θɔ³⁴ laŋ⁴⁴ ŋœŋ⁴² u⁰ lau²¹.
福清	学生哥各侬坐车整整坐两工去了。 xoʔ⁵ θɛŋ⁴⁴ ŋo⁵³ ko²¹ nøŋ³⁴ θoi⁴⁴ tsʰiɑ⁵³ tsiŋ²¹ tsiŋ⁵³ θɛi⁴² laŋ⁴⁴ ŋøŋ⁵³ ŋu⁰ lau²¹.
平潭	学生各侬坐汽车坐了两冥两日。 xoʔ⁵ θeiŋ⁵¹ ko²¹ løŋ⁴⁴ θoy⁴⁴ kʰi⁴⁴ ziɑ⁵¹ θoy⁴² lau²¹ laŋ⁴⁴ maŋ⁴⁴ laŋ⁴⁴ liʔ⁵.
永泰	学生逐隻坐汽车坐了整整两工。 houʔ⁵ seiŋ⁴⁴ tɔi⁴⁴ tsieʔ³ sɔi²¹ kʰi⁴⁴ ʒiɑ⁴⁴ sɔi²⁴² liou³² tsiŋ²¹ tsiŋ³² laŋ⁴⁴ ŋøyŋ⁴⁴.
闽清	只帮学生坐汽车坐整整两工了。 tsieʔ³ pouŋ⁴⁴ houk⁵ seiŋ⁴⁴ sɔi²⁴² kʰi⁴⁴ ʒiɑ⁴⁴ sɔi²⁴² tsiŋ²⁴ tsiŋ³² laŋ⁴⁴ ŋøyŋ⁴⁴ lau³².
古田	学生囝坐车坐两工了。 houʔ² seiŋ²¹ ŋiaŋ⁴² soi³³ tsʰiɑ⁵⁵ soi²⁴ laŋ³³ køyŋ⁵⁵ nɔ⁰.
屏南	学生各侬坐汽车坐去整整两工了。 houk³ sɛiŋ⁴⁴ ɔuk³ nɯŋ²² sɔi³²³ kʰi⁵⁵ ʒiɑ⁴⁴ sɔi³²³ ɯ⁰ tsiŋ²² tsiŋ⁴¹ laŋ⁴⁴ kɯŋ⁴⁴ nɔ⁰.
宁德	学生傍侬坐噜两冥两日其汽车。 xɔu³³ sɛŋ³³ tsɛ¹¹ nœŋ¹¹ sɔi⁴¹¹ lu⁰ laŋ³³ maŋ⁴¹¹ laŋ¹¹ nik⁵⁴ ei¹¹ kʰi⁵⁵ ie³³.
霞浦城关	学生侬坐汽车坐了两全工了。 hɔuʔ⁵ θɛiŋ⁴⁴ nɛiŋ²¹ θoi⁴⁴ kʰi⁵⁵ tsia⁴⁴ θoi²⁴ lo⁰ laŋ²⁴ tsoŋ²¹ kɛiŋ⁴⁴ lo⁰.
福安	学生各侬坐汽车坐两长工喽。 cx⁴⁴ sœuŋ³³¹ kœu⁵⁵ nœuŋ²¹ sɔi⁴⁴ kʰi⁵⁵ ɔi³³¹ e³³¹ ɔi²³ laŋ²³ tɔuŋ²¹ kœuŋ³³¹ lo⁰.

续表

	0021 学生们坐汽车坐了两整天了。
柘荣	学生侬坐汽车坐着两全工喽。 xɔ⁴⁴θœŋ⁴²nœŋ²¹θɔi⁴⁴kʰi⁵⁵zia⁴²θɔi²⁴tyø⁴⁴laŋ²⁴tsɔŋ²¹kœŋ⁴²lo⁰.
周宁	学生坐车坐喽两长工。 xɔ⁴⁴sœŋ⁴⁴sɔi⁴⁴tsʰiɛ⁴⁴sɔi²¹³lo⁰laŋ²¹³tɔŋ²¹kœŋ⁴⁴.
寿宁	学生家坐车坐了两冥日。 xɔ³³sɛŋ³³ka³³sɔi³³tsʰia³³sɔi²³liu⁴²laŋ²³maŋ²¹niʔ².
福鼎城关	学生坐汽车整整坐两工了。 xoʔ³seŋ³⁵soi³³kʰi⁵⁵tsʰia³³tsiŋ³³tsiŋ⁵⁵soi²¹laŋ³³keŋ³⁵lo⁰.
尤溪	只夥其学生坐汽车坐了两长工了。 tsi⁵⁵xuai³³ki⁰xuo³³ɕiŋ³³sə³³kʰi⁴⁴tsʰia³³sə³³lə³³loŋ⁴²toŋ³³kəŋ³³lə⁰. "只"变调特殊。
莆田	学生囝整整坐啊两工汽车。 haʔ²ɬeŋ¹¹ŋyɔ⁴⁵³tsiŋ⁵³³tsiŋ⁴⁵³ɬø¹¹aʔ⁵nuŋ¹¹ŋaŋ⁵³³kʰi⁵³³lia⁵³³.
涵江	学生坐汽车坐啊足足两工咯。 hat¹ɬɛn⁵⁵ɬø⁵⁵kʰi⁵⁵lia⁵⁵ɬø²¹at⁴tsœt⁴tsœt¹nuŋ²¹ŋan⁵⁵lo⁰.
仙游城关	学生坐汽车坐整整两天咯。 hat²ɬɛn⁵⁵ɬø⁵⁵kʰi⁵⁵lia⁵⁵ɬø²¹tsin⁵⁵tsin⁴⁵³ŋ²¹ŋan⁵⁵luo⁰.
仙游枫亭	学生囝坐汽车整整坐两工咯。 haʔ²ɬeŋ¹¹ŋia⁴⁵³ɬe⁵³³kʰi⁵³³lia⁵³³tsiŋ⁵³³tsiŋ⁵³³ɬe¹¹ŋŋ¹¹ŋaŋ⁵³³lɔʔ⁰.
厦门	即阵学生仔坐风车坐两日。 tsit⁴tiŋ²¹hak²¹siŋ⁴⁴a⁰tse²¹hɔŋ²²tsʰia⁴⁴tse²²lŋ²¹lit⁴.
同安	□学生坐汽车坐了整整两日。 tsiaʔ⁴hak¹¹siŋ⁴⁴tsə¹¹kʰi⁴²tsʰia⁴⁴tsə¹¹liau⁴²tsiŋ³³tsiŋ⁴²lŋ¹¹lit⁵³.
泉州鲤城	学生坐车坐了整两日。 hak²²sŋ³³tsə²²tsʰia³³tsə²²liau²⁴tsiŋ²⁴ŋŋ²²lit²⁴.
泉州洛江	学生整整坐两日兮汽车。 hak²sŋ³³tsin²⁴tsin⁵⁵tse²²nŋ²²lit²e⁰kʰi³³tsʰia³³.

续表

	0021 学生们坐汽车坐了两整天了。
南安	学生整整坐去两日车咯。 hak² səŋ³³ tsəŋ²⁴ tsəŋ⁵⁵ tsə²² kʰɯ⁵⁵ nŋ²² lit² tsʰia³³ lɔ⁰.
晋江	学生仔坐了整整两日分汽车。 hak² səŋ³³ a⁰ tse²² liau²⁴ tsin²⁴ tsin⁵⁵ ləŋ²² lit³⁴ e⁰ kʰi⁵⁵ tsʰia³³.
石狮	学生仔坐汽车整整坐两日咯。 hak² səŋ³³ a⁵⁵ tse²² kʰi⁵⁵ tsʰia³³ tsiŋ²⁴ tsiŋ⁵⁵ tse²² ləŋ²² lit³⁴ lɔ⁰.
惠安	学生逐个坐了两日分汽车。 hak² seŋ³³ tak²² ge³³ tsə²¹ liau⁰ nŋ²² let³⁴ e⁰ kʰi⁵⁴ tsʰia³³.
安溪	学生坐车坐两日咯。 hak²² siŋ⁵⁵ tsə⁴² tsʰia⁵⁵ tsə⁴² nŋ²² lit²⁴ lɔ⁰.
永春	学生坐去两工汽车。 hak³¹ sŋ⁴⁴ tsə³¹ kʰɯ⁰ nŋ³¹ kaŋ⁴⁴ kʰi⁴² tsʰia⁴⁴.
德化	学生坐去两工汽车。 hak³¹ sŋ¹³ tsə³¹ kʰɯ⁰ nŋ³¹ kaŋ¹³ kʰi⁴² tsʰia¹³.
漳州	学生仔坐汽车坐了两冥两日啊。 hak²¹ siŋ²² ŋã⁵⁴ tse²¹ kʰi⁵³ tsʰia³⁴ tse²¹ liau³⁴ nɔ̃²¹ mɛ̃²² nɔ̃²¹ dzit¹²¹ a⁰.
龙海	学生仔坐汽车坐了两冥两日啦。 hak⁴² siŋ³³ ŋã³² tse⁴¹ kʰi⁵² tsʰia³⁴ tse⁴¹ liau³⁴ nɔ̃⁴¹ bɛ̃³³ nɔ̃⁴¹ dzik⁴ la⁰.
长泰	学生仔坐汽车坐两冥日啦。 hak²¹ seŋ²² ŋã⁵⁴ tse²¹ kʰi⁵³ tsʰia⁴⁴ tse²¹ nɔ̃²¹ mẽ²² dzit³³ la⁰.
华安	学生仔坐汽车坐两工啰。 hak²¹ siŋ³⁵ ã⁵³ tse³¹ kʰi⁵³ tsʰia⁵⁵ tse³¹ nɔ³¹ kaŋ⁵⁵ lo⁰.
南靖	学生仔坐汽车坐去两冥日。 hak²¹ siŋ²² a⁵³ tse²¹ kʰi⁵³ tsʰia³⁴ tse²¹ kʰi⁵⁴ nũ²¹ mẽ²² dzit¹²¹.
平和	学生仔坐汽车坐两日喽。 hak²¹ siŋ²² ã⁵² tse²¹ kʰi⁵² tsʰia³⁴ tse²¹ lou²¹ dzit³² lou⁰.
漳浦	学生仔坐汽车坐两冥两日。 hia²¹ sioŋ¹³ a⁰ tsɛ²¹ kʰi⁵¹ sia⁴³ tsɛ²¹ lŋ²¹ bɛ̃³³ lŋ²¹ git²¹².

续表

	0021 学生们坐汽车坐了两整天了。
东山	学生仔坐汽车坐了两冥两日。 hak⁴¹ seŋ³³ gã⁰ tse²² kʰi⁵¹ tsʰia⁴⁴ tse²² liau⁴⁴ lõ²² bẽ³³ lõ²² dzit¹³¹.
云霄	学生仔坐车坐两日啊。 hak²¹ sian³³ a⁵³ tse²¹ tsʰia⁵⁵ tse²¹ nõ²¹ dzit¹² a⁰.
诏安	只隻个学生仔坐了两长日个车。 tsi²⁴ tsia⁵³ gə⁰ hak³² siŋ³³ ɛ⁵³ tsə³¹ liau²⁴ nõ³¹ tŋ²² dzit¹³ gə⁰ tsʰia⁴⁴.
龙岩	学生［婴仔］坐车坐两冥两日啊。 xiak¹ ɕin¹¹ ŋiã⁴² tɕie¹¹ tsʰa³³ tɕie⁴² nõ¹¹ miɛ¹¹ nõ¹¹ lit⁵ la⁰.
漳平	学生坐汽车整整坐两工。 hiat²¹ sin³⁵ tsie²¹ kʰi⁵³ tsʰia³⁵ tsin²¹ tsin⁵³ tsie⁵⁵ nõ²¹ kaŋ³⁵.
大田城关	学生坐车坐了遘两工。 haʔ⁵ sã³³ tse⁵³ tsʰa³³ tse⁵⁵ lɤ⁵⁵ kɔ⁵⁵ nŋ⁵³ kaŋ³³.
大田广平	伙读书［囝囝］坐车坐两工了。 hua³³ tʰɒ²² tʃy²² kuɛ̃⁵¹ tsui²² tʃʰia³³ tsui⁴⁵ lõ²² kɯ³³ lɤ⁰.
霞浦三沙	伊侬学生坐汽车整整坐了两工。 i⁴⁴ neŋ²¹ haʔ²¹ seŋ⁴² tsø²¹ ki⁵⁵ tsia²¹ tsiŋ²¹ tsiŋ⁵¹ tsø²¹ lo⁰ neŋ²¹ kaŋ⁴².
福鼎沙埕	学生坐汽车就坐了两工全。 xak²¹ sien⁴⁴ tsɯei²¹ kʰi⁴⁴ zia⁴⁴ tsiu²¹ tsɯei²¹ lə⁰ lan²¹ ŋan⁴⁴ tsŋ²⁴.
建瓯	学生坐汽车坐了足足两工。 xa²⁴ saiŋ⁵⁴ tso⁵⁵ kʰi³³ tsʰia⁵⁴ tso⁵⁵ lɔ³³ tsy²⁴ tsy²⁴ niɔŋ⁴² kɔŋ⁵⁴.
建阳	学生整整坐了双工汽车了。 xa⁴ saiŋ⁵¹ tsiŋ²¹ tsiŋ²¹ tsui⁴ lo⁰ soŋ³³ koŋ⁵¹ kʰi³³ tsʰia⁵¹ lo⁰.
政和	学生坐汽车坐了整整两工。 xa²⁴ saiŋ⁵³ tsuɛ⁵⁵ kʰi⁴² tsʰia⁵³ tsuɛ⁵⁵ lo²¹³ tseiŋ²¹³ tseiŋ²¹³ sauŋ⁵³ koŋ⁵³.
松溪	学生坐汽车整整坐班⁼两工。 xɒ²²³ saŋ⁵³ tsua⁴⁵ kʰi²² tsʰia⁵³ tseiŋ²²³ tseiŋ²²³ tsua⁴⁵ paŋ⁵³ saŋ²²³ koŋ⁵³.
武夷山	学生坐汽车整整坐了两工。 xaʔ⁵⁴ saiŋ⁵¹ tsuai⁵¹ kʰi²² tsʰia⁵¹ tsiŋ³¹ tsiŋ³¹ tsuai⁵¹ lɛi³¹ soŋ⁵⁵ kɛiŋ⁵¹.

续表

	0021 学生们坐汽车坐了两整天了。
浦城石陂	学生坐车整整坐了两天。 xɔ⁵³ saiŋ⁵³ tsuaɛ⁵³ tɕʰia⁵³ tseiŋ²¹ tseiŋ²¹ tsuaɛ⁵³ lɔ⁰ sɔŋ⁵³ kəŋ⁵³.
南平夏道	学生各人坐汽车足足坐了两工。 o¹¹ saŋ¹¹ ko³³ neiŋ⁵⁵ tsuɛ¹¹ kʰi⁵⁵ tɕʰia¹¹ tsøy⁵⁵ tsøy¹¹ tsuɛ²⁴ lo⁰ lioŋ¹¹ koŋ¹¹.
顺昌	学生坐汽车坐了整整两工了。 hɔʔ⁵ ʃɛ̃⁴⁴ tsʰuɛ²² kʰi⁵⁵ tʃʰa⁴⁴ tsʰuɛ²² lo⁰ tʃiŋ³¹ tʃiŋ³¹ liɔ̃²² kuŋ⁴⁴ lo⁰.
将乐	者搭学生坐汽车坐咯两工咯。 tʃa²¹ ta⁵⁵ xoʔ⁵ ʃɛ̃⁵⁵ tsʰuæ²¹ kʰi⁵⁵ tʃʰa⁵⁵ tsʰuæ²¹ loʔ⁵ liɔ̃⁵¹ kɤŋ²² lo²¹.
光泽	学生坐汽车整整坐了两工。 xɔ⁴¹ sɛn²¹ tʰɔi⁴¹ kʰi³⁵ tɕʰia²¹ tɕin⁴⁴ tɕin⁴⁴ tʰɔi⁴¹ iɛu⁰ liɔŋ⁴¹ koŋ²¹.
邵武	学生坐汽车坐儿两工。 ho³⁵ sen⁵³ tʰoi⁵⁵ kʰi²¹ tɕʰia⁵³ tʰoi⁵⁵ ə⁰ lioŋ⁵⁵ kuŋ²¹.
三明	学生侪坐汽车坐罢两足工。 hɒ³¹ ʃɛ̃⁴⁴ tse⁵¹ tsuɛ²⁵⁴ kʰi³³ tʃʰɒ⁴⁴ tsuɛ²⁵⁴ pɔ̃⁴⁴ liɐm³¹ tʃy²¹³ kã⁴⁴.
永安	学生侪坐汽车坐罢整整两工。 haɯ²¹ ʃĩ⁵² tse³³ tsuɛ²¹ kʰi⁴⁴ tʃʰiɒ⁵² tsue⁵⁴ po⁰ tʃiã³³ tʃiã²¹ liɑm²¹ kã⁵².
沙县	学生坐罢两工整整的汽车。 xa²¹ soɛ̃³³ tsue⁵³ pɔ̃⁰ liŋ⁵⁵ kɔuŋ³³ tsɛiŋ⁵⁵ tsɛiŋ²¹ li⁰ kʰi²¹ tʃʰia³³.
长汀	学生侪坐汽车坐哩两工人哩。 ho³³ saŋ³³ tsʰi²¹ tsʰo³³ tʃʰi⁴² tʃʰa³³ tsʰo³³ le²¹ tioŋ⁴² kəŋ⁴² neŋ²⁴ le⁴².
连城	样多学生坐汽车坐撒整整两日。 ioŋ³⁵ tɯ⁴³³ hɯ²¹ saiŋ⁴³³ tsʰɯ³³ kʰi²¹ tʃʰo⁴³³ tsʰɯ³³ pʰi³⁵ tʃaiŋ²¹ tʃaiŋ²¹ tioŋ²¹ ŋi³⁵.
上杭	学生们坐汽车坐哩整整两日哩。 hoʔ³⁵ sɛ̃⁴⁴ mɜŋ²¹ tsʰuɔ⁴⁴ tɕʰi³⁵³ tsʰɒ⁴⁴ tsʰuɔ⁴⁴ lɛ³¹ tsəŋ⁵¹ tsəŋ³¹ tioŋ³¹ ȵiʔ³² lɛ³¹.
武平	学生子坐汽车坐矣两工人。 hoʔ⁴ sŋ²⁴ tsɿ⁴² tsʰo²⁴ tsʰi⁴⁵¹ tsʰa²⁴ tsʰo²⁴ i²²⁴ tiɔŋ²² kuŋ²⁴ ŋiŋ²².
永定	读书阿哥子坐汽车坐哩两日两夜。 tʰuʔ⁵ su⁵⁵ aʔ⁵ kɔu²⁴ tsɿ³¹ tsʰou⁴⁴ tɕʰi⁵² tsʰa²⁴ tsʰou²⁴ li³¹ liɔ̃³³ ȵieʔ³² liɔ̃³³ ia³¹.

续表

	0021 学生们坐汽车坐了两整天了。
明溪	学生坐汽车坐了整整的两工。 xɤ⁴⁴ seŋ⁴⁴ tsʰue⁵⁵ kʰi⁵⁵ tsʰa⁴⁴ tsʰue⁵⁵ lɤ⁰ tseŋ⁴¹ tseŋ⁴¹ ŋi⁰ lioŋ⁴¹ kɤŋ⁴⁴. ŋi 是 tseŋ 和 ti 连读的结果。
清流	学生咧坐汽车坐了两工哩。 ho⁵⁵ sɛ̃³³ lɛ²¹ tsʰo³³ kʰi³⁵ tʃʰio³³ tsʰo³³ li⁰ lioŋ²¹ koŋ³³ li⁰.
宁化	学生们整整坐了两工个汽车去。 ho⁴² saiŋ³⁴ maiŋ⁴⁴ tsəŋ³¹ tsəŋ³¹ tsʰo⁴² lə⁰ lioŋ³¹ kəŋ³⁴ ka³¹ tɕʰi²¹² tsʰɒ³¹ kʰə⁰.
新罗客家	一色学生坐哩两工人个车。 iʔ⁵ seiʔ⁵ xouk³ seŋ⁴⁴ tsʰəu⁴⁴ li⁴⁴ tioŋ²¹ koŋ⁴⁴ ŋiŋ⁵⁵ ka⁴¹ tʃʰuo⁴⁴.
平和客家	格块学生坐汽车坐了两日长咯。 ka³⁵ teu³¹ hɔʔ⁵³ seŋ⁵⁵ tsʰɔ³¹ kʰi³¹ tʃʰa⁵⁵ tsʰɔ³³ liau³³ lioŋ³¹ ŋit⁵³ tʃʰɔŋ³⁵ lɔ⁰.
诏安客家	□兜学生坐车坐了两日两夜。 lit³ teu²² hɔu⁴⁵ sen²² tsʰɔu⁴⁵ tʃʰa²² tsʰɔu²² lɤu⁰ lioŋ³¹ ŋit²³ lioŋ²² zia⁴⁵.
泰宁	学生大家坐汽车坐了两个整工了。 ha²² son³³ hai²¹³ ka³³ tʰuai³⁵ kʰi⁵¹ tɕʰia³¹ tʰuai³³ lə⁰ lioŋ³⁵ kə⁰ tɕin³⁵ kuŋ²³¹ liau⁰.
建宁	个多学生坐汽车坐了两工整。 ko⁵⁵ tai⁵⁵ hok² saŋ³⁴ tʰo⁵⁵ kʰi²¹ tʰa³⁴ tʰo⁵⁵ lo⁵⁵ lioŋ⁵⁵ kuŋ³⁴ tsiŋ⁵⁵.
浦城城关	学生坐汽车坐了两工了。 xɑo³² sãi³⁵ tsue⁵⁴ kʰi˙⁴²³ tɕʰie³⁵ tsue⁵⁴ le⁰ liaŋ⁵⁴ koŋ³⁵ lɑ⁰.
南平延平	学生坐汽车坐了两整天了。 xyoʔ³ seiŋ³³ tso³⁵ kʰi⁵⁵ tsʰe²¹ tso³⁵ lau⁰ liæ̃⁵³ tɕiŋ²¹ tʰieŋ³³ lau⁰.

		0022 你尝尝他做的点心再走吧。
福州	汝试蜀下伊做其点心介行。 ny³³ tsʰei²¹ lo²¹ a²⁴² i⁵⁵ tso²¹ i⁰ tieŋ²¹ niŋ⁵⁵ kei²¹ kiaŋ⁵².
闽侯	汝试蜀下伊做其点心再行。 ny³³ tsʰei²¹ syo²¹ aʔ²⁴ i⁵⁵ tso²¹ i⁰ tieŋ²¹ niŋ⁵⁵ tsai³³ iaŋ⁵³.
长乐	汝试蜀下伊做其点心再行。 ny²² tsʰei²¹ suo²¹ a²⁴² i⁵⁵ tso²¹ i⁰ tieŋ²² niŋ⁵⁵ tsəi³³ kiaŋ⁵³.
连江	汝尝蜀尝伊做其点心再行。 ny³³ syøŋ⁵¹ nuo⁰ lyøŋ⁵¹ i⁵⁵ tso²¹² i⁰ tieŋ²¹ niŋ⁵⁵ tsai²¹ iaŋ⁵¹.
罗源	伊做其点心汝食固隻介行。 i⁴² tsɔ³⁵ li⁰ tieŋ²¹ niŋ⁴² ny²¹ θiaʔ⁵² kuʔ² tsiaʔ² ai⁵³ iaŋ³¹.
福清	伊做其点心，汝食滴团介行。 i⁵³ tso³⁴ i⁰ tieŋ²¹ niŋ⁵³，ny³¹ θia⁵³ ni³⁴ kiaŋ³¹ kai⁵³ kiaŋ⁴⁴.
平潭	汝试蜀下伊做其点心介行。 ly³¹ tsʰɿ²¹ θyo⁴⁴ a⁴² i⁵¹ tsɔ²¹ ɛ⁰ tieŋ²¹ niŋ⁵¹ kai⁴⁴ kiaŋ⁴⁴.
永泰	汝□蜀□伊做其点心再行嘛。 ny³² iaŋ²¹ nuo²¹ iaŋ²¹ i⁴⁴ tsɔ²¹ i⁰ tieŋ²¹ niŋ⁴⁴ tsai⁴⁴ kiaŋ³⁵³ ma²¹.
闽清	汝尝囉伊做其点心介行吧。 ny³² suoŋ³⁵³ la²⁴² i⁴⁴ tsɔ²¹ li⁰ tieŋ²¹ niŋ⁴⁴ kai⁴⁴ kiaŋ³⁵³ βa⁰.
古田	汝试囉伊做其点心介去吧。 ny⁴² si²¹ la⁰ i⁵⁵ tsɔ²¹ i⁰ tyøŋ²¹ niŋ³⁵ kai⁵⁵ yø⁵³ pa⁰.
屏南	汝食［仂团］伊做其点心介行。 ny⁴¹ sia⁴⁴ niaŋ⁴⁴ i⁴⁴ tsɔ³⁴ i²² tɿŋ⁵⁵ niŋ⁴⁴ kai⁵⁵ iaŋ²².
宁德	伊做其点心汝尝［蜀下］介行么。 i³³⁴ tsɔ³⁵ ei¹¹ tin⁵⁵ niŋ³³ ny⁴¹ syŋ¹¹ sia³³ kai⁵⁵ kiɛŋ¹¹ mɔʔ⁵⁴.
霞浦城关	汝试食仂团伊做其点心介走吧。 ny⁴² tsʰi⁵⁵ θiaʔ² ni⁵⁵ ŋiaŋ⁴⁴ i⁴⁴ tsɔ³⁵ kɛ⁰ teŋ⁵⁵ θiŋ⁴⁴ kai⁵⁵ tsau⁴² pa⁰.
福安	汝尝蜀下伊做其点心再走吧。 ni⁴¹ sioŋ²¹ si⁴⁴ a²³ ei³³¹ tsɔ³⁵ ɛ⁵⁵ tiŋ⁵⁵ neiŋ³³¹ ai⁵⁵ tso⁵¹ pa⁰.

续表

	0022 你尝尝他做的点心再走吧。
柘荣	汝喫呢囝伊做其点心再走。 ny⁵³ tsʰiaʔ²¹ ni⁵⁵ ŋiaŋ⁴⁵ i⁴² tsɔʔ⁵ kɛ⁴⁴ tiŋ⁵⁵ nðiŋ⁴⁴ tsai⁵⁵ tsau⁵³.
周宁	汝尝蜀下伊做其点心再走吧。 ny⁴² syəŋ²¹ si⁴⁴ a²¹³ i⁴⁴ tsɔŋ⁴⁴ i⁰ tin⁵⁵ in⁴⁴ ai³⁵ kiɐŋ²¹ uɔ⁰.
寿宁	汝尝蜀尝伊做其点心再走吧。 ny⁴² syoŋ²¹ si³³ syoŋ²¹ i³³ tsɔ³⁵ i⁰ tɐŋ⁵⁵ siŋ³³ tsai⁵⁵ tsau⁴² pa⁰.
福鼎城关	汝试［蜀下］伊做其点心再走吧。 ni⁵⁵ tsʰi⁴² la⁰ i⁵⁵ tso⁴² ke⁰ tiŋ⁵⁵ siŋ⁵⁵ tsai³³ tsau⁵⁵ pa⁰.
尤溪	你尝尝伊做其点心再行吧。 ne⁵⁵ ɕioŋ³³ ɕioŋ¹² i⁵⁵ tsə⁵¹ ki⁰ tiŋ⁴⁴ siŋ³³ tsai⁴⁴ kiã¹² pa⁰.
莆田	汝味蜀下伊做厄⁼点心爱⁼行。 ty⁴⁵³ mai¹¹ ɬɔʔ⁵ kɔ¹¹ iʔ⁵ tso⁴² eʔ² teŋ¹¹ niŋ⁵³³ ai⁵³³ kia²⁴.
涵江	伊煮厄⁼点心汝味咯再行。 it⁴ tsy¹³ ɛ⁰ tɛn²¹ nin⁵⁵ typ⁴ mai²¹ lɒ⁰ tsai⁵⁵ kia¹³.
仙游城关	伊煮厄⁼点心汝味少少咯唎爱⁼行。 it²³ tsy²⁴ ɛ⁰ tɛn²¹ nin⁵⁵ typ²³ mai²¹ tsiɛu²¹ tsiɛu⁴⁵³ lɒ⁰ lɛʔ²³ ai⁵⁵ kia²⁴.
仙游枫亭	汝味蜀下伊做厄⁼点心再行好⁼？ ti⁴⁵³ mai¹¹ ɬɔʔ⁵ kɔ¹¹ i⁵³³ tsɤɯ⁴² eʔ² teŋ¹¹ niŋ⁵³³ tsai⁵³³ kia²⁴ hɔ⁴⁵³？
厦门	伊做兮点心汝试看迈⁼则行。 i⁴⁴ tsue²¹ e⁰ tiam⁴⁴ sim²² li⁵³ tsʰi⁵³ kʰuã⁵³ mãi²² tsiaʔ⁴ kia²⁴.
同安	汝试试伊做兮点心则行吧。 lɯ⁴² tsʰi⁴² tsʰi¹¹² i⁴⁴ tsue⁴² e⁰ tiam³³ sim⁴⁴ tsiaʔ⁴ kia²⁴ pa⁰.
泉州鲤城	汝试一下伊做兮点心则去。 lɯ⁵⁵ tsʰi⁵⁵ tsit²² e²² i³³ tsue⁴¹ e⁰ tiam²⁴ sim³³ tsiaʔ⁵ kʰɯ⁴¹.
泉州洛江	伊做兮点心汝试迈⁼则去。 i³³ tsue⁴¹ e⁰ tiam²⁴ sim³³ li⁵⁵ tsʰi⁵⁵ mai⁴¹ tsiaʔ⁵ kʰi⁴¹.
南安	伊做兮点心汝试迈⁼唎则行。 i³³ tsue⁵⁵ e⁰ tiam²⁴ sim³³ lɯ⁵⁵ tsʰi⁵⁵ bai³¹ le⁰ tsiaʔ⁵ kia²⁴.

续表

	0022 你尝尝他做的点心再走吧。
晋江	伊做分点心，汝试一下迈⁼咧则去。 i³³tsue⁴¹e⁰tiam²⁴sim³³，li⁵⁵tsʰi⁵⁵tsit²e²²bai⁴¹le⁰tsiaʔ⁵kʰi⁴¹.
石狮	伊做分点心汝试食迈⁼咧则行。 i³³tsue⁴¹e⁰tiam²⁴sim³³li⁵⁵tsʰi⁵⁵tsia²²baiʔ⁴¹e⁰tsiaʔ⁵kia²⁴.
惠安	伊做分点心汝试迈⁼则行。 i³³tsue⁴²e⁰tem²⁵sem³³lɯ⁴²tsʰi⁵⁴bai²¹tsiaʔ⁵kiã²⁵.
安溪	伊做分点心汝食咧则去。 i³³tsue⁴²e⁰tiam⁴⁴sim⁵⁵lɯ²²tsiaʔ²⁴le⁰tsiaʔ²²kʰɯ⁴².
永春	伊做分点心汝食看迈⁼咧则去。 i⁴⁴tsue⁵³e⁰tiam³¹sim⁴⁴lɯ⁵³tsiaʔ⁴kʰuã³¹bai²²le⁰tsiaʔ⁴kʰɯ³¹.
德化	伊做分点心汝食看迈⁼咧则去。 i¹³tsue⁴²e⁰tiam⁴⁴sim¹³lɯ³⁵tsiaʔ⁴²kʰuã³¹bai³¹le⁰tsiaʔ⁴²kʰɯ⁴².
漳州	汝试［一下］啊伊煮分点心甲⁼行。 li⁵³tsʰi⁵³tsɛ²²a⁰i²²tsi⁵³e⁰tiam³⁴sim³⁴ka⁵³kiã¹³.
龙海	汝试［一下］伊做分点心甲⁼行吧。 liʔ⁴tsʰi⁵²tsɛ³¹²i³³tso⁴¹e⁰tiam³⁴sim³⁴kaʔ⁴kiã³¹²pa⁰.
长泰	汝试［一下］啊伊做分点心甲⁼去。 li⁵³tsʰi⁵³tsɛ²²a⁰i²²tsɔ²¹e⁰tiam⁴⁴sim⁴⁴ka⁵³kʰi²¹.
华安	汝试看仔伊做分点心则行。 li⁵⁵tsʰi⁵³kʰuã⁵⁵ã¹²²i²²tso³¹e⁰tiam⁵⁵sim⁵⁵tsiaʔ⁵³kiã²³².
南靖	汝试看仔伊做分点心甲⁼行。 li⁴⁴tsʰi⁵³kʰuã⁴⁴a⁰i²²tso²¹e⁰tiam⁴⁴sim³⁴kaʔ⁵³kiã³²³.
平和	伊煮分点心汝合伊试看迈⁼仔则行。 i³⁴tsi⁵²e⁰tiam²³sim³⁴li⁵²kaʔ⁴²i³⁴tsʰiʔ⁴²kʰuã⁵²bai⁵²ã⁵²tsa⁴²kiã²³.
漳浦	汝食看啊伊做分点心则行。 liʔ⁴tsia²¹kʰuã⁴³a⁰i³³tsɔ²¹e⁰tiam⁴³sim⁴³tsiaʔ⁴kiã⁴¹².
东山	汝试食一下仔伊做分点心则去。 liʔ⁵tsʰi⁵¹tsia²²tsit⁴¹e²²a⁰i³³tso²²e⁰tiam⁴⁴sim⁴⁴tsiaʔ⁵kʰi²².

续表

	0022 你尝尝他做的点心再走吧。
云霄	汝试试伊做兮点心正走啊啦。 li⁵³ tsʰi⁵³ tsʰi⁵³ i³³ tso²¹ e²¹ tiam⁵⁵ sim⁵⁵ tsiã⁵³ tsau⁵³ a⁰ la⁰.
诏安	汝试试伊做个点心甲=行。 lɯ⁵³ tsʰi⁵³ tsʰi⁵³ i⁴⁴ tso²² gə⁰ tiam²⁴ sim⁴⁴ kaʔ³² kiã²⁴.
龙岩	汝尝［滴仔］伊做兮点心再行。 li²¹ tsõ¹¹ niẽ²¹ i⁵⁵ tso²¹³ ɛ¹¹ tiam²¹ ɕiom³³ tsai²¹³ kiã¹¹.
漳平	你试试咧伊做兮点心则行吧。 li⁵³ tsʰi⁵³ tsʰi²¹ lɛ⁰ i³⁵ tsuo²¹ ɛ⁰ tiam²¹ sim³⁵ tsia⁵³ kiã³³ ba⁰.
大田城关	伊做兮点心探味了则行了。 i⁵³ tsɤ³¹ ze⁰ taŋ²⁴ seŋ³³ tʰaŋ⁵⁵ bi³³ lɤ⁰ tsaʔ⁵ kiã²⁴ lɔ⁰.
大田广平	点心食了再行。 tioŋ²⁴ se³³ ʃia³³ dʒiɐ³¹ tsɛ³³ kiẽ²⁴.
霞浦三沙	汝试一试伊侬做个点心介走。 ny⁴² tsʰi²¹ tsøʔ²¹ tsʰi²¹ i⁴⁴ naŋ²¹ tsuoi³⁵ ke²¹ tiaŋ²¹ siŋ⁴² kai⁴⁴ tsau⁴².
福鼎沙埕	汝试一试伊做其点心再走吧。 lɯ⁵³ tsʰi²¹ tsiet²¹ tsʰi²¹ i⁴⁴ tsɯei²¹ ki²¹ tian⁴⁴ sien⁴⁴ tsai³³ tsau⁵³ pa²¹.
建瓯	你尝一下渠做个点心再行啦。 ni⁴² iɔŋ²¹ tsi³³ xa⁵⁵ ky⁴² tsa³³ kɛ³³ taŋ²¹ seiŋ⁵⁴ tsuɛ³³ kiaŋ²¹ la⁰.
建阳	你尝尝渠做个点心再去吧。 nɔi⁴¹ kiɔŋ⁵¹ kɔiŋ⁵¹ ky³⁵ tsa³³ ke³³ taŋ³³ sɔiŋ⁵¹ tsui³³ kʰɔ³³ pa⁰.
政和	你尝尝隻渠做个点心再去。 ni⁴² ioŋ²¹ ioŋ²¹ tsia²⁴ ky⁴² tsa⁴² kiɛ⁴² taiŋ⁵⁵ seiŋ⁵³ tsuɛ⁴² kʰo⁴².
松溪	你尝尝隻渠做个点饥再去。 niɛ⁴² xioŋ²¹ xioŋ²¹ tsia²²³ kio⁴² tsɒ²² ka²² taŋ²²³ kœ⁵³ tsua⁴² kʰo²².
武夷山	你尝下渠做个点心再去。 nei⁵¹ yoŋ³³ xa⁵⁵ həu⁵¹ tsa²² kɛi³³ tiŋ³¹ sɛiŋ⁵¹ tsai²² kʰo²².
浦城石陂	你尝尝渠做个点心再去。 ni⁴² ɦiɔŋ⁴² ɦiɔŋ⁴² gy⁴² tsa³³ ke⁰ tiŋ²¹ seiŋ⁵³ dzaɛ⁴² kʰɔ³³.

续表

	0022 你尝尝他做的点心再走吧。
南平夏道	汝尝一下伊做其点心介行。 ny¹¹ɕioŋ⁵⁵tɕi¹¹xa²⁴i¹¹tso²⁴ɛ⁰taŋ⁵⁵seiŋ¹¹kai²⁴kiaŋ⁵⁵.
顺昌	你尝尝渠做个点心再去吧。 lɛ³¹ʃiɔ̃³³ʃiɔ̃³³kɛ³¹tso³⁵ka⁰tɔ̃³¹siŋ⁴⁴tsai³⁵kʰo³⁵pa⁰.
将乐	你尝个渠做记点心再去。 le²¹ʃɔ̃²²kaʔ⁵ki²¹tso⁵⁵kiʔ⁵tãŋ²¹sĩŋ⁵⁵tsæ⁵⁵kʰo³²⁴.
光泽	儞尝下伡做个点心再去吧。 hiən⁴¹ɕioŋ²²ka⁰hu⁴¹tso³⁵kɛi⁰tiɛm⁴⁴səm²¹tsai³⁵kʰɔ³⁵ma⁰.
邵武	儞尝下伡做个点心再去嘛。 hien³⁵ɕioŋ³³ka⁵⁵hu³⁵tso²¹kəi²¹tien⁵⁵sn²¹tsai³⁵kʰo³⁵ma⁰.
三明	你尝个渠做的点心再去咧。 ŋi⁴⁴ʃɐm⁵¹kɒ⁰ŋy⁴⁴tsaɯ³³ti⁰tɛ̃³¹sã⁴⁴tsa³³kʰɯ³³le⁰.
永安	你尝下渠做其点心再去。 ŋi⁵²ʃiɑm³³hɒ²¹ŋy⁵²tsaɯ²⁴ke⁰tĩ³³sã⁵²tsa⁴⁴kʰɯ²⁴.
沙县	渠做的点心你尝个再去。 ky³³tso²⁴li⁰tɛiŋ⁵⁵sɛiŋ³³gi³³ʃiŋ³¹ka⁰tsai⁴⁴kʰo²⁴.
长汀	尔尝下子渠做个点心再行。 ni³³ʃoŋ²⁴ha⁴²tsʅ²¹ke⁵⁵tso⁴²ke³³tiŋ²⁴siŋ³³tsai⁴²haŋ²⁴.
连城	尔尝渠做个点心再去。 ŋi⁵³ʃoŋ³⁵kuɛ⁴³³tsɯ⁵³ka⁰te²¹saiŋ³³tsa⁵⁵huɛ⁵³.
上杭	儞尝一下渠做欸点心再来走。 hŋ²¹sɔŋ²¹iʔ²hɒ³¹kei²¹tsʰu²⁵³ɛ³¹tiɛi³¹səŋ⁴⁴tsa³⁵³luɔ²¹tɕiɔ⁵¹.
武平	渠做个点心儞食点子再走。 ki²⁴tso⁴⁵¹ke⁴⁵¹tiaŋ⁴²sin²⁴hŋ²⁴sʅʔ²⁴tiaŋ⁴²tsʅ⁴²tsa⁴⁵¹tsɛ⁴².
永定	尔食下子渠做个点心再去。 ŋ²²seiʔ⁵xa³³tsʅ³¹tɕi²⁴tsɔu⁵⁵kɛʔ⁵tiẽ³¹seŋ²⁴tsai⁵⁵tɕʰi⁵².
明溪	你尝［个下］渠做的点心再去吧。 le⁴¹soŋ³¹ko⁵⁵kʰø⁴¹tsɤ²⁴ti⁰tieŋ⁴¹seŋ⁴⁴tsa⁴¹kʰɤ²⁴pa⁰.

续表

	0022 你尝尝他做的点心再走吧。
清流	尔尝下子渠做个点心再去吧。 ŋi³³ ʃiɔŋ²³ ho³³ tsə³³ kə³³ tsu³⁵ kə³³ teŋ²¹ səŋ³³ tsʰa³² kʰə³⁵ va²¹.
宁化	尔尝一下渠做个点心再去吧。 i³⁴ sɔŋ²⁴ i⁵ hɒ²¹² kə³⁴ tso²¹² ka³¹ tiaŋ³¹ ɕiŋ³¹ tsa²¹² kʰə²¹² vɒ⁰.
新罗客家	尔食哩渠做个点心再去。 ni³⁵ ʃʅt³ li⁵⁵ tu³⁵ tsəu⁴¹ ka⁴¹ tiẽ²¹ siŋ⁴⁴ tsa⁴¹ tʰɿə⁴¹.
平和客家	儼试一试渠做兮点心正行吧。 heŋ³⁵ tɕʰit³¹ it³¹ tɕʰit³¹ ky³⁵ tsɔ³¹ e⁰ tiam³¹ sim³³ tʃaŋ³¹ haŋ³⁵ pa³¹.
诏安客家	渠做个点心儼得渠试下子正走。 ky⁵³ tsɔu³¹ kai³¹ tɛm⁴⁵ sim²² hen⁵³ tɤ⁰ ky⁰ tʃʰi⁴⁵ ha³¹ tsʅ³¹ tʃiaʔ³¹ tseu³¹.
泰宁	尔尝个下渠做个点心再去嘛。 ŋ³⁵ ɕioŋ³³ kə³³ xa²¹ hi³⁵ tso⁵¹ ko⁰ taŋ⁵¹ sən³¹ tsai⁵¹ kʰo⁵¹ mæ⁰.
建宁	尔尝一下士⁼做介点心再去。 ŋ⁵⁵ soŋ²⁴ it² ha⁴⁵ sə⁵⁵ to²¹ kai²¹ tiam⁵⁵ sim⁵⁵ tai⁵¹ kə²¹.
浦城城关	侬尝尝渠做个点心再走吧。 noŋ⁵⁴ ɕiaŋ²⁴ ɕiaŋ²⁴ ke⁵⁴ tsa⁴²³ ke⁰ liãi⁴⁴ seŋ³⁵ tsa⁴²³ tɕiɑo⁴⁴ pa⁰.
南平延平	你尝尝他做的点心再去吧。 li²⁴ tɕʰiæ̃²¹ tɕʰiæ̃²¹ tʰa³³ tso³⁵ ti⁰ tieŋ⁵³ siŋ³³ tsai⁵³ kʰɤ³⁵ pa⁰.

	0023a. 你在唱什么？b. 我没在唱，我放着录音呢。
福州	a. 汝㘄唱什乇？b. 我无唱，我㘄放录音。 a. ny³³ne⁵⁵tsʰuoŋ²¹sie⁵²nɔʔ²⁴？ b. ŋuai²¹mo²¹zuoŋ²¹，ŋuai³³ne⁵⁵pouŋ²¹nuoʔ⁵iŋ⁵⁵.
闽侯	a. 汝着伊⁼唱什乇？b. 我无着唱，我着伊⁼放录音。 a. ny³³tuo³³i⁰tsʰuoŋ²¹sie⁵³nɔʔ²⁴？ b. ŋuai³³mo²¹tuoʔ⁵tsʰuoŋ²¹²，ŋuai³³tuo³³i⁰pouŋ²¹nuo⁵⁵iŋ⁵⁵.
长乐	a. 汝敆底㘄唱什乇？b. 我无唱，我㘄放录音。 a. ny²²ka⁵⁵te²²le⁰tsʰuoŋ²¹sie⁵³nɔʔ²⁴？ b. ŋui²²mo²²zuoŋ²¹，ŋui²²le⁵⁵pouŋ²¹nuo⁵⁵iŋ⁵⁵.
连江	a. 汝着里唱乇？b. 我无着里唱，我着里放录音。 a. ny³³tyøʔ⁵ti⁰tsʰyøŋ²¹²nɔ⁵¹？ b. ŋui³³mo⁵⁵tyøʔ⁵ti⁰tsʰyøŋ²¹²，ŋui³³tyøʔ⁵ti⁰poŋ²¹nuo⁵⁵iŋ⁵⁵.
罗源	a. 汝着唱乇？b. 我无着唱，我着放录音。 a. ny²¹tyøʔ⁵²tsʰyøŋ³⁵nɔ⁵³？ b. ŋui²¹mɔ⁴⁴lyøʔ⁵²tsʰyøŋ³⁵，ŋui²¹tyøʔ⁵²puŋ²¹luoʔ⁴iŋ⁴².
福清	a. 汝着㘄唱什乇？b. 我无着㘄唱，我是敆着㘄放录音。 a. ny³¹tio⁵³lɛ⁰tsʰioŋ²¹nie⁵³nɔ²¹？ b. ŋua³¹mo⁴⁴lio⁵³lɛ⁰tsʰioŋ²¹，ŋua³¹θi⁴⁴kaʔ⁵tio⁵³lɛ⁰puŋ⁴⁴luo⁴⁴iŋ⁵³.
平潭	a. 汝㘄唱什乇？b. 我无㘄唱，我㘄放录音。 a. ly³¹lɛ⁰tsʰyoŋ²¹θie⁵¹lɔ²¹？b. ŋua³¹mo²¹le³⁵tsʰyoŋ²¹，ŋua³¹lɛ⁰poŋ²¹luo⁴⁴iŋ⁵¹.
永泰	a. 汝敆界⁼唱什乇？b. 我无唱，我敆界⁼放录音。 a. ny³²kaʔ⁵kai²¹tsʰuoŋ²¹sieŋ⁴⁴nɔ²¹？ b. ŋuoi³²mo²¹ʒuoŋ²¹，ŋuoi³²kaʔ⁵kai²¹pouŋ²¹luoʔ⁵iŋ⁴⁴.
闽清	a. 汝着唱什乇？b. 我无着唱，我㘄着放录音啊。 a. ny³²tyøk⁵tsʰyøŋ²¹sieŋ⁴²noʔ³？ b. ŋuai³²mɔ²¹lyøk⁵tsʰyøŋ²¹，ŋuai³²nɛ²¹tyøk⁵pouŋ²¹luo⁴⁴iŋ⁴⁴ŋa⁰.
古田	a. 汝着唱乇咧？b. 我无唱乇，我着放录音啊。 a. ny⁴²tyøk⁵tsʰyøŋ²¹nɔ⁵³lɛ⁰？ b. ŋuai⁴²mɔ³³tsʰyøŋ²¹nɔ³⁵，ŋuai⁴²tyøk⁵puŋ²¹luo³³iŋ⁵⁵ŋa⁰.

语 法 卷　　145

续表

	0023 a. 你在唱什么？b. 我没在唱，我放着录音呢。
屏南	a. 汝着唱毛毛？b. 我无着唱，我着放录音。 a. ny⁴¹ tyøk³ tsʰuŋ⁵⁵ nɔ⁴⁴ nɔ⁴⁴? b. uai⁴¹ mɔ²² lyø⁴⁴ tsʰuŋ³⁴, uai⁴¹ tyøk³ puŋ⁵⁵ luo⁴⁴ iŋ⁴⁴.
宁德	a. 汝着药⁼唱［毛坞⁼］？b. 我无着药⁼唱，我着放录音学⁼。 a. ny⁴¹ tøʔ⁵⁴ ø⁰ tsʰyŋ³⁵ nou⁵⁵? b. ua⁴¹ mɔ¹¹ lø⁵⁴ ø⁰ tsʰyŋ³⁵, ua⁴¹ tø⁵⁵ puŋ⁵⁵ lu³³ iŋ³³ ŋʔ⁵⁴.
霞浦城关	a. 汝着许唱毛？b. 我无着许唱，我着放录音呐。 a. ny⁴² tøʔ² hai²⁴ tsʰøŋ³⁵ nɔʔ⁵? b. ua⁴² mɔ²¹ tøʔ² hai²⁴ tsʰøŋ³⁵, ua⁴² tøʔ² puŋ⁵⁵ loʔ² iŋ⁴⁴ na⁰.
福安	a. 汝行居［许位］唱呢毛？b. 我未唱，我居［许位］放录音。 a. ni⁴⁴ ɔuŋ⁵¹ kiu²¹ e³⁵ tsʰioŋ³⁵ mi⁵⁵ nɔʔ⁵? b. ŋo⁴¹ mui⁴⁴ ʒioŋ³⁵, ŋo⁴¹ kiu²¹ e³⁵ pouŋ⁵⁵ luʔ⁴⁴ eiŋ³³¹.
柘荣	a. 汝着［许堆］唱呢毛？b. 我未唱，我着［许堆］放录音。 a. ny⁵³ tyøʔ²¹ xuei⁴⁵ tsʰyoŋ⁴⁵ ni⁵⁵ nɔʔ⁵? b. ŋua⁵³ mɔ²¹ tyøʔ²¹, ŋau⁵³ tyøʔ²¹ uei⁴⁵ puŋ⁵⁵ luo⁴⁴ iŋ⁴².
周宁	a. 汝着其唱物毛？b. 我未着其唱，我着其放录音。 a. ny⁴² tek² i⁰ tsʰyəŋ³⁵ mi⁵⁵ nɔk⁵? b. ua⁴² mui⁴⁴ tek² i⁰ tsʰyəŋ³⁵, ua⁴² tek² i⁰ poŋ⁵⁵ lo⁴⁴ in⁴⁴.
寿宁	a. 汝合［许位］唱呢毛？b. 我未合［许位］唱，着［许位］放录音。 a. ny⁴² kaʔ² xuoi³⁵ tsʰyoŋ³⁵ ni⁵⁵ nɔ³⁵? b. ua⁴² muoi²³ kaʔ² xuoi³⁵ tsʰyoŋ³⁵, tyøʔ² xuoi³⁵ puŋ⁵⁵ luʔ² iŋ³³.
福鼎城关	a. 汝只久唱毛毛？b. 我无唱，我放录音呢。 a. ni⁵⁵ tsiʔ³ ku⁵⁵ tsʰioŋ³³ no³³ no⁴²? b. ua⁵⁵ mo²¹ tsʰioŋ⁴², ua⁵⁵ puŋ³³ luo³³ iŋ³⁵ ni⁰.
尤溪	a. 你仂的唱什地？b. 我无唱，我放录音。 a. ne⁵⁵ tui¹² tə⁰ tsʰioŋ⁵¹ ɕie³³ te⁴²? b. ŋua⁵⁵ mo³³ tsʰioŋ⁵¹, ŋua⁵⁵ pəŋ⁴⁴ luo³³ iŋ³³. "录" 或读作 lə³³。

续表

	0023a. 你在唱什么？b. 我没在唱，我放着录音呢。
莆田	a. 汝躲⁼许唱甚物？b. 我无即唱，我即放录音。 a. ty⁴⁵³to²⁴heʔ⁵tsʰieu⁵³³ɬɔʔ⁵mue¹¹？ b. kua⁴⁵³po²⁴tseʔ⁵tsʰieu⁴²，kua⁴⁵³tseʔ⁵paŋ⁵³³løʔ²iŋ⁵³³.
涵江	a. 汝躲⁼许唱甚物？b. 我无唱甚物，我是即放录音。 a. tyt⁴to¹³hyɒt⁴tsʰiau⁴²ɬœm⁵⁵muai⁵⁵？ b. kuap⁴po⁵⁵tsʰiau⁴²ɬœm⁵⁵muai⁵⁵，kuat⁴li⁰tsiap⁴paŋ⁵⁵lœʔ¹iŋ⁵⁵.
仙游城关	a. 汝躲⁼许唱甚物？b. 我无唱，我即放录音。 a. tyt²³to²⁴hyøt²³tsʰiũ⁵⁵ɬuo⁵⁵mui⁵⁵？ b. kuap²³po⁵⁵tsʰiũ⁴²，kuat²³tsɛp²³paŋ⁵⁵lyøʔ²iŋ⁵³³.
仙游枫亭	a. 汝许唱甚物？b. 我无唱甚物，我即是即放录音。 a. ti⁴⁵³heʔ⁵tsʰiũ⁴²ɬɔʔ²mui⁵³³？ b. kua⁴⁵³pɤɯ²⁴tsʰiũ⁵³³ɬɔʔ⁵mui⁵³³，kua⁴⁵³tseʔ⁵liʔ²tseʔ⁵paŋ⁵³³lieʔ²iŋ⁵³³.
厦门	a. 汝咧唱甚物啦？b. 我无咧唱，我咧放录音。 a. li⁵³le⁰tsʰiũ⁵³sim⁴⁴miʔ⁴la⁰？ b. gua⁵³bo²²le⁰tsʰiũ⁵³，gua⁵³le⁰paŋ⁵³liɔk²¹im⁴⁴.
同安	a. 汝咧唱甚物？b. 我无咧唱，我咧放录音。 a. lɯ⁴²leʔ⁴tsʰiũ⁴²sim¹¹biʔ³²？ b. gua⁴²bo²²leʔ⁴tsʰiũ¹¹²，gua⁴²leʔ⁴paŋ⁴²liɔk¹¹im⁴⁴.
泉州鲤城	a. 汝咧唱甚物？b. 无，我咧放录音。 a. lɯ⁵⁵lə⁵⁵tsʰiũ⁵⁵siam²⁴miʔ⁵？ b. bo²⁴，gua⁵⁵lə⁵⁵paŋ⁵⁵liɔk²²im³³.
泉州洛江	a. 汝咧唱啥？b. 我无唱，我咧放录音。 a. li⁵⁵leʔ⁵tsʰiũ⁵⁵siã²⁴？ b. gua⁵⁵bo²²tsʰiũ⁵⁵，gua⁵⁵lit²²paŋ⁵⁵liɔk²im³³.
南安	a. 汝咧唱啥？b. 我无咧唱，我咧放录音。 a. lɯ⁵⁵leʔ⁵tsʰiũ⁵⁵siã²⁴？ b. gua⁵⁵bo²²leʔ⁵tsʰiũ³¹，gua⁵⁵leʔ⁵paŋ⁵⁵liɔk²im³³.

续表

	0023 a. 你在唱什么？b. 我没在唱，我放着录音呢。
晋江	a. 汝咧唱啥物？b. 我无咧唱，我咧放录音。 a. li^{55}leʔ^{5}tsʰiũ^{55}siã^{24}bĩʔ^5？ b. gua^{55}bə^{22}leʔ^{5}tsʰiũ^{41}，gua^{55}leʔ^{5}paŋ^{55}liɔk^{2}im^{33}.
石狮	a. 汝咧唱啥物啊？b. 我无咧唱哦，我咧放录音啦。 a. li^{55}eʔ^{5}tsʰiu^{41}siam^{0}biʔ^{0}a^0？ b. gua^{55}bə^{22}leʔ^{5}tsʰiu^{41}ɔ^0，gua^{55}leʔ^{5}paŋ^{55}liɔk^{2}im^{33}la^0.
惠安	a. 汝咧唱啥歌？b. 无啊，我咧放录音。 a. lɯ^{42}le^{0}tsʰiũ^{54}siã^{25}kua^{33}？ b. bo^{25}a^0，gua^{42}le^{0}paŋ^{54}liɔk^{2}em^{33}.
安溪	a. 汝伫唱啥物歌？b. 无啊，我伫放录音。 a. lɯ^{22}tɯ^{0}tsʰiũ^{53}siã^{22}miʔ^{22}kua^{55}？ b. bo^{24}a^0，gua^{44}tɯ^{0}paŋ^{53}liɔk^{42}im^{55}.
永春	a. 汝咧唱啥物？b. 无啊，我咧放录音。 a. lɯ^{53}le^{0}tsʰiũ^{42}siam^{31}miʔ^{31}？ b. bo^{44}a^0，gua^{53}le^{0}paŋ^{42}liɔk^{31}im^{44}.
德化	a. 汝咧唱啥？b. 无啊，我咧放录音。 a. lɯ^{35}le^{0}tsʰiũ^{42}siã^{31}？ b. bo^{44}a^0，gua^{35}le^{0}paŋ^{42}liɔk^{31}im^{13}.
漳州	a. 汝咧唱哪？b. 我无咧唱，我咧放录音啦。 a. li^{53}li^{34}tsʰiɔ̃^{53}nãʔ^{32}？ b. gua^{53}bo^{22}li^{34}tsʰiɔ^{21}，gua^{53}li^{34}paŋ^{53}lik^{21}im^{34}la^0.
龙海	a. 汝咧唱哪？b. 我无咧唱，我咧放录音呢。 a. liʔ^{4}liʔ^{4}tsʰio^{52}nãʔ^{42}？ b. guaʔ^{4}bo^{33}li^{33}tsʰiaŋ^{41}，guaʔ^{4}liʔ^{4}paŋ^{52}liɔk^{42}im^{34}nɛ̃^{0}.
长泰	a. 汝咧唱啥？b. 我无咧唱，我咧放录音呐。 a. li^{53}li^{44}tsʰiɔ̃^{53}sã^{21}？ b. gua^{53}bɔ^{22}li^{44}tsʰiɔ̃^{53}，gua^{53}li^{44}paŋ^{53}lek^{21}im^{44}nɛ̃^{0}.

续表

	0023 a. 你在唱什么？b. 我没在唱，我放着录音呢。
华安	a. 汝咧唱哪货啊？b. 我无咧唱，我咧放录音。 a. li^{55}le^{55}ts^{h}iɔ̃^{53}na^{55}hue^{55}a^{53}？ b. gua^{53}bo^{22}li^{55}ts^{h}iɔ̃^{31}，gua^{55}li^{55}paŋ^{53}lik^{21}im^{55}.
南靖	a. 汝咧唱哪啊？b. 无，我无咧唱，我咧放录音。 a. li^{44}li^{44}ts^{h}io^{53}na^{44}a^{0}？ b. bo^{323}，gua^{44}bo^{22}li^{44}ts^{h}io^{21}，gua^{53}li^{44}paŋ^{53}lik^{21}im^{34}.
平和	a. 汝咧唱哪货？b. 我无咧唱，我放录音。 a. li^{52}leʔ^{52}ts^{h}iũ^{52}lã^{22}hue^{21}？ b. gua^{52}bo^{22}leʔ^{42}ts^{h}iũ^{21}，gua^{52}paŋ^{52}liɔk^{21}im^{34}.
漳浦	a. 汝咧唱啥啊？b. 我无唱啊，我仃许放录音啊。 a. liʔ^{4}le^{0}siũ^{51}siã^{43}a^{0}？ b. guaʔ^{4}bɔ^{33}siũ^{21}a^{0}，guaʔ^{4}ti^{21}a^{0}paŋ^{51}liok^{21}im^{43}a^{0}.
东山	a. 汝蹛唱什物歌？b. 我无唱，我蹛放录音。 a. liʔ^{5}tua^{44}ts^{h}io^{51}sip^{5}bĩʔ^{5}kua^{44}？ b. guaʔ^{5}bo^{33}ts^{h}io^{22}，guaʔ^{5}tua^{44}paŋ^{51}liok^{22}im^{44}.
云霄	a. 汝仃唱啥？b. 无，我放录音。 a. li^{53}ti^{21}ts^{h}iũ^{53}siã^{53}？ b. bo^{32}，gua^{53}paŋ^{53}liok^{21}im^{55}.
诏安	a. 汝咧唱甚乜？b. 我无唱，咧放录音。 a. lɯ^{53}lə^{53}ts^{h}io^{53}sim^{24}mĩʔ^{32}？ b. ua^{53}bo^{22}ts^{h}io^{22}，lə^{24}paŋ^{53}lik^{32}im^{44}.
龙岩	a. 汝唱甚？b. 我无唱，我放录音带。 a. li^{21}ts^{h}aŋ^{213}ɕiɛ̃^{213}？ b. gua^{21}bo^{11}ts^{h}aŋ^{213}，gua^{21}paŋ^{21}liok^{1}giom^{11}tua^{213}.
漳平	a. 汝得来唱什物？b. 我无得来唱，我得来放录音。 a. li^{53}tiet^{5}lai^{33}ts^{h}iaŋ^{53}sin^{33}mĩ^{33}？ b. gua^{53}bɔ^{33}tiet^{5}lai^{33}ts^{h}iaŋ^{21}，gua^{53}tiet^{5}lai^{33}paŋ^{53}luo^{21}in^{35}.

续表

	0023a. 你在唱什么？b. 我没在唱，我放着录音呢。
大田城关	a. 汝伫咧唱甚料？b. 我无唱，我伫咧放录音。 a. li⁵³tɤ²⁴lɤ⁰tsʰuŋ⁵⁵sŋ²⁴liɔ³³? b. bua⁵³bɤ⁵³tsʰuŋ³¹, bua⁵³tɤ²⁴lɤ⁰paŋ⁵⁵loʔ⁵eŋ³³.
大田广平	a. 汝侬唱物兮啊？b. 我无唱，是咧放录音啊。 a. li⁵¹lõ²⁴tsʰoŋ⁴⁵bẽi³³gɛ̃²⁴iɐ̃³³? b. gua⁵¹bɯ²²tsʰoŋ³¹, sɯ²²lɤ⁵pɤ³³liɐ²²dʒe³³dʒiɐ⁰.
霞浦三沙	a. 汝着的唱什乇？b. 我没唱，我着的放录音机。 a. ny⁴²tioʔ²¹ti⁰tsʰiũ⁵⁵sa⁵⁵nɔ⁵¹? b. ua⁵⁵bo²¹tsʰiũ²¹, ua⁵⁵tioʔ²¹ti⁰paŋ⁵⁵lo²¹iŋ⁴⁴ki⁴².
福鼎沙埕	a. 汝伫许唱什乇？b. 我无唱，我伫许放录音。 a. lɯ⁵³tɯ²¹xɯ⁰tsʰiũ⁴⁴siet²¹nɔ⁰? b. gua⁵³bo²¹tsʰiũ²¹, gua⁵³tɯ²¹xɯ⁰pan⁴⁴lɔ²¹ien⁴⁴.
建瓯	a. 你到里唱孰事？b. 我未㑇唱，是到里放录音。 a. ni⁴²tau³³ti³³tsʰiɔŋ³³su⁵⁵ti⁵⁵? b. uɛ⁴²mi⁵⁵naiŋ²¹tsʰiɔŋ³³, si⁵⁵tau³³ti³³pɔŋ³³ly⁴²eiŋ⁵⁴.
建阳	a. 你是各⁼唱孰□？b. 我㑇唱，我是各⁼放录音。 a. nɔi⁴¹si³³¹ko⁴tsʰiɔŋ³³so⁴xai⁴⁵? b. ue⁴¹naiŋ⁴¹tsʰiɔŋ³³, ue⁴¹si³³ko⁴pɔŋ³³ly⁴iŋ⁵¹.
政和	a. 你到底唱甚呢？b. 我唔㑇唱，我到底放录音。 a. ni⁴²to⁴²tai²¹³tsʰioŋ⁴²seiŋ⁴²ni⁵⁵? b. uɛ⁴²eiŋ⁵⁵naiŋ²¹tsʰioŋ⁴², uɛ⁴²to⁴²ti²¹³pɔŋ⁴²ly⁴²eiŋ⁵³.
松溪	a. 你唱什么事？b. 我㑇唱，我放录音啊。 a. niɛ⁴²tsʰioŋ²²soŋ⁴⁴moŋ⁴⁴tɛi⁴⁵? b. ŋua⁴²naŋ²¹tsʰioŋ²², ŋua⁴²pɔŋ²²lœy²²eiŋ⁵³a⁰.
武夷山	a. 你□唱么晒⁼？b. 我㑇唱，我放着录音呢。 a. nei⁵¹kia²²tsʰyoŋ²²mɛi⁵⁵sai³³? b. ŋuai⁵¹naiŋ²²tsʰyoŋ²², ŋuai⁵¹pɛiŋ²²tiu⁵⁵ləu²²iŋ⁵¹lɛi⁰.

续表

	0023 a. 你在唱什么？b. 我没在唱，我放着录音呢。
浦城石陂	a. 你在唱孰契⁼？b. 我嬲唱，我在放录音。 a. ni⁴² dzaɛ⁴² tɕʰiɔŋ³³ su⁴⁵ kʰaɛ³³？ b. ɦuaɛ⁴² naiŋ⁴² tɕʰiɔŋ³³, ɦuaɛ⁴² dzaɛ⁴² pəŋ³³ lu⁴² eiŋ⁵³.
南平夏道	a. 汝在里唱□事哦？b. 我无唱，我在里放录音。 a. ny¹¹ tsai²⁴ li⁰ tɕʰioŋ⁵⁵ xiŋ¹¹ ti²⁴ o⁰？ b. ŋua¹¹ mo¹¹ tɕʰioŋ²⁴, ŋua¹¹ tsai²⁴ li⁰ poŋ²⁴ lu⁵⁵ eiŋ¹¹.
顺昌	a. 你咧唱孰么⁼星⁼？b. 我唔咧唱，我咧放录音。 a. lɛ³¹ lɛ̃⁵⁵ tʃʰiɔ̃³⁵ ʃia⁴⁴ ma⁴⁴ sɛ̃⁵¹？ b. ŋa³¹ ŋ³¹ lɛ³¹ tʃʰiɔ̃³⁵, ŋa³¹ lɛ̃³¹ puŋ⁵⁵ ly⁵¹ iŋ⁴⁴.
将乐	a. 你是的唱［甚样］俚？b. 我唔曾唱，我是的放录音。 a. le⁵¹ ʃi⁵⁵ tiʔ⁵ tʃʰɔ̃³²⁴ ʃɔ̃²¹ li³²⁴？ b. ŋæ⁵¹ ŋ⁵⁵ ŋãŋ²¹ tʃʰɔ̃³²⁴, ŋæ²¹ ʃi⁵⁵ tiʔ⁵ pɤ̃ŋ⁵⁵ luʔ⁵ ĩŋ⁵⁵.
光泽	a. 儇在唱□么？b. 伉冇唱，伉在放录音。 a. hiən⁴¹ tʰɛi⁴¹ tɕʰiɔŋ³⁵ kɛm⁴⁴ mɛ⁰？ b. haŋ⁴¹ mau³⁵ tɕʰiɔŋ³⁵, haŋ⁴¹ tʰɛi⁴¹ pɔŋ³⁵ luʔ⁵ in²¹.
邵武	a. 儇在唱啥？b. 伉冇唱，伉放录音嘞。 a. hien³⁵ tʰei⁵⁵ tɕʰioŋ²¹ ɕia⁵³？ b. haŋ³⁵ mau³⁵ tɕʰioŋ²¹, haŋ³⁵ poŋ³⁵ ly³⁵ ən²¹ lei⁰.
三明	a. 你在唱□货？b. 我无唱，我在放录音。 a. ŋi⁴⁴ tsa²⁵⁴ tʃʰɐm³³ kɔ̃⁴⁴ hɔ̃³¹？ b. ŋu⁴⁴ mau⁵¹ tʃʰɐm³³, ŋu⁴⁴ tsa²⁵⁴ pã³³ ly³¹ iã⁴⁴.
永安	a. 你唱啥货？b. 我无唱，我者地放录音。 a. ŋi⁵² tʃʰiɑm²⁴ sɒ²¹ hɒ²¹？ b. ŋuɒ⁵² mauɯ³³ tʃʰiɑm²⁴, ŋuɒ⁵² tʃiɒ²¹ ti⁰ pã⁴⁴ ly²¹ iɛ̃i⁵².
沙县	a. 你在哩唱啥反⁼？b. 我无唱，我是在哩放录音。 a. gi³³ tsai²¹ li⁰ tʃʰiŋ⁴⁴ sɔ̃⁵⁵ xuẽ²¹？ b. gua³³ bo⁴⁴ tʃʰiŋ²⁴, gua³³ sɿ²¹ tsai²¹ li⁰ pɔuŋ⁴⁴ ly²¹ iɛiŋ³³.

续表

	0023 a. 你在唱什么？ b. 我没在唱，我放着录音呢。
长汀	a. 尔在唱挞西啊？ b. 我唔曾唱，我在放录音。 a. ni³³ tsʰai⁴² tʃʰoŋ⁴² ʃəŋ²¹ sๅ⁵⁵ a³³？ b. ŋai²¹ ŋ²¹ tʃʰeŋ³³ tʃʰoŋ⁴²，ŋai³³ tsʰai⁴² pioŋ⁴² lu⁴² iŋ³³.
连城	a. 尔在唱么事？ b. 我唔曾唱，我放录音。 a. ŋiɛ⁵³ tsʰi³³ tʃʰoŋ⁵³ miɛ⁵⁵ sɯə³⁵？ b. ŋa⁵³ ŋ⁵⁵ tsʰaiŋ²² tʃʰoŋ⁵³，ŋa⁵³ pioŋ⁵³ liəɯ²¹ ieiŋ⁴³³.
上杭	a. 儇着唱乜哩？ b. 我唔曾唱，我着放录音。 a. hŋ²¹ tsʰo?³⁵ tsʰoŋ³⁵³ ma?³² lɛ³¹？ b. ŋa²¹ ŋ²¹ tsɛ̃²¹ tsʰoŋ³⁵³，ŋa²¹ tsʰo?³⁵ pioŋ³⁵³ lə?³⁵ iəŋ⁴⁴.
武平	a. 儇在唱么事？ b. 我唔曾唱，我在放录音。 a. hŋ²⁴ tsʰuɛ⁴⁵¹ tsʰoŋ⁴⁵¹ ma?⁴ sๅ⁴⁵¹？ b. ŋa²⁴ ŋ⁴² ȵiɛŋ²² tsʰoŋ⁴⁵¹，ŋa²⁴ tsʰuɛ⁴⁵¹ pioŋ⁴⁵¹ liu?⁴ iŋ²⁴.
永定	a. 尔今下唱脉＝个？ b. 我唔曾唱，我在放录音机。 a. ŋ²² tɕʰiŋ⁴⁴ ŋa⁵² tsʰɔ̃⁵⁵ mɔ?³² kɛ?⁵. b. ŋai²² m²⁴ ȵiɛ̃²² tsʰɔ̃⁵²，ŋai²² tsʰai⁵² piɔ̃⁵² liu?⁵ iŋ⁴⁴ tɕi²⁴.
明溪	a. 你在唱甚么？ b. 我嬒唱，我在的放录音。 a. le⁴¹ tsʰa³¹ tsʰoŋ²⁴ sɤŋ⁴¹ mo²⁴？ b. ue⁴¹ maŋ³¹ tsʰoŋ²⁴，ue⁴¹ tsʰe³¹ ti⁰ pioŋ⁴¹ lu⁵⁵ eŋ⁴⁴.
清流	a. 尔在唱什么？ b. 我嬒唱，我在放录音唎。 a. ŋi³³ tsʰa³² tʃʰioŋ³⁵ soŋ²³ mo⁰？ b. ŋa³³ maŋ²³ tʃʰioŋ³⁵，ŋa³³ tsʰa³² pioŋ³⁵ liə⁵⁵ eŋ³³ lɛ²¹.
宁化	a. 尔在唱什么？ b. 我嬒唱，我在放录音唎。 a. i³⁴ tsʰai⁴² tsʰɔŋ²¹² sən²⁴ mə⁰？ b. ŋa³⁴ maŋ²⁴ tsʰɔŋ²¹²，ŋa³⁴ tsai⁴² pioŋ²¹² lu⁴² iŋ³¹ lie⁰.
新罗客家	a. 尔在唱嘛事？ b. 我唔曾唱，放个录音。 a. ni³⁵ tsa⁴¹ tsʰiõ⁴¹ ma⁴¹ sๅ⁴¹？ b. ŋa³⁵ ŋ³³ tsʰiẽ³⁵ tʃʰiõ⁴¹，pioŋ⁴¹ ka⁴¹ liu?³ iŋ⁴⁴.

续表

	0023 a. 你在唱什么？b. 我没在唱，我放着录音呢。
平和客家	a. 儕在格＝唱嘛个？b. 我冇唱，我係放着录音个。 a. heŋ³⁵ tsʰɔi³¹ ka⁵⁵ tʃʰɔŋ³¹ maʔ⁵³ kai³¹？ b. ŋai³⁵ mɔ³¹ tʃʰɔŋ³¹，ŋai³⁵ he³³ piɔŋ³¹ tʃʰɔ³³ liuʔ³¹ im³³ kai³¹.
诏安客家	a. 儕在格＝唱么个？b. 唔係我唱个，我在格＝放录音。 a. hen⁵³ tsʰɛi²² kɤ⁰ tʃʰɔŋ²² ma⁵ kai³¹？ b. m²² mɛiɜ⁴⁵ ŋai⁵³ tʃʰɔŋ²² kai³¹，ŋai⁵³ tsʰɛi²² kɤ⁰ piɔŋ²² liu⁴⁵ zim²².
泰宁	a. 尔在唱啥么？b. 伉唔曾在唱，伉放着录音呢。 a. ŋ³⁵ tʰoi³³ tɕʰiɔŋ⁵¹ so³⁵ mə⁰？ b. haŋ³³ ŋ²¹ noŋ³³ tʰoi²¹³ tɕʰiɔŋ⁵¹，haŋ³⁵ xuoŋ⁵¹ tsə⁰ lu³³ in³¹ læ⁵¹.
建宁	a. 尔在唱什几？b. 我嬒唱，我在放录音。 a. ŋ⁵⁵ tʰei⁵⁵ tʰoŋ²¹ si²¹ ki⁵⁵？ b. a⁵⁵ maŋ²⁴ tʰoŋ²¹，ŋa⁵⁵ tʰei⁵⁵ foŋ²¹ luk² in⁵⁵.
浦城城关	a. 侬在唱诗＝□？b. 无，我无唱，我在放录音。 a. noŋ⁵⁴ tsa²¹ tɕʰiaŋ⁴²³ ɕi³⁵ kʰiu³²？ b. muo²⁴，ɑ⁵⁴ muo²⁴ tɕʰiaŋ⁴²³，ɑ⁵⁴ tsa²¹ faŋ⁴²³ lou³² iŋ³⁵.
南平延平	a. 你在唱什么？b. 我［没有］在唱，我在放着录音呢。 a. li²¹ tsai³⁵ tɕʰiæ⁵⁵ ɕi³¹ mo²¹？ b. ŋo²⁴ miu³⁵ tsai⁵³ tɕʰiæ³⁵，ŋo²⁴ tsai³⁵ xyæ³⁵ tso⁰ lu⁵⁵ iŋ³³ lɤ⁰.

	0024a. 我吃过兔子肉，你吃过没有？b. 没有，我没吃过。
福州	a. 我有食过兔肉，汝有食过无？b. 无，我无食过。 a. ŋuai³³ u⁵⁵ sieʔ⁵ kuo²¹ tʰu⁵⁵ nyʔ⁵，ny³³ u⁵⁵ sieʔ⁵ kuo²¹ mo⁰？ b. mo⁵²，ŋuai³³ mo³³ lieʔ⁵ kuo²¹.
闽侯	a. 我食过兔肉，汝有食过无？b. 无，我无食过。 a. ŋuai³³ sieʔ⁵ kuo²¹² tʰu⁵⁵ nyʔ⁵，ny³³ ou²⁴ sieʔ⁵ kuo²¹ mo⁰？ b. mo⁵³，ŋuai³³ mo³³ lieʔ⁵ kuo²¹².
长乐	a. 我有食过兔肉，汝有食过无？b. 无，我无食过。 a. ŋui²² u⁵⁵ sieʔ⁵ kuo²¹ tʰu⁵⁵ nyʔ⁵，ny²² u⁵⁵ sieʔ⁵ kuo²¹ mo⁰？ b. mo⁵³，ŋui²² mo²² lieʔ⁵ kuo²¹.
连江	a. 兔肉我有食过，汝食过未？b. 无，我无食过。 a. tʰu⁵⁵ nyʔ⁵ ŋui³³ u²¹ sieʔ⁵ kuo²¹²，ny³³ sieʔ⁵ kuo²¹² muoi⁵⁵？ b. mo⁵¹，ŋui³³ mo²¹ lieʔ⁵ kuo²¹².
罗源	a. 石鼠肉我食过了，汝阿未食过？b. 未，我未食过。 a. θyø²¹ ʒy²¹ nyʔ⁵² ŋui²¹ θiaʔ⁵² kuo³⁵ lau²¹，ny²¹ a²² mui⁴⁴ θiaʔ⁵² kuo³⁵？ b. mui³⁴，ŋui²¹ mui⁴⁴ liaʔ⁵² kuo³⁵.
福清	a. 我食过兔团肉，汝有无食过？b. 无，我无食过。 a. ŋua³¹ θia⁵³ kuo²¹ tʰu²¹ iaŋ²¹ nyʔ⁵，ny³¹ u²¹ mo⁴⁴ θia⁵³ kuo²¹？ b. mo⁴⁴，ŋua³¹ mo⁴⁴ lia⁵³ kuo²¹.
平潭	a. 我食过兔团肉，汝有食过无？b. 无，我无食过。 a. ŋua³¹ θia⁵¹ kuo²¹ tʰu²¹ iaŋ²¹ lyʔ⁵，ly³¹ u⁰ θia⁵¹ kuo²¹ mo⁴⁴？ b. mo⁴⁴，ŋua³¹ mo⁴⁴ ðia⁵¹ kuo²¹.
永泰	a. 我食过兔肉，汝有食过无？b. 无，我无食过。 a. ŋuoi³² sieʔ⁵ kuo²¹ tʰu⁴⁴ nyʔ⁵，ny³² ou²⁴² sieʔ⁵ kuo²¹ mo⁴⁴？ b. mo³⁵³，ŋuoi³² mo⁴⁴ lieʔ⁵ kuo²¹.
闽清	a. 我食过兔肉，汝食过无？b. 无，我未食过。 a. ŋuai³² siek⁵ kuo²¹ tʰu⁴⁴ nyk⁵，ny³² siek⁵ kuo²¹ mɔ⁴⁴？ b. mɔ³⁵³，ŋuai³² mui²¹ liek⁵ kuo²¹.

续表

	0024a. 我吃过兔子肉，你吃过没有？b. 没有，我没吃过。
古田	a. 我食过石鼠肉，汝食过未？b. 未，我未食过。 a. ŋuai^{42} siek^5 kuo^{21} syø^{21} ʒy^{21} nyk^{35}, ny^{42} siek^5 kuo^{21} muoi^{24}？ b. muoi^{24}, ŋuai^{42} muoi^{33} liek^5 kuo^{21}.
屏南	a. 我食过石鼠肉，汝食过未？b. 未，我未食过。 a. uai^{41} sia^{44} kuo^{34} syk^5 ts^{h}y^{44} nyk^3, ny^{41} sia^{44} kuo^{34} muoi^{323}？ b. muoi^{323}, uai^{41} muoi^{44} sia^{44} kuo^{34}.
宁德	a. 我食过兔肉，汝有无食过？b. 无，我无食过。 a. ua^{41} siaʔ^{54} ku^{35} t^{h}u^{35} nyk^{54}, ny^{41} ou^{411} mɔ^{33} sia^{54} ku^{35}？ b. mɔ^{11}, ua^{41} mɔ^{11} liaʔ^{54} ku^{35}.
霞浦城关	a. 我食过兔肉，汝食过无？b. 无，我透底无食着。 a. ua^{42} θiaʔ^2 ko^{44} t^{h}u^{55} nyʔ^2, ny^{42} θiaʔ^2 ku^{44} mɔ^{21}？ b. mɔ^{21}, ua^{42} t^{h}au^{55} tɛ^{51} mɔ^{21} θiaʔ^2 tø^2.
福安	a. 我有食过兔其肉，汝有食过未？b. 未啊，我未食过。 a. ŋo^{41} ou^{44} seiʔ^2 ku^{35} t^{h}ou^{35} e^{55} nøuʔ^2, ni^{41} ou^{44} seiʔ^2 ku^{35} mɔi^{23}？ b. mɔi^{23} ɔ^0, ŋo^{44} mɔi^{44} seiʔ^2 ku^{35}.
柘荣	我有喫过兔团肉，汝有无喫过？无，我未喫过。 a. ŋua^{53} u^{44} ts^{h}iaʔ^{21} kuoʔ^5 t^{h}u^{55} kiaŋ^{55} niu^5, ny^{53} u^{44} mɔ^{21} ts^{h}iaʔ^{21} kuoʔ^5？ b. mɔ^{21}, ŋua^{53} muei^{44} ts^{h}iaʔ^{21} kuoʔ^5. 阳入21声调为短调。
周宁	a. 我食过兔肉，汝食过未？b. 未，我未食过。 a. ua^{42} siɛk^2 ku^{35} t^{h}o^{35} nøk^2, ny^{42} siɛk^2 ku^{35} mui^{213}？ b. mui^{213}, ua^{42} mui^{44} siɛk^2 ku^{35}.
寿宁	a. 我食过兔团肉，汝食过未？b. 未，我未食过。 a. ua^{42} siaʔ^2 kuo^{35} t^{h}u^{55} kiaŋ^{33} nuʔ^2, ny^{42} siaʔ^2 kuo^{35} muoi^{23}？ b. muoi^{23}, ua^{42} muoi^{33} siaʔ^2 kuo^{35}.
福鼎城关	a. 我有食过兔团肉，汝有食着无？b. 无，我无食着。 a. ua^{55} u^{33} sia^{35} kuo^{42} t^{h}u^{33} kiaŋ^{55} nuʔ^{23}, ni^{55} u^{33} sia^{35} tie^0 mo^{21}？ b. mo^{21}, ua^{55} mo^{21} sia^{35} tie^0.

续表

	0024a. 我吃过兔子肉，你吃过没有？ b. 没有，我没吃过。
尤溪	a. 我食着鼠鼠朒，你食着无？ b. 无，我无食着。 a. ŋua⁵⁵ɕia³³tʰə³³tsʰy³³tsʰy⁵⁵ma²⁴，ne⁵⁵ɕia³³tʰə³³mo¹²？ b. mo¹²，ŋua⁵⁵mo³³ɕia³³tʰə³³.
莆田	a. 我有食过兔肉，汝有食过无？ b. 无，我无食过。 a. kua⁴⁵³u¹¹ɬiaʔ⁵koʔ⁴²tʰɔu⁵³³nøʔ⁵，ty⁴⁵³u¹¹ɬiaʔ⁵koʔ⁴²poʔ²⁴？ b. poʔ²⁴，kua⁴⁵³po¹¹ɬiaʔ⁵koʔ⁴².
涵江	a. 我有食过兔肉，汝有食过无？ b. 无啊，我唔八食。 a. kuaʔ²⁴ut¹ɬiak⁴kuai⁴²tɔu⁵⁵nœʔ²⁴，tyʔ²⁴ut¹ɬiak⁴kuai⁴²poʔ⁰？ b. poʔ¹³a⁰，kuap⁴m²¹mɛt⁴ɬiaʔ²⁴.
仙游城关	a. 兔肉我八食啊，恁八食啊唔八食啊？ b. 无，我唔八食。 a. tʰou⁵⁵nyøk²³kuap²³pɛt²³ɬia²⁴a⁰，tyøm⁵⁵pɛt²³ɬia²⁴a⁰m²¹mɛt²³ɬia²⁴？ b. poʔ²⁴，kuap²³m²¹mɛt²³ɬia²⁴.
仙游枫亭	a. 我有食过兔肉，汝有食过无？ b. 无，我无食过兔肉。 a. kua⁴⁵³u¹¹ɬia²⁴kuɣɯ⁴²tʰɔu⁵³³niʔ⁵，li⁴⁵³u¹¹ɬia²⁴kuɣɯ⁴²pɣɯ²⁴？ b. pɣɯ²⁴，kua⁴⁵³pɣɯ¹¹ɬia²⁴kuɣɯ⁴²tʰɔu⁵³³niʔ⁵.
厦门	a. 我食过兔仔朒，汝八食唔？ b. 无，我唔八食过。 a. gua⁵³tsia²¹ke⁵³tʰɔ⁴⁴a⁰baʔ³²，li⁵³bat⁴tsia²¹m⁰？ b. bo²⁴，gua⁵³m²¹bat⁴tsiaʔ⁴ke⁰.
同安	a. 我八食过兔仔朒，汝八食过无？ b. 无，我唔八食过。 a. gua⁴²pat⁴tsiaʔ¹¹kɯ⁴²tʰɔ⁴²a⁰baʔ³²，lɯ⁴²pat⁴tsiaʔ⁵³kɯ⁰bo⁰？ b. bo²⁴，gua⁴²m¹¹pat⁴tsiaʔ⁵³kɯ⁰.
泉州鲤城	a. 我食着兔仔肉，汝有食着无？ b. 无，我无食着。 a. gua⁵⁵tsiaʔ²²tioʔ²²tʰɔ⁵⁵a²⁴hiak²⁴，lɯ²⁴u²²tsia²⁴tioʔ⁰bo⁰？ b. bo²⁴，gua⁵⁵bo²²tsiaʔ²⁴tioʔ⁰.
泉州洛江	a. 我有食着兔仔朒，汝有食着无？ b. 无，我无食着。 a. gua⁵⁵u²²tsiaʔ³⁴tioʔ²tʰɔ⁵⁵a²⁴baʔ⁵，li⁵⁵u²²tsiaʔ²tio²bo⁰？ b. bo²⁴，gua⁵⁵bo²²tsiaʔ³⁴tioʔ⁰.

续表

	0024a. 我吃过兔子肉，你吃过没有？ b. 没有，我没吃过。
南安	a. 我食着兔仔肰，汝有食着无？ b. 无，我无食着。 a. gua⁵⁵tsiaʔ²tioʔ²tʰɔ⁵⁵a⁵⁵baʔ⁵，lɯ⁵⁵u²²tsiaʔ²tioʔ⁰boʔ⁰？ b. bo²⁴，gua⁵⁵bo²²tsiaʔ³tioʔ⁰.
晋江	a. 我八食着兔肉，汝八食着唔？ b. 无，我唔八食着。 a. gua⁵⁵pat³⁴tsiaʔ²tiəʔ⁰tʰɔ⁵⁵hiak³⁴，li⁵⁵pat³⁴tsiaʔ³⁴tiəʔ⁰m⁰？ b. bə²⁴，gua⁵⁵m²²pat³⁴tsiaʔ³⁴tiəʔ⁰.
石狮	a. 我八食着兔肉，汝八食着唔？ b. 无，我唔八食着。 a. gua⁵⁵pat⁵tsiaʔ²tiəʔ²tʰɔ⁵⁵hiak³⁴，li⁵⁵pat⁵tsiaʔ³⁴tiəʔ⁰m⁰？ b. bə²⁴，gua⁵⁵m²²pat⁵tsiaʔ³⁴tiəʔ⁰.
惠安	a. 我八食着兔肰，汝八食着唔？ b. 无，我无食着。 a. gua⁴²pat⁵tsiaʔ³⁴tioʔ⁰tʰɔ⁵⁴baʔ³⁴，lɯ⁴²pat⁵tsiaʔ³⁴tioʔ⁰m⁰？ b. bo³³，gua⁴²bo³³tsiaʔ³⁴tioʔ⁰.
安溪	a. 我食着兔仔肰，汝有食着无？ b. 我无食着。 a. gua⁴⁴tsiaʔ²²tioʔ²²tʰɔ⁵³aʔ⁰baʔ⁵，lɯ²²u⁴⁴tsiaʔ²⁴tioʔ²²boʔ⁰？ b. gua⁴⁴bo³³tsiaʔ²⁴tioʔ²⁴.
永春	a. 我有食着兔团肰，汝有食着无？ b. 无，我无食着。 a. gua⁵³u²²tsiaʔ³²tioʔ⁰tʰɔ⁵³kiã⁴⁴baʔ³¹，lɯ⁵³u²²tsiaʔ³²tioʔ⁰boʔ⁰？ b. bo²⁴，gua⁵³bo²²tsiaʔ³²tioʔ⁰.
德化	a. 我有食着兔团肰，汝有食着无？ b. 无，我无食着。 a. gua³⁵u⁴⁴tsiaʔ⁴²tioʔ⁰tʰɔ²²kiã⁵³baʔ³⁵，lɯ³⁵u⁴⁴tsiaʔ⁴²tioʔ⁰boʔ⁰？ b. bo⁴⁴，gua³⁵bo³¹tsiaʔ⁴²tioʔ⁰.
漳州	a. 我食过兔仔肰，汝敢八食过？ b. 唔八，我唔八食过。 a. gua³⁴tsia²¹kue⁵³tʰɔ⁵⁵uaʔ⁰baʔ³²，li⁵³kã³⁴bat⁵tsia¹²¹kue⁰？ b. m²¹bat³²，gua⁵³m²¹bat⁵tsia¹²¹kue⁰.
龙海	a. 我食过兔仔肰，汝敢八食过？ b. 无，我唔八食过呢。 a. guaʔ⁴tsia⁴¹kue⁵²tɔ³⁴aʔ³²baʔ⁴²，liʔ⁴kã³⁴bak⁴tsiaʔ⁴²kue⁰？ b. bo³¹²，guaʔ⁴m⁴¹bak⁴tsiaʔ⁴kue⁰nɛ̃⁰.

续表

	0024a. 我吃过兔子肉，你吃过没有？ b. 没有，我没吃过。
长泰	a. 我有食过兔仔朒，汝敢有食过？ b. 无，我无食过。 a. gua^{53}u^{21}tsia^{21}kue^{53}t^{h}eu^{55}ua^{0}baʔ^{32}，li^{53}kã^{44}u^{21}tsia^{33}kue^0？ b. bɔ^{24}，gua^{53}bɔ^{22}tsia^{33}kue^0.
华安	a. 我食过兔仔朒，汝食过无？ b. 无，我无食过。 a. gua^{55}tsiaʔ^{21}kue^{53}t^{h}ɔ^{55}a^{55}baʔ^{32}，li^{53}tsiaʔ^{212}kue^{0}bo^0？ b. bo^{232}，gua^{53}bo^{22}tsiaʔ^{212}kue^0.
南靖	a. 我食过兔仔朒，汝甲有食过？ b. 无，我无食过。 a. gua^{44}tsiaʔ^{21}kue^{54}t^{h}ɔu^{0}a^{44}baʔ^{32}，li^{44}ka^{53}u^{21}tsiaʔ^{121}kue^0？ b. bo^{323}，gua^{54}bo^{22}tsiaʔ^{121}kue^0.
平和	a. 我食过兔仔朒，汝食过无？ b. 无啊，我无食过。 a. gua^{52}tsiaʔ^{21}kue^{52}t^{h}ou^{52}ã^{23}baʔ^{54}，li^{52}tsiaʔ^{32}kue^{0}bo^{23}？ b. bo^{23}a^0，gua^{52}bo^{22}tsiaʔ^{32}kue^0.
漳浦	a. 我八食过兔仔朒，汝敢八食过？ b. 无啊，我唔八食。 a. guaʔ^{4}bat^{4}tsia^{21}kue^{43}tou^{43}a^{0}ba^{51}，liʔ^{4}kã^{43}bat^{4}tsia^{21}kue^{21}？ b. bɔ^{412}a^0，guaʔ^{4}m^{21}bat^{4}tsiaʔ^{212}.
东山	a. 我食过兔仔朒，汝有食过无？ b. 无，我无食过。 a. guaʔ^{5}tsia^{22}kue^{51}t^{h}ou^{44}a^{0}ba^{41}，liʔ^{5}u^{22}tsiaʔ^{131}kue^{0}bo^{213}？ b. bo^{213}，guaʔ^{5}bo^{33}tsiaʔ^{131}kue^0.
云霄	a 我食过兔仔朒，汝食过抑无？ b. 无，我无食过。 a. gua^{53}tsia^{21}kue^{53}t^{h}ou^{55}a^{55}baʔ^5，li^{53}tsia^{21}kue^{22}a^{0}bo^0？ b. bo^{32}，gua^{53}bo^{33}tsiaʔ^{12}kue^0.
诏安	a. 我食过兔仔肉，汝有食过无？ b. 我无食过。 a. ua^{53}tsia^{31}kue^{53}t^{h}ou^{53}ɛ^{22}baʔ^{32}，lɯ^{53}u^{31}tsiaʔ^{13}kue^{0}bo^0？ b. ua^{53}bo^{22}tsiaʔ^{13}kue^0.
龙岩	a. 我食过兔仔朒，汝有食过吗？ b. 无，我无食过。 a. gua^{21}tsa^{42}kue^{21}t^{h}u^{21}ua^{21}ba^{55}，li^{21}u^{11}tsa^{42}kue^{213}ba^{21}？ b. bo^{11}，gua^{21}bo^{11}tsa^{42}kue^{21}.

续表

	0024a. 我吃过兔子肉，你吃过没有？b. 没有，我没吃过。
漳平	a. 我食过兔仔肉，汝有食过无？b. 唔无，我无食过。 a. gua⁵³tsia⁵⁵kue⁵³tʰɔ⁵⁵a⁵⁵ba³³，li⁵³u²¹tsia⁵⁵kue²¹bɔ⁰？ b. m⁰bɔ³³，gua⁵³bɔ³³tsia⁵⁵kue²¹.
大田城关	a. 我八食过厝斜⁼肮，汝八食无？b. 无，我无食过。 a. bua⁵³baʔ³tsia⁵⁵kɤ⁵⁵tsɤ³³tsʰia²⁴ba⁵³，li⁵³baʔ³tsia⁵⁵bɤ⁰？ b. bɤ²⁴，bua⁵³bɤ³³tsia⁵³kɤ³¹.
大田广平	a. 我鼠鼠肮有食倒啊，汝有食倒无啊？b. 无，我无食倒。 a. gua⁵¹tʃʰy²²tʃʰy²⁴ba³¹iŋ⁵¹ʃia⁴⁵lɯ⁰gɤ⁰，li⁵¹iŋ⁵¹ʃia⁴⁵lɯ⁰bɯ²⁴ga⁰？ b. bɯ²⁴，gua⁵¹bɯ²²ʃia⁴⁵tɯ⁰.
霞浦三沙	a. 我食过兔仔肉，汝有食着无？b. 无，我无食着。 a. ua⁴²tsiaʔ²⁴kø⁰tɔ³⁵a⁵¹e²⁴，ny⁵¹u²¹tsiaʔ²⁴tøʔ²¹bo²¹？ b. bo²⁴，ua⁴²bo²¹tsiaʔ²⁴tøʔ⁰.
福鼎沙埕	a. 我兔团肉有食过，汝有食过无？b. 无，我无食着。 a. gua⁵³tʰɔ³³kã³³xiet²⁴u²¹tsiat²¹kɯ²¹，lɯ⁵³u⁰tsiat²¹kɯ⁰bo²⁴？ b. bo²⁴，gua⁵³bo²¹tsiat²¹tieu²⁴.
建瓯	a. 我馇过兔仔肉，你馇过未嬞？b. 未嬞。 a. uɛ⁴²iɛ⁴²kua³³tʰu³³tsiɛ²¹ly⁴²，ni⁴²iɛ⁴²kua³³mi⁵⁵naiŋ²¹？ b. mi⁵⁵naiŋ²¹.
建阳	a. 我馇过兔仔肉，你馇过嬞？b. 嬞，我嬞馇过。 a. ue⁴¹jie⁴kuo³³ho³³tsie²¹ny⁴，nɔi⁴¹jie⁴kuo³³naiŋ⁴¹？ b. naiŋ⁴¹，ue⁴¹naiŋ⁴¹jie⁴kuo³³.
政和	a. 我馇过石鼠肉，你馇过唔嬞？b. 我唔嬞馇过。 a. uɛ⁴²iɛ⁴²ko⁴²tsio⁵⁵tsʰy²¹³ny⁴²，ni⁴²iɛ⁴²ko⁴²eiŋ⁵⁵naiŋ²¹？ b. uɛ⁴²eiŋ⁵⁵naiŋ²¹iɛ⁴²ko⁴².
松溪	a. 我馇着兔仔肉，你馇着嬞？b. 嬞，我嬞馇着。 a. ŋua⁴²iɛ⁴²tio⁴⁵tʰau²²iɛ⁰nœy⁴²，niɛ⁴²iɛ⁴²tio⁴⁵naŋ²¹？ b. naŋ²¹，ŋua⁴²naŋ²¹iɛ⁴²tio⁴⁵.

续表

	0024a. 我吃过兔子肉，你吃过没有？ b. 没有，我没吃过。
武夷山	a. 我馇过兔仔肉，你馇过孵？ b. 我孵馇过。 a. ŋuai⁵¹iʔ⁵⁴ko²²hu²²tsie³¹nəuʔ⁵⁴，nɛi⁵¹iʔ⁵⁴ko²²naiŋ²²？ b. ŋuai⁵¹naiŋ²²iʔ⁵⁴ko²².
浦城石陂	a. 我馇过兔仔肉了，你馇过孵？ b. 我孵馇过。 a. ɦuaɛ⁴²ɦie⁴²kɵ³³tʰu³³te⁰ny⁴²lɔ⁰，ni⁴²ɦie⁴²kɵ³³naiŋ⁴²？ b. ɦuaɛ⁴²naiŋ⁴²ɦie⁴²kɵ³³.
南平夏道	a. 我食过兔肉，汝食过无？ b. 无，我无食过。 a. ŋua¹¹ɕiɛ⁵⁵ko³³tʰu³³nau⁵⁵，ny³³ɕiɛ⁵⁵ko³³mo³³？ b. mo³³，ŋua³³mo¹¹ɕiɛ⁵⁵ko²⁴.
顺昌	a. 我食着兔子肉，你食着唔孵？ b. 唔孵，我唔孵食着。 a. ŋa³¹ʃeʔ⁵tʰio⁵¹tʰu⁵⁵ti⁵⁵ŋyʔ⁵，lɛ³¹ʃeʔ⁵tʰio⁵¹ŋ³¹lɛ̃⁰？ b. ŋ³¹lɛ̃⁴⁴，ŋa³¹ŋ³¹lɛ̃⁴⁴ʃeʔ⁵tʰio⁵¹.
将乐	a. 我食发是兔仔肉哩，你食发是哩么？ B. 冇，我唔曾食发是。 a. ŋæ²¹ʃiʔ⁵fa²¹ʃi³²⁴tʰu⁵⁵tsi²¹ŋiu³²⁴li²¹，lɛ⁵¹ʃi⁵fa²¹ʃi³²⁴li²¹mo²²？ b. mau³²⁴，ŋæ⁵¹ŋ⁵⁵ŋãŋ²¹ʃiʔ⁵fa²¹ʃi³²⁴.
光泽	a. 伉食过兔子肉，儃食过冇？ b. 伉冇食过。 a. haŋ⁴¹ɕiɛ⁴¹hɔ⁵⁵hu³⁵tsɛ⁰ny⁴¹，hiən⁴¹ɕiɛ⁴¹hɔ⁰mau⁰？ b. haŋ⁴¹mau³⁵ɕiɛ⁴¹hɔ⁰.
邵武	a. 伉食过兔儿肉，儃食过没？ b. 伉冇食过。 a. haŋ³⁵ɕie³⁵huo⁵⁵tʰu²¹ə⁰ny⁵³，hien³⁵ɕie³⁵huo⁵⁵mo⁰？ b. haŋ³⁵mau³⁵ɕie³⁵huo⁰.
三明	a. 我馇过鼠鼠肉，你馇过唔能？ b. 唔能，我无馇过。 a. ŋu⁴⁴iɛ³¹kɯ³³tʃʰy¹²tʃʰy³¹ŋy²⁵⁴，ŋi⁴⁴iɛ³¹kɯ³³ɔ̃³³nɛ̃⁵¹？ b. ɔ̃³³nɛ̃⁵¹，ŋu⁴⁴mauɯ⁵¹iɛ²⁵⁴kɯ³³.
永安	a. 我馇着兔肉，你有馇着么？ b. 唔□，我唔□馇着。 a. ŋuɒ⁵²ie⁵⁴tiɯ⁵⁴tʰau⁴⁴ŋy⁵⁴，ŋi⁵²iau³³ie⁵⁴tiɯ²¹me⁰？ b. ã⁴⁴ko³³，ŋuɒ⁵²ã⁴⁴ko³³ie⁵⁴tiɯ⁵⁴.

续表

	0024a. 我吃过兔子肉，你吃过没有？ b. 没有，我没吃过。
沙县	a. 我馈过厝鼠肉，你有馈过无？ b. 无，我无馈过。 a. gua³³iɛ⁵³ko⁴⁴tsʰɔ²¹tʃʰy⁴⁴gy⁵³, gi³³iu⁴⁴iɛ⁵³ko⁴⁴bo⁰? b. bo⁵³, gua³³bo⁵³iɛ²¹ko⁰. a. 我馈过厝鼠肉，你馈过唔曾？ b. 无，我唔曾馈着。 a. gua³³iɛ⁵³ko⁴⁴tsʰɔ²¹tʃʰy⁴⁴gy⁵³, gi³³iɛ⁵³ko⁴⁴ŋ²¹tsoɛ̃³¹? b. bo⁵³, gua³³ŋ²¹tsoɛ̃³¹iɛ²¹tio⁰.
长汀	a. 我食过哩兔哩肉，尔曾食过？ b. 唔曾，我唔曾食过。 a. ŋai³³ʃʅ²¹ko⁴²le²⁴tʰu⁴²le³³niɯ²⁴, ni²¹tsʰeŋ²⁴ʃʅ²¹ko²¹? b. ŋ²¹tsʰeŋ²⁴, ŋai³³ŋ²¹tsʰeŋ²⁴ʃʅ²¹ko²¹.
连城	a. 我食过兔肉，尔食过唔曾？ b. 唔曾，我唔曾食过。 a. ŋa⁵³ʃɯə²¹kɯ⁵³tʰiɛ²¹ŋiəɯ³⁵, ŋi⁵³ʃɯə²¹kɯ⁵³ŋ⁵⁵tsʰaiŋ²²? b. ŋ⁵⁵tsʰaiŋ²², ŋa⁵³ŋ⁵⁵tsʰaiŋ²²ʃɯə²¹kɯ⁵³.
上杭	a. 我食过了兔子肉，儃吃过哩唔曾？ b. 唔曾，我唔曾食过兔子肉。 a. ŋa²¹ɕiʔ³⁵kɔu³⁵³lɛ³¹tʰʉ³⁵³tsʅ³¹ȵio⁷³², hŋ²¹ɕiʔ³⁵kɔu³⁵³lɛ³¹ŋ²¹tsʰɛ²¹? b. ŋ²¹tsʰɛ²¹, ŋa²¹ŋ²¹tsʰɛ²¹ɕiʔ³⁵kɔu³⁵³tʰʉ³⁵³tsʅ³¹ȵio⁷³².
武平	a. 我食过兔子肉，儃有冇食过？ b. 冇，我唔曾食过。 a. ŋa²⁴sʅʔ³ko⁴⁴tʰu⁴⁵¹tsʅ⁴²ŋiuʔ⁴, hŋ²⁴iu²²mɔ²²sʅ⁴³ko⁴⁵¹? b. mɔ²⁴, ŋa²⁴ŋ⁴²ŋiɛŋ²²sʅʔ³koʔ⁴⁵¹.
永定	a. 我食过兔子肉，尔食过唔曾？ b. 唔曾，我唔曾食过。 a. ŋai²²seiʔ⁵kɔu⁵²tʰu⁵⁵tsʅ³¹ȵiu⁷³², ŋ²²seiʔ⁵kɔu⁵²m²⁴ȵiɛ̃²²? b. m²⁴ȵiɛ̃²², ŋai²²m²⁴ȵiɛ̃³¹seiʔ⁵kɔu⁵².
明溪	a. 我食着兔肉，你食着吗？ b. 孟，我孟食着。 a. ue⁴¹ʃʅ⁵⁵tʰiɤ⁵⁵tʰu⁵⁵iu⁵⁵⁴, le⁴¹ʃʅ⁵⁵tʰiɤ⁵⁵ma²⁴? b. maŋ³¹, ue⁴¹maŋ³¹ʃʅ⁵⁵tʰiɤ⁵⁵⁴.
清流	a. 我食过兔唎肉，尔食过孟？ b. 孟，我孟食过。 a. ŋa³³ʃie⁵⁵ku³⁵tʰu³⁵lɛ²¹ŋie⁵⁵, ŋi³³ʃie⁵⁵ku³⁵maŋ³⁵? b. maŋ²³, ŋa³³maŋ²³ʃie⁵⁵ku³⁵.

续表

	0024a. 我吃过兔子肉，你吃过没有？ b. 没有，我没吃过。
宁化	a. 我食过兔子肉，尔食过赠？ b. 赠，我赠食过。 a. ŋa³⁴sʅ⁴²ko⁵tʰu²¹²tsai³¹iɯ⁴²，i³⁴sʅ⁴²ko⁵mɒŋ⁰？ b. mɒŋ²⁴，ŋa³⁴mɒŋ²⁴sʅ⁴²ko³¹.
新罗客家	a. 我食过哩兔肉，尔食过哩唔曾？ b. 唔曾。 a. ŋa³⁵ʃʅt⁵kəu²¹li⁵⁵tʰiu³⁵nuəʔ³，ni⁵⁵ʃʅt³kəu²¹li⁵⁵ŋ⁴⁴niẽ³⁵？ b. ŋ⁴⁴tsʰiẽ³⁵.
平和客家	a. 我食过兔子肉，儎食过吗？ b. 冇，我冇食过。 a. ŋai³⁵ɕiet³¹kɔ³¹tʰu³¹tsʅ³¹ŋiuʔ²³，heŋ³⁵ɕiet⁵³kɔ³¹ma³³？ b. mɔ³⁵，ŋai³⁵mɔ³³ɕiet⁵³kɔ⁰.
诏安客家	a. 兔子肉我有食过，儎识食过唔识？ b. 冇，我唔识食。 a. tʰu⁴⁵tsʅ³¹ŋiuʔ²³ŋai⁵³ziu²²ʃet³kuɔ³¹，hen⁵³ʃit⁵ʃet³kuɔ³¹m²²ʃit⁰？ b. mɔu⁵³，ŋai⁵³m²²ʃit⁵ʃet³.
泰宁	a. 伉食过了兔仂肉，尔食过了发始吗？ b. 冇，伉唔曾食过。 a. haŋ³⁵ɕie³¹kuo³⁵lə⁰hu⁵¹lə⁰niu³¹，ŋ³⁵ɕie³¹kuo³⁵lə⁰xua³³ɕi³³mo³³？ b. mo³⁵，haŋ³³ŋ³³noŋ³³ɕie³¹kuo³⁵.
建宁	a. 我食过兔儿肉，尔食过无？ b. 冇，我赠食过。 a. ŋa⁵⁵sik⁵kuo²¹hu²¹i⁵⁵ŋiuk⁵，ŋ⁵⁵sik⁵kuo²¹mo²¹？ b. mo²⁴，ŋa⁵⁵maŋ²⁴sik⁵kuo²¹.
浦城城关	a. 我咥过兔子肉，侬咥过吗？ b. 无，我无咥过。 a. a⁵⁴lie³²kuɑ⁴²³tʰuo⁴²³tɕi⁴⁴ŋiuŋ³²，noŋ⁵⁴lie³²kuɑ⁴²³mɑ⁰？ b. muo²⁴，a⁵⁴muo²⁴lie³²kuɑ⁴²³.
南平延平	a. 我吃过兔子肉，你吃过［没有］？ b. 没有，我［没有］吃过。 a. ŋo²⁴tɕʰi⁵⁵ko⁵⁵tʰu⁵³tsʅ²¹iu²¹，li²⁴tɕʰi²¹ko³⁵miu²⁴²？ b. moʔ³iu²⁴，ŋo⁵³miu²⁴tɕʰi³³ko³⁵.

	0025 我洗过澡了，今天不打篮球了。
福州	我汤洗去了，今旦唔去拍篮球。 ŋuai³³tʰouŋ⁵⁵se³³o⁰lau³³, kiŋ⁵²naŋ²¹iŋ⁵²ŋo²¹pʰa⁵⁵naŋ³³ŋiu⁵².
闽侯	我洗汤去了，今旦我唔去拍篮球了。 ŋuai³³se²¹louŋ⁵⁵ŋo⁰nau³³, kiŋ⁵³naŋ²¹²ŋuai³³iŋ⁵³ŋuo²¹pʰa³³naŋ³³ŋiu⁵³nau³³.
长乐	我洗汤去了，今旦唔去拍篮球了。 ŋui³³se²¹louŋ⁵⁵ŋo⁰lau³³, kiŋ⁵³naŋ²¹iŋ⁵³ŋuo²¹pʰa⁵⁵naŋ³³kiu⁵³lau²².
连江	我洗汤洗过了，今旦唔拍篮球了。 ŋui³³se²¹luoŋ⁵⁵se³³uo²¹²lau⁰, kiŋ⁵¹naŋ²¹²n²¹maʔ¹³naŋ²¹ŋiu⁵¹lau⁰.
罗源	我完身洗去了，今旦唔拍篮球了。 ŋui²¹uoŋ⁴⁴niŋ⁴²θɛ²¹u⁰lau²¹, kiŋ²²naŋ³⁵ŋ²¹maʔ²laŋ²¹ŋiu³¹lau²¹.
福清	我身洗了，今旦唔去拍篮球。 ŋua³¹θiŋ⁵³θɛ²¹lau³¹, kiŋ⁵³naŋ²¹ŋ²¹ŋio²¹pʰa⁴⁴laŋ⁴⁴ŋiu⁴⁴.
平潭	我身洗了，今旦唔拍篮球了。 ŋua³¹θiŋ⁵¹θɛ²¹lau³¹, kiŋ⁵¹laŋ²¹ŋ²¹ma²¹laŋ⁴⁴kiu⁴⁴lau³¹.
永泰	我汤洗去了，今旦唔拍篮球了。 ŋuoi³²tʰouŋ⁴⁴sɛ³²o⁰lau³², kieŋ⁴⁴naŋ²¹iŋ⁵³maʔ³laŋ⁴⁴ŋiou³⁵³liou³².
闽清	我汤洗过了，今旦无拍篮球了。 ŋuai³²touŋ⁴⁴sɛ³²kuo²¹lau³², kiŋ⁴²naŋ²¹mɔ²¹βak³laŋ³²kiu³⁵³lau³².
古田	我汤洗去了，旦［唔拍］球了。 ŋuai⁴²tʰouŋ⁵⁵sɛ⁴²u⁰lɔ⁰, taŋ⁴²maʔ⁵³kiu³³lɔ⁰.
屏南	我完身洗过了，今早［唔拍］篮球。 uai⁴¹ʊŋ⁴⁴niŋ⁴⁴sɛ⁴¹kuo³⁴lɔ⁰, kiŋ⁴⁴ʒa⁴¹malaŋ²²ŋəu²².
宁德	我完身洗去噜，今旦莫拍篮球噜。 ua⁴¹un¹¹niŋ³³⁴sɛ⁴¹ɛ⁰lu⁰, kin³³naŋ³⁵ma³³aʔ⁵⁴laŋ¹¹keu¹¹lu⁰.
霞浦城关	我正洗过身，今旦就唔［唔拍］篮球了。 ua⁴²tsiaŋ⁵⁵θɛ⁵¹ko³⁵θiŋ⁴⁴, kiŋ⁴⁴naŋ²⁴tsiu²¹n⁴⁴maʔ⁵laŋ²¹kiu²¹lo⁰.
福安	我汤洗了喽，今早就唔拍篮球喽。 ŋo⁴¹tʰɔuŋ³³¹sɛ⁴¹li⁰lo⁰, kiŋ⁵⁵na⁵¹tsiu²³n⁴⁴maʔ⁵⁵laŋ²¹ŋiu²¹lo⁰.

续表

	0025 我洗过澡了，今天不打篮球了。
柘荣	我身洗过喽，今旦唔拍篮球喽。 ŋua⁵³ θiŋ⁴² θɛ⁵³ kuoʔ⁵ lɔ⁰, kɛŋ²¹ naŋ⁴⁵ iŋ⁴⁴ maʔ⁵ laŋ²¹ ŋiu²¹ lɔ⁰.
周宁	我完身洗去喽，今旦唔拍篮球喽。 ua⁴² un²¹ ni⁴⁴ sᴇ⁴² i⁰ lo⁰, ki⁴⁴ aŋ³⁵ n⁰ pʰak⁵ lan²¹ keu²¹ lo⁰.
寿宁	我洗过身了，今旦唔拍篮球喽。 ua⁴² sɛ⁴² kuo³⁵ siŋ³³ lɔ⁰, kiŋ²¹ naŋ³⁵ ŋ³³ pʰaʔ⁵ laŋ²¹ kiu²¹ lɔ⁰.
福鼎城关	我身体洗好啰，今早唔拍篮球喽。 ua⁵⁵ siŋ³³ tʰe⁵⁵ se³³ xo⁵⁵ lo⁰, kiŋ³³ tsa⁴² m³³ pʰa³³ laŋ³³ kiu²¹ lo⁰.
尤溪	我汤洗了了，今旦唔拍篮球喽。 ŋua⁵⁵ tʰoŋ³³ si⁴⁴ lio⁵⁵ lə⁰, ka³³ nũ⁵¹ ŋ³³ pʰa⁴ laŋ³³ kiu¹² lə⁰.
莆田	我洗乐了咯，今旦不拼꞊拍篮球咯。 kua⁴⁵³ ɬe¹¹ lɔʔ⁵ lieu¹¹ lɔʔ⁰, kiŋ⁵³³ nua⁴² pɔʔ² mia¹¹ pʰa⁵³³ laŋ¹¹ ŋiu¹¹ lɔʔ⁵.
涵江	我洗澡了咯，今旦不拼꞊拍篮球咯。 kuat⁴ ɬe²¹ lɒt⁴ liau²¹ lo⁰, kiŋ⁵⁵ ŋua⁴² potʰ¹ nyɒ²¹ pa⁵⁵ laŋ²¹ ŋiu²¹ lɔʔ⁴.
仙游城关	我洗澡了咯，今旦不拼꞊去拍篮球。 kuat²³ ɬe²¹ lɒt² liɛu⁴⁵³ luo⁰, kin⁵⁵ nua⁴² puot² nia²¹ kɛp²³ pʰa⁵⁵ laŋ²¹ ŋiu²⁴.
仙游枫亭	我洗乐了咯，今旦唔拼꞊去拍篮球咯。 kua⁴⁵³ ɬe¹¹ lɔʔ⁵ lieu¹¹ lɔʔ⁰, kiŋ⁵³³ nua⁴² miŋ¹¹ nia¹¹ kʰiʔ⁵ pʰa⁵³³ laŋ¹¹ ŋiu¹¹ lɔʔ⁰.
厦门	我今旦日洗身躯咯，唔佮去拍篮球咯。 gua⁵³ kin²² a⁴⁴ lit⁴ sue⁴⁴ sin²² ku⁴⁴ lo⁰, m²¹ ko⁰ kʰi⁵³ pʰa⁵³ nã⁴⁴ kiu²⁴ lo⁰.
同安	我洗身躯咯，今日唔去拍篮球咯。 gua⁴² sue³³ sin³³ kʰu⁴⁴ lo⁰, kiã³³ lit⁵³ m¹¹ kʰɯ⁴² pʰaʔ³² nã¹¹ kiu²⁴ lo⁰.
泉州鲤城	我洗身咯，今日唔去拍球咯。 gua⁵⁵ sue²⁴ sin³³ lɔ⁰, kiã³³ lit²⁴ m²² kʰɯ⁵⁵ pʰaʔ⁵ kiu²⁴ lɔ⁰.
泉州洛江	我洗身咯，今日唔拍球咯。 gua⁵⁵ sue²⁴ sin³³ lɔ⁰, kin³³ lit² m²² pʰaʔ⁵ kiu²⁴ lɔ⁰.
南安	我洗身咯，［今旦］日唔去拍篮球咯。 gua⁵⁵ sue²⁴ sin³³ lɔ⁰, kiã³³ lit³ m²² kəʔ⁵ pʰaʔ⁵ nã²² kiu²⁴ lɔ⁰.

续表

	0025 我洗过澡了，今天不打篮球了。
晋江	我洗身咯，今旦日唔佫拍球咯。 gua⁵⁵sue²⁴sin³³lɔ⁰, kin³³a²⁴lit³⁴m²²kəʔ⁵pʰaʔ⁵kiu²⁴lɔ⁰.
石狮	我则洗身呢，今旦我无卜佫拍篮球咯。 gua⁵⁵tsiaʔ⁵sue²⁴sin³³li⁰, kin³³la²⁴gua⁵⁵bə²²beʔ⁵kəʔ⁵pʰaʔ⁵la²²kiu²⁴lɔ⁰.
惠安	我洗身咯，今日唔佫拍球咯。 gua⁴²sue²⁵seŋ³³lɔ⁰, ken³³let³⁴m²²koʔ⁵pʰaʔ⁵kiu²⁵lɔ⁰.
安溪	我洗身咯，今日唔去拍球咯。 gua⁴⁴sue²²siŋ⁵⁵lɔ⁰, kiã³³lit²⁴m⁴²kʰɯ⁴²pʰaʔ⁴²kiu²⁴lɔ⁰.
永春	我洗身咯，今日唔去拍球咯。 gua⁵³sue⁴⁴siŋ⁴⁴lɔ⁰, kin²²lit⁴⁴m²²kʰɯ³⁵pʰaʔ⁴kiu²⁴lɔ⁰.
德化	我洗身咯，今日唔去拍球咯。 gua³⁵sue⁴⁴siŋ¹³lɔ⁰, kin²²lit³⁵m³¹kʰɯ⁴²pʰaʔ⁴²kiu⁴⁴lɔ⁰.
漳州	我浑躯洗好啊，今仔日唔拍篮球啊。 gua⁵³hun²²su³⁴se³⁴ho⁵³ua⁰, kin²²nã⁰dzit¹²¹m²¹pʰa⁵³nã²²kiu¹³ua⁰.
龙海	我浑躯洗了啊，今仔日唔去拍篮球啦。 guaʔ⁴hiŋ³³su³⁴se³⁴liau⁵²a⁰, kiŋ³³ŋã³²dzik⁴m⁴¹kʰi⁰pʰa⁵²nã³³kiu³¹²la⁰.
长泰	我浑躯洗好啊，明啊唔去拍篮球啊。 gua⁵³hun²²su⁴⁴sue⁴⁴hɔ⁵³ua⁰, mẽ³²a⁰m²¹kʰi⁵³pʰa⁵³nã²²kiu²⁴ua⁰.
华安	我洗过浑躯啊，今仔日唔拍篮球。 gua⁵³se⁵⁵kue⁵³hun²²su⁵⁵a⁰, kin³⁵na⁵⁵git²¹²m³¹pʰaʔ⁵na²²kiu²³².
南靖	我浑躯洗好啊，今仔日唔去拍球啊。 gua⁴⁴hun²²su²²se⁴⁴ho⁵⁴a⁰, kin²²na⁰dzit¹²¹m²¹kʰi⁵⁴pʰaʔ⁵⁴kiu³²³a⁰.
平和	我浑躯洗好喽，今仔日唔拍篮球。 gua⁵²hin²²su³⁴se²³ho⁵²lou⁰, kin²²ã²³dzit³²m²¹pʰaʔ⁴²lã²²kiu²³.
漳浦	我浑躯洗好啊，今仔日唔爱去拍篮球啊。 guaʔ⁴hun³³su⁴³siei⁴³hɔ⁵¹a⁰, kiã¹³a⁰git²¹²m²¹ai⁵¹iʔ⁴pʰa⁵¹lã³³kiu⁴¹²a⁰.
东山	我浴洗好矣，今仔日唔去拍篮球矣。 guaʔ⁵iok¹³¹tsiaŋ³³ho⁵¹a⁰, kim³³bã⁰dzit⁰m²²kʰi⁰pʰa⁵¹lã³³kiu²¹³a⁰.

续表

	0025 我洗过澡了，今天不打篮球了。
云霄	我洗好啊咧，[今仔]日犹唔拍篮球啊咧。 gua⁵³ sei⁵⁵ ho⁵³ a⁰ le⁰, kiã⁵⁵ dzit¹² ia²² m²¹ pʰa⁵³ nã³³ kiu³² a⁰ le⁵⁵.
诏安	我洗浴好啊，[今仔]日唔拍篮球。 ua⁵³ sei²⁴ ik³² ho⁵³ a⁰, kiã²⁴ dzit¹³ m³¹ pʰa⁵³ nã²² kiu²⁴.
龙岩	我身洗了啊，[今仔]日唔拍球仔。 gua²¹ ɕin³³ sie²¹ liau²¹ ua⁰, kã²¹ lit³² m³³ pʰat¹ kʰiu¹¹ ua²¹.
漳平	我洗过身咯，今日唔拍篮球咯。 gua⁵³ sie²¹ kue⁵³ sin³⁵ lɔ⁰, kã²¹ liet⁵ m⁰ pʰat⁵ nã³³ kʰiu³³ lɔ⁰.
大田城关	我身洗过了，今旦唔拍篮球。 bua⁵³ seŋ³³ se²⁴ kɤ³¹ lɤ⁰, keʔ⁵ nã³¹ ŋ⁵³ pʰaʔ⁵ nã³³ kiu²⁴.
大田广平	我浴漂了了，今旦唔拍篮球了。 gua⁵¹ dʒie³³ pʰiɒ³³ liu⁵¹ lɤ⁰, kiɐ³³ lɐ̃⁰ ŋ²² pʰɒ⁵ lɐ̃²² kiɒ²⁴ lɤ⁰.
霞浦三沙	我身躯洗过了，我今旦个无拍篮球。 ua⁴² seŋ⁴⁴ ku⁴⁴ sɛ⁴² kø²¹ lo⁰, ua⁴² kiŋ⁴⁴ ŋaŋ⁴⁴ ke⁰ bo²¹ pʰaʔ⁵ laŋ²¹ kiu³⁵.
福鼎沙埕	我身躯洗好了，今载唔拍篮球了。 gua⁵³ sien²¹ ku⁴⁴ sɯei²¹ xo⁵³ lo⁰, kiã⁴⁴ tsai⁵³ ŋ²¹ pʰa²⁴ lan²¹ kiu²⁴ lo⁰.
建瓯	我洗过浴了，今朝唔拍篮球。 uɛ⁴² sai²¹ kua³³ y⁴² lo⁰, keiŋ⁵⁴ tiɔ⁵⁵ eiŋ⁵⁵ ma⁴² laŋ⁵⁵ kiu²¹.
建阳	我洗过浴，今朝唔拍篮球了。 ue⁴¹ sai²¹ kuo³³ y⁴, kiŋ⁵¹ tiɔ⁵¹ oŋ³³ ma⁴ laŋ⁴⁵ kiu²¹ lo⁰.
政和	我洗浴过了，者⁼冥唔拍篮球。 uɛ⁴² sai²¹³ xy⁴² ko⁴² lo⁰, tsiaŋ³³ maŋ³³ eiŋ⁵⁵ ma⁴² laŋ³³ kiu²¹.
松溪	我洗浴了，今日唔拍篮球了。 ŋua⁴² sa²²³ xœy⁴² lo⁰, kiŋ⁵³ nɛi⁴² oŋ⁴² mɒ⁴² laŋ⁴⁴ kiu²¹ lo⁰.
武夷山	我洗过浴了了，今朝唔拍篮球了。 ŋuai⁵¹ sai³¹ ko²² həuʔ⁵⁴ lau²² lo⁰, kiŋ⁵¹ tiu⁵¹ ɛiŋ²² maʔ⁵⁴ laŋ³³ iu²² lo⁰.
浦城石陂	我洗过浴了，今日唔拍篮球。 ɦuaɛ⁴² saɛ²¹ kɵ³³ ɸiy⁴² lo⁰, keiŋ⁵³ neiŋ³³ eiŋ⁵³ ma⁴² laŋ³⁵ giɯ⁴².

语法卷　　167

续表

	0025 我洗过澡了，今天不打篮球了。
南平夏道	我洗过浴了，今朝唔拍篮球了。 ŋua¹¹ sɛ³³ ko³³ au⁵⁵ lo⁰, kiŋ¹¹ tio¹¹ iŋ²⁴ ma³³ laŋ¹¹ kiu⁵⁵ lo⁰.
顺昌	我洗着浴了，今朝唔拍篮球了。 ŋa³¹ sa³¹ tʰio⁵¹ yʔ⁵ lo⁰, kiŋ⁴⁴ tʃau⁴⁴ ŋ³¹ mɔʔ⁵ lɔ̃³³ kʰiu³⁵ lo⁰.
将乐	我洗咯浴咯，今朝唔拍球咯。 ŋæ²¹ sæ²¹ loʔ⁵ yo⁵⁵ lo²¹, kīŋ⁵⁵ tʃau⁵⁵ ŋ³²⁴ maʔ⁵ kʰiu²² lo²¹.
光泽	伉做过洗，今朝唔打篮球了。 haŋ⁴¹ tsɔ³⁵ hɔ⁵⁵ ɕiɛ⁴⁴, kəm²¹ tɕiɛu⁴⁴ m⁵⁵ ta⁴⁴ lan²² kʰəu²² lo⁰.
邵武	伉做儿洗了，今朝唔打篮球。 haŋ³⁵ tso²¹ ə⁰ sie⁵⁵ lə⁰, kən²¹ tɕiau²¹ ŋ⁵⁵ ta⁵⁵ lan³³ kʰou³³.
三明	我洗过浴了，今朝唔拍篮球了。 ŋu⁴⁴ se³¹ kɯ³³ y²⁵⁴ lo⁰, kiã³¹ tiɯ⁴⁴ ã³³ mɒ³¹ lɔ̃³¹ kiɑu⁵¹ lo⁰.
永安	我洗过浴了，今朝唔拍篮球了。 ŋuɒ⁵² se³³ kɯ²⁴ y⁵⁴ lo⁰, kiã³³ tiɯ⁵² ã²⁴ mɒ²¹ lɔ̃³³ kiɑu³³ lo⁰.
沙县	我浴洗罢了，今朝唔拍篮球了。 ŋua³³ y⁵³ sɛ²¹ pɔ̃⁰ lo⁰, kiẽ⁴⁴ tio³³ ŋ²⁴ ba²¹ nɔ̃⁴⁴ kiu³¹ lo⁰.
长汀	我洗哩浴哩，今晡唔打篮球哩。 ŋai³³ se²¹ lɛ²⁴ i⁴² lɛ²¹, tʃeŋ³³ pu³³ ŋ⁴² ta⁴² laŋ³³ tʃʰiɤɯ²⁴ lɛ²¹.
连城	我洗过浴咯，今日唔捶篮球。 ŋa⁵³ si²¹ kɯ⁵³ iəɯ⁵³ lo⁰, keiŋ³³ ŋi³⁵ ŋ⁵⁵ tsʰiɛ²¹ la²² kʰiəɯ²².
上杭	我洗过了浴哩，今哩阵唔去打篮球哩。 ŋa² səi³¹ kɔu³⁵³ lɛ³¹ ioʔ³⁵ lɛ³¹, tɕʰiəŋ⁴⁴ lɛ⁴⁴ tɕiəŋ³¹ ŋ²¹ kʰɐi³⁵³ tɒ⁵¹ lã²¹ tɕʰiu²¹ lɛ³¹.
武平	我洗浴矣，今朝唔去打蓝球噢。 ŋɑ²⁴ sɛ⁴² ioʔ⁴ i²², tɕiŋ²² tsɔ²⁴ ŋ⁴² ɕi⁴⁵¹ ta⁴² laŋ²² tsʰiu²⁴ ɔ²¹.
永定	我洗浴哩，今朝日唔打篮球。 ŋai²² sei³¹ iuʔ⁵ li⁰, tɕiŋ⁴⁴ tɐu²⁴ ȵieʔ³² m²⁴ ta³¹ lɛ̃²² tɕʰiu²².
明溪	我洗了汤，今朝唔打算拍篮球了。 ue⁴¹ sa⁴¹ lo⁰ tʰoŋ⁴¹, keŋ⁴⁴ tsau⁴⁴ ŋ⁰ ta³¹ sũ⁴¹ pʰa⁴¹ laŋ³¹ kʰiu³¹ lo⁰.

续表

	0025 我洗过澡了，今天不打篮球了。
清流	我洗过汤哩，今朝唔打篮球哩。 ŋa³³ se²¹ ku³⁵ tʰɔŋ³³ li⁰, kəŋ³³ tʃiɔ³³ ŋ³⁵ to²¹ laŋ²³ kʰiə²³ li⁰.
宁化	我洗了汤去，今朝不打篮球去。 ŋa³⁴ ɕie³¹ lə⁰ tʰɔŋ³⁴ kʰə³¹, tɕiŋ³⁴ tsaŋ³¹ pə⁵ tɒ³¹ lɒŋ²¹ tɕʰiɤɯ⁴⁴ kə⁰.
新罗客家	我洗哩浴哩，今朝唔打球。 ŋa⁵⁵ sei²¹ li⁵⁵ lʅə ʔ³ li⁵⁵, tʃiŋ⁴⁴ tʃio⁴⁴ ŋ³⁵ to²¹ tʃʰiu³⁵.
平和客家	我洗好咯，今日我唔打篮球。 ŋai³⁵ se³³ hɔ³¹ lɔ⁰, ki³¹ ŋit²³ ŋai³⁵ m⁵⁵ ta³¹ lam³³ kʰiu³⁵.
诏安客家	我洗浴洗好了，今日唔打篮球了。 ŋai⁵³ sɛi²² zu⁴⁵ sɛi⁴⁵ hɔu³¹ lɛu⁰, ki²² ŋit²³ m⁴⁵ ta³¹ laŋ²² kʰiu⁵³ lɛu⁰.
泰宁	伉洗了浴了，今朝唔掊篮球了。 haŋ³⁵ sæ³³ lə⁰ io³¹ liau³⁵, kin²² tiau³³ ŋ²¹ ma³³ lan³³ kʰiu³³ liau³¹.
建宁	我洗过汤，今朝唔去打篮球。 ŋa⁵⁵ sie⁵⁵ kuo²¹ hoŋ³⁴, tsin³⁴ tau⁵⁵ ŋ⁵⁵ kə²¹ ta⁵⁵ lam²¹ kiu⁵¹.
浦城城关	我洗过浴了，今里唔打篮球了。 ɑ⁵⁴ ɕie⁴⁴ kuɑ⁴²³ iu³² lɑ⁰, kiŋ³⁵ li⁰ ŋ⁵³ nãi⁴⁴ lãi⁵³ kiu²⁴ lɑ⁰.
南平延平	我洗过澡了，今朝不打篮球了。 ŋo²⁴ sʅ³³ ko³⁵ tsau²⁴ lau⁰, kiŋ⁵⁵ tɕiau³³ pu⁵⁵ ta²⁴² læ̃³¹ kʰiu²¹ lau⁰.

	0026 我算得太快算错了，让我重新算一遍。
福州	我算恰快算诞去，让我介算蜀回。 ŋuai³³ sauŋ²¹ kʰaʔ⁵ kʰa²¹ sauŋ²¹ taŋ²⁴² ŋo⁰, nuoŋ²⁴² ŋuai³³ kai⁵² lauŋ²¹ so⁵⁵ ui⁵³.
闽侯	我算恰快算诞去，让我再过算蜀头。 ŋuai³³ sɔuŋ²¹ kʰaʔ⁵ kʰa²¹² sɔuŋ²¹ taŋ²⁴² u⁰, nuoŋ²⁴ ŋuai³³ tsai²¹ kuo⁵³ lɔuŋ²¹ suo²¹ lau⁵³.
长乐	我算恰快算诞去，让我介算蜀回。 ŋui²² sauŋ²¹ kʰaʔ⁵ kʰa²¹ sauŋ²¹ taŋ²⁴² o⁰, nuoŋ²⁴ ŋui³³ kai⁵³ lauŋ²¹ suo²² xui⁵³.
连江	我算恰快算诞去，乞我介算蜀头。 ŋui³³ soŋ²¹ kʰaʔ⁵ kʰɛ²¹² soŋ²¹ taŋ²⁴² u⁰, kʰyʔ⁵ ŋui³³ kai⁵¹ loŋ²¹ nuo²¹ lau⁵¹.
罗源	我算恰快算诞去，乞我介算蜀昼⁼。 ŋui²¹ θɔŋ³⁵ kʰaʔ⁴ kʰɛ³⁵ θɔŋ³⁵ taŋ³⁴ u⁰, kʰiʔ⁴ ŋui²¹ ai⁵³ lɔŋ³⁵ θyø²¹ lau³⁵.
福清	我算恰快算诞去，汝让我过算蜀环。 ŋua³¹ θɔŋ²¹ kʰaʔ⁵ kʰæ²¹ θɔŋ⁵³ taŋ⁴² ŋo⁰, ny³¹ nioŋ⁴² ŋua³¹ kuo⁵³ lɔŋ²¹ θio⁴⁴ kʰuaŋ⁴⁴.
平潭	我算恰快算诞咯，乞我从头介算蜀遍。 ŋua⁰ θɔŋ²¹ kʰaʔ⁵ kʰæ²¹ θɔŋ⁵¹ taŋ⁴² o⁰, kʰɤʔ² ŋua⁰ tsyŋ⁴⁴ tʰau⁴⁴ kai⁵¹ ðɔŋ²¹ θyo⁴⁴ pieŋ⁵¹.
永泰	我算恰快算诞了，让我再算蜀头。 ŋuoi³² sɔuŋ²¹ kʰaʔ⁵ kʰa²¹ sɔuŋ²¹ taŋ²⁴² liou³², nuoŋ²⁴² ŋuoi³² tsai⁴⁴ lɔuŋ²¹ suo⁴⁴ lau³⁵³.
闽清	我算哩过快算诞去，让我由头介算蜀回。 ŋuai³² souŋ²¹ li⁰ kuo⁴² a²¹ souŋ²¹ taŋ²⁴² ŋɔ⁰, lyøŋ²⁴² ŋuai³² iu³² tʰau³⁵³ kai⁴² lɔuŋ²¹ luok³ ui³⁵³.
古田	我算恰快算诞去，我返算蜀轮。 ŋuai⁴² souŋ²¹ kʰak⁵ kʰɛ⁵³ souŋ²¹ taŋ²⁴ ŋu⁰, ŋuai²¹ huaŋ²⁴ nouŋ⁴² syø³³ luŋ³³.
屏南	我算太快算错去，乞我介算蜀摆。 uai⁴¹ sɔuŋ³⁴ tʰa²² kʰɛ³⁴ sɔuŋ³⁴ tsʰɔ³⁵ ɯ⁰, kʰi⁴⁴ uai⁴¹ kai⁴⁴ lɔuŋ³⁴ suk³ pai⁴¹.
宁德	我算恰快算错噜，乞我介算蜀行。 ua⁴¹ sɔuŋ³⁵ kʰa⁵⁵ kʰɛ⁵⁵ sɔuŋ⁵⁵ tsʰɔ³⁵ lu⁰, kʰi⁵⁵ ua⁵⁵ kai⁵⁵ sɔuŋ⁵⁵ sø³³ ɔuŋ³⁵.

续表

	0026 我算得太快算错了，让我重新算一遍。
霞浦城关	我算得恰快，算错去了，乞我介算蜀到吧。 ua⁴² θoŋ³⁵ niʔ⁰ kʰaʔ⁵ kʰɛ³⁵，θoŋ³⁵ tsʰɔ³⁵ u⁰lo⁰，kʰiʔ⁵ ua⁴² ai⁵⁵ θoŋ³⁵ θø⁴⁴ lɔ²⁴ pa⁰.
福安	我算恰快算错了，乞我从头算蜀盘。 ŋo⁴¹ souŋ³⁵ kʰa⁵⁵ kʰɛ³⁵ souŋ³⁵ tsʰɔ³⁵ li⁰，kʰi⁵⁵ ŋo⁴¹ tsuŋ²¹ nau²¹ souŋ³⁵ si⁴⁴ puaŋ²².
柘荣	我算恰快算错了喽，乞我再算蜀倒。 ŋua⁵³ θɔŋ⁴⁵ kʰai⁵⁵ kʰɛ⁴⁵ θɔŋ⁴⁵ tsʰɔ⁴⁵ lɛu⁴⁴ lo⁰，kʰiʔ⁵ ŋua⁵³ tsai⁴⁵ θɔŋ⁴⁵ tsʰi⁴⁴ tɔ⁴⁵.
周宁	我算太快去喽，算错去喽，乞我再算蜀盘。 ua²¹ sɔn³⁵ tʰak⁵ kʰᴇ³⁵ lio⁴²，sɔn³⁵ tsʰɔ³⁵ iº lio⁴²，kʰyk⁵ ua⁴² ai⁵⁵ sɔn³⁵ si⁴⁴ puoŋ⁴².
寿宁	我算恰快算错了，让我重新算蜀盘。 ua⁴² souŋ³⁵ kʰaʔ⁵ kʰɛ³⁵ souŋ³⁵ tsʰɔ³⁵ lɔ⁰，nyoŋ³⁵ ua⁴² tuŋ²¹ siŋ³³ souŋ³⁵ si³³ puaŋ²¹.
福鼎城关	我算恰伤快诞去了，乞我再算蜀遍。 ua⁵⁵ soŋ⁴² kʰaʔ³ sioŋ⁵⁵ kʰe⁴² taŋ³³ kie⁰ lo⁰，kʰiʔ³ ua⁵⁵ tsai³³ soŋ⁴² siʔ³ pieŋ⁴².
尤溪	我算忒快算错喀了，乞我介算蜀透。 ŋua⁵⁵ sũ⁵¹ tʰo⁴ kʰue⁵¹ sũ⁴⁴ tsʰɔ⁵¹ kə⁰ lə⁰，kʰa⁴ ŋua⁴⁴ ai³³ sũ⁵¹ ɕie³³ tʰau⁵¹.
莆田	我科⁼伤紧乞科诞［落外］，等我爱⁼科⁼蜀遍。 kua⁴⁵³ kʰo⁵³³ ɬieu¹¹ kiŋ⁴⁵³ kɔʔ² kʰo²⁴ tɒ¹¹ lue⁴⁵³，teŋ⁴⁵³ kua⁴⁵³ ai⁵³³ kʰo⁵³³ ɬɔʔ² pʰeŋ⁵³³.
涵江	我数伤紧，乞数诞［落外］，借我再数蜀环。 kuak⁴ kʰiau⁴² ɬiau²¹ kiŋ⁴⁵³，kik¹ kʰiau⁴² tɒ²¹ luai⁰，tsiau²¹ kuat⁴ tsai⁵⁵ kʰiau⁴² ɬok¹ kʰœŋ¹³.
仙游城关	我数伤紧乞诞，咧无我爱⁼重新数蜀遍。 kuak²³ kʰiɛu⁴² ɬiũ²¹ iŋ⁴⁵³ kɛk² kʰiɛu⁴² tɒ²¹，lɛp²³ po²⁴ kuaʔ²³ ai⁵⁵ tyøn²⁴ ɬiŋ⁵⁵ kʰiɛu⁴² ɬuop²³ pʰɛŋ⁴².
仙游枫亭	我数伤紧数诞咯，等我重新爱⁼数蜀环。 kua⁴⁵³ kʰieu⁴² ɬiũ¹¹ kiŋ⁴⁵³ kʰieu⁴² tɔ̃¹¹ lɔʔ⁰，teŋ⁴⁵³ kua⁴⁵³ tieŋ¹¹ ɬiŋ⁵³³ ai⁵³³ kʰieu⁴² ɬuɤʔ² kʰieŋ²⁴.
厦门	我算伤紧，算唔着，与我对头算一遍。 gua⁵³ sŋ⁵³ siũ²² kiŋ⁵³，sŋ⁵³ m²¹ tioʔ⁴，hɔ²² gua⁵³ tui²² tʰau²⁴ sŋ²¹ tsit⁰ pian⁰.

续表

	0026 我算得太快算错了，让我重新算一遍。
同安	我算伤紧算唔着，与我佫算一遍。 gua⁴² sŋ⁴² siɔŋ³³ kin⁴² sŋ⁴² m¹¹ tioʔ⁵³, hɔ¹¹ gua⁴² koʔ⁴ sŋ¹¹² tsit¹¹ pian¹¹².
泉州鲤城	我算诚紧算诞咯，与我佫算一遍。 gua⁵⁵ sŋ⁵⁵ tsiã²² kin⁵⁵ sŋ⁵⁵ tã⁴¹ lɔ⁰, hɔ²² gua⁵⁵ koʔ⁵ sŋ⁴¹ tsit⁰ pʰian⁰.
泉州洛江	我算伤紧算诞咯，传我佫算一遍。 gua⁵⁵ sŋ⁵⁵ siũ³³ kin⁵⁵ sŋ⁵⁵ tã⁴¹ lɔ⁰, tŋ²² gua⁵⁵ koʔ⁵ sŋ⁴¹ tsit⁰ pʰian⁰.
南安	我算伤捷煞算诞咯，传我佫算一遍。 gua⁵⁵ sŋ⁵⁵ siũ³³ tsiap³ suaʔ⁵ sŋ⁵⁵ tã³¹ lɔ⁰, tŋ²² gua²⁴ koʔ⁵ sŋ³¹ tsit⁰ pʰian⁰.
晋江	我算伤紧算诞咯，我佫算一遍。 gua⁵⁵ səŋ⁵⁵ siũ³³ kin⁵⁵ səŋ⁵⁵ tã⁴¹ lɔ⁰, gua²⁴ kəʔ⁵ səŋ⁴¹ tsit⁰ pʰian⁰.
石狮	我算伤紧煞算诞啦，传我佫再算一遍。 gua⁵⁵ səŋ⁵⁵ siu³³ kin⁵⁵ suaʔ⁵ sŋ⁵⁵ ta⁴¹ la⁰, təŋ²² gua²⁴ kəʔ⁵ tsai⁵⁵ səŋ⁴¹ tsit⁰ pʰian⁰.
惠安	我算过紧算诞去，与我佫算一遍。 gua⁴² sŋ⁵⁴ ke³³ ken⁵⁴ sŋ⁵⁴ tã²¹ kʰɯ⁰, hɔ²² gua⁴² koʔ⁵ sŋ⁴² tset⁰ pʰen⁰.
安溪	我算伤紧算无着，与我佫再算一遍。 gua⁴⁴ sŋ⁵³ siũ³³ kin⁵³ sŋ⁵³ bo²² tioʔ⁵, hɔ⁴² gua⁴⁴ koʔ⁵ tsai⁵³ sŋ⁴² tsit²² pʰian⁴².
永春	我算伤紧算诞咯，与我佫算一遍。 gua⁵³ sŋ⁴⁴ siũ²² kin⁵³ sŋ⁴⁴ tã³¹ lɔ⁰, hɔ⁴⁴ gua⁵³ koʔ⁴² sŋ⁵³ tsit⁰ pʰian⁰.
德化	我算伤紧算诞咯，与我佫算一遍。 gua³⁵ sŋ⁴² siũ³³ kin⁴⁴ sŋ⁴² tã³¹ lɔ⁰, hɔ³¹ gua³⁵ koʔ⁴² sŋ⁴² tsit⁰ pʰian⁰.
漳州	我算了伤快煞算唔着啊，与我佫再算一遍啊。 gua³⁴ suĩ⁵³ liau⁵³ siɔ̃²² kʰuai²¹ sua⁵³ suĩ⁵³ m²¹ tio¹²¹ ua⁰, hɔ²¹ gua³⁴ ko⁵³ tsai⁵³ suĩ²¹ tsit²¹ pian²¹ ã⁰.
龙海	我算了伤快，算错啊，与我倒重算一遍啊。 guaʔ⁴ suĩ⁵² liau⁵² siɔ̃³³ kʰuai⁴¹, suĩ⁵² tsʰo⁴¹ a⁰, hɔ⁴¹ gua³⁴ to⁵² tʰiŋ³³ suĩ⁴¹ tsik⁴² pian⁴¹ a⁰.
长泰	我算伤快煞算唔着，与我佫算一遍啊。 gua⁵³ sŋ⁵³ siɔ̃²² kʰuai²¹ sa⁵³ sŋ⁵³ m²¹ tioʔ³³, heu²¹ gua⁴⁴ ko⁵³ sŋ²¹ tsit²¹ pian²¹ nã⁰.

续表

	0026 我算得太快算错了，让我重新算一遍。
华安	我算了太快算唔着去啊，与我重新再算一遍。 gua⁵³ suĩ⁵³ liau⁵⁵ tʰai⁵³ kʰuai³¹ suĩ⁵³ m³¹ tioʔ²¹² i⁰ a⁰, hɔ³¹ gua⁵⁵ tiɔŋ³¹ sin²² tsai⁵³ suĩ³¹ tsit⁰ pian⁰.
南靖	我算了伤快算唔着，与我重头算一遍啊。 gua⁴⁴ suĩ⁵³ liau⁴⁴ siũ²² kʰuai²¹ suĩ⁵³ m²¹ tioʔ¹²¹, ho²¹ gua⁴⁴ tiɔŋ²¹ tʰau³²³ suĩ²¹ tsit⁰ pian⁰ a⁰.
平和	我伤紧算唔着喽，我佫算一遍。 gua³¹ siũ²² kin⁵² suĩ⁵² m²¹ tioʔ³² lou⁰, gua⁵² koʔ⁴² suĩ²¹ tsit⁰ pian⁰.
漳浦	原在仔算了伤快啊，我佫算一遍啊。 guan³³ tsɛ⁴³ a⁰ suĩ⁵¹ liau⁵¹ siũ³³ kʰuai²¹ a⁰, guaʔ⁴ kɔʔ⁴ suĩ²¹ tsit²¹ pian²¹ a⁰.
东山	我算太快算唔合去，让我则佫加算一遍。 guaʔ⁵ suĩ⁵¹ tʰai⁵¹ kʰuai²² suĩ⁵¹ m²² haʔ¹³¹ kʰi⁰, liõ²² guaʔ⁵ tsiaʔ⁵ kuʔ⁵ ke³³ suĩ²² tsit⁴¹ pʰian²².
云霄	我算啊过快，算唔着去，佫加算一摆。 gua⁵³ suĩ⁵³ a²¹ kue⁵³ kʰuai²², suĩ⁵³ m²¹ tioʔ¹² kʰi⁰, kʰou²¹ ke³³ suĩ²² tsit⁰ pai⁰.
诏安	我算恰伤快，算诞去，我过算加下。 ua⁵³ sŋ⁵³ kʰa⁴ siõ³³ kʰuai²², sŋ⁵³ tã²² kʰɯ⁰, ua⁵³ kue⁵³ sŋ⁵³ ke⁴⁴ ɛ⁰.
龙岩	我算恰伤快算唔着去啊，我重算［滴仔］。 gua²¹ çĩ²¹³ kʰakˀ tçiõ⁵⁵ kʰuai²¹³ çĩ²¹ m¹¹ tʰio⁴² gi⁰ a⁰, gua²¹ tioŋ¹¹ çĩ²¹³ niɛ̃²¹.
漳平	我算兮伤快算唔着咯，我重头算一遍。 gua⁵³ suĩ⁵⁵ ɛ⁰ siõ²¹ kʰuai²¹ suĩ⁵³ m⁰ tio⁵⁵ lɔ⁰, gua⁵³ tioŋ³³ tʰau³³ suĩ⁵³ tsiet²¹ pen²¹.
大田城关	我算较快去，算差，让我再算一摆。 bua⁵³ suŋ⁵⁵ kʰa⁵⁵ kʰuɛ³¹ kɤ⁰, suŋ⁵⁵ tsʰa³³, liŋ³³ bua³¹ tsɛ⁵⁵ suŋ³¹ tseʔ⁰ pɛ⁰.
大田广平	我算太烈算差去，我来再算一摆。 gua⁵¹ suĩ³³ tʰɛ⁴⁵ lia³¹ suĩ³³ tsʰa³³ kɤ⁰, gua⁵¹ li²² tsɛ⁴⁵ suĩ³¹ ʃiɤ²² pɛ⁵¹.
霞浦三沙	我算恰快算错去了，还我从头介算一轮。 ua⁴⁴ sŋ⁵⁵ kʰaʔ⁵ kʰuai²¹ sŋ⁵⁵ tsʰo²¹ kʰy²¹ lo⁰, ha²¹ ua²¹ tsoŋ²¹ tau³⁵ kai⁵⁵ sŋ²¹ tseʔ²¹ loŋ³⁵.

续表

	0026 我算得太快算错了，让我重新算一遍。
福鼎沙埕	我算过快算诞去，与我再算一遍。 gua⁵³ sŋ²¹ kə⁴⁴ kʰuai⁵³ sŋ²¹ tã⁵³ kə⁰, xɔ²¹ gua⁵³ tsai⁴⁴ sŋ²¹ tsiet²¹ pian²¹.
建瓯	我算得太快算错了，纳我唵算一遍。 uɛ⁴² sɔŋ³³ tɛ²⁴ tʰuɛ²⁴ kʰuɛ³³ sɔŋ³³ tsʰo³³ lɔ⁰, na²⁴ uɛ⁴² aŋ³³ sɔŋ³³ tsi³³ pʰiŋ³³.
建阳	我算得太快算错了，纳我行头算过一遍。 ue⁴¹ sueiŋ³³ te³⁵ hue³⁵ kʰye³³ sueiŋ³³ tʰɔ³³ lo⁰, na³⁵ ue⁴¹ jiaŋ⁴¹ həu³³ sueiŋ³³ kuo³³ tsi⁴ pieiŋ³³.
政和	我算得太快了算错了，给我再算一遍。 uɛ⁴² sueiŋ⁴² tɛ²⁴ tʰuɛ²⁴ kʰyɛ³³ lo⁴² sueiŋ⁴² tsʰo⁴² lo⁰, kʰɛ⁴² uɛ⁴² tsuɛ⁴² sueiŋ⁴² tsi⁴² pueiŋ³³.
松溪	我算太快算错班⁼，等我再算过一遍。 ŋua⁴² sueiŋ²² tʰɒ²²³ kʰœ²² sueiŋ²² tsʰo²²³ paŋ⁵³, taŋ²²³ ŋua⁴² tsua²² sueiŋ²² ko²² tsi⁴² paŋ²².
武夷山	我算得太快，算错了，让我再算一遍。 ŋuai⁵¹ suaiŋ²² tɛi³⁵ huai³⁵ kʰyai²², suaiŋ²² tʰo²² lɛi⁰, ŋyoŋ⁵⁵ ŋuai⁵¹ tsai²² suaiŋ²² tsi²² pʰiŋ²².
浦城石陂	我算得太快算错掉了，乞我再算个遍。 ɦuaɛ⁴² suaiŋ³³ te²⁴ tʰuaɛ²⁴ kʰiɵ³³ suaiŋ³³ tsʰɔ³³ tʰɯ⁴⁵ lɔ⁰, kʰi⁴⁵ ɦuaɛ⁴² dzaɛ⁴² suaiŋ³³ kɵ⁵³ piŋ³³.
南平夏道	我算太烈算错落了，让我介算一遍。 ŋua¹¹ suiŋ²⁴ tʰai⁵⁵ lia¹¹ suiŋ³³ tso²⁴ lo⁵⁵ lo⁰, nioŋ²⁴ ŋua¹¹ kai²⁴ suiŋ²⁴ tɕi¹¹ puiŋ⁵⁵.
顺昌	我算得太快算错了，让我重新算个遍。 ŋa³¹ suẽ³⁵ ta³⁵ tʰa³⁵ kʰua³⁵ suẽ³⁵ tsʰo³⁵ lo⁰, lɔ̃⁵¹ ŋa³¹ tʰiɔ̃³⁵ siŋ⁴⁴ suẽ³⁵ ka⁵⁵ pẽ³⁵.
将乐	我算咯太快算错掉咯，我再算个遍。 ŋæ²¹ ʃuɛ̃⁵⁵ loʔ⁵ tʰæ⁵⁵ kʰuæ³²⁴ ʃuɛ̃⁵⁵ tsʰo³²⁴ tau²² lo²¹, ŋæ²¹ tsæ³²⁴ ʃuɛ̃³²⁴ ŋaʔ⁵ piɛ̃³²⁴.
光泽	伉算得太快算错了，让伉再算个遍。 haŋ⁴¹ sɔn³⁵ tɛ⁴¹ tʰai³⁵ kʰuai³⁵ sɔn³⁵ tsʰɔ³⁵ liɛ⁰, nioŋ³⁵ haŋ⁴¹ tsai³⁵ sɔn³⁵ kɛi³⁵ piən³⁵.

续表

	0026 我算得太快算错了，让我重新算一遍。
邵武	侁算得太快算错了，侁再算个遍。 haŋ³⁵ son²¹ tie⁵³ tʰai⁵³ kʰuai³⁵ son²¹ tʰo²¹ liau⁵⁵，haŋ³⁵ tsai³⁵ son²¹ kəi²¹ pien³⁵.
三明	我算忒烈算错罢了，拸我还算个遍。 ŋu⁴⁴ sŋ³³ tʰɒ²⁵ liɒ²¹³ sŋ³³ tsʰaɯ²¹³ pɔ̃⁴⁴ lo⁰，ta³¹ ŋu⁴⁴ a²¹³ sŋ³³ kɒ⁴³ pʰɛ̃i³³.
永安	我算忒烈算差罢，拸我还算遍。 ŋuɒ⁵² sum²⁴ tʰɒ⁴⁴ liɒ¹³ sum²⁴ tsʰɒ⁵² po⁰，ta³³ ŋuɒ⁵² ɒ¹³ sum²⁴ pɛ̃i²⁴.
沙县	我算忒烈算错罢，拸我抑算个盘。 gua³³ suẽ²⁴ tʰa⁵⁵ lia²¹² suẽ²¹ tsʰɔ²¹² pɔ̃⁰，tai⁴⁴ gua³³ ai²¹² suẽ²⁴ ka²¹ puẽ³¹.
长汀	我算得特快算错哩，得我算过一下。 ŋai³³ suŋ⁴² ne²¹ tʰe³³ kʰue⁵⁵ suŋ⁵⁵ tsʰo⁵⁵ le²¹，te⁵⁵ ŋai³³ suŋ⁵⁵ ko⁵⁵ i²¹ ha²¹.
连城	我算得太快算错空咯，乞我再算一遍添。 ŋa⁵³ suo⁵³ tuo⁵⁵ tʰa⁵³ kʰua⁵³ suo²¹ tsʰɯ⁵⁵ kʰəŋ⁴³³ lo⁰，kʰuo⁵⁵ ŋa⁵³ tsa⁵³ suo²¹ i⁵⁵ pe²¹ tʰe⁴³³.
上杭	我算得忒快算错哩，等我重头再算一遍。 ŋa²¹ suɔ̃³⁵³ tɛʔ³ tʰɛʔ³² kua³⁵³ suɔ̃³⁵³ tsʰuɔ̃³⁵³ lɛ³¹，tɛ̃³¹ ŋa²¹ tsʰəŋ²¹ tʰiɛ²¹ tsa³⁵³ suɔ̃³⁵³ iʔ³ piɛ̃³⁵³.
武平	我算忒烈矣，留我再算一遍。 gua²⁴ suɛŋ⁴⁵¹ tʰɛʔ³ liaʔ⁴ i²²，tiu²² ŋa²⁴ tsa⁴⁴ suɛŋ⁴⁵¹ iʔ³ pian²⁴.
永定	我算得忒快，算差哩，分我再算一遍。 ŋai²² suo⁵⁵ tɛʔ⁵ tʰɛʔ³² kʰuai⁵²，suo⁵² tsʰa²⁴ li⁰，peŋ²⁴ ŋai²² tsai⁵⁵ suo⁵⁵ ieʔ³² piɛ̃⁵².
明溪	我算得太快，算错班⁼，待我再算个遍。 ue⁴¹ sɯ̃⁵⁵ tɤ⁰ tʰa⁴¹ kʰua²¹，sɯ̃⁴¹ tsʰɤ⁴¹ paŋ⁴⁴，ta⁴¹ ue⁴¹ tsa²⁴ sɯ̃²⁴ kɤ⁰ pieŋ²⁴.
清流	我算得忒快算错来了，等我重新算过一遍。 ŋa³³ suaŋ³⁵ tə²¹ tʰe²¹ kʰua³⁵ suaŋ³⁵ tsʰo³⁵ lɛ²³ li⁰，tɛ̃²¹ ŋa³³ tʃʰioŋ²³ səŋ³³ suaŋ³⁵ ku³⁵ ie²¹ pʰeŋ³⁵.
宁化	我算得忒快，算错掉，等我算过一遍。 ŋa³⁴ suaŋ²¹² tə⁵ tʰie⁵ kʰa²¹²，suaŋ²¹² tsʰo²¹² tʰia⁵，tə⁵ ŋa³⁴ suaŋ²¹² ko⁵ i⁵ pieŋ²¹².

续表

	0026 我算得太快算错了，让我重新算一遍。
新罗客家	我算得特快算错哩，留我再算一遍。 ŋa³⁵ saŋ²¹ tei?⁵ tʰie?⁵ kʰua⁴¹ saŋ³⁵ tsʰuo⁴⁴ li⁵⁵，tiu³⁵ ŋa⁵⁵ tsa⁴¹ saŋ²¹ i?⁵ piẽ⁴¹.
平和客家	我算得通快算唔着咯，得我佫算一下。 ŋai³⁵ sɔn³¹ te?⁵³ tʰaŋ⁵⁵ kʰuai³¹ sɔn³¹ m³³ tʃʰɔ?⁵³ lɔ³¹，te?⁵³ ŋai³⁵ ɔ?⁵³ sɔn³¹ it³¹ ha³³.
诏安客家	我算太快算唔着去，得我再算一遍。 ŋai⁵³ sɔn²² tʰɛi³¹ kʰuai³¹ sɔn²² m²² tʃʰou⁴⁵ ky⁰，tet⁵ ŋai⁵³ tsai⁴⁵ sɔn³¹ zit⁰ piɛn⁰.
泰宁	侊算得太快算错了，得侊重新算个遍。 haŋ³⁵ suan⁵¹ tə⁰ hai⁵¹ kʰuai⁵¹ suan⁵¹ tʰo⁵¹ lə⁰，tæ³⁵ an³³ tʰyuŋ³³ sən³³ suan⁵¹ kə⁰ pan⁵¹.
建宁	我算得太快算错了儿，让我再算一遍。 ŋa⁵⁵ son²¹ tək² hai²¹ kuai²¹ son²¹ tʰo²¹ liau²¹ i⁵¹，ioŋ⁵⁵ ŋa⁵⁵ tai²¹ son²¹ it² pien²⁴.
浦城城关	我算得太快算错了，让我重新算介遍。 ɑ⁵⁴ suãi³⁵ le³² tʰa⁴²³ kʰua⁴²³ suãi⁴²³ tsʰuo⁴²³ lɑ⁰，ŋiaŋ²¹ ɑ⁵⁴ tsoŋ²⁴ seŋ³⁵ suãi⁴²³ ka⁴⁴ piãi⁴²³.
南平延平	我算的太快算错掉，让我重新再算一道。 ŋo²⁴ suõ³⁵ ti⁰ tʰai⁵³ kʰuai³⁵ suõ⁵³ tsʰo³⁵ tiau²¹，i æ̃³⁵ ŋo²⁴ tsʰoŋ³¹ siŋ³³ tsai⁵³ suõ³⁵ i³³ tau³⁵.

	0027 他一高兴就唱起歌来了。
福州	伊蜀高兴就唱歌。 i⁵⁵ suoʔ²¹ ko⁵³ xeiŋ²¹ tsiu⁰ tsʰuoŋ⁵⁵ ko⁵⁵.
闽侯	伊蜀高兴就唱歌。 i⁰ syoʔ³³ ko⁵³ eiŋ²¹ tsu⁰ tsʰyoŋ⁵⁵ ko⁵⁵.
长乐	伊蜀高兴就唱歌。 i⁵⁵ suoʔ²² ko⁵³ xeiŋ²¹ tsiu⁰ tsʰuoŋ⁵⁵ ko⁵⁵.
连江	伊蜀欢喜就唱歌。 i⁵⁵ suoʔ¹³ huaŋ⁵¹ ni³³ tsiu²¹ tsʰyø⁵⁵ ko⁵⁵.
罗源	伊蜀欢喜就唱歌。 i⁴² θyø²¹ xuaŋ²³ ni²¹ tsu²¹ tsʰyøŋ⁴⁴ kɔ⁴².
福清	伊蜀舒畅就解唱歌。 i⁵³ θio²¹ tsʰy³⁴ lioŋ²¹ tsu²¹ ɛ²¹ tsʰioŋ⁴⁴ ko⁵³.
平潭	伊蜀欢喜就唱歌。 i⁵¹ θyo⁰ xuaŋ⁴⁴ ŋi³¹ tsu⁰ tsʰyoŋ⁴⁴ ko⁵¹.
永泰	伊若蜀高兴就解唱歌。 i⁴⁴ na²¹ suoʔ³ ko⁴⁴ heiŋ²¹ tsiou²¹ ɛ²¹ tsʰuoŋ⁴⁴ ko⁴⁴.
闽清	伊蜀欢喜就开始唱歌。 i⁴⁴ suok³ huaŋ⁴² ŋi³² tsiu²¹ kʰai⁴² sy³² tsʰyøŋ⁴⁴ kɔ⁴⁴.
古田	伊蜀欢喜就解唱句囝了。 i⁵⁵ syøʔ² huaŋ²¹ ŋi⁴² tsiu⁵⁵ ɛ³³ tsʰyøŋ²¹ ŋuo²¹ iaŋ⁵³ nɔ⁰.
屏南	伊蜀欢喜就开始唱歌。 i⁴⁴ suk³ huaŋ²² i⁴¹ tsiu³²³ kʰai²² ʒy⁴¹ tsʰʊŋ⁴⁴ kɔ⁴⁴.
宁德	伊蜀欢喜就唱歌了。 i³³⁴ sø³³ xuan¹¹ ni⁴¹ tsiu³³ tsʰyŋ⁵⁵ kɔ³³ lu⁰.
霞浦城关	伊蜀高兴就唱歌了。 i⁴⁴ θøʔ⁴⁴ kɔ⁴⁴ iŋ³⁵ tsiu⁴⁴ tsʰøŋ⁵⁵ kɔ⁴⁴ lo⁰.
福安	伊蜀高兴来就唱歌。 ei³³¹ si⁴⁴ kɔ⁴⁴ eiŋ³⁵ ai⁵¹ tsiu²³ tsʰioŋ⁵⁵ kɔ³³¹.

续表

	0027 他一高兴就唱起歌来了。
柘荣	伊蜀快活就唱起来了。 i⁴²tsʰi⁴⁴kʰɛ⁵⁵uaʔ²¹tsiu⁴⁴tsʰyɔŋ⁴⁵kʰi⁵⁵li²¹lɔ⁰.
周宁	伊径欢喜就唱曲囝喽。 i⁴⁴kiŋ³⁵xuɔn⁴⁴ni⁴⁴tso⁴⁴tsʰyŋ³⁵kʰuk⁵ɛn⁴²no⁰.
寿宁	伊蜀高兴就唱歌了。 i³³si³³kɔ³³xiŋ³⁵tsiu²³tsʰyoŋ⁵⁵kɔ³³lɔ⁰.
福鼎城关	伊蜀快活就唱歌。 i⁵⁵siʔ³kʰe⁵⁵uaʔ²³tsiu²¹tsʰioŋ³³ko³³.
尤溪	伊蜀快活就唱歌了。 i⁵⁵ɕie³³kʰue⁴⁴ua³³tsiu³³tsʰioŋ⁴⁴kə³³lə⁰.
莆田	伊若蜀喜欢着唱歌。 i⁴⁵³nɔʔ²ɬɔʔ²huã¹¹i⁴⁵³tɔʔ²tsʰieu⁵³³kɔ⁵³³.
涵江	伊肺花蜀开着起鼓唱歌咯。 ik⁴hi⁵⁵ua⁵⁵ɬok¹kʰui⁵⁵tok¹kʰi²¹ɔu⁴⁵³tsʰiau⁵⁵kɒ⁵⁵lo⁰.
仙游城关	伊若蜀欢喜着唱诗。 it²³nuo⁰ɬuok²huã²¹i⁴⁵³tit²tsʰiũ⁵⁵ni⁵³³.
仙游枫亭	伊蜀喜欢着唱歌咯。 i⁴⁵³ɬɔʔ²huã¹¹i⁴⁵³tɔʔ²tsʰiũ⁵³³kɔ⁵³³lɔʔ⁰.
厦门	伊一下欢喜着唱歌咯。 i⁴⁴tsit²¹e⁰huã²²hi⁵³to²¹tsʰiũ²¹kua⁴⁴lo⁰.
同安	伊一欢喜就唱歌。 i⁴⁴tsit¹¹huã³³hi⁴²tsiu¹¹tsʰiũ⁴²kua⁴⁴.
泉州鲤城	伊若欢喜就唱歌。 i³³nã²²huã³³hi⁵⁵tsiu²²tsʰiũ⁵⁵kua³³.
泉州洛江	伊欢喜就唱歌。 i³³huã²²hi⁵⁵tsiu²²tsʰiũ⁵⁵kua³³.
南安	伊若欢喜就唱歌咯。 i³³nã²²huã³³hi⁵⁵tsiu²²tsʰiũ⁵⁵kua³³lɔ⁰.

续表

	0027 他一高兴就唱起歌来了。
晋江	伊［一下］欢喜就唱歌。 i³³tse⁰huã³³hi⁵⁵tsiu²²tsʰiũ⁵⁵kua³³.
石狮	伊一欢喜就唱起歌来咯。 i³³tsit²huã³³hi⁵⁵tsiu²²tsʰiu⁵⁵kʰi⁵⁵kua³³lai⁰lɔ⁰.
惠安	伊一欢喜起来就唱歌。 i³³tset⁵huã³³hi⁵⁴kʰi⁰lai⁰tsiu²²tsʰiũ⁵⁴kua³³.
安溪	伊若欢喜就唱歌。 i³³nã⁴²huã³³hi⁵³tsiu²¹tsʰiũ⁵³kua⁵⁵.
永春	伊若欢喜着唱歌。 i⁴⁴na³¹huã²²hi⁵³tioʔ⁴⁴tsʰiũ⁵³kua⁴⁴.
德化	伊若欢喜就唱歌。 i¹³na³¹huã²²hi³¹tsiu⁴²tsʰiũ³¹kua¹³.
漳州	伊［一下］欢喜啰唱歌。 i²²tsɛ²¹huã²²hi⁵³lo²¹tsʰiɔ̃⁵³kua³⁴.
龙海	伊一下欢喜啰唱歌起来。 i³⁴tsi⁴¹ɛ⁴¹huã³³hi⁵²lo⁴¹tsʰiaŋ⁵²ko³⁴kʰi⁰lai⁰.
长泰	伊一欢喜啰唱歌仔。 i⁴⁴tit²¹huã²²hi⁵³lɔ²¹tsʰiɔ̃⁵³kua²²a⁵⁴.
华安	伊［一下］欢喜啰唱起歌。 i²²tsɛ̃³¹huã²²hi⁵³lo³¹tsʰiɔ̃⁵³kʰi⁵⁵kua⁵⁵.
南靖	伊［一下］欢喜啰唱歌。 i²²tsɛ²¹huã²²hi⁵⁴lo²¹tsʰio⁵³kuɛ³⁴.
平和	伊一下欢喜，着唱歌。 i³⁴tsit⁰le⁰huã²²hi⁵²，toʔ²¹tsʰiũ⁵²kua³⁴.
漳浦	哦伊［一下］欢喜啰唱歌。 ɔ¹³i³³tsɛ¹³huã³³hi⁵¹lɔ²¹siũ⁵¹kua⁴³.
东山	伊［一下］欢喜就唱歌。 i³³tse²²huã³³hi⁵¹tsiu²²tsʰio⁵¹kua⁴⁴.

续表

	0027 他一高兴就唱起歌来了。
云霄	伊一下欢喜歌就唱起来。 i⁵⁵tsit²¹e²¹huã³³hi⁵³kua⁵⁵tsiu²¹tsʰiũ²²kʰi⁰lai⁰. 伊一下欢喜就唱歌。 i⁵⁵tsit²¹e²¹huã³³hi⁵³tsiu²¹tsʰiũ⁵³kua⁵⁵.
诏安	伊一欢喜就唱歌。 i⁴⁴tsit³²huã³³hi⁵³tsiu³¹tsʰio⁵³kua⁴⁴.
龙岩	伊一快活〔滴仔〕就唱歌。 i⁵⁵tɕiɛt³kʰuai²¹³gua²¹niẽ²¹tɕiu⁵⁵tsʰaŋ²¹ko³³.
漳平	伊一快活就唱起歌来咯。 i³⁵tsiet²¹kʰuai⁵³ua⁵⁵tsiu²¹tsʰiaŋ⁵³kʰi²¹kuo³⁵lai³³lɔ⁰.
大田城关	伊欢喜就唱歌。 i⁵³huã³³hi⁵³tsiu³³tsʰuŋ⁵⁵kɔ³³.
大田广平	伊快活哦歌都唱歌起了。 i⁵¹kʰui³³gua⁴⁵ko³³ko³³to²²tsʰoŋ³¹ka⁰kʰi⁰lɤ⁰.
霞浦三沙	伊一欢喜就唱歌了。 i⁴⁴tseʔ²¹huã⁴⁴i⁵¹tsiu²¹tsʰyoŋ⁵⁵kɔ⁴⁴lo⁰.
福鼎沙埕	伊一喜欢就唱起歌来了。 i⁴⁴tsiet²¹xi⁴⁴uã⁴⁴tsiu²¹tsiũ²¹kʰi²¹kua⁴⁴lai²¹lo⁰.
建瓯	渠一快活就唱起歌来了。 ky⁴²tsi³³kʰau³³uɛ⁴²tsiu⁵⁵tsʰiɔŋ³³kʰi²¹kɔ⁵⁴lɛ³³lɔ⁰.
建阳	渠一快活就唱起曲来了。 ky³⁵tsi⁴kʰau³³wue⁴tsi⁵⁵tsʰiɔŋ³³kʰi²¹kʰy³⁵le³³lo⁰.
政和	渠一高兴就唱歌起来了。 ky⁴²tsi⁴²ko⁵³xeiŋ⁵⁵tsiu⁵⁵tsʰiɔŋ⁴²kɔ⁵³kʰɛ²¹³lɛ³³lo⁰.
松溪	渠隻兴起来就唱歌起来。 kio⁴²tsia²²³xeiŋ⁴⁵kʰœ²²lœ⁴⁴tsiu⁴⁵tsʰiɔŋ²²kɔ⁵³kʰœ²²lœ⁴⁴.

续表

	0027 他一高兴就唱起歌来了。
武夷山	渠一快活就唱起歌来了。 həu⁵¹tsi²²kʰau³³uaiʔ⁵⁴tsiu⁵⁵tsʰyoŋ²²kʰi³¹ko⁵¹lie³³lo⁰.
浦城石陂	渠个高兴就唱歌起来了。 gy⁴²kɵ⁵³kaɯ⁵³xein⁵³tɕiɯ⁴⁵tɕʰioŋ³³kɔ⁵³kʰe²¹le³³lɔ⁰.
南平夏道	伊一快活就解唱歌。 i¹¹tɕi¹¹kʰɛ³³ua⁵⁵tɕiu²⁴ɛ³³tɕʰioŋ⁵⁵ko¹¹.
顺昌	渠个快活就唱起歌来。 kɛ³¹ka⁵⁵kʰo³⁵ua⁵¹tʃiu⁵⁵tʃʰiɔ̃³⁵kʰi²²ko⁴⁴li¹¹.
将乐	渠个高兴就唱歌起来咯。 ki²²kaʔ⁵kau⁵⁵sĩŋ³²⁴tsʰiu²¹tʃʰɔ̃⁵⁵ko⁵⁵kʰi²²li²²lo²¹.
光泽	佹一快活就唱起歌来了。 hu⁴¹i⁴¹kʰuai³⁵uai⁴¹tɕiu³⁵tɕʰioŋ³⁵kʰi⁴⁴kɔ²¹li²²liɛ⁰.
邵武	佹个快活就唱歌儿来。 hu³⁵kəi²¹kʰuai²¹uai⁵⁵ɕiou³⁵tɕʰioŋ³³kʰi⁵⁵ko²¹ə⁰li⁰.
三明	渠个快活就唱歌起来了。 ŋy⁴⁴kɒ⁴³kʰuɛ⁴³uo²⁵⁴tʃy³³tʃʰɐm⁴³kɯ⁴⁴kʰi¹²la⁵¹lo⁰.
永安	渠个快活就唱歌起来。 ŋy⁵²kuɒ²¹kʰue²¹uɒ⁵⁴tʃy⁴⁴tʃʰiɑm⁴⁴kɯ⁵²kʰi³³la³³.
沙县	渠一快活就唱歌来了。 ky³³e²¹²kʰue⁴⁴ua⁵³tʃiu⁴⁴tʃʰiŋ²¹ko³³kʰi⁵⁵lai³¹lo⁰.
长汀	渠一高兴就唱起歌来哩。 ke³³i⁵⁵kɒ³³ʃiŋ⁵⁵tʃʰiəɯ²¹tʃʰoŋ⁴²tʃʰi²⁴ko³³lai³³le²¹.
连城	渠一高兴就唱起歌来。 kuɛ³³i⁵⁵kau³³ʃaiŋ⁵³tsʰəɯ⁵⁵tʃʰoŋ²¹ʃi²¹kɯ³³li²².
上杭	渠一高兴就唱起来歌了。 kei²¹iʔ³²kɔu⁴⁴ɕiəŋ³⁵³tɕʰiu³¹tsʰoŋ³⁵³tɕʰi³¹lɔu²¹kɔu⁴⁴lɛ³¹.
武平	渠一欢喜就唱歌。 ki²⁴iʔ³huaŋ²⁴si⁴⁵¹tsʰiu⁴⁵¹tsʰɔŋ⁴⁵¹ko²⁴.

续表

	0027 他一高兴就唱起歌来了。
永定	渠一喜欢就唱起歌来哩。 tɕi²² ieʔ³² ɕi³¹ fɐ̃²⁴ tɕʰiu³¹ tsʰɔ̃⁵⁵ tɕʰi³¹ kɔu²⁴ luoi²² li⁰.
明溪	渠一高兴就唱起歌来。 kʰø⁴¹ iʔ⁵ kau⁴⁴ xeŋ²⁴ tsiu⁰ tsʰoŋ⁴¹ kʰi⁴¹ kɤ⁴⁴ li³¹.
清流	渠高兴就唱起来哩。 kə³³ kɔ³³ seŋ³² tsʰiə³² tʃʰiɔŋ³⁵ kʰi²¹ lɛ²³ li⁰.
宁化	渠一快活就唱起歌来了。 kə³⁴ i⁵ kʰa²¹² va⁴² tɕʰiəɯ⁴² tsʰɔŋ²¹² tɕʰi³¹ ko³⁴ lai⁴⁴ lə⁰.
新罗客家	渠一喜欢就爱唱歌。 tu⁴⁴ iʔ⁵ ʃi²¹ faŋ⁴⁴ tsʰiu⁴¹ a⁴¹ tʃʰiõ³⁵ kəu⁴⁴.
平和客家	渠一欢喜就唱歌咯。 ky³⁵ it⁵³ fan³³ hi⁵³ tʃʰu³³ tʃʰɔŋ³³ kɔ⁵⁵ lɔ³¹.
诏安客家	渠一欢喜□就唱歌起来。 ky⁵³ zit⁵ fan²² hi³¹ kɤ⁰ tsʰi⁴⁵ tʃʰɔŋ⁴⁵ kɔu²² kʰi³¹ lɔi⁰.
泰宁	渠一高兴就唱起歌来。 hi³⁵ i³⁵ ko³¹ ɕin²¹ tɕʰiu²¹ tɕʰioŋ⁵¹ kʰoi⁰ ko³¹ lai³⁵.
建宁	士ⁿ一快活就唱歌。 sɘ⁵⁵ it² kʰuai²¹ uat⁵ tsiu⁵⁵ tʰoŋ²¹ kʰi²⁴ ko³⁴.
浦城城关	渠介高兴就唱起歌来了。 ke⁵⁴ ka⁴⁴ kɑo³⁵ xiŋ⁴²³ tɕiu²¹ tɕʰiaŋ⁴²³ kʰi⁴⁴ kuɑ³⁵ li²⁴ lɑ⁰.
南平延平	他一快活就唱起歌仔来。 tʰa³³ i³³ kʰuai⁵⁵ xoʔ³ tɕiu³⁵ tɕʰiæ³⁵ kʰi²¹ ko⁵⁵ tsai²⁴² lai²¹.

	0028 谁刚才议论我老师来着？
福州	头轮底侬议论我先生？ tʰau³³ leiŋ⁵⁵ tie⁵⁵ nøyŋ⁵² ŋie⁵² lauŋ²⁴² ŋuai³³ siŋ⁵⁵ niaŋ⁵⁵？
闽侯	太⁼引⁼□底侬讲我先生？ tʰai²¹ iŋ³³ nø³³ tø²¹ øyŋ⁵³ kouŋ³³ ŋuai³³ siŋ⁵⁵ naŋ⁵⁵？
长乐	头轮底侬议论我先生？ tʰau²² luŋ²² tie²² øyŋ⁵³ ŋie⁵³ lauŋ²⁴² ŋui²² siŋ⁵⁵ niaŋ⁵⁵？
连江	［者蜀］晚⁼底侬着里讲我先生？ tsyø³³ uaŋ³³ tø²¹ løyŋ⁵¹ tɔyʔ¹³ le⁰ kɔŋ³³ ŋui³³ siŋ⁵⁵ naŋ⁵⁵？
罗源	［只行⁼］底侬讲我先生？ tsɔŋ⁵³ tœ²¹ nœŋ³¹ kuoŋ²¹ ŋui²¹ θiŋ²¹ niaŋ⁴²？
福清	底侬请⁼请⁼着吼议论我其先生？ tie⁴⁴ nøŋ⁴⁴ tsʰiŋ²¹ nziŋ⁵³ tio⁵³ le⁰ ŋie⁴⁴ lɔŋ⁴² ŋua²¹ ki⁰ θiŋ⁴⁴ ŋiaŋ⁵³？
平潭	毯⁼猛⁼底侬议论我先囝？ tʰaŋ³¹ meiŋ⁵¹ tie⁴⁴ løŋ⁴⁴ ŋie⁴⁴ lɔŋ⁴² ŋua³¹ θiŋ⁴⁴ ŋiaŋ⁵¹？
永泰	底侬头先议论我先生？ tøyʔ⁵ nɔyŋ³⁵³ tʰau²¹ leiŋ⁴⁴ ŋie⁵³ louŋ²⁴² ŋuoi³² siŋ⁴⁴ naŋ⁴⁴？
闽清	底侬只满⁼议论我先生？ tœ²¹ nɔyŋ³⁵³ tsiek³ muaŋ³² ŋie⁴² louŋ²⁴² ŋuai³² siŋ⁴⁴ naŋ⁴⁴？
古田	［底侬］［头先］讲我老师？ tøyŋ³⁵ tʰaŋ³⁵ kouŋ⁴² ŋuai²¹ lɔ²¹ sy³⁵？
屏南	底侬［只轮］着讲我先生？ tie⁴⁴ nɯŋ²² tsɔuŋ⁴⁴ tyøk³ kouŋ⁴¹ ŋuai²² siŋ⁴⁴ naŋ⁴⁴？
宁德	佅⁼侬［者轮］着议论我先生？ ti³³ nœŋ⁴¹¹ tsɔuŋ⁵⁵ tø⁵⁵ ŋi¹¹ louŋ⁴¹¹ ua⁵⁵ sin³³ naŋ³³？
霞浦城关	［只蜀］轮［毛侬］议论我先生？ tsø⁵⁵ loŋ⁵¹ nɛiŋ⁵⁵ ŋɛ⁴ loŋ²⁴ ua⁴² θiŋ⁴⁴ naŋ⁴⁴？
福安	［底侬］这行居［许位］议论我其先生？ tœuŋ⁴¹ tsei⁵⁵ ɔuŋ⁴⁴ kiu²¹ e³⁵ ŋi⁴⁴ louŋ²³ ŋo⁴¹ e⁴⁴ siŋ⁴⁴ ŋaŋ³³¹？

续表

	0028 谁刚才议论我老师来着？
柘荣	［底侬］即落讨论我先生？ tœŋ⁵³tsiʔ²¹lɔʔ²¹tʰɔ⁵⁵lɔŋ⁴⁴ŋua⁵³θiŋ⁴⁴nðaŋ⁴²？
周宁	□［底侬］着个讲我其先生？ tsɔŋ⁵⁵tœŋ⁵⁵tek²iºkɔŋ⁴²ua⁴²aºsin⁴⁴ŋaŋ⁴⁴？
寿宁	捏⁼个纵⁼落⁼议论我其老师？ nɛ⁵⁵kɔi³⁵tsuŋ³⁵lɔʔ²ŋie²³lɔuŋ²³ua⁴²liºlɔ⁵⁵su³³？
福鼎城关	毛侬只久讲我老师？ no³³neŋ²¹tsi³³ku⁵⁵kɔŋ⁵⁵ua⁵⁵lo⁵⁵su⁵⁵？
尤溪	即久底侬□的议论我其先生？ tsie⁴ku⁵⁵te³³nəŋ¹²tə³³təºŋi³³ləŋ⁴²ŋua⁵⁵kiºsẽ³³iŋ³³？
莆田	兴⁼侬即久即议论我厝先生？ hiŋ⁵³³naŋ²⁴tsi¹¹ku⁴⁵³tseʔ⁵kiʔ²loŋ¹¹kɔʔ⁵lɔu⁴²ɬeŋ⁵³³na⁵³³？
涵江	甚侬即久许讲我厝先生？ ɬin⁵⁵nan¹³tsik¹ku⁴⁵³hik¹kɔŋ⁴⁵³kot⁴lɔu⁴²ɬɛn²¹na⁵³³？
仙游城关	做头甚侬躲⁼许议论阮老师？ tso⁵⁵lau⁵⁵tin⁵⁵nan²⁴to²⁴hyøk²³kiʔ⁴²luoŋ²¹kn⁵⁵lɒ²¹ɬo⁵³³？
仙游枫亭	即久是［底侬］许议论我老师？ tsiʔ²kuʔ⁴⁵³liʔ²tiaŋ²⁴heʔ⁵kiʔ⁴²luɤŋ¹¹kua⁴⁵³lɔ¹¹ɬɯ⁵³³？
厦门	啥侬拄仔则咧议论阮老师？ siã⁴⁴laŋ²⁴tu⁴⁴aºtsiat²¹leºgi²¹lun²¹gun⁵³lau²¹su⁴⁴？
同安	［啥侬］拄则咧议论我老师？ saŋ²⁴tu³³tsiaʔ³²leʔ⁴gi¹¹lun¹¹gua⁴²lɔ³³sɯ⁴⁴？
泉州鲤城	顶摆啥侬议论阮先生？ tiŋ²⁴pai⁵⁵siã²⁴laŋ²⁴gi²²lun²²gun²⁴sian³³sĩ³³？
泉州洛江	拄拄啊啥侬咧讲阮先生啊？ tu³³tu³³a⁵⁵siã²⁴laŋ²⁴leʔ⁵kaŋ²⁴gun²⁴sian³³sĩ³³aº？
南安	□仔［啥侬］咧议论阮老师啊？ tsʰim²⁴mã⁵⁵siaŋ²⁴leʔ⁵gi²²lun²²gun²⁴lau²²sɯ³³aº？

续表

	0028 谁刚才议论我老师来着？
晋江	斩＝仔［啥侬］何亻剌议论阮先生？ tsam²⁴ mã⁵⁵ siaŋ²² ŋã²⁴ ti²² leʔ⁵ gi²² lun²² gun²⁴ sian³³ sĩ³³？
石狮	斩＝仔［啥侬］剌议论阮先生啊？ tsam²⁴ a⁵⁵ siaŋ²² leʔ⁵ gi²² lun²² gun²⁴ sian³³ si³³ a⁰？
惠安	拄仔［啥侬］剌议论我兮先生？ tu²⁵ a⁵⁴ siaŋ²² leʔ⁵ i²² lun²¹ gua⁴² e⁰ sen³³ sĩ³³？
安溪	拄则［啥侬］议论阮先生？ tu⁵³ tsiaʔ⁵³ siaŋ²⁴ gi⁵³ lun²² gun³³ sian³³ sĩ⁵⁵？
永春	头先［底侬］议论阮先生？ tʰau²² suĩ⁴⁴ tiaŋ⁴⁴ gi⁴⁴ lun³¹ gun⁵³ sian²² sĩ⁴⁴？
德化	头团啥侬议论阮先生？ tʰau³¹ kiã⁴² siã²² laŋ²⁴ gi⁴² lun⁴² gun³⁵ sian²² sĩ¹³？
漳州	头拄仔是谁剌讲阮先生啊？ tʰau²² tu⁵⁵ ua⁵⁴ tsi²¹ tsua¹³ li³⁴ kɔŋ³⁴ gun³⁴ siŋ²² sɛ̃³⁴ ã⁰？
龙海	谁拄头剌议论阮兮老师呢？ tsua³¹² tu³⁴ tʰau³³ leʔ⁴ gi⁴¹ lun⁴¹ guaŋ³⁴ e⁰ lo³⁴ su³⁴ nɛ̃⁰？
长泰	曾拄仔是谁剌议论阮老师？ tsan²² tu⁵⁵ ua⁵⁴ tsi²¹ tsua²⁴ li⁵⁴ gi²¹ lun²¹ gun⁴⁴ lɔ⁴⁴ su⁴⁴？
华安	拄仔哪一股剌议论阮先生？ tu⁵⁵ a⁵³ ta⁵⁵ tsit²¹ kɔ⁵³ li⁵⁵ gi³¹ lun³¹ gun⁵⁵ sin²² sɛ̃⁵⁵？
南靖	赫谁拄仔议论阮老师？ heʔ⁵³ tsaʔ²¹ tu⁴⁴ a⁵⁴ gi²¹ lun²¹ guan⁴⁴ lau²¹ su³⁴？
平和	拄仔谁剌讲我老师？ tu²³ ã⁵² tsaʔ³² leʔ⁴² kɔŋ²³ gua²³ lau²¹ su³⁴？
漳浦	现在仔谁亻许议论阮先生？ 现在仔：刚刚。亻许：在那里。 han²¹ tsɛ¹³ a⁰ tsua⁴¹² ti²¹ a⁰ gi²¹ lun³³ guan⁴³ sin³³ sɛ̃⁴³？
东山	头先仔甚物侬蹲尾后讲阮先生？ tʰau³³ sin³³ lã⁰ sipʔ⁵ bĩʔ⁵ laŋ²¹³ tua⁴⁴ bue⁴⁴ au³³ kɔŋ⁴⁴ guan⁴⁴ sin³³ sɛ̃⁴⁴？

续表

	0028 谁刚才议论我老师来着？
云霄	拄□是谁兮伫讲阮先生？ tu⁵⁵ tsiã⁵⁵ si²¹ tsua³² e⁰ ti²¹ koŋ⁵⁵ guan⁵⁵ sian³³ sĩ⁵⁵?
诏安	□边仔底侬议论阮先生啊？ tʰam²⁴ pĩ³³ ɛ̃³³ ti³¹ lan²² gi³¹ lun³¹ uan²⁴ siŋ³³ sɛ̃⁴⁴ a⁰?
龙岩	一［久仔］［底侬］讲我老师？ tɕiɛt³ kua²¹³ taŋ²¹³ kõ²¹ gua²¹ lau²¹ sɿ³³?
漳平	［底侬］拄拄议论我老师？ tiaŋ⁵³ tu²¹ tu⁵³ gi²¹ luen²¹ gua⁵³ lau²¹ su³⁵?
大田城关	即旰甚侬伫唎议论我老师？ tseʔ³ kua²⁴ sŋ³¹ laŋ²⁴ tɤ³³ lɤ⁵ i⁵⁵ luen³³ bua⁵³ lɤ²⁴ sɤ³³?
大田广平	□侬末久议论我老师啊？ hẽi³³ lõ²⁴ bɒ²² ku⁵¹ i³³ lue³¹ gua⁵¹ lɯ²⁴ sɯ³³ ga⁰?
霞浦三沙	伊［即轮］仔伫唎议论我先生？ i⁴⁴ tsoŋ³⁵ a⁵¹ tø²¹ li⁰ i⁵⁵ loŋ³⁵ ua⁴² siaŋ²¹ siŋ⁴²?
福鼎沙埕	即久［底侬］议论我其老师？ tsiet²¹ ku⁵³ tian²⁴ i²¹ luən²¹ gua⁵³ i²¹ lɔ⁴⁴ sɯ⁴⁴?
建瓯	孰人顷顷到里议论我老师了？ su⁵⁵ neiŋ³³ kʰaiŋ³³ kʰaiŋ³³ tau³³ ti³³ ŋi⁵⁵ lɔŋ⁵⁵ uɛ⁴² lau²¹ su⁵⁴ lɔ⁰?
建阳	孰人顷顷话我先生？ so⁴ nɔiŋ³³ kʰaiŋ³³ kʰaiŋ³³ wua⁵⁵ ue³⁵ siŋ⁵¹ saiŋ⁵¹?
政和	甚人顷顷议论我老师？ seiŋ⁴² neiŋ³³ kʰaiŋ⁴² kʰaiŋ⁴² ŋi⁵⁵ loŋ⁵⁵ uɛ⁴² lo²¹³ su⁵³?
松溪	□人顷顷议论我老师？ nia⁴⁵ neiŋ⁴⁴ kʰaŋ⁴⁴ kʰaŋ⁴⁴ ŋi⁵⁵ lueiŋ⁴⁵ ŋua⁴² lo²²³ su⁵³?
武夷山	孰人顷顷话我个老师？ si⁵⁵ nɛiŋ³³ kʰaiŋ²² kʰaiŋ²² ua⁵⁵ ŋuai⁵¹ kɛi⁰ lau³¹ su⁵¹?
浦城石陂	孰人刪⁼仔话我老师？ su⁴⁵ neiŋ³³ saiŋ⁴⁵ te⁰ ua⁴⁵ ɦuaɛ⁴² lɔ²¹ su⁵³?

续表

	0028 谁刚才议论我老师来着？
南平夏道	样⁼人起头乱讲我先生？ ioŋ¹¹ neiŋ⁵⁵ kʰi³³ tʰau⁵⁵ luiŋ³³ kaŋ³³ ŋua¹¹ siŋ¹¹ saŋ¹¹？
顺昌	甚么佋刚刚话我先生？ ʃo⁵⁵ mo⁵⁵ ʃo³³ kɔ̃⁴⁴ kɔ̃⁴⁴ o⁵¹ ŋa³¹ siŋ⁴⁴ ʃɛ̃⁴⁴？
将乐	甚个奚佋是的话我老师？ ʃɛ̃⁵⁵ kaʔ⁵ i²² ʃa²² ʃi²¹ tiʔ⁵ va³²⁴ ŋæ²¹ lau²¹ sʅ⁵⁵？
光泽	前下郎⁼蜀个话伉老师个闲事？ tʰin⁴¹ ka³⁵ nɔŋ²² ɕi²¹ kɛi³⁵ ua⁵⁵ haŋ⁴¹ lau⁴¹ sɛ²¹ kɛ⁰ hiən²² sɛ⁵⁵？
邵武	哪蜀正个子话伉先生？ no³³ ɕi³³ tɕiaŋ⁵⁵ kəi²¹ tsə⁰ ua³⁵ haŋ³⁵ sien²¹ sien²¹？
三明	□久何隻讲我老师？ u³¹ kiɑu³¹ hɒ³¹ tʃɒ²¹³ kɐm³¹ ŋu⁴⁴ lauɯ¹² sʅ⁴⁴？
永安	打先谁佋议论我其老师啊？ tɒ³³ sĩ⁵² si³³ sɒ³³ ŋi⁴⁴ luã²⁴ ŋuɯ⁵² ke⁰ lauɯ³³ sʅ⁵² a⁰？
沙县	毋久啥人讲我老师？ u⁵⁵ kio²¹ sɔ̃⁴⁴ lɛiŋ³¹ kaŋ²¹ gua³³ lo⁵⁵ sʅ³¹？
长汀	哪介哩先头讲我老师啊？ ne⁴² kai²¹ le⁵⁵ ʃiŋ²¹ tʰɯ²⁴ koŋ²⁴ ŋai³³ lɒ²⁴ sʅ³³ a³³？
连城	先头么人话我老师？ se³³ tʰɯ²² miɛ⁵⁵ ŋeiŋ²² vo⁵⁵ ŋa⁵³ lau²¹ sɯə⁴³³？
上杭	瞒⁼人着田起哩讲我老师？ mã¹¹ ȵiəŋ²¹ tsʰoʔ³⁵ tiɛ̃²¹ tɕʰi³¹ lɛ³¹ koŋ³¹ ŋa²¹ lɔu³¹ sʅ⁴⁴？
武平	□子蛮人议论我个先生？ tsɔʔ³ tsʅ⁴² maŋ⁴² ŋiŋ²² i⁴⁵¹ lɤŋ²² ŋa²⁴ ke⁴⁵¹ siaŋ²² sɤŋ²⁴？
永定	先头脉⁼人讲我老师？ ɕiɛ̃²⁴ tʰəu²² maʔ³² ȵiŋ²² kɔ̃³¹ ŋai²² lɔu³¹ sʅ²⁴？
明溪	甚人头先议论我老师［的咧］？ sɤŋ⁵⁵ ŋeŋ³¹ tʰaø³¹ sieŋ⁴⁴ i⁵⁵ lueŋ⁵⁵ ue⁴¹ lau⁴¹ ʃʅ⁴⁴ tie⁰？

续表

	0028 谁刚才议论我老师来着？
清流	清⁼人头先议论我个老师啊？ tsʰəŋ³³ ŋəŋ²³ tʰə²³ seŋ³³ ŋi³² luɛ̃³² ŋa³³ ka³⁵ lɔ²¹ sʅ³³ a⁰?
宁化	先头弹⁼人在讲我个老师啊？ ɕieŋ³⁴ tʰiəɯ⁴⁴ tʰaŋ²¹ iŋ⁴⁴ tsʰai⁴² kɔŋ³¹ ŋa³⁴ ka³¹ lau³¹ sə³¹ a⁰?
新罗客家	头先［蛮人］偌在评论我老师？ tʰie⁵⁵ siẽ⁴⁴ maŋ²¹ suo³⁵ tsʰa⁴⁴ pʰiŋ³⁵ leŋ⁴¹ ŋa⁵⁵ ləu²¹ sʅ⁴⁴?
平和客家	□啥头下议论我的先生呢？ li³³ sa³⁵ tʰeu³³ ha⁵⁵ ŋi³³ lun³³ ŋai³⁵ e⁰ sian³¹ seŋ⁵⁵ ni³³?
诏安客家	糟⁼糟⁼□偌在□议论我个老师？ tsɔu⁴⁵ tsɔu²² ni²² sa⁵³ tsʰɛi²² kɤ²² ŋi²² lun²² ŋai⁵³ kɤ⁰ lɔu⁴⁵ sʅ²²?
泰宁	孰伱刚才议论伉侬老师？ so³³ lə⁰ koŋ¹¹ tʰai³⁵ i⁵¹ lin²¹ haŋ²¹ noŋ³³ lo³⁵ sʅ³¹?
建宁	当⁼刚是奚介在话我囊⁼先生？ taŋ²¹ koŋ³⁴ si⁴⁵ he²¹ kai²⁴ tʰei⁴⁵ ua⁴⁵ ŋa⁵⁵ loŋ⁵⁵ sien³⁴ sien³⁴?
浦城城关	甚侬甚几⁼议论我老师啦？ seŋ⁵⁴ noŋ²⁴ seŋ⁵⁴ ki⁴⁴ ŋi²¹ luiŋ²¹ a⁵⁴ lɑo⁵⁴ se³⁵ la⁰?
南平延平	哪一个才才议论我老师来着？ la²⁴ i³³ ko³⁵ tsʰai³¹ tsʰai²¹ i⁵³ leiŋ³⁵ ŋo³¹ lau⁵³ sʅ³³ lai²¹ tɕyo⁰?

	0029 只写了一半，还得写下去。
福州	乍写蜀半，固着写落去。 tsia^{52} sia^{33} so^{21} puaŋ^{21}, ku^{21} luo^{52} sia^{33} loʔ^{5} ko^{0}.
闽侯	乍写蜀半，固着写落去。 tsiaʔ^{5} sia^{33} syo^{21} puaŋ^{212}, ku^{53} nuoʔ^{5} sia^{33} no^{33} o^{0}.
长乐	乍写蜀半，固着写落去。 tsia^{53} sia^{22} suo^{22} puaŋ^{21}, ku^{22} luo^{53} sia^{22} loʔ^{5} o^{0}.
连江	乍写蜀半，固着写下。 tsiaʔ^{51} sia^{33} suo^{21} puaŋ^{212}, ku^{51} lyøʔ^{5} lia^{33} ia^{33}.
罗源	侬写蜀半，固着写下去。 na^{22} lia^{21} θyøʔ^{21} puaŋ^{35}, u^{44} lyøʔ^{4} θia^{21} a^{34} u^{0}.
福清	乍写蜀半，固着介写落。 tsiaʔ^{5} θia^{31} θio^{21} puaŋ^{21}, ku^{21} lio^{21} kai^{53} lia^{31} lɔ^{53}.
平潭	侬写蜀半，固着写落。 la^{44} ðia^{31} θyo^{0} puaŋ^{21}, ku^{44} lyo^{51} ðia^{31} lɔ^{42}.
永泰	乍写蜀半，固着写落去。 tsiaʔ^{5} sia^{32} suo^{21} puaŋ^{21}, ku^{21} luoʔ^{5} sia^{32} loʔ^{5} ko^{0}.
闽清	乍写蜀半，固着写落去。 tsiak^{5} sia^{32} suok^{3} puaŋ^{21}, ku^{44} luok^{3} sia^{32} lɔ^{42} ɔ^{0}.
古田	侬写蜀半，固着写下去。 na^{55} lia^{42} syøʔ^{2} puaŋ^{21}, ku^{33} lyøʔ^{45} sia^{42} a^{24} u^{0}.
屏南	侬写蜀半，固着写下去。 na^{44} lia^{41} suk^{3} puaŋ^{34}, ku^{55} lyø^{44} sia^{41} ha^{323} kɯ^{0}.
宁德	侬写噜蜀半，固着写下去。 na^{411} sie^{41} lu^{0} sɔ^{33} puoŋ^{35}, kou^{35} tøʔ^{54} sie^{41} a^{33} y^{35}.
霞浦城关	侬写了蜀半，固爱写去成。 na^{44} θia^{42} lo^{0} θøʔ^{5} puaŋ^{35}, ku^{55} oi^{35} θia^{42} kø^{0} tsʰiaŋ^{21}.
福安	总写去蜀半，固爱写下底去。 tsuŋ^{35} se^{44} ø^{35} si^{44} puaŋ^{35}, kou^{35} ɔi^{35} se^{4} løa^{44} lɛ^{41} ɛ^{35}.

续表

	0029 只写了一半，还得写下去。
柘荣	总俵写蜀半，固爱写落去。 tsuŋ⁵⁵ a⁴⁴ θia⁵³ tsʰi⁴⁴ puaŋ⁴⁵，ku⁴⁵ ɔi⁵⁵ θia⁴⁴ lɔʔ²¹ kʰyø⁴⁵. 阳入21声调为短调。
周宁	总俵写去蜀半，长其固爱写成去。 tsuŋ⁵⁵ ŋa⁴⁴ sa⁴² iº siº puɔŋ³⁵，tyɐŋ²¹³ ŋᴇº ku⁵⁵ oi⁵⁵ sa⁴² tsiɐŋ²¹ niº.
寿宁	只写了蜀半，固爱写下去。 tsi⁴² sia⁴² lɔº siº³³ puaŋ³⁵，ku³⁵ ɔi³⁵ sia⁴² a²³ kʰyø³⁵.
福鼎城关	正写蜀半，夭解再写落去。 tsiaŋ³³ sia⁵⁵ siʔ³ puaŋ⁴²，iau⁵⁵ e⁵⁵ tsai⁵⁵ sia⁵⁵ lo³⁵ kʰieº.
尤溪	正写蜀半，介着写落去。 tsiã⁴⁴ sia⁴⁴ ɕie³³ pũ⁵¹，ai³³ tʰə³³ sia⁴⁴ lə³³ kʰy⁵¹.
莆田	那＝写蜀半，复着爱＝写［落外］。 nɔ²⁴ ɬia⁴⁵³ ɬɔʔ⁵ pua⁴²，haʔ⁵ lieu¹¹ ai⁵³³ ɬia⁴⁵³ lue⁴⁵³.
涵江	那＝写蜀半，复着再写［落外］。 nɒ¹³ ɬia⁴⁵³ ɬop⁴ pua⁴²，hat⁴ tiau²¹ tsai⁵⁵ ɬia⁴⁵³ luaiº. [落外]：合音词，相当于"下去"。
仙游城关	那＝写蜀半，复着爱＝写［落外］。 niã⁵⁵ ɬia⁴⁵³ ɬuop²³ puã⁴²，hat²³ liɛu²¹ ai⁵⁵ ɬia⁴⁵³ luoiº.
仙游枫亭	那＝写蜀半，复得爱＝写［落外］。 nɔ²⁴ ɬia⁴⁵³ ɬɔʔ⁵ puã⁴²，haʔ⁵ leʔ² ai⁵³³ ɬia⁴⁵³ luɤɯ⁴⁵³.
厦门	干俵写一半尔，抑着佫写落去。 kã²² na²² sia⁴⁴ tsit²¹ puã²¹ niã²²，aʔ²⁴ to²¹ ko²¹ sia⁵³ lo²¹ kʰi²¹.
同安	拄仔写一半，抑着佫写落去。 tu³³ a⁴⁴ sia⁴² tsit¹¹ puã¹¹²，a²⁴ loº koʔ⁴ sia⁴² loʔ¹¹ kʰɯº.
泉州鲤城	孤则写一半，犹着佫写落去. kɔ³³ tsiaʔ²⁴ sia²⁴ tsit²² puã⁴¹，iau²⁴ tioʔ²² koʔ⁵ sia⁵⁵ loʔº kʰɯº.
泉州洛江	则写一半，犹着佫写落。 tsiaʔ⁵ sia²⁴ tsit² puã⁴¹，iau²² tioʔ³ koʔ⁵ sia⁵⁵ lɔº.
南安	则写蜀半呢，犹着佫写落去。 tsiaʔ⁵ sia²⁴ tsit² puã³¹ nĩº，ia²⁴ tioʔ³ koʔ⁵ sia⁵⁵ loʔº kʰɯº.

	0029 只写了一半，还得写下去。
晋江	则写半长，犹着佮世落去写。 tsiaʔ⁵ sia²⁴ puã⁵⁵ təŋ²⁴, ia²⁴ tioʔ² kəʔ⁵ suaᵌ⁵⁵ ləʔ² kʰi⁵⁵ sia⁵⁵.
石狮	那⁼则写蜀半呢，犹着佮写落去。 la²² tsiaʔ⁵ sia²⁴ tsit² pua⁴¹ li⁰, ia²⁴ tioʔ² kəʔ⁵ sia⁵⁵ lə⁰ kʰi⁰.
惠安	则写一半，着佮写落去。 tsiaʔ⁵ sia²⁵ tset⁵ puã⁴², tioʔ² koʔ⁵ sia⁵⁴ lo⁰ kʰɯ⁰.
安溪	孤则写一半，犹着佮写落去。 kɔ³³ tsiaʔ⁴² sia⁴⁴ tsit⁴² puã⁴², iu²² tioʔ²² koʔ⁵ sia⁴⁴ loʔ⁵ kʰɯ⁴².
永春	孤则写一半，犹着佮写。 kɔ²² tsiaʔ⁴² sia⁴⁴ tsit⁴² puã³¹, iau²² tioʔ⁰ koʔ⁴² sia⁴⁴.
德化	孤则写一半，犹着佮写。 kɔ²² tsiaʔ⁴² sia⁴⁴ tsit⁴² puã³¹, iu²² tioʔ⁰ koʔ⁴² sia⁴⁴.
漳州	拄写一半，犹啰佮写落去。 tu³⁴ sia³⁴ tsit²¹ puã²¹, iau³⁴ lo²¹ ko⁵³ sia⁵³ lo⁰ kʰi⁰.
龙海	只写了一半，犹啰佮写落去。 tsi³⁴ sia³⁴ liau³⁴ tsik⁴² puã⁴¹, iau³⁴ lo⁴¹ kuʔ⁴ sia⁵² lo⁰ kʰi⁰.
长泰	拄写一半，犹啰佮写落去。 tu⁴⁴ sia⁴⁴ tsit²¹ puã²¹, iau⁴⁴ lɔ²¹ kɔ⁵³ sia⁵³ lɔ⁰ kʰi⁰.
华安	拄写一半尔，犹啰佮写落去。 tu⁵⁵ sia⁵⁵ tsit²¹ puã³¹ nia⁰, iau⁵⁵ lo³¹ koʔ⁵ sia⁵³ lue⁰ kʰi⁰.
南靖	拄写一半尔，爱佮写［落兮］。 tu⁴⁴ sia⁴⁴ tsit²¹ puã²¹ nia⁰, ai⁵⁴ koʔ⁵⁴ sia⁵⁴ lue⁰.
平和	拄写一半，爱佮写落去。 tu²³ sia²³ tsit²¹ puã²¹, ai⁵² koʔ⁴² sia⁵² lo⁰ kʰi⁰.
漳浦	拄写一半尔，犹着佮写着。 tu⁴³ sia⁴³ tsit²¹ puã²¹ tiã⁰, iau⁴³ lɔ²¹ kɔʔ⁴ sia⁵¹ tioʔ⁰.
东山	只写一半，犹着写落去。 tsi⁴⁴ sia⁴⁴ tsit⁴¹ puã²², iau⁴⁴ to²² sia⁵¹ lou⁰ kʰi⁰.

续表

	0029 只写了一半，还得写下去。
云霄	拄仔写一半，犹着写。 tu⁵⁵ a⁵⁵ sia⁵⁵ tsit²¹ puã²², iau²² tio²¹ sia⁵³.
诏安	忝写好一□，还得写世落去。 tʰiã⁵³ sia²⁴ ho²⁴ tsit³² ue²⁴, hã²⁴ tio³¹ sia²⁴ sua³¹ loʔ⁰ kʰɯ⁰.
龙岩	正写一半，还是要写落去。 tɕiã²¹ ɕia²¹ tɕiɛt³ puã²¹³, xaŋ¹¹ ɕi⁴² iau²¹³ ɕia²¹ lo¹¹ gi⁰.
漳平	总写咯一半，犹着写落去。 tsoŋ⁵⁵ sia⁵³ lɔ⁰ tsiet²¹ puã²¹, giu³⁵ tio²¹ sia⁵³ luo²¹ kʰi²¹.
大田城关	则写一半，犹佫着再写落去。 tsaʔ⁵ sia⁵³ tseʔ⁵ puã³¹, ia³¹ koʔ⁵ tɤ³ tsɛ⁵⁵ sia⁵³ lɤ⁰ kɤ⁰.
大田广平	只写一半，□□着再写。 tsɤ²² sia⁵¹ lɤ⁰ ʃiɛ³³ põ³¹, lɒ³³ kɒ³¹ tʰiu²² tsɛ³³ sia⁵¹.
霞浦三沙	都傣写一半，固着介写落去。 to²¹ na²¹ sia⁵¹ tseʔ²¹ buã²¹, ku⁴⁴ tøʔ²¹ kai⁵⁵ sia⁵¹ lo²¹ ky⁰.
福鼎沙埕	党⁼写一半，犹着写落去。 tɔŋ⁵³ sia⁵³ tsiet²¹ puã²¹, ia⁵³ liɔkº sia⁵³ lɔ⁵³ o⁰.
建瓯	总写了一半，故让写下去。 tsoŋ²¹ sia²¹ lo³³ tsi³³ puiŋ³³, ku³³ niɔŋ⁵⁵ sia²¹ a²¹ kʰɔ³³.
建阳	只来写了一半，唵让写下去。 tso²¹ le⁴⁵ sia²¹ lo²¹ tsi⁴ pɔiŋ³³, aŋ³³ niɔŋ⁵⁵ sia²¹ a³³ kʰɔ³³.
政和	总写了一半，固让写下去。 tsoŋ²¹³ sia²⁴ lo²¹³ tsi⁴² pueiŋ⁴², ku⁴² nioŋ⁵⁵ sia²⁴ xa⁴² kʰo⁴².
松溪	总写班⁼一半，固让写下去。 tsoŋ²²³ sia²²³ paŋ⁵³ tsi⁴² pueiŋ⁴², ku²² nioŋ⁴⁴ sia²²³ xɒ⁴⁵ kʰo²².
武夷山	顷顷写了一半，亚⁼让写。 kʰaiŋ²² kʰaiŋ⁴² sia³¹ lɛi⁰ tsi⁴² puaiŋ²², a²² ŋyoŋ⁵⁵ sia³¹.
浦城石陂	就写了个半，固闹⁼写下去。 tɕiɯ⁴⁵ ɕia²¹ lo⁰ kɵ⁵³ puaiŋ³³, ku³³ naɯ³⁵ ɕia²¹ ɦa⁴² kʰɔ³³.

续表

	0029 只写了一半，还得写下去。
南平夏道	总写一半，固得写下去。 tsoŋ⁵⁵ɕia³³tɕi¹¹puiŋ²⁴, ku²⁴tei¹¹ɕia³³xa¹¹kʰo²⁴.
顺昌	□写了个半，还让⁼写下去。 la⁵¹sia³¹lo⁰ka³⁵paŋ³⁵, a³⁵iɔ̃⁵¹sia³¹hɔ³¹kʰo³⁵.
将乐	写咯个半，还欲写下去。 sia⁵¹lo²¹kaʔ⁵puɛ̃³²⁴, æ³²⁴yoʔ⁵sia⁵¹xa²²kʰo³²⁴.
光泽	只写了个半，还要写下去。 tɕi⁴⁴ɕia⁴⁴lɛ⁰kɛi³⁵pɔn³⁵, ai³⁵iɛu³⁵ɕia⁴⁴ha⁴¹kʰɔ²².
邵武	二⁼写儿个半，还农⁼写下去。 ni³⁵sia⁵⁵ə⁰kəi²¹pon³⁵, ai²¹nuŋ³⁵sia⁵⁵ha⁵⁵kʰo⁰.
三明	□写个半，还让写落去。 kʰɔ̃⁴³siɒ³¹kɒ⁴³pŋ³³, hɔ̃⁵¹iɐm³³siɒ³¹laɯ³¹kʰɯ³³.
永安	□写罢寡半，还让写落去。 kʰã²⁴ʃiɒ²¹po⁰kuɒ²¹pum²⁴, hum³³iɑm²⁴ʃiɒ²¹laɯ²¹kʰɯ²⁴.
沙县	□写罢个半，抑要着写落去。 kʰɔ̃²⁴ʃia²¹pɔ̃⁰ka⁴⁴puɛ̃²⁴, ai²¹²io⁴⁴tiɔ²¹ʃia²¹lɔ²¹kʰo²⁴.
长汀	只写哩一半，还要写下去。 tʃʅ³³sia⁴²lɛ²¹i³³paŋ⁵⁵, hai³³iŋ⁵⁵sia⁴²ha²¹he³³.
连城	只写咯一半，还要写落去。 tsɯə⁵⁵sio²¹lo⁰i⁵⁵pa⁵³, va²²iau²¹sio²¹lɯ²¹huɛ⁵³.
上杭	仅写哩一半，还爱写下去。 tɕiəŋ³¹ɕiɒ³¹lɛ³¹iʔ³²pã³⁵³, hã²¹uɔ³⁵³ɕiɒ³¹hɒ⁴⁴kʰəi³⁵³.
武平	只写到一半子，还爱再写。 tsɛʔ³sia⁴²tɔ⁴⁵¹iʔ³paŋ⁴⁵¹tsʅ⁴², ha²²uɛ⁴⁴tsɑ⁴⁵¹sia⁴².
永定	仅写一半，今下还要写下去。 tseŋ³³ɕia³¹ieʔ³²pɛ̃⁵², tɕiŋ⁴⁴ŋa⁵²xai²²uoi⁵⁵ɕia³¹xa⁵⁵tɕʰi⁵².
明溪	只写了个半，还用写下去。 tʃʅ⁴¹sia⁴¹lo⁰kɤ⁰pũ²⁴, xa³¹ioŋ⁴¹sia⁴¹xo⁴¹kʰɤ²⁴.

续表

	0029 只写了一半，还得写下去。
清流	正写哩一半，还要写落去。 tsiaŋ³⁵ sia²¹ li⁰ ie²¹ paŋ³⁵, hai²³ iɔ³⁵ sia²¹ lo⁵⁵ kʰə³⁵.
宁化	正写了一半，还要写下去。 tsɒŋ²¹² ɕia³¹ lə⁰˙⁵ paŋ²¹², hai²⁴ iau²¹² ɕia³¹ hɒ³⁴ kə⁰.
新罗客家	仅写哩一半，还爱再写。 tʃiŋ⁵⁵ sia²¹ li⁵⁵ iʔ⁵ paŋ⁴¹, xaʔ⁵ a⁴¹ tsa²¹ sia⁴⁵³.
平和客家	正写一半，爱佫写落去。 tʃaŋ³¹ sia³¹ it⁵³ pan³¹, ɔi³¹ ɔʔ⁵³ sia³¹ lɔʔ³¹ kʰy³¹.
诏安客家	正写得一半，还爱写落去。 tʃiaŋ²² sia²² tɤ⁰ zit⁵ pan³¹, van⁵³ ɔi²² sia³¹ lɔu⁰ ky⁰.
泰宁	□写了个半，还样＝写下去。 næ²¹ ɕia³⁵ lə⁰ ka³³ pan⁵¹, xuan³³ ioŋ²¹ ɕia³⁵ xa³³ kʰo⁵¹.
建宁	只写一半，还要写下去。 tsik⁵ sia⁵⁵ it² pon²⁴, hai²⁴ iau⁵¹ sia⁵⁵ ha²¹ kə²¹.
浦城城关	就写了介半，固乐写下去。 tɕiu²¹ ɕie⁴⁴ le⁰ ka⁴⁴ pãi⁴²³, ku³² ŋao²¹ ɕie⁴⁴ xɑ⁵⁴ kʰe⁴²³.
南平延平	只写了一半，还要写下去。 tsɿ²¹ se²⁴ lɤ⁰ i³³ puõ³⁵, xai²⁴ iau⁵³ se²⁴ xa²¹ kʰɤ³⁵.

		0030 你才吃了一碗米饭，再吃一碗吧。
福州		汝乍食蜀碗饭，介添蜀碗。 ny³³tsia⁵⁵sieʔ⁵so²¹uaŋ³³puoŋ²⁴², kai⁵⁵tʰieŋ⁵⁵no³³uaŋ³³.
闽侯		汝乍食蜀碗饭，再添蜀碗啊。 ny³³tsia⁵⁵sieʔ⁵suo²¹uaŋ³³puoŋ²⁴², tsai⁵⁵tʰieŋ⁵⁵suo²¹uaŋ³³a⁰.
长乐		汝乍食蜀碗饭，介添蜀碗。 ny²²tsia⁵⁵sieʔ⁵suo²²uaŋ²²puoŋ²⁴², kai⁵⁵tʰieŋ⁵⁵suo²²uaŋ²².
连江		汝饭乍食蜀碗，再食蜀碗嘛。 ny³³puoŋ²⁴²tsia⁵⁵sieʔ⁵suo²¹uaŋ³³, tsai²¹lieʔ⁵suo²¹uaŋ³³ma⁰.
罗源		汝傸食蜀碗饭，介食蜀碗嘛。 ny²¹na⁴⁴θiaʔ⁵²θyø²¹uaŋ²¹puoŋ³⁴, ai⁴⁴liaʔ⁵²θyø²²uaŋ²¹ma²¹.
福清		汝乍食蜀碗饭，介食蜀碗。 ny³¹tsiaʔ⁵θia⁵³θio⁴⁴uaŋ³¹puoŋ⁴², kai⁴⁴liaʔ⁵³θio⁵³uaŋ³¹.
平潭		汝乍食蜀碗饭，介食蜀碗嘛。 ly³¹tsiaʔ⁵θia⁵¹θyo⁴⁴uaŋ³¹puoŋ⁴², kai⁴⁴ðiaʔ⁵¹θyo⁴⁴uaŋ³¹ma⁰.
永泰		汝乍食蜀碗饭，再食蜀碗。 ny³²tsiaʔ³sieʔ⁵suo³²uaŋ³²puoŋ²⁴², tsai⁴⁴lieʔ⁵suo³²uaŋ³².
闽清		汝乍食蜀碗饭，介食蜀碗吧。 ny³²tsiak³siek⁵suok³uaŋ³²puoŋ²⁴², kai⁴⁴liek⁵luok³uaŋ³²ma⁰.
古田		汝傸食蜀碗饭，介食蜀碗么。 ny⁴²na³³liek⁵syø²¹uaŋ⁴²puo²⁴, kai³³liek⁴⁵syø²¹uaŋ⁴²mɔ⁰.
屏南		汝傸食蜀碗饭，介食蜀碗。 ny⁴¹na⁴⁴lia⁴⁴suk³uaŋ⁴¹pʊŋ³²³, kai⁴⁴lia⁴⁴suk³uaŋ⁴¹.
宁德		汝正食蜀碗饭，介食蜀碗么。 ny⁴¹tsaŋ⁵⁵siaʔ⁵⁴sɔ¹¹uaŋ⁴¹puŋ⁴¹¹, kai³⁵siaʔ⁵⁴sɔ¹¹uaŋ⁴¹mɔʔ⁵⁴.
霞浦城关		汝固傸食蜀碗，介食蜀碗吧。 ny⁴²ku⁵⁵na⁰θiaʔ²θø⁴⁴uaŋ⁴², ai⁵⁵θiaʔ²θø⁴⁴uaŋ⁴²pa⁰.
福安		汝正食蜀碗饭，介食蜀碗凑。 ni⁴¹tsiaŋ⁵⁵sei²²si⁴⁴uaŋ⁴¹maŋ³⁵, ai³⁵seiʔ²si⁴⁴uaŋ⁴¹tsʰɛu³⁵.

续表

	0030 你才吃了一碗米饭，再吃一碗吧。
柘荣	汝总侇喫蜀碗饭，再喫蜀碗凑。 ny⁵³ tsuŋ⁵⁵ a⁴² tsʰiaʔ²¹ tsʰi⁴⁴ uaŋ⁵³ maŋ⁴⁵，tsai⁴⁵ tsʰiaʔ²¹ tsʰi⁴⁴ uaŋ⁵³ tsʰɛu⁴⁵.
周宁	汝全侇食去蜀碗饭，介食蜀碗凑。 ny⁴² tsuŋ⁵⁵ ŋa⁴⁴ siɛkʔ²i⁰ si⁴⁴ uɔŋ⁴² man³⁵，ai³⁵ siɛkʔ² si⁴⁴ uɔŋ⁴² tsʰɛu³⁵.
寿宁	汝正食了蜀碗饭，再食蜀碗添。 ny⁴² tsiaŋ⁵⁵ siaʔ² lɔ⁰ si³³ uaŋ⁴² maŋ³⁵，tsai³⁵ siaʔ² si³³ uaŋ⁴² tʰieŋ³³.
福鼎城关	汝正食蜀碗饭，再食蜀碗吧。 ni⁵⁵ tsiaŋ⁵⁵ sia²⁴ siʔ³ uaŋ⁵⁵ mai⁵⁵，tsai⁵⁵ sia²⁴ siʔ³ uaŋ⁵⁵ pa⁰.
尤溪	你正食蜀瓯饭，介食蜀瓯吧。 ne⁵⁵ tsiã⁴⁴ ɕia³³ ɕia³³ au³³ pũ⁴²，ai³³ ɕia³³ ɕie³³ au³³ pa⁰.
莆田	汝那⁼食蜀碗冥，爱⁼食蜀碗好⁼。 ty⁴⁵³ nɔ²⁴ ɬiaʔ⁵ ɬɔʔ² ua⁴⁵³ ma²⁴，ai⁵³³ ɬiaʔ⁵ ɬɔʔ² ua⁴⁵³ hɔ⁴⁵³.
涵江	汝那⁼食蜀碗冥，再食蜀碗哦。 tyt⁴ nɒ¹³ ɬiat⁴ ɬoʔ¹ ua⁴⁵³ ma¹³，tsɛ⁵⁵ ɬiat⁴ ɬoʔ¹ ua⁴⁵³ ɒ⁰.
仙游城关	汝正食蜀碗冥，呢无爱⁼食蜀碗。 tyt²³ tsia⁵⁵ ɬiat²³ ɬuoʔ² ua⁵⁵ ma²⁴，lɛp²³ po²⁴ ai⁵⁵ ɬiat²³ ɬuoʔ² ua⁴⁵³.
仙游枫亭	汝那⁼食蜀碗冥，复得去爱⁼食蜀碗好⁼。 ti⁴⁵³ nɔ²⁴ ɬia²⁴ ɬɔʔ² uã⁴⁵³ ma²⁴，haʔ⁵ leʔ² kiʔ⁵ ai⁵³³ ɬia²⁴ ɬɔʔ² uã⁴⁵³ hɔ⁴⁵³.
厦门	汝则食一碗尔尔，佫加食一碗。 li⁵³ tsaʔ⁴ tsiaʔ²¹ tsit²¹ uã⁴⁴ niã²¹ niã²²，ko²¹ ke²² tsiaʔ⁴ tsit²¹ uã²¹.
同安	汝拄仔食一碗饭，佫食一碗。 lɯ⁴² tu³³ a⁴⁴ tsiaʔ¹¹ tsit¹¹ uã³³ pŋ²²，koʔ⁴ tsiaʔ⁵³ tsit¹¹ uã⁰.
泉州鲤城	汝则食一碗糜，佫食一碗。 lɯ⁵⁵ tsiaʔ⁵ tsiaʔ²² tsit²² uã²⁴ mai³³，koʔ⁵ tsiaʔ²⁴ tsit⁰ uã⁰.
泉州洛江	汝则食一碗饭，佫食一碗。 li⁵⁵ tsiaʔ⁵ tsiaʔ² tsit² uã²⁴ pŋ⁴¹，koʔ⁵ tsiaʔ³⁴ tsit⁰ uã⁰.
南安	汝则食一碗饭呢，佫食一碗。 lɯ⁵⁵ tsiaʔ⁵ tsiaʔ² tsit² uã²⁴ pŋ³¹ ni⁰，koʔ⁵ tsiaʔ² tsit⁰ uã⁰.

续表

	0030 你才吃了一碗米饭，再吃一碗吧。
晋江	汝则食一碗饭呢，佫食一碗哦。 li^{55} tsiaʔ^5 tsiaʔ^2 tsit^2 uã^{24} pəŋ^{41} nĩ^0，kəʔ^5 tsiaʔ^{34} tsit^0 uã^0 ɔ^0.
石狮	汝则食一碗饭呢，着佫贮一碗哦。 li^{55} tsiaʔ^5 tsiaʔ^2 tsit^2 ua^{24} pəŋ^{41} li^0，tiəʔ^2 kəʔ^5 tue^{55} tsit^0 ua^0 ɔ^0.
惠安	汝则食一碗糜，着佫食一碗。 lɯ^{42} tsiaʔ^5 tsiaʔ^2 tset^5 uã^{25} bə^{25}，tioʔ^2 koʔ^5 tsiaʔ^{34} tset^0 uã^0.
安溪	汝则食一碗饭，佫食一碗。 lɯ^{22} tsiaʔ^{22} tsiaʔ^{42} tsit^5 uã^{44} pŋ^{42}，koʔ^{42} tsiaʔ^5 tsit^{42} uã^0.
永春	汝则食一碗饭，佫食一碗。 lɯ^{53} tsiaʔ^{32} tsiaʔ^4 tsit^4 uã^{44} pŋ^{31}，koʔ^4 tsiaʔ^{32} tsit^0 uã^0.
德化	汝则食一碗饭，佫食一碗。 lɯ^{35} tsiaʔ^{42} tsiaʔ^{31} tsit^{42} uã^{31} pŋ^{31}，koʔ^{42} tsiaʔ^{42} tsit^0 uã^0.
漳州	汝拄食一碗饭尔，佫食一碗啊。 li^{53} tu^{34} tsia^{21} tsit^{21} uã^{34} puĩ^{22} niã^{13}，ko^{53} tsia^{121} tsit^0 uã^0 ã^0.
龙海	汝拄食一碗饭尔，佫再食一碗吧。 liʔ^4 tu^{34} tsia^{41} tsik^{42} uã^{34} puĩ^{33} niã^{312}，kuʔ^4 tsai^{52} tsiaʔ^4 tsik^0 uã^0 pa^0.
长泰	汝拄食一碗饭，啰佫食一碗。 li^{44} tu^{44} tsia^{21} tsit^{21} uã^{44} pŋ^{22}，lɔ^{21} kɔ^{53} tsia^{33} tsit^0 uã^0.
华安	汝正食一碗饭，佫食一碗啊。 li^{55} tsiã^{53} tsiaʔ^{21} tsit^{21} uã^{55} puĩ^{22}，koʔ^5 tsiaʔ^{21} tsit^0 uã^0 ã^0.
南靖	汝拄食一碗饭尔，佫食一碗啊。 li^{44} tu^{44} tsiaʔ^{21} tsit^{21} uã^{44} puĩ^{22} nia^0，koʔ^{54} tsiaʔ^{21} tsit^0 uã^0 a^0.
平和	汝拄食一碗饭尔啊，佫食一碗。 li^{52} tu^{23} tsiaʔ^{21} tsit^{21} uã^{23} puĩ^{22} liã^0 a^0，koʔ^{42} tsiaʔ^{32} tsit^0 uã^0.
漳浦	啊汝拄食一碗饭，佫食一碗啊。 a^0 li^{43} tu^{43} tsia^{21} tsit^{21} uã^{43} puĩ^{33}，kɔʔ^4 tsia^{21} tsit^{21} uã^{21} a^0.
东山	汝则食一碗饭尔，加食一碗。 liʔ^5 tsiaʔ^5 tsia^{22} tsit^{41} uã^{44} puĩ^{33} tiã^{213}，ke^{33} tsia^{22} tsit^{41} uã^0.

续表

	0030 你才吃了一碗米饭，再吃一碗吧。
云霄	汝正食一碗饭，佫食一碗。 li⁵³tsiã⁵³tsia²¹tsit²¹uã⁵⁵puĩ²², ko⁵³tsiaʔ¹²tsit⁰uã⁰.
诏安	汝忝食一碗饭，食加碗。 lɯ⁵³tʰiã⁵³tsia³¹tsit³²uã²⁴puĩ³³, tsia³¹kɛ⁴⁴uã⁰.
龙岩	汝正食一碗饭，加食一碗。 li²¹tɕiã²¹tsa⁴²tɕiɛt³ŋuã²¹puĩ³³, kie¹¹tsa⁴²tɕiɛt³ŋuã²¹.
漳平	汝乍食一碗饭，再食一碗。 li⁵³tsak⁵tsia⁵⁵tsiet²¹uã²¹puĩ³⁵, tsai⁵³tsia⁵⁵tsiet²¹uã⁵³.
大田城关	汝则食一瓯饭，再食一瓯啊。 li⁵³tsaʔ⁵tsia⁵⁵tse ʔ³ɔ⁵³pŋ³³, tsɛ⁵⁵tsia⁵⁵tseʔ⁵ɔ³³a⁰.
大田广平	汝顷食一瓯饭啊，着再食一瓯啊。 li⁵¹kʰɛ̃³³ʃia⁴⁵ʃiɛ²²o³³puĩ²²gɤ̃³³, tʰiu³¹tsɛ³³ʃia⁴⁵iɛ²²o³³gɤ⁰.
霞浦三沙	汝都傝食一碗白米糜，介食蜀碗吧。 ny⁴²to⁴⁴na²¹tsiaʔ²¹tseʔ²¹ua⁵¹be²¹bi⁵⁵mai²¹, kai⁵⁵tsiaʔ²¹tseʔ²¹ua⁵¹pa⁰.
福鼎沙埕	汝党═食一碗白糜，再食一碗吧。 lɯ⁵³tɔŋ⁵³tsiat²⁴tsiet²¹uã⁵³pe²¹mai⁴⁴, tsai²¹tsiat²⁴tsiet²¹uã⁵³pa⁰.
建瓯	你总馇一碗饭，俺馇一碗啦。 ni⁴²tsɔŋ²¹iɛ⁴²tsi³³uiŋ²¹puiŋ⁵⁵, aŋ³³iɛ⁴²tsi³³uiŋ²¹la⁰.
建阳	你顷顷馇一碗饭，再馇一碗嘛。 nɔi⁴¹kʰaiŋ³³kʰaiŋ³³jie⁴tsi⁴wueiŋ²¹puŋ⁴³, tsue³³jie⁴tsi⁴wueiŋ²¹ma⁰.
政和	你总馇了一碗饭，再馇一碗吧。 ni⁴²tsoŋ²¹³iɛ⁴²lo²¹³tsi⁴²ueiŋ²¹³poŋ⁵⁵, tuɛ⁴²iɛ⁴²tsi⁴²ueiŋ²¹³pa⁰.
松溪	你才馇班═一碗饭，再馇一碗啦。 niɛ⁴²tsʰia²²³iɛ⁴²paŋ⁵³tsi⁴²ueiŋ²²³poŋ⁴⁵, tsua²²iɛ⁴²tsi⁴²ueiŋ²²³la⁰.
武夷山	你顷顷馇了一碗饭，亚═馇一碗添。 nɛi⁵¹kʰaiŋ²²kʰaiŋ²²iʔ⁵⁴lɛi³¹tsi²²uaiŋ³¹piŋ⁵⁵, a²²iʔ⁵⁴tsi²²uaiŋ³¹hiŋ⁵¹.
浦城石陂	你顷食了个碗饭，再食个碗。 ni⁴²kʰaŋ³³ɦie⁴²lɔ²¹kɵ⁵³uaiŋ²¹pəŋ⁴⁵, dzaɛ⁴²ɦie⁴²kɵ⁵³uaiŋ²¹.

续表

	0030 你才吃了一碗米饭，再吃一碗吧。
南平夏道	汝总食一碗饭，介食一碗吧。 ny¹¹ tsoŋ⁵⁵ ɕiɛ³³ tɕi¹¹ uaŋ⁵⁵ puiŋ²⁴，kai²⁴ ɕiɛ⁵⁵ tɕi¹¹ uaŋ³³ pa⁰.
顺昌	你□食个碗饭，再食个碗吧。 lɛ³¹ la⁵¹ ʃeʔ⁵ ka³⁵ uaŋ³¹ pʰuɛ̃⁵¹，tsai³⁵ ʃeʔ⁵ ka³⁵ uaŋ³¹ pa⁰.
将乐	你咯食咯个碗饭，还欲食个碗。 le²¹ loʔ⁵ ʃiʔ⁵ lo²¹ kaʔ⁵ uɛ̃⁵¹ pʰɛ̃³²⁴，æ³²⁴ yoʔ⁵ ʃiʔ⁵ kaʔ⁵ uɛ̃⁵¹.
光泽	儞才食个碗饭，再食个碗。 hiən⁴¹ tʰai³⁵ ɕiɛʔ⁵ kɛi³⁵ uɔn⁴⁴ pʰɛn⁵⁵，tsai³⁵ ɕiɛʔ⁵ kɛi³⁵ uɔn⁴⁴.
邵武	儞二⁼食儿个碗饭，再食个碗凑。 hien³⁵ ni³⁵ ɕie³⁵ ə⁰ kəi²¹ uon⁵⁵ pʰən³⁵，tsai³⁵ ɕie³⁵ kəi²¹ uon⁵⁵ tʰou³⁵.
三明	你□馁罢个碗饭，□馁个碗咧。 ŋi⁴⁴ kʰɔ̃⁴³ iɛ²⁵⁴ pɔ̃⁴⁴ kɒ⁴³ hŋ¹² pŋ³³，a²¹³ iɛ²⁵⁴ kɒ⁴³ hŋ³¹ le⁰.
永安	你□馁罢寡碗饭，还馁碗。 ŋi⁵² kʰɑ̃²⁴ ie⁵⁴ po⁰ kuɒ²¹ um³³ pum²⁴，ɒ¹³ ie⁵⁴ um²¹.
沙县	你□咧馁罢个碗饭，抑馁个碗啦。 gi³³ kʰɔ̃²⁴ le⁰ ie⁵³ pɔ⁰ ka²¹ ŋuẽ⁴⁴ puẽ²⁴，ai²¹² iɛ²¹ ka²¹ ŋuẽ²¹ la⁰.
长汀	尔正食哩一碗饭，再食一碗添。 ni³³ tʃaŋ⁴² ʃɻ²¹ le²¹ i²⁴ vuŋ⁴² pʰuŋ²¹，tsai⁴² ʃɻ³³ i³³ vuŋ²¹ tʰiŋ³³.
连城	尔乍食一碗饭，再食一碗添。 ŋi⁵³ tso⁵⁵ ʃɯə²¹ i⁵⁵ va²¹ pʰa³⁵，tsa⁵³ ʃɯə²¹ i⁵⁵ va²¹ tʰe⁴³³.
上杭	儞仅食哩一碗饭，再食一碗。 hŋ²¹ tɕiəŋ⁵¹ ɕiʔ³⁵ lɛ³¹ iʔ³² uɔ̃³¹ pʰɔ̃³¹，tsa³⁵³ ɕiʔ³⁵ iʔ³² uɔ̃³¹.
武平	儞□食一碗饭，再食一碗添。 hŋ⁴² tɔ²⁴ sɿʔ⁴ iʔ³ uaŋ⁴² pʰuɛŋ⁴⁵¹，tsɑ⁴⁵¹ sɿʔ³ iʔ³ uaŋ⁴² tʰiaŋ²².
永定	尔正食一碗饭，再食一碗么。 ŋ²² tsaŋ⁵² seiʔ⁵ ieʔ³² vɛ̃³³ pʰuo³¹，tsai⁵² seiʔ⁵ ieʔ³² vɛ̃³¹ mɔu²⁴.
明溪	你才食个碗饭，再食个碗饭吧。 le⁴¹ tsʰa³¹ ʃɻ⁵⁵ kɤ⁰ vũ⁴¹ pʰieŋ⁵⁵⁴，tsa²⁴ ʃɻ⁵⁵ kɤ⁰ vũ⁴¹ pʰieŋ⁵⁵ pa⁰.

续表

	0030 你才吃了一碗米饭，再吃一碗吧。
清流	尔正食哩一碗饭，再食一碗添吧。 ŋi³³ tsiaŋ³⁵ ʃie⁵⁵ li⁰ ie²¹ vaŋ²¹ faŋ³², tsa³⁵ ʃie⁵⁵ ie²¹ vaŋ²¹ tʰiaŋ³³ pa⁰.
宁化	尔正食了一碗饭，再食一碗添。 i³⁴ tsɒŋ²¹² sɿ⁴² lə⁰ i⁵ vaŋ³¹ faŋ⁴², tsɒ²¹² sɿ⁴² i⁵ vaŋ³¹ tʰiaŋ³⁴¹.
新罗客家	尔仅食哩一碗饭，再食一碗。 ni³⁵ tʃiŋ⁵⁵ ʃʅt³ li⁵⁵ iʔ⁵ vaŋ⁵⁵ pʰaŋ⁴¹, tsa³⁵ ʃʅt³ iʔ⁵ vaŋ⁵⁵.
平和客家	儜正食一碗饭，佫食一碗吧。 heŋ³⁵ tʃaŋ³¹ ɕiet³¹ it⁵³ van³¹ pʰɔn⁵⁵, ɔʔ⁵³ ɕiet⁵³ it³¹ van³¹ pa⁰.
诏安客家	儜正食一碗饭，再食碗□。 hen⁵³ tʃiaŋ²² ʃet³ zit⁵ van²² pʰɔn⁴⁵, tsai⁴⁵ ʃet⁵ van²² tsɿ⁰.
泰宁	尔□食了个碗饭，再食个碗嘛。 ŋ³⁵ næ³⁵ ɕie³¹ lə⁰ kə³³ uan³⁵ pʰən²¹³, tsai⁵¹ ɕie³¹ kə³³ uan³⁵ mæ⁵¹.
建宁	尔都傢食儿一碗饭，再食一碗。 ŋ⁵⁵ tu⁵⁵ na⁵⁵ sik⁵ ki⁵⁵ it² uon⁵⁵ fan⁴⁵, tai²¹ sik⁵ it² uon⁵⁵.
浦城城关	侬就哐了介碗饭，再哐介碗吧。 noŋ⁵⁴ tɕiu²¹ lie³² le⁰ ka⁴⁴ uãi⁴⁴ fãi²¹, tsa⁴²³ lie³² ka⁴⁴ uãi⁴⁴ pa⁰.
南平延平	你才吃了一碗饭，再吃一碗吧。 ni²⁴ tsʰai²¹ tɕʰi³³ lɤ⁰ i⁵⁵ uõ²¹ xyæ̃³⁵, tsai³⁵ tɕʰi³³ i³³ uõ²¹ pa⁰.

	0031 让孩子们先走，你再把展览仔仔细细地看一遍。
福州	告［儿囝］哥先行，汝将展览介认真其看蜀头。 kɔ²¹ niaŋ²¹ ŋo⁵⁵ seiŋ⁵⁵ ŋiaŋ⁵², ny³³ tsuoŋ⁵⁵ tieŋ²⁴ naŋ³³ kai²¹ niŋ⁵⁵ tsiŋ⁵⁵ i⁰ kʰaŋ²¹ suo⁵⁵ lau⁵².
闽侯	告儿囝哥先行，汝将展览再认真看蜀头。 ko²¹ ni²¹ iaŋ²¹ ŋo⁵⁵ seiŋ⁵⁵ ŋiaŋ⁵³, ny³³ tsyoŋ⁵⁵ tieŋ²¹ naŋ³³ tsai²¹ niŋ⁵⁵ tsiŋ⁵⁵ kʰaŋ²¹ syo³³ lau⁵³.
长乐	告［儿囝］哥先行，汝将展览介认真看蜀头。 kɔ²¹ niaŋ²² ŋo⁵⁵ seiŋ⁵⁵ ŋiaŋ⁵³, ny²² tsuoŋ⁵⁵ tieŋ²⁴ naŋ²² kə²¹ niŋ⁵⁵ tsiŋ⁵⁵ kʰaŋ²¹ suo⁵⁵ lau⁵³.
连江	乞儿囝哥先行，汝将展览再细腻其看蜀头。 kʰyʔ²¹ ni²¹ iaŋ²¹ ŋo⁵⁵ seiŋ⁵⁵ ŋiaŋ⁵¹, ny³³ tsyøŋ⁵⁵ tieŋ²⁴ naŋ³³ tsai²¹ se⁵¹ nei²⁴² i⁰ kʰaŋ²¹ syø²¹ lau⁵¹.
罗源	乞傀儡囝先行，汝介将展览认真其看蜀昼=。 kʰiʔ² kœ²² løy²¹ ieŋ⁵³ θɛŋ²² ŋiaŋ³¹, ny²¹ ai²² tsyøŋ⁴⁴ tieŋ²¹ laŋ⁵³ niŋ⁴⁴ tsiŋ⁴² li⁰ kʰaŋ³⁵ θyø²¹ lau³⁵.
福清	让［儿囝］哥各依先行，汝介慢慢吼看展览。 nioŋ⁴² niaŋ²¹ ŋo⁵³ ko²¹ nøŋ³⁴ θeŋ⁴⁴ ŋiaŋ⁴⁴, ny³¹ kai⁴⁴ meŋ³⁴ mɛŋ⁴² lɛ⁰ kʰaŋ²¹ tieŋ²¹ laŋ³¹.
平潭	吼［儿囝］哥先行，汝介将展览认真看蜀回。 xau³¹ liaŋ²¹ ŋo⁵¹ θeiŋ⁴⁴ kiaŋ⁴⁴, ly³¹ kai⁴⁴ zyoŋ⁵¹ tieŋ²¹ laŋ³¹ liŋ⁴⁴ tsiŋ⁵¹ kʰaŋ²¹ θyo⁴⁴ ui⁴⁴.
永泰	让［儿囝］哥先行，汝再将展览细细心看蜀头。 nuoŋ²⁴² niaŋ²¹ ŋo⁴⁴ seiŋ⁴⁴ ŋiaŋ³⁵³, ny³² tsai⁴⁴ ʒuoŋ⁴⁴ tieŋ²⁴ laŋ³² sɛ²¹ lɛ⁴⁴ liŋ⁴⁴ kʰaŋ²¹ suo⁴⁴ lau³⁵³.
闽清	让只帮［儿囝］哥先行，汝再将展览野细腻哩看蜀头。 nyøŋ²⁴² tsiek⁵ pouŋ⁴⁴ niaŋ²¹ ŋo⁴⁴ seiŋ⁴⁴ ŋiaŋ³⁵³, ny³² tsai⁴⁴ tsyøŋ⁴⁴ tieŋ²⁴ laŋ³² ia²¹ lɛ⁴² nei²⁴² li⁰ kʰaŋ²¹ nuok³ lau³⁵³.

续表

	0031 让孩子们先走，你再把展览仔仔细细地看一遍。
古田	乞［傀儡］囝先行，汝介共展览馆细腻［仔囝］巡蜀轮。 kʰik² kɔ²¹ iaŋ⁵³ seiŋ²¹ ŋiaŋ⁵⁵，ny⁴² kai⁵⁵ øyŋ⁵⁴⁴ tieŋ²¹ laŋ²¹ ŋuaŋ⁵³ sɛ⁵⁵ ni⁵⁴⁴ niaŋ²¹ suŋ³³ syø³³ luŋ³³.
屏南	让傀儡囝先行，汝再将展览细细腻腻看蜀摆。 nyŋ³²³ kɔ²² lɔ²² iaŋ⁴¹ seiŋ⁴⁴ kiaŋ⁴¹，ny⁴¹ tsai⁴⁴ tsʏŋ⁴⁴ tieŋ²² naŋ⁴¹ sɛ⁴⁴ sɛ⁴⁴ nɛ⁴⁴ nɛ³²³ kʰaŋ³⁴ suk³ pai⁴¹.
宁德	乞傀儡侪依先行，汝介致⁼神其看蜀行展览。 kʰi⁵⁵ kɔ³⁵ løy⁵¹ tsɛ¹¹ nœn¹¹ sɛŋ³³⁴ kiɛŋ¹¹，ny⁴¹ kai⁵⁵ tsi⁵⁵ leŋ⁴¹¹ ei¹¹ kʰaŋ³⁵ sɔ³³ xɔuŋ³⁵ tɛŋ³⁵ laŋ⁵¹.
霞浦城关	乞傀儡囝先转去，汝分者展览细细腻腻地介看蜀道。 kʰiʔ⁵ ko⁵⁵ loi⁵⁵ kiaŋ⁴² θeŋ²¹ toŋ⁴² ŋø⁰，ny⁴² poŋ⁴⁴ tse⁴⁴ teŋ⁵⁵ laŋ⁵¹ θɛ⁵⁵ θɛ⁵⁵ ni⁴⁴ ni²⁴ ai⁵⁵ kʰaŋ³⁵ θø⁴⁴ lɔ²⁴.
福安	乞傀儡侪先走，汝介卜展览细腻其睨蜀盘。 kʰøu⁵⁵ kø⁴⁴ løi⁵⁵ ɛ²¹ sɛiŋ⁴⁴ tsɔ⁴¹，ni⁴¹ ai³⁵ pu⁴⁴ teiŋ⁴⁴ ŋaŋ⁴¹ sɛ⁵⁵ nei²³ ɛ⁴⁴ ɛ³⁵ si⁴⁴ puaŋ²¹.
柘荣	乞傀儡囝走先，汝细腻其卜展览再看蜀盘。 kʰi⁵⁵ kɔ⁵⁵ li⁵⁵ kiaŋ⁵³ tsau⁵³ θɛŋ⁴²，ny⁵³ θɛ⁵⁵ ni⁴⁴ ɛ⁴⁴ pu⁴⁴ tieŋ⁵⁵ laŋ⁵³ tsai⁴⁵ kʰaŋ⁴⁵ tsʰi⁴⁴ puaŋ²¹.
周宁	话傀儡先走，汝帮展览介细腻睨蜀盘。 o³⁵ kɛi⁵⁵ lɛi⁵⁵ sɛn⁴⁴ kiɐŋ²¹，ny⁴² pun⁴⁴ tɛn⁵⁵ lɛn⁴² ai³⁵ sɛ⁵⁵ ne²¹³ ɛ³⁵ si⁴⁴ puɔn²¹.
寿宁	让傀儡囝先行，汝再帮展览细腻其望蜀遍。 nyoŋ³⁵ kɔ⁵⁵ loi⁵⁵ kiaŋ⁴² sɛŋ³³ kiaŋ²¹，ny⁴² tsai³⁵ pɔuŋ³³ tieŋ⁵⁵ laŋ⁴² sɛ⁵⁵ ni²³ kɛ⁰ ɔuŋ³⁵ si³³ pieŋ³⁵.
福鼎城关	乞傀儡囝先走，汝再细细腻腻甲展览看蜀遍。 kʰiʔ³ koi³³ loi³³ kiaŋ⁵⁵ seŋ³³ tsau⁵⁵，ni⁵⁵ tsai⁴² se³³ se³³ ni³³ ni³³ kaʔ³ tieŋ³³ laŋ⁵⁵ kʰaŋ⁴² siʔ³ pieŋ⁴².

续表

	0031 让孩子们先走，你再把展览仔仔细细地看一遍。
尤溪	乞儿囝侬先行，你把展览介仔仔细细看蜀透⁼。 kʰə⁴ nia³³ ŋ⁵⁵ nəŋ¹² sẽ³³ kiã¹², ne⁵⁵ pa⁴⁴ tieŋ⁴⁴ laŋ⁴⁴ ai³³ tsɿ⁴⁴ tsɿ⁴⁴ si⁴⁴ si⁵¹ kʰũ⁵¹ çie³³ tʰau⁵¹.
莆田	乞呆囝头前行，汝再将展览用用工来看蜀遍。 koʔ⁵ tai⁵³³ a⁴⁵³ tʰau¹¹ le¹¹ kia²⁴, ty⁴⁵³ tsai⁵³³ tsyɔŋ⁵³³ tʰeŋ¹¹ laŋ⁴⁵³ øŋ¹¹ øŋ¹¹ ŋaŋ⁵³³ liʔ⁵ kʰua⁴² ɬɔʔ⁵ pʰeŋ⁴².
涵江	叫呆囝头前行，汝展览用用工再看蜀遍。 kiau⁵⁵ tai⁵⁵ ia⁴⁵³ tʰau²¹ le²¹ kia¹³, tyt⁴ tʰɛn²¹ laŋ⁴⁵³ œŋ¹³ œŋ²¹ ŋan⁵⁵ tsɛ⁵⁵ kʰua⁴² ɬop⁴ pɛŋ⁴².
仙游城关	放乞囝婴做先行，汝即展览用工爱⁼看蜀遍。 paŋ⁴² kɛk²³ kã²¹ e⁴⁵³ tso⁵⁵ nĩ²¹ kia²⁴, tyt²³ tsɛt²³ tʰɛn²¹ laŋ⁴⁵³ yøŋ²¹ ŋaŋ⁵⁵ ai⁵⁵ kʰua⁴² ɬuop²³ pʰɛŋ⁴².
仙游枫亭	放乞囝婴先行咯，汝再将展览用工看蜀环。 paŋ⁴² keʔ⁵ ka¹¹ e⁴⁵³ ɬĩ¹¹ kia²⁴ lɔʔ⁰, ti⁴⁵³ tsai⁵³³ tsieŋ⁵³³ tʰeŋ⁴⁵³ laŋ⁴⁵³ ieŋ⁵³³ ieŋ¹¹ ŋaŋ⁵³³ kʰuã⁴² ɬɔʔ⁵ kʰieŋ²⁴.
厦门	与囝仔先行，汝则佫合展览详细看一遍。 hɔ²¹ gin⁴⁴ a⁰ sin²² kiã²⁴, li⁵³ tsat³² ko²¹ kaʔ³² tian⁴⁴ lam⁵³ siɔŋ²² se²¹ kʰuã²¹ tsit²¹ pian⁰.
同安	与囝仔先行，汝再将展览仔仔细细看一遍。 hɔ¹¹ gin⁴² na⁰ sãi³³ kiã²⁴, lɯ⁴² tsai⁴² tsiɔŋ⁴⁴ tian²⁴ lan⁴² tsi³³ tsi³³ se⁴² se¹¹² kʰuã¹¹² tsit¹¹ pian¹¹².
泉州鲤城	度囝仔先行，汝将展览斟酌佫看一遍。 tʰɔ²² kin²⁴ a⁵⁵ suĩ³³ kiã²⁴, lɯ⁵⁵ tsiɔŋ³³ tian²⁴ lam⁵⁵ tsim³³ tsiɔk⁵ koʔ⁵ kʰuã⁴¹ tsit⁰ pʰian⁰.
泉州洛江	传囝仔先行，汝佫将展览详细看一遍。 tŋ²² kin²⁴ a⁵⁵ suĩ³³ kiã²⁴, li⁵⁵ kɔʔ⁰ tsiɔŋ³³ tian²⁴ lam⁵⁵ siɔŋ²² se⁴¹ kʰuã⁴¹ tsit⁰ pʰian⁰.

续表

	0031 让孩子们先走，你再把展览仔仔细细地看一遍。
南安	与囝仔先行，展览汝则佫较详细兮看一遍。 hɔ²² kin²⁴ nã⁵⁵ suĩ³³ kiã²⁴，tian²⁴ lam⁵⁵ lɯ⁵⁵ tsiaʔ⁵ koʔ⁵ kʰaʔ⁵ siɔŋ²² se³¹ e⁰ kʰuã⁵⁵ tsit⁰ pʰian⁰.
晋江	传囝仔先倒去，汝佫共展览详细兮看一遍。 təŋ²² kan²⁴ nã⁵⁵ suĩ³³ tə⁴¹ kʰi⁰，li⁵⁵ kəʔ⁵ kaŋ²² tian²⁴ lam⁵⁵ siɔŋ²² se⁴¹ e⁰ kʰuã⁴¹ tsit⁰ pʰian⁰.
石狮	让囝仔先行，汝则佫将展览详细看一遍。 liu²² kan²⁴ a⁵⁵ sui³³ kia²⁴，li⁵⁵ tsiaʔ⁵ kəʔ⁵ tsiɔŋ²² tian²⁴ lam⁵⁵ siɔŋ²² se⁴¹ kʰua⁵⁵ tsit⁰ pʰian⁰.
惠安	汝度囝囝先行，汝将展览佫再详细看一遍。 lɯ⁴² tʰɔ²² ken²⁵ kiã⁵⁴ suĩ³³ kiã²⁵，lɯ⁴² tsiɔŋ³³ ten²⁵ lam⁵⁴ koʔ⁵ tsai⁵⁴ siɔŋ³³ se⁴² kʰuã⁴² tset⁰ pʰen⁰.
安溪	与囝仔先行，汝将展览佫详细兮看一遍。 hɔ⁴² kin⁵³ a⁰ suĩ³³ kiã²⁴，lɯ²² tsiɔŋ³³ tian⁴⁴ lam⁴⁴ koʔ⁴² siɔŋ³³ se⁴² e⁰ kʰuã⁴² tsit⁰ pʰian⁰.
永春	与囝先行，汝将展览佫斟酌看一遍。 hɔ⁴⁴ kiã⁵³ suĩ²² kiã⁵³，lɯ⁵³ tsiɔŋ²² tian⁴⁴ lam⁴⁴ koʔ⁴ tsin²² tsiɔŋ³² kʰuã²² tsit⁰ pʰian⁰.
德化	与囝囝先行，汝将展览佫斟斟酌酌看一遍。 kʰɔ³¹ kin⁴² kiã⁴² suĩ²² kiã⁴⁴，lɯ³⁵ tsiɔŋ²² tian⁴⁴ lam³⁵ koʔ⁴² tsin²² tsin²² tsiɔʔ³¹ tsiɔʔ³¹ kʰuã³¹ tsit⁰ pʰian⁰.
漳州	与囝仔先行，展览汝佫再详细看一遍啊。 hɔ²¹ kiŋ⁵⁵ ŋã⁵⁴ saŋ²² kiã¹³，tian³⁴ lam⁵⁵ li⁵³ ko⁵³ tsai⁵³ siaŋ²² se²¹ kʰuã²¹ tsit⁰ piaŋ⁰ ŋã⁰.
龙海	与囝仔先行，你将展览详详细细佫看一遍啊。 hɔ⁴¹ kiŋ⁴⁴ ŋã³² siŋ³³ kiã³¹²，liʔ²⁴ tsiaŋ³³ tiaŋ³⁴ laŋ⁵² siaŋ³³ siaŋ³³ se⁵² se⁵² kuʔ²⁴ kʰuã⁴¹ tsik⁰ piaŋ⁰ a⁰.

续表

	0031 让孩子们先走，你再把展览仔仔细细地看一遍。
长泰	与囝仔先行，汝共展览详细佫看一遍啊。 heu²¹ kin⁵⁵ nã⁵⁴ san²² kiã²⁴，li⁴⁴ ka²¹ tian⁴⁴ lam⁵³ siaŋ²² sue²¹ kɔ⁵³ kʰuã²¹ tsit⁰ pian⁰ nã⁰.
华安	与囝仔先行，汝共展览详详细细佫看一遍啊。 hɔ³¹ kin⁵⁵ na⁵³ san²² kiã²³²，li⁵³ ka³¹ tian⁵⁵ lan⁵³ siaŋ²² siaŋ²² se⁵³ se³¹ koʔ⁵ kʰuã³¹ tsit⁰ pian⁰ ã⁰.
南靖	与囝仔先行，汝共展览详详细细佫看一遍啊。 ho²¹ kin⁴⁴ na⁵³ san²² kiã³²³，li⁵⁴ ka²¹ tian⁴⁴ lan⁵⁴ siaŋ siaŋ²² se⁵⁴ se²¹ koʔ⁵⁴ kʰuã²¹ tsit⁰ pian⁰ a⁰.
平和	让囝仔先行，展览汝则佫详细看一遍。 liũ²¹ kin²³ ã⁵² siŋ²² kiã²³，tian²³ lam⁵² li⁵² tsiaʔ⁴² koʔ⁴² siaŋ²² sɛ²¹ kʰuã²¹ tsit⁰ pian⁰.
漳浦	汝与许个囝仔先行啊，汝则佫共展览详细看一遍啊。 liʔ⁴ hou²¹ hia⁵¹ e³³ kin⁴³ lã⁰ sin³³ kiã⁴¹² a⁰，liʔ⁴ tsiaʔ⁴ kɔʔ⁴ ka²¹ tian⁴³ lan⁵¹ siaŋ³³ siei²¹ kʰuã²¹ tsit²¹ pian²¹ a⁰.
东山	与囝仔头先行，汝将展览详详细细则佫看一遍。 kʰou²² kin⁴⁴ lã⁰ tʰau³³ sin³³ kiã²¹³，liʔ⁵ tsiaŋ³³ tian⁴⁴ lan⁵¹ siaŋ³³ siaŋ³³ se⁵¹ se⁵¹ tsiaʔ⁴¹ kuʔ⁵ kʰuã²² tsit⁴¹ pʰian²².
云霄	与囝仔先行，汝将展览照匀仔再看一摆。 kʰou²¹ kin⁵⁵ a⁵⁵ sian³³ kiã³²，li⁵³ tsiaŋ³³ tian⁵⁵ lam⁵³ tsiau²¹ un⁵⁵ a⁵³ tsai⁵³ kʰuã²² tsit⁰ pai⁰.
诏安	让细囝仔先行，汝再将展览详细看加下。 niõ³¹ sei⁵³ kiã²⁴ ɛ⁵³ siŋ³³ kiã²⁴，lɯ⁵³ tsai⁵³ tsiaŋ³³ tian²⁴ lam⁵³ sian²² sei²² kʰuã⁵³ kɛ⁴⁴ ɛ⁰.
龙岩	分［婴仔］侬先行，汝再合展览详详细细睨一遍。 pin¹¹ ŋiã⁴² laŋ¹¹ ɕĩ³³ kiã¹¹，li²¹ tsai²¹³ kak⁵ tsan²¹³ lan²¹ ɕiaŋ¹¹ ɕiaŋ¹¹ ɕie²¹ ɕie²¹³ õ²¹³ tɕiɛt³ pĩ²¹³.

续表

	0031 让孩子们先走，你再把展览仔仔细细地看一遍。
漳平	让□婴先行，汝再将展览详详细细看一遍。 niõ⁵⁵ tɛ³³ iã³⁵ saŋ³³ kiã³³，li⁵³ tsai⁵³ tsiaŋ³³ ten²¹ lam⁵³ siaŋ³³ siaŋ³³ sie⁵³ sie²¹ kʰuã²¹ tsiet²¹ pen²¹.
大田城关	让囝仔先行，汝再把展览详细地看一摆。 liŋ³³ keŋ³¹ ŋã²⁴ siŋ³³ kiã²⁴，li⁵³ tsaʔ⁵ pa³¹ tiaŋ²⁴ laŋ⁵³ siaŋ⁵³ se³¹ ti⁰ kʰuã³¹ tseʔ³ pɛ⁵³.
大田广平	呼伙〔囝囝〕先行，汝啊把展览啊认认真真再看一摆。 ho²² hua³³ kuɛ⁵¹ sẽi³³ kiẽ²⁴，li⁵¹ a⁰ pa²⁴ tsaŋ²⁴ laŋ⁵¹ ga⁰ lẽi²² lẽi²² tʃe²² tʃe³³ tsɛ⁴⁵ kʰõ³¹ ʃiɐ²² pɛ⁵¹.
霞浦三沙	还侬囝仔侬先走，汝介合展览细细腻腻看一轮。 hai³⁵ naŋ²¹ keŋ³⁵ ka⁵⁵ laŋ³⁵ sai⁴⁴ tsau⁵¹，ny⁴² kai⁵⁵ ka²¹ tian³⁵ na⁵¹ se⁵⁵ se⁵⁵ li²¹ li²¹ kʰuã²¹ tseʔ²¹ loŋ³⁵.
福鼎沙埕	与金囝先走，汝再将展览好好看一遍。 xɔ²¹ kien²¹ ŋã⁵³ sien²¹ tsau⁵³，lɯ⁵³ tsai⁴⁴ tsiɔŋ⁴⁴ tian²¹ lan⁵³ xo²¹ xo⁵³ kʰuã²¹ tsiet²¹ pian²¹.
建瓯	纳囝仔人先行，你再认认真真觑一遍展览。 na²⁴ kuiŋ²¹ tsiɛ²¹ neiŋ³³ saiŋ⁵⁴ kiaŋ²¹，ni⁴² tsuɛ³³ neiŋ⁵⁵ neiŋ⁵⁵ tseiŋ⁵⁴ tseiŋ⁵⁴ tsʰu⁵⁵ tsi²¹ pʰiŋ⁵⁵ tseiŋ²¹ laŋ⁵⁵.
建阳	让囝仔人先行，你再纳展览仔仔细细觑一遍。 liɔŋ⁵⁵ kyiŋ²¹ tsie²¹ nɔiŋ⁴⁵ sieiŋ⁵¹ jiaŋ⁴¹，nɔi⁴¹ tsue³³ na⁴ tsiŋ²¹ laŋ²¹ tso²¹ tso²¹ sai³³ sai³³ tʰo³⁵ tsi⁴ pieŋ³³.
政和	让囝仔人先行，你再帮展览仔仔细细个觑一盘。 nioŋ⁵⁵ kyiŋ²¹³ tsiɛ²¹³ neiŋ³³ saiŋ⁵³ kiaŋ²¹，ni⁴² tsuɛ⁴² pauŋ⁵³ tsaŋ²¹³ laŋ²¹³ tsu²¹³ tsu²¹³ sai⁴² sai⁴² kiɛ⁴² tsʰu⁵⁵ tsi²¹ pueiŋ³³.
松溪	乞□屡□前行，你再帮展览仔仔细细瞑一遍。 kʰiɛ²²³ kiɛ⁴⁴ nuɛi²¹ pi²²³ tsʰiŋ⁴⁴ kiaŋ²¹，niɛ⁴² tsua²² paŋ⁵³ tsaŋ²²³ laŋ²²³ tsu²²³ tsu²²³ sa⁴⁵ sa⁴⁵ iaŋ⁴² tsi⁴² pa²².

续表

	0031 让孩子们先走，你再把展览仔仔细细地看一遍。
武夷山	让囝仔先行，你再帮展览仔细觑一遍。 ŋyoŋ⁵⁵ kiŋ³¹ tsie³¹ siŋ⁵¹ iaŋ³³, nɛi⁵¹ tsai²² poŋ⁵¹ tsiŋ³¹ laŋ³¹ tsu³¹ sai²² tʰu³⁵ tsi²² pʰiŋ²².
浦城石陂	乞囝仔人先行，你再仔仔细细地把展览觑个遍。 kʰi⁴⁵ ke²¹ te⁰ neiŋ³³ tɕʰiŋ⁵³ giaŋ⁴², ni⁴² dzaɛ⁴² tsu²¹ tsu²¹ saɛ³³ saɛ³³ ti⁰ pa²¹ tsaiŋ²¹ laiŋ²¹ tsʰu⁴⁵ kɵ⁵³ piŋ³³.
南平夏道	让囝儿朘各人先去，汝帮展览介细细腻腻其䁯一遍。 nioŋ²⁴ kuiŋ³³ ni⁵⁵ tsuɛ¹¹ ko³³ neiŋ⁵⁵ saŋ¹¹ kʰo²⁴, ny¹¹ paŋ¹¹ tsaŋ³³ laŋ³³ kai²⁴ sɛ³³ sɛ³³ ni³³ ni²⁴ ɛ⁰ iaŋ²⁴ tɕi¹¹ puiŋ⁵⁵.
顺昌	让囝仔先行，你再把展览仔仔细细䁯个遍。 lɔ̃⁵¹ ki⁵⁵ ti³⁵ saŋ⁴⁴ kʰiaŋ³¹, lɛ³¹ tsai³⁵ pa³¹ tʃiŋ³¹ lɔ̃³¹ tsɿ³¹ tsɿ³¹ si⁵⁵ si⁵⁵ lau⁴⁴ ka³⁵ pʰẽ³⁵.
将乐	得囝仔先去，你搭展览再仔细䁯个遍。 ta²² kiɛ̃²¹ tsi²¹ siɛ̃⁵⁵ kʰo³²⁴, le⁵¹ kʰaʔ⁵ tʃiɛ²¹ lɛ̃⁵¹ tsæ³²⁴ tsɿ²¹ si³²⁴ ŋiãŋ³²⁴ ŋaʔ⁵ piɛ̃³²⁴.
光泽	让孩子先行，儹再拿展览仔仔细细䁯个遍。 niɔŋ³⁵ hai²² ɕiɛ²² ɕiən²¹ haŋ²², hiən⁴¹ tsai³⁵ na²¹ tɕiən⁴⁴ nan⁴⁴ tsɛ⁴⁴ tsɛ⁴⁴ ɕi³⁵ ɕi³⁵ niaŋ³⁵ kɛ³⁵ piən³⁵.
邵武	头=囝子先去，儹再拿展览仔仔细细䁯个遍。 tʰəu⁵³ kin⁵³ tsə²¹ sien²¹ kʰo³⁵, hien³⁵ tsai³⁵ na²¹ tɕin⁵⁵ lan⁵⁵ tsə⁵⁵ tsə⁵⁵ sie³⁵ sie³⁵ niaŋ³⁵ kəi²¹ pien³⁵.
三明	拰囝子倌先去，你再仔仔细细䁯个遍展览。 tɒ³¹ kyɛ̃i¹² tsa³¹ sɒ⁵¹ sɛ̃⁴⁴ kʰɯ³³, ŋi⁴⁴ tsa³³ tsɿ¹² tsɿ³¹ se⁴³ se³³ iɔ̃³³ kɒ⁴³ pʰɛ̃³³ tʃʰyɛ̃i¹² lɔ̃³¹.
永安	拰囝子倌先行，你还仔仔细细其䁯遍展览。 ta³³ kyɛ̃i³³ tsã²¹ sɒ³³ sĩ³³ kiɔ̃³³, ŋi⁵² ɒ¹³ tsɿ³³ tsɿ³³ se⁴⁴ se²⁴ ke⁰ iɔ̃²⁴ pʰɛ̃i²⁴ tʃʰɛi³³ lɔ̃²¹.
沙县	拰囝子倌罔去，你再把展览斟酌哩䁯个盘。 tai⁴⁴ kyẽ⁵⁵ tsai²¹ ʃia⁰ bɔuŋ⁴⁴ kʰo²⁴, gi³³ tsai²⁴ pa²¹ tʃyẽ⁵⁵ nɔ̃²¹ tsɛiŋ⁴⁴ tʃiɔ²¹² li⁰ iɔ̃²⁴ ka²¹ puẽ³¹.

续表

	0031 让孩子们先走，你再把展览仔仔细细地看一遍。
长汀	得细人哩侪先行，尔拿展览仔仔细细瞵一遍添。 te³³se⁴²neŋ³³le⁵⁵tsʰi³³siŋ³³haŋ²⁴, ni³³na³³tʃiŋ⁴²laŋ²¹tsʅ²¹tsʅ²¹se⁵⁵se⁵⁵niaŋ⁴²i²⁴piŋ⁴²tʰiŋ³³.
连城	乞细人子先去，尔将展览仔仔细细个再瞵一遍。 kʰuo⁵⁵si⁵⁵ŋein²²tsɯə²¹se³³huɛ⁵³, ŋi⁵³tsioŋ³³tse²¹la²¹tsɯə²¹tsɯə²¹si⁵⁵si⁵³ka⁰tsa⁵³ŋiaŋ⁵³i⁵⁵pe⁵³.
上杭	等细人子先走，僩再把展览仔仔细细歁望一遍。 tẽ³¹səi³⁵³ ŋian²¹ tsʅ³¹ ɕiẽ⁴⁴ tɕiɔ³¹, hŋ²¹ tsa³⁵³ pɒ³¹ tɕiẽ³¹ lã³¹ tsʅ⁵¹ tsʅ³¹ səi³⁵³ səi³⁵³ ɛ³¹ moŋ⁵¹ iʔ³² piẽ³⁵³.
武平	留细人子先行，僩展览仔仔细细看一遍。 tiu²²sɛ⁴⁵¹ŋiŋ²²tsʅ⁴²tsʰiaŋ²²haŋ²², hŋ²⁴tsaŋ⁴²laŋ⁴²tsʅ⁴²tsʅ⁴²sɛ⁴⁵¹sɛ⁴⁵¹kʰuɛŋ⁴⁵¹iʔ³pʰian⁴⁵¹.
永定	让细人子先走，尔再把展览认认真真地看一遍。 ȵiɔ̃³¹sei⁵²ȵiŋ²³tsʅ⁵²ɕiẽ²⁴tsəu⁵², ŋ²²tsai⁵⁵pa³³tsẽ³³lẽ³¹ȵiŋ³³ȵiŋ³¹tseŋ⁴⁴tseŋ²⁴ti³¹kʰuo⁵⁵ieʔ³²piẽ⁵².
明溪	待细俉先去，你仔仔细细的拿展览再瞵个遍嘛。 ta⁴⁴sa²⁴so³¹sieŋ⁴⁴kʰɤ²⁴, le⁴¹tsʅ⁴⁴tsʅ⁴⁴si⁴¹si²⁴tio⁰lo²⁴tsaŋ⁴⁴laŋ⁴¹tsa⁴⁴iaŋ²⁴kɤ⁰pieŋ⁵⁵ma⁰.
清流	等细俉咧先去，尔再帮展览认认真真瞵一遍。 tẽ²¹se³⁵so²¹lɛ²¹seŋ³³kʰə³⁵, ŋi³³tsa³⁵pɔŋ³³tsəŋ²¹laŋ²¹ŋəŋ³²ŋəŋ³²tʃieŋ³³tʃieŋ³³ŋiaŋ³⁵ie²¹pʰeŋ³⁵.
宁化	得细俉哩先行，尔再帮展览仔细个瞵一遍。 tə⁵ɕie²¹²sɒ⁵li³¹ɕieŋ³⁴hɒŋ²⁴, i³⁴tsa²¹²pɔŋ³⁴tsəŋ³¹lɒŋ³¹tsə³¹ɕie²¹²ka³¹iaŋ²¹²i⁵pieŋ²¹².
新罗客家	留细人子先行，尔再把展览仔细个瞵一遍。 tiu³⁵sei²¹niŋ³⁵tsʅ⁵⁵siẽ⁴⁴xõ³⁵, ni³⁵tsa²¹puo⁵⁵tsaŋ⁵⁵laŋ⁵⁵tsʅ⁵⁵sei²¹ka²¹ŋiaŋ²¹iʔ⁵piẽ⁴¹.

	0031 让孩子们先走，你再把展览仔仔细细地看一遍。
平和客家	得寡⁼块细子人先行，儕把展览详详细细佫晙一下。 teʔ⁵³ kua³³ teu³¹ se³¹ tsŋ³¹ ɲin³⁵ sian³³ haŋ³⁵，heŋ³⁵ pa³¹ tɛn³⁵ lan³¹ siɔŋ³³ siɔŋ³³ se³⁵ se³¹ ɔʔ⁵³ ŋian³¹ it³¹ ha³¹.
诏安客家	得□兜□先走，儕正得展览认认真真晙一遍。 tet⁵ kat³ teu²² mɔiʔ²³ siɛn²² tseu³¹，hen⁵³ tsiaŋ²² te⁰ tɛm²² lam³¹ ŋin⁴⁵ ŋiŋ⁴⁵ tsin²² tsin²² ŋiaŋ³¹ zit⁰ piɛn⁰.
泰宁	得细细子先行，尔再把展览仔仔细细晙个遍。 tæ³⁵ sæ⁵¹ sæ²¹ tsə⁰ san³¹ xaŋ³³，ŋ³⁵ tsai⁵¹ pa³¹ tɕien³⁵ lan⁵¹ tsoi³⁵ tsoi⁵¹ sei⁵¹ sei²¹ niaŋ⁵¹ kə³³ pan⁵¹.
建宁	畀细人先行，尔再把展览小心介重新看一遍。 pei⁵⁵ sie²¹ ŋin²⁴ sien²⁴ haŋ²⁴，ŋ⁵⁵ tai²¹ pa⁵⁵ tsien⁵⁵ ŋian²¹ siau⁵⁵ sim³⁴ kai⁵⁵ tsʰiuŋ²⁴ sin³⁴ kʰon²¹ it² pien²¹.
浦城城关	让囝子先走，侬再把展览仔仔细细觑介遍。 ŋian²¹ kiɑĩ⁴⁴ tɕi⁴⁴ ɕiɑ̃i³⁵ tɕiɑo⁴⁴，noŋ⁵⁴ tsa⁴²³ paŋ⁴⁴ tɕeŋ⁴⁴ lãi⁵⁴ tsŋ⁴⁴ tsŋ⁴⁴ ɕie⁴²³ ɕie⁴²³ tsʰou³² ka⁴⁴ piɑ̃i²¹.
南平延平	让鬼崽先走，你再同展览好好地看一道。 læ̃³⁵ kui⁵³ tsai²⁴² ɕieŋ⁵³ tseu²⁴²，li²⁴ tsai⁵⁵ tʰoŋ²¹ tsæ̃⁵³ læ̃²⁴² xau⁵³ xau²⁴² ti⁰ kʰæ̃³⁵ i³³ tau³⁵.

	0032 他在电视机前看着看着睡着了。
福州	伊看电视罔看罔瞌去。 i⁵⁵kʰaŋ²¹tieŋ⁵²sei²⁴²muoŋ⁵⁵kʰaŋ²¹muoŋ²⁴tsʰuŋ³³ŋo⁰.
闽侯	伊看电视罔看罔瞌去。 i⁵⁵kʰaŋ²¹tieŋ⁵³sei²⁴²muŋ⁵⁵kʰaŋ²¹²muŋ²¹tsʰuŋ³³u⁰.
长乐	伊看电视罔看罔瞌去。 i⁵⁵kʰaŋ²¹tieŋ⁵³sei²⁴²muoŋ⁵⁵kʰaŋ²¹muoŋ²⁴tsʰuŋ²²ŋo⁰.
连江	伊看电视看吶看吶看瞌去。 i⁵⁵kʰaŋ⁵⁵tieŋ²¹sei²⁴²kʰaŋ²¹ne⁰kʰaŋ²¹ne⁰kʰaŋ²¹²tsʰuŋ³³u⁰.
罗源	伊看电视看看看看瞌去。 i⁴²kʰaŋ⁴⁴tieŋ²¹θi³⁴kʰaŋ³⁵kʰaŋ³⁵kʰaŋ³⁵kʰaŋ³⁵tsʰuŋ²¹u⁰.
福清	伊着吶看电视，看吶看吶就看瞌去。 i⁵³tio⁵³lɛ⁰kʰaŋ³⁴tieŋ³⁴θei⁴²，kʰaŋ⁴⁴lɛ⁰kʰaŋ⁴⁴lɛ⁰tsu²¹kʰaŋ³⁴tsʰuŋ³¹ŋu⁰.
平潭	伊着电视前看啊看啊看睏咯。 i⁵¹tyoʔ⁵tieŋ⁴⁴θɿ⁴²θeiŋ⁴⁴kʰaŋ²¹ŋa⁰kʰaŋ²¹ŋa⁰kaŋ²¹kʰɔŋ²¹ŋo⁰.
永泰	伊着电视机前，看看爱睏去。 i⁴⁴tuoʔ⁵tieŋ²¹si⁴⁴ki⁴⁴saiŋ³⁵³，kʰaŋ²¹kʰaŋ²¹uoi⁴⁴ɔuŋ²¹ŋo⁰.
闽清	伊着电视机头行看□看□睏着去。 i⁴⁴tyøk⁵tieŋ⁴⁴si⁴⁴ki⁴⁴tʰau²¹iaŋ³⁵³kʰaŋ²¹la²⁴²kʰaŋ²¹la²⁴²kʰɔuŋ⁴⁴tyøk⁵ɔ⁰.
古田	伊着电视头看睏去。 i⁵⁵tyøk⁵tieŋ²¹si⁴⁴lau³³kʰaŋ²¹kʰouŋ²¹ŋu⁰.
屏南	伊着电视机面头前觑两下就睏去。 i⁴⁴tyø⁴⁴tɪŋ⁴⁴ʒɛ⁴⁴i⁴⁴mɪŋ⁵⁵nau²²lɛiŋ²²tsʰy³⁴laŋ⁴⁴ŋa³²³tsiu³²³kʰɔuŋ³⁴ŋɯ⁰.
宁德	伊着电视面头前看看看啊看睏去噜。 i³³⁴tøʔ⁵⁴tiŋ¹¹sei⁴¹¹min⁵⁵nau¹¹lɛŋ¹¹kʰaŋ³⁵kʰaŋ³⁵kʰaŋ³⁵ŋa⁵⁵kʰaŋ³⁵kʰɔuŋ³⁵ŋi⁰lu⁰.
霞浦城关	伊着许看电视，看着看着都看睏去了。 i⁴⁴tøʔ²hai²⁴kʰaŋ⁵⁵teŋ⁴⁴θi⁴⁴，kʰaŋ³⁵tøʔ²kʰaŋ³⁵tøʔ²tu⁴⁴kʰaŋ³⁵kʰoŋ³⁵ŋø⁰lo⁰.
福安	伊睨电视睨睨其就睏了喽。 ei³³¹ɛ³⁵tiŋ⁴⁴sei²³ɛ³⁵ɛ³⁵ɛ⁴⁴tsiu⁴⁴ŋɔuŋ³⁵li⁰lo⁰.

续表

	0032 他在电视机前看着看着睡着了。
柘荣	伊看电视看下看下就睏去喽。 i⁴²kʰaŋ⁵⁵tieŋ⁴⁴nði⁴²kʰaŋ⁴⁵ŋa⁴⁴kʰaŋ⁴⁵ŋa⁴⁴tsiu⁴⁴kʰɔŋ⁴⁵kʰyø⁴⁵lɔ⁰.
周宁	伊睨电视睨睨睨睏[去喽]。 i⁴⁴ₑ⁵⁵tin⁴⁴ne²¹³ₑ³⁵ₑ³⁵ₑ³⁵kʰɔn³⁵nuɔ⁴².
寿宁	他合电视前望电视望睏去了。 i³³kaʔ²tieŋ⁵⁵si²³sɛŋ²¹ɔuŋ⁵⁵tieŋ⁵⁵si²³ɔuŋ³⁵kʰuŋ³⁵i⁰lɔ⁰.
福鼎城关	伊看电视哪看哪睏。 i⁵⁵kʰaŋ³³tieŋ³³si³³na³³kʰaŋ⁴²na³³kʰuŋ⁴².
尤溪	伊躲ᵊ电视机前看着看着就睏去了。 i⁵⁵tə¹²tieŋ⁴⁴ɕi³³ki³³sẽ¹²kʰũ⁴⁴tə⁰kʰũ⁴⁴tə⁰tsiu³³kʰəŋ⁵¹kʰy⁵¹lə⁰.
莆田	伊躲ᵊ电视机头前那ᵊ看看咯着睏落眠[落外]。 i⁵³³to²⁴teŋ⁴²ɬi¹¹ki⁵³³tʰau¹¹ne²⁴nɔʔ²kʰua⁵³³kʰua⁴²lɔʔ²tɔʔ⁵kʰoŋ⁴²lɔ¹¹miŋ²⁴lue⁴⁵³.
涵江	伊躲ᵊ电视机头前看看咯着乞頷[落外]。 ik⁴to¹³tɛn⁴²ɬi²¹ki⁵⁵tʰau²¹le¹³kʰua⁵⁵kʰua⁴²lɒ⁰tok¹kok¹tʰin⁴⁵³luai⁰.
仙游城关	伊看电视看看咯着乞看睏□。 ik²³kʰua⁵⁵tɛn⁴²ɬi²¹kʰua⁵⁵kʰua⁴²lɒ⁰tuok²kɛk²kʰua⁴²kʰuon⁴²tŋ⁰.
仙游枫亭	伊躲ᵊ电视机头前看咯看咯着乞睏落眠[落外]。 i⁵³³tɤɯ²⁴teŋ⁴²ɬi¹¹ki⁵³³tʰau¹¹ni²⁴kʰuã⁵³³lɔʔ⁰kʰuã⁴²lɔʔ⁰tɔʔ⁵keʔ²kʰuɤŋ⁴²lɔ¹¹miŋ²⁴luɤɯ⁴⁵³.
厦门	伊看电视看啊煞睏去。 i⁴⁴kʰuã⁵³tian²¹si²²kʰuã⁵³a⁰saʔ⁴kʰun²¹kʰi²¹.
同安	伊伫电视机前，看咧看咧，都睏去咯。 i⁴⁴ti¹¹tian¹¹si¹¹ki⁴⁴tsãi²⁴, kʰuã¹¹²lo⁰kʰuã¹¹²lo⁰, tuʔ⁴kʰun¹¹²kʰɯ⁰lo⁰.
泉州鲤城	伊看电视看啊睏去。 i³³kʰua⁵⁵tian²²si⁴¹kʰua⁵⁵a⁵⁵kʰun⁴¹kʰɯ⁰.
泉州洛江	伊看电视看啊睏去。 i³³kʰua⁵⁵tian²²si⁴¹kʰua⁵⁵a⁵⁵kʰun⁴¹kʰi⁰.

续表

	0032 他在电视机前看着看着睡着了。
南安	伊看电视看啊睏去。 i³³kʰuã⁵⁵tian²²si³¹kʰuã⁵⁵a⁵⁵kʰun³¹kʰɯ⁰.
晋江	伊看电视看啊睏去咯。 i³³kʰuã⁵⁵tian²²si⁴¹kʰuã⁵⁵a⁵⁵kʰun⁴¹kʰi⁰lɔ⁰.
石狮	伊伫电视机前看看啊睏去。 i³³ti²²tian²²si⁵⁵ki³³tsui²⁴kʰuã⁴¹kʰuã⁵⁵a⁵⁵kʰun⁴¹kʰi⁰.
惠安	伊看电视看啊睏去。 i³³kʰuã⁵⁴ten²²si²¹kʰuã⁵⁴a⁵⁴kʰun⁴²kʰɯ⁰.
安溪	伊看电视看较═睏去。 i³³kʰuã⁵³tian⁴²si⁴²kʰuã⁵³kʰaʔ⁵kʰun⁴²kʰɯ⁰.
永春	伊看电视看啊睏去咯。 i²²kʰuã³¹tian³¹si²¹kʰuã²²a⁰kʰun³¹kʰɯ⁰lɔ⁰.
德化	伊看电视看较═睏去。 i¹³kʰuã³¹tian³¹si⁴²kʰuã³¹kʰaʔ⁴²kʰun³¹kʰɯ⁰.
漳州	伊看电视看了煞睏去啊。 i³⁴kʰuã⁵³tian²¹si²²kʰuã⁵³liau⁵³sua⁵³kʰun²¹kʰi⁰a⁰.
龙海	伊蹛咧电视机前看遘煞睏去啊。 i³⁴tua⁵²liʔ⁴tian⁴¹si⁴¹ki³³tsiŋ³¹²kʰuã⁵²kaʔ⁴saʔ⁴kʰun⁴¹kʰi⁰a⁰.
长泰	伊看电视看看煞睏去啊。 i⁴⁴kʰuã⁵³tian²¹si²²kʰuã²¹kʰuã²¹sua⁵³kʰun²¹kʰi⁰ia⁰.
华安	伊伫电视机前看遘煞睏去。 i²²ti³¹tian³¹si³¹ki²²tsan²³²kʰuã⁵³kau⁵³saʔ⁵kʰun³¹i⁰.
南靖	伊看电视看看煞睏去。 i²²kʰuã⁵⁴tian²¹si²²kʰuã⁵⁴kʰuã²¹suaʔ⁵⁴kʰun²¹i⁰.
平和	伊看电视看看兮煞睏去。 i³⁴kʰuã⁵²tian²¹si²²kʰuã⁵²kʰuã²¹e⁰suaʔ⁴²kʰun²¹kʰi⁰.
漳浦	哦伊伫许看电视看看兮煞睏去啊。 ɔ¹³i³³ti²¹a⁰kʰuã⁵¹tian²¹si³³kʰuã⁵¹kʰuã⁵¹e⁰sat⁴kʰun²¹i²¹a⁰.

续表

	0032 他在电视机前看着看着睡着了。
东山	伊蹲电视机前看看看，看了煞与伊瞌去。 i³³tua⁴⁴tian²²si²²ki³³tseŋ²¹³kuã²²kuã²²kuã²²，kuã⁵¹liau⁵¹suaʔ⁵kʰou²²i³³kʰun²²kʰi⁰.
云霄	伊电视看看啊瞌去啊。 i⁵⁵tian²¹si²²kʰuã⁵³kʰuã²²a⁰kʰun²²kʰi⁰a⁰.
诏安	伊看电视看甲⁼与伊瞌去。 i⁴⁴kʰuã⁵³tian³¹sĩ³³kʰuã⁵³ka⁵³kʰou³¹i³³kʰun²²kʰɯ⁰.
龙岩	伊睨电视睨啊睨啊就瞌去啊。 i⁵⁵õ²¹tian¹¹ɕi⁴²õ²¹³ua⁰õ²¹³ua⁰tɕiu⁵⁵kʰun²¹³gi⁰a⁰.
漳平	伊牢电视机面前看咯看咯瞌去咯。 i³⁵tiau³³ten²¹si²¹ki³⁵bim⁵³tsan³³kʰuã²¹lɔ⁰kʰuã²¹lɔ⁰kʰuen²¹kʰɔ²¹lɔ⁰.
大田城关	伊看电视看遘煞瞌去。 i⁵³kʰuã⁵⁵tiaŋ⁵⁵si³³kʰuã³¹kɔ⁰sa⁵⁵kʰueŋ³¹kɤ⁰.
大田广平	伊若⁼看电视看遘瞌了去了。 i⁵¹lẽ²⁴kʰõ⁴⁵tiaŋ⁴⁵si³¹kʰõ³¹ko⁰kʰue³³le⁰kɤ⁰lɤ⁰.
霞浦三沙	伊看电视，看吼看吼看瞌去了。 i⁴⁴kʰuã⁵⁵tiaŋ²¹si²¹，kʰuã²¹liʔ²¹kʰuã²¹liʔ²¹kʰuã⁵⁵kʰoŋ²¹ŋo⁰lo⁰.
福鼎沙埕	伊看电视看啊看啊看瞌去。 i⁴⁴kʰuã²¹tian³³si²¹kʰuã²¹a⁰kʰuã²¹a⁰kʰuã²¹kʰuən²¹kʰɯ⁰.
建瓯	渠到电视机前觑住觑住就寐眪着了。 ky⁴²tau³³tiŋ⁵⁵si³³ki⁵⁴tsʰiŋ³³tsʰu⁵⁵tiu⁵⁵tsʰu⁵⁵tiu⁵⁵tsiu⁵⁵mi⁴²tsʰi²⁴tiɔ⁵⁵lɔ⁰.
建阳	渠挟⁼电视机前觑着觑着就目寝去了。 ky⁴ha⁵⁵lieiŋ⁵⁵si³³ki⁵¹tsieiŋ⁴⁵tʰo³⁵tiɔ⁵¹tʰo³⁵tiɔ⁵¹tsiu⁵⁵mo⁴tsiŋ³⁵kʰɔ³³lo²¹.
政和	渠到电视前觑着觑着就寐眪去了。 ky⁴²to⁴²tiŋ⁴²si⁵⁵tsʰiŋ³³tsʰu⁵⁵tio⁵¹tsʰu⁵⁵tio⁵⁵tsiu⁵⁵mi⁴²tsʰi²⁴kʰo⁴²lo⁰.
松溪	渠到电视前䁰䁰隻就䁰寐眪去了。 kio⁴²to²²tiŋ⁴²si⁴⁵tsʰiŋ⁴⁴iaŋ⁴²iaŋ⁴²tsia²²³tsiu⁴⁵iaŋ⁴²mɛi⁴²tsʰi²²³kʰo²²lo⁰.

续表

	0032 他在电视机前看着看着睡着了。
武夷山	渠下电视机前觑住觑住就寐瞑了。 həu⁵¹ xa⁵⁵ liŋ⁵⁵ si²² ki⁵¹ tsʰiŋ³³ tʰu³⁵ tiu⁵⁵ tʰu³⁵ tiu⁵⁵ tsiu⁵⁵ mɛiʔ⁵⁴ tsʰi³⁵ lo⁰.
浦城石陂	渠觑电视觑住觑住就睏眠去掉了。 gy⁴² tsʰu⁴⁵ ti⁴⁵ ɕi²⁴ tsʰu⁴⁵ tiɯ⁴⁵ tsʰu⁴⁵ tiɯ⁴⁵ tɕiɯ⁴⁵ kʰeiŋ⁵³ meiŋ³³ kʰɔ³³ tʰəɯ⁴⁵ lɔ⁰.
南平夏道	伊在电视机前瞑啊瞑啊就瞑寐瞑着了。 i¹¹ tsai¹¹ tieŋ³³ ɕi⁵⁵ ki¹¹ tɕʰiŋ⁵⁵ iaŋ²⁴ a⁰ iaŋ²⁴ a⁰ tɕiu³³ iaŋ²⁴ mi¹¹ tsʰei¹¹ tye⁵⁵ lo⁰.
顺昌	渠在电视机前睽住睽住睽目□着。 kɛ³¹ la³³ tʰẽ⁵¹ ʃi⁵¹ kʰi⁴⁴ tʃʰẽ³³ lau⁴⁴ ti⁵⁵ lau⁴⁴ ti⁵⁵ lau⁴⁴ muʔ⁵ kʰø³⁵ to⁰.
将乐	渠瞑电视瞑咯个半就倒着去咯。 ki²¹ ŋiãŋ⁵⁵ tʰiẽ⁵⁵ ʃi³²⁴ ŋiãŋ⁵⁵ loʔ⁵ kaʔ⁵ puẽ³²⁴ tsʰiu²² tau²¹ tʰyo²² kʰo²² lo²¹.
光泽	伊瞑电视瞑［个下］瞑［个下］就睏着了。 hu⁴¹ niaŋ³⁵ hɛn⁵⁵ si⁴¹ niaŋ³⁵ ka²² niaŋ³⁵ ka²² tɕʰiu⁵⁵ kʰuən³⁵ tɕʰiɔ⁴¹ lo⁰.
邵武	伊瞑电视瞑［个下］瞑［个下］就瞌眠着儿。 hu³⁵ niaŋ³⁵ tʰien³⁵ ɕi⁵³ niaŋ³⁵ ka⁵⁵ niaŋ³⁵ ka⁵⁵ tɕiou⁵⁵ kʰa⁵³ men³³ hio³⁵ ə⁰.
三明	渠瞑电视瞑倒眠了。 ŋy⁴⁴ iɔ̃³³ tɛ̃i⁴³ ɕi²⁵⁴ iɔ̃³³ taɯ¹² mã⁵¹ lo⁰.
永安	渠瞑地电视就竹⁼去了。 ŋy⁵² iɔ̃²⁴ ti²⁴ tɛ̃i⁴⁴ sʅ⁵⁴ tʃy²⁴ ty¹³ kʰɯ⁴⁴ lo⁰.
沙县	渠瞑电视瞑啦瞑啦就倒眠罢了。 ky³³ iɔ̃⁴⁴ tiẽ⁴⁴ sʅ⁵³ iɔ̃²⁴ la⁰ iɔ̃²⁴ la⁰ tʃiu²⁴ tu⁵⁵ bɛiŋ³¹ mɔ̃⁰ lo⁰.
长汀	渠在电视机前瞑瞑瞑就睡着哩。 ke³³ tsʰai²¹ tiŋ⁴² ʃʅ²¹ tʃi³³ tsʰiŋ²⁴ niaŋ⁵⁵ niaŋ⁵⁵ niaŋ⁵⁵ tsiəɯ²¹ ʃui²¹ tʃʰo²¹ le²⁴.
连城	渠在电视机前瞑下瞑下睡着哦。 kuɛ³³ tsʰi³³ tʰe⁵⁵ ʃɯə⁵⁵ ki⁴³³ tsʰe²² ŋiaŋ²¹ ho³³ ŋiaŋ⁵³ ho³³ fi⁵⁵ tʃʰɯə⁵³ o⁰.
上杭	渠在电视机前紧望紧望睡着了。 kei²¹ tsʰuɔ⁴⁴ tʰiɛ̃⁵¹ sʅ³¹ tɕi⁴⁴ tɕʰiɛ̃²¹ tɕiəŋ³¹ mɔŋ⁵¹ tɕiəŋ³¹ mɔŋ⁵¹ fei³¹ tsʰoʔ³⁵ lɛ³¹.
武平	渠看电视，看矣就睡着矣。 ki²⁴ kʰuɛŋ⁴⁵¹ tʰiaŋ⁴² sʅ⁴⁵¹, kʰuɛŋ⁴⁵¹ i²² tsʰiu⁴⁵¹ sɛ⁴⁵¹ tsʰoʔ³ i²².

续表

	0032 他在电视机前看着看着睡着了。
永定	渠在电视机前看下兜⁼哩就睡着哩。 tɕi²² tsʰai⁵² tiẽ³³ sʅ³¹ tɕi²⁴ tɕiɛ̃²² kʰuo⁵² xa⁴⁴ tou³¹ li²² tɕʰiu⁵⁵ fei³¹ tsʰɔʔ⁵ li³¹.
明溪	渠在电视机前睌着睌着就目睡个班⁼。 kʰø⁴¹ tsʰa³¹ tʰieŋ⁵⁵ ʃʅ⁵⁵ ki⁴⁴ tsʰieŋ³¹ iaŋ²⁴ tʰi⁰ iaŋ²⁴ tʰi⁰ tsiu⁰ mu⁵⁵ sue⁵⁵ kɤ⁰ paŋ⁰.
清流	渠睌电视，边睌边睡。 kə³³ ŋiaŋ³⁵ tʰeŋ³² sʅ³²，peŋ³³ ŋiaŋ³⁵ peŋ³³ fe³².
宁化	渠在望电视，望到望到就歇起了来。 kə³⁴ tsʰai⁴² mɔŋ⁴² tʰieŋ⁴² sʅ⁴²，mɔŋ⁴² tau⁵ mɔŋ⁴² tau⁵ tɕʰiɯ⁴² ɕie⁵ tɕʰi³¹ liau³¹ lai⁴⁴.
新罗客家	渠在电视机前睌着睌着睡着哩。 tu³⁵ tsʰa⁴⁴ tiẽ²¹ ʃʅ³⁵ tʃi⁴⁴ tʃʰiẽ³⁵ ŋiaŋ⁴¹ tʃia²¹ ŋiaŋ⁴¹ tʃia²¹ fie³⁵ tʃiuʔ⁵ li⁵⁵.
平和客家	渠长⁼边睌电视就长⁼边睡落□咯。 ky³⁵ tʃʰɔŋ³³ pɛn³¹ ŋiaŋ³¹ tʰen³³ ɕi⁵⁵ tʃʰu³¹ tʃʰɔŋ³³ pɛn³¹ fe³³ lɔʔ³³ liam⁵⁵ lɔ⁰.
诏安客家	渠在睌电视睌睌就□落□去。 ky⁵³ tsʰɛi²² ŋiaŋ²² tʰen²² ʃi⁴⁵ ŋiaŋ⁴⁵ ŋiaŋ³¹ tsʰi⁴⁵ ãi²² lɔu²² liam⁴⁵ ky⁰.
泰宁	渠在电视机前睌着睌着就目瞌了。 hi³⁵ tʰoi³³ hien²¹³ sʅ³³ ki³¹ tʰan⁵¹ niaŋ⁵¹ tsə⁰ niaŋ⁵¹ tsə⁰ tɕʰiu²¹ mu⁵¹ kʰoi²¹ lə⁰.
建宁	士⁼在电视机前看看看着就□儿。 sɔ⁵⁵ tsai⁵⁵ hien⁵⁵ si⁵⁵ ki⁵⁵ tsien²⁴ kʰon²¹ tok² kʰon²¹ tok² tsʰiu⁵⁵ kʰue⁴⁵ e⁵⁵.
浦城城关	渠在电视前觑着觑着就倒着了。 ke⁵⁴ tsa²¹ tiãi²¹ ɕi⁵⁴ tɕiãi²⁴ tsʰou³² tɕye³² tsʰou³² tɕye³² tɕiu²¹ lao⁴⁴ tɕiao³² lɔ⁰.
南平延平	他在电视机前头看看下就睡着了。 tʰa³³ tsai³⁵ tieŋ⁵⁵ sʅ⁵³ ki³³ tɕʰieŋ³¹ tʰeu²¹ kʰæ̃⁵³ kʰæ̃³⁵ a⁰ tɕiu³⁵ sui³⁵ tɕyo³³ lau⁰.

	0033 你算算看，这点钱够不够花？
福州	汝算看，只仈团钱有够使无？ ny³³ sauŋ²¹ kʰaŋ²¹, tsi²¹ ni²⁴ kiaŋ³³ tsieŋ⁵³ ou³³ kau⁵³ sai³³ mo⁵³?
闽侯	汝算算看，者仈团钱有够使无？ ny³³ souŋ⁵³ souŋ²¹ kʰaŋ²¹², tsie²¹ ni⁰ kiaŋ³³ tsieŋ⁵³ ouʔ²⁴ kau³³ sai³³ mo⁰?
长乐	汝算看，只仈团钱有够使无？ ny²² sauŋ²¹ kʰaŋ²¹, tsi²¹ ni²⁴ kiaŋ²² tsieŋ⁵³ ou²² kau⁵³ sai²² mo⁵³?
连江	汝算拉看，者仈团钱有无够使？ ny³³ soŋ²¹² na²¹ kʰaŋ²¹², tsi²¹ liʔ⁵¹ kiaŋ³³ tsieŋ⁵¹ a³³ mo³³ kau²¹² sai³³?
罗源	汝蛮算看，只喂＝钱阿无够使？ ny²¹ maŋ⁴⁴ θɔŋ³⁵ kʰaŋ³⁵, tsi⁴⁴ ui³⁵ tsieŋ³¹ a²² mɔ²¹ kau⁴⁴ θai²¹?
福清	汝算蜀隻看，［者位＝］钱有无够使？ ny³¹ θɔŋ³⁴ θio⁴⁴ ia⁴⁴ kʰaŋ²¹, tsuai³⁴ tsieŋ⁴⁴ u⁴⁴ mo⁴⁴ kau⁵³ θai³¹?
平潭	汝算看，只滴团钱有够使无？ ly³¹ θɔŋ²¹ kʰaŋ²¹, tsie³¹ ti³⁵ kiaŋ³¹ tsieŋ⁴⁴ u⁰ kau⁵¹ θai³¹ mo⁴⁴?
永泰	汝算蜀算看，只仈团钱有够使无？ ny³² sɔuŋ²¹ nuo²¹ sɔuŋ²¹ kʰaŋ²¹, tsi²¹ niʔ³ kiaŋ³² tsieŋ³⁵³ u⁵³ kau²¹ sai³² mo⁰?
闽清	汝□囉，只仈团钱有无够使？ ny³² mau³² la²⁴², tsiek³ niek³ kiaŋ³² tsieŋ³⁵³ ou²⁴² mɔ⁴⁴ kau⁴² sai³²?
古田	汝着算囉，者［仈团］钱有无够使？ ny⁴² tyøk⁵ souŋ²¹ na⁰, tsie²¹ niaŋ²¹ tsieŋ³³ u³³ mɔ³³ kau³³ sai⁵³?
屏南	汝算囉，只块钱有无够使？ ny⁴¹ sɔuŋ³⁴ na⁰, tsie²² uai³⁴ tsɪŋ²² o³²³ mɔ²² kau⁴⁴ sai⁴¹?
宁德	汝算［蜀下］看，者［蜀团］钱有无够使？ ny⁴¹ sɔuŋ³⁵ sia⁵⁵ kʰaŋ³⁵, tsa³³ siaŋ⁶⁶ tsiŋ¹¹ ou⁴¹¹ mɔ³³ kau⁵⁵ sai⁴¹?
霞浦城关	汝算蜀下，者毛钱有无够使？ ny⁴² θɔŋ³⁵ θø⁴⁴ a²⁴, tso⁵⁵ nɔʔ⁵ tseŋ²¹ u⁴⁴ mɔ²¹ kau⁵⁵ θai⁴²?
福安	汝算蜀下呢，这粒钱有无够使？ ni⁴¹ sɔuŋ³⁵ li⁴⁴ a⁴⁴ neik⁵, tsei⁵⁵ nak² tsiŋ²¹ ou⁴⁴ mɔ²¹ kɛu⁵⁵ sai⁵¹?

	0033 你算算看，这点钱够不够花？
柘荣	汝算算看，者呢团钱有无够使？ ny^{53} θɔŋ^{55} θɔŋ^{45} kʰaŋ^{45}，tsiaʔ^5 ti^{55} ŋiaŋ^{55} tsieŋ^{21} u^{44} mɔ^{21} kɛu^{55} θai^{53}？
周宁	汝算［蜀下］睨，［这夥］钱有无够使？ ny^{42} sɔn^{35} na^{44}ɛ^{35}，tsuɔ^{55} tsin^{21} o^{44} mɔ^{21} kau^{35} sɛi^{42}？
寿宁	汝算蜀算，这呢呢钱有无够花？ ny^{42} sɔuŋ^{35} si^{33} sɔuŋ^{35}，tsia^{35} niʔ^5 niʔ^5 tsieŋ^{21} u^{23} mɔ^{21} kɛu^{35} xua^{33}？
福鼎城关	汝算［蜀下］，只粒团钱够无够用？ ni^{55} soŋ^{42} la^0，tsi^{55} li^{33} kiaŋ^{55} tsieŋ^{21} keo^{42} mo^{21} keo^{42} ioŋ^{33}？
尤溪	你试算蜀下，只匹团钱够唔够使？ ne^{55} tsʰi^4 sũ^{51} ɕie^{33} a^{42}，tsi^{55} pʰi^4 ŋ^{44} tsẽ^{12} kau^{44} ŋ^{33} kau^{51} sai^{55}？
莆田	汝科⁼看即个钱有够使无？ ty^{453} kʰo^{533} kʰua^{42} tseʔ^5 ke^{533} tsiŋ^{24} u^{11} kau^{533} ɬai^{453} po^{24}？
涵江	汝数看，即滴涓钱有劳使无？ tyk^4 kʰiau^{42} kʰua^0，tsik^4 tœ^{21} œn^{55} tsiŋ^{13} ut^1 lɔ^{21} ɬai^{453} po^0？
仙游城关	伶汝乞数看，［者些］钱有够使啊无够使？ ta^{21} tyk^{23} kɛk^2 kʰiɛu^{42} kʰua^0，tsia^{55} tsiŋ^{24} uk^2 kau^{55} ɬai^{453} a^0 po^{21} kau^{55} ɬai^{453}？
仙游枫亭	汝数蜀下，即［者下］钱有够使无？ li^{453} kʰieu^{42} ɬɔʔ^5 kɔ^{11}，tseʔ^5 tsɔ^{533} tsiŋ^{24} u^{11} kau^{533} ɬai^{453} pɤɯ^{24}？
厦门	汝算看迈，即淡薄仔钱有够用无？ i^{44} sŋ^{53} kʰuã^{53} mãi^0，tsit^4 tam^{21} po^{24} a^0 tsĩ^{24} u^{21} kau^{53} iŋ^{22} bo^0？
同安	汝算看迈，即点仔钱看有够开无？ lɯ^{42} sŋ^{42} kʰuã^{42} bai^{22}，tsit^4 tiam^{33} ma^{33} tsĩ^{24} kʰuã^{42} u^{11} kau^{42} kʰai^{44} bo^0？
泉州鲤城	汝算看迈咧，即□钱有够用无？ lɯ^{55} sŋ^{55} kʰuã^{55} bai^{41} lə^0，tsit^{24} tsuai^{21} tsĩ^{24} u^{22} kau^{55} iŋ^{41} bo^0？
泉州洛江	汝算一迈咧，即点仔钱有够开无？ li^{55} sŋ^{55} tsit^5 bai^{41} le^0，tsit^5 tiam^{33} a^0 tsĩ^{24} u^{22} kau^{55} kʰai^{33} bo^0？
南安	汝算看迈咧，即点仔钱有够开无？ lɯ^{55} sŋ^{55} kʰuã^{55} bai^{31} e^0，tsit^5 tam^{33} a^0 tsĩ^{24} u^{22} kau^{55} kʰai^{33} bo^0？

续表

	0033 你算算看，这点钱够不够花？
晋江	汝算［一下］迈咧，即点仔钱有够用无？ li^{55} səŋ^{55} tse^{0} bai^{41} le^{0}, tsit^{5} tiam^{33} a^{24} tsĩ^{24} u^{22} kau^{55} iŋ^{41} bə^{0}?
石狮	汝算迈咧，□其钱有够用无？ li^{24} səŋ^{55} bai^{41} le^{0}, tsuai^{24} e^{24} tsi^{24} u^{22} kau^{55} iŋ^{41} bə^{0}?
惠安	汝□迈咧，看□钱有够用无？ lɯ^{42} tʰak^{5} bai^{0} le^{0}, kʰuã^{54} tsuai^{25} tsĩ^{25} u^{22} kau^{54} eŋ^{21} bo^{0}?
安溪	汝算看咧，□钱有够无？ lɯ^{22} sŋ^{53} kʰuã^{42} le^{0}, tsuai^{42} tsĩ^{24} u^{21} kau^{42} bo^{0}?
永春	汝算看迈咧，即点钱够开无？ lɯ^{53} sŋ^{53} kʰuã^{31} bai^{22} le^{0}, tsit^{4} tiam^{44} tsĩ^{24} u^{44} kau^{53} kʰai^{44} bo^{0}?
德化	汝算看迈咧，即些钱有够开无？ lɯ^{35} sŋ^{31} kʰuã^{31} bai^{31} le^{0}, tsit^{42} sia^{22} tsĩ^{44} u^{42} kau^{31} kʰai^{13} bo^{0}?
漳州	汝算看仔，即淡薄仔镭敢解够开？ li^{53} suĩ^{53} kʰuã^{55} ã^{54}, tsit^{53} tam^{21} pɔ^{22} ua^{0} lui^{34} kã^{34} e^{21} kau^{53} kʰai^{34}?
龙海	汝算看看仔，□镭敢解够用？ liʔ^{4} suĩ^{52} kʰuã^{52} kʰuã^{33} ã^{32}, tsia^{52} lui^{34} kã^{34} e^{41} kau^{52} iɔŋ^{33}?
长泰	汝算清看仔，□兮镭敢解够开？ li^{53} sŋ^{53} tsʰeŋ^{44} kʰuã^{55} ã^{54}, tsia^{53} e^{0} lui^{44} kã^{44} e^{21} kau^{53} kʰai^{44}?
华安	汝算看仔，□兮镭解够开也无？ li^{55} suĩ^{53} kʰuã^{55} ã^{53}, tsia^{5} e^{0} lui^{55} e^{31} kau^{53} kʰai^{55} a^{0} bo^{0}?
南靖	汝算看仔，□兮仔钱甲解够开？ li^{44} suĩ^{54} kʰuã^{44} a^{0}, tsiaʔ^{53} e^{0} a^{0} tsĩ^{323} kaʔ^{54} e^{21} kau^{54} kʰai^{34}?
平和	汝算看迈咧，□兮钱够开无？ li^{52} suĩ^{52} kʰuã^{52} bai^{21} e^{0}, tsiaʔ^{23} e^{0} tsĩ^{23} kau^{52} kʰai^{34} bo^{0}?
漳浦	汝伶算看啊，□兮镭敢有够开？ liʔ^{4} tã^{43} suĩ^{51} kʰuã^{43} a^{0}, tsia^{51} e^{33} lui^{43} kã^{43} u^{21} kau^{51} kʰai^{43}?
东山	汝算看［一下］，□钱敢有够用？ liʔ^{5} suĩ^{51} kʰuã^{22} tseʔ^{0}, tsia^{51} tsĩ^{213} kã^{44} u^{22} kau^{51} ioŋ^{33}?

	0033 你算算看，这点钱够不够花？
云霄	汝算看啊，即屑仔镭有够开啊？ li⁵³ suĩ⁵³ kʰuã⁵³ a⁵³, tsit⁵ sut⁵ a⁵³ lui⁵⁵ u²¹ kau⁵³ kʰai⁵⁵ a⁰?
诏安	汝算看睇仔，只隻钱有够使无？ lɯ⁵³ sŋ⁵³ kʰuã⁵³ tʰɛĩ³³ ɛ⁵³, tsi²⁴ tsia⁵³ tsĩ²⁴ u³¹ kau⁵³ sai⁵³ bo⁰?
龙岩	汝算［滴仔］许滴仔纸字解够开吗？ li²¹ ɕĩ²¹³ niɛ̃²¹ xi²¹ tãi⁵⁵ ia²¹ tsua²¹ tɕi³³ e¹¹ kau²¹ kʰai³³ ba²¹?
漳平	汝算算兮，许一屑仔镭有够开无够开？ li⁵³ suĩ⁵³ suĩ²¹ lɛ⁰, hie⁵³ tsiet²¹ sut⁵ la⁵⁵ lui³⁵ u²¹ kau⁵³ kʰai³⁵ bɔ³³ kau⁵³ kʰai³⁵?
大田城关	汝算［一下］，只疪仔钱□够用无？ li⁵³ suŋ³¹ tsiɤ⁰, tsi⁵³ pʰi⁵⁵ ga⁵³ tsiŋ²⁴ bua³¹ kɔ⁵⁵ ioŋ³³ bɤ⁰?
大田广平	汝试算一下，即［片囝］钱有够无啊？ li⁵¹ tsʰɯ⁴⁵ suĩ³¹ iɛ⁰, tʃiɛ⁵ pʰɛ²⁴ tse²⁴ iŋ²⁴ ko³¹ bɯ²⁴ gɤ⁰?
霞浦三沙	汝算一算，者点仔的钱够花不够花？ ny⁴² sŋ²¹ tseʔ²¹ sŋ²¹, tsia⁵⁵ tiaŋ⁵⁵ na⁵¹ te⁰ tseŋ³⁵ kau⁵⁵ hua²¹ bo²¹ kau⁵⁵ hua²¹?
福鼎沙埕	汝算一算，即点囝钱有够用无？ lɯ⁵³ sŋ²¹ tsiet²¹ sŋ²¹, tsiet²¹ tian²¹ ŋã⁵³ tsĩ²⁴ u⁰ kau²⁴ ien²¹ bo⁰?
建瓯	你算算下，□多钱有无够捞？ ni⁴² sɔŋ³³ sɔŋ³³ xa⁵⁵, iɔŋ²⁴ tuɛ⁵⁴ tsiŋ³³ iu²¹ mau²¹ kau⁵⁵ lau⁵⁵?
建阳	你算一下，乙⁼丝仔钱犒⁼捞使无？ nɔi⁴¹ sueiŋ³³ tsi⁴ xa⁵⁵, ji³⁵ sɔi⁴⁵ tsi²¹ tsiŋ³³ kʰau⁵⁵ lau⁵⁵ se²¹ mo⁴¹?
政和	你算算下，□咪钱有搅捞使吗？ ni⁴² sueiŋ⁴² sueiŋ⁴² xa⁵⁵, ia²⁴ mi⁵⁵ tsiŋ³³ iu²¹³ kʰau⁵⁵ lau⁵⁵ sɛ²¹³ mo⁰?
松溪	你算算隻，页⁼□钱有□捞使吗？ niɛ⁴² sueiŋ²² sueiŋ²² tsia²²³, iɛ²²³ pi⁴⁴ tseiŋ⁴⁴ iu²² kʰau⁴⁵ lau⁴⁵ sœ²²³ mo⁰?
武夷山	你算算下，乙⁼么钱够唔够使？ nɛi⁵¹ suaiŋ²² suaiŋ²² xa⁵⁵, i³⁵ mɛi⁵⁵ tsiŋ³³ kiəu²² ɛiŋ²² kiəu²² sie³¹?
浦城石陂	你算算下，□咪仔钱够唔够使？ ni⁴² suaiŋ³³ suaiŋ³³ xa⁴⁵, fii²⁴ mi³⁵ te⁰ tɕiŋ³³ kəɯ³³ eiŋ⁵³ kəɯ⁵³ se²¹?

续表

	0033 你算算看，这点钱够不够花？
南平夏道	汝算算暝，者滴子钱有够捞无够捞使？ ny¹¹ suiŋ²⁴ suiŋ²⁴ iaŋ²⁴，tɕia³³ tei³³ tɕi³³ tɕiŋ⁵⁵ iu³³ kʰau¹¹ lau²⁴ mo⁵⁵ kʰau¹¹ lau²⁴ sɛ³³？
顺昌	你算算睐，者比钱够唔够使？ lɛ³¹ suẽ⁵⁵ suẽ⁵⁵ lau⁰，tsa¹¹ pi⁵⁵ tʃʰẽ¹¹ kai³⁵ ŋ³¹ kai³⁵ ʃɛ⁵¹？
将乐	你算［个下］，者丝钱够唔够使？ lɛ²¹ ʃuẽ³²⁴ ŋaʔ⁵，tʃa²¹ si⁵⁵ tsʰiɛ̃²² keu³²⁴ ŋ⁵⁵ keu⁵⁵ ʃe⁵¹？
光泽	儇算算下，□个比子铜钱够唔够使？ hiən⁴¹ sɔn³⁵ sɔn³⁵ ka⁰，tɕiɔŋ⁴¹ kɛi³⁵ pi⁴¹ tsɛ⁰ hŋ²² tʰiən²² kɛu³⁵ m⁵⁵ kɛu³⁵ sɛ⁴⁴？
邵武	儇算［个下］暝［个下］，酌⁼蒙⁼票儿够唔够使？ hien³⁵ son²¹ ka⁵⁵ niaŋ³⁵ ka⁵⁵，tɕio⁵³ maŋ²¹ pʰiau²¹ ə⁰ kou³⁵ ŋ⁵⁵ kou³⁵ sə⁵⁵？
三明	你算个，者丝钱够使唔够使？ ŋi⁴⁴ sŋ³³ kɒ³³，tʃɒ³¹ si⁴⁴ tsɛ̃i⁵¹ kœ³³ ʃa³¹ ã³³ kœ³³ ʃa³¹？
永安	你算下，者丝钱够唔够使？ ŋi⁵² sum²⁴ hɒ⁵⁴，tʃiɒ²¹ si³³ tsɛ̃i³³ kø²⁴ ã⁴⁴ kø²⁴ ʃia²¹？
沙县	你算个，者丝钱够唔够使？ gi³³ suẽ²⁴ ka⁰，tʃia²¹ si⁴⁴ tsiẽ³¹ kau⁴⁴ ŋ⁴⁴ kau²¹ sai²¹？
长汀	尔算下子，女⁼滴子钱够唔够用？ ni³³ suŋ⁵⁵ a³³ tsɿ²¹，ni⁴² ti⁵⁵ tsɿ³³ tsʰiŋ²⁴ kəɯ⁵⁵ ŋ³³ kəɯ⁵⁵ ioŋ²¹？
连城	尔算下，［以一］毛子钱够唔够用？ ŋi⁵³ suo⁵³ ho³³，i³⁵ mau³³ tsɯə²¹ tsʰe²² kəɯ²¹ ŋ⁵⁵ kəɯ²¹ iəŋ³⁵？
上杭	儇算一下嘛，嚷⁼滴子钱够唔够得用？ hɒ²¹ suɔ̃³⁵³ iʔ³² hɒ⁵¹ mɒ³¹，nɒŋ⁵¹ tɛʔ³⁵ tsɿ³¹ tɕʰiɛ²¹ kiɛ³⁵³ ŋ²¹ kiɛ³⁵³ tɛʔ³² iəŋ⁵¹？
武平	儇再算啊子，□点子钱够唔够得用？ hɒ²⁴ tsa⁴⁵¹ suɐŋ⁴⁵¹ a²⁴ tsɿ⁴²，nuŋ²² tiaŋ⁴² tsɿ⁴² tsʰiaŋ²² ko⁴⁵¹ ŋ⁴² ko⁴⁴ tɛʔ³ iuŋ⁴⁵¹？
永定	尔照算，这滴子钱够得冇？ ŋ³¹ tsəu⁵⁵ suo⁵²，ti³¹ tiʔ⁵ tsɿ³¹ tɕʰiɛ²² kəu⁵⁵ tɛʔ⁵ mɔu²²？

续表

	0033 你算算看，这点钱够不够花？
明溪	你算［个下］，这钱够唔够花？ le⁴¹ sū²⁴ ko⁵⁵，tsia⁴¹ tsʰieŋ³¹ kaø²⁴ ŋ⁰ kaø⁴¹ fo⁴⁴？
清流	尔算一下，这滴钱够唔够用？ ŋi³³ suaŋ³⁵ ie²¹ ho³²，tʃie²¹ ti⁵⁵ tsʰeŋ²³ kə³⁵ ŋ²³ kə³⁵ ioŋ³²？
宁化	尔算一下，只滴钱够不够使？ i³⁴ suaŋ²¹² i⁵ hɒ³¹，tsɿ²⁴ ti⁵ tɕʰieŋ²⁴ kɐɯ²¹² pə⁵ kɐɯ²¹² sɿ³¹？
新罗客家	尔算一下，这滴子钱够得用冇？ ni³⁵ saŋ²¹ iʔ³ xo⁴¹，tsɿ²¹ tiʔ⁵ tsɿ⁴⁵³ tsʰie³⁵ tʃie²¹ teiʔ⁵ ioŋ⁴¹ məu⁵⁵？
平和客家	僩尝试算子，□□镭□开冇？ heŋ³⁵ tsʰiaŋ³¹ tɕʰi³⁵ sɔn³¹ tsɿ⁰，lia³⁵ teu³¹ lui⁵⁵ la³¹ kʰɔi³³ mɔ³¹？
诏安客家	僩试算子，□兜钱会□销冇？ hen⁵³ tʃʰi⁴⁵ sɔn³¹ tsɿ⁰，kat³ teu²² tsʰiɛn⁵³ vɔi²² la⁴⁵ sieu²² muɔ⁰？
泰宁	尔算个下，即花钱够唔够使？ ŋ³⁵ suan⁵¹ kə⁰ xa³³，tɕia³⁵ xua³¹ tʰien³³ kei⁵¹ ŋ²¹ kei⁵¹ soi³⁵？
建宁	尔算一下，个只［点儿］钱够使冇？ ŋ⁵⁵ son²¹ itʰha⁴⁵，ko⁵⁵ tsi⁵ tə⁵⁵ tsien²⁴ kəu²¹ sei⁵⁵ mo²¹？
浦城城关	侬算算觑，这多钱够唔够花？ noŋ⁵⁴ suãi⁴²³ suãi⁴²³ tsʰou³²，tɕie³⁵ la⁴⁴ tɕiãi²⁴ kɑo⁴²³ ŋ⁴⁴ kɑo⁴²³ xuɑ³⁵？
南平延平	你算算看，这点点仔钱够不够用？ li²⁴ suõ⁵³ suõ³⁵ kʰæ̃³⁵，tɕi³⁵ tieŋ⁵³ tieŋ³³ tsai²⁴² tɕʰieŋ²¹ keu³⁵ pu³³ keu⁵³ ioŋ³⁵？

	0034 老师给了你一本很厚的书吧？
福州	先生乞汝蜀本野厚其书有无？ siŋ⁵⁵ niaŋ⁵⁵ kʰøyʔ²⁴ ny³³ so³³ puoŋ³³ ia⁵⁵ kau²⁴² iº tsy⁵⁵ o²¹ mo⁵²？
闽侯	先生乞汝蜀本野厚其书无？ siŋ⁵⁵ naŋ⁵⁵ kʰøyʔ²⁴ nyº syo³³ βuoŋ³³ ia⁵³ au²⁴ iº tsy⁵³ moº？
长乐	先生乞汝蜀本野厚其书无？ siŋ⁵⁵ niaŋ⁵⁵ kʰøyʔ²⁴ ny²² suo²² βuoŋ²² ia⁵⁵ kau²⁴² iº tsy⁵⁵ moº？
连江	先生有掏蜀本尽厚其书乞汝无？ siŋ⁵⁵ naŋ⁵⁵ uº to⁵¹ suo²¹ βuoŋ³³ tsiŋ²¹ kau²⁴² iº tɕy⁵⁵ kʰøyʔ¹³ ny³³ mo⁵¹？
罗源	先生是［唔是］掏蜀本野厚其书乞汝？ θiŋ²¹ niaŋ⁴² θi²¹ ni³⁴ tuoʔ² θyø²² βuoŋ²¹ ia⁴⁴ au³⁴ liº tsy⁴⁴ kʰiʔ² ny²¹？
福清	先生是［唔是］乞汝蜀本尽厚其书？ θiŋ⁴⁴ ŋiaŋ⁵³ θi⁴⁴ nei⁴² kʰø³⁴ ny³¹ θio⁴⁴ puoŋ³¹ tsiŋ⁴⁴ kau⁴² kiº tsy⁵³？
平潭	先囝有乞汝蜀本尽厚其书无？ θiŋ⁴⁴ ŋiaŋ⁵¹ uº kʰyøʔ²¹ ly³¹ θyo⁴⁴ βuoŋ³¹ tsiŋ⁴⁴ kau⁴² iº tsy⁵¹ mo⁴⁴？
永泰	先生有掏汝蜀本真厚其书吧？ siŋ⁴⁴ naŋ⁴⁴ u⁴⁴ to³⁵³ ny³² suoʔ³ puoŋ³² tsiŋ⁵³ kau²⁴² iº tsy⁴⁴ βaº？
闽清	先生有掏蜀本野厚其书乞汝吧？ siŋ⁴⁴ naŋ⁴⁴ u²¹ tɔ³⁵³ luok³ puoŋ³² ia²⁴ au²⁴² liº tsy⁴⁴ kʰyk³ ny³² βaº？
古田	先生乞汝蜀本野厚其书吧？ sieŋ²¹ naŋ⁵⁵ kʰik² ny²¹ syø²¹ βuoŋ⁴² ia⁵³ kau²⁴ iº tsy⁵⁵ βaº？
屏南	先生是［唔是］乞汝蜀本乍厚其书？ siŋ⁴⁴ naŋ⁴⁴ se³²³ ne³²³ kʰyk⁵ ny⁴¹ suk³ pʊŋ⁴¹ tsiak⁵ kau³²³ i²² tsy⁴⁴？
宁德	先生是［唔是］乞汝蜀本野厚其书？ sin³³ naŋ³³ sei⁴¹¹ nei³³ kʰiʔ²³ ny⁵⁵ sɔ¹¹ βɔuŋ⁴¹ ia³⁵ kau⁵¹ ei¹¹ tsy³³⁴？
霞浦城关	先生乞汝蜀本野厚其书吧？ θeŋ⁴⁴ naŋ⁴⁴ kʰiʔ⁵ ny⁴² θøʔ⁴⁴ poŋ⁴² ia⁵⁵ kau²⁴ keº tsy⁴⁴ paº？
福安	先生乞汝蜀本够色厚其书好？ siŋ⁴⁴ ŋaŋ³³¹ køu⁵⁵ ni⁵¹ si⁴⁴ puŋ⁴¹ kœ⁵⁵ lœuʔ⁵⁵ kau²³ ə⁴⁴ tsøi³³¹ xɔ⁴¹？

续表

	0034 老师给了你一本很厚的书吧？
柘荣	先生乞汝蜀本［若欧⁼］厚其书，是无？ θiŋ⁴⁴ nŏaŋ⁴⁴ kʰy⁵⁵ ny⁵³ tsʰi⁴⁴ puoŋ⁵³ ɛu⁴⁴ kau⁴⁴ kɛ⁴⁴ tsy⁴²，θi⁴⁴ mɔ²¹？
周宁	先生是唔驮有蜀本艳⁼厚其书乞汝？ siŋ⁴⁴ ŋaŋ⁴⁴ se²¹³ ne²¹³ tɔ²¹ o⁴⁴ si⁴⁴ puɔn⁴² iɛn²¹³ kau²¹³ i⁵⁵ tsy⁴⁴ kʰyk⁵ ny⁴²？
寿宁	老师乞汝蜀本无变厚啊书吧？ lɔ⁵⁵ su³³ kʰyø⁵⁵ ny⁴² si³³ puoŋ⁴² mɔ²¹ pieŋ³⁵ kau²³ a⁰ tsy³³ pa⁰？
福鼎城关	老师掏蜀本很厚其书册乞汝吧？ lo³³ su³³ to²¹ siʔ³ pueŋ³³ xaŋ⁵⁵ kau²¹ ke⁰ tsi³³ tsʰa⁴² kʰiʔ³ ni⁵⁵ pa⁴²？
尤溪	先生乞你蜀本敢讲厚其书无？ sẽ³³ ɕiŋ³³ kʰa⁴ ne⁵⁵ ɕie³³ pũ⁴⁴ kã⁴⁴ ŋ⁴⁴ kau⁴² ki⁰ tsy³³ mo¹²？
莆田	先生乞汝蜀本厚厚厄⁼册好⁼？ ɬeŋ¹¹ na⁵³³ koʔ⁵ ty⁴⁵³ ɬɔʔ² pue⁵³³ kau²⁴ kau¹¹ eʔ² tsʰa¹¹ hɔ¹¹？
涵江	先生有撚蜀本绝厚厄⁼册乞汝无？ ɬɛn²¹ na⁵⁵ ut¹ tʰe¹³ ɬop¹ puai⁴⁵³ tsœk⁴ kau²¹ ɛ⁰ tsʰa²¹ kit⁴ typ⁴ po⁰？
仙游城关	老师撚蜀本若何厚厄⁼册乞汝无？ lɒ²¹ ɬo⁵⁵ tʰe²¹ ɬuop² muoi⁴⁵³ lo²¹ a⁴² kau⁰ ɛ⁰ tsʰa²¹ kɛt²³ typ²³ po⁰？
仙游枫亭	先生有乞汝蜀本厚厚厄⁼册好⁼？ ɬeŋ¹¹ na⁵³³ u¹¹ keʔ⁵ li⁴⁵³ ɬɔʔ² puĩ⁴⁵³ kau²⁴ kau¹¹ eʔ² tsʰa¹¹ hɔ⁴⁵³？
厦门	先生有与汝一本真厚分册无？ sian²² sĩ⁴⁴ u²¹ hɔ²¹ li⁵³ tsit²¹ pun⁴⁴ tsin²² kau²² e⁰ tsʰe²¹ bo⁰？
同安	老师与汝一本尽厚分书吧？ lɔ³³ sɯ⁴⁴ hɔ¹¹ lɯ⁴² tsit¹¹ pun²⁴ tsin¹¹ kau¹¹ e⁰ tsɯ⁴⁴ ba⁰？
泉州鲤城	先生有一卷野厚分册度汝无？ sian³³ sĩ³³ u²² tsit²² kŋ²⁴ ia²⁴ kau²² e⁰ tsʰeʔ⁵ tʰɔ²⁴ lɯ⁰ bo⁰？
泉州洛江	先生有传汝一本野厚分册无？ sian³³ sĩ³³ u²² tŋ²² li⁵⁵ tsit²⁴ pun²⁴ ia²⁴ kau³³ e⁰ tsʰeʔ⁵ bo⁰？
南安	老师有度汝一本野厚分册无？ lau²² sɯ³³ u²² tʰɔ²² lɯ²⁴ tsit² pun²⁴ ia²⁴ kau²² e⁰ tsʰeʔ⁵ bo⁰？

续表

	0034 老师给了你一本很厚的书吧？
晋江	先生有传汝一本野厚分册无？ sian³³ sĩ³³ u²² təŋ²² li²⁴ tsit² pun²⁴ ia²⁴ kau³³ e⁰ tsʰeʔ⁵ bə⁰？
石狮	先生送汝一本野厚分册乎？ sian³³ si³³ saŋ⁵⁵ li⁵⁵ tsit² pun²⁴ ia²⁴ kau³³ e⁰ tsʰeʔ⁵ hɔ⁰？
惠安	先生有与汝一本野厚分册无？ sen³³ sĩ³³ u²² kʰɔ²² lɯ⁴² tset⁵ pun⁵⁴ ia²⁵ kau²¹ e⁰ tsʰeʔ⁵ bo⁰？
安溪	先生有一本野厚分册与汝无？ sian³³ sĩ⁵⁵ u²¹ tsit⁵³ pun⁴⁴ ia⁵³ kau⁴² e⁰ tsʰeʔ⁴² hɔ⁴² lɯ²² bo⁰？
永春	先生与汝一本野厚分册无？ sian²² sĩ⁴⁴ hɔ³¹ lɯ⁵³ tsit⁴² pun⁴² ia³¹ kau³¹ e⁰ tsʰeʔ⁴² bo⁰？
德化	先生与汝一本野厚分册无？ sian²² sĩ¹³ hɔ³¹ lɯ³⁵ tsit⁴² pun⁴² ia³¹ kau³¹ e⁰ tsʰeʔ⁴² bo⁰？
漳州	先生敢有与汝一本尽厚分册？ sin²² sɛ̃³⁴ kã³⁴ u²¹ hɔ²¹ li³⁴ tsit²¹ pun³⁴ tsin²¹ kau²² e⁰ tsʰɛʔ³²？
龙海	先生与汝一本真厚分册，着无？ siŋ³³ sɛ̃³⁴ hɔ⁴¹ li³⁴ tsik⁴² puŋ³⁴ tsiŋ³³ kau³³ e⁰ tsʰɛʔ⁴²，tioʔ⁴ bo⁰？
长泰	老师敢唔是与汝一本尽厚分册？ lɔ⁴⁴ su⁴⁴ kã⁵³ m²¹ si²¹ heu²¹ li⁴⁴ tsit²¹ pun⁴⁴ tsin²¹ kau²² ue⁰ tsʰeʔ³²？
华安	先生甲有与汝一本真厚分册？ sin²² sɛ̃³⁵ kaʔ⁵ u³¹ hɔ³¹ li⁵⁵ tsit²¹ pun⁵⁵ tsin³¹ kau²² e⁰ tsʰeʔ³²？
南靖	先生甲有与汝一本真厚分册？ sin²² sɛ̃³⁴ kaʔ⁵⁴ u²¹ ho²¹ li⁴⁴ tsit²¹ pun⁴⁴ tsin²¹ kau²² e⁰ tsʰɛʔ³²？
平和	老师敢有捞一本真厚分册与汝？ lau²¹ su³⁴ kã²³ u²¹ tʰeʔ²¹ tsit²¹ pun²³ tsin²² kau²² e⁰ tsʰeʔ⁵⁴ hou²¹ li⁵²？
漳浦	先生与汝一本真厚分册，着吓？ sin³³ sɛ̃⁴³ hou²¹ li⁴³ tsit²¹ pun⁴³ tsin³³ kau³³ e⁰ sɛ⁵¹，tiɔʔ⁰ hɛ⁰？
东山	先生敢有与汝一本厚厚分册？ sin³³ sɛ̃⁴⁴ kam⁴⁴ u²² kʰou²² liʔ⁵ tsit⁴¹ pun⁴⁴ kau²² kau²² e⁰ tsʰeʔ⁴¹？

续表

	0034 老师给了你一本很厚的书吧？
云霄	先生有与汝一本真厚兮册啊无？ sian³³ sĩ⁵⁵ u²¹ kʰou²¹ li⁵⁵ tsit²¹ pun⁵⁵ tsin⁵³ kau²¹ e⁰ tsʰeʔ⁵ a⁰ bo⁰?
诏安	先生与汝一本很厚个册乎？ siŋ³³ sɛ̃³³ kʰou³¹ lɯ²⁴ tsit³² pun²⁴ han⁵³ kau³³ gə⁰ tsʰɛʔ³² hõ⁵³?
龙岩	老师分汝一本僀厚兮字册，是吗？ lau²¹ sɿ³³ pun⁵⁵ li²¹ tɕiɛt⁵ pun²¹ pai⁴² kau⁴² ɛ¹¹ tɕi¹¹ tɕʰie⁵⁵, ɕi⁴² ba²¹?
漳平	老师分汝一本尽厚兮册，有无？ lau²¹ su³⁵ puen³³ li²¹ tsiet²¹ puen²¹ tsin²¹ kau⁵⁵ e⁰ tsʰɛ²¹, u⁵⁵ bɔ⁰?
大田城关	老师乞汝蜀本太厚兮书无？ lɤ²⁴ sɤ³³ kʰi⁵⁵ li³¹ tseʔ³ puen⁵³ tʰɛ⁵³ kɔ⁵⁵ ze⁰ tsi³³ bɤ⁰?
大田广平	老师有乞汝一本太厚个书无啊？ lɯ²⁴ sɯ³³ iŋ²⁴ kʰiɐ⁵ li²² ʃiɐ²² pue²⁴ tʰɛ³³ ko⁴⁵ ko⁰ tʃy³³ bɯ²⁴ ga⁰?
霞浦三沙	先生还汝蜀本野厚的书吧？ siaŋ⁴⁴ seŋ⁴⁴ hai²¹ ny⁴² tseʔ²¹ pŋ⁴² ia³⁵ kau²¹ ti⁰ tsy⁴² pa⁰?
福鼎沙埕	老师与汝一本很厚其书吧？ lɔ⁴⁴ sɯ⁴⁴ xɔ²¹ lɯ⁵³ tsiet²¹ pən⁵³ xən²⁴ kau²¹ ki⁰ tsɯ⁴⁴ pa⁰?
建瓯	老师拿了一本尽厚个书纳你了呵？ lau²¹ su⁵⁴ na⁴² lɔ³³ tsi³³ pɔŋ²¹ tseiŋ⁴² ke⁴² kɛ³³ sy⁵⁴ na²⁴ ni¹ lɔ³³ ɔ⁰?
建阳	先生拿你一本很厚个书孬？ siŋ⁵¹ saiŋ⁵¹ na⁴⁵ nɔi⁴¹ tsi:⁴ puŋ²¹ xaiŋ²¹ kəu³³ ke³³ sy⁵¹ naiŋ⁴¹?
政和	老师给你一本尽厚个书吧？ lo²¹³ su⁴³ kʰai²⁴ ni⁴² tsi⁴² pauŋ²¹³ tseiŋ⁴² kɛ⁴² kiɛ⁴² sy⁵³ pa⁰?
松溪	老师乞你一本尽厚个书哈？ lo²²³ su⁵³ kʰiɛ²²³ niɛ⁴² tsi⁴² pueiŋ²²³ tseiŋ⁴² ka⁴² ka²² sy⁵³ xa⁰?
武夷山	老师给你一本很厚个书孬？ lau³¹ su⁵¹ ko³⁵ nɛi⁵¹ tsi²¹ pueiŋ³¹ xɛiŋ³¹ iəu²² kɛi⁰ sy⁵¹ naiŋ²²?
浦城石陂	老师乞你个本很厚个书是孬？ lɔ²¹ su⁵³ kʰi:⁴⁵ ni⁴² kɵ⁵³ pueiŋ²¹ xeiŋ²¹ gəɯ³³ ke⁰ ɕy⁵³ ɕi⁵³ naiŋ⁴²?

续表

	0034 老师给了你一本很厚的书吧？
南平夏道	先生拿了一本真厚其书乞汝？ siŋ¹¹ saŋ¹¹ na⁵⁵ lo⁰ tɕi¹¹ puiŋ³³ tseiŋ¹¹ kau⁵⁵ ɛ⁰ çy¹¹ kʰøy¹¹ ny¹¹?
顺昌	先生搦你个本很厚个书吧？ siŋ⁴⁴ sɛ⁴⁴ lɔ⁵¹ lɛ³¹ ka³⁵ puẽ³⁵ hɛ³¹ hai¹¹ ka³⁵ ʃy⁴⁴ pa⁰?
将乐	老师得咯你个本盖世厚记书？ lau²¹ sɿ⁵⁵ ta²¹ lo?⁵ le²² ka?⁵ pīŋ²¹ kuæ⁵¹ sɿ⁵⁵ xeu⁵¹ ki²² ʃy⁵⁵?
光泽	老师得儥个本顶厚个书冇？ lau⁴¹ sɛ²¹ tie⁴¹ hiən⁴¹ kɛi³⁵ pɛn⁴⁴ tie⁴¹ hɛu⁴⁴ kɛi³⁵ sy²¹ mau⁴⁴?
邵武	先生得儥个本顶厚个书嘛？ sien²¹ sien²¹ tie⁵³ hien³⁵ kəi²¹ pən⁵⁵ tʰin⁵⁵ həu⁵⁵ kəi²¹ çy²¹ ma⁰?
三明	老师□个本厚厚的书你？ lauɯ¹² sɿ⁴⁴ kʰɒ⁵¹ kɒ⁴³ puã³¹ kœ³¹ kœ²⁵⁴ li⁰ ʃy⁴⁴ ŋi⁴⁴?
永安	老师欠你本很厚个书？ lauɯ³³ sɿ⁵² kʰɛ̃i²⁴ ŋi⁵² puã²¹ hã²¹ kø⁵⁴ ke⁰ ʃy⁵²?
沙县	老师拿你个本厚厚的书是唔是啊？ lo⁵⁵ sɿ³³ nɔ̃³³ gi³³ ka²¹ puẽ⁵⁵ kau²¹ kau⁵³ li⁰ ʃy³³ sɿ⁵³ ŋ²¹ sɿ⁵³ a⁰? "是唔是"也说"无"。 老师拿个本厚厚的书□你是唔是啊？ lo⁵⁵ sɿ³³ nɔ̃³³ ka²¹ puẽ⁵⁵ kau²¹ kau⁵³ li⁰ ʃy³³ kʰiŋ²¹ gi³³ sɿ⁵³ ŋ²¹ sɿ⁵³ a⁰? "是唔是"也可说"无"。
长汀	老师係係拿哩一本野厚个书得尔？ lɒ²⁴ sɿ³³ he³³ he⁴² na²¹ le³³ i²⁴ peŋ⁴² ia²⁴ həɯ³³ ke²¹ ʃu³³ te²¹ ni³³?
连城	老师乞咯尔一本好厚个书係冇？ lau²¹ sɯə⁴³³ kʰuo⁵⁵ lo⁰ ŋi⁵³ i⁵⁵ paiŋ²¹ hau²¹ həɯ⁴³³ ka⁰ ʃiɛ⁴³³ si⁵⁵ mau²²?
上杭	老师拿撇儥一本极厚欸书？ lɔu³¹ sɿ⁴⁴ nɒ⁴⁴ pʰɛʔ³² hŋ²¹ iʔ³² pẽ³¹ tɕʰiʔ³⁵ kʰiɛ⁴⁴ ɛ³¹ sʉ⁴⁴?
武平	老师有冇撇儥一本咁⁼□个书？ lɔ⁴² sɿ²⁴ iu⁴² mɔ⁴² tɛ²⁴ hŋ²⁴ iʔ³ pɛŋ⁴² kaŋ²² pʰiŋ²² ke⁴² su²⁴?

续表

	0034 老师给了你一本很厚的书吧？
永定	先生分尔哩一本甚厚个书吗？ ɕiɛ̃⁴⁴ sẽ²⁴ peŋ²⁴ ŋ²² li⁰ ieʔ³² peŋ³¹ tsʰeŋ³³ kʰəu⁴⁴ kɛʔ⁵ su⁴⁴ ma⁵⁵？
明溪	老师搭你个本好厚的书吧？ lau⁴¹ sɿ⁴⁴ ta⁴¹ le⁴¹ kɤ⁰ peŋ⁴¹ xau⁴⁴ xaø⁵⁵ ti⁰ sy⁴⁴ pa⁰？
清流	老师界尔一本好厚个书馅？ lɔ²¹ sɿ³³ pə⁵⁵ ŋi³³ ie²¹ pɛ̃²¹ hɔ²¹ hə³³ ka³⁵ ʃy³³ maŋ²³？
宁化	老师界了尔一本好厚个书馅？ lau³¹ sə⁴⁴ pai³¹ lə⁰ i³⁴ i⁵ paiŋ³¹ hau³¹ hɯ⁴² ka³¹ su³¹ mɒŋ⁰？
新罗客家	老师拿哩一本厚厚个书分尔，係唔係？ ləu²¹ sɿ⁴⁴ nõ⁵⁵ li⁵⁵ iʔ⁵ peŋ⁴¹ tʃie⁴⁴ tʃie⁴⁴ ka⁴¹ ʃʯə⁴⁴ peŋ⁴⁴ ŋi⁵⁵，xei²¹ ŋ²¹ ŋei⁵⁵？
平和客家	先生分僩一本真笨个书吧？ sian³¹ seŋ³³ pun³¹ heŋ³³ it⁵³ pun³¹ tɕin³¹ pʰun³³ kai³¹ ɕy³³ pa⁰？
诏安客家	老师□一本真笨个书得僩係？ lɔu⁴⁵ sɿ²² tʰɛi²² zit⁵ pun³¹ tsin⁴⁵ pʰun²² kɤ⁰ ʃʯy²² te⁰ hen⁵³ hɛi⁰？
泰宁	老师得了尔个本几泥=厚个书吗？ lo³⁵ sɿ³¹ tæ³⁵ lə⁰ ŋ³⁵ kə³⁵ pun³⁵ ki³⁵ næ⁵¹ xei³⁵ kə⁰ ɕy³⁵ mə³³？
建宁	先生界了尔一本老厚个书无？ sien³⁴ sien³⁴ pei⁵⁵ liau⁵⁵ ŋ⁵⁵ it² pon²⁴ lau⁵⁵ həu⁵⁵ kai⁵⁵ sə³⁴ mo⁵⁵？
浦城城关	老师分了侬介本很厚个书吧？ lɑo⁵⁴ se³⁵ feŋ³⁵ le⁰ noŋ⁵⁴ ka⁴⁴ peŋ⁴⁴ xeŋ⁴⁴ ku⁵⁴ ke⁰ ɕye³⁵ pa⁰？
南平延平	老师拿了你一本厚厚的书［没有］咯？ lau⁵³ sɿ³³ la²¹ lɤ⁰ li²⁴² i³³ peiŋ²⁴² xeu⁵³ xeu³⁵ ti⁰ ɕy³³ miu²⁴ lau⁰？

	0035 那个卖药的骗了他一千块钱呢。
福州	许隻卖药其侬骗伊蜀千对⁼钱。 xi⁵³ ieʔ²⁴ me⁵⁵ yoʔ⁵ iº nøyŋ⁵² pʰieŋ²¹ i⁵⁵ soʔ²¹ tsʰieŋ⁵² nɔy²¹ tsʰieŋ⁵².
闽侯	[许蜀] 隻卖药侬骗伊蜀千对⁼钱去。 xie⁵³ ieʔ²⁴ me³³ yo⁵³ nøyŋ⁵³ pʰieŋ²¹² i⁵⁵ suoº tsʰieŋ⁵³ lɔy²¹ tsieŋ⁵⁵ oº.
长乐	许隻卖药其侬骗伊蜀千对⁼钱。 xy⁵³ ieʔ²⁴ me⁵⁵ yoʔ⁵ iº nøyŋ⁵³ pʰieŋ²¹² i⁵⁵ suo²² tsʰieŋ⁵³ nøy²¹ tsʰieŋ⁵⁵.
连江	许隻卖药其[乞伊]骗蜀千对⁼钱去。 hie²¹ ʒieʔ¹³ me²¹ yøʔ⁵ iº køy⁵¹ pʰieŋ²¹² suo³³ tsʰieŋ⁵⁵ tɔi²¹² tsieŋ⁵¹ auº.
罗源	许隻卖药其侬骗了伊蜀千块钱。 xi²¹ ʒiaʔ² mɛ⁴⁴ yøʔ⁵² liº nœŋ³¹ pʰieŋ³⁵ lau²¹ i⁴² θyøʔ²¹ ʒieŋ²² nøy³⁵ tsʰieŋ³¹.
福清	许蜀隻卖药其骗伊蜀千块钱啊。 xy⁵³ θio²¹ ia²¹ mɛ⁴⁴ io⁵³ ki²¹ pʰieŋ³⁴ i⁵³ θio⁴⁴ tsʰieŋ³⁴ nɐi²¹ tsieŋ⁴⁴ ŋaº.
平潭	许隻卖药其骗了伊蜀千兑⁼钱哦。 xy²¹ zia²¹ mɛ⁴⁴ yo⁵¹ eº pʰieŋ²¹ lau³¹ i⁵¹ θyo⁰ tsʰieŋ⁴⁴ nɔy²¹ tsieŋ⁴⁴ oº.
永泰	许隻卖药其骗伊蜀千对⁼钱啊。 hyʔ⁵ tsieʔ³ mɛ⁴⁴ yoʔ⁵ kiº pʰieŋ²¹ ⁴⁴ suo²¹ tsʰieŋ⁴⁴ nɔi²¹ tsieŋ³⁵³ ŋaº.
闽清	许隻卖药其骗伊蜀千对⁼钱。 hiek⁵ tsiek³ mɛ⁴⁴ yøʔ⁵ liº pʰieŋ²¹ i⁴⁴ suok³ tsʰieŋ⁴² nɔi²¹ ʒieŋ³⁵³.
古田	许隻卖药其助伊骗去蜀千块钱。 hie⁵⁵ liek⁵³ mɛ³³ yøʔ⁵ kiº tsœ²⁴ i³³ pʰieŋ²¹ ŋuº syøʔ³³ tsʰieŋ⁵⁵ toi²¹ tsieŋ³³.
屏南	许隻卖药侬骗伊蜀千对⁼钱。 ha⁴⁴ ʒia⁴⁴ mɛ⁴⁴ ɣk³ nɯŋ²² pʰɪŋ³⁴ i⁴⁴ suk³ tsʰɪŋ⁴⁴ nɔi³⁴ tsɪŋ²².
宁德	伊乞许蜀隻卖药其骗去蜀千块钱学⁼。 i³³⁴ kʰi⁵⁵ xaʔ²³ sie³³ ieʔ⁵⁴ mɛ³⁵ øʔ⁵⁴ ei¹¹ pʰɪŋ³⁵ kʰy³⁵ sɔ³³ tsʰɛŋ³³ tɔi³⁵ tsiŋ¹¹ ŋɔʔ⁵⁴.
霞浦城关	许隻拍铁杆其骗了伊千几块钱。 he⁵⁵ tseʔ⁵ pʰa⁴⁴ tʰeʔ⁵ kaŋ⁵¹ ŋɛ⁰ pʰeŋ³⁵ lo⁰ i⁴⁴ tsʰeŋ⁴⁴ kui⁴² toi³⁵ tseŋ²¹.
福安	总隻卖药其侬卜伊骗去蜀千块钱。 tsuŋ⁵⁵ nei⁵⁵ mɛ²³ iʔ⁵ ɛ⁴⁴ nœuŋ²¹ pu⁴⁴ ei³³¹ pʰɪŋ³⁵ kʰø⁴⁴ si⁴⁴ tsʰɛŋ³³¹ tɔi⁵⁵ tsiŋ²¹.

	0035 那个卖药的骗了他一千块钱呢。
柘荣	许隻卖药其骗伊蜀千对⁼钱。 xiaʔ⁵tsiaʔ⁵mɛ⁵⁵yø²¹kɛ⁴⁴pʰieŋ⁴⁵i⁴⁴tsʰi⁴⁴tsʰieŋ⁴⁴tɔi⁵⁵tsieŋ²¹.
周宁	许蜀隻卖药其依帮伊其钱骗去蜀千对⁼。 xai³⁵iɛk⁵mɛ⁵⁵ykʲ²i⁵nœŋ²¹puŋ⁴⁴i⁴⁴i⁰tsin²¹pʰin³⁵nu⁰si⁴⁴tsʰɛn⁴⁴tɔi³⁵.
寿宁	许个卖药其依骗了伊蜀千块钱。 xa³⁵kɔi³⁵mɛ³³yøʔ²ɛ⁰nɛŋ²¹pʰieŋ³⁵liu⁰i³³si³³tsʰeŋ³³tɔi³⁵tsieŋ²¹.
福鼎城关	许个卖药其依甲伊骗蜀千对⁼去。 xi⁵⁵koi⁴²mɛ⁵⁵ie³⁵ke⁰neŋ²¹ka³³i⁵⁵pʰieŋ⁴²siʔ³tsʰeŋ³³toi⁴²kʰie⁰.
尤溪	伊乞许个卖药个骗去蜀千块钱。 i⁵⁵kʰa⁴xi⁴⁴ki⁴²mi³³yø³³ki⁰pʰẽ⁴⁴kʰy⁴⁴ɕie³³tsʰẽ³³kʰuai⁴⁴tsẽ¹².
莆田	许个卖药厄⁼骗了伊蜀千个钱。 heʔ⁵ke²⁴pe⁵³³ieu¹¹eʔ⁵pʰeŋ⁴²lieu⁴⁵³i⁵³³ɬɔʔ³tsʰe⁵³³ke²⁴tsiŋ²⁴.
涵江	许个卖药厄⁼搦伊蜀千个钱乞骗行。 hik⁴ke¹³pe⁵⁵iau¹³at⁴tia²¹i⁰ɬot¹tsʰø²¹e¹³tsiŋ¹³kip¹pʰɛŋ⁴²kia⁰.
仙游城关	许个卖药厄⁼将伊蜀千个钱乞骗行。 hɛk²³ke²⁴pe⁵⁵iɛu²⁴ɛ⁰tsyøŋ⁵⁵i⁰ɬuot²tsʰī²¹e²⁴tsiŋ²⁴kɛp²pʰɛŋ⁴²kia⁰.
仙游枫亭	许个卖药厄⁼骗了伊蜀千个钱。 heʔ⁵ke²⁴pe⁵³³ieu¹¹eʔ⁵pʰeŋ⁴²lieu⁴⁵³i⁴⁵³ɬɔʔ³tsʰī¹¹e²⁴tsiŋ²⁴.
厦门	许个卖药兮骗伊一千箍。 hi⁵³le²²bue²²ioʔ⁴e⁰pian⁵³i²²tsit⁴tsʰin²²kʰɔ⁴⁴.
同安	迄个卖药兮骗伊一千箍啊。 hit⁴ge⁰bue¹¹ioʔ⁵³e⁰pʰian⁴²i⁴⁴tsit¹¹tsʰãi³³kʰɔ⁴⁴a⁰.
泉州鲤城	伊一千箍度迄兮卖药兮骗去咯。 i³³tsit²²tsʰuī³³kʰɔ³³tʰɔ²²hit²⁴e²⁴bue²²ioʔ²⁴e⁰pʰian⁴¹kʰɯ⁰lɔ⁰.
泉州洛江	伊传迄许兮卖药兮骗去一千箍。 i³³tŋ²²hit⁵e⁰bue²²ioʔ³⁴e⁰pʰian⁵⁵kʰi⁰tsit²tsʰuī³³kʰɔ³³.
南安	迄个卖药兮共伊骗一千箍银去。 hik⁵ge²²bue²²ioʔ²e⁰kaŋ²²i³³pʰian⁵⁵tsit²tsʰuī³³kʰɔ³³gən²⁴kʰɯ⁰.

续表

	0035 那个卖药的骗了他一千块钱呢。
晋江	迄个卖药兮骗伊一千箍咧。 hit³⁴ge²⁴bue²²ioʔ³⁴e⁰pʰian⁵⁵i³³tsit²tsʰuĩ³³kʰɔ³³le⁰.
石狮	迄个卖药兮骗伊一千箍。 hit⁵ge²⁴bue²²ioʔ³⁴e⁰pʰian⁵⁵i³³tsit²tsʰui³³kʰɔ³³.
惠安	伊度卖药兮骗去一千箍。 i³³tʰɔ²²bue²²ioʔ³⁴e⁰pʰian⁵⁴kʰɯ⁴²tset⁵tsʰuĩ³³kʰɔ³³.
安溪	迄兮卖药兮共伊骗去一千箍。 hit⁵e⁰bue⁴²ioʔ²²e⁰kaŋ⁴⁴i³³pʰian⁵³kʰɯ⁴²tsit⁴²tsʰuĩ³³kʰɔ⁵⁵.
永春	迄兮卖药兮共伊骗一千箍去。 hit⁴e⁰bue³¹ioʔ⁴e⁰kaŋ³¹i²²pʰian⁵³tsit⁴tsʰuĩ²²kʰɔ⁴⁴kʰɯ⁰.
德化	迄兮卖药兮共伊骗去一千箍。 hit⁴²e⁰bue³¹ioʔ³¹e⁰kaŋ³¹i¹³pʰian⁴²kʰɯ⁰tsit⁴²tsʰuĩ²²kʰɔ¹³.
漳州	伊一千箍煞乞与迄股卖药仔设去啦。 i²²tsit²¹tsʰin²²kʰɔ³⁴sak⁵kʰi⁵³hɔ²¹hit⁵kɔ³⁴be²¹io²²ua⁵⁴siat³²kʰi⁰la⁰.
龙海	迄个卖药仔共伊骗一千箍呢。 hik⁴ge³³be⁴¹io²³a³²ka⁴¹i³³pʰiaŋ⁵²tsik⁴²tsʰiŋ³³kʰɔ³⁴nɛ̃⁰.
长泰	迄股卖药仔共伊骗去一千箍银呐。 hit⁵kiɔ⁴⁴bue²¹io²²ua⁵⁴ka²¹i²²pʰian⁵³kʰi⁵³tsit²¹tsʰaŋ²²kʰeu²²gin²⁴nẽ.
华安	迄股卖药仔兮共伊骗去一千箍去着。 hit⁵kɔ⁵⁵be³¹ioʔ³⁵a⁵³e⁰ka³¹i²²pʰian⁵³tsit²¹tsʰin²²kʰɔ³⁵kʰi³¹tio⁰.
南靖	迄股卖药仔兮共伊骗去一千箍着啊。 hit⁴kɔu⁴⁴be²¹ioʔ²²a⁰e⁰ka²¹i²²pʰian⁵⁴kʰi⁵⁴tsit²¹tsʰin²²kʰou³⁴tio⁰a⁰.
平和	许股卖药仔兮合伊骗一千箍着。 hit³²kou²³be²¹ioʔ²¹ã⁵²e⁰ka⁴²i³⁴pʰian⁵²tsit²¹tsʰiŋ²²kʰou³⁴tioʔ⁰.
漳浦	哦迄兮卖药仔共伊骗一千啊。 ɔ¹³hit⁴ɛ³³biei²¹io¹³a⁰ka²¹i³³pʰian⁵¹tsit²¹sioŋ⁴³a⁰.
东山	迄兮卖药仔兮捞伊一千箍。 hit⁵e³³be²²io²²a⁰e⁰lau⁴⁴i³³tsit⁴¹tsʰeŋ³³kʰou⁴⁴.

续表

	0035 那个卖药的骗了他一千块钱呢。
云霄	迄股卖药仔骗伊一千箍啊。 hit⁵kou⁵⁵be²¹io³³a⁵³pʰian⁵³i³³tsit²¹tsʰian³³kʰou⁵⁵a⁰.
诏安	许股卖药兮骗伊一千箍。 hɯ²⁴kou²⁴bei³¹io³³ɛ⁵³pʰian⁵³i³³tsit³²tsʰiŋ³³kʰou⁴⁴.
龙岩	哼一个卖药兮骗伊一千箍银。 xŋ²¹³tɕiɛt³kie¹¹bie¹¹ɡio⁴²ɛ¹¹pʰian²¹i⁵⁵tɕiɛt³tɕʰĩ¹¹kʰu³³ɡin¹¹.
漳平	□个卖药兮骗伊一千箍啊。 bɛ³³kai²¹bie⁵⁵io⁵⁵e⁰pʰen²¹i³³tsiet²¹tsʰan³³kʰɔ³⁵a⁰.
大田城关	许［一个］卖药兮骗伊一千箍咧。 hi⁵³tse³³be³³iɤ⁵⁵ze⁰pʰiaŋ⁵⁵i³¹tseʔ³tsʰiŋ³³kʰu³³lɛ⁰.
大田广平	迄隻卖药个骗去伊一千块票咧。 hɒ⁵tʃiɛ³³bi²²dʒiɯ⁴⁵kɤ⁰pʰe³¹kɤ⁰iº ʃiɛ²²tsʰẽi³³kʰuɛ³¹pʰiu³¹le⁰.
霞浦三沙	许个卖药的合骗伊一千箍。 he³⁵ke²¹buoi³⁵hioʔ²⁴ti⁰ka²¹pʰiaŋ⁵⁵i⁵⁵tsʰeʔ²¹tsʰãi³⁵kʰo²¹.
福鼎沙埕	许个卖药兮骗了伊一千块其钱哪。 xə²¹ɡe²¹buei²⁴ieu²⁴e⁰pʰian²¹la²¹i⁴⁴tsiet²¹tsʰuĩ²¹tə²¹i⁰tsĩ⁴⁴na⁵³.
建瓯	兀隻卖药个骗了渠一千□钱嘞。 u²⁴tsia²⁴mai⁵⁵iɔ⁴²kɛ³³pʰiŋ³³lɔ³³ky⁴²tsi³³tsʰeiŋ⁵⁴tʰi⁵⁵tsiŋ³³le⁰.
建阳	兀隻卖药个骗了渠一千□钱嘞。 u³⁵tsia⁴mai⁵⁵jiɔ⁴kɛ³³pʰieiŋ³³lo⁰ky⁴¹tsi⁴tʰaiŋ⁵¹hie⁵⁵tsiŋ³³le⁴¹.
政和	兀隻卖药个骗了渠一千□钱。 ua²⁴tsia²⁴mai⁵⁵io⁴²kiɛ⁴²pʰiŋ⁴²lo²¹³ky⁴²tsi⁴²tsʰaiŋ⁵³tʰiɛ⁵⁵tsiŋ³³.
松溪	兀卖药个骗班⁼渠一千□钱嘞。 ua²²³ma²²xio⁴²ka²²pʰiŋ²²paŋ⁵³kio⁴²tsi⁴²tsʰeiŋ⁵³tʰiɛ⁴⁵tseiŋ⁴⁴lɛi⁰.
武夷山	兀隻卖药个骗了渠一千□钱呢。 u³⁵tsia³⁵mai⁵⁵yoʔ⁵⁴kɛi⁰pʰiŋ²²lɛi³¹həu⁵¹tsi²²tʰaiŋ⁵¹hi⁵⁵tsiŋ³³lɛi⁰.
浦城石陂	许隻卖药个骗了渠个千□钱哦。 ɦu²⁴tɕia²⁴maɛ³⁵ɦiθ⁴²ke⁰pʰiŋ⁵³lo⁰ɡy⁴²kθ⁵³tsʰaiŋ⁵³tʰie⁴⁵tɕiŋ³³ɦɔ⁴².

续表

	0035 那个卖药的骗了他一千块钱呢。
南平夏道	许隻卖药其骗了伊一千剃⁼钱哦。 xa¹¹ tɕia³³ mɛ³³ ye⁵⁵ ɛ⁰ pʰiŋ²⁴ lo⁰ i¹¹ tɕi¹¹ tɕʰiŋ¹¹ tʰiɛ²⁴ tɕiŋ⁵⁵ o¹¹.
顺昌	外隻卖药个，骗了渠个千块钱呢。 ua⁵¹ tʃa⁴⁴ ma⁵¹ ioʔ⁵ ka³⁵，pʰɛ³⁵ lo⁰ kɛ³¹ ka³⁵ tsʰaŋ⁴⁴ kʰuɛ³⁵ tʃʰẽ¹¹ le⁰.
将乐	兀隻卖药记骗咯渠个千块钱。 va²¹ tʃa²¹ mæ⁵⁵ yo⁵⁵ ki²² pʰiɛ³²⁴ lo²¹ ki²² ka⁵¹ tsʰiɛ̃⁵⁵ kʰui⁵¹ tsʰiɛ²².
光泽	兀蜀个卖药个骗了俘个千块铜钱哪。 u⁴¹ ɕi²¹ kɛ³⁵ miɛ⁵⁵ iɔ⁴¹ kɛi³⁵ pʰiən³⁵ liɛu⁰ hu⁴¹ kɛ³⁵ tʰiən²¹ kʰuai³⁵ hŋ²² tʰiən²² nɔ⁰.
邵武	兀蜀个卖药个尺⁼儿俘个千块票儿。 o⁵³ ɕi³³ kəi²¹ miɛ³⁵ io³⁵ kəi²¹ tɕʰio⁵³ ə⁰ hu³⁵ kəi²¹ tʰien²¹ kʰuai²¹ pʰiau²¹ ə⁰.
三明	外隻卖药的骗了渠个千块钱。 ŋuo⁴³ tʃɒ²¹³ me³³ iɯ²⁵⁴ li⁰ pʰɛi³³ lo⁰ ŋy⁴⁴ kɒ⁴³ tsʰɛ̃⁴⁴ kʰuei³³ tsɛ̃i⁵¹.
永安	外隻卖药其骗罢渠寡千块钱。 ŋuɒ²¹ tʃiɒ¹³ me⁴⁴ iɯ⁵⁴ ke⁰ pʰɛ̃i²⁴ po⁰ ŋy⁵² kuɒ²¹ tsʰɛi⁵² kʰue⁴⁴ tsɛ̃i³³.
沙县	外隻卖药的拿渠骗罢个千碎⁼。 gua²¹ tʃia⁰ bɛ⁴⁴ io⁵³ li⁰ nɔ̃⁴⁴ ky³³ pʰiɛ̃²⁴ pɔ̃⁰ ka²¹ tsʰiɛ̃⁴⁴ tsʰui²⁴. 外隻卖药的骗了渠个千碎⁼。 gua²¹ tʃia⁰ bɛ⁴⁴ io⁵³ li⁰ pʰiɛ̃²⁴ lo⁰ ky³³ ka²¹ tsʰiɛ̃³³ tsʰui²⁴.
长汀	介个卖药个骗哩渠一千块钱哩。 kai⁴² ke³³ me³³ io³³ ke⁵⁵ pʰiŋ⁵⁵ le⁵⁵ ke³³ i˙⁵⁵ tsʰiŋ³³ kʰue⁴² tsʰiŋ²⁴ le⁴².
连城	介个卖药个骗咯渠一千块钱。 ka⁵³ ka⁰ me⁵⁵ iɯ⁵³ ka⁰ pʰe⁵³ lo⁰ kuɛ⁴³³ i˙⁵⁵ tsʰe³³ kʰua²¹ tsʰe²².
上杭	介个卖药欸骗哩渠一千块钱。 ka³¹ ka³⁵³ məi³¹ ioʔ³⁵ ɛ³¹ pʰiɛ³⁵³ lɛ³¹ kei²¹ i˙ʔ³² tsʰiɛ⁴⁴ kua³⁵³ tsʰiɛ²¹.
武平	介个卖药个骗矣渠一千块钱。 ka²² ke⁴⁵¹ me⁴⁵¹ ioʔ⁴ ke⁴⁵¹ pʰiɛŋ⁴⁵¹ i˙²² ki²⁴ iʔ³ tsʰiaŋ²⁴ kʰua⁴² tsʰiaŋ²².

续表

	0035 那个卖药的骗了他一千块钱呢。
永定	这个走江湖个骗哩渠一千块钱。 tiʔ³²kɛʔ⁵tsəu³¹kɔ̃²⁴fu³¹kɛʔ⁵pʰiẽ⁵²li⁰tɕi²²ie⁵tɕʰiɛ̃⁴⁴kʰuai⁵²tɕʰiɛ̃²².
明溪	阿卖药的骗了渠个千块钱啊。 a⁴⁴ma⁵⁵iɤ⁵⁵ti⁰pʰieŋ²⁴lɤ⁰kʰø³¹kɤ⁰tsʰieŋ⁴⁴kʰue⁴¹tsʰieŋ³¹a⁰.
清流	介个卖药个骗哩渠一千块钱咧。 ka²¹ka³⁵ma³²io⁵⁵ka³⁵pʰeŋ³⁵li⁰kə³³ie²¹tsʰeŋ³³kʰua³⁵tsʰeŋ²³lɛ⁰.
宁化	介一个卖药个，骗了渠一千块钱咧。 kə²⁴i⁵ka³¹ma⁴²io⁴²ka³¹, pʰieŋ²¹²lə⁰kə⁴i⁵tɕʰieŋ³⁴kʰua²¹²tɕʰieŋ²⁴lie⁰.
新罗客家	个个卖药个骗子骗哩渠一千块钱。 ka⁵⁵ka⁴⁴mei³⁵iuʔ⁵ka⁴⁴pʰiẽ²¹tsɿ⁴⁵³pʰiẽ²¹li⁵⁵tu⁴⁴iʔ⁵tsʰiẽ⁴⁴kʰua²¹tsʰiẽ³⁵.
平和客家	介个卖药个设去渠一千块银。 ka³⁵kai³¹mi³³ziɔʔ⁵³kai³¹ɕiat⁵³kʰy³¹ky³⁵it⁵³tsʰian³¹kʰeu³¹ŋy³⁵.
诏安客家	外个卖药个骗渠一千銛□。 kuaʔ²³ka³¹mi²²ziɔu⁴⁵kɤ⁰pʰiɛŋ²²ky⁵³zit⁵tsʰiɛn⁴⁵kʰeu²²kua⁰.
泰宁	外隻卖药个骗了渠个千块钱呢。 ua³⁵tɕia³³mæ³³yo²¹kə⁰pʰien⁵¹lə⁰hi³⁵kə³³tʰan³¹kʰuai⁵¹tʰien³³nə⁵¹.
建宁	外一介卖药介拐了士〃一千块钱咧。 uei²¹it²¹kai²⁴mai⁵⁵iok⁵kai²¹kuai⁵⁵liau⁵⁵sɿ⁵⁵it²tsʰien³⁴kʰuei⁵¹tsʰien²⁴nə⁵¹.
浦城城关	或得个卖药个骗了渠介千块钱呢。 xuo²⁴te²¹ke²¹ma²¹iɑo³²ke²¹pʰiãi⁴²³le⁰ke⁵⁴ka⁴⁴tɕʰiãi³⁵kʰua⁴²³tɕiãi²⁴le⁰.
南平延平	那个卖药的骗了他一千块钱呢。 la³³ko³⁵mai⁵⁵yo³³ti⁰pʰieŋ³⁵lɤ⁰tʰa³³i⁵⁵tɕʰieŋ³³kʰuai⁵⁵tɕʰieŋ²¹¹e⁰.

	0036a. 我上个月借了他三百块钱。b. 我上个月借了他三百块钱。 a. 借入。b. 借出。如与 a 句相同，注"同 a"即可。
福州	a. 前蜀月我借伊三百对⁼钱。 a. sein⁵² no⁵⁵ ŋuoʔ⁵ ŋuai³³ tsuo²⁴ i⁵⁵ saŋ²¹ ma⁵² lɔy²¹ tsieŋ⁵². b. 前蜀月我借乞伊三百对⁼钱。 b. sein⁵² no⁵⁵ ŋuoʔ⁵ ŋuai³³ tsuo²⁴ kʰøy²⁴ i⁵⁵ saŋ²¹ ma⁵² lɔy²¹ tsieŋ⁵². 如果语境能排除歧义，借出也可说成 a 句。
闽侯	a. 上个月日我借伊三百对⁼钱。b. 同 a。 a. syoŋ²¹ a²¹ ŋuoʔ³³ ni⁵ ŋuai³³ tsuo²⁴ i⁵⁵ saŋ²¹ ma⁵³ lɔy²¹ tsieŋ⁵³. b. 同 a。
长乐	a. 上蜀月我借伊三百对⁼钱。b. 同 a。 a. suoŋ⁵⁵ nuo⁵⁵ ŋuoʔ⁵ ŋui²² tsuoʔ²⁴ i⁵⁵ saŋ²¹ ma⁵³ lɔy²¹ tsieŋ⁵³. b. 同 a。
连江	a. 我前蜀个月日借伊三百对⁼钱。b. 同 a。 a. ŋui³³ sein⁵¹ nuo²¹ a³³ ŋuoʔ⁵ niʔ⁵ tɕyøʔ¹³ i⁵⁵ saŋ²¹ βaʔ¹³ lɔi²¹ tɕieŋ⁵¹. b. 同 a。
罗源	a. 我前蜀月借伊三百块钱。b. 同 a。 a. ŋui²¹ θɛŋ³¹ θyøʔ⁴ ŋuoʔ⁵² tsyøʔ² i⁴² θaŋ²¹ βa⁵³ løy³⁵ tsʰieŋ³¹. b. 同 a。
福清	a. 我前蜀月借伊三百块钱。b. 同 a。 a. ŋua³¹ θeŋ⁴⁴ θio⁴⁴ ŋuoʔ⁵ tsio²¹ i⁵³ θaŋ²¹ ma⁵³ lɐi²¹ tsieŋ⁴⁴. b. 同 a。
平潭	a. 我前蜀月借伊三百对⁼钱。b. 同 a。 a. ŋua³¹ θein⁴⁴ θyo⁴⁴ ŋuoʔ⁵ tsyo²¹ i⁵¹ θaŋ²¹ ma⁵¹ lɔy²¹ tsieŋ⁴⁴. b. 同 a。
永泰	我上蜀个月日借伊三百对⁼钱。b. 同 a。 ŋuoi³² suoŋ²⁴² luoʔ³ kaʔ³ ŋuoʔ⁵ niʔ⁵ tsuoʔ³ i⁴⁴ saŋ²¹ ma⁴⁴ lɔi²¹ tsieŋ³⁵³. b. 同 a。
闽清	a. 我上蜀个日借伊三百对⁼钱。b. 同 a。 a. ŋuai³² syøŋ²⁴² nɔk³ kɔk³ nik⁵ tsyøk³ i⁴⁴ saŋ²¹ ma⁴² lɔi²¹ ʒieŋ³⁵³. b. 同 a。
古田	a. 我上蜀走⁼日问伊借三百块钱。b. 我上蜀走⁼日借乞伊三百块钱。 a. ŋuai⁴² syøŋ²⁴ syø²¹ ʒau²¹ nik⁵ muoŋ²¹ ŋi³³ tsyøʔ² saŋ²¹ ma³⁵ loi⁵³ tsieŋ³³. b. ŋuai⁴² syøŋ²⁴ syø²¹ ʒau²¹ nik⁵ tsyøʔ² kʰikʔ² i³³ saŋ²¹ ma³⁵ loi⁵³ tsieŋ³³.
屏南	a. 我上蜀周日借伊三百对⁼钱。b. 同 a。 a. uai⁴¹ sʊŋ³²³ suk³ tsieu⁴⁴ nik³ tsyø³⁴ i⁴⁴ saŋ⁴⁴ βa²² lɔi³⁴ tsɿŋ²². b. 同 a。

续表

	0036 a. 我上个月借了他三百块钱。b. 我上个月借了他三百块钱。 a. 借入。b. 借出。如与 a 句相同，注"同 a"即可。
宁德	a. 我前蜀够˭日借噜伊三百块钱。b. 我前蜀够˭日借乞伊三百块钱。 a. ua⁴¹ sɛŋ¹¹ sɔ¹¹ kau³⁵ nik⁵⁴ tsyʔ²³ lu⁰ i·³³⁴ sam³³ ma⁵⁵ lɔi⁵⁵ tsiŋ¹¹. b. ua⁴¹ sɛŋ¹¹ sɔ¹¹ kau³⁵ nik⁵⁴ tsyʔ²³ kʰi⁵⁵ i³³ sam³³ ma⁵⁵ lɔi⁵⁵ tsiŋ¹¹.
霞浦城关	a. 我上遘日掏三百块钱借伊。b. 我上遘日借伊三百块钱。 a. ua⁴² θøŋ⁴⁴ ŋau⁵⁵ niʔ² tɔ²¹ θaŋ⁴⁴ maʔ⁵ toi⁵⁵ tseŋ²¹ tsøʔ⁵ i²¹. b. ua⁴² θøŋ⁴⁴ ŋau⁵⁵ niʔ² tsøʔ⁵ i⁴⁴ θaŋ⁴⁴ maʔ⁵ toi⁵⁵ tseŋ²¹.
福安	a. 我上蜀朝日卜伊借来三百块。b. 我上蜀朝日乞伊借去三百块。 a. ŋo⁴¹ sioŋ²³ si⁴⁴ au⁵⁵ neiʔ² pu⁴⁴ ei³³¹ tsiʔ⁵ lei²¹ saŋ⁴⁴ paʔ⁵⁵ tɔi³⁵. b. ŋo⁴¹ sioŋ²³ si⁴⁴ ʒau⁵⁵ neiʔ² kʰøu⁵⁵ ei³³¹ tsiʔ⁵ ø³⁵ saŋ⁴⁴ paʔ⁵⁵ tɔi³⁵.
柘荣	a. 我上朝日借伊三百对˭钱。b. 我上朝日乞伊借去三百对˭。 a. ŋua⁵³ θyɔŋ⁴⁴ tsau⁵⁵ niʔ²¹ tsyøʔ⁵ i⁴² θaŋ⁴⁴ pa⁵⁵ tɔi⁵⁵ tsieŋ²¹. b. ŋua⁵³ θyɔŋ⁴⁴ tsau⁵⁵ niʔ²¹ kʰi⁵⁵ i⁴² tsyøʔ⁵ kʰyø⁴⁵ θaŋ⁴⁴ pa⁵⁵ tɔi⁴⁵. 阳入 21 声调为短调。
周宁	a. 我头隻月借伊三百对˭钱。b. 同 a。 a. ua⁴² tʰau²¹ iɛk⁵ ŋuk⁵ tsyk⁵ i⁴⁴ san⁴⁴ pak⁵ tɔi⁵⁵ tsin²¹. b. 同 a。
寿宁	a. 我上月借伊三百块钱。b. 我上月借乞伊三百块钱。 a. ua⁴² syoŋ²³ ŋyøʔ² tsyø³⁵ i³³ saŋ³³ pa⁵⁵ tɔi³⁵ tsieŋ²¹. b. ua⁴² syoŋ²³ ŋyøʔ² tsyø³⁵ kʰyø⁵⁵ i³³ saŋ³³ pa⁵⁵ tɔi⁵⁵ tsieŋ²¹.
福鼎城关	a. 上月我甲伊借三百对˭。b. 上蜀月我乞伊借三百对˭。 a. sioŋ²¹ ŋuoʔ²³ ua⁵⁵ ka³³ i⁵⁵ tsie⁴² saŋ³⁵ pa³³ toi⁴². b. sioŋ²¹ siʔ³ ŋuoʔ²³ ua⁵⁵ kʰiʔ³ i⁵⁵ tsie⁴² saŋ³⁵ pa³³ toi⁴².
尤溪	a. 我上个月给伊借了三百块钱。b. 我上个月借乞伊三百块钱。 a. ŋua⁵⁵ çioŋ³³ ka³³ ŋue³³ kie³³ i⁵⁵ tsi⁴ lə⁰ sã³³ pa⁴ kʰuai⁵¹ tsẽ¹². b. ŋua⁵⁵ çioŋ³³ ka³³ ŋue³³ tsi⁴ kə⁴ i⁵⁵ sã³³ pa⁴ kʰuai⁵¹ tsẽ¹².
莆田	a. 我顶个月借伊三百个。b. 同 a。 a. kua⁴⁵³ teŋ²⁴ ke¹¹ kue²⁴ tsieu¹¹ i·⁴⁵³ ɬɔ¹¹ βa⁵³³ e²⁴. b. 同 a。

续表

	0036a. 我上个月借了他三百块钱。b. 我上个月借了他三百块钱。 a. 借入。b. 借出。如与 a 句相同，注"同 a"即可。
涵江	a. 我顶个月乞伊借三百个钱。b. 我顶个月借乞伊三百个钱。 a. kuat⁴tɛŋ¹³ŋe²¹kuai¹³kiʔ²⁴iº tsiau²¹ɬɒ²¹a⁵⁵e¹³tsiŋ¹³. b. kuat⁴tɛŋ¹³ŋe²¹kuai¹³tsiau²¹kiʔ²⁴iº ɬɒ²¹a⁵⁵e¹³tsiŋ¹³.
仙游城关	a. 我顶个月乞伊借三百个钱。b. 我顶个月借三百个钱乞伊。 a. kuat²³tɛŋ²⁴ŋe²¹kuoi²⁴kɛʔ²³it²³tsiɛu²¹ɬɒ²¹a⁵⁵e²⁴tsiŋ²⁴. b. kuat²³tɛŋ²⁴ŋe²¹kuoi²⁴tsiɛu²¹ɬɒ²¹a⁵⁵e²⁴tsiŋ²⁴kɛʔ²³iº.
仙游枫亭	a. 我顶个月借伊三百钱。b. 同 a。 a. kua⁴⁵³teŋ²⁴ke¹¹kuɤɯ²⁴tsieu¹¹i⁵³³ɬɔ̃²⁴pa¹¹tsiŋ²⁴. b. 同 a。
厦门	a. 我顶个月合伊借三百箍。b. 我顶个月借与伊三百箍。 a. gua⁵³tiŋ⁴⁴ko⁵³geʔ⁴kaʔ³²i⁴⁴tsio⁵³sã²²pa⁵³kʰɔ⁴⁴. b. gua⁵³tiŋ⁴⁴ko⁵³geʔ⁴tsio⁵³hɔ²¹i²²sã²²pa⁵³kʰɔ⁴⁴.
同安	a. 我顶个月借伊三百箍。b. 同 a。 a. gua⁴²tiŋ³³kə⁴²gəʔ⁵³tsio²⁴i⁴⁴sã³³pa⁴²kʰɔ⁴⁴. b. 同 a。
泉州鲤城	a. 我顶个月共伊借三百。b. 我顶个月借伊三百。 a. gua⁵⁵tiŋ²⁴ko⁵⁵gəʔ²⁴kaŋ²²i³³tsioʔ⁵sã³³paʔ⁵. b. gua⁵⁵tiŋ²⁴ko⁵⁵gəʔ²⁴tsioʔ⁵i³³sã³³paʔ⁵.
泉州洛江	a. 我顶个月共伊借三百箍。b. 我顶个月借与伊三百箍。 a. gua⁵⁵tiŋ²⁴ko⁵⁵geʔ²kaŋ²²i³³tsioʔ⁵sã³³paʔ⁵kʰɔ³³. b. gua⁵⁵tiŋ²⁴ko⁵⁵geʔ²tsioʔ⁵hɔ²²i³³sã³³paʔ²kʰɔ³³.
南安	a. 我顶个月捒伊借三百箍。b. 伊顶个月捒我借三百箍。 a. gua⁵⁵tiŋ²⁴ko⁵⁵gəʔ³tsʰe²²i³³tsioʔ⁵sã³³paʔ⁵kʰɔ³³. b. i³³tiŋ²⁴ko⁵⁵gəʔ²tsʰe³¹gua²⁴tsioʔ⁵sã³³paʔ⁵kʰɔ³³.
晋江	a. 顶个月我共伊借三百箍。b. 顶个月我借传伊三百箍。 a. tiŋ²⁴kə⁵⁵geʔ³⁴gua⁵⁵kaŋ²²i³³tsiəʔ⁵sã³³paʔ⁵kʰɔ³³. b. tiŋ²⁴kə⁵⁵geʔ³⁴gua⁵⁵tsiəʔ⁵təŋ²²i³³sã³³paʔ⁵kʰɔ³³.

	0036a. 我上个月借了他三百块钱。b. 我上个月借了他三百块钱。 a. 借入。b. 借出。如与 a 句相同，注"同 a"即可。
石狮	a. 我顶个月［共伊］借三百箍。b. 我顶个月借伊三百箍。 a. gua⁵⁵ tiŋ²⁴ kə⁵⁵ geʔ³⁴ kai³³ tsiəʔ⁵ sa³³ paʔ⁵ kʰɔ³³. b. gua⁵⁵ tiŋ²⁴ kə⁵⁵ geʔ³⁴ tsiəʔ⁵ i³³ sa³³ paʔ⁵ kʰɔ³³.
惠安	a 我顶个月共伊借三百箍。b. 我顶个月借伊三百箍。 a. gua⁴² teŋ²⁵ ko⁵⁴ gəʔ³⁴ kaŋ²² i³³ tsioʔ⁵ sã³³ paʔ⁵ kʰɔ³³. b. gua⁴² teŋ²⁵ ko⁵⁴ gəʔ³⁴ tsioʔ⁵ i³³ sã³³ paʔ⁵ kʰɔ³³.
安溪	a. 我顶个月共伊借三百箍。b. 我顶个月借伊三百箍。 a. gua⁴⁴ tiŋ⁴⁴ ko⁵³ gəʔ⁴² kaŋ⁴² i³³ tsioʔ⁴² sã³³ paʔ⁵ kʰɔ⁵⁵. b. gua⁴⁴ tiŋ⁴⁴ ko⁵³ gəʔ⁴² tsioʔ⁴² i³³ sã³³ paʔ⁵ kʰɔ⁵⁵.
永春	a. 我顶个月有共伊借三百箍。b. 我顶个月捒三百箍借伊。 a. gua⁵³ tiŋ⁴² ko³¹ gəʔ³⁵ u³¹ kaŋ³¹ i⁴⁴ tsioʔ⁴² sã³³ paʔ⁴² kʰɔ⁴⁴. b. gua⁵³ tiŋ⁴⁴ ko³¹ gəʔ³⁵ tʰue²² sã³³ paʔ⁴² kʰɔ⁴⁴ tsioʔ⁴² i⁰.
德化	a 我顶个月共伊借三百箍。b. 我顶个月借伊三百箍。 a. gua³⁵ tiŋ⁴² ko³¹ gəʔ³⁵ kaŋ³¹ i¹³ tsioʔ⁴² sã³³ paʔ⁴² kʰɔ¹³. b. gua³⁵ tiŋ⁴⁴ ko³¹ gəʔ³⁵ tsioʔ⁴² i¹³ sã³³ paʔ⁴² kʰɔ¹³.
漳州	a. 我顶个月共伊借三百箍。b. 我顶个月借伊三百箍。 a. gua⁵³ tiŋ³⁴ kɔ⁵³ gue¹²¹ ka²¹ i²² tsio⁵³ sã²² pɛ⁵³ kʰɔ³⁴. b. gua⁵³ tiŋ³⁴ kɔ⁵³ gue¹²¹ tsio⁵³ i²² sã²² pɛ⁵³ kʰɔ³⁴.
龙海	a. 我顶个月共伊借三百箍。b. 我顶个月借伊三百箍。 a. guaʔ⁴ tiŋ³⁴ kɔ⁵² gueʔ⁴ ka⁴¹ i³³ tsio⁵² sã³³ pɛ⁵² kʰɔ³⁴. b. guaʔ⁴ tiŋ³⁴ kɔ⁵² gueʔ⁴ tsio⁵² i³³ sã³³ pɛ⁵² kʰɔ³⁴.
长泰	a. 我顶个月共伊借三百箍银。b 我顶个月借与伊三百箍银。 a. gua⁵³ teŋ⁴⁴ ke⁵³ gueʔ³³ ka²¹ i²² tsiɔ⁵³ sã²² pa⁵³ kʰeu²² gin²⁴. b. gua⁵³ teŋ⁴⁴ ke⁵³ gueʔ³³ tsiɔ⁵³ hiɔ²¹ i²² sã²² pa⁵³ kʰeu²² gin²⁴.
华安	a. 我顶个月共伊借了三百箍。b 我顶个月借伊三百箍。 a. gua⁵³ tiŋ⁵⁵ ke⁵³ gueʔ²¹² ka³¹ i²² tsioʔ⁵ liau⁵⁵ sã²² peʔ⁵ kʰɔ³⁵. b. gua⁵³ tiŋ⁵⁵ ke⁵³ gueʔ²¹² tsioʔ⁵ i²² sã²² peʔ⁵ kʰɔ³⁵.

续表

	0036a. 我上个月借了他三百块钱。b. 我上个月借了他三百块钱。 a. 借入。b. 借出。如与 a 句相同，注"同 a"即可。
南靖	a. 我顶个月共伊借了三百箍。b. 我顶个月借伊三百箍。 a. gua⁵⁴tiŋ⁴⁴kɔu⁵³guePʔ¹²¹ka²¹i²²tsioʔ⁵⁴liau⁴⁴sã²²pɛʔ⁵⁴kʰɔu³⁴. b. gua⁵³tiŋ⁴⁴kɔu⁵⁴gueʔ¹²¹tsioʔ⁵⁴i²²sã²²pɛʔ⁵⁴kʰɔu³⁴.
平和	a. 我顶个月共伊借三百箍。b. 我顶个月借伊三百箍。 a. gua⁵²tiŋ²³ko⁵²gueʔ³²ka⁴²i³⁴tsioʔ⁴²sã²²pɛʔ⁴²kʰou³⁴. b. gua⁵²tiŋ²³ko⁵²gueʔ³²tsioʔ⁴²i³⁴sã²²pɛʔ⁴²kʰou³⁴.
漳浦	a. 我顶个月共伊借三百啊。b. 伊顶个月共我借三百。 a. guaʔ⁴tioŋ⁴³kɔ⁵¹guɛʔ²¹²ka²¹i³³tsio⁵¹sã³³pɛ⁵¹a⁰. b. i⁴³tioŋ⁴³kɔ⁵¹guɛʔ²¹²ka²¹gua⁴³tsiɔ⁵¹sã³³pɛ⁵.
东山	a. 我顶个月共伊借三百箍。b. 顶个月伊共我借三百箍。 a. guaʔ⁵teŋ⁴⁴goʔ⁵gueʔ¹³¹ka²²i³³tsio⁵¹sã³³pa⁵¹kʰou⁴⁴. b. teŋ⁴⁴goʔ⁵gueʔ¹³¹i³³kaʔ gua⁵tsio⁵¹sã³³pa⁵¹kʰou⁴⁴.
云霄	a. 我顶个月［共伊］借三百箍。b. 我顶个月借伊三百箍。/我顶个月与伊借三百箍。/我顶个月借与伊三百箍。 a. gua⁵³tian⁵³kou⁵³gueʔ¹²ka³³tsioʔ⁵sã³³pɛ⁵³kʰou⁵⁵. b. gua⁵³tian⁵³kou⁵³gueʔ¹²tsioʔ⁵i³³sã³³pɛ⁵³kʰou⁵⁵. / gua⁵³tian⁵³kou⁵³gueʔ¹²kʰou²¹i³³tsioʔ⁵sã³³pɛ⁵³kʰou⁵⁵. / gua⁵³tian⁵³kou⁵³gueʔ¹²tsioʔ⁵kʰou²¹i³³sã³³pɛ⁵³kʰou⁵⁵.
诏安	a. 我顶个月借伊三百箍。b. 我顶个月交伊借三百箍。 a. ua⁵³tiŋ²⁴kou⁵³gueʔ¹³tsio⁵³i³³sã³³pɛ⁵³kʰou⁴⁴. b. ua⁵³tiŋ²⁴kou⁵³gueʔ¹³kau³³i³³tsio⁵³sã³³pɛ⁵³kʰou⁴⁴.
龙岩	a. 上个月我合伊借三百箍。b. 上个月我借分伊三百箍。 a. tsõ¹¹kie¹¹gue⁴²gua²¹kakʔ⁵iː⁵⁵tɕio¹¹sã¹¹pie¹¹kʰu³³. b. tsõ¹¹kie¹¹gue⁴²gua²¹tɕio¹¹pun¹¹iː⁵⁵sã¹¹pie¹¹kʰu³³.
漳平	a. 我上个月借咯伊三百箍。b. 同 a。 a. gua⁵³tsioŋ⁵⁵kɔ⁵³gue³³tsio²¹lɔ⁰i³³sã³³pɛ⁵³kʰɔ³⁵. b. 同 a。

	0036 a. 我上个月借了他三百块钱。b. 我上个月借了他三百块钱。 a. 借入。b. 借出。如与 a 句相同，注"同 a"即可。
大田城关	a. 我上个月向伊借三百箍。b. 我上个月借伊三百箍。 a. bua⁵³ tsŋ³³ kɤ⁵⁵ bue⁵⁵ hiŋ⁵⁵ i³³ tsiɤ³¹ sã³³ pa⁵⁵ kʰu³³. b. bua⁵³ tsŋ³³ kɤ⁵⁵ bue⁵⁵ tsiɤ⁵⁵ i⁰ sã³³ pa⁵⁵ kʰu³³.
大田广平	a. 我上隻月借伊三百块。b. 伊上隻月借我三百块。 a. gua⁵¹ soŋ²² tʃiɐ³³ gui⁴⁵ tsiu³¹ i⁰ sẽ³³ pa³³ kʰuɛ³¹. b. i⁵¹ soŋ²² tʃiɐ³³ gui⁴⁵ tsiu³¹ gua⁰ sẽ³³ pa³³ kʰuɛ³¹.
霞浦三沙	a. 我顶个日共伊借三百箍。b. 我顶个日借伊三百箍。 a. ua⁴² tiŋ³⁵ kø²¹ leʔ²⁴ kɛ²¹ i⁴⁴ tsøʔ⁵ sã³³ βa⁵⁵ gɔ²¹. b. ua⁴² tiŋ³⁵ kø²¹ leʔ²⁴ tsøʔ⁵ i⁴⁴ sã³³ βa⁵⁵ gɔ²¹.
福鼎沙埕	a. 我顶月日向伊借三百块。b. 我顶月日借伊三百块。 a. gua⁵³ tien⁴⁴ gə²¹ ziet²⁴ xiŋ²¹ i⁴⁴ tsiɔk⁵³ sã³³ ma⁴⁴ tə⁵³. b. gua⁵³ tien⁴⁴ gə²¹ ziet²⁴ tsiɔk⁵³ i⁴⁴ sã³³ ma⁴⁴ tə⁵³.
建瓯	a. 上隻月我邀渠借了三百□钱。b. 上隻月渠邀我借了三百□钱。 a. tsiɔŋ⁵⁵ tsia²⁴ ŋuɛ⁴² uɛ⁴² iau⁵⁴ ky⁴² tsiɔ²⁴ lɔ³³ saŋ⁵⁴ pa²⁴ tʰi⁵⁵ tsiŋ³³. b. tsiɔŋ⁵⁵ tsia²⁴ ŋuɛ⁴² ky⁴² iau⁵⁴ uɛ⁴² tsiɔ²⁴ lɔ³³ saŋ⁵⁴ pa²⁴ tʰi⁵⁵ tsiŋ³³.
建阳	a. 我上隻月日向渠借了三百□钱。b. 我上隻月日借纳渠三百□钱。 a. ue⁴¹ tsiɔŋ⁵⁵ tsia⁴ ŋye⁴ nɔi⁴ xiɔŋ³³ ky⁴¹ tsiɔ³⁵ le⁰ saŋ⁵¹ pa³⁵ hie⁵⁵ tsiŋ³³. b. ue⁴¹ tsiɔŋ⁵⁵ tsia⁴ ŋye⁴ nɔi⁴ tsiɔ³⁵ na⁴ ky⁴¹ saŋ⁵¹ pa³⁵ hie⁵⁵ tsiŋ³³.
政和	a. 我上隻月□渠借三百□钱。b. 我上隻月借渠三百□钱。 a. uɛ⁴² tsioŋ⁵⁵ tsia²⁴ ŋyɛ⁴² kʰɛ⁵³ ky⁴² tsio²⁴ saŋ⁵³ pa²⁴ tʰiɛ⁵⁵ tsiŋ³³. b. uɛ⁴² tsioŋ⁵⁵ tsia²⁴ ŋyɛ⁴² tsio²⁴ ky⁴² saŋ⁵³ pa²⁴ tʰiɛ⁵⁵ tsiŋ³³.
松溪	a. 我上隻月借班ⁿ渠三百□。b. 同 a。 a. ŋua⁴² tsioŋ⁴⁵ tsia⁴² ŋœ⁴² tsio²²³ paŋ⁵³ kio⁴² saŋ⁵³ pɒ²²³ tʰiɛ⁴⁵. b. 同 a。
武夷山	a. 我上隻月借了渠三百块钱。b. 同 a。 a. ŋuai⁵¹ tsyoŋ⁵⁵ tsia⁵⁵ ŋyʔ⁵⁴ tsyo³⁵ lɛi³¹ həu⁵¹ saŋ⁵¹ pa³⁵ hi⁵⁵ tsiŋ³³. b. 同 a。

续表

	0036a. 我上个月借了他三百块钱。b. 我上个月借了他三百块钱。 a. 借入。b. 借出。如与a句相同，注"同a"即可。
浦城石陂	a. 我上隻月向渠借了三百□钱。b. 我上隻月借渠三百□钱。 a. ɦuaɛ⁴² tɕiɔŋ⁴⁵ tɕia²⁴ ŋiɵ⁵³ xiɔŋ³³ gy⁴² tɕiɵ²⁴ lɔ⁰ saŋ⁵³ pa²⁴ tʰie⁴⁵ tɕiŋ³³. b. ɦuaɛ⁴² tɕiɔŋ⁴⁵ tɕia²⁴ ŋiɵ⁴² tɕiɵ²⁴ gy⁴² saŋ⁵³ pa²⁴ tʰie⁴⁵ tɕiŋ³³.
南平夏道	a. 我上月在伊许底借了三百剃⁼钱。b. 我上月借伊三百剃⁼钱。 a. ŋua¹¹ ɕioŋ¹¹ ŋye⁵⁵ tsai¹¹ i¹¹ xa¹¹ ti³³ tɕye¹¹ lo⁰ saŋ¹¹ pa³³ tʰiɛ²⁴ tɕiŋ⁵⁵. b. ŋua¹¹ ɕioŋ¹¹ ŋye⁵⁵ tɕye¹¹ i¹¹ saŋ¹¹ pa³³ tʰiɛ²⁴ tɕiŋ⁵⁵.
顺昌	a. 我上隻月给渠借三百块钱。b. 我上隻月借渠三百块钱。 a. ŋa³¹ ʃiɔ⁵¹ tʃa⁴⁴ ŋøʔ⁵ ko⁴⁴ kɛ³¹ tʃia³⁵ sɔ⁴⁴ pɔ¹¹ kʰuɛ⁵¹ tʃʰẽ¹¹. b. ŋa³¹ ʃiɔ⁵¹ tʃa⁴⁴ ŋøʔ⁵ tʃia³⁵ kɛ³¹ sɔ⁴⁴ pɔ¹¹ kʰuɛ⁵¹ tʃʰẽ¹¹.
将乐	a 我头隻月借渠三百块钱。b. 同a。 a. ŋæ²¹ tʰeu²² tʃa²¹ ŋueʔ⁵ tsia³²⁴ ki²² sãŋ⁵⁵ pæ²¹ kʰui²¹ tsʰiɛ̃²². b. 同a。
光泽	a. 伉上蜀月工借了伻三百块钱。b. 伉上蜀月工借得伻三百块钱。 a. haŋ⁴¹ ɕiɔŋ⁵⁵ ɕi²¹ vieʔ⁵ koŋ²¹ tɕia³⁵ liɛ⁰ hu⁴¹ sam²¹ pa⁴¹ kʰuai⁵⁵ tʰiən²². b. haŋ⁴¹ ɕiɔŋ⁵⁵ ɕi²¹ vieʔ⁵ koŋ²¹ tɕia³⁵ tiɛ⁴¹ hu⁴¹ sam²¹ pa⁴¹ kʰuai³⁵ tʰiən²².
邵武	a. 伉上个月借儿伻三百块票儿。b. 伉上个月借得伻三百块票儿。 a. haŋ³⁵ ɕioŋ³⁵ kəi²¹ vie³⁵ tsia²¹ ə⁰ hu³⁵ san²¹ pa²¹ kʰuai²¹ pʰiau²¹ ə⁰. b. haŋ³⁵ ɕioŋ³⁵ kəi²¹ vie³⁵ tsia²¹ tie⁵³ hu³⁵ san²¹ pa²¹ kʰuai²¹ pʰiau²¹ ə⁰.
三明	a. 我上隻月借渠三百块钱。b. 我上隻月借□渠三百块钱。 a. ŋu⁴⁴ ʃɐm⁴³ tʃɒ²¹³ ŋyɛ²⁵⁴ tsiɯ²¹³ ŋy⁴⁴ sɔ̃⁴⁴ pɒ²⁵ kʰuei³³ tsɛ̃i⁵¹. b. ŋu⁴⁴ ʃɐm⁴³ tʃɒ²¹³ ŋyɛ²⁵⁴ tsiɯ²¹³ tʰɛ̃³³ ŋy⁴⁴ sɔ̃⁴⁴ pɒ²⁵ kʰuei³³ tsɛ̃i⁵¹.
永安	a. 我上隻月拿渠借罢三百块钱。b. 我上隻月借欠渠三百块钱。 a. ŋuɒ⁵² ʃiam²⁴ tʃiɒ⁴⁴ ŋye⁵⁴ lõ³³ ŋy⁵² tʃiɯ¹³ po⁰ sõ³³ pɒ⁴⁴ kʰue⁴⁴ tsɛ̃i³³. b. ŋuɒ⁵² ʃiam²⁴ tʃiɒ⁴⁴ ŋye⁵⁴ tʃiɯ¹³ kʰɛ̃i²⁴ ŋy⁵² sõ³³ pɒ⁴⁴ kʰue⁴⁴ tsɛ̃i³³.

续表

	0036a. 我上个月借了他三百块钱。b. 我上个月借了他三百块钱。 a. 借入。b. 借出。如与a句相同，注"同a"即可。
沙县	a. 我上个隻月日借渠三百碎⁼。b. 同a。 a. gua³³ ʃiŋ²⁴ ka²¹ tʃia⁵⁵ yɛ²¹ n̠iẽ⁵³ tʃiɔ²¹² ky³³ sɔ̃⁴⁴ pa⁴⁴ tsʰui²⁴. b. 同a。 a. 我上个隻月日逐渠借罢三百碎⁼来。b. 我上个隻月日借□渠三百碎⁼。 a. gua³³ ʃiŋ²⁴ ka²¹ tʃia⁵⁵ yɛ²¹ n̠iẽ⁵³ ty²¹ ky³³ tʃiɔ²¹² ba⁰ sɔ̃⁴⁴ pa⁴⁴ tsʰui²⁴ lai³¹. b. gua³³ ʃiŋ²⁴ ka²¹ tʃia⁵⁵ yɛ²¹ n̠iẽ⁵³ tʃiɔ²¹² kʰiŋ²¹ ky³³ sɔ̃³³ pa⁴⁴ tsʰui²⁴.
长汀	a. 我上个月搭渠借哩三百块钱。b. 我上个月借哩三百块钱得渠。 a. ŋai³³ ʃoŋ³³ ke⁴² ie²¹ ta⁵⁵ ke³³ tsia⁵⁵ le³³ saŋ³³ pa²¹ kʰua⁴² tsʰiŋ²⁴. b. ŋai³³ ʃoŋ³³ ke⁴² ie²¹ tsia⁵⁵ le³³ saŋ³³ pe²¹ kʰua⁴² tsʰiŋ²⁴ te²¹ ke³³.
连城	a. 我上个月日借咯渠三百块钱。b. 我上个月日借乞渠三百块钱。 a. ŋa⁵³ ʃoŋ⁵³ ka²¹ ŋi²¹ ŋi³⁵ tsio⁵⁵ lo⁰ kuɛ⁴³³ sa³³ po⁵⁵ kʰua²¹ tsʰe²². b. ŋa⁵³ ʃoŋ⁵³ ka²¹ ŋi²¹ ŋi³⁵ tsio⁵⁵ kʰuo⁵⁵ kuɛ⁴³³ sa³³ po⁵⁵ kʰua²¹ tsʰe²².
上杭	a. 我上个月借了渠三百块钱。b. 我上个月借撇渠了三百块钱。 a. ŋa²¹ soŋ⁴⁴ ka³⁵³ n̠i³⁵ tɕiɛ³⁵³ lɛ³¹ kei²¹ sã⁴⁴ pɒʔ³² kua³⁵³ tsʰiɛ̃²¹. b. ŋa²¹ soŋ³¹ ka³⁵³ n̠i³⁵ tɕiɛ³⁵³ pʰɛʔ³² kei²¹ lɛ³¹ sã⁴⁴ pɒʔ³² kua³⁵³ tsʰiɛ̃²¹.
武平	a. 我上个月向渠借矣三百块。b. 我上个月借界渠三百块。 a. ŋa⁵⁵ sɔŋ⁴² ko³¹ ŋiɛ⁴⁵¹ ɕiɔŋ⁴⁵¹ ki²⁴ tsioʔ³ i²² saŋ²⁴ paʔ³ kʰua⁴⁵¹. b. ŋa⁵⁵ sɔŋ⁴² ko³¹ ŋiɛ⁴⁵¹ tsioʔ³ pɛʔ³ ki²⁴ saŋ²⁴ paʔ³ kʰua⁴⁵¹.
永定	a. 我头个月借哩渠三百块钱。b. 我头个月借界渠哩三百块钱。 a. ŋai²² tʰəu²² kɛʔ⁵ n̠ie ʔ⁵ tɕia⁵² li⁰ tɕi²² sɐ̃²⁴ paʔ⁵ kʰua⁵² tɕʰiɛ²². b. ŋai²² tʰəu²² kɛʔ⁵ n̠ie ʔ⁵ tɕia⁵² pieʔ⁵ tɕi²² li⁰ sɐ̃²⁴ paʔ⁵ kʰuai⁵² tɕʰiɛ²².
明溪	a. 我上行月向渠借了三百块钱。b. 我上行月借了渠三百块钱。 a. ue⁴¹ soŋ⁵⁵ xaŋ³¹ ŋø⁵⁵⁴ sioŋ⁴⁴ kʰø³¹ tsia²⁴ lɤ⁰ saŋ⁴⁴ po⁴¹ kʰue⁴⁴ tsʰieŋ³¹. b. ue⁴¹ soŋ⁵⁵ xaŋ³¹ ŋø⁵⁵⁴ tsia²⁴ lɤ⁰ kʰø³¹ saŋ⁴⁴ po⁴¹ kʰue⁴⁴ tsʰieŋ³¹.
清流	a. 我上个月借哩渠三百块钱。b. 我上个月借渠三百块钱。 a. ŋa³³ ʃiɔŋ³² ka³⁵ ŋue⁵⁵ tsia³⁵ li⁰ kə³³ saŋ³³ pa²¹ kʰua³⁵ tsʰeŋ²³. b. ŋa³³ ʃiɔŋ³² ka³⁵ ŋue⁵⁵ tsia³⁵ kə³³ saŋ³³ pa²¹ kʰua³⁵ tsʰeŋ²³.

续表

	0036a. 我上个月借了他三百块钱。b. 我上个月借了他三百块钱。 a. 借入。b. 借出。如与 a 句相同，注"同 a"即可。
宁化	a. 我上个月往渠借了三百块钱。b. 我上个月借了渠三百块钱。 a. ŋa³⁴ sɔŋ⁴² ka³¹ ie⁴² vɔŋ³¹ kə³⁴ tɕia²¹² lə⁰ sɒŋ³⁴ pɒ⁵ kʰʊa²¹² tɕʰieŋ²⁴. b. ŋa³⁴ sɔŋ⁴² ka³¹ ie⁴² tɕia²¹² lə⁰ kə³⁴ sɒŋ³⁴ pɒ⁵ kʰʊa²¹² tɕʰieŋ²⁴.
新罗客家	a. 我上个月合渠借哩三百块。b. 我上个月借分渠哩三百块。 a. ŋa³⁵ ʃiõ²¹ ka³⁵ nieʔ³ koʔ³ tu⁴⁴ tsia⁴⁴ li⁴⁴ sõ²¹ puok⁵ kʰua⁴¹. b. ŋa³⁵ ʃiõ²¹ ka³⁵ nieʔ³ tsia⁴⁴ peŋ⁴⁴ tu⁴⁴ li⁵⁵ sõ²¹ puok⁵ kʰua⁴¹.
平和客家	a 我上个月合渠借了三百箍银。b 我上个月借分渠三百箍银。 a. ŋai³⁵ ʃɔŋ³³ kai⁰ ŋiat⁵³ ka³¹ ky³³ tsia⁵⁵ liau³¹ sam³¹ paʔ⁵⁵ kʰeu³³ ŋy³⁵. b. ŋai³⁵ ʃɔŋ³³ kai⁰ ŋiat⁵³ tsia⁵⁵ pun³¹ ky³³ sam³¹ paʔ⁵⁵ kʰeu³¹ ŋy³⁵.
诏安客家	a. 上个月我得渠借三百箍啦。b. 上个月我得渠借三百箍去。 a. ʃiɔŋ²² kuɔ⁴⁵ ŋiet⁵ ŋai⁵³ te⁰ ky⁵³ tsia ʔ²³ sam²² paʔ²³ kʰeu²² la⁰. b. ʃiɔŋ²² kuɔ⁴⁵ ŋiet⁵ ŋai⁵³ tet⁵ ky⁵³ tsia ʔ²³ sam²² paʔ²³ kʰeu²² kʰy³¹.
泰宁	a. 伉上个月借了渠三百块钱。b. 伉上个月借得渠三百块钱。 a. haŋ³⁵ ɕioŋ²¹ kə³³ nə³¹ tɕia⁵¹ lə⁰ hi³⁵ saŋ³¹ pa²¹ kʰuai³¹ tʰien³³. b. haŋ³⁵ ɕioŋ²¹ kə³³ nə³¹ tɕia⁵¹ tæ³³ hi³⁵ saŋ³¹ pa²¹ kʰuai³¹ tʰien³³.
建宁	a. 我上介月借儿士⁼三百块钱。b. 我上介月借界士⁼三百块钱。 a. ŋa⁵⁵ soŋ⁵⁵ kai⁵⁵ vuət⁵ tsiap² βi⁵⁵ sə⁵⁵ sam³⁴ pak² kʰuei⁵¹ tsʰien²⁴. b. ŋa⁵⁵ soŋ⁵⁵ kai⁵⁵ vuət⁵ tsiap² pei⁵⁵ sə⁵⁵ sam³⁴ pak² kʰuei⁵¹ tsʰien²⁴.
浦城城关	a. 我上得个月问渠借了三百块钱。b. 我上得个月借分渠三百块钱。 a. a⁵⁴ ɕiaŋ²¹ te²¹ ke⁴²³ ŋye³² meŋ²¹ ke⁵⁴ tɕie⁴²³ le⁰ sãi³⁵ pa³² kʰua⁴²³ tɕiãi²⁴. b. a⁵⁴ ɕiaŋ²¹ te²¹ ke⁴²³ ŋye³² tɕie⁴²³ feŋ³⁵ ke⁵⁴ sãi³⁵ pa³² kʰua⁴²³ tɕiãi²⁴.
南平延平	a. 我上个月借了他三百块钱。b. 同 a。 a. ŋo²⁴ ɕiæ̃³⁵ ko⁵⁵ yeʔ³ tse³⁵ lɤ⁰ tʰa³³ sæ̃³³ pɤʔ³ kʰuai⁵⁵ tɕʰieŋ²¹. b. 同 a。

	0037 a. 王先生的刀开得很好。b. 王先生的刀开得很好。 a. 王先生是医生（施事）。b. 王先生是病人（受事）。如与a句相同，注"同a"即可。
福州	a. 王先生刀开野好。b. 同a。 a. uoŋ²¹ niŋ⁵⁵ niaŋ⁵⁵ to⁵⁵ kʰui⁵⁵ ia²⁴ o³³. b. 同a。
闽侯	a. 王先生刀开野好。b. 同a。 a. uoŋ²¹ niŋ⁵⁵ naŋ⁵⁵ to⁵⁵ kʰui⁵⁵ ia²¹ o³³. b. 同a。
长乐	a. 王先生刀开野好。b. 同a。 a. uoŋ²¹ niŋ⁵⁵ niaŋ⁵⁵ to⁵⁵ kʰui⁵⁵ ia²⁴ o²². b. 同a。
连江	a. 王先生刀开尽俊。b. 同a。 a. uoŋ²¹ niŋ⁵⁵ naŋ⁵⁵ to⁵⁵ kʰui⁵⁵ tsiŋ²¹ tsouŋ²¹². b. 同a。
罗源	a. 王先生刀开野好。b. 同a。 a. uoŋ²¹ niŋ²¹ niaŋ⁴² tɔ⁴⁴ kʰui⁴⁴ ia²¹ ɔ⁵³. b. 同a。
福清	a. 王先生刀开野好。b. 同a。 a. uoŋ⁴⁴ θiŋ⁴⁴ ŋiaŋ³¹ to⁵³ kʰui⁵³ ia²¹ o³¹. b. 同a。
平潭	a. 王先囝刀开尽好。b. 同a。 a. uoŋ⁴⁴ niŋ⁴⁴ ŋiaŋ³¹ to⁵¹ kʰui⁵¹ tsiŋ⁴⁴ ŋo³¹. b. 同a。
永泰	a. 王先生其刀开野好。b. 同a。 a. uoŋ²¹ niŋ⁴⁴ naŋ⁴⁴ ŋi⁰ to⁴⁴ kʰuoi⁴⁴ ia²⁴ o³². b. 同a。
闽清	a. 王先生其刀开野好。b. 同a。 a. uoŋ³² niŋ⁴⁴ naŋ⁴⁴ ni⁰ to⁴⁴ kʰui⁴⁴ ia²⁴ ɔ³². b. 同a。
古田	a. 王医生刀开极俊。b. 王先生者回刀开真顺。 a. uoŋ²¹ ŋi²¹ leiŋ⁵⁵ tɔ⁵⁵ kʰui⁵⁵ tsik⁴² tsuŋ²¹. b. uoŋ²¹ nieŋ²¹ naŋ⁵⁵ tsie³³ uoi⁴⁵ tɔ⁵⁵ kʰui⁵⁵ tsiŋ⁵⁵ suŋ³³.
屏南	a. 王先生其刀开乍好。b. 同a。 a. ʊŋ²² siŋ⁴⁴ naŋ⁴⁴ ŋi²² tɔ⁴⁴ kʰui⁴⁴ tsiak⁵ hɔ⁴¹. b. 同a。
宁德	a. 王先生刀开的野好。b. 王先生其刀开的野好。 a. uŋ¹¹ nin³³ naŋ³³ tɔ³³⁴ kʰui³³ i⁰ ia³⁵ xɔ⁵¹. b. uŋ¹¹ nin³³ naŋ³³ ŋei¹¹ tɔ³³⁴ kʰui³³ i¹ ia³⁵ xɔ⁵¹.
霞浦城关	a. 王先生其刀开得野好。b. 同a。 a. ɔuŋ²¹ θiŋ⁴⁴ naŋ⁴⁴ ŋɛ⁰ tɔ⁴⁴ kʰui⁴⁴ tiʔ⁵ ia⁵⁵ hɔ⁵¹. b. 同a。

续表

	0037a. 王先生的刀开得很好。b. 王先生的刀开得很好。 a. 王先生是医生（施事）。b. 王先生是病人（受事）。如与 a 句相同，注"同 a"即可。
福安	a. 王先生其刀开得有样好。b. 同 a。 a. wuŋ²¹ siŋ⁴⁴ ŋaŋ³³¹ ə⁴⁴ tɔ³³¹ kʰøi³³¹ liʔ⁵ u⁴⁴ iaŋ³⁵ xɔ⁴¹. b. 同 a。
柘荣	a. 王先生其刀开得若夥好。b. 同 a。 a. uoŋ²¹ θiŋ⁴⁴ nðaŋ⁴⁴ ɛ⁴⁴ tɔ⁴² kʰui⁴² liʔ⁵ ni⁴⁴ ŋua⁴⁴ xɔ⁵³. b. 同 a。
周宁	a. 王先生刀开得艳⁼好。b. 同 a。 a. uŋ²¹ siŋ⁴⁴ ŋaŋ⁴⁴¹ tɔ⁴⁴ kʰui⁴⁴ liʔ⁵ iɛn²¹³ xɔ⁴². b. 同 a。
寿宁	a. 王先生其刀开得无变好。b. 王先生刀开了无变好。 a. uoŋ²¹ sieŋ³³ saŋ³³ ɛ⁰ tɔ³³ kʰuoi³³ li⁰ mɔ²¹ mieŋ³⁵ xɔ⁴². b. uoŋ²¹ sieŋ³³ saŋ³³ tɔ³³ kʰuoi³³ liu⁰ mɔ²¹ mieŋ³⁵ xɔ⁴².
福鼎城关	a. 王先生开刀很开底好。b. 王先生其刀位开是很好。 a. uoŋ²¹ siŋ³³ saŋ³⁵ kʰui³³ to³⁵ xaŋ⁵⁵ kʰui³³ ti³³ xo⁵⁵. b. uoŋ²¹ siŋ³³ saŋ³⁵ ke³³ to³³ ui³³ kʰui³⁵ siʔ⁰ xaŋ⁵⁵ xo⁵⁵.
尤溪	a. 王先生开刀开得敢讲好。b. 王先生其刀开得敢讲好。 a. uoŋ³³ sẽ³³ ɕiŋ³³ kʰui³³ tə³³ kʰui³³ tə⁰ kã⁵⁵ ŋ⁵⁵ xə⁵⁵. b. uoŋ³³ sẽ³³ ɕiŋ³³ ki⁰ tə³³ kʰui³³ tə⁰ kã⁵⁵ ŋ⁵⁵ xə⁵⁵.
莆田	a. 王先生厄⁼刀乞开太好。b. 同 a。 a. ɒŋ¹¹ neŋ¹¹ na⁵³³ eʔ⁵ to⁵³³ koʔ² kʰui⁵³³ tua¹¹ ho⁴⁵³. b. 同 a。
涵江	a. 王先生做手术厄⁼功夫若何好都唔知。b. 王先生厄⁼手术乞做大效果。 a. ɒŋ¹³ ɬɛŋ²¹ nɛŋ⁵⁵ tso⁵⁵ tsʰiu²¹ loek⁴ kɛ⁰ kaŋ²¹ ŋu⁵⁵ tiau²¹ ua⁴⁵³ to⁰ n²¹ nai⁵³³. b. ɒŋ¹³ ɬɛŋ²¹ nɛŋ⁵⁵ ŋɛ⁰ tsʰiu²¹ loek⁴ kɛt¹ tso⁴² tua²¹ hau²¹ kɒ⁴⁵³.
仙游城关	a. 王医生开刀厄⁼功夫大好。b. 王先生手术乞做大成功。 a. ɒŋ²¹ i²¹ lɛŋ⁵⁵ kʰai²¹ tɒ⁵⁵ ɛ⁰ kaŋ²¹ ŋu⁵⁵ tua²¹ o⁴⁵³. b. ɒŋ²¹ ŋɛn²¹ na⁵⁵ tsʰiu²¹ lyøk²³ kɛt² tso⁴² tua²¹ ɬiŋ²¹ ŋɒŋ⁵³³.
仙游枫亭	a. 王先生厄⁼刀乞开太好。b. 同 a。 a. ɒŋ²⁴ ɬɛŋ¹¹ na⁵³³ eʔ² tɤɯ⁵³³ koʔ² kʰui⁵³³ tua¹¹ hɤɯ⁴⁵³. b. 同 a。

续表

	0037 a. 王先生的刀开得很好。b. 王先生的刀开得很好。 a. 王先生是医生（施事）。b. 王先生是病人（受事）。如与 a 句相同，注"同 a"即可。
厦门	a. 王医生合侬开刀开真好。b. 王［先生］与人开刀，开真好。 a. ɔŋ²² i²² siŋ⁴⁴ kaʔ³² laŋ²⁴ kʰui²² to⁴⁴ kʰui²² tsin²² ho⁵³. b. ɔŋ²⁴ seŋ²¹ hɔ²² laŋ²² kʰui²² to⁴⁴, kʰui⁴⁴ tsin²² ho⁵³.
同安	a. 王先生兮刀开咧尽好。b. 同 a。 a. ɔŋ²⁴ sian³³ sĩ⁴⁴ e⁰ to⁴⁴ kʰui³³ le⁰ tsin¹¹ ho⁴². b. 同 a。
泉州鲤城	a. 王先诚势开刀。b. 王先刀开啊诚好。 a. ɔŋ²⁴ sian⁰ tsiã²² gau²⁴ kʰui³³ to³³. b. ɔŋ²⁴ sian⁰ to³³ kʰui³³ a⁵⁵ tsiã²² ho⁵⁵.
泉州洛江	a. 王先兮开刀技术野好。b. 王先手术野成功。 a. ɔŋ²⁴ sian⁰ e⁰ kʰui³³ to³³ ki³³ sut² ia²⁴ ho⁵⁵. b. ɔŋ²⁴ sian⁰ tsʰiu²⁴ sut² ia²⁴ siŋ²² kɔŋ³³.
南安	a. 王先诚势开刀。b. 王先即□开刀诚成功。 a. ɔŋ²⁴ sian⁰ tsiã²² gau²² kʰui³³ to³³. b. ɔŋ²² sian⁰ tsiʔ⁵ kʰian³¹ kʰui³³ to³³ tsiã²² siŋ²² kɔŋ³³.
晋江	a. 王先野势开刀。b. 王先传侬开即刀野成功。 a. ɔŋ²⁴ sian⁰ ia²⁴ gau²² kʰui³³ tə³³. b. ɔŋ²⁴ sian⁰ təŋ²² laŋ²² kʰui³³ tsit⁵ tə³³ ia²⁴ siŋ²² kɔŋ³³.
石狮	a. 王先野势开刀。b. 王先手术了，野好势。 a. ɔŋ²⁴ sian⁰ ia²⁴ gau²² kʰui³³ tə³³. b. ɔŋ²⁴ sian⁰ tsʰiu²⁴ sut² liau⁵⁵, ia²⁴ hə²⁴ se⁴¹.
惠安	a. 王先兮开刀技术诚好。 b. 王先兮手术伤口诚好势。 a. ɔŋ³³ sen⁰ e⁰ kʰui³³ to³³ ki³³ sut³⁴ tsiã³³ ho⁴². b. ɔŋ³³ sen⁰ e²⁵ tsʰiu³³ sut³⁴ siɔŋ³³ kʰau⁵⁴ tsiã³³ ho²⁵ se⁴².
安溪	a. 王先开刀兮手术野好。b. 王先兮手术野过关。 a. ɔŋ²⁴ sian⁰ kʰui³³ to⁵⁵ e⁰ tsʰiu⁴⁴ sut²⁴ ia⁴⁴ ho⁵³. b. ɔŋ²⁴ sian⁰ e⁰ tsʰiu⁴⁴ sut²⁴ ia⁴⁴ kə⁵³ kuan⁵⁵.
永春	a. 王先开刀兮技术野好。b. 王先兮手术野过关。 a. ɔŋ⁴⁴ sian⁰ kʰui⁴⁴ to⁴⁴ e⁰ ki⁵³ sut³² ia⁴⁴ ho⁵³. b. ɔŋ⁴⁴ sian⁰ e⁰ tsʰiu⁴⁴ sut³² ia⁴⁴ ko⁵³ kuan⁴⁴.

续表

	0037a. 王先生的刀开得很好。b. 王先生的刀开得很好。 a. 王先生是医生（施事）。b. 王先生是病人（受事）。如与 a 句相同，注"同 a"即可。
德化	a. 王先开刀技术野好。b. 王先兮手术野过关。 a. ɔŋ⁴⁴ sian⁰ kʰui²² to¹³ ki³¹ sut⁴² ia⁵⁵ ho³⁵. b. ɔŋ⁴⁴ sian⁰ e⁰ tsʰiu⁴⁴ sut⁴² ia⁵⁵ ko⁴² kuan¹³.
漳州	a. 王［先生］尽势开刀。b. 王［先生］刀开甲尽好势。 a. ɔŋ¹³ sɛ̃⁰ tsin²¹ gau²² kʰui²² to³⁴. b. ɔŋ¹³ sɛ̃⁰ to³⁴ kʰui²² ka⁵³ tsin²¹ ho³⁴ si²¹.
龙海	a. 王［先生］兮刀开甲真好。b. 王［先生］兮刀开得真好。 a. ɔŋ³¹² sɛ̃⁰ e⁰ to³⁴ kʰui³³ kaʔ⁴ tsiŋ³³ ho⁵². b. ɔŋ³¹² siŋ⁰ sɛ̃⁰ e⁰ to³⁴ kʰui³³ tik⁴ tsiŋ³³ ho⁵². ab 句最主要区别在主语的读音上。倘若置换为其他主语，就句式而言，ab 并无明显区别。
长泰	a. 王［先生］尽势开刀。b. 王［先生］刀开甲尽好势。 a. ɔŋ²⁴ sɛ̃⁰ tsin²¹ gau²² kʰui²² tɔ⁴⁴. b. ɔŋ²⁴ sɛ̃⁰ tɔ⁴⁴ kʰui²² ka⁵³ tsin²¹ hɔ⁴⁴ si²¹. "先生［sian²² sẽ⁴⁴］"的合音［sẽ⁰］。
华安	a. 王先生兮刀开尽好。b. 同 a。 a. ɔŋ²² siŋ²² sɛ̃³⁵ e²² to⁵⁵ kʰui²² tsin³¹ ho⁵³. b. 同 a。
南靖	a. 王先生兮刀开尽好。b. 同 a。 a. ɔŋ²² siŋ²² sɛ̃³⁴ e²² to³⁴ kʰui²² tsin²¹ ho⁵⁴. b. 同 a。
平和	a. 王先生开刀开真好。b. 王先生刀开了真好势。 a. ɔŋ²² sian²² sɛ̃³⁴ kʰui²² to³⁴ kʰui²² tsin²² ho⁵². b. ɔŋ²² sian²² sɛ̃³⁴ to³⁴ kʰui²² liau²³ tsin²² ho²³ si²¹.
漳浦	a. 王医生兮刀［共侬］开真好哦。b. 王先生兮手术做了真好哦。 a. oŋ³³⁻³³ i³³ sioŋ⁴³ e⁰ tɔ⁴³ kaŋ¹³ kʰui³³ tsin³³ hɔ⁵¹ ɔ⁰. b. oŋ³³ sin³³ sɛ̃⁴³ e⁰ siu⁴³ sut²¹² tsɔ⁵¹ liau⁵¹ tsin³³ hɔ⁵¹ ɔ⁰.
东山	a. 王生开刀真粤。b. 王先生兮刀开了真顺利。 a. oŋ²¹³ sɛ̃⁰ kʰui³³ to⁴⁴ tsin³³ kʰiaŋ²². b. oŋ²¹³ sin⁰ sɛ̃⁰ e⁰ to⁴⁴ kʰui³³ liau⁵¹ tsin³³ sun²² li³³.

续表

	0037 a. 王先生的刀开得很好。b. 王先生的刀开得很好。 a. 王先生是医生（施事）。b. 王先生是病人（受事）。如与 a 句相同，注"同 a"即可。
云霄	a. 王先开刀真勥。b. 王先刀开啊真好。 a. oŋ³² sĩ⁵⁵ kʰui³³ to⁵⁵ tsin³³ kʰiaŋ²². b. oŋ³² sĩ⁵⁵ to⁵⁵ kʰui³³ a⁰ tsin³³ ho⁵³.
诏安	a. 王先生个刀开甲很好。b. 王先生个刀开了很好。 a. oŋ²² siŋ³³ sɛ̃⁴⁴ gə²² to⁴⁴ kʰui³³ ka⁵³ han⁵³ ho⁵³. b. oŋ²² siŋ³³ sɛ̃⁴⁴ gə²² to⁴⁴ kʰui³³ liau⁵³ han⁵³ ho⁵³.
龙岩	a. 王先生兮手术做着儱好。b. 同 a。 a. guaŋ¹¹ ɕin¹¹ ɕiɛ̃³³ ɛ¹¹ tsʰiu²¹ tɕiok⁵ tso²¹³ lo²¹ pai⁴² xo²¹. b. 同 a。
漳平	a. 王先生兮刀开其尽好。b. 同 a。 a. oŋ³³ sin³³ sɛ̃³⁵ ɛ⁰ tuo³⁵ kʰui³⁵ ɛ⁰ tsin²¹ huo⁵³. b. 同 a。
大田城关	a. 王先生兮刀开了真好。b. 同 a。 a. buaŋ³³ seŋ⁵³ sã³³ ze⁰ tɤ³³ kʰui³³ lɤ⁰ tsiŋ³³ hɤ⁵³. b. 同 a。
大田广平	a. 王先生乞侬开刀开遘真好。b. 王先生个刀开足好。 a. guaŋ²⁴ siaŋ²² sɛ̃³³ kʰiɐ³¹ lõ⁰ kʰy²² tɯ³³ kʰy³³ kɤ⁰ tʃe²² hɯ⁵¹. b. guaŋ²⁴ siaŋ²² sɛ̃³³ kɤ⁰ tɯ³³ kʰy³³ tsiɐ⁵ hɯ⁵¹.
霞浦三沙	a. 王先生开刀开得野好。b. 王先生手术做得野好。 a. ɔŋ²¹ niaŋ⁴⁴ ni⁴² kʰui⁴⁴ tɔ⁴² kʰui⁴⁴ leʔ⁰ ia³⁵ hɔ²¹. b. ɔŋ²¹ siaŋ⁴⁴ ni⁴² tsʰiu³⁵ soʔ²¹ tsuoi⁵⁵ liʔ⁰ ia³⁵ hɔ⁵¹.
福鼎沙埕	a. 王先生其刀开得很好。b. 同 a。 a. ɔŋ³³ suĩ³³ ien⁴⁴ i⁰ to⁴⁴ kui⁴⁴ le⁰ hən²¹ xo⁵³. b. 同 a。
建瓯	a. 王先生开个刀尽好。b. 王先生个刀开得尽好。 a. uaŋ³³ siŋ⁵⁴ saiŋ⁵⁴ kʰuɛ³³ kɛ³³ tau⁵⁴ tseiŋ⁴² xau²¹. b. uaŋ³³ siŋ⁵⁴ saiŋ⁵⁴ kɛ³³ tau⁵⁴ kʰuɛ⁵⁴ tɛ²⁴ tseiŋ⁴² xau²¹.
建阳	a. 王先生个刀开得很好。b. 同 a。 a. jiɔŋ⁴⁵ siŋ⁵¹ saiŋ⁵¹ ke³³ tau⁵¹ kʰye⁵¹ te⁴ xaiŋ²¹ xau²¹. b. 同 a。

续表

	0037a. 王先生的刀开得很好。b. 王先生的刀开得很好。 a. 王先生是医生（施事）。b. 王先生是病人（受事）。如与a句相同，注"同a"即可。
政和	a. 王先生个刀开得尽好。b. 同a。 a. oŋ³³ siŋ⁵³ saiŋ⁵³ kiɛ⁴² to⁵³ kʰyɛ⁵³ tɛ²⁴ tseiŋ⁵⁵ xo²¹³. b. 同a。
松溪	a. 王先生个刀开得尽好。b. 同a。 a. oŋ⁴⁴ siŋ⁵³ saŋ⁵³ ka²² to⁵³ kʰœ⁵³ tœ²²³ tseiŋ⁵⁵ xo²²³. b. 同a。
武夷山	a. 王先生个刀开得很好. b. 同a。 a. yoŋ³³ siŋ⁵¹ saiŋ⁵¹ kɛi⁰ tau⁵¹ kʰy⁵¹ tɛi⁵⁵ xɛiŋ³¹ xau³¹. b. 同a。
浦城石陂	a. 王先生个刀开得很好。b. 同a。 a. əŋ³³ ɕiŋ⁵³ saiŋ⁵³ ke⁰ tɔ⁵³ kʰiθ⁵³ te²⁴ xeiŋ²¹ xɔ²¹. b. 同a。
南平夏道	a. 王先生其刀开其真好。b. 同a。 a. uŋ¹¹ siŋ¹¹ saŋ¹¹ ɛ⁰ to¹¹ kʰuɛ¹¹ ɛ⁰ tseiŋ¹¹ xo³³. b. 同a。
顺昌	a. 王先生个刀开得很好。b. 同a。 a. ŋɔ³³ siŋ⁴⁴ ʃɛ⁴⁴ ka³⁵ tø⁴⁴ kʰuɛ⁴⁴ tɛ¹¹ hẽ³¹ ho³¹. b. 同a。
将乐	a. 王医师记刀开咯盖世好。b. 王先生记刀开咯盖世好。 a. vuɔ̃²² i⁵⁵ sŋ⁵⁵ kiʔ⁵ tau⁵⁵ kʰuæ⁵⁵ lo²¹ kuæ⁵¹ sŋ³²⁴ xau⁵¹. b. vuɔ̃²² siɛ̃⁵⁵ ʃɛ⁵⁵ kiʔ⁵ tau⁵⁵ kʰuæ⁵⁵ lo²¹ kuæ⁵¹ sŋ³²⁴ xau⁵¹.
光泽	a. 王先生个刀开得□好儿。b. 同a。 a. uɔŋ²² ɕiən²¹ sən²¹ kɛ³⁵ tau²¹ kʰɔi³⁵ tɛ⁰ tiɛ⁴¹ hau⁴⁴ ɛ⁰. b. 同a。
邵武	a. 王先生个刀开得很好。b. 同a。 a. uaŋ³³ sien²¹ sien²¹ kəi²¹ tau²¹ kʰəi²¹ tie⁵³ hen⁵⁵ hau⁵⁵. b. 同a。
三明	a. 王先生开刀开得好极。b. 王先生的刀开得好极。 a. m⁵¹ sɛ̃i³¹ ʃɛ̃⁴⁴ kʰuɛ³¹ tau⁴⁴ kʰuɛ⁴⁴ te⁰ huɯ³¹ ki²⁵⁴. b. m⁵¹ sɛ̃i³¹ ʃɛ̃⁴⁴ te⁰ tau⁴⁴ kʰuɛ⁴⁴ te⁰ huɯ³¹ ki²⁵⁴.
永安	a. 王先生开刀开得好好。b. 王先生个刀开得好好。 a. um³³ sɛ̃i³³ ʃi⁵² kʰue³³ tauɯ⁵² kʰue⁵² ta⁰ hauɯ³³ hauɯ²¹. b. um³³ sɛ̃i³³ ʃi⁵² ke⁰ tauɯ⁵² kʰue⁵² ta⁰ hauɯ³³ hauɯ²¹.

续表

	0037 a. 王先生的刀开得很好。b. 王先生的刀开得很好。 a. 王先生是医生（施事）。b. 王先生是病人（受事）。如与 a 句相同，注"同 a"即可。
沙县	a. 王先生的刀开得好得特。b. 同 a。 a. uaŋ³¹ siẽ⁴⁴ soɛ̃³³ li⁰ to³³ kʰue⁴⁴ te⁵⁵ xɔ²¹ te⁵⁵ tai²¹. b. 同 a。"好得特"也可说"实在好"。 a. 王先生逐人开刀开得好得特。b. 王先生□人开刀开得好得特。 a. uaŋ³¹ siẽ⁴⁴ soɛ̃³³ ty²¹ lɛiŋ³¹ kʰue⁴⁴ to³³ kʰue³³ te⁵⁵ xɔ²¹ te⁵⁵ tai²¹. b. uaŋ³¹ siẽ⁴⁴ soɛ̃³³ kʰiŋ²¹ lɛiŋ³¹ kʰue⁴⁴ to³³ kʰue³³ te⁵⁵ xɔ²¹ te⁵⁵ tai²¹. "好得特"也可说"实在好"。
长汀	a. 王先生开刀个功夫野好。b. 王先生个刀开得野成功。 a. voŋ⁵⁵ siŋ³³ seŋ³³ hue³³ tɒ³³ e³³ koŋ³³ fu³³ ia²⁴ hɒ⁴². b. voŋ⁵⁵ siŋ³³ seŋ³³ e³³ tɒ³³ hue³³ te³³ ia²¹ tʃʰeŋ⁴² kəŋ³³.
连城	a 王先生个刀开得係还好。b. 同 a。 voŋ²² se³³ saiŋ⁴³³ ka⁰ tau⁴³³ huei³³ tuo⁵⁵ si⁵⁵ va²¹ hau²¹². b. 同 a。
上杭	a. 王先生刀开得极好。b. 同 a。 a. voŋ²¹ ɕiɛ̃⁴⁴ sɛ̃⁴⁴ tɔu⁴⁴ kuɔ⁴⁴ tɛʔ³² tɕʰiʔ³² hɔu⁵¹. b. 同 a。
武平	a. 王先生开刀技术揽⁼好。b. 王先生个刀开得介好。 a. voŋ²² siaŋ²⁴ sɛŋ²⁴ kʰuɛ²⁴ tɔ²⁴ tsʰɿ⁴⁵¹ sɛʔ³ laŋ²² hɔ⁴². b. voŋ²² siaŋ²⁴ sɛŋ²⁴ ke⁴⁵¹ tɔ²⁴ kʰuɛ²⁴ tɛʔ³ kaŋ²² hɔ⁴².
永定	a. 王医师开刀个功夫甚好。b. 王先生个刀开得甚好。 a. vɔ̃²² i⁴⁴ sɿ²⁴ kʰuoi⁴⁴ tɔu²⁴ kɛʔ⁵ koŋ⁴⁴ fu²⁴ tsʰeŋ³³ xɔu³¹. b. vɔ̃²² ɕiɛ⁴⁴ sɛ̃⁴⁴ kɛʔ⁵ tɔu²⁴ kʰuoi²⁴ tɛʔ⁵ tsʰeŋ³³ xɔu³¹.
明溪	a. 王先生的刀开得很好。b. 同 a。 a. voŋ³¹ sieŋ⁴⁴ seŋ⁴⁴ ti⁴⁴ tau⁴⁴ kʰue⁴⁴ tɤ⁰ xeŋ⁴¹ xau⁴¹. b. 同 a。
清流	a. 王先生个刀开得很好。b. 同 a。 a. vɔŋ²³ seŋ³³ sɛ̃³³ ka³⁵ tɔ³³ kʰua³³ tə⁰ hɛ̃²¹ hɔ²¹. b. 同 a。
宁化	a. 王先生开刀开得很好。b. 王先生个刀开得很好。 a. voŋ²⁴ ɕieŋ³⁴ saiŋ³¹ kʰua³¹ tau³⁴ kʰua³⁴ tə⁵ haiŋ³¹ hau³¹. b. voŋ²⁴ ɕieŋ³⁴ saiŋ³¹ ka³¹ tau³⁴¹ kʰua³⁴ tə⁵ haiŋ³¹ hau³¹.

续表

	0037a. 王先生的刀开得很好。b. 王先生的刀开得很好。 a. 王先生是医生（施事）。b. 王先生是病人（受事）。如与 a 句相同，注"同 a"即可。
新罗客家	a. 王先生贼会开刀。b. 王先生个刀开得贼好。 a. vuõ⁵⁵ siẽ⁴⁴ seŋ⁴⁴ tsʰieʔ⁵ vaʔ³⁵ kʰa⁴⁴ təu⁴⁴. b. vuõ⁴⁴ siẽ⁴⁴ seŋ⁴⁴ kaʔ⁵ təu⁴⁴ kʰa⁴⁴ tei ʔ⁵ tsʰieʔ⁵ xəu⁴¹.
平和客家	a 王生开刀真知影。b 王先生去开刀，开得真顺利。 a. ɔŋ³⁵ seŋ³³ kʰɔi³¹ tɔ³³ tɕin³¹ ti³³ ziaŋ³¹. b. ɔŋ³³ sian³¹ seŋ³³ kʰy³¹ kʰɔi³¹ tɔ³³, kʰɔi³¹ teʔ⁵⁵ tɕin³¹ sun³³ li⁵⁵.
诏安客家	a. 王先生开刀技术真好。b. 王先生手术开刀开得真拄嘎⁼。 a. ɔŋ⁵³ siɛn⁴⁵ sen²² kʰɔi⁴⁵ tɔu²² ki²² sut⁵ tsin²² hɔu³¹. b. ɔŋ⁵³ siɛn⁴⁵ sen²² ʃiu²² sut⁵ kʰɔi⁴⁵ tɔu²² kʰɔi²² tetº tsin²² tu⁴⁵ ka⁴⁵.
泰宁	a. 王先生个刀开得几泥⁼好。b. 同 a。 a. uoŋ³³ ɕien³³ sən³³ kəº to³¹ kʰuai³¹ tə³³ ki³⁵ næ⁵¹ xo³⁵. b. 同 a。
建宁	a. 王先生个刀开得老好儿。b. 同 a。 a. uoŋ²⁴ sien³⁴ səŋ³⁴ kai⁵⁵ tau³⁴ kʰei³⁴ tək² lau⁵⁵ hau⁵¹ i²¹. b. 同 a。
浦城城关	a. 王先生开刀开得很好。b. 王先生个刀开得很好。 a. aŋ²⁴ ɕiãi³⁵ sãi³⁵ kʰue³⁵ laoº³⁵ kʰue³⁵ le³² xeŋ⁴⁴ xɑo⁵⁴. b. aŋ²⁴ ɕiãi³⁵ sãi³⁵ keº laoº³⁵ kʰue³⁵ le³² xeŋ⁴⁴ xɑo⁵⁴.
南平延平	a. 王先生的刀开的很好。b. 同 a。 a. uõ²¹ ɕieŋ⁵⁵ seiŋ³³ tiº tau³³ kʰai³³ tiº xeiŋ⁵³ xau²⁴². b. 同 a。

	0038 我不能怪人家，只能怪自己。
福州	我无年⁼呆⁼怪别侬，侬怪自家。 ŋuai³³ mo²¹ nieŋ⁵⁵ ŋai⁵³ kuai²¹ peiʔ⁵ nøyŋ⁵², na⁵² kuai²¹ tsi⁵⁵ ia⁵⁵.
闽侯	我无年⁼呆怪别侬，侬怪自家。 ŋuai³³ mo²¹ nieŋ³³ ŋai⁵³ kuai²¹² peiʔ⁵ nøyŋ⁵³, na⁰ kuai²¹² tsi⁵⁵ a⁵⁵.
长乐	我无年⁼呆怪别侬，侬怪自家。 ŋui³³ mo²¹ nieŋ⁵⁵ ŋai⁵³ kuai²¹ peiʔ⁵ nøyŋ⁵³, na⁵³ kuai²¹ tsi⁵⁵ ia⁵⁵.
连江	我无里嗨怪别侬，侬有里嗨怪自家。 ŋui³³ mo²¹ ni⁵⁵ ai⁵¹ kuai²¹² pø¹² nøyŋ⁵¹, na⁵⁵ u⁵⁵ ni⁵⁵ ai⁵¹ kuai²¹² tsi⁵⁵ a⁵⁵.
罗源	我无［能嗨］赖各侬，侬是赖自家。 ŋui²¹ mɔ²¹ nia³¹ lai³⁴ kœ⁵³ nœŋ³¹, na²¹ li³⁴ lai³⁴ tsi⁴⁴ a⁴².
福清	我无［能嗨］怪别侬，侬怪自家。 ŋua³¹ mo⁴⁴ nai⁴⁴ kuai²¹ peʔ⁵ nøŋ⁴⁴, na⁴⁴ kuai²¹ tsi⁴⁴ a⁵³.
平潭	我无来⁼怪别侬，侬长怪自家。 ŋua³¹ mo²¹ lai³⁵ kuai²¹ pøʔ⁵ løŋ⁴⁴, la⁴⁴ lyoŋ⁴⁴ kuai²¹ zi⁴⁴ ia⁵¹.
永泰	我无能耐怪别侬，有怪怪自家。 ŋuoi³² mo²¹ nieŋ⁴⁴ ŋai²⁴² kuai²¹ pei⁴⁴ nɔyŋ³⁵³, u⁵³ kuai²¹ kuai²¹ tsi⁴⁴ a⁴⁴.
闽清	我无能耐怪侬，侬是怪自家。 ŋuai³² mɔ⁴⁴ nieŋ²¹ ŋai²⁴² kuai²¹ nɔyŋ³⁵³, na⁴² lei²⁴² kuai²¹ tsi⁴⁴ ia⁴⁴.
古田	我［唔通］怪别侬，我侬是怪自家。 ŋuai⁴² nøyŋ⁵⁵ kuai²¹ pøyk² nøyŋ³³, ŋuai⁴² na⁵⁵ li³³ kuai²¹ tsi³³ a⁵⁵.
屏南	我𪜶怪伊别侬，侬是怪自家。 uai⁴¹ mɛ⁴⁴ kuai³⁴ i⁴⁴ pɪk³ nɯŋ²², na⁴¹ le³²³ kuai³⁴ tsi⁴⁴ ia⁴⁴.
宁德	我无汝爱⁼怪各侬，侬怪自家。 ua⁴¹ mɔ¹¹ ny⁵⁵ ŋai⁵⁵ kuoi³⁵ kɔ⁵⁵ nœŋ⁴¹¹, na⁴¹¹ kuoi³⁵ tsi³³ ia³³.
霞浦 城关	我𪜶怪别侬，侬怪阿伲。 ua⁴² mɛ⁴⁴ kuai³⁵ pɛʔ⁴⁴ nɛiŋ²¹, na⁴⁴ kuai³⁵ a²¹ ni²⁴.
福安	我无呢碍怪各侬，就侬怪自己。 ŋo⁴¹ mɔ²¹ ni⁵⁵ ai⁵¹ kuai³⁵ kœu⁵⁵ nœuŋ²¹, tsiu²³ a⁴⁴ kuai³⁵ tsei²³ nei²³.

续表

	0038 我不能怪人家，只能怪自己。
柘荣	我无呢碍怪各侬，总傐怪自己。 ŋua⁵³ mɔ²¹ ni⁵⁵ ai⁵³ kuai⁴⁵ kɔ⁵⁵ nœŋ²¹，tsuŋ⁵⁵ a⁴⁴ kuai⁴⁵ a²¹ ni²⁴.
周宁	我无得使怪各侬，全傐怪自己。 ua⁴² mɔ²¹ ni⁵⁵ ai⁵⁵ kuai³⁵ kœ⁵⁵ nœŋ²¹，tsun²¹ ŋa⁴⁴ kuai⁵⁵ tse²¹ ne²¹³.
寿宁	我不能怪别侬，只能怪自自。 ua⁴² puʔ⁵ nɛŋ²¹ kuai³⁵ pɛʔ² nɛŋ²¹，tsi⁴² nɛŋ²¹ kuai³⁵ tsi²¹ tsi²³.
福鼎城关	我无毛讲别侬，都傐讲家自。 ua⁵⁵ mo³³ no⁵⁵ koŋ⁵⁵ peʔ³ neŋ²¹，tuŋ⁵⁵ na²¹ koŋ⁵⁵ kaŋ²¹ tsi³³.
尤溪	我唔敢怪别侬，总傐有怪各自。 ŋua⁵⁵ ŋ³³ ŋã⁴⁴ kuai⁴⁴ pa³³ nəŋ¹²，tsəŋ⁴⁴ nã³³ iu⁴⁴ kuai⁴⁴ kə⁴ tse⁴².
莆田	我𬧞怨得别侬，傐解怨家己。 kua⁴⁵³ pe¹¹ øŋ⁴² niʔ² peʔ² naŋ²⁴，nɔʔ² eʔ² øŋ⁵³³ kai⁵³³ e²⁴.
涵江	我𬧞怨得伊辈，傐解怨得我家己。 kuap⁴ pe⁵⁵ œŋ⁴² ŋɛ⁰ ip¹ muai⁴²，nɛʔ¹ ɛk⁴ œŋ⁴² ŋɛ⁰ kuak⁴ ka⁵⁵ e¹³.
仙游城关	我𬧞去怪别侬，卜怪傐怪我［家己］。 kuap²³ pe²¹ kik²³ kuoi⁴² pɛt² naŋ²⁴，puok²³ kuoi⁴² nɛ⁰ kuoi⁵⁵ kuak²³ kai⁴².
仙游枫亭	我𬧞怪得别侬，傐解怪［家己］。 kua⁴⁵³ pe¹¹ kuɤɯ⁴² liʔ⁰ peʔ² naŋ²⁴，nɔ¹¹ eʔ² kuɤɯ⁵³³ kai⁴².
厦门	我无法怪别侬，干傐怪家己。 gua⁵³ bo²² huat⁴⁴ kuai⁵³ pat²¹ laŋ²⁴，kã²² na²² kuai⁵³ ka²² ki²².
同安	我𬧞使怪别侬，只能怪家己。 gua⁴² bue¹¹ sai⁴² kuai⁴² pat¹¹ laŋ²⁴，tsi²⁴ liŋ¹¹ kuai⁴² ka³³ ki⁰.
泉州鲤城	我𬧞怪侬，只解怪家己。 gua⁵⁵ bue²² kue⁴¹ laŋ⁰，tsi²⁴ e²² kue⁵⁵ kai²² ki⁴¹.
泉州洛江	我𬧞做得怪侬，只能怪家己。 gua⁵⁵ bue²² tsue⁵⁵ lit⁵ kue⁴¹ laŋ⁰，tsi²⁴ ŋ²² kue⁵⁵ ka³³ ki⁴¹.
南安	我唔通怪侬，只能怪我家己。 gua⁵⁵ m²² tʰaŋ³³ kue³¹ laŋ⁰，tsi²⁴ nã³¹ kue⁵⁵ gua⁵⁵ kai³³ ki³¹.

续表

	0038 我不能怪人家，只能怪自己。
晋江	我𣍐做得怪别侬，卜怪就怪家己。 gua⁵⁵ bue²² tsue⁵⁵ lit⁵ kue⁵⁵ pat² laŋ²⁴, beʔ⁵ kue⁴¹ tsiu²² kue⁵⁵ kai³³ ki⁴¹.
石狮	我𣍐做得怪侬得，俿有怪家己。 gua⁵⁵ bue²² tsue⁵⁵ it⁵ kue⁴¹ laŋ⁰ it⁰, la²² u³³ kue⁵⁵ kai³³ ki⁴¹.
惠安	我𣍐怪别侬，只怪家己。 gua⁴² bue²² kue⁵⁴ pat² laŋ²⁵, tsi³³ kue⁵⁴ ka²² ki²¹.
安溪	我𣍐用得怪侬，只着怪家己。 gua⁴⁴ bue⁴² iŋ⁵³ lit⁰ kuai⁴² laŋ⁰, tsi²⁴ tioʔ²² kuai⁵³ ka³³ ki⁴⁴.
永春	我无通怪侬，只能怪家己。 gua⁵³ bo²² tʰaŋ⁴⁴ kue⁵³ laŋ⁰, tsi⁴⁴ nŋ²⁴ kue⁵³ ka²² ki⁵³.
德化	我𣍐能怪别侬，只能怪家己。 gua³⁵ bue³¹ nŋ⁴⁴ kue⁴² pat³¹ laŋ⁰, tsi⁴⁴ nŋ⁴⁴ kue⁴² ka²² ki⁴².
漳州	我𣍐使怪别侬，抑啰怪家己。 gua⁵³ be²¹ sai³⁴ kuai⁵³ pat²¹ laŋ¹³, a²¹ lo²¹ kuai⁵³ ka²² ki²².
龙海	我唔通怪侬，只能怪家自。 guaʔ⁴ m⁴¹ tʰaŋ³³ kuai⁴¹ laŋ⁰, tsi³⁴ liŋ³³ kuai⁵² ka³³ ti³³.
长泰	我𣍐使怪别侬，只能怪家自。 gua⁵³ bue²¹ sai⁴⁴ kuai⁵³ pat²¹ laŋ²⁴, tsi⁴⁴ leŋ²² kuai⁵³ ka²² ti²².
华安	我𣍐使怪别侬，只能怪家自。 gua⁵³ be³¹ sai⁵⁵ kuai⁵³ pat²¹ laŋ²³², tsi⁵⁵ liŋ²² kuai⁵³ ka²² ti²².
南靖	我𣍐使怪别侬，只能怪家自。 gua⁴⁴ be²¹ sai⁴⁴ kuai⁵⁴ pat²¹ laŋ³²³, tsi⁴⁴ liŋ²² kuai⁵⁴ ka²² ti²².
平和	我𣍐使怪别侬，只解使怪家己。 gua⁵² be²¹ sai²³ kuai⁵² pat²¹ laŋ²³, tsi²³ e²¹ sai²³ kuai⁵² ka²¹ ki²².
漳浦	我𣍐使怪侬兮，只有怪家自啊。 guaʔ⁴ biei²¹ sai⁴³ kuai²¹ laŋ⁰ e⁰, tsi⁴³ u²¹ kuai⁵¹ ka³³ ti³³ a⁰.
东山	我𣍐使怪侬兮，只能怪家自。 guaʔ⁵ be²² sai⁴⁴ kuai²² laŋ⁰ e⁰, tsi⁴⁴ leŋ³³ kuai⁵¹ ka²² ti³³.

续表

	0038 我不能怪人家，只能怪自己。
云霄	我𫧃使怪别侬，只解使怪家自。 gua⁵³ be²¹ sai⁵⁵ kue⁵³ pat²¹ laŋ³², tsi⁵⁵ e²¹ sai⁵⁵ kue⁵³ ka³³ ti³³.
诏安	我唔□怪别侬，只怪家自。 ua⁵³ m³¹ tʰiŋ⁵³ kuɛ⁵³ pat³² lan²⁴, tsi²⁴ kuɛ⁵³ ka³³ ti³³.
龙岩	我唔敢怪各侬，只有怪自家。 gua²¹ ŋ⁵⁵ ŋã²¹ kuai²¹ ko⁵⁵ laŋ¹¹, tɕi²¹ u⁴² kuai²¹ tɕiɛt³ kia⁴².
漳平	我𫧃使怪别侬，只好怪家自。 gua⁵³ bie²¹ sai²¹ kuai⁵³ pat²¹ laŋ³³, tsi²¹ huo⁵³ kuai⁵³ ka⁵⁵ ti³³.
大田城关	我𫧃使怪别个，只能怪各自。 bua⁵³ be³³ sɛ⁵³ kuɛ³³ paʔ³ ge²⁴, tsi³¹ leŋ²⁴ kuɛ⁵⁵ kaʔ⁵ tsi³³.
大田广平	我唔通怪别侬，只着怪各自。 gua⁵¹ ŋ²² tʰɤ³³ kui³³ pɒ²² lõ²⁴, tsɤ²² liɛ³¹ kui³³ kɒ⁵ tsi³¹.
霞浦三沙	我无怪别侬，都俤怪家己。 ua⁴² bo²¹ kuai²¹ baʔ²¹ laŋ³⁵, tɔ²¹ na²¹ kuai⁵⁵ ka²¹ li²¹.
福鼎沙埕	我无毛怪别侬，只能怪家己。 gua⁵³ bo³³ nɔ⁵³ kuai⁴⁴ pak²¹ lan²⁴, tsɯ⁴⁴ lien²⁴ kuai⁴⁴ ka³³ i⁵³.
建瓯	我唔敢怪别人，就怪自己。 uɛ⁴² eiŋ⁵⁵ kɔŋ²¹ kuɛ³³ piɛ⁵⁵ neiŋ³³, tsiu⁵⁵ kuɛ³³ tsu³³ tsi⁵⁵.
建阳	我唔敢怪别人，只来怪自。 ue⁴¹ oŋ³³ kɔŋ²¹ kye³³ pie⁴ nɔiŋ⁴⁵, to²¹ le⁴⁵ kye³³ tsɔi³³.
政和	我唔敢怪别人，只有怪自己。 uɛ⁴² eiŋ⁵⁵ kauŋ²¹³ kuai⁴² piɛ⁵⁵ neiŋ³³, tsi²⁴ iu²¹³ kuai⁴² tsi⁴² tsi⁵⁵.
松溪	我唔敢怪别人，总好自怪自。 ŋua⁴² oŋ⁴² kaŋ²²³ kua²² piɛ²²³ neiŋ⁴⁴, tsoŋ²²³ xo²²³ tsɛi⁴⁵ kua²² tsɛi⁴⁵.
武夷山	我唔敢怪别人，就怪自。 ŋuai⁵¹ ɛiŋ³³ koŋ³¹ kyai²² pi⁵¹ nɛiŋ³³, tsiu⁵⁵ kyai²² tsɛi⁵⁵.
浦城石陂	我唔得怪别人，就得怪自自。 ɦuaɛ⁴² eiŋ⁴² te²⁴ kiɵ³³ pie⁵³ neiŋ³³, tɕiɯ⁴⁵ te²⁴ kiɵ³³ tɕi⁴⁵ tɕi⁴⁵.

续表

	0038 我不能怪人家，只能怪自己。
南平夏道	我使唔得怪别人，总奈怪各自。 ŋua¹¹ sɛ³³ iŋ⁵⁵ tai¹¹ kuai³³ piɛ¹¹ nein⁵⁵, tsoŋ⁵⁵ nai²⁴ kuai⁵⁵ ko¹¹ tɕi²⁴.
顺昌	我唔可以怪别常ᵈ，奈怪自自。 ŋa³¹ ŋ³¹ kʰo³³ i³¹ kua⁵⁵ pʰi⁵¹ ʃiɔ̃¹¹, la³¹ kua⁵⁵ tʃʰi⁵¹ tʃʰi⁵¹.
将乐	我唔怪别侪，就怪自自。 ŋæ²¹ ŋ⁵⁵ kuæ⁵⁵ pʰie²¹ ʃa²², tsʰiu²² kuæ⁵⁵ tsʰi⁵⁵ tsʰi³²⁴.
光泽	伉不能怪别人，只能怪自家。 haŋ⁴¹ pɛi⁴¹ nɛn²² kuai³⁵ pʰiɛ⁴¹ nin²², tɕi⁴⁴ nɛn²² kuai³⁵ tʰi⁴⁴ ka²¹.
邵武	伉唔可以怪别侪，二ᵈ怪自家。 haŋ³⁵ ŋ⁵⁵ kʰo⁵⁵ i⁵⁵ kuai²¹ pʰie³⁵ sa⁵⁵, ni³⁵ kuai²¹ tʰi³⁵ ka⁵³.
三明	我唔敢怪别侪，只能怪个自。 ŋu⁴³ ã⁴³ kɐm³¹ kuɛ³³ pe³¹ sɒ⁵¹, tsʅ¹² nɛ̃³¹ kuɛ³³ ko⁴³ tsi³³.
永安	俺唔敢怪别侪，尽里怪俺自。 õ⁵² ã²⁴ kam²¹ kue²⁴ pe²¹ sɒ³³, tsã²¹ li⁰ kue²⁴ õ³³ tsi²⁴.
沙县	我唔敢怪人侪，就怪个自。 gua³³ ŋ²¹ kaŋ⁴⁴ kue²⁴ lɛiŋ⁴⁴ ʃia⁰, tʃiu⁴⁴ kue²⁴ ko⁴⁴ tsi²⁴.
长汀	我唔敢怪人家，只敢怪自家。 ŋai³³ ŋ²⁴ koŋ⁴² kue⁴² neŋ³³ ŋa²⁴, tʃʅ²⁴ koŋ⁴² kue⁴² tsʰi⁵⁵ ka³³.
连城	我唔敢怪别拉侪，只敢怪自家。 ŋa⁵³ ŋ⁵⁵ koŋ²¹ kua⁵³ pʰe⁵⁵ la⁵⁵ so²¹², tʃɯə⁵⁵ koŋ²¹ kua⁵³ tsɯə⁵⁵ ko⁴³³.
上杭	我唔敢怪人家，只好怪自家。 ŋa²¹ ŋ²¹ ŋã⁵¹ kua³⁵³ ȵiəŋ²¹ kɒ⁴⁴, tɕiʔ³² hɔu⁵¹ kua³⁵³ tsʅ³¹ kɒ⁴⁴.
武平	我唔敢怪各另人，只有怪自家。 ŋɑ²⁴ ŋ⁴² kaŋ⁴² kuɑ⁴⁵¹ kɔʔ⁵ lɛŋ²² ŋiŋ²², tsɛʔ⁵ iu⁴² kuɑ⁴⁵¹ tsʰʅ⁴² ka²⁴.
永定	我唔肯怪别人，只能怪自家。 ŋai²² m²⁴ kʰɛ̃³¹ kuai⁵² pʰiɛʔ⁵ ȵiŋ²², tsʅ³¹ nɐ̃²⁴ kuai⁵² tsʰeiʔ⁵ ka²⁴.
明溪	我不能怪别侪，只能怪自家。 ue⁴¹ pu⁵⁵ leŋ³¹ kua²⁴ pʰi⁵⁵ so³¹, tʃʅ⁴¹ leŋ³¹ kua²⁴ tsʰi⁵⁵ ko⁴¹.

续表

	0038 我不能怪人家，只能怪自己。
清流	我不能怪别倷，只能怪自家。 ŋa³³pə²¹nɛ̃²³kua³⁵pʰe⁵⁵so²¹, tsɿ²¹nɛ̃²³kua³⁵tsʰi³²ko³³.
宁化	我不敢怪别人，才敢怪自家。 ŋa³⁴pə⁵kɔŋ³¹kua²¹²pʰie⁴²iŋ⁴⁴, tsʰa³¹kɔŋ³¹kua²¹²tɕʰi⁴²kɒ³¹.
新罗客家	唔敢怪各人倷，仅怪自家。 ŋ³⁵kõ⁴¹kua²¹koʔ⁵leŋ²¹suo³⁵, tʃiŋ⁵⁵kua²¹tsʰiʔ⁵kuo⁴⁴.
平和客家	我蹭使怪各倷，只能怪自家。 ŋai³⁵mɔi³¹sɿ³¹kuai³¹ɔʔ⁵⁵sa³⁵, tɕi³¹neŋ³³kuai³¹tsɿ³¹ka⁵⁵.
诏安客家	我唔好怪各倷，只能怪自家。 ŋai⁵³m³¹hɔu³¹kuai²²kɔu⁴⁵sa⁵³, tsi³¹nen²²kuai³¹tsɿ⁴⁵ka²².
泰宁	伉唔敢怪别倷，奈可以怪自家。 haŋ⁵¹ŋ²¹kɔŋ³⁵kuai⁵¹pʰie²¹sa³⁵, næ²¹kʰo³³i³³kuai⁵¹tʰei²¹ka³⁵.
建宁	我不能怪别人，只能怪自家。 ŋa⁵⁵puk²nəŋ²⁴kuai²¹pʰiek²ŋin⁵⁵, tsik²¹nəŋ²⁴kuai²¹tsʰi⁵⁵ka³⁴.
浦城城关	我唔得怪别侬，就得怪自己。 ɑ⁵⁴ŋ³⁵le³²kua⁴²³pie³²noŋ⁴⁴, tɕiu³²le³²kua⁴²³tɕi²¹ki⁴⁴.
南平延平	我不能怪人家，只能怪自己。 ŋo²⁴pu⁵⁵leiŋ²¹kuai³⁵iŋ³¹ka³³, tsɿ⁵³leiŋ²¹kuai³⁵tsɿ⁵³ki²⁴².

	0039a. 明天王经理会来公司吗？ b. 我看他不会来。
福州	a. 明旦王经理解来公司嬒？ b. 我看伊嬒来。 a. miŋ³³naŋ²¹uoŋ²¹ŋiŋ⁵²ni³³e⁵⁵ni⁵²kuŋ⁵⁵ni⁵⁵ma²⁴？ b. ŋuai³³kʰaŋ²¹i⁵⁵me⁵⁵li⁵².
闽侯	a. 明旦王经理解来公司嬒？ b. 我看伊嬒来。 a. meiŋ²¹naŋ²¹²uoŋ²¹ŋiŋ⁵³ni³³e⁰ni⁵⁵kuŋ⁵⁵ni⁵⁵ma²⁴？ b. ŋuai³³kʰaŋ²¹²i⁵⁵me³³ni⁵³.
长乐	a. 明旦王经理解来公司嬒？ b. 我看伊嬒来。 a. miŋ²²naŋ²¹uoŋ²¹kiŋ⁵³ni³³e⁵⁵ni⁵³kuŋ⁵⁵ni⁵⁵ma²⁴？ b. ŋui³³kʰaŋ²¹i⁵⁵me⁵⁵li⁵³.
连江	a. 明旦王经理阿嬒来公司？ b. 我看伊嬒来。 a. miŋ²¹naŋ²¹²uoŋ⁵¹ŋiŋ⁵¹ni³³a⁵⁵me⁵⁵li⁵¹kuŋ⁵⁵ni⁵⁵？ b. ŋui³³kʰaŋ²¹²i⁵⁵me³³li⁵¹.
罗源	a. 明旦王经理阿嬒来公司？ b. 我见觉伊嬒来。 a. maŋ²¹naŋ³⁵uoŋ²¹ŋiŋ²³li²¹a²²mɛ²¹li³¹kuŋ²¹ni⁴²？ b. ŋui²¹kieŋ⁵³ŋøyʔ²i⁴²mɛ²¹li³¹.
福清	a. 明旦王经理解嬒来公司？ b. 我看伊嬒来。 a. miŋ²¹naŋ²¹uoŋ⁴⁴kiŋ⁴⁴li³¹ɛ⁴²mɛ⁴⁴li⁴⁴kuŋ²¹θi⁵³？ b. ŋua³¹kʰaŋ²¹i⁵³mɛ⁴⁴li⁴⁴.
平潭	a. 明旦王经理解嬒来公司？ b. 我看伊嬒来。 a. miŋ²¹nzaŋ²¹uoŋ⁴⁴kiŋ⁴⁴li³¹e⁰li⁴⁴kuŋ⁴⁴θi⁵¹mɛ⁴²？ b. ŋua³¹kʰaŋ²¹i⁵¹mɛ⁴⁴li⁴⁴.
永泰	a. 明旦王经理解来公司嬒？ b. 我看伊嬒来。 a. mieŋ²¹naŋ²¹uoŋ²¹ŋiŋ⁴⁴li³²ɛ⁴⁴li³⁵³kuŋ⁴⁴ni⁴⁴ma⁴⁴？ b. ŋuoi³²kʰaŋ²¹i⁴⁴mɛ⁴⁴li³⁵³.
闽清	a. 明旦王经理解来公司嬒？ b. 我看伊嬒来。 a. miŋ²¹naŋ²¹uoŋ²¹ŋiŋ⁴²li³²ɛ⁴⁴li³⁵³kuŋ⁴⁴ni⁴⁴ma²⁴²？ b. ŋuai³²kʰaŋ²¹i⁴⁴mɛ⁴⁴li³⁵³.

续表

	0039a. 明天王经理会来公司吗？b. 我看他不会来。
古田	a. 明旦王经理解䞰来公司哦？b. 我看伊䞰来啊。 a. miŋ²¹ naŋ²¹ uoŋ²¹ ŋiŋ²¹ li⁴² ɛ²⁴ mɛ³³ li³³ kuŋ²¹ ni⁵⁵ ɔ⁰? b. ŋuai⁴² kʰaŋ²¹ ŋi³³ mɛ⁵⁵ li³³ ia⁰.
屏南	a. 明早王经理解来公司䞰？b. 我想伊䞰来。 a. miŋ²² tsa⁴¹ ʊŋ²² kiŋ²² li⁴¹ ɛ⁵⁵ le²² kuŋ⁴⁴ ni⁴⁴ mɛ³²³? b. uai⁴¹ sʊŋ⁴¹ i⁴⁴ mɛ⁴⁴ le²².
宁德	a. 明早王经理解䞰来公司？b. 我看伊䞰来。 a. maŋ³⁵ nzia⁵¹ uŋ¹¹ ŋiŋ¹¹ li⁴¹ ɛ⁴¹¹ mɛ³³ lei¹¹ kuŋ³³ ni³³? b. ua⁴¹ kʰaŋ³⁵ i³³⁴ mɛ³³ lei³³.
霞浦城关	a. 明旦王经理解䞰来公司䞰？b. 我看伊䞰来。 a. maŋ²¹ naŋ³⁵ ɔuŋ²¹ kiŋ⁴⁴ li⁴² ɛ⁴⁴ li²¹ kuŋ⁴⁴ ni⁴⁴ mɛ²⁴? b. ua⁴² kʰaŋ³⁵ ŋi⁴⁴ mɛ⁴⁴ li²¹.
福安	a. 明早王经理解䞰来公司呢？b. 我睨伊䞰来。 a. maŋ⁵⁵ na⁵¹ wuŋ²¹ kiŋ²³ liŋ³³¹ ɛ⁴⁴ mɛ⁴⁴ lei²¹ køuŋ⁴⁴ nei³³¹ ni⁰? b. ŋo⁴¹ ɛ³⁵ ei³³¹ mɛ⁴⁴ lei²¹.
柘荣	a. 明旦王经理解䞰来公司无？b. 我看伊䞰来。 a. muŋ²¹ naŋ⁴⁵ uoŋ²¹ kiŋ⁴⁴ li⁵³ ɛ⁴⁴ li²¹ kuŋ⁴⁴ θi⁴² mɔ²¹? b. ŋua⁵³ kʰaŋ⁴⁵ i⁴² mɛ⁴⁴ li²¹.
周宁	a. 王经理明旦解来公司䞰？b. 惊得䞰。 a. uŋ²¹ kiŋ⁴⁴ li⁴² maŋ²¹ naŋ³⁵ ɛ⁴⁴ lɛ²¹ kuŋ⁴⁴ ni⁴⁴ mɛ⁰? b. kiɐŋ⁴⁴ ni⁵ mɛ²¹³.
寿宁	a. 明旦王经理解䞰来公司䞰？b. 我望伊䞰来。 a. maŋ²¹ naŋ³⁵ uoŋ²¹ kiŋ³³ li⁴² ɛ³³ li²¹ kuŋ³³ si³³ mɛ²³? b. ua⁴² ɔuŋ³⁵ i³³ mɛ³³ li²¹.
福鼎城关	a. 明早起王经理解来公司䞰？b. 我睨伊䞰来。 a. maŋ²¹ tsi³³ kʰi⁵⁵ uoŋ²¹ kiŋ⁵⁵ li⁵⁵ e³³ li²¹ kuŋ⁵⁵ si³⁵ me⁵⁵? b. ŋo⁴¹ ɛ³⁵ ei³³¹ mɛ⁴⁴ lei²¹.

续表

	0039a. 明天王经理会来公司吗？ b. 我看他不会来。
尤溪	a. 明旦王经理解来公司𣍐？ b. 我看伊𣍐来。 a. muo³³ nũ⁵¹ uoŋ³³ kiŋ³³ le⁵⁵ i⁴⁴ le¹² kəŋ³³ se³³ mi⁴²？ b. ŋua⁵⁵ kʰũ⁵¹ i⁵⁵ mi³³ le¹².
莆田	a. 逢早王经理解来公司𣍐？ b. 我看伊𣍐来。 a. hɔŋ¹¹ nɔ⁴⁵³ ɔŋ²⁴ kiŋ¹¹ li⁴⁵³ eʔ² liʔ⁵ kɔŋ¹¹ ni⁵³³ pe¹¹？ b. kua⁴⁵³ kʰua⁴² i⁴⁵³ pe¹¹ li²⁴.
涵江	a. 逢早王经理解遘公司解来𣍐？ b. 我惊伊解𣍐来。 a. hɒn²¹ nɒ⁴⁵³ ɒŋ¹³ kin²¹ li⁴⁵³ ɛk¹ kau⁴² kɒn²¹ ni⁵⁵ ɛ⁰ li¹³ pe²¹？ b. kuak⁴ kia⁵⁵ i⁰ ɛp¹ pe²¹ li¹³.
仙游城关	a. 逢早王经理解遘伯者公司解𣍐？ b. 我看伊解𣍐来。 a. hɒn²¹ nɒ⁴⁵³ ɒŋ²⁴ kin²¹ li⁴⁵³ ɛk² kau⁴² na⁰ tsɛ²³ kɒn²¹ ni⁵⁵ ɛ⁰ pe²¹？ b. kuak²³ kʰua⁴² ip²³ pe²¹ li²⁴.
仙游枫亭	a. 明早王经理解遘公司来𣍐？ b. 我看伊𣍐来。 a. mɔŋ¹¹ nɔ⁴⁵³ ɔŋ¹¹ kiŋ¹¹ li⁴⁵³ eʔ² kau⁵² kɔŋ¹¹ ni⁵³³ li²⁴ pe¹¹？ b. kua⁴⁵³ kʰuã⁴² i⁴⁵³ pe¹¹ li²⁴.
厦门	a. 明旦［早起］王经理解来公司𣍐？ b. 我看伊𣍐来。 a. bin²² a⁰ tsai²¹ ɔŋ²² kiŋ²² li⁵³ e²¹ lai²² kɔŋ²¹ si⁴⁴ bue⁰？ b. gua⁵³ kʰuã²¹ i²² bue²¹ lai²⁴.
同安	a. 明［早起］王经理解来公司吗？ b. 我看伊𣍐来。 a. miã²⁴ tsai¹¹ ɔŋ¹¹ kiŋ³³ li⁴² e¹¹ lai²⁴ kɔŋ³³ si⁴⁴ ba⁰？ b. gua⁴² kʰuã¹¹² i⁴⁴ bue¹¹ lai²⁴.
泉州鲤城	a. 王经理明旦解来公司咧𣍐？ b. 𣍐，我看伊𣍐来。 a. ɔŋ²⁴ kiŋ³³ li⁵⁵ bin²² nã²⁴ e²² lai²² kɔŋ³³ si⁴⁴ lə⁰ bue⁰？ b. bue²²，gua⁵⁵ kʰua⁴¹ i³³ bue²² lai²⁴.
泉州洛江	a 明旦日王经理解来公司𣍐？ b 我看𣍐来。 a. biŋ²² na²⁴ lit² ɔŋ²² kiŋ³³ li⁵⁵ e²² lai²² kɔŋ³³ si³³ bue⁰？ b. gua⁵⁵ kʰuã⁴¹ bue²² lai²⁴.

续表

	0039a. 明天王经理会来公司吗？b. 我看他不会来。
南安	a. 明旦王经理解来公司𣍐？b. 我看伊𣍐来。 a. bin²² nã²⁴ ɔŋ²² kiŋ³³ li⁵⁵ e²² lai²² kɔŋ³³ si³³ bue⁰? b. gua⁵⁵ kʰuã³¹ i³³ bue²² lai²⁴.
晋江	a 明旦日王经理解来公司𣍐？b 我看伊𣍐来。 a. biŋ²² nã²⁴ lit³⁴ ɔŋ²² kiŋ³³ li⁵⁵ e²² lai²² kɔŋ³³ si³³ bue⁰? b. gua⁵⁵ kʰuã⁴¹ i³³ bue²² lai²⁴.
石狮	a. 明旦王经理解来公司兮𣍐？b. 我估计伊𣍐来。 a. bin²² la²⁴ ɔŋ²² kiŋ³³ li⁵⁵ e²² lai²² kɔŋ³³ e⁰ bue⁰? b. gua⁵⁵ kɔ²⁴ ke⁴¹ i³³ bue²² lai²⁴.
惠安	a. 王经理明日解来公司𣍐？b. 我看𣍐。 a. ɔŋ³³ keŋ³³ li⁵⁴ ben³³ let³⁴ e²² lai³³ kɔŋ³³ si³³ bue⁰? b. gua⁴² kʰuã⁵⁴ bue³³.
安溪	a. 明日王经理解来公司𣍐？b. 我看伊𣍐来。 a. bin²² lit²⁴ ɔŋ²² kiŋ³³ li⁵³ e⁴² lai⁰ kɔŋ³³ si⁵⁵ bue⁰? b. gua⁴⁴ kʰuã⁴² i³³ bue⁴² lai²⁴.
永春	a. 王经理明早解来公司𣍐？b. 我看伊𣍐来。 a. ŋ⁴⁴ kiŋ²² li⁵³ bin²² tsa⁴⁴ e⁴⁴ lai²⁴ kɔŋ²² si⁴⁴ bue⁰? b. gua⁵³ kʰuã³¹ i²² bue⁴⁴ lai²⁴.
德化	a. 王经理明早解来公司𣍐？b 我看伊𣍐来。 a. ɔŋ¹³ kiŋ²² li⁴² bin³¹ tsa¹³ ue⁴² lai³¹ kɔŋ²² si¹³ bue⁰? b. gua³⁵ kʰuã³¹ i¹³ bue⁴² lai⁴⁴.
漳州	a. 明仔［早起］王经理解来公司𣍐？b. 我看伊是𣍐来。 a. mẽ²² ã⁰ tsai²¹ ɔŋ²² kiŋ²² li⁵³ e²¹ lai²² kɔŋ²² si³⁴ be⁰? b. gua³⁴ kʰuã²¹ i³⁴ si²¹ be²¹ lai¹³.
龙海	a. 明仔［早起］王经理敢解来公司？b. 我看伊𣍐来啊。 a. biŋ³³ ŋã³² tsai⁴¹ ɔŋ³³ kiŋ³³ li⁵² kã³⁴ e⁴¹ lai³³ kɔŋ³³ si³⁴? b. guaʔ⁴ kʰuã⁵² i³⁴ be⁴¹ lai³¹² a⁰.

续表

	0039 a. 明天王经理会来公司吗？b. 我看他不会来。
长泰	a. 明仔［早起］王经理敢解来公司兮？b. 我看伊𣍐来。 a. mĩ²² ã⁰ tsai²¹ ɔŋ²² keŋ²² li⁵³ kã⁴⁴ e²¹ lai²² kɔŋ²² si⁴⁴ e⁰？ b. gua⁵³ kʰuã⁵³ i⁴⁴ bue²¹ lai²⁴.
华安	a.［明仔］［早起］王经理甲解来公司？b. 我看伊𣍐来。 a. mia³⁵ tsai³¹ ɔŋ²² kiŋ²² li⁵³ kaʔ⁵ e³¹ lai²² kɔŋ²² si⁵⁵？ b. gua⁵³ kʰuã³¹ i³⁵ be³¹ lai²³².
南靖	a. 明仔［早起］王经理甲解来公司？b. 我看伊𣍐来。 a. biŋ²² a⁰ tsai²¹ ɔŋ²² kiŋ²² li⁵⁴ kaʔ⁵⁴ e²¹ lai²² kɔŋ²² si³⁴？ b. gua⁴⁴ kʰuã²¹ i³⁴ be²¹ lai³²³.
平和	a. 王经理明［早起］敢解来公司？b. 我看伊𣍐来。 a. ɔŋ²² kiŋ²² li⁵² bã²² tsai²¹ kã²³ e²¹ lai²² kɔŋ³⁴ si³⁴？ b. gua⁵² kʰuã²¹ i³⁴ bue²¹ lai²³.
漳浦	a. 明仔［早起］王经理敢解来公司兮？b. 我看伊𣍐来啊。 a. bã¹³ a⁰ tsai²¹ oŋ³³ kioŋ³³ li⁵¹ kã⁴³ e²¹ lai³³ koŋ³³ si⁴³ e⁰？ b. guaʔ⁴ kʰuã²¹ i⁵¹ biei²¹ lai⁴¹² a⁰.
东山	a. □仔［早起］王经理敢解来公司兮？b. 我看伊𣍐来。 a. hã³³ a⁰ tsai²² oŋ³³ keŋ³³ li⁵¹ kã⁴⁴ e²² lai³³ koŋ³³ si⁴⁴ e⁰？ b. guaʔ⁵ kʰuã²² i³³ be²² lai²¹³.
云霄	a. □［早起］王经理解来公司𣍐？b. 我看伊𣍐来。 a. hã²² tsai²² oŋ³³ kian³³ li⁵³ e²¹ lai³³ koŋ³³ si⁵⁵ be⁰？ b. gua⁵³ kʰuã²¹ i⁵⁵ be²¹ lai³².
诏安	a. □［早起］王经理解𣍐来公司？b. 我看𣍐来。 a. hã²⁴ tsai³¹ oŋ²² kiŋ³³ li⁵³ ei³¹ bei³¹ lai²² koŋ³³ si⁴⁴？ b. ua⁵³ kʰuã²² bei³¹ lai²⁴.
龙岩	a.［明仔］日王经理解来公司吗？b. 我睨伊𣍐来。 a. mã²¹ lit³² guaŋ¹¹ kin³³ li²¹ e¹¹ lie¹¹ koŋ¹¹ çi³³ ba²¹？ b. gua²¹ õ²¹³ i¹¹ bie⁴² lie¹¹.

续表

	0039a. 明天王经理会来公司吗？ b. 我看他不会来。
漳平	a. 明日王经理解来公司无？ b. 我看伊𣍐来。 a. mã²¹ lit⁵ oŋ³³ kin³³ li⁵³ ɛ²¹ lai³³ koŋ³³ si³⁵ bɔ⁰? b. gua⁵³ kʰuã²¹ i³⁵ bie²¹ lai³³.
大田城关	a. 王经理明旦解来公司𣍐？ b. 我看𣍐来。 a. buaŋ³³ keŋ²⁴ li⁵³ beŋ⁵⁵ nã³¹ e³³ lɛ³³ koŋ⁵³ si³³ be⁰? b. bua⁵³ kʰuã³¹ be³³ lɛ²⁴.
大田广平	a. 明旦王经理解来公司𣍐哟？ b. 我看伊𣍐来哟。 a. bẽ³³ lẽ⁰ guaŋ²² ke²² li⁵¹ i²² li²² kɤ²² si³³ bi²² io³³? b. gua⁵¹ kʰõ³¹ i³³ bi⁴⁵ li²⁴ io⁰.
霞浦三沙	a. 明日王经理解𣍐来公司？ b. 我看伊𣍐来。 a. ma³⁵ leʔ⁵ ɔŋ²¹ kiŋ⁴⁴ li⁴² uoi³⁵ boi²¹ lai³⁵ kɔŋ²¹ si⁴²? b. ua⁴² kʰua²¹ i⁴⁴ boi²¹ lai³⁵.
福鼎沙埕	a. 明几ᵕ王经理解来公司𣍐？ b. 我看伊𣍐来。 a. mã²¹ ki⁵³ ɔŋ³³ kien³³ li⁵³ ɯəi²¹ lai²⁴ kɔŋ⁴⁴ si⁴⁴ buei⁵³? b. gua⁵³ kʰuã²¹ i⁵³ buei²¹ lai²⁴.
建瓯	a. 明朝王经理解来公司𣍐？ b. 我觑渠是唔来。 a. meiŋ³³ tiɔ⁵⁵ uaŋ³³ keiŋ⁵⁴ li²¹ ɔ²⁴ lɛ³³ kɔŋ⁵⁴ si⁵⁴ mai⁴²? b. uɛ⁴² tsʰu⁵⁵ kγ⁴² si⁵⁵ eiŋ⁵⁵ lɛ³³.
建阳	a. 明朝王经理解来公司无？ b. 我觑渠是𣍐来了。 a. maŋ³³ tiɔ⁵¹ jiɔŋ⁴⁵ kiŋ⁵¹ lɔi²¹ ai³³ le⁴⁵ kɔŋ⁵¹ sɔ⁵¹ mo⁴¹? b. ue⁴¹ tʰo³⁵ kγ⁴¹ si³³ mai³³ le³³ lo⁰.
政和	a. 明娘ᵕ王经理解来公司𣍐？ b. 我觑𣍐来。 a. maiŋ³³ nioŋ³³ oŋ³³ keiŋ⁵³ li²¹³ o²⁴ lɛ³³ kɔŋ⁵³ si⁵³ mai⁰? b. uɛ⁴² tsʰu⁵⁵ mai⁴² lɛ³³.
松溪	a. 明日王经理解来公司吗？ b. 我睉渠𣍐来。 a. maŋ⁴⁴ nɛi⁴² oŋ⁴⁴ keiŋ⁵³ lɛi²²³ o²² lœ⁴⁴ kɔŋ⁵³ sɛi⁵ ma⁰? b. ŋua⁴² iaŋ⁴² kio⁴² ma⁴² lœ⁴⁴.

	0039a. 明天王经理会来公司吗？b. 我看他不会来。
武夷山	a. 明朝王经理解来公司嚰？b. 我觑渠嚰来。 a. maŋ³³ tiu⁵¹ yoŋ³³ kiŋ⁵¹ lɛi³¹ hai²² lie³³ kɛiŋ⁵¹ su⁵¹ mai²²? b. ŋuai⁵¹ tʰu³⁵ həu⁵¹ mai³³ lie³³.
浦城石陂	a. 明日王经理解来公司嚰？b. 我觑渠是嚰来哦。 a. maŋ³³ ni³³ əŋ³³ keiŋ⁵³ li²¹ ɔ²⁴ le³³ kəŋ⁵³ su⁵³ maɛ³³? b. ɦuaɛ⁴² tsʰu⁴⁵ gy⁴² çi⁵³ maɛ³³ le³³ ɦɔ⁴².
南平夏道	a. 明朝王经理解来公司吗？b. 我睒伊嚰来。 a. miŋ¹¹ tio¹¹ uŋ¹¹ kiŋ¹¹ li³³ xɛ³³ lɛ⁵⁵ koŋ¹¹ si¹¹ ma⁵⁵? b. ŋua¹¹ iaŋ²⁴ ¡¹¹ mɛ¹¹ lɛ⁵⁵.
顺昌	a. 明朝王经理解来公司吗？b. 我睽渠唔解来。 a. muẽ³³ tʃiau⁴⁴ ŋɔ̃¹¹ kiŋ³¹ li³¹ ha²² li¹¹ kuŋ⁴⁴ sŋ⁴⁴ ma⁰? b. ŋa³¹ lau³³ kɛ³¹ Øŋ⁵¹ ha²² li¹¹.
将乐	a. 王经理明朝解来公司么？b. 我睒渠是唔来。 a. vuɔ̃²² kĩŋ⁵⁵ li²¹ mĩŋ²¹ tʃau⁵⁵ xæ²² li²² kɤ̃ŋ⁵⁵ sŋ⁵⁵ mo⁵⁵? b. ŋæ²¹ ŋiã̃ŋ⁵⁵ ki²² ʃi²² ŋ⁵⁵ li²².
光泽	a. 明朝王经理解来公司吗？b. 伉睒伊唔解来。 a. maŋ²² tɕiɛu⁴⁴ uɔŋ²¹ kin²¹ li⁴⁴ hiɛ⁴¹ li²² koŋ²¹ sɛ²¹ ma⁰? b. ha⁴⁴ niaŋ³⁵ hu⁴¹ m⁵⁵ hiɛ⁴¹ li²².
邵武	a. 明朝王经理解来公司无？b. 伉睒伊唔解来。 a. maŋ³³ tɕiau⁵⁵ uaŋ³³ kin²¹ li²¹ hie⁵⁵ li³³ kuŋ²¹ sə²¹ mo⁰? b. haŋ³⁵ niaŋ³⁵ hu³⁵ ŋ⁵⁵ hie⁵⁵ li⁰.
三明	a. 明朝王经理解来公司嚰？b. 我睒渠嚰来。 a. mã³¹ tiɯ⁴⁴ m⁵¹ kiã⁴⁴ li⁵¹ e³¹ la⁵¹ kã⁴⁴ sŋ⁴⁴ me²⁵⁴? b. ŋu⁴⁴ iɔ̃³³ ŋy⁴⁴ me²⁵⁴ la⁵¹.
永安	a. 王经理明朝解来公司么？b. 我睒渠嚰来。 a. um³³ kiã⁵² li²¹ mɛ̃i³³ tiɯ⁵² e⁵⁴ la³³ kã³³ sŋ⁵² me⁰? b. ŋuɒ⁵² iɔ̃²⁴ ŋy⁵² me⁵⁴ la³³.

续表

	0039a. 明天王经理会来公司吗？b. 我看他不会来。
沙县	a. 明朝王经理解来公司嬒？b. 照我暎渠嬒来。 a. muẽ⁴⁴tio³³uaŋ³¹kɛiŋ⁴⁴li²¹ɛ²¹lai³¹kɔuŋ⁴⁴sɿ³³bɛ²¹？ b. tʃiɔ²¹gua³³iɔ̃²⁴ky³³be⁵³lai³¹. "照"可说可不说。
长汀	a. 天光王经理会会来公司啊？b. 我暎渠唔会来。 a. tʰiŋ³³koŋ³³voŋ⁵⁵tʃeŋ³³li²¹ue²¹ue⁴²lai³³koŋ³³si³³a²¹？ b. ŋai³³niaŋ⁴²ke³³ŋ⁴²hue⁴²lai²¹.
连城	a. 城⁼日王经理会来公司无？b. 我暎渠唔会来。 a. ʃaŋ²²ŋi³⁵voŋ²²keiŋ³³li²¹ve⁵⁵li²²kəŋ³³sɯə³³mau²²？ b. ŋa⁵³ŋiaŋ²¹kuɛ³³ŋ⁵⁵ve⁵⁵li²².
上杭	a. 天光王经理会来公司吗？b. 我望渠唔会来。 a. tʰiɛ⁴⁴koŋ⁴⁴voŋ²¹tɕiəŋ⁴⁴li⁴⁴vuɔ⁵¹luɔ²¹koŋ⁴⁴sɿ⁴⁴mɒ²¹？ b. ŋa²¹moŋ⁵¹kei²¹ŋ²¹vuɔ⁵¹luɔ²¹.
武平	a. 天光日王经理会来公司冇？b. 我看渠唔会来。 a. tʰiaŋ²²kɔŋ²⁴ŋiʔ⁴vɔŋ²²tsiŋ²⁴li⁴²uɛ⁴²li²²kuŋ²⁴sɿ²⁴mɔ⁴²？ b. ŋɑ²⁴kʰuɛŋ⁴⁵¹ki²⁴ŋ⁴²uɛ⁴²li²².
永定	a. 天光日王经理会来公司冇？b. 我看渠唔会来。 a. tʰiɛ⁴⁴kɔ̃²⁴ȵieʔ³²vɔ̃²²tɕiŋ²⁴li³¹uei³¹luoi²²koŋ⁴⁴sɿ²⁴mɔu³³？ b. ŋai²²kʰuo⁵²tɕi²²m²⁴ŋuei⁵²luoi²².
明溪	a. 明朝王经理会来公司吗？b. 我暎唔会来。 a. meŋ³¹tsau⁴⁴voŋ³¹keŋ⁴⁴li⁴¹xa³¹li³¹kɤŋ⁴⁴sɿ⁴⁴ma²⁴？ b. ue⁴¹iaŋ²⁴ŋ⁰xa³¹li³¹.
清流	a. 明朝王经理会来公司嬒？b. 我暎是唔会来。 a. məŋ²³tʃiɔ³³vɔŋ²³kəŋ³³li²¹ve³²lɛ²³kɔŋ³³sɿ³³maŋ²³？ b. ŋa³³ŋiaŋ³⁵sɿ³²ŋ²¹ve³²lɛ²¹.
宁化	a. 天光王经理会来公司嬒？b. 我暎渠是不会来。 a. tʰiaŋ³⁴kɔŋ⁴⁴vɔŋ²⁴tɕiŋ³⁴li³¹vai⁴²lai⁴⁴kəŋ³⁴sə³¹mɒŋ⁰？ b. ŋa³⁴iaŋ²¹²kə³⁴sɿ⁴²pə⁵vai⁴²lai²⁴.

续表

	0039a. 明天王经理会来公司吗？b. 我看他不会来。
新罗客家	a. 天光王经理有冇来公司？b. 我睽可能冇。 a. tʰiẽ⁴⁴kuõ⁴⁴vuõ⁵⁵tʃiŋ⁴⁴li⁴⁵³iu⁵⁵məu⁵⁵la⁵⁵koŋ⁴⁴sɿ⁴⁴？ b. ŋa³⁵ŋiaŋ⁴¹kʰəu²¹neŋ³⁵məu³⁵.
平和客家	a 韶早王经理会来公司吗？b 我睽渠嬒来。 a. seu³¹tsɔ³¹ɔŋ³³ken³³li⁵³vɔi³¹lɔ³⁵koŋ³³sɿ⁵⁵ma⁰？ b. ŋai³⁵ŋiaŋ³¹ky³³m³¹mɔi³¹lɔi³⁵.
诏安客家	a 韶日王经理会来公司冇？b. 我睽渠［唔爱］来。 a. ʃeu³¹ŋit²³ɔŋ³¹ken²²li⁵³vɔi³¹lɔi³¹kɔŋ⁴⁵sɿ²²muɔ⁰？ b. ŋai⁵³ŋiaŋ²²ky⁰m²²mai⁴⁵lɔi⁰.
泰宁	a. 明朝王经理解来公司吗？b. 伉睽渠唔解来。 a. miaŋ³³tiau³³uoŋ³³kin³¹lei³³xæ³⁵lei³³kuŋ²²sɿ³³mə³³？ b. haŋ³⁵niaŋ⁵¹hi³⁵ŋ²¹næ³⁵lei⁵¹.
建宁	a. 王经理明朝会来公司无？b. 我看士"唔嬒来。 a. uoŋ²⁴kiŋ⁵¹li²¹məŋ²⁴tau³⁴fei⁵¹lei²¹kuŋ³⁴sə³⁴mo⁵⁵？ b. a⁵⁵kʰon²¹sə⁵⁵m⁵⁵mei⁵⁵lei²⁴.
浦城城关	a. 明里王经理解来公司吗？b. 我覷渠唔解来。 a. meŋ²⁴li⁰aŋ²⁴kiŋ³⁵li⁴⁴xa⁵⁴li²⁴koŋ³⁵sɿ³⁵ma⁰？ b. ɑ⁵⁴tsʰou³²ke⁵⁴ŋ³⁵xa⁵⁴li²⁴.
南平延平	a. 明朝王经理会来公司？b. 我看他［不会］来。 a. miŋ³¹tɕiau³³yæ̃²¹kiŋ⁵⁵li²⁴²xui⁵⁵lai²¹koŋ⁵⁵sɿ³³？ b. ŋo²¹kʰæ̃⁵⁵tʰa³³pui⁵³lai²¹.

	0040 我们用什么车从南京往这里运家具呢？
福州	侬家使什乇车将家私由南京下［只块］□来？ naŋ²¹ ŋa⁵⁵ sai³³ sie²¹ no⁵⁵ tsʰia⁵⁵ tsuoŋ⁵⁵ ka⁵⁵ li⁵⁵ iu⁵² naŋ⁵⁵ ŋiŋ⁵⁵ xa²⁴² tsuai²⁴ nœ³³ ni⁵²？"侬"受后字"家"的韵母影响发生逆同化音变。
闽侯	侬家使什乇车将家具由南京下者□来？ nøyŋ²¹ ŋa⁵⁵ sai³³ sie²¹ no⁰ tsʰia⁵⁵ tsyoŋ⁵⁵ ka⁵³ køy²⁴² iu⁵³ naŋ³³ ŋiŋ⁵⁵ xa²⁴² tsieŋ⁵³ nø³³ ni⁵³？"者"受后字影响，发生逆同化音变，读成鼻尾韵。
长乐	侬家使什乇车将家具由南京下□□来？ nuŋ²² ŋa⁵⁵ sai²² sie²¹ no⁵⁵ tsʰia⁵⁵ tsyoŋ⁵⁵ ka⁵³ køy²⁴² iu⁵³ naŋ⁵⁵ ŋiŋ⁵⁵ xa²⁴² tsuoŋ²⁴ nœ²² ni⁵³？
连江	侬家将家私由南京运遘者□来使乇车？ nøyŋ²¹ ŋa⁵⁵ tsyøŋ⁵⁵ ka²¹ li⁵⁵ iu³³ naŋ²¹ ŋiŋ⁵⁵ uŋ²⁴² kau⁵⁵ tso²⁴ lo³³ li⁵¹ sai³³ no⁵¹ tsʰia⁵⁵？
罗源	侬家使乇车由南京将家私下遘只位来？ naŋ²¹ ŋa⁴⁴ θai²¹ nɔ⁵³ tsʰia⁴² iu²¹ naŋ⁴⁴ ŋiŋ⁴² tsyøŋ⁴² ka²¹ li⁴⁴ xa³⁴ kau³⁵ tsi⁴⁴ ui³⁵ li³¹？
福清	侬家使什乇车由南京下家私遘只底？ nøŋ⁴⁴ ŋa⁵³ θai³¹ θie²¹ no⁴⁴ tsʰia⁵³ iu⁴⁴ naŋ⁴⁴ ŋiŋ⁵³ xa⁴⁴ ka⁴⁴ li⁵³ kau²¹ tsie²¹ lɛ³¹？
平潭	侬家使什乇车趁南京下家私来只？ løŋ⁴⁴ ŋa⁵¹ θai³¹ θie²¹ lo⁴⁴ zia⁵¹ tʰeiŋ²¹ laŋ⁴⁴ ŋiŋ⁵¹ xa⁴² ka⁴⁴ ði⁵¹ li⁴⁴ tsie³¹？
永泰	侬家使什乇车由南京向蒋呢⁼下家私花⁼？ naŋ²¹ ŋa⁴⁴ sai³² sieŋ²¹ no⁴⁴ tsʰia⁴⁴ iou³⁵³ naŋ⁴⁴ ŋiŋ⁴⁴ hyoŋ²¹ tsuoŋ²⁴ nø³² ha²⁴² ka²¹ li⁴⁴ ua⁴⁴？
闽清	侬家使什乇由南京向只呢下家具？ louŋ²¹ ŋa⁴⁴ sai³² sie²¹ nɔ⁴⁴ tsʰia⁴⁴ iu³⁵³ naŋ⁴⁴ ŋiŋ⁴⁴ hyøŋ²¹ tsiek³ nɛ³² ha²⁴² ka⁴² køy²⁴²？
古田	我侬着使乇其车解共家私从南京下遘者？ ŋuai⁴² nøyŋ³³ tyøk⁵ sai⁴² nɔ⁵³ iː⁰ tsʰia⁵⁵ ɛ²⁴ køyŋ²⁴ ka²¹ li⁵⁵ tsyŋ³³ naŋ³³ kiŋ⁵⁵ ha²⁴ kau²¹ tsie⁵³？
屏南	我各侬使乇乇车由南京遘只堂⁼运家私吼？ uai⁴¹ ɔuk³ nuŋ²² sai⁴⁴ nɔ²² nɔ⁴⁴ tsʰia⁴⁴ əu²² naŋ⁴⁴ kiŋ⁴⁴ kau³⁴ tsie²² tɔuŋ⁴¹ ɔuŋ³²³ ka⁴⁴ li⁴⁴ lɛ⁰？

续表

	0040 我们用什么车从南京往这里运家具呢？
宁德	我合汝侪依用乇车从南京下家具来债⁼？ ua⁴¹ ka³⁵ ny⁵¹ tsɛ¹¹ nœŋ¹¹ øŋ⁴¹¹ nɔʔ²³ tsʰie³³⁴ tøŋ¹¹ naŋ¹¹ kiŋ³³⁴ xa⁴¹¹ ka¹¹ køy⁴¹¹ lei¹¹ tsai³⁵？
霞浦城关	侬家用乇车从南京向债⁼下家私哩？ nøŋ²¹ ŋa⁴⁴ yŋ²⁴ nɔʔ⁵ tsʰia⁴⁴ tsuŋ²¹ naŋ²¹ kiŋ⁴⁴ høŋ⁵⁵ tsai²⁴ ha²⁴ ka⁴⁴ θi⁴⁴ li⁰？
福安	我汝用乜乇车卜家具从南京下倒这来？ ŋo⁴⁴ ni⁴¹ jouŋ²³ mi⁴⁴ nɔ⁵⁵ tsʰe³³¹ pu⁴⁴ ka⁴⁴ køi²³ tsɔuŋ²¹ naŋ²¹ ŋeiŋ³³¹ xa²³ tɔ³⁵ tsei³⁵ lei²¹？
柘荣	侬家用呢乇车从南京下家私遘［这堆］里囝？ naŋ²¹ ŋaŋ⁴² yuŋ⁴⁴ ni⁵⁵ nɔ⁵⁵ tsʰia⁴² tsuŋ²¹ naŋ²¹ kiŋ⁴² xa⁴⁴ ka⁴⁴ θi⁴² kau⁴⁵ tsuei⁴⁵ li⁵⁵ kiaŋ⁵³？
周宁	［我侪］用物乇车从南京向这堆运家具？ uɛ²¹ ioŋ²¹³ miɔk⁵ tsʰiɛ⁴⁴ tsoŋ²¹ nan²¹ kiŋ⁴⁴ xyəŋ³⁵ tsai³⁵ tɔi⁴⁴ uon²¹³ ka⁴⁴ køu²¹³？
寿宁	我呢用呢乇车从南京运家具遘［这位］？ ua⁴² ni⁵⁵ yuŋ²³ ni⁵⁵ nɔ⁵⁵ tsʰia³³ tsuŋ²¹ naŋ²¹ kiŋ³³ yŋ²³ ka³³ ky²³ kau³⁵ tsɔi³⁵？
福鼎城关	侬家用乇乇车甲家私伙从南京运转来？ neŋ²¹ ŋa²¹ ioŋ³³ no³³ no⁵⁵ tsʰia³⁵ kaʔ³ ka³³ si³³ xuei⁵⁵ tsuŋ²¹ naŋ²¹ kiŋ³⁵ uŋ²¹ tuoŋ⁵⁵ li⁰？
尤溪	侬家使什地车把家具由南京下只垓来呢？ nəŋ³³ ka³³ sai⁴⁴ ɕie³³ te³³ tsʰia³³ pa³³ ka³³ ky⁴² iu³³ naŋ³³ kiŋ³³ a⁴² tsi⁴⁴ kai³³ le¹² nə⁰？
莆田	伯辈用甚物车就南京荷家具遘即厝咧？ naŋ⁵³³ mue⁴² øŋ¹¹ ɬɔʔ⁵ mue¹¹ tsʰia⁵³³ tsiu¹¹ naŋ¹¹ ŋiŋ⁵³³ hɔ⁵³³ ka²⁴ ky¹¹ kau⁴² tseʔ² lɔu⁵³³ leʔ²？
涵江	我辈卜用甚物车就南京将家具荷遘即落咧？ koʔ⁴ muai⁰ poʔ⁴ œn²¹ ɬep⁴ muai⁰ tsʰia⁵⁵ tsʰiu²¹ naŋ²¹ ŋin⁵⁵ tsyɒŋ⁵⁵ ka¹³ ky²¹ hɒ²¹ kau⁴² tsit⁴ lɔu⁴² lɛ⁰？
仙游城关	伯卜用甚物车从南京荷家具荷遘伯即落？ nap²³ puoʔ² uon⁵⁵ ɬop²³ muoi⁵⁵ tsʰia⁵⁵ tsyøn²⁴ naŋ²¹ ŋiŋ⁵⁵ hɒ⁵⁵ ka²⁴ ky²¹ hɒ²¹ kau⁴² nat²³ tsɛt² lo⁰？

续表

	0040 我们用什么车从南京往这里运家具呢？
仙游枫亭	伯卜用甚物车从南京运家具遘者？ na⁴⁵³ pɔʔ⁵ uɤŋ¹¹ ɬɔʔ⁵ mui⁵³³ tsʰia⁵³³ tsieŋ²⁴ naŋ¹¹ ŋiŋ⁵³³ uɤŋ⁵³³ ka²⁴ ki¹¹ kau⁴² tsia⁴⁵³？
厦门	伯卜用甚物车按南京载家私到遮咧？ lan⁵³ beʔ⁴ iŋ²¹ sim⁴⁴ mĩʔ⁴ tsʰia⁴⁴ an⁵³ lam²² kiã⁴⁴ tsai⁵³ ke²² si⁴⁴ kau⁵³ tsia⁴⁴ le⁰？
同安	伯用啥车卜从南京将□家具运［转来］？ lan⁴² iŋ¹¹ siã³³ tsʰia⁴⁴ bəʔ⁴ tsiɔŋ¹¹ lam¹¹ kiã⁴⁴ tsiɔŋ³³ tsiaʔ⁴ ka³³ kʰu²² un²² tuai¹¹²？
泉州鲤城	伯卜用甚物车从南京将家具运倒来？ lan⁵⁵ bəʔ⁵ iŋ²² siam²⁴ miʔ⁵ tsʰia³³ tsiɔŋ²² lam²² kiã³³ tsiɔŋ³³ ka³³ ku⁴¹ un²² to⁰ lai⁰？
泉州洛江	伯用啥物车从南京载家具遘即搭？ lan⁵⁵ iŋ²² siã²⁴ miʔ⁵ tsʰia³³ tsiɔŋ²² lam²² kiã³³ tsai⁵⁵ ka³³ kʰu⁴¹ kau⁵⁵ tsit⁵ taʔ⁵？
南安	拙兮家具伯卜用甚物车从南京载来？ tsuai⁵⁵ e⁰ ka³³ kʰu³¹ lan⁵⁵ bəʔ⁵ iŋ³¹ siam²⁴ mĩʔ⁵ tsʰia³³ tsiɔŋ²² lam²² kiã³³ tsai³¹ lai⁰？
晋江	伯卜用啥物车从南京载家具倒来？ lan⁵⁵ beʔ⁵ iŋ²² siã²⁴ mĩʔ⁵ tsʰia³³ tsiɔŋ²² lam²² kiã³³ tsai⁵⁵ ka³³ ku⁴¹ tə⁰ lai⁰？
石狮	拙家具伯卜按啥车从南京运倒来啊？ tsuai²⁴ ka³³ ku⁴¹ lan⁵⁵ beʔ⁵ an⁵⁵ sia²⁴ tsʰia³³ tsiɔŋ²² lam²² kia³³ un⁴¹ tə⁰ lai⁰ a⁰？
惠安	伯卜用啥车将家具从南京载来？ lan⁴² bəʔ² eŋ²² siã²⁵ tsʰia³³ tsiɔŋ³³ ka³³ kʰu²¹ tsiɔŋ³³ lam³³ kiã³³ tsai⁵⁴ lai²⁵？
安溪	伯用甚物车从南京载家私遘即咧？ lan²² iŋ⁴² siam⁴⁴ miʔ⁴² tsʰia⁵⁵ tsiɔŋ²² nam²² kiã⁵⁵ tsai⁵³ ke³³ si⁵⁵ kau⁴² tsit⁴² liaʔ²⁴？
永春	伯用啥物车从南京运家具来即搭？ lan⁵³ iŋ³¹ siã⁴⁴ miʔ³¹ tsʰia⁴⁴ tsiɔŋ²² nam²² kiã⁴⁴ un³¹ ka²² kʰu³¹ lai²² tsit⁴ taʔ³²？
德化	伯用啥物车从南京运家具来即搭？ lan³⁵ iŋ³¹ siã³¹ miʔ³⁵ tsʰia¹³ tsiɔŋ³¹ nam³¹ kiã¹³ un³¹ ka²² kʰu³¹ lai³¹ tsit⁴² taʔ⁴²？
漳州	伯卜用哪仔车按南京共家私运来呐？ lan⁵³ be⁵³ iɔŋ²¹ nã⁵⁵ ã⁰ tsʰia³⁴ an⁵³ lam²² kiã³⁴ ka²¹ kɛ²² si³⁴ un²² lai⁰ nɛ̃⁰？
龙海	伯卜用什物车对南京运家具来遮？ laŋ⁵² beʔ⁴ iɔŋ⁴¹ siap⁴ bĩʔ⁴ tsʰia³⁴ tui³³ lam³³ kiã³⁴ uŋ⁴¹ kɛ³³ ki³³ lai³³ tsia³⁴？

续表

		0040 我们用什么车从南京往这里运家具呢？
	长泰	伯卜用哪车对南京运家私来遮？ lan⁵³ bue⁵³ iɔŋ²¹ nã⁴⁴ tsʰia⁴⁴ tui⁵³ lam²² kiã⁴⁴ un²¹ ke²² si⁴⁴ lai²² tsia⁴⁴？
	华安	伯用什物车从南京运家私来遮？ lan⁵³ iɔŋ³¹ siʔ²¹ miʔ³² tsʰia⁵⁵ tsiɔŋ³¹ lam²² kiã⁵⁵ un³¹ ke²² si⁵⁵ lai²² tsia⁵⁵？
	南靖	伯用哪车从南京运家私来遮？ lan⁵⁴ iɔŋ²¹ na⁴⁴ tsʰia³⁴ tsiɔŋ²¹ lam²² kiã³⁴ un²¹ kɛ²² si³⁴ lai²² tsia³⁴？
	平和	伯用哪车从南京载家具转来？ lan⁵² iɔŋ²¹ lã²² tsʰia³⁴ tsiɔŋ²² lam²² kiã³⁴ tsai⁵² ke²² ki²² tuĩ⁵² lai⁰？
	漳浦	啊阮卜用啥车对南京运家具转来遮啊？ a⁰ guan⁵¹ bɛʔ⁴ iɔŋ²¹ siã⁴³ sia⁴³ tui⁵¹ lam³³ kiã⁴³ un²¹ kɛ³³ ki³³ tun³³ lai³³ tsia⁴³ a⁰？
	东山	伯卜用甚物车从南京运家具来遮？ lan⁵¹ boʔ⁵ iɔŋ²² sip⁵ bĩ⁵ tsʰia⁴⁴ tsoŋ²² lam³³ kiã⁴⁴ un²² ke³³ ki³³ lai³³ tsia⁴⁴？
	云霄	家具按南京运遘［只仔］，伯用啥车啊？ kɛ³³ ki³³ an²² lam³³ kiã⁵⁵ un²¹ kau⁵³ tsia³³，lan⁵³ iɔŋ²¹ siã⁵⁵ tsʰia⁵⁵ a⁰？
	诏安	伯用啥物车将家具从南京运遘只块？ lan⁵³ iɔŋ³¹ sim²⁴ mĩ⁵³ tsʰia⁴⁴ tsiaŋ³³ kɛ³³ kɯ⁴⁴ tsioŋ²² lam²² kiã⁴⁴ un³¹ kau⁵³ tsi²⁴ tə⁰？
	龙岩	家具从南京载遘许兜用啥乇车？ kia¹¹ ki⁴² tsʰoŋ¹¹ lam¹¹ kiã³³ tsai²¹³ kau²¹ xi²¹ lau¹¹ gioŋ¹¹ tɕiɛ²¹ miẽ²¹³ tsʰa³³？
	漳平	我依用啥物车从南京向许位仔载家私呢？ gua⁵³ laŋ³³ iɔŋ²¹ sin³³ mĩ³³ tsʰia³⁵ tsʰ ioŋ³³ lam³³ kiã³⁵ hiaŋ⁵³ hie⁵³ ui²¹ a⁵⁵ tsai⁵³ kɛ³³ si³⁵ nĩ⁰？
大田	城关	那伙用甚车只伙家具从南京载遘只迹？ nã⁵³ hue³³ iɔŋ³³ sŋ²⁴ tsʰa³³ tsi⁵³ hue³³ ka⁵³ ki³³ tsoŋ²⁴ laŋ⁵³ keŋ³³ tsɛ³³ kɔ³³ tsi⁵³ tsia³¹？
大田	广平	乃伙侬用啥物车□南京运家具遘即□啊？ lɛ⁵¹ hua³³ lõ²⁴ dʒɤ²² sẽ i³³ bẽ i³¹ tʃʰia³³ lɐ̃³¹ laŋ²² ke³³ gue³³ ka³³ kɯ³¹ ko³³ tʃiɐ⁵ kɒ⁵¹ ga⁰？
霞浦	三沙	伯用什毛车从南京合家具运倒来？ lan⁵¹ i²¹ sa⁴⁴ nɔʔ⁵ tsʰia⁴⁴ tsoŋ²¹ naŋ²¹ ŋãi⁴² kaʔ²¹ ke⁴⁴ ky²¹ oŋ³⁵ tɔ²¹ lɛ²¹？

语法卷

续表

	0040 我们用什么车从南京往这里运家具呢？
福鼎沙埕	伯用什乇车将家具从南京运遘者？ lan⁵³ ien²¹ siet²¹ nɔ⁵³ tsʰia⁴⁴ tsiɔŋ⁴⁴ ka⁵³ ku²¹ tsiɔŋ²¹ lan²¹ kiã⁴⁴ uən²¹ kau²¹ tse²¹?
建瓯	俺人使孰么车逮南京下家具来□里嘞？ aŋ⁵⁵ neiŋ³³ sɛ²¹ su⁵⁵ mu⁵⁵ tsʰia⁵⁴ tai⁵⁴ naŋ³³ keiŋ⁵⁴ xa⁵⁵ ka⁵⁴ ky⁴² lɛ³³ iɔŋ²⁴ li³³ lɛ⁰?
建阳	我人是使孰么车行南京运家具到乙=里嘞？ ue⁴¹ nɔiŋ⁴⁵ si³³ se²¹ so⁴ mo⁴ tsʰia⁵¹ jiaŋ⁴¹ naŋ⁴⁵ kiŋ⁵¹ eiŋ³³ ka⁵¹ ky³³ tau³³ ji³⁵ tɔi²¹ le⁰?
政和	阿人用甚么车从南京运家具来□底？ aŋ⁴² neiŋ³³ œyŋ⁵⁵ seiŋ⁴² mɛ²¹ tsʰia⁵³ tsœyŋ²¹ naŋ³³ keiŋ⁵³ œyŋ⁵⁵ ka⁵³ ky⁴² lɛ³³ ia²⁴ ti²¹³?
松溪	我人用什么车从南京班=家具运到页=底？ ŋua⁴² neiŋ⁴⁴ œyŋ⁴⁵ soŋ⁴⁴ moŋ⁴⁴ tsʰia⁵³ tsœyŋ²¹ naŋ⁴⁴ keiŋ⁵³ paŋ⁵³ kɒ⁵³ kʰy⁴² xœyŋ²² to²² i²²³ ti⁰?
武夷山	我你使孰么车从南京载家具到乙=底？ ŋuai⁵¹ nɛi⁵¹ sie³¹ si⁵⁵ mɛi⁵⁵ tsʰia⁵¹ lɛiŋ³³ naŋ³³ kiŋ⁵¹ tsɛi³³ ka⁵¹ həu²² tau²² i³⁵ tɛi⁵⁵?
浦城石陂	俺你使孰么车从南京运家具到□里？ aŋ⁴⁵ ni⁴² se²¹ su⁴⁵ mu³³ tɕia⁵³ dzueiŋ⁴² naŋ³³ keiŋ⁵³ ɦueiŋ³⁵ ka⁵³ ky⁴⁵ tɔ⁵³ ɦi²⁴ ti³³?
南平夏道	俺人使样=为车逐南京把家具下过来？ aŋ¹¹ neiŋ⁵⁵ sɛ³³ iɔŋ²⁴ uɛ⁵⁵ tɕʰia¹¹ tøy⁵⁵ naŋ¹¹ keiŋ¹¹ pa¹¹ ka¹¹ ky²⁴ xa²⁴ ko³³ lɛ⁰?
顺昌	我大家使孰么车行南京装家具到者？ ŋa³¹ tʰa⁵¹ ko⁴⁴ ʃɛ⁵¹ ʃia⁴⁴ mo⁴⁴ tʃʰa⁴⁴ kʰiaŋ⁴⁴ lɔ¹¹ kiŋ⁴⁴ tʃiɔ⁴⁴ kɔ⁴⁴ kʰy⁵¹ to³⁵ tʃa³¹?
将乐	使［甚样］俚车跟南京装家具到者底？ ʃe⁵¹ ʃɔ̃²¹ li⁵⁵ tʃʰa⁵⁵ kɛ̃⁵⁵ lãŋ²¹ kĩŋ⁵⁵ tʃɔ̃⁵⁵ ka⁵⁵ ki³²⁴ tau⁵⁵ tʃa²¹ ti³²⁴?
光泽	伉多使□么车从行南京运家具到［□儿］呢？ haŋ⁴¹ tɛi²¹ sɛ⁴⁴ kɛm⁴⁴ mə⁰ tɕia²¹ tɕʰiɔŋ²² naŋ²² kin²¹ vin⁵⁵ ka²¹ kʰy³⁵ tau³⁵ tɕiɔŋ⁴¹ ŋɛ⁰?
邵武	俺多使啥个车拿家具从南京运过来嘞？ ien²¹ tai⁰ sə⁵⁵ ɕia⁵³ kəi²¹ tɕʰia²¹ na²¹ ka²¹ ky²¹ tʰiɔŋ³³ nan³³ kin²¹ vin³⁵ huo³⁵ li³³ lei⁰?

续表

	0040 我们用什么车从南京往这里运家具呢？
三明	俺侪使□□车行南京下家具来者地？ õ⁴⁴ tse⁵¹ ʃa³¹ kõ⁴⁴ hõ³¹ tʃʰa⁴⁴ kiõ⁵¹ nõ³¹ kiã⁴⁴ hɒ³¹ kɒ⁴⁴ ky²⁵⁴ la⁵¹ tʃɒ³¹ ti⁰？
永安	俺侪使啥个车行南京下家具下者地来？ õ⁵² tse³³ ʃia²¹ sɒ²¹ ke⁰ tʃʰiɒ⁵² kiõ³³ lõ³³ kiã⁵² hɒ²¹ kɒ³³ ky⁵⁴ hɒ⁵⁴ tʃiɒ²¹ ti⁰ la³³？
沙县	俺侪使啥□车拑南京下家具来者里？ õ⁴⁴ tse⁰ sai⁵⁵ sõ⁴⁴ nõ⁴⁴ tʃʰia³³ ba²¹ nõ⁴⁴ kɛiŋ³³ xa²¹ ka⁴⁴ ky⁵³ lai⁴⁴ tʃia²¹² li⁰？ "拑"也可说"行"。
长汀	我搭人用什么车从南京到女＝个运家具哩？ ŋai³³ ta⁵⁵ neŋ²¹ ioŋ³³ ʃu⁴² mu²¹ tʃʰa³³ tsʰoŋ⁴² naŋ⁴² tʃeŋ³³ tɒ⁵⁵ ni³³ ko²¹ ieŋ²¹ ka³³ tʃi⁵⁵ le³³？
连城	□大侪用什么车将家具从南京运过以滴＝？ e⁵³ tʰa⁵⁵ tsʰe²² iəŋ⁵⁵ so⁵⁵ mo⁵⁵ tʃʰo⁴³³ tsioŋ³³ ko³³ kʰɯi³⁵ tsʰəŋ²² naŋ²² kaiŋ⁴³³ vaiŋ⁵⁵ kɯ²¹ i²¹ ti³⁵？
上杭	我边用脉＝哩车从南京往曩哩运家具哩？ ŋã²¹ piɛ⁴⁴ iəŋ⁵¹ maʔ³² lɛ³¹ tsʰɒ⁴⁴ tɕʰiəŋ⁴⁴ nã²¹ tɕiəŋ⁴⁴ voŋ⁴⁴ noŋ³¹ lɛ³¹ vəŋ⁵¹ kɒ⁴⁴ tɕi⁵¹ lɛ³¹？
武平	我囊＝人用脉＝事车从南京运家具到□□？ ŋa²⁴ noŋ²² ɲiŋ²² iuŋ⁴⁵¹ maʔ⁴ sʅʔ³ tsʰa²⁴ tɕʰiu²² naŋ²² tɕiŋ²⁴ viŋ⁴⁵¹ ka²⁴ tɕʰi⁴⁴ tɔ⁴⁵¹ nuŋ⁴² nuŋ²²？
永定	我囊＝人用脉＝个车从南京往这里运家私呢？ ŋai²² nẽ⁵² ɲiŋ²² ioŋ³¹ mɔʔ³² kɛʔ⁵ tsʰa²⁴ tsʰoŋ²² nẽ²² tɕiŋ²⁴ võ³¹ ti²⁴ ti⁵² veŋ⁵² ka²⁴ sʅ⁴⁴ niɛ⁴⁴？
明溪	俺多侪使甚么车从南京来这角运家具？ aŋ⁵⁵ tɤ⁰ so³¹ se⁴¹ sɤŋ⁵⁵ mo⁴⁴ tsʰa⁴⁴ tsʰiɤŋ³¹ laŋ³¹ keŋ⁴⁴ li³¹ tʃ²⁴ kɤ⁴¹ veŋ⁵⁵ ko⁴⁴ kʰy⁵⁵⁴？
清流	我归用甚么车自南京运家具到这地？ ŋa³³ kui³³ ioŋ³² soŋ³³ mo⁰ tʃʰio³³ tsʰʅ³² naŋ²³ kəŋ³³ vəŋ³² ko³³ kʰi³² tɔ³⁵ tʃie²¹ ti³³？

续表

	0040 我们用什么车从南京往这里运家具呢？
宁化	我人用甚么车从南京运家具到只角里咧？ ŋa³⁴ iŋ⁴⁴ iəŋ⁴² səŋ²¹² mə⁰ tsʰɒ³⁴ tsʰəŋ⁴² nɒŋ²⁴ tɕiŋ⁴⁴ viŋ⁴² kɒ³⁴ tɕʰiɯ⁴² tau²¹² tsʅ³⁵ ko⁵li³¹lie⁰?
新罗客家	俺兜侪用嘛事车从南京把家具载来？ iẽ⁵⁵ tie⁴⁴ tsi⁴⁴ ioŋ⁴¹ ma²¹ tsʅ⁵⁵ tʃʰuo⁴⁴ tsʰioŋ⁵⁵ nõ⁵⁵ tʃiŋ⁴⁴ puo⁴⁴ kuo⁴⁴ tʂʅ⁴¹ tsai²¹ la³⁵?
平和客家	俺几倚用嘛车从南京向□位运家具呢？ ɛn³³ kia³³ sa³⁵ zyŋ⁵³ mai⁵³ tʃʰa³³ tsʰiɔŋ³¹ lam³¹ kiaŋ³³ hiɔŋ³¹ lia³³ vi⁵⁵ vin³¹ ka³¹ kʰy⁵⁵ni³³?
诏安客家	俺爱用么个车把家具从南京运到□来？ en²² ai²² ziuŋ⁴⁵ ma⁵ kai²² tʃʰa²² pa²² ka²² kʰi⁴⁵ tsʰɔŋ²² nam⁴⁵ kiaŋ²² vin⁴⁵ tɔu³¹ liʔ²³lɔi⁰?
泰宁	伉侬用啥么车从南京往即底运家具咧？ haŋ³⁵ noŋ⁵¹ yuŋ²¹ so³⁵ mə⁰ tɕʰia³¹ tʰyuŋ³³ naŋ³³ kin³³ uoŋ³³ tɕia³⁵ tæ²¹ yn³³ ka³¹ kʰi³³lə³³?
建宁	俺多用什几车从南京往个落运家具？ an⁵⁵ tai⁵⁵ iuŋ⁵⁵ si²¹ ki⁵⁵ tʰa³⁴ tsʰiuŋ²⁴ nan²¹ kiŋ⁵¹ uoŋ⁵⁵ ko⁵⁵ lok⁵ vuin⁵⁵ ka³⁴ ki⁵¹?
浦城城关	我侬使什么车从南京向□直⁼运家具呢？ aŋ²⁴ noŋ⁵⁴ se⁴⁴ seŋ⁴⁴ muo⁴⁴ tɕʰie³⁵ tsoŋ²⁴ nãi²⁴ keŋ³⁵ xiaŋ⁴²³ tɕia³² tɕi³² yiŋ²¹ kɑ⁵³ kye²¹le⁰?
南平延平	我们用什么车同南京同这些⁼运家具？ ŋo³³ meiŋ²¹ ioŋ⁵⁵ ɕi⁵⁵ mo³⁵ tsʰe³³ tʰoŋ²¹ læ̃³¹ kiŋ³³ tʰoŋ²¹ tɕi³⁵ seŋ³³ yŋ⁵³ kia³³ ky³⁵?

	0041 他像个病人似的靠在沙发上。
福州	伊共病侬蜀样在沙发底。 i⁵⁵ køy⁰ paŋ⁵⁵ nøyŋ⁵² suo²¹ yoŋ²⁴² tsai²⁴² sa⁵² uaʔ²⁴ te⁰．"共"在较快的语流中发生了弱化，丢失了鼻音韵尾。
闽侯	伊共病侬许款在着沙发悬顶。 i⁰ køyŋ²¹ paŋ²¹ nøyŋ⁵³ xuŋ²⁴ ŋuaŋ³³ tsai²¹ lyo⁰ sa⁵³ uaʔ²⁴ kei³³ leiŋ³³．"许"受后字影响，发生逆同化音变，读成阳声韵。
长乐	伊共病侬蜀样在沙发底。 i⁵⁵ køyŋ²¹ paŋ⁵⁵ nøyŋ⁵³ suo²² yoŋ²⁴² tsai²⁴² sa⁵³ uaʔ²⁴ te⁰．
连江	伊共病侬蜀色靠着沙发悬顶。 i⁵⁵ køyŋ²¹ paŋ²¹ nøyŋ⁵¹ syø²¹ saiʔ¹³ kʰo²¹² tøyʔ⁵ sa⁵¹ uaʔ¹³ ke³³ leiŋ³³．
罗源	伊滴⁼礼⁼病侬蜀老⁼挨着沙发上。 i⁴² ti²¹ li⁵³ paŋ²¹ nœŋ³¹ θyø²² lɔ²¹ ai²¹ tyøʔ⁵² θa²² uaʔ² θyøŋ³⁴．
福清	伊共病侬许款挨着沙发吶。 i⁵³ køŋ⁴⁴ paŋ⁴⁴ nøŋ⁴⁴ xioŋ⁵³ ŋuaŋ³¹ ŋai⁵³ tio⁵³ θa³⁴ uaʔ² lɛ⁰．
平潭	伊共病侬蜀样挨着沙发悬顶。 i⁵¹ køŋ⁴⁴ paŋ⁴⁴ løŋ⁴⁴ θyoʔ⁵ yoŋ⁴² lai⁴² lyo⁰ θa⁴⁴ uaʔ² kɛ⁴⁴ liŋ³¹．
永泰	伊共病侬吶斡着沙发悬顶。 i⁴⁴ kuoʔ³ paŋ⁴⁴ nøyŋ³⁵³ lɛ⁰ ua³² luoʔ⁵ sa⁴⁴ uaʔ³ keiŋ⁵³ leiŋ³²．
闽清	伊共病侬样靠着沙发悬顶。 i⁴⁴ kɔkʔ⁵ paŋ⁴⁴ nɔyŋ³⁵³ nɔ⁴⁴ kʰɔ²¹ luokʔ⁵ sa⁴² uakʔ³ keiŋ³² leiŋ³²．
古田	伊解恰呐蜀隻病侬喏势靠许沙发椅其。 i⁵⁵ ɛ³³ kʰakʔ² kiakʔ² syø²¹ ʒiekʔ² paŋ⁵⁵ nøyŋ³³ nɔ³³ lie²¹ kʰɔ²¹ ie²¹ sa²¹ huaʔ² ie⁵³ i⁰．
屏南	伊俪病侬蜀样倚着沙发上吶。 i⁴⁴ na²² paŋ⁵⁵ nɯŋ²² sukʔ⁵ ɣŋ³²³ ai⁴¹ tyøkʔ³ sa²² huakʔ⁵ sʊŋ³²³ lɛ⁰．
宁德	伊甲病侬许装⁼靠着沙发上丬。 i³³⁴ ka⁵⁵ paŋ³³ nœŋ⁴¹¹ xa⁴¹ tsɔuŋ³³⁴ kʰuo³⁵ tøʔ⁵⁴ sa³³ xuokʔ⁵⁴ syŋ³³ mɛŋ⁴¹¹．
霞浦城关	伊像蜀隻病侬相着靠着者沙发上底。 i⁴⁴ tsʰøŋ²⁴ θøʔ⁴⁴ tseʔ⁵ paŋ⁴⁴ nɛiŋ²¹ θøŋ⁴⁴ nøʔ² kʰɔ³⁵ løʔ² tse⁴² θa⁴⁴ huaʔ⁵ θøŋ⁴⁴ nɛ⁴²．

续表

	0041 他像个病人似的靠在沙发上。
福安	伊像隻病侬其雕⁼版⁼靠将隻沙发其面头。 ei³³¹ tsʰioŋ²³ seiʔ⁵ paŋ⁴⁴ nœuŋ²¹ ə⁴⁴ tɛu⁴⁴ βeiŋ⁴¹ kʰo³⁵ tsioŋ⁵⁵ ŋeiʔ⁵ sa⁴⁴ uaʔ⁵ ə⁴⁴ miŋ⁵⁵ nau²¹.
柘荣	伊驮病侬共色靠沙发面头。 i⁴² tɔ²¹ paŋ⁴⁴ nœŋ²¹ kœŋ⁴⁴ nDœʔ⁵ kʰɔ⁴⁵ θa⁴⁴ uaiʔ⁵ miŋ⁴⁵ nau²¹.
周宁	伊［这驮］蜀隻病侬样其靠着沙发其面头。 i⁴⁴¹ tsɔ²¹ si⁴⁴ iɛk⁵ paŋ⁴⁴ nœŋ²¹ yəŋ⁵⁵ ᴇ⁰ kʰu²³⁵ tek² sa⁴⁴ xuɔk⁵ i⁴⁴ min⁵⁵ nau²¹.
寿宁	伊像个病侬蜀样靠在沙发上。 i³³ tsʰyoŋ²³ kɔi³⁵ paŋ³³ nɛŋ²¹ si³³ yoŋ²³ kʰɔ³⁵ tsai³⁵ sa³³ xuaʔ⁵ syoŋ²³.
福鼎城关	伊靠沙发椅侬亲像蜀个病侬。 i⁵⁵ kʰo⁴² saʔ³ xua³³ ie⁵⁵ nuŋ³³ tsʰiŋ³⁵ tsʰioŋ²¹ siʔ³ koi⁵⁵ paŋ³³ neŋ²¹.
尤溪	伊像个病侬样□沙发的。 i⁵⁵ tsʰioŋ⁴² ki³³ pã³³ nəŋ¹² ioŋ⁴² o⁵⁵ sa³³ xuo²⁴ tə⁰.
莆田	伊那甲病侬蜀样歇落沙发顶头。 i⁴⁵³ nɔʔ² kɔʔ² pa¹¹ naŋ²⁴ ɬɔʔ⁵ ieu¹¹ hieʔ² lo²⁴ ɬa²⁴ huaʔ² teŋ²⁴ nau²⁴.
涵江	伊那甲病侬蜀下乞歇许沙发厄⁼。 it⁴ nok¹ kœ¹ pa¹ nan¹³ ɬok¹ kɒ⁰ kik⁴ hiau²¹ hyɒt⁴ ɬa¹³ huak¹ kɛ⁰.
仙游城关	伊甲病侬呢蜀蜀样啊歇许沙发。 it²³ kɛp²³ pa²¹ nan²⁴ nɛ⁰ ɬɛt²³ ɬɛʔ²³ iũ¹¹ a²³ hiu²¹ hit²³ ɬa²⁴ hua⁰.
仙游枫亭	伊亲像甲病侬蜀样氅落沙发。 i⁴⁵³ tsʰiŋ⁴² niu¹¹ keʔ² pã¹¹ naŋ²⁴ ɬɔʔ⁵ iũ¹¹ tʰe⁵³³ lɤɯ²⁴ ɬa²⁴ huɤʔ².
厦门	伊若病侬氅仝沙发顶。 i⁴⁴ na⁴⁴ pĩ²¹ laŋ²⁴ tʰe²² ti²⁴ sã²² huat⁴ tiŋ⁵³.
同安	伊亲像破病兮掞仝迄沙发。 i⁴⁴ tsʰin³³ tsʰiũ²² pʰua⁴² pĩ²² e⁰ ua⁴² ti⁰ heʔ⁴ sa³³ huat³².
泉州鲤城	伊亲像破病，氅咧沙发咧。 i³³ tsʰin³³ tsʰiũ²² pʰuã⁵⁵ pĩ⁴¹, tʰe³³ le⁵ sa³³ huat⁵ lə⁰.

续表

	0041 他像个病人似的靠在沙发上。
泉州洛江	伊亲像病侬，氆咧沙发咧。 i³³tsʰin³³tsʰiũ²²pʰĩ⁵⁵laŋ²⁴, tʰe³³leʔ⁰sa³³huat⁵leʔ⁰.
南安	伊氆咧沙发咧，像咧病侬呢。 i³³tʰe³³leʔ⁵sa³³huat⁵le⁰, tsʰiũ²²leʔ⁵pĩ²²laŋ²⁴nĩ⁰.
晋江	伊像病侬安尼⁼，氆仵沙发咧。 i⁵⁵tsiũ⁵⁵pĩ²²laŋ²⁴an²⁴nẽ⁵⁵, tʰe³³ti²²sa³³huat⁵leʔ⁰.
石狮	伊□像一个唔好侬呢，倒仵沙发咧。 i³³lan²⁴tsʰiu³³tsit²geʔ²²mʰə²⁴laŋ²⁴li⁰, tə²⁴ti²²sa³³huat⁵le⁰.
惠安	伊亲像病侬迄款，氆咧沙发咧。 i³³tsʰen³³tsʰiũ²²pĩ²²laŋ²⁵het⁵kʰuan⁵⁴, tʰə³³leʔ⁰sa³³huat⁵le⁰.
安溪	伊亲像破病，氆落沙发咧。 i³³tsʰin³³tsʰiũ⁴²pʰua⁵³pĩ⁴², tʰə⁵⁵lɔk⁵sa³³huat²⁴le⁰.
永春	伊亲像破病，倒咧沙发咧。 i⁴⁴tsʰin²²tsʰiũ⁵³pʰua⁵³pĩ³¹, tə²⁴leʔ⁰sa²²huat³²le⁰.
德化	伊亲像着病，倒仵咧沙发咧。 i¹³tsʰin²²tsʰiũ³¹tioʔ³¹pĩ³¹, tə⁴⁴tɯ³¹leʔ⁰sa²²huat³⁵le⁰.
漳州	伊一股甲病侬共号，去倚仵沙发顶。 i²²tsit²¹kɔ³⁴ka⁵³pẽ²¹laŋ¹³kaŋ²¹ho²², kʰi⁵³ua³⁴ti²¹sa²²huat⁵tiŋ⁵³.
龙海	伊甲像病侬靠仵沙发床兮。 i³⁴kaʔ⁴tsʰiɔ̃³³pẽ⁴¹laŋ³¹²kʰo⁵²liʔ⁴sa³³huak⁴tsʰŋ³¹²e⁰.
长泰	伊甲病侬共号倚仵沙发咧。 i⁴⁴ka⁵³pẽ²¹laŋ²⁴kaŋ²¹hɔ²²ua⁴⁴ti²¹sa²²huat³²le⁰.
华安	伊像病侬氆仵沙发顶。 i³⁵tsʰiɔ̃³¹pẽ³¹laŋ²³²tʰe²²ti³¹sa²²huat⁵tiŋ⁵³.
南靖	伊亲像病侬靠仵沙发顶。 i²²tsʰin²²tsʰiũ²¹pẽ²¹laŋ³²³kʰo⁵⁴ti²¹sa²²huat⁴tiŋ⁵⁴.
平和	伊靠蹛沙发兮，合病侬共号。 i³⁴kʰou⁵²tua⁵²sa²²huat⁵⁴e⁰, kaʔ⁴²pẽ²¹laŋ²³kaŋ²²hɔ²².

续表

	0041 他像个病人似的靠在沙发上。
漳浦	哦伊共破病共号倚下沙发咧。 ɔ⁰i³³kaŋ⁴³pʰua⁵¹pẽ³³kaŋ²¹hɔ³³ua⁴³hɛ¹³sa³³huat⁵⁴le⁰.
东山	伊甲病侬平像去倚咧沙发兮。 i³³kaʔ⁵pẽ²²laŋ²¹³peŋ³³tsʰiõ³³kʰi⁰ua⁴⁴le²²sa³³huat⁴¹e⁰.
云霄	伊亲像破病侬倚伫沙发咧。 i⁵⁵tsʰun³³tsʰiu²¹pʰua⁵³pĩ²¹laŋ³²ua³²ti³³se³³huat⁵le⁰.
诏安	伊爱交病侬一号倚咧沙发。 i⁴⁴ãi⁵³kau³³pẽ³¹lan²²tsit³²ho³³ua²⁴lə⁵³sɛ³³huat⁴. "爱交"意为"像"。
龙岩	伊倚着沙发兜港⁼病侬呢。 i⁵⁵gua²¹³lo²¹sa¹¹xuat⁵lau¹¹kaŋ²¹piɛ̃³³laŋ¹¹nĩ²¹.
漳平	伊亲像一个病侬腆伫沙发椅咧。 i³⁵tsʰin²¹tsʰiõ²¹tsiet²¹kai⁵³pẽ³³laŋ³³tʰen⁵³tɛ⁰sa³³huat⁵i⁵³lɛ⁰.
大田城关	伊像病侬倚啦沙发咧。 i⁵³tsʰŋ³³pã³³laŋ²⁴ua⁵³la⁰sua⁵³huaʔ³lɤ⁰.
大田广平	伊倚□沙发咧跟隻病侬样。 i⁵¹dʒya⁵¹iɐ⁰sa²²hɒ³¹lɤ⁰kɛ̃³³tʃiɛ³¹pẽ²²lõ²⁴ioŋ⁰.
霞浦三沙	伊甲傩病侬若靠着沙发上。 i⁴⁴ka⁴⁴na⁵⁵pĩ²¹laŋ³⁵ne²¹kʰu²¹tø²¹sa⁴⁴ua⁵¹naŋ²¹.
福鼎沙埕	伊亲像病侬工⁼样⁼靠着沙发许。 i⁴⁴tsʰien³³tsʰiũ²¹pĩ²¹lan²⁴kan⁵³iũ²¹kʰo²¹tia²¹sa⁴⁴uat⁴xə²¹.
建瓯	渠似像病人靠呐沙发底。 ky⁴²su³³sioŋ⁵⁵paŋ⁵⁵neiŋ³³kʰau³³na²⁴sa⁵⁴xua²⁴ti³³.
建阳	渠靠下沙发上，像隻病人。 ky⁴¹kʰau³³ha⁵⁵sa⁵¹hua⁵¹tsiɔŋ³³, sioŋ³³tsia³⁵paŋ³³nɔiŋ³³.
政和	渠像一隻病人靠到沙发上。 ky⁴²sioŋ⁴²tsi⁴²tsia²⁴paŋ⁵⁵neiŋ³³kʰau⁴²to⁴²sa⁵³xua²⁴tsioŋ⁵⁵.
松溪	渠似像隻病人靠到沙发底。 kio⁴²si²²³sioŋ⁴⁵tsia²²³paŋ⁴⁵neiŋ⁴⁴kʰau²²to²²sua⁵³xua²²³ti⁰.

续表

	0041 他像个病人似的靠在沙发上。
武夷山	渠似像隻病人靠下沙发上。 həu⁵¹ su⁵¹ soŋ²² tsia⁵⁵ paŋ⁵⁵ neiŋ³³ kʰau²² xa⁵⁵ sa⁵¹ xua³⁵ tsyoŋ⁵⁵.
浦城石陂	渠□［个隻］病人一般靠在沙发上。 gy⁴² tʰaiŋ⁴⁵ ka⁴⁵ paŋ⁴⁵ neiŋ³³ i²⁴ puaŋ⁵³ kʰaɯ²⁴ dzaɛ³³ sa⁵³ xua²⁴ tɕiɔŋ⁴⁵.
南平夏道	伊共病人一样其靠在沙发里。 i¹¹ køyŋ²⁴ paŋ³³ neiŋ⁵⁵ tɕi³³ ioŋ²⁴ ɛ⁵⁵ kʰau²⁴ tsai¹¹ sa³³ xua¹¹ li⁰.
顺昌	渠似像隻病人靠在沙发上。 kɛ³¹ si⁵¹ ʃiɔ̃⁵¹ tʃa⁴⁴ pʰiŋ⁵¹ iŋ³³ kʰua⁵¹ tsʰa⁵¹ sa⁴⁴ huaʔ⁵ ʃiɔ̃⁵¹.
将乐	渠凭咯沙发上，像是个隻有病记人。 ki²¹ pʰɛ̃³²⁴ lo²¹ ʃa⁵ fa⁵ ʃɔ̃³²⁴, tsʰiɔ̃⁵⁵ ʃi⁵⁵ kaʔ⁵ tʃa²¹ iu²¹ pʰiãŋ³²⁴ ki²¹ ŋĩŋ²².
光泽	伲像蜀个病人样儿，靠在沙发上。 hu⁴¹ tɕʰioŋ³⁵ ɕi⁴¹ kɛi⁰ pʰaŋ⁵⁵ nin²² ioŋ⁵⁵ ɛ⁰, kʰau³⁵ tʰai⁵⁵ sa²¹ fa²¹ ɕioŋ⁰.
邵武	伲像溃人个样靠在沙发上。 hu³⁵ tɕʰioŋ⁵⁵ kʰuei³⁵ nin³³ kəi²¹ ioŋ³⁵ kʰau²¹ tʰei⁵⁵ sa²¹ fai²¹ ɕioŋ⁰.
三明	渠亲像生病佮靠啊沙发地。 ŋy⁴⁴ tʃʰã³¹ tʃʰɐm²⁵⁴ ʃɔ̃⁴⁴ pɔ̃³³ sɒ⁵¹ kʰo³³ a⁰ sɒ⁴⁴ ho⁴⁴ ti⁰.
永安	渠亲像生病佮□杉⁼靠沙发地。 ŋy⁵² tsʰã̃³³ tʃʰiam⁵⁴ ʃiɔ̃³³ põ²⁴ sɒ³³ ã²⁴ sõ³³ kʰuɒ²⁴ sɒ³³ huɒ¹³ ti⁰.
沙县	渠亲像个隻病人［兀样］起倚在沙发里。 ky³³ tʃʰiŋ⁴⁴ tʃʰiŋ²¹ ka²¹ tʃia⁵⁵ pɔ̃²¹ lɛiŋ³¹ ŋuẽ²¹² kʰi⁰ kʰya²¹ tsai²¹ a⁰ sa⁴⁴ xua²¹² li⁰. "啊"可说可不说。
长汀	渠搭病人啊般哩靠在沙发上。 ke³³ ta³³ pʰiaŋ²¹ neŋ²⁴ a²¹ paŋ³³ le³³ kʰɒ⁴² tsʰai⁴² sa²¹ fa³³ ŋ⁴².
连城	渠像病人个来⁼凭在沙发上。 kuɛ³³ tsʰioŋ⁵⁵ pʰiaŋ⁵⁵ ŋeiŋ²² ka⁰li²² pʰaiŋ³⁵ tsʰi³³ so³³ fo⁵⁵ ʃoŋ³⁵.
上杭	渠像欻病人欻般靠在沙发项。 kei²¹ tɕʰioŋ⁵¹ ɛ³¹ pʰiɔ̃⁵¹ ȵiəŋ²¹ ɛ³¹ pã⁴⁴ kʰau³⁵³ tsʰuɔ⁴⁴ sɒ⁴⁴ fɒ⁴⁴ hoŋ³¹.

续表

	0041 他像个病人似的靠在沙发上。
武平	渠像病人一般般，眠啊伫沙发上。 ki²⁴ tɕʰiɔŋ⁴⁵¹ pʰiaŋ⁴⁵¹ ŋiŋ²² iʔ³ paŋ²⁴ paŋ²⁴, miaŋ²² a²⁴ tiʔ⁴ sa³³ faʔ⁴ hɔŋ⁴².
永定	渠像个病人一般靠在沙发上。 tɕi²² tsʰɔ̃³¹ kɛʔ⁵ pʰiaŋ³¹ n̠iŋ²³ ie³² pẽ²⁴ kʰau³¹ tsʰai³¹ sa²⁴ fɐʔ⁵ xɔ̃³¹.
明溪	渠像个病佮慢⁼的凭到沙发上。 kʰø⁴¹ sioŋ⁵⁵ kɤ⁰ pʰiaŋ⁵⁵ so³¹ maŋ⁴⁴ ti⁰ pʰeŋ⁵⁵ tau⁴¹ so⁴⁴ fo⁴⁴ soŋ⁵⁵⁴.
清流	渠像病人般子凭在沙发上。 kə³³ tʃiɔŋ³² pʰiaŋ³² ŋən²³ paŋ³³ tsə³³ pʰeŋ²¹ tsʰa³² so³³ faʔ²¹ ʃiɔŋ³².
宁化	渠像病了个人般，凭在沙发上。 kə³⁴ tɕʰiɔŋ⁴² pʰiaŋ⁴² lə⁰ ka³¹ iŋ²⁴ paŋ³¹, paiŋ²¹² tsʰai⁴² sɒ³⁴ fɒ⁵ sɒŋ³¹.
新罗客家	渠凭倚沙发上合病人亦般哩。 tu³⁵ pʰeŋ²¹¹ a⁴⁴ so⁴⁴ faʔ⁵ ʃiõ⁴¹ koʔ⁵ pʰiaŋ²¹ ŋiŋ³⁵ iaʔ⁵ paŋ⁴⁴ li⁴⁴.
平和客家	渠影病人同样凭在沙发上。 ky³⁵ ziaŋ⁵⁵ pʰiaŋ³³ ŋin³⁵ tʰuŋ³³ zioŋ⁵⁵ pʰen³³ tsʰɔi³¹ sa³³ fat³³ ʃɔŋ³³.
诏安客家	渠好亲像一个病人子靠在□沙发上。 ky⁵³ hɔu²² tsʰin²² tsʰiɔŋ²² zit⁵ kai³¹ pʰiaŋ²² ŋiŋ⁵³ tsɿ³¹ kʰɔu³¹ tsʰɛi²² kɤ⁰ sa²² fat²³ ʃiŋ³¹.
泰宁	渠像个隻病人样倚在沙发上。 hi³⁵ tɕʰioŋ²¹³ kə³³ tɕia³³ pʰən²¹ nin³⁵ ie²¹ ai³⁵ tʰoi⁵⁵ sa³¹ xua³³ lɔŋ²¹.
建宁	士⁼像一介病人样靠在沙发上。 sə⁵⁵ sioŋ⁵¹ it² kai²¹ pʰiaŋ⁵⁵ ŋin⁵⁵ ioŋ⁵⁵ kʰau²¹ tʰei⁵¹ sa³⁴ fa³⁴ soŋ²¹.
浦城城关	渠跟得个病侬□靠在沙发上。 ke⁵⁴ keŋ³⁵ te²¹ ke⁴²³ peŋ²¹ noŋ²⁴ mãi⁴⁴ kʰao⁴²³ tsa²¹ sa³³ fɒ³² ɕiaŋ²¹.
南平延平	他像个病人一样靠在沙发上。 tʰa³³ ɕiæ̃³⁵ ko⁵⁵ piŋ⁵⁵ iŋ²¹ i³³ iæ³⁵ kʰau³⁵ tsai⁰ sa⁵⁵ xuaʔ³ ɕiæ̃³⁵.

	0042 这么干活连小伙子都会累坏的。
福州	总款做事计连后生囝都解做倒去。 tsuŋ²⁴ ŋuaŋ³³ tso²¹ lai⁵² ie²¹ nieŋ⁵² xau²¹ laŋ⁵² ŋiaŋ³³ tu⁰ a²⁴ tso²¹ to³³ o⁰.
闽侯	总款做事计就连后生囝都解做倒去。 tsuŋ²¹ ŋuaŋ³³ tso⁵⁵ lai²¹ ie²¹² tsu⁰ nieŋ³³ xau²¹ laŋ⁵³ ŋiaŋ³³ tʰu²¹ e⁰ tso²¹ to³³ o⁰.
长乐	总款做事计连后生囝都解做倒去。 tsuŋ²⁴ ŋuaŋ²² tso²¹ ləi⁵³ ie²¹ nieŋ⁵³ xau²¹ laŋ⁵³ ŋiaŋ²² tu⁰ e⁵³ tso²¹ to²² o⁰.
连江	总款做事计连后生囝都食𣍐焦。 tsuŋ²¹ ŋuaŋ⁵¹ tso⁵¹ lai²¹ ie²¹² nieŋ³³ hau²¹ laŋ⁵¹ ŋiaŋ³³ tu²¹ sieʔ⁵ me⁵⁵ ta⁵⁵.
罗源	[只样] 款做事计连后生囝都做呆去。 tsyøŋ²¹ ŋuaŋ⁵³ tsɔ²² lai²¹ ie³⁵ lieŋ²¹ xau²¹ laŋ²¹ ŋieŋ²¹ tu⁴⁴ tsɔ³⁵ ŋai³¹ u⁰.
福清	总款做连后生囝都做解弱。 tsuŋ³¹ ŋuaŋ³¹ tsɔ²¹ lieŋ⁴⁴ xau⁴⁴ laŋ⁴⁴ ŋiaŋ³¹ tu⁴⁴ tsɔ²¹ ɛ⁴⁴ ioʔ².
平潭	总款做工夫连后生囝都解食力死。 tsuŋ²¹ ŋuaŋ⁵¹ tso⁴⁴ køŋ⁴⁴ ŋuo⁵¹ lieŋ⁴⁴ xau⁴⁴ ðiaŋ⁴⁴ ŋiaŋ⁵¹ tʰu⁰ ɛ⁰ θia⁴⁴ liʔ⁵ θi³¹.
永泰	总款做事计连后生哥食都𣍐焦。 tsuŋ²⁴ ŋuaŋ³² tsɔ²¹ lai⁵³ ie²¹ lieŋ²¹ hau²¹ laŋ⁴⁴ ŋo⁴⁴ sieʔ⁵ tu²¹ mɛʔ³ ta⁴⁴.
闽清	总款做连后生囝都做呆去。 tsuŋ²⁴ ŋuaŋ³² tsɔ²¹ lieŋ³⁵³ hau²¹ laŋ⁴² ŋiaŋ³² tu⁴⁴ tsɔ²¹ ŋai³⁵³ ɔ⁰.
古田	都生呐这款做事计，连后生囝都食𣍐焦。 tu²¹ laŋ⁵⁵ na⁰ tsie²¹ uaŋ⁴² tsɔ²¹ lai⁴² ie²¹, lieŋ³³ hau²¹ laŋ⁴² ŋiaŋ⁴² tu³³ siek⁵ mɛ³³ la⁵⁵.
屏南	只款吼做事计连后生囝都𣍐食其焦。 tsɛ⁴¹ uaŋ⁴⁴ lɛ⁰ tsɔ⁵⁵ lai⁴⁴ ie³⁴ lıŋ²² hau²² iaŋ⁴¹ tu⁴⁴ mɛ⁴⁴ sia⁴⁴ i⁴⁴ ta⁴⁴.
宁德	者装⁼做事就㑑后生囝都解做穤侬⁼。 tsa⁴¹ tsɔuŋ³³⁴ tsɔ⁵⁵ leʔ⁵⁴ tseu⁴¹¹ na³³ xau¹¹ laŋ¹¹ ŋiaŋ⁴¹ tu³³ ɛ³³ tsɔ³⁵ mai³⁵ i⁰.
霞浦城关	只式做稿连后生囝都食𣍐焦其。 tsi⁴² θiʔ⁵ tsɔ⁵⁵ θiʔ⁵ leŋ²¹ hau²¹ θaŋ⁴⁴ ŋiaŋ⁴² tu⁴⁴ θiaʔ² mɛ⁴⁴ la⁴⁴ ke⁰.
福安	这项作稿就连后生囝都解□死。 tsei⁵⁵ ɔuŋ⁴⁴ tsɔ⁵⁵ leiʔ⁵ tsiu⁴⁴ lıŋ²¹ xau²³ laŋ⁴⁴ ŋiaŋ⁴¹ tou⁴⁴ ɛ⁴⁴ xœuʔ² si⁴¹.

续表

	0042 这么干活连小伙子都会累坏的。
柘荣	者样做毛连傀儡囝都解惑⁼死。 tsiaʔ⁵ yɔŋ⁴⁴ tsɔʔ⁵ nɔʔ⁵ lieŋ²¹ kɔ⁵⁵ li⁵⁵ kiaŋ⁵³ tu⁴⁴ ɛ⁴⁴ xœʔ²¹ θi⁵³. 阳入21声调为短调。
周宁	这个做连后生囝都解乏穑去。 tsᴇ⁵⁵ ŋᴇ⁴⁴ tsɔ⁵⁵ lin²¹ xᴇu⁴⁴ laŋ⁴⁴ ŋᴇŋ⁴⁴ to⁴⁴ ᴇ⁴⁴ xœk² mai³⁵ li⁰.
寿宁	种⁼呢做毛连后生囝都解□死。 tsuŋ³⁵ niʔ⁵ tsɔ³⁵ nɔ³⁵ lieŋ²¹ xau²³ saŋ³³ kiaŋ⁴² tu³³ ɛ²³ xœʔ² si⁴².
福鼎城关	阿［这样］作稿连后生囝都解著力穑咧。 a³³ tsioŋ⁴² tso³³ siʔ⁴ lieŋ²¹ xau³³ saŋ³³ kiaŋ⁵⁵ tuŋ²¹ e³³ tie³³ liʔ³ mai⁴² le⁰.
尤溪	这年⁼做落去，连后生囝也解累倒的。 tsie³³ nẽ¹² tsə⁴⁴ lə³³ kʰy⁵¹，lieŋ³³ xau³³ sã³³ ŋ⁵⁵ ia³³ iʔ² lui⁴² tə⁵⁵ tə⁰.
莆田	安生做工夫连后生囝□都解倒。 eʔ² na⁵³³ tso⁵³³ aŋ¹¹ ŋu⁵³³ lɛŋ²⁴ hau¹¹ na¹¹ yɒ⁴⁵³ lɛŋ⁵³³ tɔʔ² eʔ² to⁴⁵³.
涵江	安生做工夫连后生囝都卜累乞伊死［落外］。 at⁴ na⁵⁵ tso⁵⁵ aŋ²¹ ŋu⁵⁵ lɛŋ¹³ hau²¹ la²¹ yɒ⁴⁵³ top¹ pot⁴ ɬø⁴⁵³ kit⁴ i⁰ ɬi⁴⁵³ luai⁰. ［落外］：合音词，相当于"了"。
仙游城关	安生即做工夫啊呢后生囝也□都解倒□。 an⁵⁵ na⁵⁵ tsɛ⁰ tso⁵⁵ aŋ²¹ ŋu⁵⁵ a⁰ la⁰ hau²¹ na²¹ iã⁴⁵³ lɛn⁵⁵ tieʔ² ɛ⁰ to⁴⁵³ tʰŋ⁰.
仙游枫亭	即安生做连后生囝也□都解倒。 tseʔ⁵ aŋ⁵³³ na⁵³³ tsɤɯ⁴² lɛŋ²⁴ hau¹¹ na¹¹ iã⁴⁵³ lɛŋ⁵³³ tɔʔ² eʔ² tɤɯ⁴⁵³.
厦门	功课若安尼做连少年家仔拢挂𣍐牢。 kʰaŋ²² kʰue²¹ na²¹ an²¹ ni⁴⁴ tsue²¹ lian²¹ siau⁵³ lian²⁴ ke⁴⁴ a⁰ lo²¹ tu⁵³ bue²¹ tiau²⁴.
同安	安尼做连少年家都挂𣍐牢。 an³³ nĩ⁴⁴ tsue¹¹² liam¹¹ siau⁴² lian¹¹ ke⁴⁴ tɔ⁰ tu⁴² be¹¹ tiau²⁴.
泉州鲤城	安尼做事志，连后生家计解碌死哦。 an³³ ni³³ tsue⁵⁵ tai²² tsi⁴¹，liam²² hau²² sĩ³³ ke³³ ke⁵⁵ e²² liak²⁴ si⁰ ɔ⁰.
泉州洛江	安尼作稿，连少年家都瘟癀。 an³³ nĩ³³ tsoʔ⁵ sit⁵，lian²² siau⁵⁵ lian²² ke³³ tɔ³³ ia²⁴ sian²².

续表

		0042 这么干活连小伙子都会累坏的。
南安		安尼⹀咧作，连少年家都挡𣍐牢。 an³³nĩ³³leʔ⁵tsoʔ⁵，lian²²siau⁵⁵lian²²ke³³tɔ³³tɔŋ⁵⁵bue²²tiau⁵⁵.
晋江		安尼⹀作穑，连后生家都挡𣍐牢。 an²⁴nẽ⁵⁵tsəʔ⁵sit⁵，lian²²hau²²sĩ³³ke³³tɔ³³tɔŋ⁵⁵bue²²tiau²⁴.
石狮		汝安⹀尼⹀作，连少年家都无法得。 li⁵⁵an²⁴li⁰tsəʔ⁵，liam²²siau⁵⁵lian²²ke³³tɔ³³bə²²huat⁵lit⁰.
惠安		安尼作穑，连后生家都无法。 an³³ni³³tsoʔ⁵set⁵，lian³³hau²²seŋ³³ke³³tɔ³³bo³³huaʔ⁵.
安溪		若安尼作穑，连少年兮都挡𣍐牢。 nã²²an³³ni²²tsoʔ⁴²sit⁵，lian²²siau⁵³lian²²e⁰tɔ⁵⁵tɔŋ⁵³bue⁴²tian²⁴.
永春		安尼作穑，着是后生家都着磨死。 an²²ni⁴⁴tsoʔ⁴sit³²，tioʔ²²si³¹hau³¹sĩ²²ke⁴⁴tɔ²²tioʔ³¹bua²²si⁵³.
德化		安尼作穑，就是后生家都解碌死。 an²²ni⁴⁴tsoʔ⁴²sit⁴²，tsiu³¹si⁴²hau³¹sĩ²²ke¹³tɔ²²ue³¹lik³⁵si⁰.
漳州		安尼啊做功课，连少年家仔啰拄𣍐牢。 an²²nɛ̃³⁴ã⁰tso⁵³kʰaŋ²²kʰue²¹，lian²¹siau⁵³lian²²kɛ²²a⁵⁴lo²²tu⁵³be²¹tiau¹³.
龙海		像安乃做，连少年家仔也挡𣍐牢。 tsʰiɔ̃³³aŋ³³nɛ̃³⁴tso⁴¹，lian⁴¹siau⁵²lian³³kɛ³³a³²a⁴¹tɔŋ⁵²be⁴¹tiau³¹².
长泰		安尼做功课连少年家仔也拄𣍐牢。 an⁴⁴nɛ̃⁴⁴tso⁵³kʰaŋ²²kʰue²¹lian²¹siau⁵³lian²²ke²²a⁵⁴a²¹tu⁵³bue²¹tiau²⁴.
华安		安尼做功课连少年家仔也解瘼死。 a³¹nɛ³⁵tso⁵³kʰaŋ²²kʰue³¹lian²²siau⁵³lian²²ke³⁵a⁵³a³¹e³¹sian²²si⁰.
南靖		安尼做功课连少年家仔拢解惦死。 a²¹nɛ³⁴tso⁵⁴kʰaŋ²²kʰue²¹lian²²siau⁵⁴lian²²kɛ²²a⁵³lɔŋ⁴⁴e²¹tʰiam⁵⁴si⁰.
平和		安尼做功课连少年家仔都真惦。 an²²le²³tso⁵²kʰaŋ²²kʰue²¹lian²²siau⁵²lian²²ke²²ã⁵²tou²²tsin²²tʰiam²³.

续表

	0042 这么干活连小伙子都会累坏的。
漳浦	按尼做功课参后生仔煞挡𣍐牢。 aʔ⁴lẽ⁴³tsɔ⁵¹kʰaŋ³³kʰue²¹sam²¹hau²¹sẽ¹³a⁰sat⁴toŋ⁵¹biei²¹tiau⁴¹². 这样干活连年轻人都撑不住。 按尼做功课参后生仔煞瘆［一下］死。 aʔ⁴lẽ⁴³tsɔ⁵¹kʰaŋ³³kʰue²¹sam²¹hau²¹sẽ¹³a⁰sat⁴sian²¹tsɛ¹³si⁵¹. 这样干活连年轻人都累死了。
东山	抑若做功课连后生仔拢无法伊。 aʔ⁵lẽ⁴⁴tso⁵¹kʰaŋ³³kʰue²²lian²²hau²²sẽ³³a⁰loŋ⁴⁴bo³³huat⁴¹i⁰.
云霄	按障做，参后生都挂𣍐牢。 an³³tsiã³³tso²¹, tsʰam³³hau²¹sĩ³³to³³tu⁵³be²¹tiau³².
诏安	只生做工课连后生仔拢挡𣍐牢。 tsi²⁴siã⁴⁴tso⁵³kʰaŋ³³kʰue²²lian²²hau³¹sẽ³³ɛ̃⁵³loŋ²⁴toŋ⁵³bei³¹tiau²⁴.
龙岩	许下做业连后生牯都解瘆死。 xiẽ²¹xiẽ⁵⁵tso²¹gie³³lian¹¹xau¹¹ɕiẽ²¹³ku²¹tu¹¹e¹¹ɕiaŋ²¹ɕi²¹.
漳平	安尼做稿连少年侬［齐要］解瘆死兮。 an⁵⁵nẽ⁵³tsuo⁵³sit²¹len³³siau⁵³len³³laŋ³³tsiau⁵⁵ɛ²¹sen⁵⁵si²¹ɛ⁰.
大田城关	只色做连后生囝都解损死。 tsi⁵³saʔ³tsɤ³¹liaŋ⁵⁵hɔ³³sã³³kiã⁵³tu³³e³³suŋ⁵³si⁰.
大田广平	［这囝］做稿连后生［囝囝］都解疼哦。 tʃẽ³⁵¹tsɯ⁴⁵siɐ³¹liaŋ²²ho²²sẽ³³kuẽ⁵¹to²²i²²guɛ³¹go⁰.
霞浦三沙	安尼若做事，连囝仔侬都做痞。 aʔ⁵ne³⁵na²¹tsuoi⁵⁵si⁵¹, leŋ²¹keŋ⁵⁵ŋa⁵⁵laŋ³⁵toi²¹tsuoi⁵⁵pʰɛ⁵¹.
福鼎沙埕	安尼做连后生囝通解倒落去。 an²¹i²¹tsɯei²¹lian²¹xau²¹sĩ⁴⁴ŋã⁵³tʰɔŋ⁵³e²¹to⁵³lo²¹kʰɯ⁰.
建瓯	□格式做事就是后生仔都解累死掉。 iɔŋ²⁴kɛ²⁴si²⁴tsa³³ti⁵⁵tsiu⁵⁵si⁵⁵xe⁵⁵saŋ⁵⁴tsiɛ²¹tu⁵⁴ɔ²⁴ly⁵⁵si²¹tʰɔ⁵⁵.
建阳	样゠格做□就是后生仔会累死□. jiɔŋ³⁵kɔ⁴tsa³³xai²¹tsiu⁵⁵si³³həu³³saŋ⁵¹tsie²¹ai³³ly⁵⁵sɔi²¹xax³³.

续表

	0042 这么干活连小伙子都会累坏的。
政和	这做事连后生仔都累坏了。 kiɛ⁵³ tsa⁴² ti⁵⁵ liŋ³³ xu⁵⁵ saŋ⁵³ tsiɛ²¹³ tu⁵³ lui⁵⁵ xuɛ⁵⁵ lo⁰.
松溪	这做事连后生锺都累死了。 kiɛ²²³ tsɒ²² tɛi⁴⁵ liŋ⁴⁴ xu⁴⁵ saŋ⁵³ tʰy⁴⁴ tu⁵³ ly⁴⁵ sɛi²²³ lo⁰.
武夷山	□做□连后生猴⁼都解累坏了。 yoŋ³⁵ tsa²² xai³¹ liŋ³³ xu⁵¹ saŋ⁵¹ həu³³ tu⁵¹ hai²² luei⁵⁵ xuai⁵⁵ lɛi⁰.
浦城石陂	□做事连后生囝仔都解累坏掉哦。 kie⁵³ tsa³³ ti⁴⁵ liŋ³³ xu⁵³ saŋ⁵³ ke²¹ te⁰ tu⁵³ ɔ²⁴ lə³⁵ xuae⁴⁵ tʰəɯ⁴⁵ ɦɔ⁴².
南平夏道	个［者样］做事就是后生子都解累死去。 ko³³ tɕioŋ²⁴ tso³³ ti²⁴ tɕiu²⁴ ɕi³³ xau¹¹ saŋ¹¹ tɕi³³ tu¹¹ xɛ¹¹ luɛ²⁴ si³³ o⁰.
顺昌	□做事连后生仔都解累坏倒了。 hi³⁵ tso³⁵ ʃɛ⁵¹ lɛ³³ hai⁵¹ ʃiɔ̃⁴⁴ ti³⁵ tu⁴⁴ ha³⁵ luɛ⁵¹ hua⁵¹ tau⁵¹.
将乐	［者样］俚做事，连后生仔都欲得渠累死掉。 tʃãŋ³²⁴ liʔ⁵ tso⁵⁵ sʅ³²⁴, liẽ²² xeu⁵⁵ ʃãŋ⁵⁵ tsi²¹ tu⁵⁵ yoʔ⁵ ta²² ki²² luæ³²⁴ si²² tau²¹.
光泽	□样做事连后生伙子偕要累坏了。 tɕioŋ⁴¹ nɔŋ⁴¹ tsɔ³⁵ sɛ⁵⁵ liəŋ²² həu³⁵ saŋ⁴⁴ huɔ³⁵ tsɛ⁰ kʰai⁴⁴ iɛu⁵⁵ lɔi⁵⁵ fai⁵⁵ liɛu⁵⁵.
邵武	酌⁼样做事连后生人偕解累坏了。 tɕio⁵³ ɕioŋ³³ tso²¹ sə³⁵ lien³³ həu³⁵ saŋ⁵³ nin³³ ka³⁵ hie⁵⁵ loi³⁵ fai³⁵ liau⁰.
三明	者样做货就后生子也解累死罢。 tʃɒ¹² iɐm³³ tsaɯ³³ hɒ³¹ tʃy³³ hœ³¹ sã⁴⁴ tsa³¹ iŋ³¹ e²⁵⁴ luei⁴³ si³¹ pɔ̃⁰.
永安	□地做货连后生子都解累死罢。 tʃiõ⁵² ti⁰ tsaɯ⁴⁴ hɒ²¹ lɛ̃i³³ hø²¹ sõ³³ tsã²¹ tau⁵² e⁵⁴ lue²⁴ si³³ po⁰.
沙县	［者样］起做事后生倍都解累死罢。 tsɛiŋ²¹² kʰi⁵⁵ tso²⁴ tai⁴⁴ xau²¹ sɔ̃³³ ʃia⁰ tu³³ ɛ²¹ lui²⁴ si⁵⁵ pɔ̃⁰. "起" 可说可不说。
长汀	仰⁼滴哩做事啊连后生哩都会累坏个。 nioŋ⁴² ti³³ le⁵⁵ tso⁴² ʃʅ²¹ a²¹ liŋ⁵⁵ həɯ³³ ʃeŋ³³ le⁵⁵ tu³³ e²¹ le²¹ fai²¹ ke²¹.
连城	以□做事连后生子都会做坏。 i²¹ saŋ⁵⁵ tsɯ²¹ sɯə³⁵ le²² həɯ⁵³ saiŋ³³ tsɯə²¹ tɯ³³ fi⁵⁵ tsɯ²¹ fa³⁵.

续表

	0042 这么干活连小伙子都会累坏的。
上杭	咁哩哩做事连后生人都会累坏欸。 kã³¹ lɛ³¹ lɛ³¹ tsʰɔu³⁵³ səi³¹ liɛ̃²¹ hiɛ⁵¹ sɛ̃⁴⁴ ȵiəŋ²¹ tɔu⁴⁴ vuɔ⁵¹ liɛ³¹ fa⁵¹ ɛ³¹.
武平	咁囊⁼尼做事实，就係后生子啊都会累死。 kaŋ²² nɔŋ²² ni²² tsu⁴⁵¹ sʅ⁴⁵¹ sɛʔ³, tsʰiu⁴² hi⁴⁵¹ hɛ⁴² saɑ²⁴ tsʅ⁴² a²⁴ tɔ³³ uɛ⁴² li⁴⁴ sʅ⁴⁵¹.
永定	咁样做稿连后生子都会累坏。 ɛ̃³³ ȵiɔ̃³¹ tsɔu⁵⁵ sei ʔ⁵ liɛ̃³¹ xəu³¹ saŋ²⁴ sʅ³¹ tsɔu⁵⁵ uei³¹ lei³³ fai³¹.
明溪	占⁼衫⁼做事连后生倷都食唔消。 tsaŋ²⁴ saŋ⁴⁴ tsɤ⁵⁵ ʃʅ⁵⁵⁴ lieŋ³¹ xaø⁵⁵ saŋ⁴⁴ so³¹ tu⁰ ʃʅ⁵⁵ ŋ⁰ siau⁴⁴.
清流	将式做事连后生子都会累死个。 tsiɔŋ³³ ʃie²¹ tsu³⁵ sɛ³² neŋ²³ hɔ³³ saŋ³³ tsɛ²¹ tu³³ ve³² lua³² si²¹ ka³⁵.
宁化	站得做□事，连后生子哩抵会累倒来。 tsaŋ⁴² tə⁵ tso²¹² tsai⁴⁴ sʅ⁴², lieŋ²⁴ hɯɯ⁴² sain⁴⁴ tsai³¹ li³¹ tai³¹ vai⁴² lua⁴² tau³¹ lai⁴⁴.
新罗客家	［介样］哩做稿［子哦］后生哩都会做坏。 kiẽ⁴⁴ ni³¹ tsəu⁴¹ ʃie⁴¹ tsəu⁴¹ ʃie³⁵ sõ⁴⁴ li⁴⁴ təu⁴⁴ va⁴¹ tsəu⁴¹ fa⁴¹.
平和客家	欧⁼连⁼做稿连细子伙也会恷坏去。 ɔ³³ lian³⁵ tsɔ³¹ sie⁵⁵ lian³³ se³¹ tsʅ³⁵ fɔ³¹ zia³¹ ɔi³³ tʰiam³¹ fai⁵⁵ kʰy⁰.
诏安客家	安认⁼做事连细伙子都会恷坏去。 aŋ³¹ ŋin⁴⁵ tsɔu²² ʃɛi⁴⁵ liɛn⁴⁵ sɛi²² fou⁴⁵ tsʅ³¹ tɔi²² vɔi³¹ tʰiam²² fai⁴⁵ ky⁰.
泰宁	即种做事是连小伙子皆会累坏。 tɕia³⁵ tsuŋ²¹ tso⁵¹ sʅ²¹³ ɕi³³ lien³³ ɕiau³⁵ xuo⁵¹ tsə⁰ kai³¹ xæ³⁵ luai²¹ xuai²¹³.
建宁	个宁样做事连后生都会累坏。 ko⁵⁵ niŋ⁵⁵ ioŋ⁵⁵ to²¹ sei⁴⁵ lien²¹ həu⁵⁵ saŋ³⁴ tu⁵⁵ fei⁵⁵ lei²¹ fai⁵¹.
浦城城关	这式做事连团子泡都解做坏个。 tɕie³⁵ ɕi³² tsɑ⁴²³ se²¹ liãi²⁴ kiãi⁴⁴ tɕi⁴⁴ pʰao³² lou⁵³ xa⁵⁴ tsɑ⁴²³ xua²¹ ke⁰.
南平延平	［这样］做事节连后生崽都会累死掉。 tɕiæ³⁵ tso³⁵ sʅ⁵⁵ tseʔ³ lieŋ²¹ xeu⁵⁵ seiŋ³³ tsai²⁴² tu⁵⁵ xui³⁵ lui⁵⁵ sʅ²⁴² tiau⁰.

	0043 他跳上末班车走了。我迟到一步，只能自己慢慢走回学校了。
	请设想几个大学生外出后返校的情景。
福州	伊跳上尾班车行去了。我迟蜀步，傣长自家慢慢行转学校。 i⁵⁵ tʰiu²¹ suoŋ²⁴² mui²¹ βaŋ⁵⁵ nzia⁵⁵ kiaŋ⁵² ŋo⁰ lau³³. ŋuai³³ ti⁵² suo²¹ βuo²⁴², na⁵² luoŋ²⁴² tsi⁵⁵ ia⁵⁵ meiŋ⁵² maiŋ²⁴² kiaŋ⁵² luoŋ³³ xou²¹ xau²⁴².
闽侯	伊跳上尾班车行去了。我迟蜀步，傣长自家慢慢行转学校去。 i⁵⁵ tʰiu²¹ suoŋ²¹ mui²¹ βaŋ⁵⁵ nzia⁵⁵ kiaŋ⁵³ o⁰ nau³³. ŋuai³³ ti⁵³ suo²¹ βuo²⁴², na⁵³ luoŋ²⁴² tsi⁵⁵ a⁵⁵ meiŋ⁵³ maiŋ²⁴² kiaŋ⁵³ tuoŋ³³ xouʔ³³ xau²⁴² o⁰.
长乐	伊跳上尾班车行去了。我迟蜀步，傣长我自家慢慢行转学校。 i⁵⁵ tʰiu²¹ suoŋ²⁴² mui²¹ βaŋ⁵⁵ nzia⁵⁵ kiaŋ⁵³ ŋo⁰ lau²². ŋui²² ti⁵³ suo²² βuo²⁴², na⁵³ luoŋ²⁴² ŋui²² tsi⁵⁵ a⁵⁵ meiŋ⁵³ maiŋ²⁴² kiaŋ⁵³ tuoŋ²² xou²² xau²⁴².
连江	伊搭尾班车行去了。我晏蜀步，傣长自家慢慢地行转学校去。 i⁵⁵ taʔ¹³ mui²¹ βaŋ⁵⁵ tsʰia⁵⁵ kiaŋ⁵¹ u⁰ lau⁰. ŋui³³ aŋ²¹² suo²¹ βuo²¹², na²¹ lyøŋ²⁴² tsi⁵⁵ a⁵⁵ maŋ²¹ maŋ²⁴² ti⁰ kiaŋ⁵¹ tuoŋ³³ houʔ²¹ hau²⁴² o⁰.
罗源	伊跳上尾班车行去了。我晏蜀步，傣丈˭自家慢慢其行转学校。 i⁴² tʰiu³⁵ θyøŋ³⁴ mui²¹ βuaŋ²¹ ʒia⁴² kiaŋ³¹ ŋu⁰ lau²¹. ŋui²¹ aŋ³⁵ θyø²¹ βuo³⁴, na²¹ lyøŋ³⁴ tsi⁴⁴ a⁴² mɛŋ²¹ mɛŋ³⁴ li⁰ kiaŋ³¹ tuoŋ²¹ xouʔ² xau³⁴.
福清	伊跳上尾班车行去。我较晏蜀伐，傣长自家宽宽行转去学堂。 i⁵³ tieu⁴⁴ θioŋ⁴² mui²¹ βaŋ²¹ ʒia⁵³ kiaŋ⁴⁴ ŋu⁰. ŋua³¹ kʰa⁴⁴ aŋ²¹ θio⁴⁴ pʰuaʔ⁵, na⁴⁴ lioŋ⁴⁴ tsi⁴⁴ a⁵³ kʰuaŋ⁴⁴ kʰuaŋ⁴⁴ kiaŋ⁴⁴ tuoŋ³¹ kʰio⁴⁴ xoʔ⁵ toŋ⁴⁴.
平潭	伊跳上尾班车行去。我晏遘蜀伐，傣长自家慢慢行转学堂。 i⁵¹ tʰiau²¹ θyoŋ⁴² mui²¹ βaŋ²¹ nzia⁵¹ kiaŋ⁴⁴ kʰyo²¹. ŋua³¹ aŋ⁵¹ kau²¹ θyo⁰ pʰuaʔ⁵, la⁴⁴ lyoŋ⁴⁴ tsi⁴⁴ ia⁵¹ meiŋ³⁵ mɛŋ⁴² kiaŋ⁴⁴ tuoŋ³¹ xoʔ⁵ toŋ⁴⁴.
永泰	伊搭尾班车行去了。我迟蜀步，傣长自家慢慢行转学校。 i⁴⁴ taʔ³ muoi²¹ βaŋ⁴⁴ ʒia⁴⁴ kiaŋ³⁵³ ŋo⁰ lau³². ŋuoi³² ti³⁵³ suoʔ³ puo²⁴², na⁵³ luoŋ²⁴² tsi⁴⁴ a⁴⁴ meiŋ⁵³ maiŋ²⁴² kiaŋ³⁵³ nuoŋ³² haʔ³ hau²⁴².
闽清	伊搭上尾班车行去了。我迟蜀步，俪是自家慢慢行转学校。 i⁴⁴ tak³ tyøŋ²⁴² mui²¹ βaŋ⁴⁴ ʒia⁴⁴ kiaŋ³⁵³ ŋɔ⁰ lau³². ŋuai³² ti³⁵³ luok³ puo²⁴², na⁴² lei²⁴² tsi⁴⁴ ia⁴⁴ mɛiŋ⁴² mɛiŋ²⁴² kiaŋ³⁵³ tuoŋ³² houk³ hau²⁴².

续表

	0043 他跳上末班车走了。我迟到一步，只能自己慢慢走回学校了。 请设想几个大学生外出后返校的情景。
古田	伊坐尾班车去了。我适好慢蜀步，俪是自家慢慢其行转学校咯。 i⁵⁵ soi²⁴ muoi²¹ βaŋ³⁵ tsʰia⁵⁵ kʰyø²¹ lɔ⁰. ŋuai⁴² ti²¹ hɔ⁵³ meiŋ²⁴ syø²¹ βuo²⁴，na⁵⁵ li³³ tsi³³ ia⁵⁵ meiŋ⁵⁵ meiŋ⁵⁵ ŋi⁰ ŋiaŋ³³ tuoŋ⁴² huok² hau²⁴ lɔ⁰。
屏南	伊坐尾班车去了。我慢蜀步，俪是自家慢慢行转学校。 i⁴⁴ sɔi³²³ muoi⁵⁵ βaŋ⁴⁴ ʒia⁴⁴ kʰɯ³⁴ lɔ⁰. uai⁴¹ mɛiŋ³²³ suk³ βuo³²³，na⁴¹ le³²³ tsi⁴⁴ ia⁴⁴ mɛiŋ⁴⁴ mɛiŋ³²³ kiaŋ²² tʊŋ⁴¹ hɔuk³ hau³²³.
宁德	伊伐上尾班车行咯。我晏遘蜀步，只好自家慢慢其行转去学校底。 i³³⁴ xuak⁵⁴ syŋ⁴¹¹ møy⁵⁵ βaŋ³³ tsʰie²³ kiɛŋ¹¹ lu⁰. ua⁴¹ aŋ³⁵ kau³⁵ sɔ¹¹ βu⁴¹¹，tsi⁴¹ xɔ⁴¹ tsi³³ ia³³ mɛŋ¹¹ mɛŋ⁴¹¹ ŋi⁰ kiɛŋ¹¹ tɔuŋ⁴¹ ŋy⁰ xɔ¹¹ xau⁴¹¹ i⁰.
霞浦城关	伊搭尾班车走了。我晏蜀步，俪好阿伲慢慢行到学堂了。 i⁴⁴ taʔ⁵ moi⁵⁵ βaŋ⁴⁴ nzia⁴⁴ tsau⁴² lɔ⁰. ua⁴² aŋ³⁵ θøʔ⁴ βo²⁴，na⁴⁴ hɔ⁴² a²¹ ni²⁴ mɛiŋ⁴⁴ mɛiŋ²⁴ kiaŋ²¹ tɔ⁵⁵ hɔuʔ⁵ tɔuŋ²¹ no⁰.
福安	伊跳上末班车走喽。我晏遘蜀步，只能自己慢慢行倒学堂里。 ei³³¹ tʰiu³⁵ sioŋ²³ mui⁵⁵ paŋ⁴⁴ tsʰe³³¹ tso⁴¹ lo⁰. ŋo⁴¹ aŋ³⁵ kau³⁵ si⁴⁴ pu²³，tsi⁴⁴ nœŋ²¹ tsei²³ nei²³ mɛiŋ⁴⁴ mɛiŋ⁴⁴ kiaŋ²¹ tɔ⁵⁵ xɔ⁴⁴ lɔuŋ²¹ ŋ³⁵.
柘荣	伊行上尾班车（已经）走喽。我晏遘蜀步，总俪慢慢行遘学校。 i⁴² kiaŋ²¹ θyɔŋ⁴⁴ muei⁵⁵ paŋ⁴⁴ tsʰia⁴² ki⁵⁵ kiŋ⁴⁴ tsau⁴⁵ lɔ⁰. ŋua⁵³ aŋ⁴⁵ kau⁴⁵ tsʰi⁴⁴ puo²⁴，tsuŋ⁵⁵ a⁴⁴ mɛŋ⁴⁴ mɛŋ⁴⁴ kiaŋ²¹ kau⁴⁵ xɔ⁴⁴ au⁴⁴.
周宁	伊搭最后其蜀班车行喽。我晏蜀步，爱自己慢慢行遘学校去。 i⁴⁴ tak⁵ tsɔi⁵⁵ xɛu²¹³ i⁰ si⁴⁴ pan⁴⁴ tsʰiᴇ⁴⁴ kiɐŋ²¹ lo⁰. ua⁴² aŋ³⁵ si⁴⁴ pu²¹³，ɔi³⁵ tse²¹ nei²¹³ men⁴⁴ nɛn⁴⁴ kiɐŋ²¹ kau³⁵ xɔ⁴⁴ au²¹³ u⁰.
寿宁	伊跳上煞尾班啊车走了。我迟到蜀步，只能自己慢慢行遘学堂了。 i³³ tʰiu³⁵ syoŋ²³ saʔ² muoi³³ paŋ³³ a⁰ tsʰia³³ tsau⁴² lɔ⁰. ua⁴² tʰi²¹ tɔ³⁵ si³³ puo²³，tsi⁴² nɛŋ²¹ tsi²¹ tsi²³ mɛŋ³³ mɛŋ²³ kiaŋ²¹ kau³⁵ xɔʔ² tɔuŋ²¹ lɔ⁰.
福鼎城关	伊搭最尾蜀班车走啰。我晏遘蜀步，都俪家自慢慢走去学校啰。 i⁵⁵ taʔ⁴ tsoi³³ muei³³ siʔ³ paŋ³³ tsʰia³⁵ tsau⁵⁵ lo⁰. ua⁵⁵ aŋ⁴² kau⁴² siʔ³ puo³²，tuŋ³³ na²¹ kaŋ³³ tsi⁴² meŋ³³ meŋ³³ tsau⁵⁵ kʰie⁰ xuo³³ xau³³ lo⁰.

续表

	0043 他跳上末班车走了。我迟到一步，只能自己慢慢走回学校了。
	请设想几个大学生外出后返校的情景。
尤溪	伊跳上尾蜀班车行了。我晏蜀步打唔赴，只好各自慢慢行倒去学堂了。 i⁵⁵ tʰiau⁵¹ ɕioŋ⁴² mue⁴⁴ sie³³ paŋ³³ tsʰia³³ kiã³³ lə⁰. ŋua⁵⁵ ũ⁵¹ ɕie³³ pu⁴² ta⁴⁴ ŋ³³ xu⁵¹, tsi⁴⁴ xə⁵⁵ kə⁴ tse⁴² mẽ³³ mẽ⁴² kiã³³ tə⁴⁴ kʰy⁵¹ xuo³³ toŋ¹² lə⁰.
莆田	伊搭尾班车行咯。我解宽蜀伐，只能家己宽宽行去学堂厄⁼。 i⁵³³ tɔ⁵³³ pue²⁴ paŋ¹¹ nia⁵³³ kia¹¹ lɔʔ⁵. kua⁴⁵³ eʔ² kʰua⁵³³ ɬɔʔ² hyɔʔ⁵, tsi²⁴ neŋ²⁴ ka⁵³³ e²⁴ kʰua¹¹ kʰua⁵³³ kia²⁴ kyʔ⁵ haʔ² tɔŋ¹¹ ŋeʔ⁵.
涵江	伊跳遘尾班车顶车着乞开行咯。我解晏伊蜀骹步，伶俪家己宽宽行去学堂厄⁼咯。 it⁴ tiau¹³ a⁰ puai¹³ an²¹ nia²¹ lɛn⁴⁵³ tsʰia⁵⁵ tɛ⁰ kɛk¹ kʰui⁵⁵ kia²¹ lo⁰. kuaʔ² ɛʔ² ua⁴² i⁰ ɬok⁴ kʰɒ¹³ ɔu²¹, ta⁵⁵ no⁰ kai⁵⁵ e¹³ kʰua²¹ kua⁵⁵ kia¹³ ki⁰ hat¹ tɒŋ²¹ ŋe⁰ lo⁰.
仙游城关	伊爬遘尾班车顶，正好车着开行。我呢伤晏蜀步，伶乞□只好宽宽行转即学堂。 ipʰ²³ pɒ²⁴ kau⁴² puoi²⁴ βan²¹ nia²¹ lɛŋ⁴⁵³, tsia⁵⁵ o⁴⁵³ tsʰia⁵⁵ tuo⁰ kʰui⁵⁵ kia²⁴. kuat²³ nuo⁰ ɬiũ²⁴ ua⁴² ɬuop²³ pou²¹, ta⁵⁵ kɛ⁰ lɛn⁵⁵ tsi⁴⁵³ ho⁴⁵³ kʰua²¹ kʰua⁵⁵ kia²¹ nuĩ⁴⁵³ tsɛ⁰ hat² tɒŋ²⁴.
仙游枫亭	伊搭尾班车行咯。我晏遘蜀步，只能［家己］宽宽行去学堂。 i⁵³³ tɔ⁵³³ puɤɯ²⁴ paŋ¹¹ nia⁵³³ kiã¹¹ lɔʔ⁰. kua⁴⁵³ uã⁴² kau⁴² ɬɔʔ⁵ pou¹¹, tsi²⁴ neŋ²⁴ kai⁴² kʰuã¹¹ kʰuã⁵³³ kiã²⁴ kiʔ⁵ haʔ² tɔŋ²⁴.
厦门	伊爬上尾班车行咯。我晏一步，只好家己匀仔行倒去学堂。 i⁴⁴ pe⁵³ tsiũ²¹ be⁴⁴ pan²² tsʰia⁴⁴ kiã²⁴ lo⁰. gua⁵³ uã⁵³ tsit²¹ pɔ²², tsi⁴⁴ ho⁵³ ka²² ki²² un²² a⁰ kiã²⁴ to⁵³ kʰi²¹ oʔ²¹ tŋ²⁴.
同安	伊搭尾班车行咯。我慢一步，只好家己慢慢行倒学堂。 i⁴⁴ taʔ³² bə²⁴ pan³³ tsʰia⁴⁴ kiã²⁴ lo⁰. gua⁴² baŋ²² tsit¹¹ pɔ²², tsi²⁴ ho⁴² kai³³ ki³³ baŋ¹¹ baŋ¹¹ kiã¹¹ to³³ oʔ¹¹ tŋ²⁴.

续表

	0043 他跳上末班车走了。我迟到一步，只能自己慢慢走回学校了。 请设想几个大学生外出后返校的情景。
泉州鲤城	伊跳上尾班车行咯。我晏一步，只好家己慢慢仔遘学堂咧。 i³³tʰiau⁵⁵siɔŋ²²bə²⁴pan³³tsʰia³³kiã²⁴lɔ⁰. gua⁵⁵uã⁴¹tsit⁰pɔ⁰, tsi⁵⁵ho⁵⁵kai²²ki⁴¹ban²²ban²²a⁵⁵kau⁵⁵oʔ²²tŋ²⁴ləʔ⁰.
泉州洛江	伊跳上尾班车行咯。我晏一步，只好慢慢来行去学堂咧。 i³³tʰiau⁵⁵siaŋ²²be²⁴pan³³tsʰia³³kiã²⁴lɔ⁰. gua⁵⁵uã⁵⁵tsit²pɔ⁴¹, tsi²⁴ho⁵⁵ban²²ban²²lai²²kiã²²kʰi⁰oʔ²tŋ²⁴le⁰.
南安	伊坐尾班车行咯。我晏一步，煞着家己慢慢行倒去学堂咧。 i³³tsə²²bə⁵⁵pan³³tsʰia³³kiã²⁴lɔ⁰. gua⁵⁵uã⁵⁵tsit²pɔ³¹, suaʔ⁵tioʔ²kai³³ki³¹ban²²ban³¹kiã²²to⁵⁵kʰɯ⁵⁵oʔ²tŋ²⁴lə⁰.
晋江	伊跳上尾班车行咯。我晏来一步，只能家己慢慢兮行倒去学堂咧。 i³³tʰiau⁵⁵siɔŋ²²be²⁴pan³³tsʰia³³kiã²⁴lɔ⁰. gua⁵⁵uã⁵⁵lai²²tsit²pɔ⁴¹, tsi²⁴ləŋ²⁴kai²²ki⁴¹ban²²ban⁴¹e⁰kiã²²tə⁵⁵kʰi⁵⁵əʔ²tŋ²⁴le⁰.
石狮	伊搭上尾班车先行咯。我晏一步，只能家己□□斡倒去学堂咧。 i³³taʔ⁵siɔŋ²²be²⁴pan³³tsʰia³³sui³³kiã²⁴lɔ⁰. gua⁵⁵ua⁴¹tsit⁰pɔ⁰, tsi²⁴ləŋ⁴¹kai²²ki²²tauʔ²tauʔ²uat⁵tə⁵⁵kʰi⁵⁵əʔ²təŋ²⁴le⁰.
惠安	伊搭着尾班车行咯。我较晏一步，只好慢慢行来学堂。 i³³taʔ⁵tioʔ⁰bə²⁵pan³³tsʰia³³kiã²⁵lɔ⁰. gua⁴²kʰaʔ⁵uã⁰tset⁵pɔ²¹, tset⁵ho⁵⁴ban²²ban⁴²kiã²⁵lai⁰oʔ²tŋ²⁵.
安溪	伊跳去尾班车先去咯。我较慢一步，只好慢慢行去学堂。 i³³tʰiau⁵³kʰɯ⁰bə²²pan³³tsʰia⁵⁵siŋ³³kʰɯ⁴²lɔ⁰. gua²²kʰaʔ⁴²ban⁴²tsit²²pɔ²¹, tsit²²ho²¹ban⁴²ban⁴²kiã²²kʰɯ⁰oʔ⁴²tŋ²⁴.
永春	伊跳起去尾班车行咯。我晏一步，只好聊聊行去学堂咧。 i⁴⁴tʰiau⁵³kʰi⁰kʰɯ⁰bə³¹pan²²tsʰia⁴⁴kiã²⁴lɔ⁰. gua⁵³uã⁴⁴tsit⁴pɔ²², tsi⁴⁴ho⁵³liau²²liau²²kiã²⁴kʰɯ⁰oʔ²³¹tŋ⁴⁴le⁰.
德化	伊跳起去尾班车行咯。我晏一步，只好慢慢行去学堂。 i¹³tʰiau³¹kʰi⁰kʰɯ⁰bə³¹pan²²tsʰia¹³kiã⁴⁴lɔ⁰. gua³⁵uã³¹tsit³¹pɔ³¹, tsi⁴²ho³⁵ban³¹ban³¹kiã⁴⁴kʰɯ⁰oʔ²³¹tŋ⁴⁴.

续表

	0043 他跳上末班车走了。我迟到一步，只能自己慢慢走回学校了。 请设想几个大学生外出后返校的情景。
漳州	伊跳上尾班车去啊。我晏一步，看破家己匀仔行转来学堂兮。 i²² tʰiau⁵³ tsiɔ̃²¹ bue³⁴ pan²² tsʰia³⁴ kʰi²¹ ia⁰. gua⁵³ uã⁵³ tsit²¹ pɔ²², kʰua⁵³ pʰua²¹ ka²² ki²¹ un²² nã⁰ kiã²² tun³⁴ lai e²¹ tŋ¹³ ŋẽ⁰.
龙海	伊搭尾班车去啊。我慢了一步，只能家自慢慢仔行转学堂。 i³⁴ ta⁵² bue³⁴ paŋ³³ tsʰia³⁴ kʰi⁴¹ a⁰. guaʔ⁴ baŋ⁴¹ liau³⁴ tsik⁴² pɔ³³, tsi³⁴ liŋ³³ ka³³ ti³³ baŋ⁴¹ baŋ²³ ŋã³² kiã³³ tuŋ³⁴ o⁴¹ tŋ³¹².
长泰	伊跳上尾班车行啊。我晏一步，看破家自宽宽啊行倒去学堂兮。 i²² tʰiau⁵³ tsiɔ̃²¹ bue⁴⁴ pan²² tsʰia⁴⁴ kiã²⁴ ã⁰. gua⁵³ uã⁵³ tsit²¹ pɔ²², kʰua⁵³ pʰua²¹ ka²² ti²¹ kʰuã²² kʰuã²² ã⁰ kiã²² tɔ⁴⁴ kʰi⁰ ɔ²¹ tɔ̃²⁴ uẽ⁰.
华安	伊跳上尾班车行啊。我慢一步，只能慢慢仔家自行转学堂。 i⁵⁵ tʰiau⁵³ tsiɔ̃³¹ bue⁵ pan²² tsʰia³⁵ kiã²³² ã⁰. gua⁵³ ban³¹ tsit²¹ pɔ²², tsi⁵⁵ liŋ²² ban³¹ ban³⁵ na⁵³ ka²² ti²² kiã²² tuĩ⁵⁵ oʔ²¹ tŋ²³².
南靖	伊跳上尾班车行啊。我慢一步，只能家己行转学堂。 i²² tʰiau⁵⁴ tsiũ²¹ bue⁴⁴ ban²² tsʰia³⁴ kiã³²³ a⁰. gua⁴⁴ ban²¹ tsit²¹ pɔu²², tsi⁴⁴ liŋ²² ka²² ti²² kiã²² tuĩ⁴⁴ oʔ²¹ tŋ³²³.
平和	伊坐尾班车走喽。我慢遘一步，只好家己慢慢仔行转去学堂。 i³⁴ tse²¹ bue²³ pan²² tsʰia³⁴ tsau⁵² lou⁰. gua⁵² ban²¹ kau⁵² tsit²¹ pou²², tsi²³ ho⁵² ka²² ki²² ban²¹ ban²¹ ã⁵² kiã²² tuĩ⁵² kʰi⁰ oʔ²¹ tŋ²³.
漳浦	伊搭尾班车行啊。啊我慢点薄仔，只着慢慢仔行转学堂咧。 i⁴³ ta⁵¹ bue⁴³ pan³³ tsʰia⁴³ kiã⁴¹² a⁰. a⁰ guaʔ⁴ ban³³ tam³³ pɔ²¹ a⁰, tsi⁴³ lo²¹ ban²¹ ban²¹ a⁰ kiã³³ tuĩ⁴³ ɔ²¹ tŋ⁴¹² e⁰.
东山	伊跳上尾班车行啊。我慢一步，只好家自慢慢仔行倒转学堂咧。 i⁴⁴ tʰiau⁵¹ tsiɔ̃²² bue⁴⁴ pan³³ tsʰia⁴⁴ kiã²¹³ a⁰. guaʔ⁵ ban²² tsit⁴¹ pou³³, tsi⁴⁴ ho⁵¹ ka³³ ti³³ ban²² ban²² a⁰ kiã³³ to⁵¹ tuĩ⁴⁴ oʔ²¹ tŋ²¹³ e⁰.
云霄	伊起上尾班车行啊。我慢遘一步，只好家自照匀仔行转去学堂。 i⁵⁵ pɛ⁵³ tsiũ²¹ bue⁵⁵ pan³³ tsʰia⁵⁵ kiã³² a⁰. gua⁵³ ban²¹ kau²¹ tsit²¹ pou³³, tsi⁵⁵ ho⁵³ ka³³ ti³³ tsiau⁵⁵ un⁵⁵ a⁵³ kiã⁵³ tuĩ⁵⁵ kʰi⁵³ ɔ²¹ tŋ³².

续表

	0043 他跳上末班车走了。我迟到一步，只能自己慢慢走回学校了。 请设想几个大学生外出后返校的情景。
诏安	伊跳上尾班车做伊行。我慢一步，只好家自慢慢仔行转去学堂。 i⁴⁴tʰiau⁵³tsiõ³¹bue²⁴pan³³tsʰia⁴⁴tso⁵³i³³kiã²⁴. ua⁵³ban³¹tsit³²pou³³, tsi²⁴ho⁵³ka³³ti³³ban³¹ban³³ɛ̃³³kiã²²tuĩ²⁴kʰɯ⁵³o³¹tŋ²⁴.
龙岩	伊爬上顶后一班车行啊。我迟一步，只有自家宽宽行啊转学〔堂仔〕啊。 i⁵⁵pie⁵⁵tsoŋ¹¹tin²¹au⁴²tɕiɛt³pan¹¹tsʰa³³kiã¹¹a⁰. gua²¹ti¹¹tɕiɛt³pu⁴², tɕi²¹u⁴²tɕiɛt³kia⁴²kʰuã¹¹kʰuã⁴²kiã¹¹a⁰tĩ²¹o¹¹tuã²¹a⁰.
漳平	伊爬上兮尾班车行咯。我迟遘一步，只好家自宽宽行转兮学堂。 i³⁵pɛ³³tsioŋ²¹ɛ⁰bue²¹pan³³tsʰia³⁵kiã³³lɔ⁰. gua⁵³ti³³kau²¹tsiet²¹pɔ³⁵, tsi²¹huo⁵³ka³³ti³³kʰuã³³kʰuã³³kiã³³tuĩ²¹ɛ⁰ɔ²¹ten³³.
大田城关	伊坐了尾班车行了。我晏一步，各自只好宽宽咧行遘学堂。 i⁵³tse³³liɔ³¹bue³¹paŋ⁵³tsʰa³³kiã²⁴lɤ⁰. gua⁵³buã³¹tseʔ⁵pu³³, kaʔ⁵tsi³³tsi³¹hɤ⁵³kʰuã⁵³kʰuã³³lɤ⁰kia²⁴kɔ³¹ɤ³³tŋ²⁴.
大田广平	伊是坐最后一班车啊。我打尾一步啊，只着各自宽宽行去学堂。 i⁵¹sɯ²²tsui²²tsui³³o⁴⁵ʃiɐ²²paŋ²²tʃʰia³³a⁰. gua⁵¹ta²⁴gui⁵¹ʃiɐ³³pu³¹gɤ⁰, tsɤ⁵¹tiu²²kɒ⁵tsi³¹kʰõ²²kʰõ³³kiɐ̃²⁴kɤ³¹hɒ²²toŋ²⁴.
霞浦三沙	伊搭末班车走了。我较晏一步，但我都俹是家己慢慢行倒哩学校。 i⁴⁴taʔ⁵bø³⁵baŋ²¹tsia⁴⁴tsau⁴²lo⁰. ua⁴²kʰaʔ⁵uã²¹tseʔ²¹bo²¹, ta²¹ua⁵⁵tɔ²¹na²¹li⁵⁵ka²¹li²¹maŋ²¹maŋ⁵¹kiã³⁵tɔ²¹li²¹haʔ⁵hau²¹.
福鼎沙埕	伊跳上尾班车走了。我晏遘一步，无办法家己着慢慢走遘学校。 i⁴⁴tʰiau²¹siɔŋ²¹bə³³pan³³zia⁴⁴tsau⁵³lo⁰. gua⁵³uã⁵³kau²¹tsiet²¹pɔ²¹, bo²¹pan²¹xuat⁴ka³³i²¹tieu²¹man²¹man²¹tsau⁵³kau²¹xa²¹xau²¹.
建瓯	渠跳上尾班车先行了。我晏到一步，只好慢慢行去学堂了。 ky⁴²tiau²¹iɔŋ⁴²muɛ²¹paiŋ⁵⁴tsʰia⁵⁴saiŋ⁵⁴kiaŋ²¹lɔ⁰. uɛ⁴²uiŋ³³tau³³tsi³³pu⁵⁵, tsi²¹xau²¹maiŋ⁵⁵maiŋ⁵⁵kiaŋ²¹kʰɔ³³xa⁵⁵tɔŋ²¹lɔ⁰.

续表

	0043 他跳上末班车走了。我迟到一步，只能自己慢慢走回学校了。 请设想几个大学生外出后返校的情景。
建阳	渠跳上尾班车先去了。我晏了一步，只来自慢慢去学堂了。 ky⁴¹ tia⁴¹ jiɔŋ³³ mui²¹ paiŋ⁵¹ tsʰia⁵¹ sieiŋ⁵¹ kʰɔ³³ lo⁰. ue⁴¹ jyeiŋ⁴¹ lo⁰ tsi⁴ wuo⁵⁵，to²¹ le⁴⁵ tsɔi³³ maiŋ⁵⁵ maiŋ⁵⁵ xui³³ xa⁴ lɔŋ⁴⁵ lo⁰.
政和	渠跳上尾班车去了。我慢了一步，只有自己慢慢地行回学堂去了。 ky⁴² tʰio⁵⁵ ioŋ⁴² muɛ⁴² paiŋ⁵³ tsʰia⁵³ kʰo⁴² lo⁰. uɛ⁴² maiŋ⁵⁵ lo²¹³ tsi⁴² po⁴²，tsi²⁴ iu²¹³ tsi⁴² tsi⁵⁵ maiŋ⁵⁵ maiŋ⁵⁵ ti⁵⁵ kiaŋ²¹ xuɛ²¹ xa²⁴ tauŋ²¹ kʰo⁴² lo⁰.
松溪	渠跳上尾班车去了。我船⁼班⁼蜀步，总好自己慢慢地行到学堂。 kio⁴² tʰio⁴⁵ xioŋ⁴⁵ muɛi²¹ paŋ⁵³ tsʰia⁵³ kʰo²² lo⁰. ŋua⁴² xœyŋ²¹ paŋ⁵³ tsi⁴² po⁴⁵ tsoŋ²²³ xo²²³ tsoŋ⁴² tsɛi²²³ maŋ⁴⁵ maŋ⁴⁵ tɛi⁴² kiaŋ²¹ to²² xo²²³ taŋ²¹.
武夷山	渠掷⁼上尾班车去了。我晚了一步，只好自慢慢行回学校。 həu⁵¹ tia³⁵ yoŋ²² mi³¹ paiŋ⁵¹ tsʰia⁵¹ kʰo²² lɛi⁰. ŋuai⁵¹ yaiŋ²² lɛi⁰ tsi²² u⁵⁵，tsi³¹ xau³¹ tsɛi⁵⁵ maiŋ⁵⁵ maiŋ⁵⁵ iaŋ³³ xuei³³ xaʔ⁵⁴ xau⁵⁵.
浦城石陂	渠跳上末班车先去掉了。我迟掉个步，只能自自慢慢地行回学堂。 gy⁴² tʰiau⁴⁵ ɦiɔŋ³³ mɔ²¹ paŋ⁵³ tɕʰia⁵³ tɕʰiŋ⁵³ kʰɔ³³ tʰɐɯ⁴⁵ lɔ⁰. ɦuaɜ⁴² di⁴² tʰɐɯ⁴⁵ kɵ⁵³ bu³⁵，tsu²¹ naiŋ³³ tɕi⁴⁵ tɕi⁴⁵ maiŋ³⁵ maiŋ³⁵ ti⁰ giaŋ⁴² ɦiɵ⁴² xɔ⁵³ dɔŋ⁴².
南平夏道	伊跳上尾班车行去了。我总晚一步，无法各自只得慢慢其行去学堂了。 i¹¹ tʰio²⁴ ɕioŋ⁵⁵ muɛ⁵⁵ paŋ¹¹ tɕʰia¹¹ kiaŋ⁵⁵ o⁰ lo⁰. ŋua¹¹ tsoŋ⁵⁵ uaŋ⁵⁵ tɕi¹¹ pu²⁴，mo³³ xua¹¹ ko³³ tɕi²⁴ tsi¹¹ tei³³ maŋ³³ maŋ²⁴ ɛ⁰ kiaŋ⁵⁵ o⁰ o¹¹ tʰaŋ⁵⁵ lo⁰.
顺昌	渠跳上尾班车去了。我慢到个步，□好自自慢慢行回学堂了。 kɛ⁵¹ tʰiau³⁵ ʃiɔ̃³⁵ muɛ⁵¹ paŋ⁴⁴ tʃʰa⁴⁴ kʰo³⁵ lo⁰. ŋa³¹ maŋ⁵¹ to³⁵ ka⁵⁵ pʰu⁵¹，la⁵¹ ho³¹ tʃʰi⁵¹ tʃʰi⁵¹ maŋ⁵¹ maŋ⁵¹ kiaŋ³³ huɛ³³ hɔ̃ʔ⁵ tʰɔ̃¹¹ lo⁰.
将乐	渠跟最后个班车去咯。我慢咯个步，我就那⁼好自自慢慢哩行咯学堂里去咯。 ki²¹ kɛ̃⁵⁵ tsui³²⁴ xeu⁵⁵ kaʔ⁵ pɛ̃⁵⁵ tʃʰa⁵⁵ kʰo³²⁴ lo²¹. ŋæ²¹ mɛ̃³²⁴ lo²¹ kaʔ⁵ pʰu³²⁴，ŋæ²¹ tsʰiu²² la²² xau²¹ tsʰi⁵⁵ tsʰi³²⁴ mɛ̃⁵⁵ mɛ̃³²⁴ liʔ⁵ xãŋ²² lo⁵ xo²¹ tʰɔ̃²² li²² kʰo³²⁴ lo²¹.

续表

	0043 他跳上末班车走了。我迟到一步，只能自己慢慢走回学校了。 请设想几个大学生外出后返校的情景。
光泽	伲跳上尾班车去了。伉迟到一步，只能自家慢慢行回学堂了。 hu⁴¹ tʰiɛu³⁵ ɕioŋ⁵⁵ mɔ⁴¹ pan²¹ tɕʰia²¹ kʰɔ⁵⁵ liɛu⁰. haŋ⁴¹ tɕʰi²² tau⁵⁵ i³⁵ pʰu⁵⁵, tɕi²¹ nɛn²² tʰi³⁵ ka²¹ man³⁵ man³⁵ haŋ³⁵ fei²² hɔ⁴¹ hoŋ²² lɔ⁰.
邵武	伲上儿末班车去了。伉迟了个步，只有自家慢慢行去学堂。 hu³⁵ ɕioŋ⁵⁵ ŋə⁰ məi³⁵ pan²¹ tɕʰia²¹ kʰo²¹ liau⁰. haŋ³⁵ hi³³ liau⁵⁵ kəi²¹ pʰu³⁵, ni³⁵ iou⁵⁵ tʰi³⁵ ka²¹ man³⁵ man³⁵ haŋ³⁵ kʰo³⁵ ho³⁵ tʰoŋ⁵⁵.
三明	渠跳上末班车去罢了。我慢罢个步，只好各自慢慢地行去书斋。 ŋy⁴⁴ tʰiɯ³³ ʃɐm³¹ muɐ²⁵⁴ pɛ̃⁴⁴ tʃʰɒ⁴⁴ kʰɯ³³ pɔ̃⁴⁴ lo⁰. ŋu⁴⁴ mɛ̃³³ pɔ̃³³ kɒ⁴³ pu³³, tsɿ¹² hɯ³¹ kɯ²⁵ tsi³³ mɛ̃⁴³ mɛ̃³³ li⁰kiɔ̃⁵¹ kʰɯ³³ ʃy⁴⁴ tʃe⁴⁴.
永安	渠跳上末班车去罢。我慢寡步，只好俺自慢慢行转书斋。 ŋy⁵² tiɯ³³ ʃiam²¹ muɒ²¹ pĩ³³ tʃʰiɒ⁵² kʰɯ²⁴ po⁰. ŋuɒ⁵² mĩ²⁴ kuɒ²¹ pu²⁴, tsɿ³³ haɯ²¹ õ³³ tsi²⁴ mĩ⁴⁴ mĩ²⁴ kiõ³³ tɕi²¹ ʃy³³ tʃe⁵².
沙县	渠跳上尾篷车去罢了。我晏罢个步，只好个自慢慢行去学堂了。 ky³³ tʰio²⁴ ʃiŋ²¹ bue⁵⁵ pʰɔuŋ³¹ tʃʰia³³ kʰo²⁴ pɔ̃⁰ lo⁰. gua³³ ŋuɛ³¹ mɔ̃⁰ ka²¹ pu²⁴, tsɿ⁵⁵ xɔ²¹ kɔ⁴⁴ tsi²⁴ moɛ̃⁴⁴ moɛ̃²⁴ kiɔ̃³¹ kʰo²⁴ xa²¹ taŋ³¹ lo⁰. "篷" 也可说 "班"。
长汀	渠上哩最后一班车走撇哩。我迟哩一步，只好自家慢慢哩行转学堂里哩。 ke³³ ʃoŋ³³ le⁵⁵ tsue⁴² həɯ²¹ i⁵⁵ baŋ³³ tʃʰa³³ tsəɯ²¹ pʰe²¹ le²⁴. ŋai³³ tʃʰɿ³³ le²¹ i²⁴ pʰu⁴², tʃɿ²⁴ hɒ⁴² tsʰi⁵⁵ ka³³ nɒ³³ nɒ³³ le⁵⁵ haŋ²¹ tʃuŋ⁴² ho²¹ tʰoŋ²¹ le³³ le²¹.
连城	渠□上最后一班车先去哦。我难⁼一步，只能自家难⁼难⁼转去学堂下。 kuɛ⁴³³ tsʰɯɛ⁵⁵ ʃoŋ³³ tsuei⁵⁵ həɯ³³ i⁵⁵ pa³³ tʃʰo⁴³³ se³³ huɛ⁵³ lo⁰. ŋa⁵³ noŋ⁵³ i⁵⁵ pʰiɛ³⁵, tʃɯɛ⁵⁵ naiŋ²² tsɯɛ⁵⁵ ko⁴³³ noŋ²¹ noŋ⁵³ kue²¹ huɛ²¹ hɯ²¹ tʰoŋ²² ho⁴³³.
上杭	渠跳上末班车走了。我迟到一步，只好自家慢慢行转学校。 kei²¹ tʰiɛ³⁵³ soŋ³¹ ma²³² pã⁴⁴ tsʰɒ⁴⁴ tɕiɔ⁵¹ lɛ³¹. ŋa²¹ tsʰɿ²¹ tɔu³⁵³ iʔ³² pʰʉ⁵¹, tɕiʔ³² hɔu³¹ tsʰɿ⁵¹ kɒ⁴⁴ mã³¹ mã³¹ hɒ̃²¹ tsʰuɔ⁵¹ hoʔ³⁵ kau⁵¹.

续表

	0043 他跳上末班车走了。我迟到一步，只能自己慢慢走回学校了。 请设想几个大学生外出后返校的情景。
武平	渠跳啊上末班车走矣。我迟到一步子，只有自家慢慢子走归学堂下去。 ki²⁴ tʰiau⁴⁵¹ a²⁴ sɔŋ²⁴ muʔ⁴ pan²⁴ tsʰa²⁴ tsɛ⁴² i²². ŋɑ²⁴⁵ tsʰɿ²² tɔ⁴⁵¹ iʔ³ pʰu⁴⁵¹ tsɿ⁴², tsɛʔ³ iu⁴² tsʰɿ⁴⁵¹ ka²⁴ nɔŋ⁴⁴ nɔŋ⁴⁵¹ tsɿ⁴² tsɛ⁴² kui²⁴ hɔʔ⁴ tɔŋ²² ha²² ɕi⁴⁵¹.
永定	渠爬上哩末班车先转哩。我迟到哩一步，只有自家慢慢走转学校。 tɕi²² pʰa²² sɔ̃²⁴ li⁰ mɐʔ⁵ pẽ⁴⁴ tsʰa²⁴ ɕiɛ̃²⁴ tsuɔ³¹ li⁰. ŋai²² tsʰɿ²² tou⁵⁵ li⁰ ieʔ³² pu³¹, tsɿ³³ iu⁴⁴ tsʰeiʔ⁵ ka²⁴ mɛ̃³³ mɛ̃³¹ tsəu³¹ tsuo³³ xɔʔ⁵ kau³¹.
明溪	渠跳上末班车去了。我慢个步，只能慢慢的行来个学堂了。 kʰø⁴¹ tʰiau²⁴ soŋ⁵⁵ moʔ⁵ paŋ⁴⁴ tsʰa⁴⁴ kʰɤ²⁴ lo⁰. ue⁴¹ maŋ⁵⁵ kɤ⁰ pʰu⁵⁵⁴, tʃɿ⁴¹ leŋ³¹ maŋ⁵⁵ maŋ⁵⁵ ti⁰ xaŋ³¹ li³¹ kɤ⁰ xɤ³¹ tʰoŋ³¹ lo⁰.
清流	渠坐上末班车去哩。我慢哩一步，只好自家慢慢行转去学堂去哩。 kə³³ tsʰo³³ ʃiɔŋ³² mo⁵⁵ paŋ³³ tʃʰio³³ kʰə³⁵ li⁰. ŋa³³ maŋ³² li⁰ ie²¹ pʰu³², tsɿ²¹ hɔ²¹ tsʰi:³² ko³³ maŋ³² maŋ³² haŋ²³ tʃiŋ²¹ kʰə³⁵ ho⁵⁵ tʰiɔŋ²³ kʰə³⁵ li⁰.
宁化	渠□上最后一班车去来。我迟到了一步，只好自家慢慢行转了学堂下去。 kə³⁴ mɒ⁵ sɔŋ³¹ tsai²¹² hɐɯ⁴² i⁵ paŋ³¹ tsʰɒ³⁴ kʰə²¹² lai⁰. ŋa³⁴ tsʰɿ²⁴ tau²¹² lə⁰ i⁵ pʰu⁴², tsʰa³¹ hau³¹ tɕʰi⁴² kɒ³¹ maŋ²¹² maŋ²¹² hɒŋ²⁴ tsaiŋ³¹ lə⁰ ho⁴² tʰɔŋ⁴⁴ hɒ⁴² kʰə³¹.
新罗客家	渠坐到哩最屎髀头一班车。我迟一步，就自家难＝难＝哩行走学堂哩。 tu⁴⁴ tsʰəu⁴⁴ təu²¹ li⁴⁴ tsei²¹ ʃʅ⁵⁵ pei³¹ tʰie³⁵ iʔ⁵ paŋ⁴⁴ tʃʰuo⁴⁴. ŋa³⁵ tʃʰɿ³⁵ iʔ⁵ pʰɯə⁴¹, tsʰiu²¹ tsʰiʔ⁵ kuo⁴⁴ noŋ⁴¹ noŋ⁴¹ li⁴¹ xõ³⁵ tsie⁴⁴ xouk³ tʰoŋ⁵⁵ li⁴⁵³.
平和客家	渠跳上头尾班车行咯。我正抓＝一步，只好自家沉沉子行转学堂去。 ky³⁵ tʰiau³¹ ʃɔŋ³¹ tʰeu³³ mui³¹ pan³¹ tʃʰa³³ haŋ³⁵ lɔ⁰. ŋai³⁵ tʃaŋ³³ tsua³³ itʰ⁵³ pʰu⁵⁵, tɕi³³ hɔ³¹ tsɿ³¹ ka⁵⁵ tiam³³ tiam³⁵ tsɿ³¹ haŋ³³ tʃɛn³¹ hɔ³³ tʰɔŋ³⁵ kʰy³¹.
诏安客家	渠跳上尾班车行去了。我迟到一步，只好自家□□行转学堂去。 ky⁵³ tʰɛu⁴⁵ ʃiɔŋ²² mui⁴⁵ pan⁴⁵ tʃʰa²² haŋ⁵³ ky⁰ lɛu⁰. ŋai⁵³ tʃʰi²² teu³¹ zit³ pʰu⁴⁵, tʃi³¹ hou³¹ tsɿ⁴⁵ ka²² tau²² tau⁴⁵ haŋ⁵³ tʃiɛn³¹ hɔu²² tʰɔŋ⁵³ kʰy³¹.

续表

	0043 他跳上末班车走了。我迟到一步，只能自己慢慢走回学校了。 请设想几个大学生外出后返校的情景。
泰宁	渠跳上尾班车去了。伉迟到了个步，□可以自家慢慢行归学堂。 hi³⁵ hiau⁵¹ ɕioŋ³³ moi³⁵ puan³¹ tɕʰia³¹ kʰo⁵¹ lə⁰. haŋ³⁵ hi³³ tau³³ lə⁰ kə³³ pʰu²¹³, næ²¹ kʰo³⁵ i⁵¹ tʰei²¹ ka³⁵ man²² man²² xaŋ³³ kui³³ xa³¹ hoŋ³⁵.
建宁	士⁼跳上尾班车去儿。我迟到一步，只好自家慢慢介行回学堂。 sɤ⁵⁵ hiau²¹ soŋ⁴⁵ mei⁵⁵ pan³⁴ tʰa³⁴ k⁼ə²¹ i²¹. ŋa⁵⁵ tsʰi²⁴ tau⁵¹ it² pʰu⁴⁵, tsik²¹ kʰau⁵⁵ tsʰi⁵⁵ ka³⁴ maŋ⁵⁵ maŋ⁵⁵ kai⁵⁵ haŋ²¹ fei⁵⁵ hok⁵ kʰoŋ⁵¹.
浦城城关	渠跳上尾班车走了。我迟到个步，只好自己慢慢走回学堂了。 ke⁵⁴ tʰiao⁴²³ ɕiaŋ²¹ me⁵⁴ pãi³⁵ tɕʰie³⁵ tɕiao⁴⁴ lɑ⁰. ɑ⁵⁴ tɕi²⁴ lao²¹ ka⁴⁴ puo²¹, tɕi⁴⁴ xao⁵⁴ tɕi²¹ ki⁴⁴ mãi²¹ mãi²¹ tɕiao⁴⁴ xue²⁴ xao³² taŋ²⁴ lɑ⁰.
南平延平	他跳上尾班车走掉了。我迟到一步，只好自家慢慢走回学堂。 tʰa³³ tʰiau³⁵ ɕiæ̃³⁵ ui⁵³ pæ̃⁵⁵ tsʰe³³ tseu²⁴ tiau³⁵ lau⁰. ŋo²⁴ tɕʰi²¹ tau³⁵ i⁵⁵ pu³⁵, tsɿ⁵³ xau²⁴² tsɿ⁵⁵ ka³³ mæ̃⁵⁵ mæ̃⁵⁵ tseu⁵³ xui²¹ xye⁵⁵ tʰæ̃²¹.

	0044 这是谁写的诗？谁猜出来我就奖励谁十块钱。
福州	者是底侬写其诗？底侬解准得出我就奖伊十对⁼钱。 tsui⁵³ si⁰ tie⁵⁵ nøyŋ²⁴² sia³³ i⁰ si⁵⁵？tie⁵⁵ nøyŋ²⁴² e⁵² tsuŋ³³ ni⁰ tsʰouʔ²⁴ ŋuai³³ tsiu⁵² tsuoŋ³³ i⁵⁵ seiʔ²¹ tøy²¹ tsieŋ⁵².
闽侯	[者是][底侬]写其诗？[底侬]解准出我就奖伊十对⁼钱。 tsui⁵³ tøyŋ²⁴² sia³³ i⁰ si⁵⁵？tøyŋ²⁴² e⁰ tsuŋ³³ tsʰouʔ²⁴ ŋuai³³ tsiu⁵⁵ tsyøŋ³³ i⁰ sei⁰ toy²¹ zieŋ⁵³。近指代词"者"读音不稳定，在不同的语境中有不同的变体。
长乐	者是底侬写其诗？底侬解准得出我就奖伊十对⁼钱。 tsui⁵³ si⁰ tie⁵⁵ nøyŋ²⁴² sia²² i⁰ si⁵⁵？tie⁵⁵ nøyŋ²⁴² e⁵³ tsuŋ²² ni⁰ tsʰouʔ²⁴ ŋui²² tsiu²¹ tsuoŋ²² i⁵⁵ sei⁵³ tøy²¹ tsieŋ⁵³.
连江	者是底侬写其诗？底侬猜解出我就奖底侬十对⁼钱。 tsui⁵¹ si²⁴² tøy²¹ løyŋ⁵¹ sia³³ i⁰ si⁵⁵？tøy²¹ løyŋ⁵¹ tsʰai⁵⁵ e²¹ tsʰouʔ¹³，ŋui³³ tsu³³ tsyøŋ³³ tøy²¹ løyŋ⁵¹ sei⁵³ tɔi²⁴² tsieŋ⁵¹。近指代词"者"读音不稳定，在不同的语境中有不同的变体。
罗源	只是底侬写其诗？底侬填解出，我就奖底侬十块钱。 tsai²¹ θi⁴⁴ tœ²¹ nœŋ³¹ θia²¹ li⁰ θi⁴²？tœ²¹ nœŋ³¹ tɛŋ³¹ ɛ²¹ tsʰuʔ²，ŋui²¹ tsu²² tsyøŋ²¹ tœ²¹ nœŋ³¹ θieʔ² tøy³⁵ tsieŋ³¹.
福清	只是敆底侬写其诗？底侬若猜有来出，我就奖励乞底侬十块钱。 tsie³¹ θi⁴⁴ kaʔ⁵ tie⁴⁴ nøŋ⁴⁴ θia³¹ ki⁰ θi⁵³？tie⁴⁴ nøŋ⁴⁴ na⁴⁴ tsʰoi⁵³ u²¹ li⁴⁴ tsʰoʔ²，ŋua³¹ tsu²¹ tsioŋ⁴⁴ lɛ⁴² kʰøʔ² tie⁴⁴ nøŋ⁴⁴ θeʔ⁵ tɐi²¹ tsieŋ⁴⁴.
平潭	只是底侬写其诗？底侬猜有来出我就奖底侬十兑⁼番。 tsie³¹ θɪ⁴² tie⁴⁴ løŋ⁴⁴ θia²¹ i⁰ θi⁵¹？tie⁴⁴ løŋ⁴⁴ tsʰai⁵¹ u²¹ li⁰ tsʰʊʔ² ŋua³¹ tsʊ⁰ tsyoŋ²¹ tie⁴⁴ løŋ⁴⁴ θɪʔ² toy⁴⁴ uaŋ⁵¹.
永泰	只是底侬写其诗？底侬若解准出其，我就奖底侬十对⁼钱。 tsiʔ³ siʔ³ tie⁴⁴ nɔyŋ³⁵³ sia³² i⁰ si⁴⁴？tie⁴⁴ nɔyŋ³⁵³ na³ ɛ⁵³ tsuŋ³² ʒuʔ³ ki⁰，ŋuoi³² tsiou⁵³ tsuoŋ³² tie⁴⁴ nɔyŋ³⁵³ seiʔ⁵ tɔi²¹ tsieŋ³⁵³.
闽清	只段是底侬写其诗？底侬猜出来，我就奖底侬十对⁼钱。 tsie⁴² lɔuŋ²⁴² sik³ tœ²¹ nɔyŋ³⁵³ sia³² i⁰ si⁴⁴？tœ³² nɔyŋ³⁵³ tsʰai⁴⁴ ʒuk³ ti⁰，ŋuai³² tsiu⁴² tsyøŋ³² tœ³² nɔyŋ³⁵³ seik⁵ tɔi²¹ tsieŋ³⁵³.

续表

	0044 这是谁写的诗？谁猜出来我就奖励谁十块钱。
古田	者是［底侬］写其诗？［底侬］若装前来我就奖［底侬］十块钱。 tsie²¹ si³³ tøyŋ³⁵ sia⁴² i⁰ si⁵⁵？ tøyŋ³⁵ na³³ tsouŋ⁵⁵ seiŋ³³ ŋi³³ ŋuai⁴² tsiu³³ tsyøŋ⁴² tøyŋ³⁵ seik² toi²¹ tsieŋ³³.
屏南	只是底侬写其诗？底侬解填其前来，我就奖底侬十对⁼钱。 tsɛ²² se³²³ tie⁵⁵ nɯŋ²² sia⁴¹ i⁰ si⁴⁴？ tie⁵⁵ nɯŋ²² ɛ⁴⁴ tɛiŋ³²³ ŋi⁰ saŋ²² lɛ²²，uai⁴¹ tsiu⁴¹ tsʊŋ⁴¹ tie⁵⁵ nɯŋ²² seik⁵ tɔi³⁴ tsɪŋ²².
宁德	字⁼是毛侬写其诗？毛侬若解填得外来我就奖毛侬十块钱。 tsei⁴¹¹ li³³ nœ⁵⁵ œŋ⁴¹¹ sie⁴¹ lei¹¹ si³³⁴？ nœ⁵⁵ œŋ⁴¹¹ na³³ ɛ³³ tɛŋ¹¹ ŋi⁰ ŋia³³ lei⁴¹¹ ua⁴¹ tsiu³³ tsɔuŋ⁴¹ nœ⁵⁵ œŋ⁴¹¹ sɛk⁵⁴ tɔi³⁵ tsɪŋ¹¹.
霞浦城关	者是［毛侬］写其诗？［毛侬］解填得着，我就奖励伊十块钱。 tsia⁴² θi⁴⁴ nɛiŋ⁵¹ θia⁴² ke⁰ θi⁴⁴？ nɛiŋ⁵¹ ɛ²⁴ tɛiŋ²¹ ŋi⁰ tøʔ²，ua⁴² tsiu²⁴ tsøŋ⁵⁵ lɛ²⁴ i⁴⁴ θɛiʔ² toi⁴⁴ tseŋ²¹.
福安	这是［底侬］写其诗？［底侬］解填得着，我就奖［底侬］十块。 tseiʔ⁵ si⁴⁴ tœuŋ⁴¹ se⁴⁴ ə⁴⁴ sei³³¹？ tœuŋ⁴¹ ɛ⁴⁴ tɛiŋ²¹ li⁵⁵ tik²，ŋo⁴¹ tsiu²³ tsioŋ⁴¹ tœuŋ⁴¹ sɛiʔ² tɔi³⁵.
柘荣	者是［底侬］写其诗？［底侬］若填外来其就有奖励［底侬］十对⁼钱。 tsiaʔ⁵ θi⁴⁴ tœŋ⁵³ θia⁵³ kɛ⁴⁴ θi⁴²？ tœŋ⁵³ na⁴⁴ tɛŋ²¹ ŋia⁴⁴ li²¹ kɛ⁰ tsiu⁴⁴ u⁴⁴ tsyɔŋ⁵⁵ lɛ⁴⁴ tœŋ⁵³ θɛʔ²¹ tɔi⁴⁴ tsieŋ²¹. 阳入 21 声调为短调。
周宁	这是［底侬］写其诗？［底侬］解填得着，我奖励伊十对⁼钱 tsa³⁵ li⁰ tœŋ⁵⁵ sa⁴² i⁵ si⁴⁴？ tœŋ⁴⁴ ᴇ⁴⁴ tɛŋ²¹ i⁰ tyk²，ua⁴² tsɔŋ⁵⁵ lᴇ²¹³ i⁴⁴ sᴇk² tɔi⁵⁵ in²¹.
寿宁	这是毛个写其诗？毛个填外来我就奖励毛个十块钱。 tsia³⁵ si²³ nɔ⁵⁵ kɔi³⁵ sia⁴² a⁰ si³³？ nɔ⁵⁵ kɔi³⁵ tɛŋ²¹ ŋia²³ li²¹ ua⁴² tsiu²³ tsyoŋ⁵⁵ lɛ²³ nɔ⁵⁵ kɔi³⁵ sɛʔ² tɔi⁵⁵ tsieŋ²¹.
福鼎城关	只条诗是毛侬写其？毛侬猜出来我就奖励伊十对⁼钱。 tsi⁵⁵ tiou²¹ si³⁵ si³³ no³³ neŋ⁴² sia⁵⁵ ke⁰？ no³³ neŋ⁴² tsʰoi³⁵ tsuʔ⁴ li²¹ ua⁵⁵ tsiu²¹ tsioŋ⁵⁵ lɛ⁴² i⁵⁵ seʔ³ toi⁴² tsieŋ²¹.

续表

	0044 这是谁写的诗？谁猜出来我就奖励谁十块钱。
尤溪	只诗底侬写其？底侬猜出来我就奖伊十块钱。 tsi⁴⁴ si³³ te³³ nəŋ³³ sia⁵⁵ ki⁰？ te³³ nəŋ¹² tsʰai³³ tsʰuo⁴ le¹² ŋua⁵⁵ tsiu³³ tsioŋ⁵⁵ i⁴⁴ sa³³ kʰuai⁴⁴ tsẽ¹².
莆田	即是甚侬写厄⁼诗？甚侬约解[出去]，我着奖甚侬十个番。 tseʔ⁵li¹¹ hiŋ⁵³³ naŋ²⁴ ɬia¹¹ eʔ⁰ ɬi⁵³³，hiŋ⁵³³ naŋ²⁴ ieu¹¹ eʔ⁵ tsʰue¹¹，kua⁴⁵³ toʔ¹¹ tsyɔŋ⁴² hiŋ⁵³³ naŋ²⁴ ɬɛ¹¹ ke¹¹ uaŋ⁵³³.
涵江	即是甚侬写厄⁼诗？甚侬约解得[出外]，我着奖乞伊十个钱。 tsɛt⁴ lit¹ ɬin⁵⁵ nan¹³ ɬia⁴⁵³ ɛ⁰ ɬi⁵³³？ɬin⁵⁵ naŋ¹³ iau²¹ ɛ⁰ lɛt⁴ tsʰuai⁰，kuat⁴ to⁰ tsyɒŋ⁴² kɛʔ⁴ i⁰ ɬɛ²¹ ke¹³ tsiŋ¹³.
仙游城关	即首诗是甚侬写厄⁼？甚侬约解得[出外]，我着赏伊十个番。 tsɛt²³ ɬiu⁴⁵³ ɬi⁵⁵ lit² tin⁵⁵ nan²⁴ ɬia⁴⁵³ ɛ⁰？tin⁵⁵ naŋ²⁴ yøʔ² ɛ⁰ lɛt²³ tsʰuoi⁰，kuat²³ ti⁰ ɬiũ⁴⁵³ i⁰ ɬɛ²¹ βe²¹ uoŋ⁵³³.
仙游枫亭	即是[底侬]写厄⁼诗？[底侬]若约解得[出去]，我着奖励伊十个番钱。 tseʔ⁵ liʔ² tiaŋ⁵³³ ɬia¹¹ eʔ⁰ ɬi⁵³³？tiaŋ²⁴ nɔ¹¹ ieʔ² eʔ² leʔ⁵ tsʰuɤɯ¹¹，kua⁴⁵³ tɔʔ² tsieŋ⁴² le¹¹ i⁵³³ ɬieʔ² βe¹¹ uɤŋ⁵³³ tsiŋ²⁴.
厦门	即首诗是啥侬写兮？啥侬有法约出来我着赏伊十箍银。 tsit⁴ siu⁴⁴ si⁴⁴ si²¹ siã⁴⁴ laŋ²⁴ sia⁵³ e⁰？siã⁴⁴ laŋ²⁴ u²¹ huat⁴ io²¹ tsʰut⁴ lai⁰ gua⁵³ to²¹ siũ⁴⁴ i²² tsap²¹ kʰɔ²² gun²⁴.
同安	即是[啥侬]写兮诗？[啥侬]约出来我就奖励[啥侬]十箍。 tsieʔ⁴ si¹¹ saŋ²⁴ sia⁴² e⁰ si⁴⁴？saŋ²⁴ ioʔ¹¹ tsʰut¹¹ lai⁰ gua⁴² tsiu¹¹ tsiɔŋ³³ le¹¹ saŋ²⁴ tsap¹¹ kʰɔ⁴⁴.
泉州鲤城	即诗啥侬写兮？啥侬约着我奖伊十箍银。 tsit²⁴ si³³ siã²⁴ laŋ²⁴ sia⁵⁵ e⁰？siã²⁴ laŋ²⁴ ioʔ¹¹ tioʔ⁰ gua⁵⁵ tsiɔŋ²⁴ i³³ tsap²² kʰɔ³³ gun²⁴.
泉州洛江	拙诗是[啥侬]写兮？[啥侬]猜着我与伊十箍银。 tsua⁵⁵ si³³ si²² siaŋ²⁴ sia⁵⁵ e⁰？siaŋ²⁴ tsʰai²² tio⁰ gua⁵⁵ hɔ²² i³ tsap² kʰɔ³³ gun²⁴.

续表

	0044 这是谁写的诗？谁猜出来我就奖励谁十块钱。
南安	即是［啥侬］何写兮诗？［啥侬］若约着，我就奖［啥侬］何十箍银。 tsit⁵ si²² siaŋ²² ga²⁴ sia⁵⁵ e⁰ si³³? siaŋ²² nã²² ioʔ⁵ tioʔ⁰, gua⁵⁵ tsiu²² tsiɔŋ²⁴ siaŋ²² ga²⁴ tsap² kʰɔ³³ gən²⁴.
晋江	即首诗是［啥侬］何写兮？［啥侬］何猜出来我就奖励伊十箍。 tsit³⁴ siu²⁴ si³³ si²² siaŋ²² ŋã²⁴ sia⁵⁵ e⁰? siaŋ²⁴ ŋã²⁴ tsʰai³³ tsut⁰ lai⁰ gua⁵⁵ tsiu⁰ tsiɔŋ²⁴ le²² i³³ tsap² kʰɔ³³.
石狮	即首诗［啥侬］写兮啊？［啥侬］若有法通猜出来我就奖伊十箍银。 tsit³⁴ siu²⁴ si³³ siaŋ²² sia⁵⁵ e⁰ a⁰? siaŋ²² la²² u²² huat⁵ laŋ³³ tsʰai³³ tsut⁰ lai⁰ gua⁵⁵ tsiu²² tsiɔŋ²⁴ i³³ tsap² kʰɔ³³ gun²⁴.
惠安	即首诗［啥侬］写兮？［啥侬］猜着我奖伊十箍。 tset⁵ siu²⁵ si³³ siaŋ³³ sia⁵⁴ e⁰? siaŋ³³ tsʰai³³ tioʔ² gua⁴² tsiɔŋ⁴² i³³ tsap² kʰɔ³³.
安溪	即首诗是啥侬写兮？啥侬猜出来我十箍银奖伊。 tsit⁴² siu²² si⁵⁵ si⁴² siã²² laŋ²⁴ sia²² e⁰? siã³³ laŋ²⁴ tsʰai³³ tsʰut⁴² lai⁰ gua²² tsap⁴² kʰɔ³³ gun²⁴ tsiũ⁴⁴ i⁵⁵.
永春	即首诗［底侬］写兮？［底侬］约着我奖伊十箍银。 tsit⁴ siu⁴⁴ si³¹ tiaŋ³¹ sia⁵³ e⁰? tiaŋ³¹ ioʔ² tio⁰ gua⁵³ tsiũ⁴⁴ i⁴⁴ tsap³¹ kʰɔ²² gun⁴⁴.
德化	即首诗啥侬写兮？啥侬约着我赏伊十箍银。 tsit⁴² siu⁴⁴ si³¹ siã²⁴ laŋ²⁴ sia⁴² e⁰? siã²⁴ laŋ²⁴ ioʔ³¹ tio⁰ gua³⁵ siũ⁴⁴ i¹³ tsap³¹ kʰɔ³¹ gən⁴⁴.
漳州	这是是谁写兮诗？是谁约解着，我赏是谁十箍。 tse⁵³ si²¹ tsi²¹ tsua¹³ sia⁵³ e²² si³⁴? tsi²¹ tsua¹³ io³² e²¹ tioʔ¹²¹, gua⁵³ siɔ³⁴ tsi²¹ tsua¹³ tsap²¹ kʰɔ³⁴.
龙海	这谁写兮诗？谁啊约解出来，我啰奖伊十箍银。 tseʔ⁴ tsua³¹² sia⁵² e⁰ si³⁴? tsua³¹² a⁰ io⁵² e⁴¹ tsʰuk⁴² lai⁰, guaʔ⁴ lo⁴¹ tsiaŋ³⁴ i³³ tsap⁴² kʰɔ³³ giŋ³¹².

续表

	0044 这是谁写的诗？谁猜出来我就奖励谁十块钱。
长泰	这是是谁写兮诗？谁约解着，我啰赏伊十箍银。 tse⁵³ si²¹ tsi²¹ tsua²⁴ sia⁵³ e⁰ si⁴⁴？ tsua²⁴ iɔ⁵³ e²¹ tiɔ⁴⁴，gua⁵³ lɔ²¹ siɔ̃⁴⁴ i²² tsap²¹ kʰeu²² gin²⁴.
华安	即是［啥依］侬写兮诗？［啥依］侬约解出来，我啰奖励［啥依］侬十箍。 tse⁵³ si³¹ siaŋ⁵⁵ laŋ²³² sia⁵³ e⁰ si⁵⁵？ siaŋ⁵⁵ laŋ²³² ioʔ⁵ e³¹ tsʰut⁰ lai⁰，gua⁵³ lo³¹ tsiaŋ⁵⁵ le³¹ siaŋ⁵⁵ laŋ²³² tsap²¹ kʰɔ³⁵.
南靖	这是谁写兮诗？谁约出来，我啰奖励谁十箍银。 tse⁵⁴ si²¹ tsaʔ²¹ sia⁵³ e⁰ si³⁴？ tsaʔ²¹ ioʔ⁵⁴ tsʰut⁰ lai⁰，gua⁵⁴ lo²¹ tsiaŋ⁴⁴ le²¹ tsaʔ²¹ tsap²¹ kʰɔu²² gin³²³.
平和	这诗谁写兮？约出来，我赏伊十箍。 tseʔ⁵² si³⁴ tsaʔ³² sia⁵² e⁰？ ioʔ⁵⁴ tsʰut⁰ lai⁰，gua⁵² siũ²³ i³⁴ tsap²¹ kʰou³⁴.
漳浦	这是谁写兮诗？谁约出来我奖励谁十箍。 tse⁴³ si²¹ tsua⁴¹² sia⁵¹ e⁰ si⁴³？ tsua⁴¹² iɔ⁵¹ sut⁵⁴ lai⁰ guaʔ⁴ tsiaŋ⁴³ lɛ²¹ tsua⁴³ tsap²¹ kʰou⁴³.
东山	这是什物侬写兮诗歌？什物侬约解出来，我赏伊十箍。 tse⁴⁴ si²² sip⁵ bīʔ⁵ laŋ¹³ sia⁵¹ e⁰ si³³ ko⁴⁴？ sip⁵ bīʔ⁵ laŋ¹³ io⁵¹ e⁰ tsʰut⁴¹ lai⁰，guaʔ⁵ siaŋ⁴⁴ i³³ tsap²² kʰou⁴⁴.
云霄	这是迄谁仔写兮诗？迄谁仔约解着，我就奖迄谁仔十箍。 tse⁵ si²¹ hit⁵ tsue³² a⁰ sia⁵³ e²¹ si⁵⁵？ hit⁵ tsue³² a⁰ io⁵³ e²¹ tioʔ¹²，gua⁵³ tsiu²¹ tsiaŋ⁵⁵ hit⁵ tsue³² a⁰ tsap²¹ kʰou⁵⁵.
诏安	诗是甚物侬仔写个？底侬约解着，我赏伊十箍。 si⁴⁴ si³¹ sim²⁴ mīʔ³² lan²² ɛ⁵³ sia⁵³ gə⁰？ ti³¹ lan²² io⁵³ ei³¹ tioʔ¹³，ua⁵³ siõ²⁴ i³³ tsap³² kʰou⁴⁴.
龙岩	［底侬］写兮诗仔？［底侬］出解出，我赏伊十箍银。 tiaŋ²¹³ ɕia²¹ ɛ¹¹ ɕi⁵⁵ ia²¹？ tiaŋ²¹³ tsʰuət³ e¹¹ tɕʰiɛt⁵，gua²¹ sõ²¹ i¹¹ tɕiap⁵ kʰu³³ gin¹¹.

续表

	0044 这是谁写的诗？谁猜出来我就奖励谁十块钱。
漳平	许是［底侬］写兮诗仔？［底侬］约解出来我就奖励［底侬］十箍。 hie⁵³ si²¹ tiaŋ⁵⁵ sia⁵³ ɛ⁰ si³³ a⁵⁵？ tiaŋ⁵³ io³³ ɛ²¹ tsʰut²¹ lai³³ gua⁵³ tsiu²¹ tsiaŋ²¹ li⁵⁵ tiaŋ⁵³ tsap²¹ kʰɔ³⁵.
大田城关	只诗甚侬写兮？猜得出来，我奖伊十箍。 tsi⁵³ si³³ sŋ³¹ laŋ²⁴ sia⁵³ ge⁰？ tsʰɛ³³ teʔ⁵ tsʰoʔ³ lɛ⁰，bua⁵³ tsiŋ⁵³ i⁰ tsaʔ⁰ kʰu⁰.
大田广平	即是□侬写个诗啊？□侬若猜解出来啊，我奖励伊十块票。 tʃiɐ⁵ sɯ²² hẽi³³ lõ²⁴ sia⁵¹ ko⁰ sɯ³³ gɤ⁰？ hẽi³³ lõ²⁴ lɐ̃²² tsʰɛ²² i³³ tʃʰiɐ⁵ li²⁴ gɤ⁰，gua⁵¹ tsioŋ²⁴ li⁵¹ i⁰ sɒ²² kʰuɛ³³ pʰiu³¹.
霞浦三沙	这个是底侬写个诗？底侬若解猜出来，我奖励伊十箍。 tseʔ⁵ ke²¹ si²¹ tɔ³⁵ laŋ⁴⁴ sia⁴² ke²¹ si⁴⁴？ tɔ³⁵ laŋ⁴⁴ na²¹ ɛ²¹ tsʰai tsʰuʔ⁵ lɛ²¹，ua⁴² tsiũ³⁵ li²¹ i⁴⁴ tsaʔ²⁴ kʰɔ²¹.
福鼎沙埕	这是［底侬］写其诗？［底侬］解猜得出来我解奖［底侬］十块。 tsie⁵³ si²¹ tian²⁴ sia⁵³ i⁰ si⁴⁴？ tian²⁴ e⁰ tsʰai tsʰu⁰ lai³³ gua⁵³ e⁰ tsiɔŋ⁵³ tian²⁴ tsat²¹ tə²¹.
建瓯	□是孰人写个诗？孰人解估得出来我就奖渠十□钱。 iɔŋ²⁴ si⁵⁵ su⁵⁵ neiŋ³³ sia²¹ kɛ³³ si⁵⁴？ su⁵⁵ neiŋ³³ ɔ²⁴ ku²¹ tɛ²⁴ tsʰy²⁴ lɛ³³ uɛ⁴² tsiu⁵⁵ tsiɔŋ²¹ ky⁴² si⁴² tʰi⁵⁵ siŋ³³.
建阳	乙=是孰人写个诗？孰人估出来，我就奖孰人十□钱。 ji˸³⁵ si³³ so⁴ nɔiŋ⁴⁵ sia²¹ ke³³ si⁵¹？ so⁴ nɔiŋ⁴⁵ ko²¹ tsʰy⁵⁵ le⁴⁵，ue⁴¹ tsiu⁵⁵ tsiɔŋ²¹ so⁴ nɔiŋ⁴⁵ si⁴ hie⁵⁵ tsieiŋ⁴⁵
政和	□是甚人写个诗？甚人估出来我就奖励甚人十□钱。 ia²⁴ si⁵⁵ seiŋ⁴² neiŋ³³ sia²⁴ kiɛ³³ si⁵³？ seiŋ⁴² neiŋ³³ ku²⁴ tsʰy⁴² lɛ³³ uɛ⁴² tsiu⁵⁵ tsiɔŋ²¹³ li⁵⁵ seiŋ⁴² neiŋ³³ tsi⁵⁵ tʰiɛ⁵⁵ tsiŋ³³.
松溪	□是□人写个诗？□人解估外来，我就奖□人十□钱。 ia²²³ si⁴⁵ nia⁴⁵ neiŋ⁴⁴ sia²²³ ka²² si⁴⁵？ nia⁴⁵ neiŋ⁴⁴ o²² ku²²³ ŋœ⁴⁵ lœ⁴⁴，ŋua⁴² tsiu⁴⁵ tsiɔŋ²²³ nia⁴⁵ neiŋ⁴⁴ tsi²²³ tʰiɛ⁴⁵ tseiŋ⁴⁴.

续表

	0044 这是谁写的诗？谁猜出来我就奖励谁十块钱。
武夷山	乙⁼是孰人写个诗？孰人猜得着，我就奖励渠十块钱。 i³⁵ si²² si⁵⁵ nɛiŋ³³ sia³¹ kɛi⁰ si⁵¹？ si⁵⁵ nɛiŋ³³ tʰai⁵¹ tɛi³⁵ tyo⁵¹，ŋuaiŋ⁵¹ tsiu⁵⁵ tsyoŋ³¹ lɛi⁵⁵ həu⁵¹ siʔ⁵⁴ hi⁵⁵ tsiŋ³³.
浦城石陂	[□隻] 孰人写个诗？孰人猜出来了，我奖励孰人十□钱。 ɦia²⁴ su⁴⁵ neiŋ³³ ɕia²¹ ke⁰ su⁵³？ su⁴⁵ neiŋ³³ tsʰaɛ⁵³ tɕy⁴⁵ le³³ lɔ⁰，ɦuaɛ⁴² tɕiɔŋ²¹ li³⁵ su⁴⁵ neiŋ³³ ɕi⁵³ tʰie⁴⁵ tɕiŋ³³.
南平夏道	者是样⁼人写其诗？样⁼人猜出来我就奖样⁼人十剃⁼钱。 tɕia²⁴ ɕi³³ ioŋ²⁴ neiŋ⁵⁵ ɕia³³ ɛ⁰ ɕi¹¹？ ioŋ²⁴ neiŋ⁵⁵ tsʰai¹¹ tɕʰiu³³ lɛ⁵⁵ ŋua¹¹ tɕiu³³ tɕiɔŋ³³ ioŋ²⁴ neiŋ⁵⁵ sei¹¹ tʰiɛ²⁴ tɕiŋ⁵⁵.
顺昌	者是甚么倈写个诗？甚么倈猜出来，我就奖励甚么倈十块钱。 tʃa³⁵ ʃi²² ʃia⁵¹ mo⁴⁴ ʃo³³ sia²² ka⁴⁴ ʃi⁴⁴？ ʃia⁵¹ mo⁴⁴ ʃo³³ tsʰa⁴⁴ tʃʰy⁴⁴ li¹¹，ŋa³¹ tʃʰiu⁵¹ tʃiɔ̃³¹ li⁵¹ ʃia⁵¹ mo⁴⁴ ʃo³³ ʃiʔ⁵ kʰuɛ⁵⁵ tʃʰẽ¹¹.
将乐	者首诗奚倈写记？猜得出来我奖励渠十块钱。 tʃa²¹ ʃiu²¹ ʃi⁵⁵ i⁵⁵ ʃa⁵⁵ sia⁵¹ ki²¹？ tsʰuæ⁵⁵ ta²¹ tʃʰy²² li²¹ ŋæ²¹ tsiɔ̃²¹ li⁵⁵ ki²² ʃiʔ⁵ kʰui⁵⁵ tsʰiɛ̃²².
光泽	□是郎⁼蜀写个诗儿？郎⁼蜀个猜得出来，伉就奖仔十块钱。 tɕiɔŋ⁴¹ ɕi⁴¹ nɔŋ³⁵ si²¹ ɕia⁴⁴ kɛi²¹ ɕi²¹ ɛ⁰？ nɔŋ³⁵ si²¹ kɛi⁰ tʰai³⁵ tɛ⁰ tɕʰy⁴¹ li²²，haŋ⁴¹ tɕiu⁴⁴ tɕiɔŋ⁴⁴ hu⁴¹ siəm⁵ kʰuai³⁵ tʰiən²².
邵武	酌⁼是哪蜀写个诗？哪蜀猜出来伉就奖哪蜀十块票儿。 tɕio⁵³ ɕi³³ no³³ ɕi³³ sia⁵⁵ kəi²¹ ɕi²¹？ no³³ ɕi³³ tʰai²¹ tʰei⁵³ li³³ haŋ³⁵ tɕiou³⁵ tsioŋ⁵⁵ no³³ ɕi³³ ɕin³⁵ kʰuai⁵⁵ pʰiau²¹ ə⁰.
三明	者是何隻写的诗？何隻猜出来我就奖渠十块钱。 tʃiɒ¹² sɿ²⁵⁴ hɒ³¹ tʃɒ²¹³ siɒ³¹ ti⁰ sɿ⁴⁴？ hɒ³¹ tʃɒ²¹³ tsʰa⁴⁴ tʃʰyi²⁵ la⁵¹ ŋu⁴⁴ tʃy³³ tsiəm³¹ ŋy⁴⁴ sɿ³¹ kʰuei³³ tsɛ̃i⁵¹.
永安	者是谁倈写个诗？谁倈猜出来我就奖谁倈十块钱。 tʃiɒ³³ sɿ⁵⁴ si³³ sɒ³³ ʃiɒ²¹ ke⁰ sɿ⁵²？ si³³ sɒ³³ tsʰa⁵² tʃʰyi⁴⁴ la³³ ŋuɒ⁵² tʃy²⁴ tʃiam²¹ si³³ sɒ³³ sɿ⁵⁴ kʰue²⁴ tsɛ̃i³³.

续表

	0044 这是谁写的诗？谁猜出来我就奖励谁十块钱。
沙县	者是啥人写的诗？啥人咧猜得出来，我就奖渠十碎=。 tʃia²¹²sŋ²¹sɔ̃⁴⁴lɛiŋ³¹ʃia²¹li⁰sŋ³³？ sɔ̃⁴⁴lɛiŋ³¹lɛ⁰tsʰai⁴⁴te⁵⁵tʃʰy⁵⁵lai³¹，gua³³tʃiu⁴⁴tʃiŋ²¹ky³³sŋ²¹tsʰui²⁴. "得"可说可不说。
长汀	女=个係哪个哩写个诗？哪个哩猜得出来，我就奖励哪个哩十块钱。 ni⁴²ke²¹he⁴²ne²¹ka⁵⁵le⁵⁵sia⁴²ke²¹ʃʅ³³？ ne²¹ka⁵⁵le⁵⁵tsʰai³³te²¹tʃʰe²lai²⁴，ŋai³³tsʰiɯ²¹tsioŋ⁴²li²¹ne²¹ka⁵⁵le⁵⁵ʃʅ⁴²kʰue⁴²tsʰiŋ²⁴.
连城	[以一]个什么人写个诗？什么人猜出来我奖励渠十块钱。 i³⁵ka⁵si⁵⁵mi⁵⁵ŋeiŋ²²sio²¹ka⁰ʃɯɤ⁴³³？ si⁵⁵mi⁵⁵ŋeiŋ²²tsʰa³³tsʰɯ⁵⁵li²²ŋa⁵³tsioŋ²¹li⁵⁵kuɛ⁴³³ʃɯɤ⁵⁵kʰua²¹tsʰe²².
上杭	嚷欸係瞒=人写欸诗？瞒=人猜出来我就奖撒瞒=人十块钱。 noŋ³¹ɛ³¹hɛi⁵¹mã²¹ȵiəŋ²¹ɕiŋ³¹ɛ³¹sŋ⁴⁴？ mã²¹ȵiəŋ²¹tsʰuɔ⁴⁴tɕʰi?³²luɔ²¹，ŋa²¹tɕʰiu⁵¹tɕioŋ³¹pʰi?³²mã²¹ȵiəŋ²¹ɕi?³⁵kua³⁵³tsʰiɛ̃²¹.
武平	□首诗蛮=人写个？蛮=人猜得着我奖渠十块钱。 nuŋ²²siu⁴²sŋ³³maŋ²²ŋiŋ²²sia⁴²ke⁴⁵¹？ maŋ²²ŋiŋ²²tsʰa²⁴tɛ?⁴tsʰɔ?³ŋa²⁴tsioŋ⁴²ki²⁴sɛ?³kʰua⁴⁵¹tsʰiaŋ²².
永定	这首诗脉=人写个？脉=人猜着哩，我就奖脉=人十块钱。 ti²²ɕiu³¹sŋ²⁴ma³¹ȵiŋ²²ɕia³³kɛ?⁵？ ma³¹ȵiŋ²²tsʰai⁴⁴tsʰɔ?⁵li³¹，ŋai²²tɕʰiu⁵⁵tɕiɔ̃³¹ma³¹ȵiŋ²²sei?⁵kʰuai⁵²tɕiɛ̃²².
明溪	这是甚人写的诗？甚人来猜出来，我奖励渠十块钱。 tsia²⁴ʃʅ⁵⁵sɤŋ⁵⁵ŋeŋ³¹sia⁴⁴ti⁰ʃʅ⁴⁴，sɤŋ⁵⁵ŋeŋ³¹la⁰tsʰa⁴⁴tsʰu⁴¹li³¹，ue⁴¹tsioŋ⁴¹li⁵⁵kʰø³¹ʃʅ⁵⁵kʰue⁴¹tsʰieŋ³¹.
清流	这个是清=人写个诗？清=人猜得出来我就奖渠十块钱。 tʃʰie²¹ka³⁵sŋ³²tsʰəŋ³³ŋəŋ²³sia²¹ka³⁵sŋ³³？ tsʰəŋ³³ŋəŋ²³tsʰa³³ta⁰tʃʰie²¹lɛ²³ŋa³³tsʰiə³²tsioŋ²¹kə³³ʃie⁵⁵kʰua³⁵tsʰeŋ²³.
宁化	只个係弹=人写个诗？弹=人猜得出来我奖渠十块钱。 tsŋ²¹²ka³¹hai⁴²tʰaŋ²¹iŋ⁴⁴ɕia³¹ka³¹sŋ⁴⁴？ tʰaŋ²¹iŋ⁴⁴tsʰa³⁴tə⁵tsʰ³⁵ŋ⁴⁴lai⁴⁴ŋa³⁴tɕiɔŋ³¹kə³⁴sŋ⁴²kʰua²¹²tɕʰieŋ²⁴.

续表

	0044 这是谁写的诗？谁猜出来我就奖励谁十块钱。
新罗客家	这首诗［嘛人］倷写个？［嘛人］倷猜得出我奖渠十块钱。 tsʅ³⁵ ʃiu²¹ ʃʅ⁴⁴ maŋ²¹ suo³⁵ sia⁵⁵ ka⁴⁴？ maŋ²¹ suo³⁵ tsʰa⁴⁴ tei ʔ⁵ tʃʰi ʔ⁵ ŋa³⁵ tsioŋ⁵⁵ tu⁴⁴ ʃʅt³ kʰua²¹ tsʰiẽ³⁵.
平和客家	□係□倷写个诗？□倷背会着，我就奖渠十箍银。 lia³¹ he³³ li³³ sa³¹ sia³¹ kai³¹ çi⁵⁵？ li³³ sa³³ pʰɔi³¹ vɔi³³ tʃʰɔʔ⁵³，ŋai³⁵ tsiu³¹ tsiŋ³¹ ky³³ çip³¹ kʰeu³¹ ŋyn³⁵.
诏安客家	□係□倷写个诗？□倷猜会出，我奖励渠十箍。 li²² hɛi³¹ ni²² sa⁵³ sia³¹ kɤ⁰ sʅ²²？ ni²² sa⁵³ tsʰai²² vɔi³¹ tʃʰyt²³，ŋai⁵³ tsiŋ²² li²² ky⁰ ʃip³ kʰeu²².
泰宁	即是孰仍写个诗？孰仍猜得出来伉就奖励渠十块钱。 tçia³⁵ çi⁵¹ so³³ lə⁰ çia³⁵ kə⁰ çi³¹？ so³³ lə⁰ tsʰai³¹ tə⁰ tçʰi³³ lei³³ haŋ³⁵ tçʰiu⁰ tçioŋ³⁵ lei⁵¹ hi³⁵ çi³¹ kʰuai³³ tʰien³³.
建宁	个是奚介写介诗？奚介猜出来我就奖士⁼十块钱。 ko⁵⁵ si⁵⁵ he²¹ kai⁵⁵ sia⁵⁵ kai⁵⁵ sɘ³⁴？ he²¹ kai⁵⁵ tʰai³⁴ tʰut² lei⁵⁵ ŋa⁵⁵ tsiu⁵⁵ tsioŋ⁵⁵ sɘ⁵⁵ sip⁵ kʰuei⁵¹ tsʰien²⁴.
浦城城关	这是甚侬写个诗？甚侬猜出来我就奖励甚侬十块钱。 tçie³⁵ çi⁵⁴ seŋ⁵⁴ noŋ²⁴ çie⁴⁴ ke⁰ çi³⁵？ seŋ⁵⁴ noŋ²⁴ tsʰa³⁵ tçʰye³² li²⁴ a⁵⁴ tçiu²¹ tsiaŋ⁴⁴ li²¹ seŋ⁵⁴ noŋ²⁴ çie³² kʰua⁴²³ tçiãi²⁴.
南平延平	这个什么人写的诗？哪个猜出来我就奖励哪个十块钱。 tçi³⁵ ko⁵⁵ çi³³ mo³¹ iŋ²¹ se²⁴ ti⁰ sʅ³³？ la²¹ ko³⁵ tsʰai³³ tçʰy⁵⁵ lai²¹ ŋo²⁴ tçiu³⁵ tçi æ̃⁵³ li³³ la²¹ ko³⁵ sʅʔ³ kʰuai⁵⁵ tçʰieŋ²¹.

	0045 我给你的书是我教中学的舅舅写的。
福州	我乞汝其书是我教中学其依舅写其。 ŋuai³³ kʰøyʔ²⁴ ny³³ i⁰ tsy⁵⁵ si⁵² ŋuai³³ ka²¹ tyŋ⁵⁵ ouʔ⁵ kiº i⁵² kiu²⁴² sia³³ i⁰.
闽侯	我乞汝其书是我教中学其依舅写其。 ŋuai³³ kʰøyʔ²⁴ ny³³ i⁰ tsy⁵⁵ si²¹ ŋuai³³ ka³³ tyŋ³³ ouʔ⁵ keiº i⁵³ keu²⁴² sia³³ i⁰.
长乐	我乞汝其书是我教中学其依舅写其。 ŋui³³ kʰøyʔ²⁴ ny²² i⁰ tsy⁵⁵ si⁵³ ŋui³³ ka²¹ tyŋ⁵⁵ ouʔ⁵ kiº i⁵³ kiu²⁴² sia²² i⁰.
连江	我乞汝其书是我教中学其依舅写其。 ŋui³³ kʰøyʔ¹³ ny³³ i⁰ tsy⁵⁵ si²¹ ŋui³³ ka³³ tyŋ³³ ouʔ¹³ iº i⁵¹ kieu²⁴² sia³³ i⁰.
罗源	我掏乞汝其许本书是我教中学其舅写其。 ŋui²¹ tɔ²¹ kʰiʔ² ny²¹ li⁰ xi²² βuo²¹ tsy⁴² θi²² ŋui²¹ ka²¹ tyŋ²¹ ouʔ⁵² liº kiu³⁴ θia²¹ li⁰.
福清	我乞汝其书是敆我教中学其阿舅写其。 ŋua³¹ kʰøʔ² ny³¹ kiº tsy⁵³ θi⁴⁴ ka²⁵ ŋua³¹ ka⁴⁴ tyŋ⁴⁴ ŋoʔ⁵ keiº a⁴⁴ kiɛu⁴² θia³¹ kei²¹.
平潭	我乞汝其书是我教中学其阿舅写其。 ŋua³¹ kʰøʔ² ly³¹ ɪ⁰ tsy⁵¹ θi⁰ ŋua³¹ ka⁴⁴ tyŋ⁴⁴ ŋoʔ⁵ kɛ⁰ a³⁵ kieu⁴² θia³¹ i⁰.
永泰	我乞汝其书是我教中学其依舅写其。 ŋuoi³² kʰyʔ³ ny³² i⁰ tsy⁴⁴ si⁵³ ŋuoi³² ka²¹ tyŋ⁴⁴ ouʔ⁵ kiʔ³ i⁴⁴ kiou²⁴² sia³² i⁰.
闽清	我乞汝其书,是我教中学其阿舅写其。 ŋuai³² kʰyk³ ny³² i⁰ tsy⁴⁴, sik³ ŋuai³² ka⁴⁴ tyŋ⁴⁴ ŋouk⁵ liº a⁴² kiu²⁴² sia³² li⁰.
古田	我乞汝其书是我教中学许隻依舅写其。 ŋuai⁴² kʰik² ny²¹ i⁰ tsy⁵⁵ si³³ ŋuai⁴² ka²¹ tyŋ²¹ ouʔ⁵ hie²¹ liek² nøyŋ²¹ ŋu²⁴ sia⁴² i⁰.
屏南	我乞汝其书是我教中学其阿舅写其。 uai⁴¹ kʰɤk⁵ ny⁴¹ i²² tsy⁴⁴ se³²³ uai⁴¹ ka⁴⁴ tyŋ⁴⁴ hɔuk³ i²² a²² kɔ³²³ sia⁴¹ i⁰.
宁德	我乞汝其书是我教中学其舅写来。 ua⁴¹ kʰi³⁵ ny³³ kei¹¹ tsy³³⁴ si³³ ua⁴¹ ka⁵⁵ tyŋ¹¹ ŋouk⁵⁴ ei¹¹ kou⁴¹¹ sie⁴¹ lei¹¹.
霞浦城关	我乞汝其书是我教中学其阿舅写其。 ua⁴² kʰyʔ⁵ ny⁴² kɛ⁰ tsy⁴⁴ θi⁴⁴ ua⁴² ka⁵⁵ tuŋ²¹ ŋɔuʔ⁵ kɛ⁰ a²¹ ku²⁴ θia⁴² kɛ⁰.
福安	我乞汝侪其书是我教中学其舅写其。 ŋo⁴¹ kʰøuʔ⁵ ni⁴¹ ɛ²¹ ə⁴⁴ tsøi³³¹ si²³ ŋo⁴¹ ka³⁵ tuŋ²³ ŋɔk² ɛ⁴⁴ kou²³ se⁴¹ ɛ⁰.

续表

	0045 我给你的书是我教中学的舅舅写的。
柘荣	我乞汝其书是我教中学其外舅写其。 ŋua⁵³ kʰiʔ²¹ ny⁵³ kɛ⁵⁵ tsy⁴² θi⁴⁴ ŋau⁵³ ka⁴⁵ tuŋ⁴⁴ ŋɔʔ⁵ kɛ⁰ ŋia⁴⁴ ku⁴⁴ θia⁵³ kɛ⁰. 阳入 21 声调为短调。
周宁	我乞汝其蜀本书是我教中学其阿舅写其。 ua⁴² kʰøk⁵ ny⁴² i⁵ si⁴⁴ puɔn⁴² tsy⁴⁴ se²¹³ ua⁴² ka⁵⁵ tuŋ⁴⁴ ŋɔkʰ⁴ i⁵ a²¹ ko²¹³ sa⁴²_E⁰.
寿宁	我乞汝许书是我教中学阿舅老写其。 ua⁴² kʰyø⁵⁵ ny⁴² xa⁵⁵ tsy³³ si²³ ua⁴² ka³⁵ tuŋ³³ xɔʔ² a⁰ ku²³ lau³⁵ sia⁴² kɛ⁰.
福鼎城关	我乞汝其书是我教中学其外舅写其。 ua⁵⁵ kʰiʔ³ ni⁵⁵ ke²¹ tsi³⁵ si³³ ua⁵⁵ ka⁵⁵ tuŋ³³ xuoʔ³ ke³³ ŋia³³ ku³³ sia⁵⁵ ke⁰.
尤溪	我乞汝其书是我教中学其阿舅写其。 ŋuo⁵⁵ kʰa⁴ ne⁵⁵ ki⁰ tsy³³ ɕi³³ ŋua⁵⁵ ka⁴⁴ təŋ³³ xuo³³ ki³³ a³³ ku⁴² sia⁵⁵ ki⁰. "乞" 又作 kʰə⁴。
莆田	我乞汝厄⁼册是我教中学厄⁼阿舅写厄⁼。 kua⁴⁵³ koʔ⁵ ty⁴⁵³ eʔ⁰ tsʰa¹¹ liʔ² kua⁴⁵³ kɔ⁵³³ tøŋ¹¹ ŋaʔ⁵ eʔ⁵ a²⁴ u¹¹ ɬia¹¹ eʔ⁰.
涵江	我乞汝厄⁼个册，是我厝躲⁼中学教书厄⁼阿舅写厄⁼。 kuaʔ⁴ kit¹ tyº kɛʔ⁰ kit⁴ tsʰa²¹，liʔ⁰ kot⁴ lou⁴² to¹³ tœŋ²¹ ŋak⁴ kɒ⁵⁵ ly⁵⁵ ɛʔ⁰ a¹³ u²¹ ɬia⁴⁵³ ɛʔ⁰. [我厝]：合音词，相当于"我的"、"我们家的"。
仙游城关	我搦乞汝厄⁼册，是我躲⁼中学教书厄⁼阿舅写厄⁼。 kuat²³ tʰe²⁴ kɛt²³ tyʔ⁴⁵³ ɛt²³ tsʰa²¹，lik² kuat²³ to²⁴ tyøŋ²¹ ŋak²³ kɒ⁵⁵ ly⁵⁵ ɛʔ⁰ a²⁴ u²¹ ɬia⁴⁵³ ɛʔ⁰.
仙游枫亭	我乞汝厄⁼册是我教中学厄⁼阿舅写厄⁼。 kua⁴⁵³ keʔ⁵ liʔ⁴⁵³ eʔ⁵ tsʰa¹¹ liʔ² kua⁴⁵³ kɔ⁵³³ tieŋ¹¹ ŋaʔ⁵ leʔ⁵ aʔ⁵ ku¹¹ ɬia¹¹ eʔ⁰.
厦门	我与汝兮册是阮迄兮教中学兮阿舅写兮。 gua⁵³ hɔ²² liº eʔ⁰ tsʰe²¹ si²¹ gun⁴⁴ hik⁴ eʔ⁰ ka⁵³ tiɔŋ²² oʔ⁴ eʔ⁰ a²² ku²² sia⁵³ eʔ⁰.
同安	我与汝兮书是我教中学兮舅写兮。 gua⁴² hɔ¹¹ lɯ⁴² eʔ⁰ tsɯ⁴⁴ si¹¹ gua⁴² ka⁴² tiɔŋ³³ oʔ⁵³ eʔ⁰ ku²² sia⁴² eʔ⁰.
泉州鲤城	我与汝兮册是我教中学兮阿舅写兮。 gua⁵⁵ hɔ²² lɯ⁵⁵ eʔ⁰ tsʰeʔ⁵ si²² gua⁵⁵ ka⁵⁵ tiɔŋ³³ oʔ²⁴ eʔ⁰ a⁵⁵ ku²² sia⁵⁵ eʔ⁰.

续表

	0045 我给你的书是我教中学的舅舅写的。
泉州洛江	我传汝兮即本册是我教中学兮阿舅写兮。 gua⁵⁵ tʰɔ³¹ li⁰ e⁰ tsit⁵ pun²⁴ tsʰ e⁵ si²² gua⁵⁵ ka⁵⁵ tioŋ³³ o?³⁴ e⁰ a³³ ku²² sia⁵⁵ e⁰.
南安	我与汝迄本册是阮迄个教中学兮阿舅写兮。 gua⁵⁵ hɔ³¹ lɯ⁰ hik⁵ pun²⁴ tsʰ e⁵ si²² guan⁵⁵ hik⁵ ge²² ka⁵⁵ tioŋ³³ e?³ e⁰ a²⁴ ku²² sia⁵⁵ e⁰.
晋江	我传汝兮册是我教中学兮阿舅写兮。 gua⁵⁵ təŋ²⁴ li⁰ e⁰ tsʰ e⁵ si²² gua⁵⁵ ka⁵⁵ tioŋ³³ ə?³⁴ e⁰ a²⁴ ku³³ sia⁵⁵ e⁰.
石狮	我送汝兮即本册是阮教中学兮阿舅写兮。 gua⁵⁵ saŋ⁴¹ li⁰ e⁰ tsit⁵ pun²⁴ tsʰ e⁵ si²² gun⁵⁵ ka⁵⁵ tioŋ³³ ə?³⁴ e⁰ a²⁴ ku³³ sia⁵⁵ e⁰.
惠安	我度汝兮册是我教中学兮阿舅写兮。 gua⁴² tʰɔ²¹ lɯ⁴² e⁰ tsʰ e⁵ si²² gua⁴² ka³³ tioŋ³³ o?³⁴ e⁰ a³³ ku²¹ sia⁵⁴ e⁰.
安溪	我与汝兮册是我教中学兮舅仔写兮。 gua²² hɔ⁴⁴ lɯ²² e⁰ tsʰ e⁵ si⁴² gua²¹ ka⁵³ tioŋ³³ o?²⁴ e⁰ ku²¹ a⁰ sia⁴⁴ e⁰.
永春	我与汝兮册是我教中学兮阿舅写兮。 gua⁵³ hɔ⁴⁴ lɯ⁵³ e⁰ tsʰ e?³¹ si⁵³ gua⁵³ ka²² tioŋ²² o?⁴ e⁰ a⁴⁴ ku²² sia⁵³ e⁰.
德化	我与汝兮册是我教中学兮阿舅写兮。 gua³⁵ hɔ³¹ lɯ⁰ e⁰ tsʰ e?³⁵ si²² gua³⁵ ka²² tioŋ²² o?³⁵ e⁰ a¹³ ku²² sia⁵⁵ e⁰.
漳州	我与汝兮册是我教中学兮阿舅写兮。 gua⁵³ hɔ²² li²² e⁰ tsʰ ɛ?³² si²¹ gua³⁴ ka⁵³ tioŋ²² o¹²¹ e⁰ a³⁴ ku²² sia⁵³ e⁰.
龙海	我与汝兮册是阮教中学兮阿舅写兮。 gua?⁴ hɔ³³ li³³ e⁰ tsʰ ɛ?⁴² si⁴¹ guaŋ³⁴ ka⁵² tioŋ³³ o?⁴ e⁰ a³³ ku³³ sia⁵² e⁰.
长泰	我与汝兮册是我教中学兮阿舅写兮。 gua⁵³ heu²² li²² e⁰ tsʰ e?³² si²¹ gua⁴⁴ ka⁵³ tioŋ²² ɔ²⁴ e⁰ a²² ku²² sia⁵³ e⁰.
华安	我与汝兮册是阮教中学兮阿舅写兮。 gua⁵³ hɔ³¹ li²² e²² tsʰ e?³² si³¹ guan⁵³ ka⁵³ tioŋ²² o?²¹² e⁰ a²² ku²² sia⁵³ e⁰.
南靖	我与汝兮册是阮教中学兮阿舅写兮。 gua⁵⁴ hɔ²¹ li⁴⁴ e⁰ tsʰ ɛ?³² si²¹ guan⁵⁴ ka⁵⁴ tioŋ²² o?¹²¹ e⁰ a²² ku²² sia⁵⁴ e⁰.

续表

	0045 我给你的书是我教中学的舅舅写的。
平和	与汝分册是我教中学分阿舅写分。 hou²¹ li⁵² e⁰ tsʰeʔ⁵⁴ si²¹ gua⁵² ka⁵² tioŋ²² oʔ³² e⁰ a²² ku²² sia⁵² e⁰.
漳浦	我与汝分册是我教中学分舅写分。 guaʔ⁴ houʔ⁴ li³³ e⁰ sɛ⁵¹ si²¹ guaʔ⁴ ka⁵¹ tioŋ³³ ɔʔ²¹² e⁰ ku³³ sia⁵¹ e⁰.
东山	我送汝分册是我教中学分阿舅写分。 guaʔ⁵ saŋ²² li²² e⁰ tsʰeʔ⁴¹ si²² guaʔ⁵ ka⁵¹ tioŋ²² oʔ¹³¹ e⁰ a²² ku³³ sia⁵¹ e⁰.
云霄	我与汝分册是我教中学分阿舅仔写分。 gua⁵³ kʰou³³ li⁰ e⁰ tsʰeʔ⁵ si²¹ gua⁵⁵ ka⁵³ tioŋ³³ o²¹ e⁰ a³³ ku³³ a⁰ sia⁵³ e⁰.
诏安	我与汝分册是阮教中学分舅仔写分。 ua⁵³ kʰou³¹ lɯ²⁴ gə²² tsʰɛʔ³² si³¹ uan²⁴ ka⁵³ tioŋ³³ oʔ¹³ gə⁰ ku³³ ɛ²² sia⁵³ gə⁰.
龙岩	我分汝分字册是我教中学分［舅翁］仔写分。 gua²¹ pun⁵⁵ li²¹ ɛ¹¹ tɕi¹¹ tɕʰie⁵⁵ ɕi¹¹ gua²¹ ka²¹ tsoŋ¹¹ xiak⁵ ɛ¹¹ kuaŋ⁵⁵ ŋã²¹ ɕia²¹ ɛ¹¹.
漳平	我分汝分册是我教中学分舅翁写分。 gua⁵³ puen³³ li²¹ ɛ⁰ tsʰɛ²¹ si²¹ gua⁵³ ka⁵³ tioŋ³³ uo³³ ɛ⁰ ku²¹ aŋ³⁵ sia⁵³ ɛ⁰.
大田城关	我乞汝分书是我教中学分舅翁写分。 bua⁵³ kʰi³¹ li²⁴ ze⁵³ tsi³³ si³³ bua⁵³ ka⁵⁵ toŋ³³ ɤ⁵⁵ ze⁰ ku⁵³ aŋ³³ sia⁵³ ze⁰.
大田广平	我乞汝迄本书啊是我教中学个阿舅写个。 gua⁵¹ kʰɤ³¹ li⁰ hɒ⁵ pue²⁴ tʃy³³ gɤ⁰ sɯ²² gua⁵¹ ka³³ tiɤ²² ɯ⁴⁵ kɤ⁰ a²² ku⁴⁵ sia⁵¹ ko⁰.
霞浦三沙	我传汝其书是我教中学个阿舅写个。 ua⁴² teŋ³⁵ ny⁴² ki⁰ tsy⁴⁴ si²¹ ua³⁵ ka⁵⁵ tyoŋ⁴⁴ haʔ⁵ ke²¹ a²¹ ku³⁵ sia⁴² ke⁰.
福鼎沙埕	我与汝其书是我教中学其外舅写其。 gua⁵³ xɔ²¹ lɯ⁵³ i⁰ tsɯ⁴⁴ si²¹ gua⁵³ ka⁴⁴ tiɔŋ²¹ xak²⁴ ki⁰ ŋia³³ gu²¹ sia⁵³ ki⁰.
建瓯	我拿纳你个书是我教中学个舅舅写个。 uɛ⁴² na⁴² na²⁴ ni⁴² kɛ³³ sy⁵⁴ si⁵⁵ uɛ⁴² xau⁵⁴ tœyŋ⁵⁴ xa²⁴ kɛ³³ kiu⁵⁵ kiu⁵⁵ sia²¹ kɛ³³.
建阳	我拿纳你个书是我教中学娘舅写个。 ue⁴¹ na⁴ no⁵⁵ nɔi⁴¹ ke³³ sy⁵¹ si³³ ue⁴¹ xau⁵¹ teiŋ⁵¹ xa⁴ niɔŋ⁴⁵ kiu³³ sia²¹ ke³³.
政和	我给你个书是我教中学舅个写个。 uɛ⁴² kʰai²⁴ ni⁴² kiɛ⁴² sy⁵³ si⁵⁵ uɛ⁴² xo⁵³ tœyŋ⁵³ xa²⁴ kiɛ⁴² kiu⁵⁵ sia²⁴ kiɛ⁴².

续表

	0045 我给你的书是我教中学的舅舅写的。
松溪	我乞你个书是我教中学个舅翁写个。 ŋua⁴²kʰiɛ²²³niɛ⁴²ka²²sy⁵³si⁴⁵ŋua⁴²xɒ⁵³tœyŋ⁵³xɒ²²³ka²²kɒ²²³œyŋ⁵³sia²²³ka²².
武夷山	我拿给你个书是我教中学个舅爹写个。 ŋuai⁵¹na⁵¹kɛi⁵⁵nɛi⁵¹kɛi⁰sy⁵¹si²²ŋuai⁵¹xau⁵¹tɛiŋ⁵¹xaʔ⁵⁴kɛi⁰kiu⁵⁵ta⁵¹sia³¹kɛi⁰.
浦城石陂	我乞你〔□隻〕书是我教中学个阿爷写个。 ɦuaɛ⁴²kʰi⁴⁵ni⁴²ɦia²⁴çy⁵³çi⁵³ɦuaɛ⁴²xɔ⁵³tueiŋ⁵³xɔ⁵³ke⁰a⁴⁵ia³³çia²¹ke⁰.
南平夏道	我拿汝其书是我教中学阿舅写其。 ŋua¹¹na⁵⁵ny¹¹ɛ⁰çy¹¹çi³³ŋua¹¹kau²⁴tøyŋ¹¹o⁵⁵a¹¹kiu⁵⁵çia³³ɛ⁰.
顺昌	我分你个书是我教中学个阿舅写个。 ŋa³¹puɛ⁴⁴lɛ³¹ka⁰ʃy⁴⁴ʃi²²ŋa³¹kau³⁵tiɔ̃⁴⁴hɔʔ⁵ka³³a⁴⁴kʰy²²sia⁵¹ka⁰.
将乐	我得你记书是我教中学记箬箬写记。 ŋæ²²ta²²lɛ²¹kiʔ⁵ʃy⁵⁵ʃi⁵⁵ŋæ²²kau⁵⁵tsɔ̃⁵⁵xoʔ⁵kiʔ⁵tse²²tse²²sia⁵¹kiʔ⁵.
光泽	伉得伲个书是伉教中学个舅儿写个。 haŋ⁴¹tiɛ⁴¹hu⁴¹kɛi³⁵çy²¹çi⁴¹haŋ⁴¹kau²¹tçiɔŋ²¹hɔ⁴¹kɛi⁰kʰy²¹ɛ⁰çia⁵⁵kɛi⁰.
邵武	伉得儧个书是伉教中学个舅儿写个。 haŋ³⁵tiɛ⁵³hien³⁵kəi²¹çy²¹çi³³haŋ³⁵kau²¹tuŋ²¹ho³⁵kəi²¹kʰy⁵⁵ə⁰sia⁵⁵kəi⁰.
三明	我□你的书是我教中学的俺舅写的。 ŋu⁴⁴kʰɒ⁵¹ŋi⁴⁴ti⁰ʃy⁴⁴sɿ²⁵⁴ŋu⁴⁴hɯ⁴⁴tã³¹hɒ²⁵⁴ti⁰ɔ̃⁴⁴kiɑu²⁵⁴siŋ³¹ti⁰.
永安	我欠你个书是我教中学个舅写个。 ŋuɒ⁵²kʰɛi²⁴ŋi⁵²ke⁰ʃy⁵²sɿ²¹ŋuɒ⁵²hau⁵²tɐm³³hauɯ⁵⁴ke⁰kiau⁵⁴ʃiɒ²¹ke⁰.
沙县	我拿□你的书是我教中学的俺舅写的。 gua³³nɔ̃⁴⁴kʰiŋ²¹gi³³li⁰ʃy⁵²sɿ²¹gua³³xo³³tœŋ⁴⁴xa⁵³li⁰ɔ̃⁴⁴kiu⁵³ʃia²¹li⁰. "教"也可读作 kau³³。
长汀	我拿得尔个书係我教中学个舅舅写个。 ŋai³³na²¹te⁵⁵ni²⁴ke³³ʃu³³he³³ŋai³³kɒ³³tʃoŋ³³ho²¹e²¹tʃʰiəɯ²¹tʃʰiəɯ²¹sia²¹ke²¹.
连城	我乞尔个书係我教中学个舅写个。 ŋa⁵³kʰuo⁵⁵ŋi⁵³ka⁰ʃiɛ⁴³³si⁵⁵ŋa⁵³kau³³tʃəŋ³³hɯ⁵³ka⁰kʰiəɯ⁴³³sio²¹ka⁰.

续表

	0045 我给你的书是我教中学的舅舅写的。
上杭	我拿撇儃欸书係我教中学欸舅舅写欸。 ŋa²¹ nɒ⁴⁴ pʰiʔ³² hŋ²¹ ɛ³¹ sʉ⁴⁴ hɘi⁵¹ ŋa²¹ kau⁴⁴ tsəŋ⁴⁴ hoʔ³⁵ ɛ³¹ tɕʰiu⁴⁴ tɕʰiu⁴⁴ ɕiɒ³¹ ɛ³¹.
武平	我拂界儃个书係我教中学个舅舅写个。 ŋa²⁴ tɛ²⁴ pɛʔ³ hŋ²⁴ ke⁴⁵¹ fu²⁴ hi²² ŋa²⁴ kɔ²⁴ tsuŋ²⁴ hɔʔ⁴ ke⁴⁵¹ tsʰiu²² tsʰiu²⁴ sia⁴² ke⁴⁵¹.
永定	我分尔个书係我教中学个舅舅写个。 ŋai²² peŋ²⁴ ŋ²² kɛʔ⁵ su²⁴ xei⁵² ŋai²² kau⁴⁴ tsoŋ⁴⁴ xɔʔ⁵ kɛʔ⁵ tɕʰiu⁴⁴ tɕʰiu⁴⁴ ɕia³¹ kɛʔ⁵.
明溪	我搭你的书，是我教中学的舅子写的。 ue⁴¹ taʔ⁵ le⁴¹ ti⁰ sy⁴⁴, ʃŋ⁵⁵ ue⁴¹ kau⁵⁵ tsɤŋ⁴⁴ xɤ⁵⁵ ti⁰ kʰy⁴¹ tse²⁴ sia⁴¹ ti⁰.
清流	我界尔个书是我教中学个舅舅写个。 ŋa³³ pə⁵⁵ ŋi³³ ka³⁵ ʃy³³ sɿ³² ŋa³³ kɔ³³ tʃioŋ³³ ho⁵⁵ ka²¹ kʰə³³ kʰə³³ sia²¹ ka²¹.
宁化	我界尔个书係我教中学个舅舅写个。 ŋa³⁴ pai⁴² i³⁴ ka³¹ su³⁴¹ hai⁴² ŋa³⁴ kau³⁴ tsəŋ³⁴ ho⁴² ka³¹ kʰɐɯ⁴² kʰɐɯ⁴² ɕia³¹ ka³¹.
新罗客家	我拿分尔个书係我教中学个舅哩写个。 ŋa³⁵ nõ⁵⁵ peŋ⁴⁴ ŋi⁵⁵ ka⁴¹ ʃɥə⁴⁴ xei²¹ ŋa³⁵ ka⁴⁴ tʃoŋ⁴⁴ xouk⁵ ka⁴⁴ tʃʰiu⁴⁴ li⁴⁴ sia⁵⁵ ka⁴¹.
平和客家	我分儃个书係我教中学个阿舅写个。 ŋai³⁵ pun³¹ heŋ³³ kai³¹ ɕy³³ he³¹ ŋai³⁵ kau³¹ tʃuŋ³¹ hɔʔ⁵³ kai⁰ a⁰ kʰiu³³ sia³¹ kai⁰.
诏安客家	我得儃个书係我教中学个舅写个。 ŋai⁵³ tet⁵ hen⁵³ kɤ⁰ ʃy²² hɛi³¹ ŋai⁵³ kau³¹ tʃiuŋ²² hɔu⁴⁵ kɤ⁰ kʰiu²² sia³¹ kɤ⁰.
泰宁	伉得尔个书是伉侬教中学个舅舅写个。 haŋ³⁵ tæ⁵¹ ŋ³⁵ kə⁰ ɕy³¹ ɕi³³ haŋ³⁵ noŋ⁵¹ kau⁵¹ tyuŋ²² xa³³ kə⁰ kʰy³⁵ kʰy⁵¹ ɕia³⁵ kə⁰.
建宁	我界尔介书是我教中学介母舅写介。 ŋa⁵⁵ pei⁵⁵ ŋ⁵⁵ kai⁵⁵ sə³⁴ si⁵⁵ ŋa⁵⁵ kau²¹ tuŋ³⁴ hok⁵ kai²¹ mu⁵⁵ kʰiu²¹ sia⁵⁵ kai²¹.
浦城城关	我分侬个书是我教中学个舅爷写个。 ɑ⁵⁴ feŋ³⁵ noŋ⁵⁴ ke⁰ ɕye³⁵ ɕi⁵⁴ ɑ⁵⁴ kɑo⁴²³ tsoŋ³⁵ xɑo³² ke⁰ kiu⁵⁴ ia²⁴ ɕie⁴⁴ ke⁰.
南平延平	我传你的书是我教中学的阿舅写的。 ŋo³³ teiŋ²⁴ li²⁴ ti⁰ ɕy³³ sɿ³⁵ ŋo³³ kau³³ tsoŋ⁵⁵ xyoʔ³ ti⁰ a²¹ kiu³⁵ se²⁴² ti⁰.

		0046 你比我高，他比你还要高。
福州		汝比我悬，伊比汝固悬。 ny³³pi²⁴ŋuai³³keiŋ⁵² , i⁵⁵pi²⁴ny³³ku⁵⁵eiŋ⁵².
闽侯		汝比我悬，伊比汝固悬。 ny³³pi³³ŋuai³³keiŋ⁵³ , i⁵⁵pi³³ny³³ku³³eiŋ⁵³.
长乐		汝比我悬，伊比汝固悬。 ny²²pi²²ŋui²²keiŋ⁵³ , i⁵⁵pi²²ny²²ku⁵⁵eiŋ⁵³.
连江		汝比我悬，伊比汝固里悬。 ny³³pi³³ŋui³³keiŋ⁵¹ , i⁵⁵pi³³ny³³ku²¹le³³eiŋ⁵¹.
罗源		汝比我悬，伊比汝固悬。 ny²¹pi²¹ŋui⁵³kɛŋ³¹ , i⁴²pi²¹ny⁵³u⁵³ɛŋ³¹.
福清		汝比我悬，伊比汝固礼⁼悬。 ny³¹pi³¹ŋua³¹keŋ⁴⁴ , i⁵³pi³¹ny³¹ku²¹lɛ²¹keŋ³⁴.
平潭		汝比我悬，伊比汝固悬。 ly³¹pi³¹ŋua³¹keiŋ⁴⁴ , i⁵¹pi³¹ly³¹ku⁴⁴keiŋ⁴⁴.
永泰		汝比我悬，伊比汝固悬。 ny³²pi³²ŋuoi³²kaiŋ³⁵³ , i⁴⁴pi³²ny³²ku⁴⁴kaiŋ³⁵³.
闽清		汝比我悬，伊比汝固恰悬。 ny³²pi³²ŋuai³²kɛiŋ³⁵³ , i⁴⁴pi³²ny³²ku⁴⁴kak³kɛiŋ³⁵³.
古田		汝比我悬，伊比汝固悬。 ny⁴²pi²¹ŋuai⁵³keiŋ³³ , i⁵⁵pi²¹ny⁵³ku³³eiŋ⁴⁵.
屏南		汝比我悬，伊比汝固悬。 ny⁴¹pi⁴¹uai⁴⁴kɛiŋ²² , i⁴⁴pi⁴¹ny⁴¹ku⁵⁵kɛiŋ²².
宁德		汝比我悬，伊比汝固悬。 ny⁴¹pi³⁵ua⁵¹kɛŋ¹¹ , i³³⁴pi³⁵ny⁵¹kou³⁵kɛŋ¹¹.
霞浦_{城关}		汝比我悬，伊比汝固悬。 ny⁴²pi⁴²ua⁴²kɛiŋ²¹ , i⁴⁴pi⁴²ny⁴²ku⁵⁵kɛŋ²¹.
福安		汝比我悬，伊比汝固悬。 ni⁴¹pi⁴⁴ŋo⁴¹kɛiŋ²¹ , ei³³¹pi⁴⁴ni⁴¹kou³⁵kɛiŋ²¹.

续表

	0046 你比我高，他比你还要高。
柘荣	汝比我悬，伊比汝固悬。 ny⁵³pi⁵⁵ŋua⁵³kɛŋ²¹，i⁴⁴pi⁵⁵ny⁵³ku⁴⁵kɛŋ²¹.
周宁	汝比我悬，伊比汝固悬。 ny⁴²pi⁴²ua⁴²kɛn²¹，i⁴⁴pi⁴²ny⁴²ku³⁵kɛn²¹.
寿宁	汝比我悬，伊比汝固悬。 ny⁴²pi⁴²ua⁴²kɛŋ²¹，i³³pi⁴²ny⁴²ku³⁵kɛŋ²¹.
福鼎城关	汝比我悬，伊比汝夭恰悬。 ni⁵⁵pi³³ua⁵⁵keŋ²¹，i⁵⁵pi³³ni⁵⁵iau⁵⁵kʰaʔ³keŋ⁴².
尤溪	你比我悬，伊比你更悬。 ne⁵⁵pe⁴⁴ŋua⁵⁵kuẽ¹²，i⁵⁵pe⁴⁴ne⁵⁵kieŋ⁵¹kuẽ¹². 你比我悬，伊比你介喀悬。 ne⁵⁵pe⁴⁴ŋua⁵⁵kuẽ¹²，i⁵⁵pẽ³³ne⁵⁵ai³³ka⁴kuẽ¹².
莆田	汝比我解悬，伊比汝复解悬。 ty⁴⁵³pi¹¹kua⁴⁵³eʔ²ke²⁴，i⁴⁵³pi¹¹ty⁴⁵³haʔ⁵eʔ²ke²⁴.
涵江	汝并我解悬，伊比汝复解悬。 typ⁴pʰia²¹kuaʔ⁴ɛk¹ke¹³，ip⁴pʰia²¹tyk⁴hɒʔ⁴ɛk¹ke¹³.
仙游城关	汝并我解悬，伊比汝复解悬。 typ²³pʰia²¹kuaʔ²³ɛk²kĩ²⁴，ip²³pʰia²¹tyk²³haʔ²³ɛk²kĩ²⁴.
仙游枫亭	汝比我解悬，伊比汝复解悬。 li⁴⁵³pi¹¹kua⁴⁵³eʔ²kĩ²⁴，i⁴⁵³pi¹¹li⁴⁵³haʔ⁵eʔ²kĩ²⁴.
厦门	汝较嶙我，伊佫较嶙汝。 li⁵³kʰaʔ⁴lo⁵³gua⁵³，i⁴⁴koʔ⁴kʰaʔ⁴lo⁵³li⁵³.
同安	汝比我较大汉，伊比汝佫较大汉。 lɯ⁴²pi³³gua⁴²kʰaʔ⁴tua¹¹han¹¹²，i⁴⁴pi²⁴lɯ⁴²koʔ⁴kʰaʔ⁴tua¹¹han¹¹².
泉州鲤城	汝比我嶙，伊比汝佫较嶙。 lɯ⁵⁵pi²⁴gua²⁴lio⁴¹，i³³pi²⁴lɯ⁵⁵koʔ⁵kʰaʔ⁵lio⁴¹.
泉州洛江	汝比我较大汉，伊比汝佫较大汉。 li⁵⁵pi²⁴gua⁵⁵kʰaʔ⁵tua²²han⁴¹，i³³pi²⁴li⁵⁵koʔ⁵kʰaʔ⁵tua²²han⁴¹.

续表

	0046 你比我高，他比你还要高。
南安	汝比我较大汉，伊比汝佫较大汉。 lɯ⁵⁵pi²⁴gua⁵⁵kʰaʔ⁵tua²²han³¹，i³³pi²⁴lɯ⁵⁵koʔ⁵kʰaʔ⁵tua²²han³¹.
晋江	汝比我较大汉，伊比汝佫较大汉。 li⁵⁵pi²⁴gua⁵⁵kʰaʔ⁵tua²²han⁴¹，i³³pi²⁴li⁵⁵kəʔ⁵kʰaʔ⁵tua²²han⁴¹.
石狮	汝比我较𩨱，伊比汝佫较𩨱。 li⁵⁵pi²⁴gua²⁴kʰaʔ⁵liə⁴¹，i³³pi²⁴li⁵⁵kəʔ⁰kʰaʔ⁰liə⁰.
惠安	汝比我𩨱，伊比汝佫较𩨱。 lɯ⁴²pi²⁵gua⁴²lio²⁵，i³³pi²⁵lɯ⁴²koʔ⁵kʰaʔ⁵lio²⁵.
安溪	汝比我较𩨱，伊比汝佫较𩨱。 lɯ²²pi²²gua²¹kʰaʔ⁴²lo²⁴，i³³pi²²lɯ²¹koʔ⁵kʰaʔ⁴²lo²⁴.
永春	汝比我较𩨱，伊比汝佫较𩨱。 lɯ⁵³pi⁴⁴gua⁵³kʰaʔ⁴lio⁴⁴，i⁴⁴pi⁴⁴lɯ⁵³koʔ⁴kʰaʔ⁴⁴lio⁴⁴.
德化	汝比我较𩨱，伊比汝佫较𩨱。 lɯ³⁵pi⁴⁴gua³⁵kʰaʔ⁴²lio⁴⁴，i¹³pi⁴⁴lɯ³⁵koʔ⁴²kʰaʔ⁴²lio⁴⁴.
漳州	汝比我较𩨱，伊比汝佫较𩨱。 li⁵³pi²¹gua³⁴kʰaʔ⁵³lo²¹，i²²pi²¹li³⁴ko⁵³kʰaʔ⁵³lo²¹.
龙海	汝比我𩨱，伊比汝佫较𩨱。 li³⁴pi⁴¹guaʔ⁴lo⁴¹，i³⁴pi⁴¹liʔ⁴kuʔ⁴kʰaʔ⁴lo⁴¹.
长泰	汝比我𩨱，伊比汝佫较𩨱。 li⁵³pi⁴⁴gua⁴⁴lɔ²¹，i⁴⁴pi⁴⁴li⁴⁴kʰɔ⁵³kʰaʔ⁵³lɔ²¹.
华安	汝比我较𩨱，伊比汝佫较𩨱。 li⁵³pi⁵⁵gua⁵⁵kʰaʔ⁵lo³¹，i³⁵pi⁵⁵li⁵⁵koʔ⁵kʰaʔ⁵lo³¹.
南靖	汝比我较𩨱，伊比汝犹较𩨱。 li⁴⁴pi⁴⁴gua⁴⁴kʰaʔ⁵⁴lo²¹，i²²pi⁴⁴li⁴⁴iaukʰaʔ⁵⁴lo²¹.
平和	汝比我悬，伊比汝佫较悬。 li⁵²pi²³gua⁵²kuẽ²³，i³⁴pi²³li⁵²koʔ⁴²kʰaʔ⁴²kuẽ²³.
漳浦	汝比我悬哪，哦伊比汝佫较悬啊。 liʔ⁴piʔ⁴³guaʔ⁴kuan⁴¹²lã⁰，ɔ⁰i³³piʔ⁴³liʔ⁴kɔʔ⁴kʰaʔ⁴kuan⁴¹²a⁰.

续表

	0046 你比我高，他比你还要高。
东山	汝比我较躼，伊比汝犹较躼。 liʔ⁵ pi⁴⁴ guaʔ⁵ kʰaʔ⁵ lo²² , i³³ pi⁴⁴ liʔ⁵ iau⁴⁴ kʰaʔ⁵ lo²².
云霄	汝比我躼，伊比汝犹较躼。 li⁵³ pi⁵⁵ gua⁵⁵ lo⁵³ , i⁵⁵ pi⁵⁵ li⁵⁵ ia⁵⁵ kʰa⁵³ lo⁵³.
诏安	汝比我悬，伊比汝更较悬。 lɯ⁵³ pi²⁴ ua²⁴ koŋ²⁴ , i⁴⁴ pi²⁴ lɯ²⁴ kiŋ⁵³ ka⁵³ koŋ²⁴.
龙岩	汝比我悬，伊比汝犹较悬。 li²¹ pĩ²¹³ gua²¹ kuĩ¹¹ , i⁵⁵ pĩ²¹³ li²¹ iu⁵⁵ kʰak³ kuĩ¹¹.
漳平	汝比我悬，伊比汝犹较悬。 li⁵³ pi²¹ gua⁵³ kuan³³ , i³⁵ pi²¹ li⁵³ iu³⁵ kʰat⁵ kuan³³.
大田城关	汝比我大汉，伊比汝犹佫较大汉。 li⁵³ pi³¹ bua⁵³ tua⁵³ haŋ³¹ , i⁵³ pi³¹ li⁵³ ia³¹ koʔ⁵ kaʔ⁵ tua⁵³ haŋ³¹.
大田广平	汝比我悬，伊比汝更较悬啊。 li⁵¹ pi²⁴ gua⁵¹ kuĩ²⁴ , i⁵¹ pi²⁴ li⁵¹ kaŋ⁵¹ kɤ³¹ kuĩ²⁴ a⁰.
霞浦三沙	汝比我悬，伊比汝固悬。 ny⁴² pi²¹ ua⁴² kuĩ³⁵ , i⁴⁴ pi²¹ ny⁵¹ ku⁵⁵ kuĩ³⁵.
福鼎沙埕	汝比我悬，伊比汝亦较悬。 lɯ⁵³ pi²¹ gua⁵³ kuĩ²⁴ , i⁴⁴ pi²¹ lɯ⁵³ ia³³ kat⁴ kuĩ²⁴.
建瓯	你比我高，渠比你故让高。 ni⁴² pi²¹ uɛ⁴² au²¹ , ky⁴² pi²¹ ni⁴² ku³³ niɔŋ⁵⁵ au²¹.
建阳	你比我高，渠比你唵让高。 nɔi⁴¹ pɔi²¹ ue⁴¹ au⁵¹ , ky⁴⁵ pɔi²¹ nɔi⁴¹ aŋ³³ niɔŋ⁵⁵ au⁵¹.
政和	你比我高，渠比你更高。 ni⁴² pi²⁴ uɛ⁴² xo⁵³ , ky⁴² pi²⁴ ni⁴² kaiŋ⁴² xo⁵³.
松溪	你比我高，渠比你故高。 niɛ⁴² pɛi²²³ ŋua⁴² xo⁵³ , ky⁴² pɛi²²³ niɛ⁴² ku²² xo⁵³.
武夷山	你比我高，渠比你亚⁼高。 nɛi⁵¹ pɛi³¹ ŋuai⁵¹ au⁵¹ , kio⁵¹ pɛi³¹ nɛi⁵¹ a²² au⁵¹.

续表

	0046 你比我高，他比你还要高。
浦城_{石陂}	你比我高，渠比你央⁼闹⁼高。 ni⁴²pi²¹ɦuaɛ⁴²ɦɔ⁴²，gy⁴²pi²¹ni⁴²aŋ³³naɯ³⁵ɦɔ⁴².
南平_{夏道}	汝比我悬，伊比汝故更悬。 ny¹¹pi³³ŋua¹¹kuiŋ⁵⁵，i¹¹pi³³ny¹¹ku²⁴keiŋ³³kuiŋ⁵⁵.
顺昌	你比我高，渠比你还让⁼高。 lɛ³¹pi³¹ŋa³¹o²²，kɛ³¹pi³¹lɛ³¹a³⁵iɔ̃⁵¹o²².
将乐	你比我高，渠比你更高。 le⁵¹pi²¹ŋæ²¹kau⁵⁵，ki⁵¹pi²¹le²¹kiɛ̃³²⁴kau⁵⁵.
光泽	儂比伉高，俘比儂还要高。 hiən⁴¹pi⁴⁴haŋ⁴¹kau²¹，hu⁴¹pi⁴⁴hiən⁴¹ai³⁵iɛu⁴¹kau²¹.
邵武	儂比伉高，俘比儂还更高。 hien³⁵pi⁵⁵haŋ³⁵kau²¹，hu³⁵pi⁵⁵hien³⁵ai²¹ken³⁵kau²¹.
三明	你比我悬，渠比你还过悬。 ŋi⁴⁴pi¹²ŋu⁴⁴kŋ⁵¹，ŋy⁴⁴pi¹²ŋi⁴⁴hɔ̃⁵¹ko⁰kŋ⁵¹.
永安	你比我悬，渠比你还过悬。 ŋi⁵²pi²¹ŋuɒ⁵²kyɛ̃i³³，ŋy⁵²pi²¹ŋi⁵²hum³³kɯ²¹kyɛ̃i³³.
沙县	尔比我更悬，渠比尔亦更悬。 gi³³pʰiẽ⁵⁵gua³³kɛiŋ²¹kuẽ³¹，ky³³pʰiẽ⁵⁵gi³³i²¹kɛiŋ²⁴kuẽ³¹.
长汀	尔比我更高，渠比尔还更高。 ni²⁴pi²⁴ŋai³³keŋ⁴²kɒ³³，ke³³pi²⁴ni³³hai³³keŋ⁴²kɒ³³.
连城	尔比我高，渠比尔较高。 ŋi⁵³pi²¹ŋa⁵³kau⁴³³，kuɛ⁴³³pi²¹ŋi⁵³ka⁵³kau⁴³³.
上杭	儂比我高，渠比儂还较高。 hŋ²¹pi³¹ŋa²¹kɔu⁴⁴，kei²¹pi³¹hŋ²¹hã²¹koʔ³²kɔu⁴⁴.
武平	儂比我较高，渠比儂还较高。 hŋ²⁴pi⁴²ŋɑ²⁴kɔ⁴²kɔ²⁴，ki²⁴pi⁴²hŋ²⁴haŋ²²kɔ⁴²kɔ²⁴.
永定	尔比我高，渠比尔较高。 ŋ²²pi³¹ŋai²²kɔu²⁴，tɕi²²pi³¹ŋ²²kɔʔ⁵kɔu²⁴.

续表

	0046 你比我高，他比你还要高。
明溪	你比我高，渠比你较高。 le⁴¹ pi⁴¹ ue⁴¹ kau⁴⁴, kʰø⁴¹ pi⁴¹ le⁴¹ ka²⁴ kau⁴⁴.
清流	尔比我高，渠比尔还较高。 ŋi³³ pi²¹ ŋa³³ kɔ³³, kə³³ pi²¹ ŋi³³ ha²³ kɔ³⁵ kɔ³³.
宁化	尔比我较高，渠比尔还较高。 i³⁴ pi³¹ ŋa³⁴ kau²¹² kau³⁴¹, kə³⁴ pi³¹ i³⁴ hai²⁴ kau²¹² kau³⁴¹.
新罗客家	尔比我高，渠比尔还较高。 ni³⁵ pi⁴⁵³ ŋa⁴⁴ kəu⁴⁴, tu³⁵ pi⁴⁵³ ni³⁵ xaʔ⁵ ka⁴¹ kəu⁴⁴.
平和客家	僩比我较高，渠比僩佫□高。 heŋ³⁵ pi³¹ ŋai³⁵ haʔ³¹ kɔ³³, ky³⁵ pi³¹ heŋ³⁵ ɔʔ⁵⁵ haʔ³¹ kɔ³³.
诏安客家	僩比我高，渠比僩还□高。 hen⁵³ pi²² ŋai⁵³ kɔu²², ky⁵³ pi²² hen⁵³ van⁵³ ha³¹ kɔu²².
泰宁	尔比伉较高，渠比尔还样⁼高。 ŋ³⁵ pei⁵¹ haŋ³⁵ kau⁵¹ ko³¹, hi³⁵ pei⁵¹ ŋ³⁵ xuan⁵¹ ioŋ³³ ko³¹.
建宁	尔比我高，士⁼比尔还更高。 ŋ⁵⁵ pi⁵⁵ ŋa⁵⁵ kau³⁴, sə⁵⁵ pi⁵⁵ ŋ⁵⁵ hai²⁴ kiŋ⁵¹ kau³⁴.
浦城城关	侬比我高，渠比侬□乐高。 noŋ⁵⁴ pi⁴⁴ a⁵⁴ kao³⁵, ke⁵⁴ pi⁴⁴ noŋ⁵⁴ ku⁴²³ ŋao²¹ kao³⁵.
南平延平	你比我高，他比你还要高。 li²⁴ pi⁵³ ŋo³¹ kau³³, tʰa³³ pi⁵³ li²⁴ xai²¹ iau⁵⁵ kau³³.

	0047 老王跟老张一样高。
福州	老王共老张平平悬。 no²¹ uoŋ⁵² koyŋ²⁴² no³³ tuoŋ⁵⁵ paŋ⁵⁵ maŋ⁵⁵ ŋeiŋ⁵².
闽侯	老王共老张平平悬。 no²¹ uoŋ⁵³ koyŋ²⁴² no³³ tuoŋ⁵⁵ paŋ³³ maŋ⁵⁵ eiŋ⁵³.
长乐	老王共老张平平悬。 no²² uoŋ⁵³ koyŋ²⁴² no²² tuoŋ⁵⁵ paŋ⁵⁵ maŋ⁵⁵ ŋeiŋ⁵³.
连江	老王共老张平平悬。 no²¹ uoŋ⁵¹ køyŋ²¹ no³³ tyøŋ⁵⁵ paŋ²¹ paŋ³³ eiŋ⁵¹.
罗源	老王共老张平平悬。 lɔ⁴⁴ uoŋ³¹ kœŋ³⁴ lɔ²¹ tyøŋ⁴² paŋ²² maŋ²¹ ŋɛŋ³¹.
福清	老王共老张平平悬。 lo²¹ uoŋ³⁴ kœŋ²¹ lo²¹ tioŋ⁵³ paŋ⁴⁴ maŋ⁴⁴ ŋeŋ⁴⁴.
平潭	老王共老张平平悬。 lo⁴⁴ uoŋ⁴⁴ køŋ⁴² lo²¹ tyoŋ⁵¹ paŋ⁴⁴ maŋ⁴⁴ ŋeiŋ⁴⁴.
永泰	老王共老张平平悬。 lɔ²¹ uoŋ³⁵³ kʰoʔ³ lɔ²¹ tuoŋ⁴⁴ paŋ⁴⁴ maŋ⁴⁴ ŋaiŋ³⁵³.
闽清	老王共老张平平悬。 lɔ²¹ uoŋ³⁵³ kɔk³ lɔ²¹ tuoŋ⁴⁴ paŋ³² maŋ³² kɛiŋ³⁵³.
古田	老王共老张平平悬。 lɔ²¹ uoŋ³⁵ køyŋ²⁴ lɔ²¹ tyøŋ³⁵ paŋ³³ maŋ³³ ŋeiŋ³³.
屏南	老王齐老张平平悬。 lɔ²² ʊŋ²² tsɛ²² lɔ⁵⁵ tʊŋ⁴⁴ paŋ²² paŋ²² kɛiŋ²².
宁德	老王合老张平平悬。 lau³³ uŋ⁴¹¹ ka⁵⁵ lau³³ tɔuŋ³³ paŋ¹¹ maŋ¹¹ ŋɛŋ¹¹.
霞浦城关	老王分老张平平悬。 lau⁴⁴ ɔuŋ²¹ poŋ⁴⁴ lau⁴⁴ tøŋ²¹ paŋ²¹ maŋ²¹ ŋeiŋ²¹.
福安	老王跟老张呢共许悬。 lau⁴⁴ uŋ²¹ kɛ²¹ lau⁴⁴ tioŋ³³¹ ni⁴⁴ kœuŋ²³ xo³⁵ kɛiŋ²¹.

续表

	0047 老王跟老张一样高。
柘荣	老王驮老张平平悬。 lɔ⁵⁵ uoŋ²¹ tɔ²¹ lɔ⁵⁵ tyɔŋ⁴² paŋ²¹ paŋ²¹ ŋɛŋ²¹.
周宁	老王［这驮］老张两隻共［许夥］悬。 lau⁴⁴ uŋ²¹ tsɛ²¹ lau⁴⁴ tyəŋ⁴⁴ laŋ⁴⁴ iɛk⁵ kœŋ²¹³ xuɔ⁵⁵ kɛn²¹.
寿宁	老王随老张一样悬。 lau³³ uoŋ²¹ sy²¹ lau³³ tyoŋ³³ iʔ⁵ yoŋ²³ kɛŋ²¹.
福鼎城关	老王合老张平平悬。 lau³³ uoŋ²¹ kaʔ³ lau³³ tioŋ³⁵ paŋ³³ paŋ³³ keŋ²¹.
尤溪	老王泡老张平平悬。 lə⁴⁴ uoŋ¹² pʰau⁵¹ lə⁴⁴ tiũ³³ pã³³ pã³³ kuẽ¹².
莆田	老王合老张平平悬。 lɔ⁵³³ ɔŋ²⁴ koʔ⁵ lɔ¹¹ tieu⁵³³ pa¹¹ βa⁴² e²⁴.
涵江	老王合老张平平悬。 lɒ¹³ ɒŋ¹³ kat⁴ lɒ²¹ tiau⁵⁵ pa²¹ a⁵⁵ e¹³.
仙游城关	老王合老张齐平平悬。 lɒ²⁴ ɒŋ²⁴ kat²³ lɒ²¹ tiũ⁵⁵ tse²⁴ pa²¹ βa⁵⁵ ĩ²⁴.
仙游枫亭	老王合老张平平悬。 lɔ⁵³³ ɔŋ²⁴ keʔ⁵ lɔ¹¹ tiũ⁵³³ pã¹¹ ã⁵³³ kĩ²⁴.
厦门	老王合老张相象竮。 lau⁴⁴ ɔŋ²⁴ kat⁴ lau⁴⁴ tiũ⁴⁴ sio²² siaŋ²¹ lo²¹.
同安	老王合老张解平平大汉。 lau³³ ɔŋ²⁴ kaʔ⁴ lau³³ tiũ⁴⁴ e⁰ pĩ¹¹ pĩ¹¹ tua¹¹ han¹¹².
泉州鲤城	老王合老张平平大汉。 lau²⁴ ɔŋ²⁴ kap²⁴ lau²⁴ tiũ³³ pĩ²² pĩ²² tua²² han⁴¹.
泉州洛江	老王交老张平平大汉。 lau²⁴ ɔŋ²⁴ kiau³³ lau²⁴ tiũ³³ pĩ²² pĩ²² tua²² han⁴¹.
南安	老王交老张平平大汉。 lau²⁴ ɔŋ²⁴ kiau³³ lau²⁴ tiũ³³ pĩ²² pĩ²² tua²² han³¹.

续表

	0047 老王跟老张一样高。
晋江	老王合老张平平大汉。 lau^{24} ɔŋ^{24} kap^5 lau^{24} tiũ^{22} pĩ^{22} pĩ^{22} tua^{22} han^{41}.
石狮	老王合老张平平躼。 lau^{24} ɔŋ^{24} kap^5 lau^{24} tiũ^{33} pi^{22} pi^{22} liə^{41}.
惠安	老王合老张平平大汉。 lau^{25} ɔŋ^{25} kap^5 lau^{25} tiũ^{33} pĩ^{33} pĩ^{25} tua^{22} han^{21}.
安溪	老王合老张平平大汉。 lau^{44} ɔŋ^{24} kap^{42} lau^{44} tiũ^{55} pĩ^{22} pĩ^{24} tua^{21} han^{42}.
永春	老王交老张平平大汉。 lau^{44} ɔŋ^{44} kiau^{22} lau^{44} tiũ^{44} pĩ^{22} pĩ^{24} tua^{31} han^{31}.
德化	老王合老张平平大汉。 lau^{31} ɔŋ^{44} kap^{42} lau^{31} tiũ^{13} pĩ^{31} pĩ^{44} tua^{31} han^{35}.
漳州	老王合老张平躼。 lau^{34} ɔŋ^{13} ka^{53} lau^{34} tiɔ̃^{34} pẽ^{22} lo^{21}.
龙海	老王合老张平躼。 lau^{34} ɔŋ^{312} kaʔ^4 lau^{34} tiɔ̃^{34} pẽ^{33} lo^{41}.
长泰	老王合老张平平躼。 lau^{44} ɔŋ^{24} ka^{53} lau^{44} tiɔ̃^{44} pẽ^{22} pẽ^{22} lɔ^{21}.
华安	老王合老张平悬。 lau^{55} ɔŋ^{232} kaʔ^5 lau^{55} tiɔ̃^{55} pẽ^{22} kuan^{232}.
南靖	老王合老张平悬。 lau^{44} ɔŋ^{323} kʰaʔ^{54} lau^{44} tiũ^{34} pẽ^{22} kuan^{323}.
平和	老王合老张平悬。 lau^{21} ɔŋ^{23} kaʔ^{42} lau^{21} tiũ^{34} pẽ^{22} kuẽ^{23}.
漳浦	老王合老张平悬。 lau^{43} oŋ^{412} kaʔ^4 lau^{43} tiũ^{43} pẽ^{33} kuan^{412}.
东山	老王合老张平悬。 lau^{44} oŋ^{213} kaʔ^5 lau^{44} tiɔ̃^{44} pẽ^{33} kuan^{213}.

续表

	0047 老王跟老张一样高。
云霄	老王合老张平躺。 lau²¹ ɔŋ³² ka⁵³ lau²¹ tiũ⁵⁵ pĩ³³ lo⁵³.
诏安	老王交老张平悬。 lau²⁴ ɔŋ²⁴ kau³³ lau²⁴ tiõ⁴⁴ pɛ̃²² kɔŋ²⁴.
龙岩	老王仔合老张仔一般悬。 lo²¹ guaŋ¹¹ ŋã²¹ kak¹ lo²¹ tiõ⁵⁵ ua²¹ tɕiɛt³ puã³³ kuĩ¹¹.
漳平	老王趁老张平平悬。 lau²¹ ɔŋ³³ tʰin⁵³ lau²¹ tiõ³⁵ pɛ̃³³ pɛ̃³³ kuan³³.
大田城关	老王递老张平平大汉。 lɤ³¹ buaŋ²⁴ tue⁵⁵ lɤ²⁴ tiŋ³³ pã³³ pã³³ tua⁵³ haŋ³¹.
大田广平	老王替老张一般悬。 lɯ²⁴ guaŋ²⁴ tʰe³³ lɯ²⁴ tioŋ³³ ʃiŋ²² põ²² kuĩ²⁴.
霞浦三沙	老王合老张平平悬。 lau²¹ ɔŋ³⁵ kaʔ⁵ lau²¹ tyoŋ⁴² pĩ²¹ pĩ²¹ kuĩ³⁵.
福鼎沙埕	老王合老张平平悬。 lau²¹ ɔŋ²⁴ kat⁴ lau²¹ tiũ⁴⁴ pĩ²¹ mĩ²¹ kuĩ²⁴.
建瓯	老王邀老张一般高。 lau²¹ uaŋ³³ iau⁵⁴ lau²¹ tiɔŋ⁵⁴ i²⁴ puiŋ⁵⁴ au²¹.
建阳	老王邀老张一般高。 lau²¹ jiɔŋ⁴⁵ jiɔ⁵¹ lau²¹ tiɔŋ⁵¹ ji⁴ pɔiŋ⁵¹ au⁵¹.
政和	老王□老张一般高。 lo²¹³ ɔŋ³³ kʰɛ⁵³ lo³³ tiɔŋ⁵³ i²⁴ pueiŋ⁵³ xo⁵³.
松溪	老王和老张一般高。 lo²²³ ɔŋ⁴⁴ o⁴² lo²²³ tiɔŋ⁵³ i²²³ pueiŋ⁵³ xo⁵³.
武夷山	老王跟老张一般高。 lau³¹ yoŋ³³ kaiŋ⁵¹ lau³¹ tyoŋ⁵¹ i³⁵ puaiŋ⁵¹ au⁵¹.
浦城石陂	老王跟老张一般高。 lɔ²¹ əŋ³³ kaiŋ⁵³ lɔ²¹ tiɔŋ⁵³ i²⁴ puaiŋ⁵³ ɦɔ⁴².

续表

	0047 老王跟老张一样高。
南平夏道	老王共老张一般悬。 lo³³uŋ⁵⁵køyŋ³³lo⁵⁵tioŋ¹¹ɛ⁵⁵puiŋ¹¹kuiŋ⁵⁵.
顺昌	老王合老张一般高。 lɔ²²ŋɔ̃¹¹koʔ¹¹lɔ²²tiɔ̃⁴⁴iˀ⁵⁵paŋ⁴⁴o²².
将乐	老王合老张一般高。 lau²²vuɔ̃²²koʔ²¹lau²¹tiɔ̃⁵⁵iʔ⁵puẽ⁵⁵kau⁵⁵.
光泽	老王和老张个样高。 lau⁴¹uɔŋ²²uɔʔ²¹lau⁴¹tɕiɔŋ²¹kɛʔ²¹iɔŋ³⁵kau²¹.
邵武	老王帮老张个样高。 lau⁵⁵uaŋ³³poŋ²¹lau⁵⁵tioŋ²¹kəi²¹ioŋ³⁵kau²¹.
三明	老王替老张一般悬。 laɯ¹²m⁵¹tʰɛ̃³³laɯ¹²tiɐm⁴⁴iʔ²⁵pŋ⁴⁴kŋ⁵¹.
永安	老王做老张一般悬。 laɯ³³m³³tsaɯ²⁴laɯ³³tiɑŋ⁵²iʔ⁴⁴pum⁵²kyɛ̃i³³.
沙县	老王逐老张一般悬。 lɔ⁵⁵uaŋ³¹ty²¹lɔ⁵⁵tiŋ³³iʔ⁵⁵puẽ³³kuẽ³¹.
长汀	老王搭老张一般高。 lɒ²¹voŋ²⁴ta³³lɒ²⁴tʃoŋ³³iʔ⁵⁵paŋ³³kɒ³³.
连城	老王合老张一般般高。 lau²¹voŋ²²koʔ⁵⁵lau²¹tʃoŋ⁴³³iʔ⁵⁵pa³³pa³³kau⁴³³.
上杭	老王别老张一般般高。 lɔu⁴⁴voŋ²¹pʰɛʔ³⁵lɔu³¹tsoŋ⁴⁴iʔ³pã³¹pã³¹kɔu⁴⁴.
武平	老王跟老张一般般高。 lɔ⁴²vɔŋ²²kɛŋ²⁴lɔ⁴²tsɔŋ²⁴iʔ³paŋ²²paŋ²⁴kɔ²⁴.
永定	老王趁老张一般般高。 lɔu³¹vɔ̃²²tʰɛ̃²²lɔu³¹tsɔ̃²⁴ieʔ³²pɐ̃⁴⁴pɐ̃⁴⁴kɔu²⁴.
明溪	老王□老张一样的高。 lau⁴¹voŋ³¹le⁴⁴lau⁴¹tsoŋ⁴⁴iʔ⁴⁴ioŋ⁵⁵ti⁰kau⁴⁴.

	0047 老王跟老张一样高。
清流	老王合老张一般高。 lɔ²¹ viɔŋ²³ ko²¹ lɔ²¹ tʃiɔŋ³³ ie²¹ paŋ³⁵ kɔ³³.
宁化	老王齐老张一样高。 lau³¹ vɔŋ²⁴ tɕʰi⁴⁴ lau³¹ tsɔŋ³¹ i⁵ iɔŋ²¹² kau³⁴¹.
新罗客家	老王合老张一般般高。 ləu²¹ vuõ³⁵ koʔ⁵ ləu²¹ tʃiõ⁴⁴ iʔ⁵ paŋ⁴⁴ paŋ⁴⁴ kəu⁴⁴.
平和客家	老王合老张般般高。 lɔ³¹ ɔŋ³⁵ ka³¹ lɔ³¹ tʃɔŋ³³ pan³¹ pan³¹ kɔ⁵⁵.
诏安客家	老王□老张般高。 lɔu²² ɔŋ⁵³ te⁰ lɔu⁴⁵ tʃiɔŋ²² pan⁴⁵ kɔu²².
泰宁	老王恨⁼老张个样高。 lo³³ uoŋ³³ xon⁵¹ lo³³ tioŋ³¹ ko⁵¹ ioŋ²¹³ ko³¹.
建宁	老王和老张一样高。 lau⁵⁵ uoŋ²⁴ uo²¹ lau⁵⁵ toŋ³⁴ it² ioŋ²⁴ kau³⁴.
浦城城关	老王跟老张一样高。 lɑo⁵⁴ aŋ²⁴ keŋ³⁵ lɑo⁵⁴ tɕiaŋ³⁵ ie²⁴ iaŋ²¹ kɑo³⁵.
南平延平	老王同老张一样高。 lau⁵³ yæ̃²¹ tʰoŋ²¹ lau⁵³ tɕiæ̃³³ i⁵⁵ iæ̃³⁵ kau³³.

	0048 我走了，你们俩再多坐一会儿。
福州	我行去，汝两隻介多坐伫行⁼。 ŋuai³³kiaŋ⁵²ŋo⁰, ny³³naŋ⁵²nzieʔ²⁴kai²¹to⁵²loy²⁴²ni²¹oŋ⁵².
闽侯	我行去，汝两隻再多坐伫行⁼。 ŋuai³³kiaŋ⁵³o⁰, ny³³naŋ²¹zieʔ²⁴tsai²¹to⁵³soy²⁴²ni²¹oŋ⁵³.
长乐	我行去，汝两隻再多坐伫行⁼。 ŋui²²kiaŋ⁵³o⁰, ny²²naŋ²¹nzieʔ²⁴tsəi²¹to⁵³luai²⁴²ni²¹oŋ⁵³.
连江	我先行，汝两隻介多坐伫行⁼。 ŋui³³seiŋ⁵⁵iaŋ⁵¹, ny³³naŋ²¹ʒieʔ¹³kai²¹to⁵¹lo²⁴²ni⁵⁵oŋ⁵¹.
罗源	我罔行，汝两隻介多坐蜀行⁼囝。 ŋui²¹muŋ⁴⁴kiaŋ³¹, ny²¹laŋ²¹ʒiaʔ²ai²¹tɔ²²lɔ³⁴θyø²²ɔŋ²²ŋieŋ²¹.
福清	我行去，汝两隻介坐蜀歇囝。 ŋua³¹kiaŋ⁴⁴ŋo⁰, ny³¹laŋ²¹ʒia²¹kai⁵³θɐi⁴²θio²¹o⁰kiaŋ³¹.
平潭	我行咯，汝两隻介多坐伫行⁼。 ŋua³¹kiaŋ⁴⁴o⁰, ly³¹laŋ²¹nzia²¹kai⁵¹to³⁵θyo²¹li²¹oŋ⁴⁴.
永泰	我行去，汝两隻再多坐伫行⁼。 ŋuoi³²kiaŋ³⁵³ŋo⁰, ny³²laŋ⁵³ʒieʔ³tsai²¹to⁵³lɔi²⁴²ni²¹ouŋ²⁴².
闽清	我行去，汝两隻介多坐伫行⁼。 ŋuai³²kiaŋ³⁵³ŋɔ⁰, ny³²laŋ⁴²tsiek³kai²¹to⁴²lɔi²⁴²ni²¹ouŋ³⁵³.
古田	我行喽，汝两隻介坐蜀行⁼囝啊。 ŋuai⁴²kiaŋ³³nou⁰, ny⁴²laŋ⁴²nziek²kai⁵⁵loi⁵⁴⁴syø²¹ouŋ²¹ŋiaŋ⁴²ŋa⁰.
屏南	我去了，汝两隻介坐蜀行⁼囝。 uai⁴¹kʰɯ³⁴lɔ⁰, ny⁴¹laŋ⁴⁴tsɪk³kai⁴⁴sɔi³²³suk³ɔuŋ²²ŋiaŋ⁴¹.
宁德	我行噜，汝两隻介多坐[蜀行⁼]囝。 ua⁴¹kiɛŋ¹¹nu⁰, ny⁴¹laŋ⁵⁵ŋie²⁵⁴kai⁵⁵tɔ¹¹lɔi⁴²¹sɔ³³ŋiaŋ⁴¹.
霞浦城关	我走了，汝侬两隻介坐蜀行⁼囝。 ua⁴²tsau⁴²lo⁰, ny⁴²nøŋ²¹laŋ²⁴nziaʔ⁵ai⁵⁵θoi²⁴θø⁴⁴ɔuŋ²¹ŋiaŋ⁴².
福安	我走喽，汝侪两隻介多坐蜀行⁼囝。 ŋo⁴¹tso⁴¹lo⁰, ni⁴¹ɛ²¹laŋ²³eiʔ⁵ai³⁵tɔ³³¹sɔi²³si⁴⁴ɔuŋ²¹ŋiaŋ⁴¹.

续表

	0048 我走了，你们俩再多坐一会儿。
柘荣	我走喽，汝侬两隻多坐蜀行⁼工。 ŋua⁵³tsau⁵³lɔ⁰，ny⁵³nœŋ²¹laŋ²⁴tsiaʔ⁵tɔ⁴⁴θiɕi²⁴tsʰi⁴⁴ɔŋ²¹ŋuŋ⁴².
周宁	我先走喽，汝两隻介坐蜀行⁼囝。 ua⁴²sɛn⁴⁴kiɐŋ²¹lo⁰，ny⁴²laŋ²¹³iɛk⁵ai⁵⁵sɔi²¹³si⁴⁴ɔŋ²¹ŋɛn⁴².
寿宁	我走了，汝家两个再坐蜀尺添。 ua⁴²tsau⁴²lɔ⁰，ny⁴²ka³³laŋ²³kɔi³⁵tsai³⁵sɔi²³si³³tsʰy⁵⁵tʰieŋ³³.
福鼎城关	我走啰，汝侬两个再坐蜀下囝。 ua⁵⁵tsau⁵⁵lo⁰，ni⁵⁵neŋ²¹laŋ³³koi⁴²tsai³³soi⁴²siʔ³a³³kiaŋ⁵⁵.
尤溪	我先行了，汝两个介加坐［蜀下］囝。 ŋua⁵⁵sẽ³³kiã³³lə⁰，ne⁵⁵loŋ³³ki⁴²ai³³ka³³sə⁴²ɕia³³ŋ⁵⁵.
莆田	我行咯，汝辈两个爱⁼坐蜀歇囝。 kua⁴⁵³kia¹¹lɔʔ⁰，ty⁵³³mue⁴²nuŋ¹¹ŋe²⁴ai⁴²ɬø¹¹ɬɛ²⁴eŋ⁴²yɔ⁴⁵³.
涵江	我行咯，汝辈两个侬再坐加蜀出囝。 kuak⁴kia²¹loʔ⁴，typ⁴muai⁵⁵nuŋ²¹ŋe²¹nan¹³tsai⁵⁵ɬø⁵⁵ka⁵⁵ɬot¹tsʰok⁴kyɒ⁴⁵³.
仙游城关	我做先行，汝爱⁼坐蜀下囝。 kuat²³tso⁵⁵nĩ²⁴kia²⁴，tyøŋ⁵⁵ai⁴²ɬø²¹ɬuok²kɒ²¹iã⁴⁵³.
仙游枫亭	我行咯，恁两个侬爱⁼加坐蜀歇囝。 kua⁴⁵³kiã¹¹lɔʔ⁰，lieŋ⁵³³nŋ¹¹ŋe¹¹naŋ²⁴ai⁵³³ka²⁴ɬe¹¹ɬɔʔ²hieu⁵³³iã⁴⁵³.
厦门	我先行咯，恁两个佫坐淡薄久。 gua⁵³sin²²kiã²⁴lo⁰，lin⁴⁴lŋ²¹e²⁴koʔ⁴tse²²tan²¹po²¹ku⁵³.
同安	我行咯，恁两个加坐一滴仔。 gua⁴²kiã²⁴lo⁰，lin⁴²lŋ¹¹ge²⁴ke³³tsə²²tsit¹¹tiap⁴pa⁰.
泉州鲤城	我先行咯，恁两个侬佫加坐一仔久。 gua⁵⁵suĩ³³kiã²⁴ɔ⁰，lin⁵⁵nŋ²²ge²²laŋ²⁴kəʔ⁵ke³³tsə²²tsit⁰a⁰ku⁰.
泉州洛江	我那⁼行咯，恁两个佫过坐一仔久。 gua⁵⁵nã²⁴kiã²⁴lo⁰，lin⁵⁵nŋ²²e²⁴koʔ⁵ke³³tse²²tsit⁰a⁰ku⁰.
南安	我先行，恁两个加坐一步仔。 gua⁵⁵suĩ³³kiã²⁴，lin⁵⁵nŋ²²ge²⁴ke³³tsə²²tsit⁰pɔ⁰a⁰.

续表

	0048 我走了，你们俩再多坐一会儿。
晋江	我先来去咯，恁两个佫坐一仔久。 gua⁵⁵ suĩ³³ lai²² kʰi⁴¹ lɔ⁰, lin⁵⁵ lәŋ²² ge²⁴ kәʔ⁵ tse²² tsiak⁰ ga⁰ ku⁰.
石狮	我先行蜀步，恁两个佫坐一仔久。 gua⁵⁵ sui³³ kia²⁴ tsit⁰ pɔ⁰, lin⁵⁵ lŋ²² ge²⁴ kәʔ⁵ tse³³ tsit⁰ a⁰ ku⁰.
惠安	我先行咯，恁两个加坐功夫。 gua⁴² suĩ³³ kiã²⁵ lɔ⁰, len⁴² nŋ⁴² e⁰ ke³³ tsә²¹ kaŋ³³ hu³³.
安溪	我先行咯，恁两个佫坐一下。 gua²² suĩ³³ kiã²⁴ lɔ⁰, lin²² nŋ⁴⁴ e⁰ koʔ⁵ tsә⁴² tsit⁴² e⁰.
永春	我行咯，恁两个佫坐［一下］。 gua⁵³ kiã²⁴ lɔ⁰, lin⁵³ nŋ²⁴ e⁰ koʔ⁴ tsә²² tsit⁰.
德化	我行咯，恁两个佫坐一。 gua³⁵ kiã⁴⁴ lɔ⁰, lin⁵³ nŋ³¹ e⁰ koʔ⁴² tsә³¹ tsit⁰.
漳州	我［代先］行，恁两股加坐［一下］。 gua⁵³ tan²² kiã¹³, lin³⁴ nɔ̃²¹ kɔ⁵³ kɛ²² tse²² tsɛ⁰. ［tan²²］为"代先［tai²¹ san³⁴］"的合音。［tsɛ⁰］为"一下［tsit²¹ ɛ²²］"的合音。
龙海	我先行，恁两股加坐搭久仔。 guaʔ⁴ siŋ³³ kiã³¹², liŋ³⁴ nɔ̃⁴¹ kɔ⁵² kɛ³³ tse³³ taʔ⁴² ku⁰ a⁰.
长泰	我来去啊，恁两股佫加坐一刻啊。 gua⁵³ lai²² kʰi²¹ ia⁰, lin⁵³ nɔ̃²¹ keu⁵³ kɔ⁵³ ke²² tse²² tsit⁰ kʰek⁰ ga⁰.
华安	我行啊，恁两股佫加坐者。 gua⁵³ kiã²³² a⁰, lin⁵³ nɔ̃³¹ kɔ⁵³ koʔ⁵ ke²² tse²² tsɛ̃⁰.
南靖	我行啊，恁两侬佫坐者。 gua⁴⁴ kiã³²³ a⁰, lin⁴⁴ nũ²¹ laŋ³²³ koʔ⁵⁴ tse²² tsɛ⁰.
平和	我来去，恁两股佫坐一下。 gua⁵² lai²² kʰi²¹, lin⁵² lou²¹ kou⁵² koʔ⁴² tse²² tsit⁰ le⁰.
漳浦	我先行啊，恁两股佫坐輒［久仔］。 guaʔ⁴ sioŋ³³ kiã⁴¹² a⁰, lin⁵¹ lŋ²¹ kɔ⁵¹ kɔʔ⁴ tsɛ³³ taʔ²¹ kua²¹.

续表

		0048 我走了，你们俩再多坐一会儿。
东山		我先行，恁两侬则佫加坐辄仔［久仔］。 guaʔ⁵sin³³kiã²¹³, lin⁵¹lõ²²laŋ²¹³tsiaʔ⁵kuʔ⁵ke³³tse³³tiap⁴¹a⁰kua²².
云霄		我来走啊，恁加坐一睏仔。 gua⁵³lai³³tsau⁵³a⁰, lin⁵³ke³³tse²¹tsit²¹kʰun²²a⁰.
诏安		我先行，恁再坐加霎仔。 ua⁵³siŋ³³kiã²⁴, lin⁵³tsai⁵³tsə³³kɛ³³siap³²ɛ⁰.
龙岩		我先行，汝两［个侬］加坐一刻仔。 gua²¹ɕĩ³³kiã¹¹, li²¹nõ¹¹kiaŋ¹¹kie¹¹tɕie⁴²tɕiɛt⁵kʰat³²la²¹.
漳平		我行咯，汝两侬介加坐一盈。 gua⁵³kiã³³lɔ⁰, li⁵³nõ²¹laŋ³³kai⁵³kie³³tsie⁵⁵tsiet²¹en²¹.
大田城关		我行了，汝两个坐一下。 bua⁵³kiã²⁴lɔ⁰, liŋ⁵³nŋ³³ge²⁴tse⁵⁵tseʔ⁵a⁰.
大田广平		我行了，汝两侬呢再坐下。 gua⁵¹kiẽ²⁴lɤ⁰, li⁵¹lõ²²lõ²⁴lẽi³³tsɛ³³tsui⁴⁵a⁰.
霞浦三沙		我走了，汝侬□侬介加坐一个行。 ua⁴²tsau⁴²lo⁰, ny⁴²naŋ²¹laŋ²¹naŋ³⁵kai⁵⁵ke⁴⁴tsoi²¹tseʔ²¹kɔ²¹huŋ⁵¹.
福鼎沙埕		我走，汝两个再坐一会团。 gua⁵³tsau⁵³, lɯ⁵³nŋ²¹ge²⁴tsai⁴⁴tsə²¹tsiet²¹ɯei²¹kã⁵³.
建瓯		我先行了，你两隻唵加坐一阵。 uɛ⁴²saiŋ⁵⁴kiaŋ²¹lɔ⁰, ni⁴²niɔŋ⁴²tsia²⁴aŋ³³ka⁵⁴tso⁵⁵tsi³³teiŋ³³.
建阳		我先行了，你两隻人再多坐一下。 uɛ⁴¹sieiŋ⁵¹jiaŋ⁴¹lo⁰, nɔi⁴¹soŋ³³tsia⁴nɔiŋ⁴⁵tsue³³to⁵¹tsui⁵¹tsi⁴xa³³.
政和		我去了，你两隻人再多坐一下仔。 uɛ⁴²kʰo⁴²lo⁰, ni⁴²sauŋ⁵³tsia⁵³neiŋ³³tsuɛ⁴²to⁵³tsuɛ⁵⁵tsi⁴²xa⁵⁵tsiɛ²¹.
松溪		我去了，你两隻人再多坐一阵。 ŋua⁴²kʰo²²lo⁰, niɛ⁴²saŋ²²³tsia²²³neiŋ⁴⁴tso²²to⁵³tsua²²³tsi⁴²teiŋ²².
武夷山		我去了，你双隻人再多坐么时。 ŋuai⁵¹kʰo²²lo⁰, nɛi³⁵sɛiŋ⁵¹tsia³⁵nɛiŋ³³tsai²²to⁵¹tsuai⁵¹mɛi⁵⁵si³³.

续表

	0048 我走了，你们俩再多坐一会儿。
浦城石陂	我先去了，你两隻人再坐个阵。 ɦuaɛ⁴² tɕʰiŋ⁵³ kʰɔ³³ lɔ⁰, ni⁴² sɔŋ⁵³ tɕia²⁴ neiŋ³³ dzaɛ⁴² tsuaɛ⁵³ kɵ⁵³ deiŋ³⁵.
南平夏道	我行了，汝两隻加坐一出。 ŋua¹¹ kiaŋ⁵⁵ lo⁰, ny¹¹ lioŋ¹¹ tɕia¹¹ kai²⁴ tsuɛ⁵⁵ tɕi¹¹ tsʰøy¹¹.
顺昌	我去了，你两隻再加坐个下。 ŋa³¹ kʰo³⁵ lo⁰, lɛ³⁵ liɔ̃³¹ tʃa³⁵ tsai³⁵ kɔ⁴⁴ tsʰuɛ³¹ ka³³ hɔ⁵¹.
将乐	我先去咯，你两倍再坐个下。 ŋæ⁵¹ siɛ̃⁵⁵ kʰo³²⁴ lo²¹, le²¹ liɔ̃²² ʃa²² tsæ³²⁴ tsʰuæ²¹ ka²² xa²¹.
光泽	伉去了，僴两个人多做个下。 haŋ⁴¹ kʰɔ³⁵ liɛu⁰, hiən⁴¹ lioŋ⁴¹ kɛ³⁵ nin²² tɔ²¹ tʰɔiʔ⁵ kɛi³⁵ ha⁵⁵.
邵武	伉去咯，僴两个人再多坐个下。 haŋ³⁵ kʰo³⁵ lo⁰, hien³⁵ lioŋ⁵⁵ kəi²¹ nin³³ tsai²¹ to²¹ tʰoi⁵⁵ kəi²¹ ha⁰.
三明	我去了，你两倍加坐丝久。 ŋu⁴⁴ kʰɯ³³ lo⁰, ŋi⁴⁴ liɐm¹² sɒ⁵¹ kɒ⁴⁴ tsuɛ²⁵⁴ si⁴⁴ kiɑu³¹.
永安	我行罢，你两倍还坐下。 ŋuɒ⁵² kiõ³³ pɒ⁰, ŋi⁵² liɑm²¹ sɒ³³ ɒ¹³ tsue⁵⁴ hɒ⁵⁴.
沙县	我罔去了，你两倍且抑坐个丝久啦。 gua³³ bɔuŋ⁴⁴ kʰo²⁴ lo⁰, gi³³ liŋ⁵⁵ ʃia³¹ tsʰe⁵⁵ ai²¹² tsuɛ²¹ ka²¹ si⁴⁴ kiu⁵⁵ la⁰. "罔"、"且"可说可不说。
长汀	我来走哩，尔俩个人坐一套子添。 ŋai³³ lai²⁴ tsəɯ²¹ le²¹, ni³³ tioŋ⁴² ke²¹ neŋ²⁴ tsʰo²¹ i³³ tʰɒ⁴² tsɿ²⁴ tʰiŋ³³.
连城	我先去，尔两个人加坐一刻子。 ŋa⁵³ se³³ huɛ⁵³, ŋi⁵³ tioŋ²¹ ka⁵³ ŋeiŋ²² ko⁴³³ tsʰɯ³³ i⁵⁵ kʰuo⁵⁵ tsɯə²¹².
上杭	我走哩，僴两欸人再多坐一下子。 ŋa²¹ tɕiɔ³¹ lɛ³¹, hŋ²¹ tiɔŋ⁵ ɛ³¹ ȵiəŋ²¹ tsa³⁵³ tɔu⁴⁴ tsʰuɔ⁴⁴ iʔ³² hɒ⁵¹ tsɿ³¹.
武平	我走矣，僴两个再坐啊子。 ŋɑ²⁴ tsɛ⁴² i²², hŋ²⁴ tiaŋ²² ke⁴⁵¹ tsɑ⁴⁵¹ tsʰo²⁴ a²⁴ tsɿ⁴².

续表

	0048 我走了，你们俩再多坐一会儿。
永定	我先行哩，尔两俙再坐下子。 ŋai²² ɕiɛ̃²⁴ xaŋ²² li⁰，ŋ²² liɔ̃³¹ sa²² tsai⁵² tsʰɔu²⁴ xa⁴⁴ tsɿ³¹.
明溪	我去啊，你两俙再坐［个下］。 ue⁴¹ kʰɤ²⁴ a⁰，le⁴¹ lioŋ⁴¹ so³¹ tsa²⁴ tsʰue⁴¹ ko³¹.
清流	我先来去，尔两个多坐一刻子。 ŋa³³ seŋ³³ lɛ²¹ kʰə³⁵，ŋi³³ liɔŋ²¹ kəŋ⁰ to³³ tsʰo³³ ie²¹ kʰə²¹ tsə³³.
宁化	我来去去，尔两个人多坐一下。 ŋa³⁴ lai⁴⁴ kʰə³¹ kʰə⁰，i³⁴ lioŋ³¹ ko⁴² iŋ²⁴ to³⁴ tsʰo⁴² i⁵ hɒ⁴².
新罗客家	我爱去哩，尔两个人加坐一刻子。 ŋa³⁵ a⁴¹ tʰɿə⁴¹ li³¹，ni³⁵ tioŋ⁴⁴ ka²¹ niŋ³⁵ kuo⁴⁴ tsʰəu⁴⁴ iʔ⁵ kʰeiʔ⁵ tsɿ⁴⁵³.
平和客家	我行咯，儜两俙加坐一下子。 ŋai³⁵ haŋ³⁵ lɔ⁰，heŋ³⁵ liɔŋ³¹ sa³⁵ ka³¹ tsʰɔ³³ it⁵³ ha³¹ tsɿ³¹.
诏安客家	我先走，儜两俙多坐一下子。 ŋai⁵³ siɛn²² tseu³¹，hen⁵³ liɔŋ²² sa⁵³ tɔu⁴⁵ tsʰɔu³¹ zit⁵ ha²² tsɿ³¹.
泰宁	伉去了，尔侬两俙再坐个下。 haŋ³⁵ kʰo⁵¹ lə⁰，ŋ³⁵ noŋ³³ lioŋ²¹³ sa³³ tsai⁵¹ tʰuai²¹ kə⁵¹ xa³³.
建宁	我来去，尔多两介再坐一下。 ŋa⁵⁵ lei⁵⁵ kə²¹，ŋ⁵⁵ tai⁵⁵ lioŋ⁵⁵ kai⁵⁵ tai²¹ tʰo⁵⁵ o²¹ ha²¹.
浦城城关	我走了，侬拉两侬再多坐加下子。 a⁵⁴ tɕiao⁴⁴ la⁰，noŋ⁵⁴ la⁵⁴ liaŋ⁵⁴ noŋ²⁴ tsa⁴²³ luo³⁵ tsue⁵⁴ ka⁴⁴ xɑ²¹ tɕi⁴⁴.
南平延平	我去了，你们两个再多坐一下仔。 ŋo²⁴ kʰɤ³⁵ lau⁴，li²⁴ mein⁰ liæ⁵³ ko³⁵ tsai³⁵ to³³ tso³⁵ i⁵⁵ xa⁵⁵ tsai²⁴².

	0049 我说不过他，谁都说不过这个家伙。
福州	我讲𣍐过伊，什毛侬都讲𣍐过只隻侬。 ŋuai³³ kouŋ³³ me⁵² kuo²¹ i⁵⁵, sie²¹ no³³ nøyŋ⁵² tu⁵² kouŋ³³ me⁵² kuo²¹ tsi⁵⁵ ieʔ²⁴ nøyŋ⁵².
闽侯	我讲𣍐过伊，什毛侬都讲𣍐过者隻侬。 ŋuai³³ koŋ³³ me²¹ uo²¹ i⁵⁵, sie²¹ no²¹ nøyŋ⁵³ tʰu⁵⁵ kouŋ³³ me²¹ uo²¹ tsie³³ ieʔ²¹ nøyŋ⁵³.
长乐	我讲𣍐过伊，什毛侬都讲𣍐过只隻侬。 ŋui²² kouŋ²² me⁵³ uo²¹ i⁵⁵, sie²¹ no⁵⁵ nøyŋ⁵³ tu⁵³ kouŋ²² me⁵³ uo²¹ tsi⁵⁵ ieʔ²⁴ nøyŋ⁵³.
连江	我讲𣍐过伊，底侬都讲𣍐过伊。 ŋui³³ koŋ³³ me²¹ uo²¹² i⁵⁵, tø²¹ løyŋ⁵¹ tu⁵⁵ koŋ³³ me²¹ uo²¹² i⁵⁵.
罗源	我讲伊𣍐过，底侬讲伊都𣍐过。 ŋui²¹ kuoŋ²¹ i⁴² mɛ²¹ uo³⁵, tœ²¹ nœŋ³¹ kuoŋ²¹ i⁴² tu²² mɛ²¹ uo³⁵.
福清	我讲𣍐过伊，底侬讲都𣍐过伊。 ŋua³¹ koŋ³¹ mɛ²¹ uo²¹ i⁵³, tie⁴⁴ nøŋ⁴⁴ koŋ³¹ tʰu³⁴ mɛ²¹ uo²¹ i⁵³.
平潭	我讲𣍐过伊，底侬都讲𣍐过伊。 ŋua³¹ koŋ³¹ mɛ⁰ uo²¹ i⁵¹, tie⁴⁴ løŋ⁴⁴ tʰu⁴⁴ koŋ³¹ mɛ⁰ uo²¹ i⁵¹.
永泰	我讲𣍐过伊，底侬都讲𣍐过只隻家私。 ŋuoi³² kouŋ³² mɛ⁵³ kuo²¹ i⁴⁴, tie⁴⁴ nɔyŋ³⁵³ tu⁴⁴ kouŋ³² mɛ⁵³ kuo²¹ tsiʔ³ tsieʔ³ ka⁴⁴ li⁴⁴.
闽清	我讲𣍐过伊，逢侬都讲𣍐过只隻侬。 ŋuai³² kouŋ³² mɛ⁴² uo²¹ i⁴⁴, huŋ³² nɔyŋ³⁵³ tu⁴⁴ kouŋ³² mɛ⁴² uo²¹ tsie⁴² tsiek³ nɔyŋ³⁵³.
古田	我𣍐讲伊过，[底侬] 都𣍐讲其过者骹爪。 ŋuai⁴² mɛ⁵⁵ ouŋ⁴² ŋi³³ kuo²¹, tøyŋ³⁵ tu³³ mɛ⁵⁵ ouŋ⁴² ŋi⁰ kuo²¹ tsie²¹ kʰa²¹ ʒau⁴².
屏南	我𣍐讲伊过，底侬都𣍐讲伊只家伙过。 uai⁴¹ mɛ⁴⁴ kɔuŋ⁴¹ i⁴⁴ kuo³⁴, tie⁵⁵ nɯŋ²² tu⁴⁴ mɛ⁴⁴ kɔuŋ⁴¹ i⁴⁴ tsɛ⁴¹ ka⁴⁴ hu⁴¹ kuo³⁴.
宁德	我讲伊𣍐过，毛侬都𣍐讲其者 [蜀隻] 钱⁼挪⁼过。 ua⁴¹ kɔuŋ⁴¹ i³³⁴ mɛ³³ ku³⁵, nœ⁵⁵ œŋ⁴¹¹ tu³³ mɛ¹¹ kɔuŋ⁴¹ ŋi⁵⁵ tsaʔ²³ sie⁵⁵ tsiŋ¹¹ nɔ¹¹ ku³⁵.

续表

	0049 我说不过他，谁都说不过这个家伙。
霞浦城关	我讲伊𠲿过，［毛侬］都讲𠲿过者隻毛。 ua⁴² kɔuŋ⁴² ŋi⁴⁴ mɛ⁴⁴ ko³⁵, nɛiŋ⁵¹ tu⁴⁴ kɔuŋ⁴² mɛ⁴⁴ kɔ³⁵ tse⁵¹ tseʔ² nɔʔ².
福安	我讲伊𠲿过，［底侬］都讲伊𠲿过。 ŋo⁴¹ kuŋ⁴¹ ei³³¹ mɛ⁴⁴ u³⁵, tœuŋ⁴¹ tou³³¹ kuŋ⁴¹ ei³³¹ mɛ⁴⁴ u³⁵.
柘荣	我讲伊𠲿过，［底侬］都讲伊𠲿过。 ŋua⁵³ kɔŋ⁵³ i⁴² mɛ⁴⁴ kuoʔ⁵, tœŋ⁵³ tu⁴⁴ kɔŋ⁵³ i⁴² mɛ⁴⁴ kuoʔ⁵.
周宁	我讲伊𠲿过，［底侬］也𠲿讲得这隻角色过。 ua⁴² kɔŋ⁴² i⁴⁴ mɛ⁴⁴ ku³⁵, tœŋ⁵⁵ iɛ⁴⁴ mɛ⁴⁴ kɔŋ⁴² i⁵ tsa³⁵ iɛk⁵ ky⁵⁵ løk⁵ ku³⁵.
寿宁	我讲伊𠲿过，毛个都讲𠲿过伊这砖头。 ua⁴² kɔuŋ⁴² i³³ mɛ³³ kuo³⁵, nɔ⁵⁵ kɔi³⁵ tu³³ kɔuŋ⁴² mɛ³³ kuo³⁵ i³³ tsia³⁵ tsɔuŋ³³ tʰau²¹.
福鼎城关	我讲𠲿过伊，只个角色毛侬都讲𠲿过。 ua⁵⁵ kɔŋ⁵⁵ me³³ kuo⁴² i⁵⁵, tsi⁵⁵ kɔi⁴² kie⁵⁵ seʔ⁴ no⁵⁵ neŋ²¹ tuŋ³³ kɔŋ⁵⁵ me³³ kuo⁴².
尤溪	我讲唔过伊，底侬也讲唔过只个侬。 ŋua⁵⁵ ŋ⁴⁴ ŋ³³ kə⁵¹ i⁵⁵, te³³ nəŋ¹² ia³³ ŋ⁴⁴ ŋ³³ kə⁵¹ tsi⁴⁴ ki³³ nəŋ¹².
莆田	我讲𠲿过伊，甚侬都讲𠲿过即个脚伙。 kua⁴⁵³ kɔŋ⁴⁵³ pe⁵³³ kue⁴² i⁵³³, hiŋ⁵³³ naŋ²⁴ tɔʔ² kɔŋ⁴⁵³ pe⁵³³ kue⁴² tseʔ⁵ ke²⁴ kieu⁵³³ ɔ⁵³³.
涵江	我讲𠲿赢伊，甚侬都讲𠲿赢即脚伙。 kuak⁴ kɒm⁴⁵³ pe²¹ yɒ¹³ i⁰, ɬin⁵⁵ nan¹³ tok¹ kɒm⁴⁵³ pe²¹ yɒ¹³ tsik¹ kiau⁵⁵ ɒ⁴⁵³.
仙游城关	我讲𠲿赢伊啊，甚侬讲𠲿赢即家伙。 kuak²³ kɒm⁴⁵³ pe²¹ yã²⁴ i⁵⁵ a⁰, tin⁵⁵ naŋ²⁴ kɒm⁴⁵³ pe²¹ yã²⁴ tsɛk²³ kiɛu⁵⁵ ɒ⁴⁵³.
仙游枫亭	我讲𠲿赢伊，［底侬］亦讲𠲿赢即个客哥。 kua⁴⁵³ kɔŋ⁴⁵³ pe⁵³³ iã²⁴ i⁵³³, tiaŋ²⁴ aʔ² kɔŋ⁴⁵³ pe⁵³³ iã²⁴ tseʔ⁵ ke²⁴ kʰa⁵³³ kɣɯ⁵³³.
厦门	我讲𠲿赢伊，甚乜侬拢讲𠲿赢即个脚数。 gua⁵³ kɔŋ⁴⁴ bue²¹ iã²⁴ i⁰, sim⁴⁴ mĩʔ⁴ laŋ²¹ lɔŋ⁴⁴ kɔŋ⁴⁴ bue²¹ iã²² tsit⁴ e⁰ kio⁵³ siau²¹.
同安	我讲𠲿赢伊，［啥侬］都讲𠲿赢迄仙。 gua⁴² kɔŋ²⁴ bue¹¹ iã²⁴ i⁴⁴, saŋ²⁴ tɔ⁴⁴ kɔŋ²⁴ bue¹¹ iã²⁴ heʔ⁴ sian⁴⁴.

续表

	0049 我说不过他，谁都说不过这个家伙。
泉州鲤城	我说无法伊，啥侬计说无法伊。 gua⁵⁵ sə?⁵ bo²² hua?⁵ i⁰, siã²⁴ laŋ²⁴ ke⁵⁵ sə?⁵ bo²² hua?⁵ i⁰.
泉州洛江	我说𠁞赢伊，〔啥侬〕都说𠁞赢即箍侬。 gua⁵⁵ se?⁵ bue²² iã²⁴ i⁰, siaŋ²⁴ tɔ³³ se?⁵ bue²² iã²⁴ tsit⁵ kʰɔ³³ laŋ²⁴.
南安	我若说𠁞赢伊，〔啥侬〕何都说𠁞赢伊。 gua⁵⁵ nã³¹ sə?⁵ bue²² iã²⁴ i⁰, siaŋ²² ga²⁴ tɔ³³ sə?⁵ bue²² iã²⁴ i⁰.
晋江	我若说𠁞赢伊，〔啥侬〕何都说𠁞赢伊。 gua⁵⁵ nã⁰ se?⁵ bue²² iã²⁴ i⁰, siaŋ²² ŋã²⁴ tɔ³³ se?⁵ bue²² iã²⁴ i⁰.
石狮	我说𠁞赢伊啊，〔啥侬〕何都说𠁞赢即个侬。 gua⁵⁵ se?⁵ bue²² ia²⁴ i⁰ a⁰, siaŋ²² a²⁴ tɔ³³ se?⁵ bue²² ia²² tsit³⁴ ge²² laŋ²⁴.
惠安	我若说伊无法，啥侬说都无法。 gua⁴² nã²² sə?⁵ i³³ bo³³ huat⁵, siã³³ laŋ²⁵ sə?⁵ tɔ³³ bo³³ huat⁵.
安溪	我说𠁞赢伊，都无侬解说解赢即个侬。 gua³³ sə?⁴² bue²¹ iã⁵⁵ i⁰, tɔ³³ bo³³ laŋ²⁴ e²¹ sə?⁴² e⁴² iã⁵⁵ tsit⁴² e⁰ laŋ²⁴.
永春	我说𠁞赢伊，〔底侬〕都说𠁞赢即个侬。 gua⁵³ sə?⁴ bue²² iã⁵³ i⁰, tiaŋ²⁴ tɔ⁴⁴ sə?⁴ bue²² iã⁵³ tsit⁴ e⁰ laŋ²⁴.
德化	我说𠁞赢伊，啥侬都说𠁞赢即个侬。 gua³⁵ sə?⁴² bue³¹ iã³¹ i⁰, sia²² laŋ²⁴ tɔ¹³ sə?⁴² bue³¹ iã³¹ tsit⁴² e⁰ laŋ⁴⁴.
漳州	我讲𠁞赢伊，是谁拢讲𠁞赢即股脚数。 gua⁵³ kɔŋ³⁴ be²¹ iã¹³ i⁰, tsi²¹ tsua¹³ lɔŋ³⁴ kɔŋ³⁴ be²¹ iã²² tsit⁵ kɔ³⁴ kio⁵³ siau²¹.
龙海	我讲𠁞赢伊，啥侬也讲𠁞赢即个脚数。 gua?⁴ kɔŋ³⁴ be⁴¹ iã³¹² i⁰, siã³⁴ laŋ³¹² a⁴¹ kɔŋ³⁴ be⁴¹ iã³³ tsik⁴ ge³³ kio⁵² siau⁴¹.
长泰	我若讲𠁞赢伊，恁是谁拢讲𠁞赢即股脚数。 gua⁵³ nã²¹ kɔŋ⁴⁴ bue²¹ iã²⁴ i⁰, lin⁴⁴ tsi²¹ tsua²⁴ lɔŋ⁴⁴ kɔŋ⁴⁴ bue²¹ iã²² tsit⁵ kɔ⁴⁴ kio⁵³ siau²¹.
华安	我讲𠁞过伊，〔啥侬〕侬拢讲𠁞过即股家伙。 gua⁵³ kɔŋ⁵⁵ be³¹ kue⁵³ i⁵⁵, siaŋ⁵⁵ laŋ²³² lɔŋ⁵⁵ kɔŋ⁵⁵ be³¹ kue⁵³ tsit⁵ kɔ⁵⁵ ke²² hue⁵³.

续表

	0049 我说不过他，谁都说不过这个家伙。
南靖	我讲𣍐过伊，□拢免想讲过即股家伙。 gua⁴⁴ kɔŋ⁴⁴ be²¹ kue⁵⁴ i³⁴, tsaʔ¹²¹ lɔŋ⁴⁴ bian⁴⁴ si ũ²¹ kɔŋ⁴⁴ kue⁵⁴ tsit⁴ kɔu⁴⁴ kɛ²² hue⁵⁴.
平和	我讲输伊，□也讲𣍐赢即股脚数。 gua⁵² kɔŋ²³ su²² i³⁴, tsaʔ³² a⁰ kɔŋ²³ be²¹ iã²³ tsit⁴² ko²³ kioʔ⁴² siau²¹.
漳浦	我讲𣍐赢伊，谁嘛拢讲𣍐赢伊。 guaʔ⁴ kɔŋ⁴³ biei²¹ iã⁵¹ i⁰, tsua⁴¹² bã²¹ lɔŋ⁴³ kɔŋ⁴³ biei²¹ iã⁵¹ i⁰.
东山	我讲输伊，甚乜侬拢讲输即隻猴。 guaʔ⁵ kɔŋ⁴⁴ su⁴⁴ i⁰, sip⁵ bĩʔ⁵ laŋ²¹³ lɔŋ⁴⁴ kɔŋ⁴⁴ su³³ tsit⁵ tsia⁵¹ kau²¹³.
云霄	我讲输伊，逐股拢讲输即股。 gua⁵³ kɔŋ⁵⁵ su⁵⁵ i⁰, tak²¹ kou⁵⁵ lɔŋ⁵⁵ kɔŋ⁵⁵ su⁵⁵ tsit⁵ kou⁵³.
诏安	我讲输伊，甚乜侬拢讲𣍐赢只股货。 ua⁵³ kɔŋ²¹ su⁴⁴ i⁰, sim²⁴ mĩ⁵³ lan²⁴ lɔŋ²⁴ kɔŋ²⁴ bei³¹ iã²² tsi²⁴ kou³¹ huɛ²². 前句不能说"我讲伊𣍐赢"
龙岩	我讲伊𣍐过，许一个骹相[底依] 就讲伊𣍐过。 gua²¹ kõ²¹ i¹¹ bie¹¹ kue²¹³, xi²¹ tɕiɛt³ kʰa¹¹ ɕiaŋ⁵⁵ taŋ²¹³ tu¹¹ kõ²¹ i¹¹ bie¹¹ kue²¹³.
漳平	我讲𣍐过伊，[底依][齐要] 讲𣍐过许一个家伙。 gua⁵³ kɔŋ²¹ bie²¹ kue⁵³ i³⁵, tiaŋ⁵³ tsiau⁵⁵ kɔŋ²¹ bie²¹ kue⁵³ hie⁵³ tsiet²¹ kai⁵³ kɛ³³ hue⁵³.
大田城关	我讲𣍐过伊，甚侬都讲𣍐过只一侬。 bua⁵³ kŋ²⁴ be⁵³ kɤ³¹ i⁰, sŋ³¹ laŋ²⁴ tu⁵³ kŋ³¹ be³¹ kɤ³¹ tsi⁵³ tseʔ³ laŋ²⁴.
大田广平	我讲唔过伊啊，□侬都讲唔过伊。 gua⁵¹ kuŋ²⁴ ŋ²² kɯ³¹ i⁰ dʒiɐ⁰, hẽi³³ lõ²⁴ to²² kuŋ²⁴ ŋ²² kɯ³¹ i⁰.
霞浦三沙	我讲𣍐过伊，底侬都讲𣍐过即个骹数。 ua⁴² kɔŋ⁴² buoi²¹ kø³⁵ i⁴², tɔ³⁵ laŋ²¹ to³⁵ kɔŋ³⁵ buoi²¹ kø³⁵ tse⁵⁵ ke²¹ kʰa⁴⁴ siau²¹.
福鼎沙埕	我讲𣍐过伊，[底侬] 亦讲𣍐过即个樵⁼失⁼。 gua⁵³ kɔŋ²¹ buei²¹ kə²¹ i⁴⁴, tian²⁴ ia⁰ kɔŋ²¹ buei²¹ kə²¹ tsiet²¹ ge²¹ kieu²¹ siet²¹.

续表

	0049 我说不过他，谁都说不过这个家伙。
建瓯	我㑽话得渠过，孰人都㑽话得过□隻家伙。 uɛ⁴² mai⁴² ua⁵⁵ tɛ²⁴ ky⁴² kua³³，su⁵⁵ neiŋ³³ tu⁵⁴ mai⁴² ua⁵⁵ tɛ²⁴ kua³³ iɔŋ²⁴ tsia²⁴ ka⁵⁴ xua²¹.
建阳	我话渠唔过，孰人都㑽话得过乙⁼隻家伙。 ue⁴¹ ua³³ ky⁴¹ oŋ³³ kuo³³，so⁴ nɔiŋ⁴⁵ to⁵¹ mai³³ ua⁵⁵ te⁴ kuo³³ ji³⁵ tsia⁴ ka⁵¹ xuo²¹.
政和	我㑽话得过渠，甚人也㑽话得过□家伙。 uɛ⁴² mai⁵³ ua⁵⁵ tɛ²⁴ ko⁴² ky⁴²，seiŋ⁴² neiŋ³³ ia⁴² mai⁴² ua⁵⁵ tɛ²⁴ ko⁴² ia²⁴ ka⁵³ xo²¹³.
松溪	我㑽话得渠过，什么人都㑽话得过页⁼隻家伙。 ŋua⁴² ma⁴² ua⁴⁵ tœ²²³ kio⁴² ko²²，soŋ⁴⁴ moŋ⁴⁴ neiŋ⁴⁴ tu⁵³ ma⁴² ua⁴⁵ tœ²²³ ko²² iɛ²²³ tsia²²³ kɒ⁵³ xo²²³.
武夷山	我无话得过渠，孰么人也无话得过乙⁼家伙。 ŋuai⁵¹ mau³³ ua⁵⁵ tɛi³⁵ ko²² həu⁵¹，si⁵⁵ mɛiŋ⁵⁵ neiŋ³³ ia³¹ mau³³ ua⁵⁵ tɛi³⁵ ko²² i³⁵ ka⁵¹ xo³¹.
浦城石陂	我话唔过渠，孰人都话唔过［□隻］家伙。 ɦuaɛ⁴² ua⁴⁵ eiŋ⁵³ kɵ³³ gy⁴²，su⁴⁵ neiŋ³³ tu⁵³ ua⁴⁵ eiŋ⁵³ kɵ³³ ɦia²⁴ ka⁵³ xɔ²¹.
南平夏道	我讲㑽过伊，样⁼人都讲㑽过伊。 ŋua¹¹ kaŋ³³ mɛ⁵⁵ ko²⁴ i¹¹，iɔŋ²⁴ neiŋ⁵⁵ tu¹¹ kaŋ³³ mɛ⁵⁵ ko²⁴ i¹¹.
顺昌	我话唔度渠，孰么⁼倈都话唔度者隻家伙。 ŋa³¹ o⁵¹ ŋ³¹ tʰo⁵¹ kɛ³¹，ʃia⁴⁴ mo⁴⁴ ʃo⁴⁴ tu⁴⁴ o⁵¹ ŋ³¹ tʰo⁵¹ tʃia³¹ tʃia⁴⁴ kɔ⁴⁴ ho³¹.
将乐	我话渠唔赢，奚倈都话渠唔赢。 ŋæ²¹ va³²⁴ ki²² ŋ⁵⁵ ŋiãŋ²²，i⁵⁵ ʃa⁵⁵ tu⁵⁵ va³²⁴ ki²² ŋ⁵⁵ ŋiãŋ²².
光泽	伉话唔过伲，哪蜀个都话唔过□蜀个家伙。 haŋ⁴¹ ua⁵⁵ m⁵⁵ mau²² hu⁴¹，nɔŋ³⁵ çi²¹ kɛi³⁵ tu²¹ ua⁵⁵ m⁵⁵ hɔ⁵⁵ tçiɔŋ⁴¹ si²¹ kɛi³⁵ ka²¹ fɔ⁴⁴.
邵武	伉话唔过伲，哪蜀个皆话唔过酌⁼蜀家伙。 haŋ³⁵ ua³⁵ ŋ⁵⁵ huo³⁵ hu³⁵，no³³ çi³³ kəi²¹ ka³⁵ ua³⁵ ŋ⁵⁵ huo³⁵ tçio⁵³ çi⁵⁵ ka²¹ fo³³.
三明	我话唔过渠，何隻都话唔过者隻货。 ŋu⁴⁴ uo³³ ã⁴³ kɯ³³ ŋy⁴⁴，hɒ³¹ tʃɒ²¹³ tau⁴⁴ uo³³ ã⁴³ kɯ³³ tʃɒ¹² tʃɒ²¹³ hɒ³¹.

续表

	0049 我说不过他，谁都说不过这个家伙。
永安	我话渠唔过，谁侪都话唔过者隻货。 ŋuɒ⁵² uɒ²⁴ ŋy⁵² ã⁴⁴ kɯ²⁴，si³³ sɒ³³ tau³³ uɒ²⁴ ã⁴⁴ kɯ²⁴ tʃiɒ⁴⁴ tʃiɒ⁴⁴ hɒ²¹.
沙县	我话唔过渠，啥人都话唔过者隻角。 gua³³ ua²⁴ ŋ²⁴ ko²¹ ky³³，sɔ̃⁴⁴ lɛiŋ³¹ tu³³ ua⁴⁴ ŋ⁴⁴ ko²⁴ tʃia²¹ tʃia⁰ kiɔ²¹². "角"也可说"角色"。
长汀	我话渠唔赢，哪个都话介个家伙唔赢。 ŋai³³ va²¹ ke³³ ŋ²¹ iaŋ²⁴，ne⁴² ka⁵⁵ tu³³ va²¹ kai⁴² ke²¹ ka³³ fo⁴² ŋ²¹ iaŋ²⁴.
连城	我话唔过渠，什么人都［话唔］过［认个］家伙。 ŋa⁵³ vo³⁵ ŋ⁵⁵ kɯ²¹ kuɛ⁴³³，si⁵⁵ mi⁵⁵ ŋeiŋ²² tɯ³³ voŋ³⁵ kɯ⁵³ ia⁵³ ko³³ fɯ²¹².
上杭	我讲唔过佢，瞒⁼人都讲唔过嚷欸雀佬。 ŋa²¹ koŋ⁵¹ ŋ²¹ kɔu³⁵ kei²¹，mã²¹ ɲiəŋ²¹ tou⁴⁴ koŋ⁵¹ ŋ²¹ kɔu³⁵³ noŋ³¹ ɛ³¹ tɕiɔʔ³² lɔu³¹.
武平	我讲唔过渠，蛮人都讲唔过依个家伙。 ŋa²⁴ kɔŋ⁴² ŋ⁴² ko⁴⁵¹ ki²⁴，mɑŋ²² ɲiŋ²² tɔ²² kɔŋ⁴² ŋ⁴² ko⁴⁵¹ nuŋ²² ke⁴⁵¹ ka²⁴ hu⁴².
永定	我讲唔赢渠，脉⁼人都讲唔赢这个鬼。 ŋai²² kɔ̃³¹ m²⁴ iaŋ²² tɕi²²，ma⁵² ɲiŋ²² tu⁴⁴ kɔ̃³¹ m²⁴ iaŋ²² tiʔ³² kɛʔ⁵ kuei³¹.
明溪	我话唔着渠，甚么人都话唔着［渠这］家伙。 ue⁴¹ vo⁵⁵ ŋ⁰ tʰiɤ⁵⁵ kʰø³¹，sɤŋ⁵⁵ mo⁴⁴ ŋeŋ³¹ tu⁴⁴ vo⁵⁵ ŋ⁰ tʰiɤ⁵⁵ kʰia⁴¹ ko⁴⁴ xɤ⁰. kʰia 是 kʰø 和 tsia（渠这）的合音。
清流	我话渠唔过，清⁼人都话渠唔过。 ŋa³³ vo³² kə³³ ŋ²³ ku³⁵，tsʰəŋ³³ ŋəŋ²³ tu³³ vo³² kə³³ ŋ²³ ku³⁵.
宁化	我话渠不过，弹⁼人抵话渠不过。 ŋa³⁴ vɒ⁴² kə³⁴ pə⁵⁵ ko²¹²，tʰaŋ²¹ iŋ⁴⁴ tai³¹ vɒ⁴² kə³⁴ pə⁵⁵ ko²¹².
新罗 客家	我讲唔过渠，这个家伙［蛮人］侪都讲唔过渠。 ŋa³⁵ koŋ⁴¹ ŋ⁴⁴ kəu⁴¹ tu³⁵，tsɿ⁴⁴ ka⁴⁴ ko⁴⁴ fuo⁴¹ maŋ²¹ suo³⁵ təu⁴⁴ koŋ⁴¹ ŋ⁴⁴ kəu⁴¹ tu⁵⁵.
平和 客家	我讲𰃮赢渠，□侪也讲未𰃮□个家伙。 ŋai³⁵ koŋ³¹ mɔi³¹ ziaŋ³⁵ ky³¹，li³³ sa³⁵ zia³¹ koŋ³¹ mɔi³¹ ziaŋ³⁵ lia³¹ kai³¹ ka³³ fɔ⁵³.

续表

	0049 我说不过他，谁都说不过这个家伙。
诏安客家	我讲渠冇过，□偺也讲冇过□个家伙。 ŋai⁵³kɔŋ²²ky⁰mɔu³¹kuɔ³¹，ni²²sa⁵³zia²²kɔŋ²²mɔu³¹kuɔ³¹lit³kai³¹ka²²fɔu³¹.
泰宁	伉话唔过渠，孰仍皆话唔过即隻家伙。 haŋ³⁵ua²¹³ŋ³³kuo⁵¹hi³⁵，so³³lə⁰ka³³ua²¹³ŋ³³kuo⁵¹tɕia³⁵tɕia²¹ka³¹xuo³⁵.
建宁	我话唔过士ᵔ，奚介都话唔过士ᵔ。 ŋa⁵⁵ua⁵⁵m⁵⁵kuo²¹sɵ⁵⁵，hei²¹kai²⁴tu³⁴ua⁵⁵m⁵⁵kuo²¹sɵ⁵⁵. 我话士ᵔ唔过，奚介都话士ᵔ唔过。 ŋa⁵⁵ua⁵⁵sɵ⁵⁵m⁵⁵kuo²¹，hei²¹kai²⁴tu⁵⁵ua⁵⁵sɵ⁵⁵m⁵⁵kuo²¹.
浦城城关	我话唔过渠，甚侬都话唔过这得个家伙。 ɑ⁵⁴uɑ²¹ŋ³⁵kuɑ⁴²³ke⁵⁴，seŋ⁵⁴nɔŋ²⁴lou⁵³uɑ²¹ŋ³⁵kuɑ⁴²³tɕie⁴²³te²¹ke⁴²³ka⁵³huɑ⁴⁴.
南平延平	我讲不过他，什么人都讲不过这个鬼崽。 ŋo²⁴kiæ̃²¹pu⁰ko⁵⁵tʰa³³，ɕi⁵⁵mo⁵³iŋ²¹tu³³kiæ̃²¹pu⁰ko³⁵tɕi³³ko³⁵kui⁵³tsai²⁴².

	0050 上次只买了一本书，今天要多买几本。
福州	前蜀回俫买蜀本书，今旦着多买几本。 seiŋ⁵⁵ no⁵⁵ ui⁵² na⁵² me³³ so³³ βuoŋ³³ tsy⁵⁵，kiŋ⁵² naŋ²¹ tuoʔ²¹ to⁵² me³³ kui²⁴ βuoŋ³³.
闽侯	前蜀回俫买蜀本书，今旦着多买几本。 seiŋ⁵⁵ nyo⁵⁵ ui⁵³ na⁰ me³³ syo³³ βuoŋ³³ tsy⁵⁵，kiŋ⁵³ naŋ²¹² tuoʔ²¹ to⁵³ me³³ kui²⁴ βuoŋ³³.
长乐	前蜀回俫买蜀本书，今旦着多买几本。 seiŋ⁵⁵ nuo⁵⁵ ui⁵³ na⁵³ me²² suo²² βuoŋ²² tsy⁵⁵，kiŋ⁵³ naŋ²¹ tuoʔ²¹ to⁵³ me²² kui²⁴ βuoŋ²².
连江	前蜀套俫买蜀本书，今旦着多买几本。 seiŋ⁵¹ nuo²¹ lo²¹² na³³ me³³ suo³³ βuoŋ³³ tsy⁵⁵，kiŋ⁵¹ naŋ²¹² tyøʔ⁵ to⁵¹ me³³ kui²⁴ βuoŋ³³.
罗源	前昼⁼俫买蜀本书，今旦着多买几本。 θεŋ²¹ nau³⁵ na²² mε²¹ θyø²² βuoŋ²¹ tsy⁴²，kiŋ²² naŋ³⁵ tyøʔ²¹ tɔ²³ mε²¹ kui²¹ βuoŋ⁵³.
福清	前蜀环俫买蜀本书，今旦着多买几本。 θeŋ⁴⁴ θio⁴⁴ kʰuaŋ⁴⁴ na⁴⁴ mε³¹ θio⁴⁴ βuoŋ³¹ tsy⁵³，kiŋ⁵³ naŋ²¹ tioʔ²¹ to³⁴ mε³¹ kui²¹ βuoŋ³¹.
平潭	前蜀环俫买蜀本书，今旦着买务⁼西⁼本。 θeŋ⁴⁴ ðyo⁰ kʰuaŋ⁴⁴ laʔ⁵ mε³¹ θyo²¹ βuoŋ²¹ zy⁵¹，kiŋ⁵¹ laŋ²¹ tyo⁰ mε³¹ u³⁵ ðe³¹ βuoŋ⁵¹.
永泰	上蜀回俫买蜀本书，今旦着多买几本。 suoŋ²⁴² luo⁴⁴ uoi³⁵³ na⁵³ mε³² suo⁵³ puoŋ³¹ tsy⁴⁴，kieŋ⁴⁴ naŋ²¹ tuoʔ³ to⁴⁴ mε³² kuoi²⁴ βuoŋ³².
闽清	上摆俫买蜀本书，今旦着多买几本。 syøŋ⁴² pai³² la⁴² mε³² suok³ puoŋ³² tsy⁴⁴，kiŋ⁴² naŋ²¹ tuokʔ³ tɔ⁴² mε³² kui²⁴ βuoŋ³².
古田	上回俫买蜀本书，今旦但着多买几本。 syøŋ⁵⁵ ŋuoi³³ na⁵⁵ mε⁴² syø²¹ βuoŋ⁴² tsy⁵⁵，kiŋ²⁴ naŋ⁴² taŋ⁴² tyøʔ⁵ tɔ²¹ mε⁴² kui²¹ βuoŋ⁵³.

续表

	0050 上次只买了一本书，今天要多买几本。
屏南	上摆俙买蜀本书，今早着多买几本。 suŋ⁴⁴ pai⁴¹ na⁴⁴ mɛ⁴¹ suk³ puŋ⁴¹ tsy⁴⁴, kiŋ²² ʒa⁴¹ tyøk³ tɔ²² mɛ⁴¹ kui²² βuŋ⁴¹.
宁德	前行俙买咯蜀本书，今旦爱多买几本。 sɛŋ¹¹ ŋɔuŋ³⁵ na⁴¹¹ mɛ⁴¹ lu⁰ sɔ¹¹ βouŋ⁴¹ tsy³³⁴, kiŋ³³ naŋ³⁵ ɔi³⁵ tɔ¹¹ mɛ⁴¹ kui³⁵ βouŋ⁵¹.
霞浦城关	上道俙买蜀本书，今旦爱多买几本。 θøŋ⁴⁴ nɔ³⁵ na⁴⁴ mɛ⁴² θøʔ⁵ poŋ⁴² tsy⁴⁴, kiŋ⁴⁴ naŋ³⁵ oi⁵⁵ to²¹ mɛ⁴² kui⁵⁵ poŋ⁵¹.
福安	前道［总共］买蜀本书，今早爱多买几本凑。 sɛiŋ²¹ nɔ³⁵ tsuŋ³⁵¹ mɛ⁴¹ si⁴⁴ puŋ⁴¹ tsøi³³¹, kiŋ⁵⁵ na⁵¹ ɔi³⁵ tɔ³³¹ mɛ⁴¹ kiu⁴⁴ uŋ⁴¹ tsʰɛu³⁵.
柘荣	上蜀道总俙买了蜀本书，今旦要买几本凑。 θyɔŋ²¹ tsʰi⁴⁴ tɔ⁴⁵ tsuŋ⁵⁵ a⁴² mɛ⁵³ lɛ⁰ tsʰi⁴⁴ puoŋ⁵³ tsy⁴², kɛŋ²¹ naŋ⁴⁵ ɔi⁵⁵ mɛ⁵³ kui⁵³ puoŋ⁵³ tsʰɛu⁴⁵.
周宁	头道俙买蜀本书，这道要多余买几本。 tʰau²¹ tɔ³⁵ na⁴⁴ mᴇ⁴² si⁴⁴ puɔn⁴² tsy⁴⁴, tsai³⁵ tɔ³⁵ oi³⁵ tɔ⁴⁴ yøu⁴⁴ mᴇ⁴² ky⁵⁵ puɔn⁴².
寿宁	上次只买了蜀本书，今旦爱侪买几本。 syoŋ²³ tsʰu³⁵ tsi⁴² mɛ⁴² lɔ⁰ si³³ puoŋ⁵⁵ tsy³³, kiŋ²¹ naŋ³⁵ ɔi³⁵ sɛ³³ mɛ⁴² kuoi³⁵ puoŋ⁴².
福鼎城关	上蜀道都俙买蜀本书册，今旦解加买几本。 sioŋ³³ siʔ³ tʰo⁴² tuŋ³³ na²¹ me⁵⁵ siʔ³ pueŋ⁵⁵ tsi³³ tsʰa⁴², kiŋ²¹ taŋ⁴² e³³ ka⁵⁵ me⁵⁵ kui³³ pueŋ⁵⁵.
尤溪	上道总买了蜀本书，今旦着加买几本。 xioŋ³³ tʰau⁵¹ tsɛŋ⁴⁴ mi⁴⁴ lə⁰ ɕie³³ pū⁴⁴ tsy³³, ka⁴ nũ⁵¹ tʰə³³ ka³³ mi⁵⁵ kui⁴⁴ pū⁵⁵.
莆田	顶环俙买蜀本册，今旦着多买几本。 teŋ²⁴ kʰøŋ²⁴ nɔ¹¹ pe⁴⁵³ ɬɔʔ² pue⁵³³ tsʰa¹¹, kiŋ⁵³³ nua⁴² tɔʔ² tɔ¹¹ pe⁴⁵³ kui¹¹ ue⁵³³.
涵江	顶环俙买蜀本册，今旦着加买几本。 tɛŋ¹³ kʰœn¹³ nop¹ pe⁴⁵³ ɬop¹ puai⁴⁵³ tsʰa²¹, kiŋ⁵⁵ ŋua⁴² tiau²¹ pe²¹ ka⁵⁵ kui²¹ uai⁴⁵³.
仙游城关	顶环俙买蜀本册，今旦伶着加买几本。 tɛŋ²¹ kʰyøn²⁴ nap² pe⁴⁵³ ɬuop² puɪ⁴⁵³ tsʰa²¹, kin⁵⁵ nua⁴² ta⁵⁵ tiɛu⁰ ka⁴⁵³ kui²¹ muɪ̃⁴⁵³.

续表

	0050 上次只买了一本书，今天要多买几本。
仙游枫亭	顶环俿买蜀本册，今旦着加买几本。 teŋ²⁴ kʰieŋ²⁴ nɔ¹¹ pe⁴⁵³ ɬɔʔ² puĩ⁵³³ tsʰa¹¹, kiŋ⁵³³ nua⁴² tɔʔ² ka¹¹ pe⁴⁵³ kui¹¹ mui⁵³³.
厦门	顶摆干俿买一本册，即摆卜加买几本。 tiŋ⁴ bai⁵³ kã²² nã²² bue⁴⁴ tsit⁴ pun⁴⁴ tsʰe²¹, tsit⁴ bai⁵³ beʔ⁴ ke²² bue⁵³ kui²¹ pun²¹.
同安	顶摆拄仔买一本书，[今旦] 日卜加买几本。 tiŋ²⁴ pai⁴² tu³³ a⁴⁴ bue⁴² tsit¹¹ pun²⁴ tsɯ⁴⁴, kiã³³ lit⁵³ bəʔ⁴ ke³³ bue⁴² kui²⁴ pun⁴².
泉州鲤城	顶摆俿买一卷册，今旦着加买几卷。 tiŋ²⁴ mãi⁵⁵ nã²² bue²⁴ tsit²² kŋ²⁴ tsʰeʔ⁵, kin³³ nã²⁴ tioʔ²² ke³³ bue⁵⁵ kui⁰ kŋ⁰.
泉州洛江	顶摆则买一本册，[今旦] 日着加买几本。 tiŋ²⁴ pai⁵⁵ tsiaʔ⁵ bue²⁴ tsit² pun²⁴ tsʰeʔ⁵, kiã³³ lit³ tioʔ²² ke⁵⁵ bue⁵⁵ kui⁰ pun⁰.
南安	顶摆则买一本册呢，今旦日着加买几本。 tiŋ²⁴ pai⁵⁵ tsiaʔ⁵ bue²² tsit² pun²⁴ tsʰeʔ⁵ nĩ⁰, kin³³ nã²⁴ lit³ tioʔ² ke³³ bue⁵⁵ kui⁰ pun⁰.
晋江	顶日则买一本册，今旦日着加买几本。 tiŋ⁵⁵ lit³⁴ tsiaʔ⁵ bue²⁴ tsit² pun²⁴ tsʰeʔ⁵, kin³³ nã²⁴ lit³⁴ tioʔ² ke³³ bue⁵⁵ kui⁰ pun⁰.
石狮	顶摆俿有买一本呢，今旦卜加买几本。 tiŋ²⁴ pai⁵⁵ la²² u²² bue²⁴ tsit² pun⁵ li⁰, kin³³ a²⁴ beʔ⁵ ke³³ bue⁵⁵ kui⁰ pun⁰.
惠安	顶摆则买一卷册，今日卜加买几卷。 teŋ²⁵ pai⁵⁴ tsiaʔ⁵ bue²⁵ tset⁵ kŋ²⁵ tsʰeʔ⁵, ken³³ let³⁴ bəʔ² ke³³ bue²¹ kui⁰ kŋ⁵⁴.
安溪	顶摆只买一本册，今日着加买几本。 tiŋ⁴⁴ pai⁵³ tsi⁴⁴ bue²² tsit⁴² pun²¹ tsʰeʔ⁵, kim³³ lit²⁴ tioʔ⁴² ke³³ bue⁵³ kui⁰ pun⁰.
永春	顶摆干焦买一本册，今日着加买几本。 tiŋ⁴⁴ pai⁵³ kan⁴⁴ ta⁴⁴ bue⁴⁴ tsit⁴ pun⁴⁴ tsʰe³², kin²² lit³¹ tio⁰ ke⁵³ bue⁴⁴ kui⁰ pun⁰.
德化	顶摆干焦买一本册，今日着加买几本. tiŋ⁴⁴ pai⁴² kan⁴⁴ ta⁴⁴ bue⁴⁴ tsit⁴² pun⁴² tsʰeʔ⁴², kin²² lit³⁵ tio⁰ ke⁴² bue⁴⁴ kui⁰ pun⁰.
漳州	顶摆干若买一本尔，今仔日卜加买几本啊。 tiŋ³⁴ mãi⁵³ kan²² nã²² be³⁴ tsit²¹ pun⁵³ niã¹³, kin²² nã⁰ dzit¹²¹ be⁵³ kɛ²² bue⁵³ kui⁰ pun⁰ nã⁰.

续表

	0050 上次只买了一本书，今天要多买几本。
龙海	顶摆干买一本册，今仔日啰加买几本啊。 tiŋ³⁴ mãi⁵² kã³³ be³⁴ tsik⁴² puŋ³⁴ tsʰɛʔ⁴², kiŋ³³ ŋã³² dzik⁴ lo⁴¹ kɛ³³ be⁵² kui⁰ puŋ⁰ a⁰.
长泰	顶摆拄买一本册，明仔卜加买几本啊。 teŋ⁴⁴ pai⁵³ tu⁴⁴ bue⁴⁴ tsit²¹ pun⁴⁴ tsʰeʔ³², mẽ³² ã⁰ be⁵³ ke²² bue⁵³ kui⁰ pun⁰ nã⁰.
华安	顶摆拄买一本册，今仔日啰加买几本啊。 tiŋ⁵⁵ mai⁵³ tu⁵⁵ be⁵⁵ tsit²¹ pun⁵⁵ tsʰeʔ³², kin³⁵ na⁰ git²¹² lo³¹ ke²² be⁵³ kui⁰ pun⁰ ã⁰.
南靖	顶摆仔拄买一本册，今仔日卜加买几本啊。 tiŋ⁴⁴ mãi⁴⁴ a⁰ tu⁴⁴ be⁴⁴ tsit²¹ pun⁴⁴ tsʰɛʔ³², kin²² na⁰ dzit¹²¹ bueʔ⁵⁴ kɛ²² be⁵⁴ kui⁰ pun⁰ a⁰.
平和	顶摆拄买一本册，今仔日爱加买几本。 tiŋ²³ bai⁵² tu²³ be²³ tsit²¹ pun²³ tsʰeʔ⁵⁴, kin²² ã²³ dzit³² ai⁵² ke²² be⁵² kui⁰ pun⁰.
漳浦	顶摆孤买一本册，今仔日啰加买几本啊。 tioŋ⁴³ bãi⁵¹ kɔ³³ biei⁴³ tsit²¹ pun⁴³ sɛ⁵¹, kiã¹³ a⁰ git²¹² lo²¹ kɛ³³ biei⁵¹ kui²¹ pun²¹ a⁰.
东山	顶摆只买了一本册，今仔日着加买几本仔。 teŋ⁴⁴ pai⁵¹ tsi⁴⁴ be⁴⁴ liau⁴⁴ tsit⁴¹ pun⁴⁴ tsʰeʔ⁴¹, kiã³³ a⁰ dzit⁰ to²² ke³³ be⁵¹ kui²² pun²² a⁰.
云霄	顶摆仔我拄仔买一本，[今仔]日我卜加买几本仔。 tian⁵⁵ pai⁵⁵ a⁵³ gua⁵³ tu⁵⁵ a³³ be⁵⁵ tsit²¹ pun⁵³, kiã⁵⁵ dzit¹² gua⁵³ bo⁵³ ke³³ bue⁵³ kui⁰ pun⁰ a⁰.
诏安	顶摆忝买一本册，[今仔]日着买加零本仔。 tiŋ²⁴ pai⁵³ tʰiã⁵³ bei²⁴ tsit³² pun²⁴ tsʰɛʔ³², kiã²⁴ dzit³² tio³¹ bei²⁴ kɛ⁴⁴ lan²² pun³³ ẽ⁵³. "买加"也可说成"加买"，但说"买加"较顺。
龙岩	上[一下仔]才买一本字册，[今仔]日讨加买几本。 tsõ³³ tɕiɛ¹¹ tɕiã²¹ bie²¹ tɕiɛt³ pun²¹ tɕi¹¹ tɕʰie⁵⁵, kã²¹ lit³² tʰo²¹ kiɛ³³ bie²¹ kiɛ²¹³ pun²¹.
漳平	上摆总买一本册，[今仔]日爱加买几本。 tsioŋ³³ pai⁵³ tsoŋ⁵³ bie⁵³ tsiet²¹ puen²¹ tsʰɛ²¹, kã²¹ liet⁵ ai⁵³ kie³³ bie⁵³ kui²¹ puen²¹.

续表

	0050 上次只买了一本书，今天要多买几本。
大田城关	上摆则买了一本书，今旦着加买几本。 tsŋ²⁴ pɛ⁵³ tsaʔ⁵ be⁵³ lɤ⁰ tseʔ³ pueŋ²⁴ tsi³³，keʔ⁵ nã³¹ tʰiɤ³³ ka³³ be⁵³ kui⁰ pueŋ⁰.
大田广平	上过只买了一本书啊，今旦我着加买几本。 soŋ²² kɯ³¹ tsɤ⁵¹ bi⁵¹ lɤ⁰ ʃiɐ²² pue²⁴ tʃy³³ gɤ⁰，kiɐ³³ lɐ̃⁰ gua⁵¹ tʰiu²² ka²² bi⁵¹ ky⁰ pue⁰.
霞浦三沙	顶轮都㑚买一本书，今仔日着加买几本。 teŋ³⁵ luŋ³⁵ tɔ²¹ na²¹ buoi³⁵ tseʔ²¹ bŋ³⁵ tsy²¹，kiŋ²¹ ŋa³⁵ leʔ⁰ tioʔ²¹ ke²¹ buoi⁴² kui²¹ bŋ⁵¹.
福鼎沙埕	顶轮挡⁼买一本其书，今载着加买几本。 tien⁴⁴ luən⁴⁴ tɔŋ⁵³ buei⁵³ tsiet²¹ pən²¹ ki⁰ tsɯ⁴⁴，kiã⁴⁴ tsai⁵³ tiɔk²¹ ke⁴⁴ buei⁵³ kui²¹ pən⁵³.
建瓯	上一轮总买了一本书，今朝让加买几本。 tsiɔŋ⁵⁵ tsi³³ lœyŋ³³ tsɔŋ²¹ mai²¹ lɔ³³ tsi³³ pɔŋ²¹ sy⁵⁴，kiŋ⁵⁴ tiɔ⁵⁵ niɔŋ⁵⁵ ka⁵⁴ mai²¹ ki³³ pɔŋ²¹.
建阳	上回只来买了一本书，今朝让多买几本。 tsiɔŋ³³ xui³³ tɔ²¹ le⁴⁵ mai²¹ lo⁰ tsi⁴ puŋ²¹ sy⁵¹，kiŋ⁵¹ tiɔ⁵¹ niɔŋ⁵⁵ to⁵¹ mai²¹ ki²¹ puŋ²¹.
政和	上回只买了一本书，今冥让多买几本。 tsioŋ⁵⁵ xuɛ²¹ tsi²⁴ mai²¹³ lo²¹³ tsi⁴² pauŋ²¹³ sy⁵³，tsiaŋ³³ maŋ³³ nioŋ⁵⁵ to⁵³ mai²¹³ ki²⁴ pauŋ²¹³.
松溪	上回总买一本书，今日让加买几本。 tsiɔŋ⁴⁵ xuɛi²¹ tsoŋ²²³ ma²²³ tsi⁴² pueiŋ²²³ sy⁵³，keiŋ⁵³ nɛi⁴² nioŋ⁴⁴ kɒ⁵³ ma²²³ ki²²³ pueiŋ²²³.
武夷山	上回就买了一本书，今朝让加买几本。 tsyoŋ⁵⁵ xuei³³ tsiu⁵⁵ mai³¹ lɛi⁰ tsi²² pueiŋ³¹ sy⁵¹，kiŋ⁵¹ tiu⁵¹ ŋyoŋ⁵⁵ ka⁵¹ mai³¹ ki³¹ pueiŋ³¹.
浦城石陂	上转就买了个本书，今日闹⁼多外买几本。 tɕiɔŋ⁴⁵ dyŋ²¹ tɕiɯ⁴⁵ maɛ²¹ lɔ⁰ kө⁵³ pueiŋ²¹ ɕy⁵³，keiŋ⁵³ neiŋ³³ nau³⁵ tɔ⁵³ ŋiө³⁵ maɛ²¹ ki²¹ pueiŋ²¹.

续表

	0050 上次只买了一本书，今天要多买几本。
南平夏道	上一回总买一本书，今朝挓加买几本。 çioŋ⁵⁵ tçi¹¹ xui⁵⁵ tsoŋ⁵⁵ mɛ³³ tçi¹¹ puiŋ³³ çy¹¹，kiŋ¹¹ tio¹¹ tɛ¹¹ ka¹¹ mɛ³³ ky³³ puiŋ³³.
顺昌	上次偗买个本书，今朝要加买几本。 ʃiɔ̃⁵¹ tsʰi³⁵ la³¹ ma³¹ ka³³ puẽ²² ʃy⁴⁴，kiŋ⁴⁴ tʃiau³³ iɔ̃⁵¹ kɔ³³ ma³¹ ki³¹ puẽ³¹.
将乐	头回我咯买咯个本书，今朝我欲多买两本书。 tʰeu²² fi²² ŋæ²¹ loʔ⁵ mæ²¹ loʔ⁵ kaʔ⁵ pĩŋ⁵¹ ʃy⁵⁵，kĩŋ⁵⁵ tʃau⁵⁵ ŋæ²¹ yoʔ⁵ to⁵⁵ mæ⁵¹ liɔ̃²¹ pĩŋ²¹ ʃy⁵⁵.
光泽	上转只买了一本书，今朝要多买几本。 çioŋ⁵⁵ tçʰiən²¹ tçi⁴⁴ miɛ⁴⁴ liɛu⁰ i⁴¹ pɛn⁴⁴ sy²¹，kɛm²¹ tçiɛu³⁵ au⁵⁵ tɔ²¹ miɛ²¹ ki⁴⁴ pɛn⁴⁴.
邵武	上回二˭买儿个本书，今朝农˭多买几本。 çioŋ³⁵ fei³³ ni³⁵ mie⁵⁵ ə⁰ kəi²¹ pən⁵⁵ çy²¹，kən²¹ tçiau²¹ nuŋ³⁵ to²¹ mie⁵⁵ ki⁵⁵ pən⁵⁵.
三明	上回就咧买个本书，今朝让加买几本。 ʃɐm⁴³ huei⁵¹ tʃy³³ le⁰ me³¹ kɒ⁴³ puã³¹ ʃy⁴⁴，kiã³¹ tiɯ⁴⁴ iɐm³³ kɒ⁴⁴ me³¹ ki¹² puã³¹.
永安	上道尽里买本书，今朝让加买几本。 ʃiɑm²⁴ tɑɯ²⁴ tsã²¹ li⁰ me²¹ puã²¹ ʃy⁵²，kiã³³ tiɯ⁵² iɑm²⁴ kɒ⁵² me²¹ ki³³ puã²¹.
沙县	上个次就买罢个本书，今朝要着加买几本。 ʃiŋ²⁴ ka²¹ tsʰɿ²⁴ tʃiu²⁴ bɛ²¹ pɔ̃⁰ ka²¹ puẽ⁵⁵ ʃy³³，kiẽ⁴⁴ tio³³ io²⁴ tiɔ²¹ ka³³ bɛ²¹ ki⁵⁵ puẽ²¹. "罢"可说可不说。
长汀	前一回只买哩一本书，今晡要多买几本。 tʃʰiŋ²⁴ i²¹ fe²⁴ tʃɿ³³ mai²¹ le²⁴ i²⁴ peŋ⁴² ʃu³³，tʃeŋ³³ pu³³ iɒ⁴² to³³ mai⁴² tʃi²⁴ peŋ²¹.
连城	上次只买咯一本书，今日要加买几本。 ʃoŋ³³ tsʰɯ⁵³ tʃɯə²¹ me³³ lo⁰ i⁵⁵ paiŋ²¹ ʃiɛ⁴³³，keiŋ³³ ŋi³⁵ iau²¹ ko³³ me⁴³³ ki²¹ paiŋ²¹.
上杭	上回仅买哩一本书，今□爱多买几本。 soŋ⁵¹ fei²¹ tçʰiəŋ³¹ məi⁴⁴ lɛ³¹ i²³² pɛ³¹ sɯ⁴⁴，tçʰiəŋ⁴⁴ tiɛ⁴⁴ uɔ³⁵³ tou⁴⁴ məi⁴⁴ tçi³¹ pɛ̃³¹.

续表

	0050 上次只买了一本书，今天要多买几本。
武平	上道只买矣一本书，今朝爱多买几本。 sɔŋ⁴² tɔ⁴⁵¹ tsɛʔ³ mɛ²⁴ i²² iʔ³ pɛŋ⁴² su²⁴，tsiŋ²² tsɔ²⁴ uɛ⁴² tɔ²⁴ mɛ²⁴ tsi⁴² pɛŋ⁴².
永定	上回仅买一本书，今朝日爱多买几本。 sɔ̃³¹ fei²² tseŋ³¹ mei²⁴ ieʔ³² peŋ³¹ su²⁴，tɕiŋ⁴⁴ təu²⁴ ȵieʔ³² uoi⁵² tɔu⁴⁴ mei²⁴ tɕi³¹ peŋ³¹.
明溪	上回就买了个本书，这回用加买几本书。 soŋ⁵⁵ fi³¹ tsʰiu⁵⁵ ma⁴¹ lɤ⁰ kɤ⁵⁵ peŋ⁴¹ sy⁴⁴，tʃɿ²⁴ fi³¹ ioŋ⁵⁵ ko⁴⁴ ma⁴¹ ki⁴¹ peŋ⁴¹.
清流	上次正买一本，今朝要多买几本。 ʃiɔŋ³² tsʰɿ³² tsiaŋ³⁵ ma²¹ ie²¹ pẽ²¹，kəŋ³³ tʃiɔ³³ iɔ³⁵ tɔ³³ ma²¹ ki²¹ pẽ²¹.
宁化	上次才买了一本书，今朝要多买几本添。 sɔŋ⁴² tsʰɿ⁴² tsʰa⁴⁴ ma³¹ lə⁰ i⁵ paiŋ³¹ su³⁴¹，tɕiŋ³⁴ tsau⁴⁴ iau²¹² tɔ³⁴ ma³¹ tɕi³¹ paiŋ³¹ tʰiaŋ⁴⁴.
新罗客家	头回仅买哩一本书，今朝爱加买代⁼滴哩。 tʰie³⁵ fei⁴⁴ tʃiŋ⁴⁴ mei²¹ li⁵⁵ iʔ⁵ peŋ⁴¹ ʃɥə⁴⁴，tʃiŋ⁴⁴ tʃio⁴⁴ a⁴¹ kuo⁴⁴ mei⁵⁵ ta⁴⁴ tiʔ³ li⁵⁵.
平和客家	上轮正买一本书，今日爱加买几本。 ʃɔŋ³¹ lin³³ tʃaŋ³¹ mi³¹ it⁵³ pun³¹ ɕy⁵⁵，ki³¹ ŋit²³ ɔi³¹ ka³³ mi⁵⁵ kia³¹ pun³¹.
诏安客家	上次总买一本书，今日爱加买几本子。 ʃiɔŋ⁴⁵ tsʰɿ³¹ tʃiuŋ³¹ mi²² zit⁵ pun²² ʃy²²，ki²² ŋit²³ ɔi³¹ ka⁴⁵ mi²² kia³¹ pun³¹ tsɿ³¹.
泰宁	上次俫买了个本书，今朝样⁼多买几本。 ɕioŋ²¹ tsʰɿ⁵¹ næ³¹ mæ³⁵ lə⁰ kə⁵¹ pun³⁵ ɕy³¹，kin²² tiau³³ ioŋ²¹ tɔ³¹ mæ³⁵ ki³⁵ pun⁵¹.
建宁	上次都俫买一本书，今朝要多买几本。 soŋ⁵⁵ tə⁵⁵ tu⁵⁵ na⁵⁵ mai⁵⁵ it² pon⁵⁵ sə³⁴，tsin³⁴ tau⁵⁵ iau⁵¹ tɔ³⁴ mai⁵⁵ ki⁵⁵ pon⁵⁵.
浦城城关	上次就买了介本书，今日乐多买几本。 ɕiaŋ²¹ tsʰɿ⁴²³ tɕiu²¹ ma⁵⁴ le⁰ ka⁴⁴ peŋ⁴⁴ ɕye³⁵，kiŋ³⁵ li⁰ ŋɑo²¹ luo³⁵ ma⁵⁴ ki⁴⁴ peŋ⁴⁴.
南平延平	上回只买了一本书，今朝要多买几本。 ɕiæ̃³⁵ xui²¹ tsɿ⁵⁵ mai²⁴ lɤ⁰ i⁵⁵ peiŋ²⁴ ɕy³³，kiŋ⁵⁵ tɕiau³³ iau³⁵ tɔ⁵⁵ mai²⁴ ki⁵³ peiŋ²⁴².